On Law of Torts
Institutional Interpretation and Theoretical Probe

总主编：吴汉东

·南湖法学文库编辑委员会·

主　任：吴汉东

副主任：陈小君　齐文远　刘仁山

委　员：吴汉东　陈小君　齐文远　刘仁山　陈景良
　　　　罗洪洋　张斌峰　张德淼　刘　笋　高利红
　　　　吕忠梅　樊启荣　刘大洪　雷兴虎　麻昌华
　　　　姚　莉　方世荣　刘茂林　石佑启　王广辉
　　　　郑祝君　张继承　蔡　虹　曹新明　吴志忠

南湖法学文库

侵权责任法论
制度诠释与理论探索

彭俊良 著

图书在版编目(CIP)数据

侵权责任法论:制度诠释与理论探索/彭俊良著.—北京:北京大学出版社,2013.11
(南湖法学文库)
ISBN 978-7-301-23365-8

Ⅰ.①侵… Ⅱ.①彭… Ⅲ.①侵权行为-民法-研究-中国 Ⅳ.①D923.04

中国版本图书馆 CIP 数据核字(2013)第 248272 号

书　　　名：侵权责任法论——制度诠释与理论探索
著作责任者：彭俊良　著
责 任 编 辑：李　昭　冯益娜
标 准 书 号：ISBN 978-7-301-23365-8/D·3439
出 版 发 行：北京大学出版社
地　　　址：北京市海淀区成府路 205 号　100871
网　　　址：http://www.pup.cn
新 浪 微 博：@北京大学出版社
电 子 信 箱：law@pup.pku.edu.cn
电　　　话：邮购部 62752015　发行部 62750672　编辑部 62752027
　　　　　　出版部 62754962
印 刷 者：三河市北燕印装有限公司
经 销 者：新华书店
　　　　　　965 毫米×1300 毫米　16 开本·32.75 印张　532 千字
　　　　　　2013 年 11 月第 1 版　2013 年 11 月第 1 次印刷
定　　　价：65.00 元

未经许可,不得以任何方式复制或抄袭本书之部分或全部内容。
版权所有,侵权必究
举报电话：010-62752024　电子信箱：fd@pup.pku.edu.cn

总　　序

　　历经几回寒暑,走过数载春秋,南湖畔的中南法学在不断精心酿造中步步成长。中南法学的影响与日俱增,这离不开长江边上这座历史悠久、通衢九州的名城武汉,更离不开中南法律人辛勤耕耘、励精图治的学术精神,中南学子源于各地聚集于此,又再遍布大江南北传播法学精神,砥砺品格、守望正义的同时也在法学和司法实践部门坚持创新、止于至善,作出了卓越的贡献。

　　纵观中南法学的成长史,从1952年9月成立中原大学政法学院,到1953年4月合并中山大学、广西大学、湖南大学的政法系科,成立中南政法学院,后至1958年成为湖北大学法律系,1977年演变为湖北财经学院法律系,转而于1984年恢复中南政法学院,又经2000年5月的中南财经大学与中南政法学院合并至今,中南财经政法大学法学院已然积攒了50年的办学历史。虽经几度分合,但"博学、韬奋、诚信、图治"的人文精神经过一代又一代中南学人的传承而日臻完善,笃志好学的研习氛围愈发浓厚。中南法学经过几十年的积累,其学术成果屡见丰硕。"南湖法学文库"这套丛书的编辑出版,就是要逐步展示中南法学的学术积累,传播法学研究的中南学派之精神。

　　中南法学经过数十载耕耘,逐渐形成了自成一格的中南法学流派。中南法律人在"为学、为用、为效、为公"教育理念的引导下,历练出了自有特色的"创新、务实"的学术精神。在国际化与跨地区、跨领域交流日益频繁的今天,中南法学以多位中南法学大家为中心,秉承多元化的研究模式与多样性的学术理念,坚持善于批判的学术精神,勇于探讨、无惧成论。尤其是年轻的中南法学学子们,更是敢于扎根基础理论的研习,甘于寂寞;同时也关注热点,忧心时事,活跃于网络论坛,驰骋于法学天地。

从历史上的政法学院到新世纪的法学院,前辈们的学术积淀影响深远,至今仍给中南法学学子甚至中国法学以启迪;师承他们的学术思想,沐浴其熠熠生辉的光泽,新一辈的中南法律人正在法学这片沃土上默默耕耘、坚韧不拔。此次中南财经政法大学法学院推出这套"南湖法学文库",作为中南法学流派的窗口,就是要推出新人新作,推出名家精品,以求全面反映法学院的整体科研实力,并使更多的学者和学子得以深入了解中南法学。按照文库编委会的计划,每年文库将推出5到6本专著。相信在中南法律人的共同努力下,文库将成为法学领域学术传播与学术交流的媒介与平台,成为中南法律人在法学研习道路上的阶梯,成为传承中南法学精神的又一个载体,并为中国法学的理论研究与实践创新作出贡献。

晓南湖畔书声朗,希贤岭端佳话频。把握并坚守了中南法学的魂,中南法律人定当继续开拓进取,一如既往地迸发出中南法学的铿锵之声。

是为序。

吴汉东
2010年12月1日

前　言

　　侵权责任法是当代民法中的重要组成部分。这种重要性随着社会的繁荣发展,民主法制的日趋完善,人民物质与精神生活的日益富足,百姓法律权利意识的日渐提高而更加彰显。当前,我国的司法实践中,各类侵权案件占法院审理民事案件中的比重亦日趋上升。2007年我国法院受理侵权案件86.3万件,2008年受理一审侵权案件已达99.2万件。最高人民法院在2010年十一届全国人大第二次会议上的工作报告中就明确指出:2010年间,全国法院依法保护公民人身财产权益,审结人身损害、宅基地纠纷、相邻关系、财产权属确认等案件1154946件,标的额2181.86亿元。2012年1—9月,各级人民法院审理一审民事案件共计收案5579231件,结案4789647件。其中权属、侵权及其他民事纠纷(不含婚姻家庭、继承、合同纠纷)分别为1403171件和1211588件,同比上升12.36%、15.73%。显示出侵权案件越来越成为影响社会和谐的重要因素。

　　事实已经说明,我国三十余年的法制建设的必然结果,是法律制度越来越齐全,人们的法律意识越来越高涨,权利冲突越来越频繁,侵权纠纷越来越常见。因侵权而发生的纠纷日益成为人们普遍关注的问题。如何公正、及时、有效地解决这些侵权纠纷,是建立稳定的和谐社会、维护当前大好的社会政治与经济情势的重要法制课题。所以,加强侵权责任法制建设是当务之急。尽管近些年来,学术界对侵权责任法的诸多理论问题展开过系统的研究,尽管司法部门为处理各种各类的侵权纠纷作出过巨大努力,尽管我国的《侵权责任法》已经出台,开世界各国侵权立法之先河,但法律制度之粗糙、学术研究之浮躁、司法实践之贫乏,仍是我们不容回避的基本事实。因此,继续深化侵权责任法的理论研究,必将有利于进一步完善我国的侵权责任法各项基本制度,有利于构建符合我国国情的侵权责任法科学体系,更正确地指导人们的司法实践,更便于在全社会形成崇尚权利、尊重法律的优良风俗。

  本书分三编十三章。第一编为"侵权责任法总论"。其余二编为"侵权责任法分论"。其中第二编为"一般侵权责任",第三编为"特殊侵权责任"。"总论"部分重点阐述侵权责任法的基本原则、侵权行为的构成、侵权责任的类型、侵权责任的构成要件、归责原则、损害赔偿、精神损害赔偿、侵权责任的适用、侵权责任的抗辩等。"一般侵权责任"部分主要从受侵害的民事权利类型的角度,分别探讨了侵害财产权、人身权和知识产权的侵权责任的一般表现形态和责任形态等基本问题。"特殊侵权责任"部分的重点主要有职务侵权责任、雇员致害责任、被监护人致害责任、产品致害责任、动物致害责任、物件致害责任、公共场所致害责任、网络上致害责任、交通事故责任、医疗损害责任、高度危险责任、环境污染责任等等。

  希望本书的撰写与出版,对完善我国侵权法律制度,指导侵权法司法实践,加强侵权法课程建设,有所裨益。

彭俊良
2013 年 8 月

目录

第一编　侵权责任法总论

第一章　侵权责任法概述 / 1
第一节　侵权责任法概述 / 1
第二节　侵权责任法的历史发展 / 11
第三节　侵权责任法的制订 / 24

第二章　侵权行为概述 / 29
第一节　侵权行为概念 / 29
第二节　侵权行为的形态与类型 / 34
第三节　侵权行为与违约行为、行政违法行为、犯罪行为 / 39
第四节　数人所为的侵权行为 / 43

第三章　侵权责任概述 / 62
第一节　侵权责任概述 / 62
第二节　侵权责任的分类 / 67

第三节　侵权责任的一般构成要件／75
　　第四节　侵权责任的归责原则／91

第四章　侵权责任的形式／100
　　第一节　侵权责任的形式概述／100
　　第二节　损害赔偿／109
　　第三节　精神损害赔偿／120
　　第四节　惩罚性赔偿／132

第五章　侵权责任的适用／139
　　第一节　侵权责任适用概述／139
　　第二节　侵权责任的抗辩／151
　　第三节　侵权责任的减免／166

第二编　一般侵权责任

第六章　侵害财产权的侵权责任／176
　　第一节　侵害所有权的侵权责任／177
　　第二节　侵害他物权的侵权责任／194
　　第三节　侵害债权的侵权责任／199
　　第四节　侵害股权的侵权责任／203
　　第五节　侵害继承权的侵权责任／206

第七章　侵害人身权的侵权责任／210
　　第一节　侵害物质性人格权的侵权责任／210
　　第二节　侵害精神性人格权的侵权责任／224
　　第三节　侵害身份权的侵权责任／246

第八章　侵害知识产权的侵权责任／260
　　第一节　侵害专利权的侵权责任／260
　　第二节　侵害商标权的侵权责任／272
　　第三节　侵害著作权的侵权责任／286
　　第四节　侵害其他知识产权的侵权责任／292

第三编　特殊侵权责任

第九章　他人致害责任 / 300
　　第一节　职务侵权责任 / 301
　　第二节　雇员致害责任 / 320
　　第三节　被监护人致害责任 / 331
　　第四节　其他他人致害责任 / 338

第十章　物品致害责任 / 349
　　第一节　产品致害责任 / 349
　　第二节　物件损害责任 / 364
　　第三节　动物致害责任 / 384

第十一章　场所致害责任 / 397
　　第一节　公共场所致害责任 / 397
　　第二节　施工场所致害责任 / 406
　　第三节　网上侵权责任 / 410
　　第四节　教育场所内致害责任 / 416

第十二章　风险致害责任 / 425
　　第一节　高度危险责任 / 425
　　第二节　环境污染责任 / 459

第十三章　事故致害责任 / 471
　　第一节　机动车交通事故责任 / 471
　　第二节　医疗损害责任 / 490

主要参考文献 / 512

第一编　侵权责任法总论

第一章　侵权责任法概述

侵权责任法,又称侵权法,是指调整因不法侵害他人人身、财产权益而产生的民事侵权责任关系的法律规范的总称。侵权责任法是民法的重要组成部分,调整的社会关系极为广泛和复杂;它以补偿受害人损失为基本功能,同时通过对侵权行为予以相应的惩罚,达到预防类似事件发生的法律效果。侵权责任法具有极为悠久的历史。随着当代社会经济的发展,人们法制观念的日渐高涨,侵权责任法越来越成为规范人们行为、维护人们合法民事权益的不可缺少的法律工具。我国《侵权责任法》的制订与实施,开了侵权责任立法的世界之先河。

第一节　侵权责任法概述

一、侵权责任法概念

1. 侵权责任法的概念

侵权责任法,通称侵权行为法、侵权法,在社会生活中具有广泛的适用性,是现代民法中重要的组成部分;在当代的民法领域中,它越来越成为与物权法、合同法并驾齐驱的三个重要的民法子系统之一。因此,认真学习与努力掌握侵权责任法的基本知识、基本理论与基本制度,对于我们法学学生以及其他专业的学生应是很重要的一项任务。社会上广大的民众与法人组织,学好侵权责任法,对如何正确地行使其权利,维护正当利益,亦具有重要的现实意义。

什么是侵权责任法,理论界对此并没有一致的看法。现在我们先来介绍学界有关侵权责任法概念的几种主要观点:

侵权责任法是调整有关因侵害他人财产、人身的行为而产生的相关侵权责任关系的法律规范的总和。①

侵权责任法是有关侵权行为的定义、种类以及对侵权行为如何制裁、对侵权损害后果如何补救的民事法律规范的总称。②

侵权责任法是调整因侵权而产生的社会关系的法律规范。③

侵权责任法是关于侵权行为和侵权行为民事责任的法律规范的总称。④

还有许多学者对此都有自己的看法,与上述观点无甚大的区别。我们在此就不一一引述。

由此可见,上述关于侵权责任法的概念,基本上是大同小异。所不同的是,有的是从揭示侵权责任法的调整对象来给侵权责任法下定义,有的则是通过列举式地描述侵权责任法所包含的具体内容来定义侵权责任法。从方法论的角度来看,通过揭示侵权责任法的调整对象,不仅使得概念本身精炼、简明,而且也有利于从体系上把握侵权责任法的地位以及侵权责任法与其他相关法律部门的联系与区别。

笔者认为,侵权责任法是调整因不法侵害他人人身、财产权益而产生的民事侵权责任关系的法律规范的总称。对这个概念,我们可以从以下几个方面加以进一步的说明:

第一,"不法"。单从字面上来理解,即所谓"不守法律的行为"。不法,即违法。不法作为成立侵权行为的必备要件,早在古罗马法的《十二铜表法》中就已得到了确立。⑤ 只有行为违法时,才成立侵权行为,并因此承担侵权责

---

① 参见张新宝:《侵权责任法》,中国人民大学出版社2010年版,第9页。
② 参见王利明:《侵权行为法研究》,中国人民大学出版社2004年版,第58—59页。
③ 参见潘同龙、程开源主编:《侵权行为法》,天津人民出版社1995年版,第17页。
④ 参见佟柔主编:《中国法学大词典·民法卷》,中国检察出版社1996年版,第530页。
⑤ 参见王卫国:《过错责任原则:第三次勃兴》,中国法制出版社2000年版,第33页。

任。侵权责任法原则上并不对合法行为予以规范,只调整因违法性地侵害他人合法权益的行为而产生的社会关系。因此,应当将"不法"纳入侵权责任法的概念之中。

第二,"财产或人身权益"。在这里包括两个层面的问题。首先,侵权责任法只调整因财产或人身权益受到侵害而产生的社会关系,而不调整因行政权力或政治权益受到侵犯而产生的社会关系;其次,财产或人身权益既包括财产或人身方面的权利,又包含财产或人身方面的合法利益,即所谓法益。

第三,"侵权责任关系"。侵权责任关系是指因侵权而在侵权行为人与受害人之间所发生的受害人享有向行为人进行追偿的权利和行为人或责任人依法应向受害人承担侵权民事责任的关系。这是一种法律关系。它已经不再是单纯的社会关系,亦不是其他性质的如行政法、刑法的法律关系。因此,像有的概念那样将其泛泛地定义为"社会关系"是不妥当的。

第四,"总称"。"总",总括、概括;"称",称谓、称呼。综合起来,汉语中,"总称"有总的称呼之意,是某一类事物的总的名称。而"总合"或"总和"则有集合、累加的意思,是指许多相同或近似事物按一定规律简单地集聚在一起,未能反映该类事物的核心本质。因此,我们感觉用"总称"比用"总和"要好。

2. 侵权责任法的调整对象

任何一个法律部门都有自己的特定的调整对象。法律的调整对象就是人们在社会生产生活中形成的一定范围内的人与人之间的社会关系。侵权责任法亦然。侵权责任法属于民法的范畴,因此,侵权责任法的调整对象自然亦应当包括在民法的调整对象之内,亦即侵权责任法的调整对象是平等主体之间的财产关系和人身关系。因而,平等性是侵权责任法调整对象的最本质的特征。但是,与同属民法范畴的物权法、债法等基本民法分部门相比,侵权责任法的调整对象还有自己一些独有的特征:

(1) 极其广泛性与复杂性。在民法各分部门中,物权法仅调整对物的占有、支配、利用关系(物权关系);债法只调整财产通过债的形式而发生的财产流转关系(债权关系);知识产权法主要调整对知识产品的占有、利用与流转关系(知识产权关系);婚姻家庭法仅调整在婚姻家庭形式下的各种人身关系以及在人身关系前提下而形成的财产占有、支配与利用关系(婚姻家庭关系);财产继承法仅调整自然人死亡后的遗产从被继承人移转至继承人或受遗赠人的关系(财产继承关系);人格权法调整人格的支配与利用关系(人格关系)。而侵权责任法并没有有别于作为上述各分部门的调整对象的社会关系,而是以各分部门的调整对象为自己的调整对象。也就是说,侵权责任法的调整对象包括物权关系、知识产权关系、婚姻家庭关系、财产继承关系以及人格关系,而债权关系在一定情况下亦可由侵权责任法进行调整。不仅如此,侵权责任法还调整劳动关系、环境保护关系、自然资源管理关系中有关因侵权而形成的各种社会关系。举凡有人类生活和活动的场合,就有侵权行为发生的可能性,凡因侵权行为而产生的各种社会关系均由侵权责任法进行调整规范。由此可见侵权责任法调整对象范围的极其广泛性和复杂性。

(2) 后补性。我们可以从广泛意义上将社会关系分为原生社会关系(或称纯粹社会关系)与续生社会关系(或称法律关系)二种形态。它们之间存在着一种前生后补的联系。所谓原生社会关系,是指人们在社会交往中形成的未受法律调整的社会关系,这是一种纯自然的、本来意义上的社会关系;而续生社会关系则是指因法律对原生社会关系的调整、介入而形成的社会关系,是法律关系。法律关系是法律对原生社会关系进行调整规范的结果,它源于原生社会关系,其基本内容是原生社会关系,所不同的在于它具有法律性。这种法律性就表现在它的国家意志性:法律关系中当事人所享有的权利受国家法律的强制保护,而所承担的义务被法律赋予不可违反性。法律关系就好像在原生社会关系之外披上了一层法律的铠甲。在民法各部门中,如果说,物权法等分部门是以原生社会关系为调整对象的话,那么,侵权责任法则是以法律关系为自己的调整对象。这是因为,侵权责任法是以维护物权法等基本民法分部门建立起来的社会秩序、社会关系为己任的。当有人不遵守物权法等民法分部门的规定,破坏它们通过对原生社会关系进行调整而形成的法律秩序,侵害相对当事人通过这些法律关系所享有的民事权利而需要采用民法保护手段时,侵权责任法便有了用武之地。通过适用侵权责任法,促使遭受侵权行为破坏的法律关系得以恢复正常。因此,侵权责任法所调整的社会关系已经不再是原生社会关系,而是经由物权法等民法分部门对原生社会关系调整后所形成的法律关系。简言之,侵权责任法调整的是法律关系。

3. 侵权责任法的特征

侵权责任法的特征除了从侵权责任法调整对象的特殊性可以看出以外,还表现在以下几个方面:

(1) 侵权责任法是实体法。众所周知,法律有实体法与程序法之分。实体法即规定人们在社会活动(除程序性活动以外)中应享有的各项权利和承担的各项义务的法律,如行政法、刑法、经济法、民法等,都是最基本的实体法。而程序法即规定所谓办事程序的法律,其中主要有诉讼法、仲裁法、行政程序法等。程序,在现实生活中是极其重要的。我们的司法过程往往忽视程序,只重实体,即使结果是公正的,但因程序不到位,亦使人产生不公正的感觉。当然仅有程序也是不够的。程序离开了实体做基础,最好的程序也办不成正事。

侵权责任法作为民法的重要组成部分,总体上属于实体法。然实体法有行为规则与裁判规则之分。行为规则主要是人们在社会活动中应当怎样、不应当怎样的规范;而裁判规则则是对某一行为如何进行判定、处分的规范。侵权责任法主要属于裁判规则,它规定的是对某致他人以损害的行为是否为侵权行为,应否承担侵权责任,以及承担何种侵权责任。裁判规则的作用在于,告诉人们每一个致他人以损害的行为的性质、法律后果、责任归属、责任程度等,以期行为人对其行为作出预测,约束或限制自己的行为,进而维护既存社会秩序。

同时,纯粹从侵权责任法的角度来看,也可以将一些追究侵权责任的程序性规定如民事诉讼程序、国家赔偿程序、行政处罚程序等包纳进侵权责任法来,形成大一统的侵权责任法体系。

(2)侵权责任法是保护法。正如王利明教授所言,现代法治的精神,就在于对权利的合理确认和充分保护,民法是权利法,民法最基本的职能在于对民事权利的确认和保护。① 然而,民法规范的内部在确认权利与保护权利方面也是有分工的。如果说物权法、债权法等基本民法部分的主要功能是确认权利的话,那么同样作为民法重要组成部分的侵权责任法的功能则重在保护权利。侵权责任法的各项规则都是围绕着如何保护权利这一宗旨出发而加以设计的,这从我国《侵权责任法》第1条②开宗明义地将"民事主体的民事权益"规定为本法的立法宗旨就可以看出。由此可见"保护"是侵权责任法的最基本的功能之一。

"确认"权利与"保护"权利相互依存,互为依托。没有对权利的确认,何来保护权利的需要?而确认的权利如得不到强有力的保护,法律的权威性将丧失殆尽。所谓无救济则无权利。保护权利的方法通常有行政法的、刑法

---

① 王利明:《民法总则研究》,中国人民大学出版社2003年版,第22页。
② 我国《侵权责任法》第1条规定:"为保护民事主体的合法权益,明确侵权责任,预防并制裁侵权行为,促进社会和谐稳定,制定本法。"

的;而采用民法的保护方法则主要是通过侵权责任法来实现的。因此,在民法规范的内部体系中,侵权责任法绝对不是可有可无的部分。过去我们仅看到了物权法、债权法对社会生活的重要性,忽视了侵权责任法对人们正常生活秩序维护的必要性,导致侵权责任法长期得不到重视,侵权责任法的法律地位长期被压抑,侵权责任法的规则长期得不到完善与发展。现在应是充分重视侵权责任法的发展的时候了。

侵权责任法对权利的保护主要是通过以下几个方面来实现的。换言之,从实体法的角度来看,侵权责任法保护权利的功能主要体现在以下两个基本步骤:

首先,确定侵权行为的一般规则。作为判定某一行为是否是侵权行为的标准;以便将那些客观上虽然对他人的利益或权利造成了损害、但具有合法性的行为排除在侵权行为之外;以鼓励人们的守法行为和合法的逐利行为,不至于妨碍社会经济和生活的发展。

其次,确定侵权责任的一般规则。侵权责任的一般规则包括侵权责任的构成要件规则、归责原则、责任方式规则等等。侵权责任的构成要件规则的作用,在于确认某个侵权行为是否要承担侵权责任。某人的某个行为虽然构成侵权行为,但如不具备侵权责任的构成要件(如客观上无损害),仍不需承担侵权责任。归责原则要解决的,则是对侵权行为追究行为人侵权责任时,实行何种归责的原则。是过错责任,无过错责任抑或是过错推定责任? 归责原则本质上仍是个侵权责任的构成要件问题。确定了某侵权行为已构成侵权责任,下一步就是一个确定承担何种责任、承担责任的程序与范围问题了。

上述这些规则,无不体现出侵权责任法属于权利的保护法。可以说,它是民事权利的民法保护神。侵权责任法对人们的财产权利和人身权利的保护,是最基本的、也是最重要的保护。

(3) 侵权责任法是强行法。法律有强行法和任意法之分。所谓强行法,是指该法所规定的规范具有必须遵守性,法律的规范对象——行为人——不得以自己的意志决定是否行为、如何行为,其自由意志必须接受约束、限制。而任意法,以充分尊重规范对象的自由意志为宗旨,行为人的自由意志优先于法律的意志,或者说行为人的自由意志置于法律的意志之上。法律的意志只有在行为人的意志未达之时、之处,起到补充的作用。也就是说,任意法对当事人的规范作用主要体现在两个方面。一是指导作用,引导当事人在行为之前考虑法律的要求、评价,此时的法律所扮演的是参谋官的角色。二是补充作用,即在当事人对自己的行为未作任何选择时,就用法律规则来补充当事人的意志不足,意味着法律的规则就开始发挥作用了。

之所以说侵权责任法是强行法,是因为侵权责任法的规范效力具有强行性。侵权责任法以保护民事主体的民事权利为己任,其功能主要不在于对民事权利的确认而在于对民事权利的保护方面,着眼于对侵权行为的制裁和对受害人的法律保护。因而侵权责任法规范多为强行性规范。这种强行性主要表现在以下几个方面:

第一,对行为人或责任人而言,侵权责任法的强行性表现在:一旦行为人的行为已成立侵权,且依法应承担侵权责任的,行为人或责任人不能拒绝权利人或受害人要求其承担相应的侵权责任的请求。他们必须尽自己最大的努力或能力对侵权行为负责。或许他们可以请求受害人的宽恕,免除或减轻其责任,但不能擅自或强行减免其责任。

第二,对权利人或受害人而言,侵权责任法的强行性虽然表现得不如对行为人或责任人那么明显,但受害人亦受侵权责任法规则的约束。因为受害人不得毫无根据地指控某人侵犯了自己的权利,不能超越法律许可的范围擅自扩大行为人承担责任的范围、程度,不得擅立或采用侵权责任法未规定的责任方式(如扣留行为人或其亲属作为人质、奴隶)。

第三,对有权处理侵权纠纷的相关机关或人员而言,侵权责任法的强行性体现在他们必须严格依法办事,准确认定侵权行为,正确把握归责原则和赔偿范围、赔偿方式等基本规则,不得枉法裁判。

二、侵权责任法的功能

1. 功能的概念及意义

侵权责任法的功能,又称机能,指适用侵权责任法所欲达到的目的或应起到的基本作用。侵权责任法的各项基本制度均受功能的指导、支配与影响。正如王泽鉴先生所言:"侵权行为法的机能在其历史发展中迭经变迁,如赎罪、惩罚、教育、填补损害及预防损害等,因时而异,因国而不同,反映着当时社会经济状态和伦理道德观念。"[①]

现代侵权责任法应当有哪些基本功能,许多学者提出了自己的看法。如王泽鉴认为有"填补损害"与"预防损害"两大功能[②];杨立新则认为是"补偿"

---

① 王泽鉴:《侵权行为法》(第一册),中国政法大学出版社2001年版,第7页。
② 同上书,第7页。

"惩罚"与"预防"①;王利明主张"补偿、保护与创设权利、维护行为自由、制裁与教育、预防与遏制"②;张新宝提出侵权法有"创设权利与保护民事权益、对受害人权益的补偿、分散损失与平衡社会利益、教育与惩戒"等诸多功能。③

从以上几位国内知名侵权责任法学者的分析来看,除了补偿功能被各位学者公认为侵权责任法的功能外,其他均有出入。多数学者赞成教育、惩罚、预防亦为侵权责任法的功能之一,其余功能则为少数学者所持。笔者认为,杨立新教授的观点更具有说服力:侵权责任法的基本规范功能应主要有"补偿""惩罚"与"预防"三项。至于其他各项能否成为侵权责任法的规范功能,则值得分析。"保护"是侵权责任法的最基本的属性。如前所述,侵权责任法是权利保护法,因而保护人们的人身权利和财产权利是侵权责任法理所当然的基本任务,侵权责任法的各项规范功能无不例外地应体现这一基本任务,因此再将它作为规范功能之一,只能贬低它在侵权责任法中的地位。所以,我们认为不宜将"保护"作为侵权责任法的规范功能之一。将"创设"作为侵权责任法的一项规范功能,更是令人怀疑。的确,现代侵权责任法主要发端于司法判例,但一个侵权案件的司法判决并不等于一部侵权责任法或一项侵权责任法规则,它应当是属于民法范畴。民法范畴包括对权利的确认(创设)和保护两部分内容;其中创设权利的内容属于民法中财产权法或人格权法规则,而保护权利的内容属于侵权责任法规则。我们可以说,司法机关通过司法判决在不断地扮演权利创设者的角色,但不能说是侵权责任法在创设权利。至于"分散损失与平衡社会利益",它应当是责任保险制度的功能,而不是侵权责任法的规范功能。如张教授所言将受害人的因行为人的侵权而遭受的损失"全部或者部分转移给加害人或者其他相关的主体","从而实现侵权行为法分散损失的功能",④应是他对侵权责任法功能的一个误解。另外,侵权责任法也无法做到"平衡当事人的利益",那应当是其他法律制度所关注的问题。侵权责任法所关注的问题是,如何使得受害人得到最大限度的补偿,使行为人受到相应的惩罚,以维护社会正常的生产生活秩序。

2. 补偿功能

补偿功能为侵权责任法的首要功能。补偿是侵权责任法规范功能之一,

---

① 杨立新:《侵权法论》(上册),吉林人民出版社1998年版,第37页。
② 王利明:《侵权行为法研究》,中国人民大学出版社2004年版,第87页。
③ 张新宝:《中国侵权行为法》,中国社会科学出版社1998年版,第35页以下。
④ 同上书,第37页。

但它是否为侵权责任法的首要功能,却论者不一。有学者认为制裁为主要功能,有学者认为补偿为主要功能,更有学者认为补偿是侵权责任法的唯一功能。而笔者的观点是,补偿功能应是侵权责任法最重要的功能。只能通过补偿,才能弥补受害人因侵权所遭受的各类损害,能使受害人的生产生活机能得到迅速地恢复。因此,"填补损害系侵权行为法的基本机能"①。正因如此,侵权责任以损害赔偿为基本形式。"填补损害系基于公平正义的理念,其主要目的在使被害人的损害能获得实质、完整迅速的填补,有助于促进侵权行为法的发展。"②

补偿,在这里是一个中性词,是指一个人对其行为给对方造成的损害给予物质上的弥补或精神上的抚慰。该行为可以是非法行为,亦可以是合法行为。后者如依法拆迁城市私人房屋而给予的物质补偿。而在侵权责任法上,补偿只针对因侵权这种非法行为而言。侵权责任法上的补偿,主要是指赔偿,即侵权行为人或责任人应拿出自己的一定的财产给受害人。但并不限于赔偿,还有其他一些方式,如消除给受害人名誉所带来的不良影响,以恢复其名誉,解除或者减轻其精神痛苦。

3. 惩罚功能

惩罚功能即制裁功能,指侵权责任法对侵权行为予以惩罚而发生的效果或作用。对侵权行为进行惩罚,是法律对漠视社会利益和他人利益、违背法定义务和公共行为准则的现象的谴责和惩戒,意味着法律依据社会公认的价值准则和行为准则对某侵权行为所作的否定性评价,也是矫正不法行为的重要措施。③

有人认为,让侵权行为人承担侵权责任,"原则上不具有惩罚性"④。这种观点值得商榷。在故意侵权的情况下,行为人实施侵权多数具有一定的目的,通过对该行为进行制裁或遏制,致使行为人的目的无法达到,无疑会给行为人以心理上的打击。在过失侵权的情况下,侵权行为会受到法律的否定评价,将有损于行为人或责任人的声誉,影响其与他人的交往。⑤ 一般情况下,侵权行为并不能因侵权而给侵权人带来利益,而责令其承担财产责任,支付金钱,赔偿受害人的损失,即是对其行为的惩罚。

---

① 王泽鉴:《侵权行为法》(第一册),中国政法大学出版社 2001 年版,第 7 页。
② 同上书,第 8 页。
③ 王家福主编:《民法债权》,法律出版社 1991 年版,第 441—443 页。
④ 张新宝:《中国侵权行为法》,中国社会科学出版社 1998 年版,第 39 页。
⑤ 同上书,第 40 页。

但是,惩罚并非最终目的而是手段。作为一种手段,通过对侵权进行惩罚,一方面是要强制侵权行为人或责任人对受害人进行必要的补偿,使受害人遭受损害的利益得以迅速弥补和恢复;另一方面,则是使侵权责任法的教育预防功能得以实现的必经途径或不可缺少的措施。

4. 预防功能

侵权责任法通过对侵权行为进行惩罚,产生教育与引导行为人或他人的作用,从而预防(抑制)各种损害的再次发生。这是因为,"侵权行为法给人们提供了一个明确的为社会所接受的道德规范模式,人们遵行侵权行为法的规范,也就自然尊重了社会的道德规范。"[①]侵权责任法的惩罚,一方面对侵权人产生惩戒作用,使其以后不再犯同样的错误;另一方面则对其他人包括那些蠢蠢欲动的社会不良分子产生教育作用,告诉他们要吸取"前车之鉴",自觉约束自己的行为,尊重他人的权益,维护安宁的社会。

侵权责任法的预防功能主要通过惩罚功能才能发挥作用。没有对侵权行为的惩处,很难想象能遏制各种侵权现象的再次发生,也很难想象能充分有效地维护人们的合法权益。惩罚的威慑作用,就表现在谁不遵守法律,不尊重他人合法权益,谁就应当受到法律不留情面的制裁和训诫。通过这种惩罚,等于告诉人们哪些是不能实施的,哪些是必须实施的。这样就给人们提供了一整套基本的行为规则,并强制人们去遵守它,社会秩序就能建立并维护起来。而要使侵权责任法发挥威慑作用,就必须强化侵权责任法的惩罚性功能;除了要进一步完善侵权责任法自身的机制外,更重要的是在现实生活中要切实保障侵权责任法的正确实施。

必须指出的是,"损害的预防胜于损害补偿"[②]。这是因为,虽然受害人的损失可以通过强制侵权人或责任人赔偿得到弥补,但从社会整体利益的角度来看,这毕竟造成了社会财富或资源的损失或浪费。因此,预防损害的发生或尽可能地减少损失的发生,其对社会的现实意义远远大于对已经发生的损害的补救。对损害的补救只是一种不得已的现象,应当尽可能地避免。

但是,有时预防的成本要高于损害所付出的成本。当出现这种情况的时候,从法经济学的角度来看,采取预防措施就是不经济的,没有效率的。因此,与其花高代价进行预防,还不如单纯采用成本较低的弥补,或许更具有积极意义。

---

① 张新宝:《中国侵权行为法》,中国社会科学出版社1998年版,第41页。
② 王泽鉴:《侵权行为法》(第一册),中国政法大学出版社2001年版,第10页。

第二节 侵权责任法的历史发展

一、侵权责任法的早期历史

1. 原始习惯法

侵权责任法有着极为悠久的发展历史。我们可以这样说,什么时候有法律,什么时候就有了侵权责任法。甚至还可以说,远在法律出现之前,有关侵权责任法的原始规则就早已经存在了。

原始时期的侵权责任法规则经历了"复仇"与"赔偿"两个阶段。其中复仇时期又经历了从血族复仇发展到血亲复仇继而进入到同态复仇时期。

(1) 复仇时期。"侵权行为法发展最早可以追溯到古代社会的复仇制度。"①所谓复仇,指受害氏族(家族)或受害人对侵害氏族(家族)或个人进行报复,以求公正或社会秩序的稳定。19世纪伟大的人类学家,美国人路易斯·亨利·摩尔根认为:"为血亲报仇这种古老的习俗在人类各部落中流行得非常广","为一个被杀害的亲属报仇是一项公认的义务。"②恩格斯曾经指出:"同氏族人必须互相援助、保护,特别是在受到外族人伤害时,要帮助报仇。个人依靠氏族来保护自己的安全,而且也能做到这一点;凡伤害个人的,便是伤害了整个氏族。因而,从氏族的血族关系中便产生了那为易洛魁人所绝对承认的血族复仇的义务。假使一个氏族成员被外族人杀害了,那么被害者的全氏族就有义务实行血族复仇。起初是试行调解;行凶者的氏族议事会开会,大抵用道歉与赠送厚礼的方式,向被害者的氏族的议事会提议和平了结事件。如果提议被接受,事情就算解决了。否则,受害的氏族就指定一个或几个复仇者,他们的义务就是去追寻行凶者,把他杀死。如果这样做了,行凶者的氏族也没有诉怨的权利,事情就算了结了。"③

(2) 损害赔偿时期(自由赔偿→强制赔偿)。在后期逐渐产生了一种用赔偿代替复仇的变通办法。受害者一方有权自由选择,或者复仇,或者放弃

---

① 〔美〕格瑞尔德·J. 波斯特马(编):《哲学与侵权行为法》,陈敏、云建芳译,易继明校,北京大学出版社2004年版,序言。
② 〔美〕路易斯·亨利·摩尔根:《古代社会》(上册),杨东莼等译,商务印书馆1995年版,第75页。
③ 恩格斯:《家庭、私有制和国家的起源》,人民出版社1999年版,第89页。

复仇而接受赔偿。最初,赔偿是由行凶者个人或氏族向受害人或其氏族支付若干匹马或其他牲畜,赔偿数额由当事双方协商确定。赔偿制度的确定,减少了不必要的人身损害和社会资源的更大损耗,有利于社会的安定和经济的发展,反映了时代的进步。虽然这个阶段的赔偿并非真正是为了弥补受害者的损害,而是放弃复仇所得的报偿。但它奠定了侵权损害赔偿制度的基础。后来发展为强制赔偿。开始,除对杀人等重大侵权,受害者可选择赔偿或者复仇外,对于其他轻微侵害,均强制以赔偿代替,不得复仇。后来,则根本禁止复仇,强制赔偿,并依被害人的种类、身份、侵害程序等情节,确定赔偿金额。强制赔偿,借助的是公权力的介入,如氏族酋长、部落首领等权威性公权力的介入,预示着公力救济的方式开始产生。并在随后的历史的发展演变中,公力救济逐渐取得了优势地位。

2. 古代东方成文法

古代东方为奴隶制国家,它们的侵权责任法规则往往体现了鲜明的赔偿性质。例如:公元前 20 世纪拉尔沙王国的《苏美尔法典》第 1 条就开宗明义地指出:"推撞自由民之女,致堕其身内之物者,应赔偿银十舍客勒。"紧接着在第 2 条又规定:"殴打自由民之女,致堕其身内之物者,应赔偿银三分之一明那。"[①]

同样生活在公元前 20 世纪的古代东方奴隶制国家《埃什嫩那国王俾拉拉马的法典》第 53 条规定:"倘牛触牛而致之于死,则两牛之主人应当互相平分活牛之价与死牛之值。"

公元前 1792—前 1750 年的《汉穆拉比法典》第 227 条规定:"倘自由民欺骗理发师,而理发师剃去非其奴隶的奴隶标识者,则此自由民应处死而埋于其门内;理发师应宣誓云:'我非有意剃之',免负其责。"该条应是古代法制史的典籍中最早发现的有关过错责任责任的规定。第 238 条则规定:"倘船工致船沉没,但复起于水,则彼应以银赔偿船价之半。"本条实际上是有关

---

① 苏美尔人最早生活在现伊拉克两河流域——幼发拉底河和底格里斯河——的南端,他们创造了此流域的最早的奴隶制国家。公元前 4000 年,苏美尔人成为两河流域南端的主要居民;公元前 3000—前 2500 年,先后出现了许多城市国家,如埃利都、乌尔、拉尔沙、拉伽什等。公元前 3000 年上半期,苏路帕克、乌鲁克、乌尔、启什、拉伽什、乌玛先后称霸。公元前 2300 年,阿卡德人统一了苏美尔,建立了阿卡德王国,后被库提人灭亡。公元前 2065 年左右,乌尔重新兴起,建立了乌尔王朝,成为西亚一大强国。公元前 1955 年前后,乌尔王朝灭亡,入侵的阿摩列伊人在两河流域建立了两个国家,北部为伊新,南部为拉尔沙。后巴比伦兴起。汉穆拉比先后灭了伊新、拉尔沙,于公元前 1758 年最终统一了两河流域。

损益同销的规定。而第265条确立了惩罚性赔偿的制度:"倘为人放牧牛羊之牧人不诚实,变换标记,或出卖牲口,则应受检举,彼应按其所盗窃之牛羊数,十倍偿还其主人。"因此,我们可以说,从远离我们已经数千年的古代法中,完全可以找到许多现代侵权责任法制度的痕迹。

3. 古雅典的损害赔偿制度改革

浪漫的哲学思想虽然没有给雅典人创造辉煌的法律文化,但浓郁的民主风气带给了人们以自由的空间与政治追求。先贤亚里士多德就明确指出:"在梭伦的宪法中,最具民主特色的大概有以下三点:第一而且最重要的是禁止以人身为担保的借贷,第二是任何人都有自愿替被害人要求补偿的自由,第三是向陪审法庭申诉的权利……"①损害赔偿被纳入民主政治的轨道而被广泛重视。梭伦如此热衷于赔偿请求权的保障和运用,是同他的两个基本思想分不开的。这就是:第一,保护私有财产的观念,当私有财产代替抽象的正义和秩序成为立法的最高指导原则时,对侵权损害的最适当的办法就是让受害者得到补偿;第二是公平和平等观念。在他看来,无论何人,在遭受损害时都应得到赔偿。②

4. 罗马法

王政时期,罗马人将违法行为分为公犯(crimen,delicta publica)与私犯(delictum,delicta privata)。前者为通敌、叛国等罪行,予以刑事处罚,所有罗马公民均有提出控告的权利和义务,实际上只有那些有权势的人才敢起诉,由国家直接加以刑事制裁。后者为侵害私人财产或人身(包括杀人、放火),这在当时被认为是对公共秩序影响不大的行为,行为人一般仅负损害赔偿责任,原则上也只有受害人才有权起诉。"从世界各民族的法律看,罗马法是最早区分公犯和私犯的,著名的公私法的区分也就是在此基础上发展而来的。"③

王政时代和共和国初期,叛国、篡权是公犯,其他的违法行为包括杀人、放火均是私犯。以后国家机器逐渐发达,公犯的范围逐渐扩大。共和国中期,罗马把杀人、放火、背誓、伪证、纠众扰乱治安等,都作为公犯。共和国末叶,由于社会秩序混乱,《科尔涅利亚侵权法》(Lex Cornelia de Injurlis 公元前82年—前79年通过)把原属私犯的伤人和侵犯住宅行为甚至也列为公犯的范畴。帝政以后又有所发展。

---

① 转引自周一良等主编:《世界通史资料选辑》(上古部分),第281页。
② 王卫国:《过错责任原则:第三次勃兴》,中国法制出版社2001年版,第28页。
③ 周枏:《罗马法原论》(下册),商务印书馆1994年版,第843页。

根据罗马法的规定,私犯的构成要件主要有:(1) 行为须造成了损害。无损害即无须赔偿。损害可以是物质的或精神的。(2) 须有不法侵害的行为。所谓不法,即为法律所禁止或不容许的;早期罗马法不把不作为视为不法,只有积极的作为才构成私犯。(3) 不法行为与损害之间有因果关系。(4) 行为人须有责任能力。不满 7 周岁的儿童和精神病人疾病发作时进行的侵权行为,可不负责任。对于已满 7 周岁不满 14 周岁的限制行为能力人,罗马法根据其为私犯时的年龄上限还是下限,以及行为人的智力发育程度来判断是否有责任能力。如接近 14 周岁,智力发育程度较高,就有责任能力。(5) 过错。早期罗马法不问行为人是否有过错,只有行为不法,且造成损害,即有责任。《十二铜表法》规定对杀人、烧毁房屋等过失或故意行为作轻重不同的处罚,不可抗力或事变造成的损害不负责任。如公元前 287 年的《阿奎利亚法》就明确规定:偶然事件应落在被击中者身上。

私犯的种类包括:盗窃、强盗、欺诈、胁迫、对物私犯(非图利如杀死他人奴隶、损毁他人财物)、对人私犯(如伤害、诽谤)等。构成私犯者,先是将受到复仇,后是处以罚金,最后演变为赔偿。①

罗马法上还有所谓的准私犯。它类似于私犯但未被纳入私犯的违法行为,包括审判员的渎职行为,倒泼和投掷损害,堆置或悬挂物损害,船东、旅馆主和马厩商的损害,动物损害,奴隶或家人损害等。

公元前五世纪中叶,罗马人制订了后世所称的《十二铜表法》。该法有关侵权责任法规则的条文占 30%。② 其中,第 8.2 条规定:"如果故意伤人肢体,而又未与受害者和解者,则他本身亦应遭受同样的伤害。"仍保留了同态复仇的原始习俗。而第 8.15A 条则规定:"当正式搜查时,物件在某人处寻到,或当该物件被带到窝藏者处时又在该处寻到者,处以该物件价值之三倍的罚款。"明显地带有惩罚性赔偿的性质。

二、近现代侵权责任法的发展演变

1. 大陆法系

(1) 法国法:1804 年《法国民法典》开始了民法法典化的进程。《法国民法典》承袭罗马法体系,将侵权作为"非合意之债"列为其第三编之中,并用

---

① 麻昌华:《罗马法上的侵权行为法》,载中国私法网,http://www.privatelaw.com.cn/,访问时间:2004 年 9 月 20 日。
② 王卫国:《过错责任原则:第三次勃兴》,中国法制出版社 2001 年版,第 30 页。

"侵权行为"和"准侵权行为"代替罗马法中的私犯和准私犯的概念。它设立了5个条文,打破了传统法就各类具体侵权行为分别规定的办法,对侵权责任作了高度概括性规定。其中最著名的就是第1382条的规定:"任何行为使他人受损害时,因自己的过失而致损害发生之人,对该他人负赔偿的责任。"该条的规定形成了侵权损害赔偿的一般的过错责任原则,成为近代民法的基本原则之一,在侵权法上具有划时代的意义。该法典的起草人塔里伯就曾说:"这一条款广泛包括了所有类型的损害,并要求对损害作出赔偿。""损害如果产生要求赔偿的权利,那么此种损害定是过错和不谨慎的结果。"①

此外,以下这些条款的规定同样具有划时代的意义。第1383条规定:"任何人不仅对其行为所致的损害,而且对其过失或懈怠所致的损害,负赔偿的责任。"该条规定了违反安全注意义务的民事侵权赔偿责任。第1384条规定:"任何人不仅对其自己行为所致的损害,而且对应由其负责的他人的行为或在其管理之下的物件所致的损害,均应负赔偿的责任。父,或父死后,母,对与其共同生活的未成年子女所致的损害应负赔偿的责任。主人与雇佣人对仆人与受雇人因执行受雇的职务所致的损害,应负赔偿的责任。学校教师与工艺师对学生与学徒在其监督期间所致的损害,应负赔偿的责任。前述的责任,如父、母、学校教师或工艺师证明其不能防止发生损害的行为者,免除之。"该条即最早关于所谓替代责任的制度。第1385条则是关于动物致人损害的侵权责任的规定:"动物的所有人,或使用人在其使用动物的期间,对动物所致的损害,不问是否系动物在管束之时或在迷失及逃逸之时所发生,均应负赔偿的责任。"而第1386条规定的是建筑物致人损害的侵权责任:"建筑物的所有人对建筑物因保管或建筑不善而损毁时所致的损害,应负赔偿的责任。"

由此可见,《法国民法典》以其极其简练的条文,对常见的侵权现象作了最一般的规范性规定。从而开创了近代大陆法系侵权立法的范例。

(2)德国法。1900年的《德国民法典》以31个条文(第823—853条,其中第835条已废止)就一般侵权、特殊侵权、共同侵权、监护人责任、损害赔偿范围、请求时效等作了一整套规定。其中,第823条第1款规定了一条比《法国民法典》第1382条更为概括的侵权责任法原则:"因故意或过失不法侵害他人的生命、身体、健康、自由、所有权或其他权利者,负向他人赔偿因此所生

---

① 转引自王利明:《侵权行为法研究》(上卷),中国人民大学出版社2004年版,第123页。

损害的义务。"该条区别过错与不法,完整地表述了侵权责任的构成,对于大陆法系的整个侵权责任法的制度建设具有重大意义。

(3) 日本法。1898年生效的《日本民法典》在第三编"债"第五章"侵权行为"中,用16个条文的篇幅(第709—724条)规定了侵权制度。其中,第709条属于侵权法的一般条款:"因故意或过失侵害他人权利时,负因此而产生损害的赔偿责任。"第710条的规定,似乎确立精神损害赔偿制度:"不问是侵害他人身体、自由或名誉情形,还是侵害他人财产权情形,依前条规定应负赔偿责任者,对财产以外的损害,亦应赔偿。"第二次世界大战后,《日本民法典》虽多次作了重大修订,但侵权规则变化不多,而是制定了一些相关侵权的单行法规,如《汽车损害赔偿保障法》(1955年,共91条),强化了机动车运营者的赔偿责任,建立了机动车强制责任保险制度、责任共同救济制度、政府保障事业制度等;①《制造物责任法》(1994年,6个条文),目的是对生产厂家制造的质量低劣的产品并导致消费者生命、身体及财产安全造成损失者,依法追究其责任,保护受害者,保障国民生活的安定向上,促进国民经济的健康发展。②《国家赔偿法》(1947年,6个条文),规定了政府官员违法行为的赔偿责任和公共工程管理不当的赔偿责任等。

(4) 俄国法。现代俄国法的前身是苏联的法律。而苏联的法律对我国法律的影响之深,是举世皆知的事。因此,介绍俄国的侵权责任法是十分必要的。

1922年《苏俄民法典》第13章以13个条文(第403—415条)规定了"由于使他人遭受损害所产生的债";其中第403条规定:"使他人的人身或者财产遭受损害的人,应当承担赔偿损害的责任。如果能证明这种行为是由于不能防止,或者由于授权,或者损害的发生是由于受害人本人的故意或者重大过失造成的,则免除这个责任。"由此我们可以说,苏俄民法普遍实行的是过错推定的归责原则;同时通过第407条建立职务侵权制度:"国家机关工作人员由于职务上的不正当行为所造成的损害,只有在法律特别规定的情形下,并且国家机关工作人员的这种行为经过该管法院或者行政机关认定不正当的时候,该国家机关工作人员所在的机关才担负责任。"

1964年《苏俄民法典》第三编"债"第40章"因致人损害而发生的债"建立了有28个条文的侵权责任法规则(第444—471条),其中规定了组织对其

---

① 于敏:《日本侵权行为法》,法律出版社1998年版,第296页。
② 王铭珍:《日本的制造物法》,载《中国安防产品信息》1995年第6期。

工作人员的责任(第 445 条)、正当防卫(第 448 条)、紧急避险(第 446 条)等。

1994 年《俄罗斯联邦民法典》第四编"债的种类"第 59 章"因损害的发生的债"则将侵权责任法的条文增加到 38 个(第 1064—1101 条),更加丰富完善了侵权责任法规则。其中第二节"对公民的生命和健康所致损害的赔偿"(第 1084—1094 条)就赔偿的范围、种类作了较详细的规定;第四节"精神损害的补偿"(第 1099—1101 条)还就精神损害的赔偿作了一般性规定。"精神损害的补偿独立于应赔偿的财产损害。"(第 1099 条第 3 款)

此外,现欧洲大陆各国民法典中关于侵权规定的条文有:《比利时民法典》第 1382—1386 条,计 5 个条文;《希腊民法典》第 914—938 条,25 个条文;《意大利民法典》第 2046—2059 条,计 14 个条文;《卢森堡民法典》第 1382—1386 条,5 个条文;《荷兰民法典》第 162—197 条,36 条;《奥地利民法典》第 1293—1341 条,计有 49 条,是目前大陆法系各国民法典中侵权法规则条文最多的民法典;《葡萄牙民法典》第 483—510 条,28 条;《西班牙民法典》第 1902—1910 条,仅 9 条。

2. 英美法系

(1) 英国法。有记载的侵权之诉最早出现于公元 1250 年,乃是一种原告起诉被告使用暴力但不构成犯罪的诉讼形式。源于 13 世纪的令状(writs)制度规定,任何人想在国王的普通法院提起诉讼,都需获得国王发出的令状。所谓令状,乃是国王发布的一种书面命令。令状上有国王的签名,其主要内容在于命令那接受令状的人去做或不做某事。[①] 当时适合侵权性诉讼的令状有两种,即直接侵权诉讼(the action of trespass)和间接侵权诉讼(the action on the case)。前者主要用于惩罚那些直接的严重破坏国家和平的犯罪行为,具有刑法惩罚性。如果被判侵权,被告要交付罚金,否则就要坐牢。同时法院也给原告一定的伤害赔偿。后者则是对直接侵权诉讼的补充,适用于惩罚那些并非直接,但却明显错误的行为。13 世纪末时,侵权诉讼已经得到广泛适用。1852 年英国颁布《普通诉讼程序条例》,废除了诉讼形式,在直接侵权和间接侵权的基础上,产生了一系列的新的侵权行为。英国侵权责任法规则是在一系列的判例的基础上形成的,没有一般侵权行为责任的法律原则。教科书将英国法上的侵权行为分为七种:对人身安全和自由的侵权,对个人名誉

[①] 周自痕:《英国普通法上的令状制度及其意义》,载法律史学术网 http://flwh.znufe.edu.cn/article_show.asp? id=1312,访问时间:2007 年 1 月 22 日。

的侵权,对财产的侵权,干涉家庭关系、合同关系和商业关系的侵权,欺骗行为,过失行为,法律程序的滥用。[①]

(2) 美国法。早期侵权责任法主要沿用英国普通法判例。如雇员法规是在英国判例 Priestley v. Fowler（1837 年）上形成的;超常危险行为责任是根据英国判例 Rylands v. Fletcher（1868 年）而形成的。但在形成过程中也有自己的发展。美国过失侵权责任的最早的判例为布朗诉肯多（Brown v. Kendall 1850）。案情是:被告想用一根棍子把正在打架的两条狗分开,没想到却戳伤了站在背后的原告。原告提起殴打与威吓的诉讼。法院判决被告不负侵权责任,因为他不具有这两种侵权的故意或过失。这个判例后来被美国大多数州引用。

19 世纪,由于美国正处在资本主义急剧发展阶段,法律需要保护政府和企业主的利益不会轻易受到损害,因此在侵权责任上的限制很多,如政府机构不因其工作人员的侵权而受到追究,公司可以"原告过失"（contributory negligence）和"自冒风险"（assumption of risk）及"雇员法规"（the fellow servant rule）等理由而逃避公司职员的侵权造成的伤害责任;顾客因使用产品受到伤害只能起诉直接卖货给他人的,不能起诉制造商。

如果说美国侵权责任法在 19 世纪为促进资本主义经济的高速发展,对制造商、厂商及政府的权益非常重视,而 20 世纪以来,法律注重对个人利益的保护,形成了以保护雇员、个人、消费者权益为重心的现代侵权责任法。侵权责任法有了长足的发展。政府的免责机会大大减少,超常危险行为须负严格责任,消费者可直接向制造商索赔,"比较过失"（comparative negligence）代替了"原告过失",即使原告有过失,公司亦须按比例赔偿。还出现了一些新的侵权形式,如侵犯隐私、过失精神伤害等;在程序上也消除了许多过去的障碍,使侵权诉讼更加简化。同时赔偿数额日趋增大。

在美国,对侵权责任法的概念、定义、原则的权威解释,除了判例外,主要依据美国法律学会撰写的《侵权法重述》（Restatement of Torts）。目前,《侵权法重述》已经发展到第三版。

英美侵权责任法的开放性和独立性,使其成为与财产法、合同法并列的民事法律三大支柱之一。同时,英美侵权责任法也对大陆法系的侵权制度产生了重要的影响。

---

① 杨立新:《侵权法论》（上册）,吉林人民出版社 1998 年版,第 121 页。

三、我国侵权责任法的历史发展

1. 古代中国侵权责任法

我国古代侵权责任法的发展,大致可以分为三个阶段。即以唐为中心,分前唐、唐、后唐三个发展时期。①

(1)前唐:包括奴隶社会以及封建社会中的秦汉至隋朝。此一时期法律典籍大多已经缺失。秦汉律规定,盗窃或强抢他人财物者,除应受刑事处罚外,还须归还赃物,创设返还之诉。《法律问答》:"卖所盗物,以买它物,皆畀其主。"还规定:"甲小未盈六尺,有马一匹,自牧之。今马为人败,食人稼一石,问当论不当? 不当论及赏稼。"②而对人身伤害皆按刑事处罚而不予赔偿。

(2)唐:《唐律》为中国古代法律的典范,在当时的世界各国立法中,独领风骚,成为当时最先进、最科学的法律。唐律规定了侵权责任的各种主要形式,包括损害赔偿、负债不偿还债、返还原物、恢复原状等;各项规定都比较具体,确立了过失责任原则,区分了各种责任的程序和免责条件,包括不可抗力。如《唐律疏议·杂律》就规定:"卒遇暴风巨浪,而损失财物及杀伤人者,并不坐。"即包括了因遇不可抗拒的力量而致他人损害的,免责。《唐律疏议·厩库》规定:"诸故杀官私马牛者,徒一年半。赃重及杀余畜产,若伤者,计减价,准盗论,各偿所减价,价不减者,笞三十。"说明对故意杀伤官私马牛者,除处以刑罚外,还要按损伤价值进行赔偿。而"其误杀伤者,不坐,但偿其减价。"③《唐律疏议·杂律》还规定:"诸侵巷街、阡陌者,杖七十。若种植垦食者,笞五十。各令复故。虽种植,无所妨废者,不坐。"所谓"复故",应可理解为"恢复原状"。

(3)后唐:宋代至清末,侵权责任法向日益完善方向发展。宋律规定了侵权的主体与客体,惩罚措施及补救措施等,主要有赔偿与恢复原状。《宋律》规定:"诸放官、私畜产损食官、私物者,笞三十。赃重者,坐赃论,失者减二等,各偿所损。若官畜损官物者,坐而不偿。""各偿所损",即体现了"全部赔偿"的原则;《至元新格》则规定:"若收贮不如法,防备不尽心,曝晒不以时,致有损败者,各以其事轻重论罪。所坏之物,仍勒赔偿。"《明律》规定:

---

① 王利明:《侵权行为法研究》(上卷),中国人民大学出版社2004年版,第138页。
② 叶孝信主编:《中国民法史》,上海人民出版社1993年版,第145页。
③ 孔庆明、胡留元、孙季平:《中国民法史》,吉林人民出版社1996年版,第335页。

"若放火故烧官民房屋及公廨仓库,系官积聚之物者,皆斩……,并计所烧之物减价,尽犯人财产折剉赔偿还官给主。"所谓"尽犯人财产折剉赔偿还官给主",即是指以犯人所有的全部财产折算成银两进行赔偿。①《清律》规定:"凡杀一家非死罪三人及支解者,凌迟处死,财产断付死者之家。"充分贯彻了刑事责任与民事赔偿责任并重的原则。

我国古代侵权责任法展现了如下几个方面的基本特点:

第一,诸法合体,民事规则简单粗糙。侵权责任法规则不是以成文法典的形式出现,而是分散在以刑事规则面目出现的各种律令(如唐律)之中,或是以"礼"的形式出现。

第二,责任形式繁杂多样。如杨立新教授研究得出的成果所示,仅在财产损害赔偿方面,其责任形式就有所谓"备偿""偿所减价""偿减价之半""倍备""折剉赔偿""追雇赁钱""着落均赔还官""还官、主"等;而在人身损害赔偿方面,则有所谓"赎铜入杀伤之家""断付财产养赡""追埋葬银""保辜"等等;其他还有"复旧""修立""责寻"等形式。②

与古罗马法相比,包括侵权责任法在内的我国古代民事规则相当落后,这已是不争之事实。然而,为什么落后?却是仁者见仁,智者见智。民国时代我国著名的法学家王世杰的评点或许值得我们关注。他认为:"中国历代法典对于近代民法典中诸规定之事由规定极少,盖钱田户婚等事只涉及私人与私人间之利益关系,专制国家以为与公益无涉,遂俱视为细故,因之律文亦多所疏略。"③

2. 近代中国侵权责任法

本文所指的近代中国,特指 20 世纪上半期的旧中国。此一时期的旧中国,内忧外患,战争频发,民不聊生;而有识之士举笔呼变,壮烈之人投笔从戎,是一大震荡、大变革的年代。仅从民事法律的演变来看,经历了清末修律到民国立法的剧烈变化。其中,侵权责任法规则亦得到了空前发展的机会。

(1)清末《大清民律草案》。清朝末期,饱受战争失败与被他国殖民之苦的有识之士,提出了要向西洋学习法政的主张;深处内外交困的清廷遂派人出西洋考察法制,建立修订法律馆,委派修律大臣,开始了中国近代史上最具历史意义的法律制订工作,先后制订了《大清新刑律》《大清民律草案》《大清

---

① 杨立新:《侵权法论》(上册),吉林人民出版社 1998 年版,第 92 页。
② 同上书,第 79 页。
③ 转引自叶孝信主编:《中国民法史》,上海人民出版社 1993 年版,第 8 页。

商律草案》《大清民诉律草案》和《大清刑诉律草案》等。上述法典的制订,一改盛行数千年之久的所谓中华法系传统,而转投大陆法系,奉行法典的思想,奠定了我国近代法制的基础。

上述法典中,特别值得我们研究的,当然是《大清民律草案》。该草案从1907年开始编修,到1910年底完成。不久清廷即被推翻,从而未能最终完成"民律"的生效,而成为历史上永远的"草案"。但尤其值得今天我们深思的,是当年指出的修订民律时所坚持的指导思想:"注重世界最普通之法则,原本后出最精确之法理,求最适于中国民情之法则,期于改进上最有利益之法则。"[1]即使就我们今天的立法来说,这些指导思想,仍具有重要的参考意义。

《大清民律草案》主要借鉴了日、德、法等国的立法,又保留了一定的中国特色。在侵权责任法方面,主要是规定在第二编"债权"的第八章"侵权行为"(第945—977条),计33条。其中,第945—947条为原则性规定;第948—956条,为特殊侵权的规定;而第957—975条,规定的是损害赔偿制度;第976—977条规定了消灭时效。另外,第一编"总则"第二章"人"(自然人)第三节有所谓"责任能力"的规定,从第37—40条,共4个条文。

《大清民律草案》首次确立了过错责任原则。第945条规定:"因故意或过失侵犯他人之权利而不法者,于因侵害而生损害负赔偿之义务。"《大清民律草案》还规定了七种特殊侵权,包括:官吏致害责任;共同侵权(共同危险);法定监督人的责任;雇佣人的责任;定作人指示过失的致害责任;动物占有人对动物致害的责任;瑕疵工作物致害责任。特殊侵权实行过错推定责任。规定了损害赔偿制度,主要有:身体受到伤害者的赔偿定期金;身体、自由或名誉受到侵犯时精神损害赔偿;偿所减价(损益同销);胎儿利益之保护;共同侵权。在有关消灭时效方面,《大清民律草案》规定:一般为3年,最长为20年;因侵权而受利益者,在时效完成后,应依不当得利返还之。

(2)《中华民国民律草案》。中华民国成立后,民法典的修订工作进展十分缓慢。从1922年在《大清民律草案》基础上进行修订,到1925年才完成草案。但因国会解散,未完成最后的立法程序,使得该草案亦未能正式生效实施,仅由北洋政府司法部通令各法院在司法中作为法理加以适用。有关侵权责任法规则的条文,主要是在《中华民国民律草案》第二编"债"第一章"通则"第一节"债之发生"第2款"侵权行为"中作了较全面地规定,从第246条

---

[1] 张晋藩:《清代民法综论》,中国政法大学出版社1998年版,第251—252页。

到第272条,共计27个条文。单从内容上来看,与《大清民律草案》并无大的变化。

(3)《中华民国民法》。《中华民国民法》,改"律"为"法",自1929年到1930年间先后公布施行。有关侵权责任法规则的体例,与《中华民国民律草案》大体相同,只将其从第2款移至第5款;而条文压缩到仅15条(第184条至第198条),文字更为精炼、准确。基本制度的设计上亦与《中华民国民律草案》大体相同;但针对有关侵权行为的诉讼,最长时效期间改为10年。

总结我国20世纪前期侵权责任法改革,我们可以看出,此一时期我国包括民事立法在内的法制建设,实现革命性的变化:从传统的所谓中华法系摇身一变,一步跨进了具有时代先进性的大陆法系;立法者勇于修律,冲破陈规,敢于借鉴国外的立法经验,并注重结合中国实际,使得我国的法制建设得到了跨越式的发展。但缺陷也是相当明显的:主要表现在立法缺少创造,抄袭的痕迹太重,借鉴的范围仅限于日、德,世界性眼光不足。

3. 新中国侵权责任法

新中国的侵权责任法制度的发展,经历了如同整个法律制度的曲折的发展时期;大致上可以分为四个时期:初创时期、法律虚无主义时期、复兴时期、发展时期。其中,初创时期与法律虚无主义时期,主要指20世纪50年代至70年代后期。在20世纪50年代初期,新中国刚刚从几十年战争的废墟上建立起来,各项事业都处于初创复兴的历史阶段。在法制建设方面,废除了包括《中华民国民法》在内的所谓六法,但同时又未来得及创建新法;因而只好全盘接受苏联的民法理论;在司法实践中主要依教科书来处理各种民事侵权案件。到了20世纪50年代后半期,由于各种历史的原因,法律虚无主义开始影响各项法制建设工作。到了"文化大革命"时期,中国民法更是受到了毁灭性的打击,侵权责任法规则几乎荡然无存。

进入20世纪80年代以来,随着依法治国的理念逐步深入人心,我国加紧了法制建设的进程,先后制订了一系列的法律法规。三十余年来,我国侵权责任方面的法制建设已经取得了长足的进步与发展。其中,1986年制定的《民法通则》基本确立了我国侵权责任制度的基本框架,为以后的侵权立法提供了较为坚实的法律基础。该法第六章以"民事责任"为标题,建立了我国统一的民事责任制度,为世界各国民事责任制度的立法提供了另外一种新颖的立法思路。该章以22个条文的篇幅(占全部156条的14.1%),确立了民事侵权责任的归责原则,明确了一般侵权责任,规定了几种具体的特殊侵权责任,确定了承担民事责任的主要形式等。此后,一系列的相关法律法规相继出台,如《国家赔偿法》《产品质量法》《消费者权益保护法》《道路交通安全法》《医疗事故处理条例》。另外,最高人民法院以司法解释的形式为我国侵权法律制度的完善作了重大的贡献。其中2001年的《关于确定民事侵权精神损害赔偿责任若干问题的解释》以及2003年的《关于审理人身损害赔偿案件适用法律若干问题的解释》为解决精神损害赔偿及人身损害赔偿问题提供了较全面而具体的审判规则。同时,侵权责任法理论上也得到了长足发展,推动了侵权责任法制度的进一步完善。2009年,《侵权责任法》的制订更是开了世界侵权立法之先河。

我国侵权责任法在三十年间飞速发展的客观事实,充分说明了法律制度的发展需要具备以下这几个方面的条件或环境:第一,政治思想的解放;第二,物质社会的富裕;第三,法制理念的飞扬;第四,权利意识的高涨;第五,法学理论的繁荣。

四、当代侵权责任法的展望

随着新世纪的到来,人类社会进入一个飞速发展的时代,人与人之间的关系越来越密切,财富亦越来越多,权利意识与法律意识亦越来越强。这些新的形势,一方面促使侵权责任法在调整人与人之间的关系、确保权利与利益方面发挥着更加重要的作用;另一方面,侵权责任法自身也随着社会情势的发展演变,出现了许多新的变化。主要表现在:

(1)归责原则的多元化,从过去的单一的过错责任原则,扩大到适用过错推定尤其是无过错责任,确立了全新的侵权责任的归责原则体系。在归责原则方面,古代社会的前期,实行客观归责;罗马法最早主张以过错来确定是否应承担责任的标准,而《法国民法典》最终确立了过错责任的原则。近现代工业革命的迅猛发展,导致社会生产经营的风险度日渐增加,如环境污染、产品致害、高危致害,极大地危害着人们的财产利益及人身健康的安全。而实行过错责任的归责原则,则有可能使得受害者得不到有效的救助。因此,无过错责任的归责原则便应运而生。

(2)更加注重对人身权的保护。传统侵权责任法只关注对财产权利的保护,而忽视了对人格权的侵权责任法保护。现代侵权责任法顺应历史潮流的发展,充分尊重人的自由、尊严与独立。自《德国民法典》第823条明确将"人的生命、身体、健康、自由"纳入到"侵权损害赔偿"的范畴开始,人格权在现代侵权责任法中的地位越来越高。许多国家的民法典都及时反映了这一重要变化,如《越南民法典》第310条规定:"因侵害他人生命、健康、名誉、尊严而造成他人精神损害的,行为人必须停止侵害、赔礼道歉、公开改正;并须给予受害人一定数额的金钱赔偿。"当前,侵权责任法对人身权的保护还扩大到了某些身份权(如配偶权、亲权、亲属权)的保护。

(3) 侵权责任法的保护范围不断扩大,从过去单纯保护权利,发展到对某些利益的保护。这主要是因为近十余年来,因自然人死后利益频遭侵害,直接影响到每个生者的利益安全,而不得不将对自然人的私法保护延伸到其死后。因此,通过立法或司法解释的方式,将侵权责任法的保护对象扩充到某些人身性质的利益。我国最高人民法院在《关于确定民事侵权精神损害赔偿责任若干问题的解释》中明确规定:以侮辱、诽谤、贬损、丑化等方式侵害死者的姓名、肖像、名誉、荣誉的,非法披露、利用死者隐私的,或者非法利用、损害死者遗体、遗骨的,死者的近亲属有权要求精神损害赔偿。我国的《侵权责任法》第2条主动回应了这种趋势,明确把侵权责任法的保护范围扩及"民事权益"。

第三节 侵权责任法的制订

一、我国侵权责任法制订

我国侵权责任法的制订经历了一个较长的时间。早在1986年我国《民法通则》将"侵权的民事责任"作为一项单独的制度加以全面地规定,意味着我国侵权责任法的立法已经启动。此后第二次正式开展侵权责任法立法工作,已是十多年后(2002年)的事。2002年年底《中华人民共和国民法(草案)》送交全国人大常委会正式进行了审议。该《民法(草案)》的第八编即以"侵权责任法"为题,对侵权责任法的基本内容作了较全面的规定。共10章68条。这10章分别是:一般规定,损害赔偿,抗辩事由,机动车肇事责任,环境污染责任,产品责任,高度危险作业责任,动物致人损害责任,物件致人损害责任,有关侵权责任主体的特殊规定。

与《民法通则》相比较,《民法(草案)》"侵权责任编"在制度设计与体系安排方面都有了一定的变化与进步。在制度设计方面,增加了过错推定、因果关系证明责任、抗辩事由、精神损害赔偿、损益同销以及机动车肇事责任等,进一步充实了产品责任、高度危险作业责任、环境污染责任、动物致人损害责任、物件致人损害责任和特殊责任主体等制度。在体系安排方面,则按照先一般规定、后特殊规定的逻辑结构进行编制。

《民法(草案)》后因涉及面广、内容复杂而中途停止制定,立法机关遂决定改采单行立法的传统模式,集中起草制定单行法规。2007年《物权法》出台后,立法部门集中全力开始转入起草制定《侵权责任法》。2008年年底,全国人大法律委员会将《侵权责任法(草案)》报送全国人大委员会进行审议,形成所谓的第二次审议稿(2002年底全国人大常委会审议的《民法(草案)》为第一次审议稿)。《侵权责任法(草案)》共分12章,88条。这12章分别是:一般规定,责任构成和责任方式,不承担责任和减轻责任的情形,关于责任主体的特殊规定,产品责任,机动车交通事故责任,医疗损害责任,环境污染责任,高度危险责任,动物致人损害责任,物件致人损害责任以及附则。

《侵权责任法(草案)》是在《民法(草案)》的基础上形成的,因此,保留了《民法(草案)》中的基本框架和基本制度,但也有一些变化。例如,取消了《民法(草案)》中原有的因果关系证明责任、损益同销、自助行为等制度,增加了责任并重原则、侵权的民事责任优先原则、产品责任中的惩罚性赔偿制度、医疗损害责任制度等。

经全国人大常委会审议后的《侵权责任法(草案)》在一定范围内予以公布,征集各界意见。社会各界广泛关注,纷纷发表看法与建议。各方意见及建议并不统一,分歧严重。由此可见,广大人民群众对我国的侵权责任法的建设十分重视。

2009年,侵权责任法的制订进入快车道。10月27日,全国人大常委会第三次审议《侵权责任法(草案)》。该草案分12章,91条。分别是:一般规定,责任构成和责任方式,不承担责任和减轻责任的情形,关于责任主体的特殊规定,产品责任,机动车交通事故责任,医疗损害责任,环境污染责任,高度危险责任,动物损害责任,物件损害责任,附则。全国人大常委会同年12月26日又第四次对草案进行了审议,最终通过了《侵权责任法》。该法已于2010年7月1日正式生效实施。

二、我国《侵权责任法》的结构内容与意义

我国最终通过的《侵权责任法》体系结构上秉承了第二次草案的内容,共分12章,有所不同的是,"动物致人损害责任"修改成"饲养动物损害责任"、"物件致人损害责任"改为"物件损害责任"等。整个法规共92个条文。从结构上来看,前三章属于侵权法总则方面的内容,而后九章则为侵权法分则规定,或者说规定的是特殊侵权责任的范畴。

《侵权责任法》开创了我国侵权责任制度的新局面,确立了侵权责任制度的一般规则。如侵权责任制度的一般条款、侵权责任的归责原则、共同侵权与共同危险行为、精神损害赔偿制度、交通事故责任、医疗损害责任等等。尤其是对当前一些有争议的重大问题,如民事利益的侵权责任法保护问题、死亡赔偿金问题、同命同价问题、公共场所受损的责任归属问题、医疗事故责任问题、高空抛物致损的责任归属问题,等等,都有了基本的正面回应。

《侵权责任法》的制订实施,不仅完善了我国的民事立法体系,为未来民法典的制订奠定了一个十分坚实的基础。可以说,《侵权责任法》的出台,为我国民法典的制订扫清了最后一个较大的障碍。更重要的是,《侵权责任法》的实施,为人们的民事活动提供了较好的法律准绳,为民事司法提供了较充分的法律依据,也为解决侵权责任法学术纷争起到了重要作用。同时,我国《侵权责任法》的制订,也开创了世界各国民事侵权立法的新篇章。

三、我国《侵权责任法》制订过程中若干重大理论问题

1. 我国侵权责任法的独立性问题

侵权责任法的独立性问题,在形式上来看,主要体现在我国未来民法典中,侵权责任法是不是应当从大陆法系的传统债法中独立出来,成为一编。之所以产生这个问题,其缘由就在于在传统的大陆法中,侵权责任法属于债法的范畴,不具独立性。早在罗马法中,就将债分为契约之债与私犯之债,明确将所谓私犯之债纳入到债的范畴体系中。这一分类方法及依此建立的债法体系对后世法律产生了重大影响。《法国民法典》将上述两种债分别称为"合意之债"和"非合意之债"(1370条)。《德国民法典》将侵权行为纳入"各种债的关系"之中。旧中国的民法典亦循此例。现在许多大陆法系国家或地区的民法典依旧如此。如1995《俄罗斯联邦民法典》将侵权责任称之为"因损害发生的债",规定在"债的种类"编中;同年制定的《越南民法典》将"非合同损害的赔偿责任"规定在第三编"民事债务与民事合同"中。1999年制定的我国澳门地区的《澳门民法典》同样将侵权责任制度规定在第二卷"债法"中。

在编纂我国民法典的过程中,就侵权责任法的编纂问题,我国学者提出了两种主要的思路:债编论、独立成编论。债编论主张仍然秉承大陆法系的传统做法,坚持将侵权责任法归于债法的范畴,或者至少应当是在债法的统领下维持一种相对地独立,形成所谓的债法总则编、合同法编和侵权责任法编三编并驾齐驱的债法体系格局。① 主张独立成编的观点则认为,侵权责任法之所以应当独立成编,主要有三个理由:第一,侵权责任法之于债法,其个性大于共性;第二,侵权责任法是一个权利保护法;第三,侵权责任法是确定裁判的规则,是裁判法。② 王利明教授更是从六个方面论证了侵权责任法独立成编的必要性。第一,注重债的关系的个性;第二,为了对侵权行为的受害人提供充分补救;第三,为保障法官处理侵权案件时正当行使自由裁量权;第四,维护民法请求权内在体系的和谐;第五,完善民事责任的救济体系;第六,顺应两大法系融和的世界趋势。③

可以想见,这些争论,在制订我国的民法典的过程中,仍将是一个重要的问题。

2. 我国侵权责任法的名称

关于侵权责任法的名称,传统上一直称为"侵权行为法"。但最近几年来,学者中越来越多人倾向于为"侵权责任法"。这种观点直接影响到相关侵权立法。如 2002 年的《民法(草案)》第八编就定名为"侵权责任法"。2008 年的《侵权责任法(草案)》亦是如此。赞成法律名称叫"侵权责任法"的学者认为:"'侵权行为法'强调个人为自己行为负责,而在现代社会,人们越来越多地要为他人的行为负责;'侵权行为法'更多地强调过错,而时至今日,公平责任、危险责任等日益增加,采用'侵权责任法'的名称,可以涵括这些不以过错为要件的责任。"而坚持"侵权行为法"名称的则认为,侵权法大部分内容是关于侵权行为形态和构成要件的规定,承担责任的基础是加害行为。并且认为"侵权责任法"这一法律名称与民法理论体系和民法典编纂体例不协调,因为任何法律都有相应的法律责任,如果侵权责任法叫"侵权责任法",就还要有"违约责任法","不当得利责任法","无因管理责任法",甚至"物权责任

---

① 梁慧星:《当前关于民法典编纂的三条思路》,载《律师世界》2003 年第 2 期。
② 杨立新:《中国民法典人格权法编和侵权行为法编专家研讨会讨论综述》,载杨立新民商法网,http://www.yanglx.com/dispnews.asp? id=152,访问时间:2007 年 6 月 12 日。
③ 王利明:《侵权行为法研究》(上卷),中国人民大学出版社 2004 年版,第 160 页以下。

法",等等。①

我们认为,批评"侵权行为法"的观点似乎有点强词夺理,而主张"侵权行为法"名称反倒是有一定的道理。因为,"为自己行为负责"仍然是当代侵权责任法的一项基本的原则;同时,过错也仍然是当代侵权责任法的基本的归责原则。而采用"侵权责任法"亦看不出包含了所谓"过错"的问题。其实,我们认为,侵权行为与侵权责任是两个紧密相关的命题或制度。行为是责任成立的前提,责任是行为的否定性评价,两方面缺一均无法单独存在。而无论是叫"侵权行为法"还是"侵权责任法",都会给人一种片面的感觉。因此,我们主张,与其叫"侵权行为法"或是"侵权责任法",还不如叫"侵权法"更妥当些。既在"行为"与"责任"间保持了一种中立,而且叫法简洁;亦与"物权法"、"合同法"、"婚姻法"和"继承法"等保持了一种语法上的和谐美、结构美。

---

① 梁慧星:《侵权责任立法若干问题》,载重庆大学法学院网 law.cqu.edu.cn/a/keyandongtai/2009/0625.html,访问时间:2009 年 9 月 22 日。

第二章 侵权行为概述

侵权行为是侵权责任法理论与制度中的最基本的概念之一,是指民事主体不履行民事义务,侵害他人人身权利、财产权利的行为。长期以来,关于侵权行为的概念、侵权行为的构成、侵权行为的基本类型,共同侵权行为、共同危险行为、耦合行为、行为人不明的侵权行为等基本问题,不仅在理论上争议激烈,在制度建设方面也存在空白。虽然我国《侵权责任法》对上述基本问题有的有了正面的规定,但存在的漏洞仍相当明显;有的则仍采回避态度。因此,认真梳理这些基本问题,并作出恰当地回答,对于科学地认识侵权行为、正确适用侵权责任制度,无疑具有现实的意义。

第一节 侵权行为概念

一、侵权行为的概念

1. 词源

"侵权行为"一词,在不同的语言中有不同的表述或含义。英语为 tort。该词源于拉丁语 tortum,原意指"扭曲"和"弯曲",以后逐渐演化为"错误"(wrong)的意思。法语为 delict,源于拉丁语 delitum,原意是"过错"、"罪过"。德语为 unerlaubte Handlung。日语为"不法行为"。① 《意大利民法典》中也采用了"不法行为"的术语(这也许是个翻译的问题)。

侵权行为的概念,直接来源于罗马法的私犯概念,但罗马人并没有对"私犯"下一明确定义。"私犯的概念,有关诉讼和刑罚所具有的、私人的和债的特点,这些都是原始制度的残余。根据这种原始制度,犯罪是产生债的真正的和唯一的渊源。""犯罪被区分为公犯和私犯,对于前一类犯罪,刑罚具有公共特点,即由国家科处刑罚(poena publica),无论对它们是否提起公共诉讼;对于第二类犯罪,即我们在这里论述的犯罪,人们为个人而接受刑罚,在早期历史时代,这种刑罚导致以钱赎罪。"② 1804年的《法国民法典》在历史上第一次使用了侵权行为的概念。该法典的第三编"取得财产的各种方法"的第四章"非因合意而发生的债"的第二节标题就是"侵权行为与准侵权行为"。1898年的《德国民法典》的第二编"债务关系法"第七章"具体债务关系"第二十五节也用了"侵权行为"这一术语。中文的"侵权行为"一词是舶来品,"最早于清末编定《大清民律草案》时才开始使用。"③该法典于第二编"债权"编第八章便以"侵权行为"术语就侵权行为问题作了系统的规定,计33条(第945—977条)。

2. 侵权行为的概念

我国《侵权责任法》并没有对"侵权行为"作明确的概念性规定;学术界对什么是"侵权行为"也没有一个权威的说法。下面介绍几种主要观点:

(1)指行为人由于过错侵害他人的财产权和人身权,依法应当承担民事责任的不法行为,以及法律特别规定应当承担民事责任的其他侵害行为。④

(2)侵权行为者,因故意或过失不法侵害他人之权利或故意以背于善良风俗之方法,加损害于他人之行为也。⑤

(3)侵权行为是指行为人由于过错,或者在法律特别规定的场合不问过错,违反法律规定的义务,以作为或不作为的方式,侵害他人人身权利和财产

---

① "所谓的'不法'在日常用语上,给人一种道德上不能允许,应该受到责难的行为的印象,日本学者认为,自罗马法以来,历史上这种概念构成不法行为(侵权行为)原型 delictum 的核心。"于敏:《日本侵权行为法》,法律出版社1998年版,第2页。
② 〔意〕彼德罗·彭梵得:《罗马法教科书》,黄风译,中国政法大学出版社1992年版,第284、401页。
③ 陈涛、高在敏:《中国古代侵权行为法例论要》,载《法学研究》1995年第2期。
④ 魏振瀛:《民法》,北京大学出版社、高等教育出版社2000年版,第675页。
⑤ 史尚宽:《债法总论》,中国政法大学出版社2000年版,第101页。

权利及其利益,依法应当承担损害赔偿等法律后果的行为。①

(4) 侵权行为,指因不法侵害他人的权益,依法律规定,应对所生损害负赔偿责任的行为。②

笔者认为,侵权行为,是民事主体不履行民事义务,侵害他人人身权利、财产权利的行为。这一概念表明了侵权行为是一个由三层相互紧密结合的、不可分离的部分组成的结构:

第一,侵权行为首先是"人的行为"。没有"行为"的存在,即不可能有"侵权"的事实。但应当指出的是,在侵权法上,要从广义上来理解这个"行为",侵权行为还包括致人以损害的某些"事件"或"事故"。如桥梁垮塌致路人以损伤事件;矿井爆炸致员工死伤事件等,亦属"侵权行为"的范畴。

第二,行为人的身份要求要具有民事主体的资格。当国家机关及其工作人员在履行其管理国家事务的活动中致他人以损害的,该国家机关或其工作人员即取得了民事主体的身份,该行为即具有了侵权的属性。

第三,所谓"不履行民事义务"与"侵害他人人身权利、财产权利"是同一客观表现的两种不同的表述,二者同时具备,无非想明确说明侵权行为的不正当性、非理性的性状。另外,这二者之间亦存在着某种逻辑上的因果联系:不履行民事义务是"因",而侵害他人人身权利或财产权利是"果"。而"不履行民事义务"并不一定会"侵害他人人身权利、财产权利"。因此,只有这二者同时具备,才能成立"侵权行为"。

3. 侵权行为的特征

(1) 行为的客观性。即行为应当是客观存在的事实,而非人们的臆断。这种客观性,无论是对当事人,或是负责审理本案的法官,都是存在于自己主观意志之外的事实。当事人的任务,就是要以各种证据去证明这种行为的客观存在;而法官的职责则在于利用各种证据去查证它的存在与否,而不是去创造或编造一个根本就不存在的侵权事实。

(2) 受害权利的绝对性。是指侵权行为侵犯的权利往往是那些民事权利中的绝对权,而非相对权,如人格权、身份权、物权、知识产权、财产继承权等;而相对权通常不能成为侵权行为的对象,侵害债权(相对权),通常情况下仅产生债不履行的责任;只有当侵害债权的行为人是债的当事人以外的第三人时,该侵害债权的行为才可以成立侵权行为。

---

① 杨立新:《侵权行为法专论》,高等教育出版社 2005 年版,第 29 页。
② 王泽鉴:《侵权行为法》(第一册),中国政法大学出版社 2001 年版,第 59 页。

二、侵权行为的构成

1. 学说

关于侵权行为的构成要件,学者间有不同的看法。如:

我国台湾著名民法学家王泽鉴先生认为:侵权行为有三层结构:即构成要件、违法性、故意或过失。① 构成要件指侵害他人之权利的行为而言,其组成因素包括行为、侵害权利、造成损害及因果关系。② 构成要件一旦具备,如侵害他人生命、身体、健康或所有权时,通常即可认定其违法性,故在违法性层次上所要检讨的是有无违法阻却事由存在,加害人对此应负举证责任。③ 在侵权行为结构上属于最上层的是故意或过失,并涉及责任能力问题。①

张新宝教授则认为:"侵权行为的构成要件,是指构成具体侵权行为的各种作为必要条件的因素。行为人的某一行为只有具备了法律规定的相关要件,才构成侵权行为,行为人才可能承担相应的民事责任。""基于过错责任原则所认定的侵权行为,其构成要件应为四个,即加害行为的违法性(简称"加害行为")、损害事实、加害行为与损害之间的因果关系以及行为人的过错";"在无过错责任的侵权行为案件中,须有三个构成要件,即加害行为、损害事实以及二者之间的因果关系。"②

我国台湾民法学者黄立教授主张:一般侵权行为要件可拆解为:① 有加害行为;② 行为违法;③ 行为人有故意或过失;④ 责任能力;⑤ 有损害发生;⑥ 所受损害须为他人权利;⑦ 行为与损害间有因果关系。③

从上述所引述学者的观点,我们可以看出,它们都有一个共同点,即都将"侵权行为的构成要件"混同于"侵权责任的构成要件"。行为是产生责任的基础,而责任是对该行为的否定性法律评价,两个范畴不同。因此,笔者认为,侵权行为的构成要件与侵权责任的构成要件,应是两个虽然紧密相连、但分属于不同范畴的概念。前者指构成"行为"本身所应具有的要素;而后者则指相关民事主体要对某致人以损害的侵权行为承担侵权责任时应具备的各项元素。侵权责任的构成要件,自然包含了侵权行为的构成要件,但侵权行为的构成要件并不包含侵权责任的构成要件。

---

① 王泽鉴:《侵权行为法》(第一册),中国政法大学出版社 2001 年版,第 87—89 页。
② 张新宝:《中国侵权行为法》(第二版),中国社会科学出版社 1998 年版,第 72、77、78 页。
③ 黄立:《民法债编总论》,中国政法大学出版社 2002 年版,第 242 页。

2. 观点

笔者认为,侵权行为的构成要件应当包括以下几个方面:

(1) 客观上存在着致人以损害的行为(或事件);为与"侵权行为"相区别,一般称之为"致害行为"或"加害行为"。这是构成侵权行为的本体。没有行为的存在,自不成立侵权。

(2) 有致他人以损害的客观现实性或可能性;如果该行为根本就不可能给他人造成任何损害,即无从成立侵权。客观现实性指损害已经实际发生;客观可能性则指虽然实际损害尚未出现,但这种实际损害的发生已经迫在眉睫;如不及时加以制止,任其发展下去,必然会给受害人造成实际的损害。

(3) 他人受损利益的合法性。这里所说的"合法性"具体表现在两个方面。第一,要求受害人所受损害的利益是合法的。如果他人受损的利益是非法的,则不可能成立侵权,更不需承担侵权责任。第二,要求受害人所受损害的利益具有法律上的依据。从法理而观之,权利有所谓实然权利与应然权利之分。前者是现行法律已经明确予以规定了的权利,如我国《物权法》上所规定的财产所有权、农村土地承包经营权、建设用地使用权;《民法通则》规定的自然人的生命健康权、姓名权、肖像权、名誉权等人格权,都属于实然权利。侵害了受害人的这些权利的,自然构成侵权行为。但应然权利能否成为侵权法的保护对象,则是一个需要研究的理论与制度问题。所谓应然权利,即指人之所以为人,在这个社会中应当享有,但现行法律尚未明确规定的权利,比如吃饭、走路、睡觉等。权利的泛滥,必然导致人们自由空间被挤压。因此,绝不是权利越多越好。现实生活中,一方面是有些应然权利理应上升为实然权利,却因某种原因尚未实然化。这说明我国立法仍然任重道远。另一方面,也有人却在滥用应然权利,动不动就将某种利益权利化,如所谓"亲吻权案件"[①]即为一例。它将导致法律的虚化。

同样的道理,现代侵权法将利益纳入到侵权法的保护范畴中来,对侵权法构成了巨大的冲击与威胁,势必破坏侵权法的权威性。这主要是因为利益

---

① 2001年某日晚10时许,吴某开车将陶某撞伤,经医院诊断为:"嘴唇裂伤,门牙折断。"交警部门认定吴某对事故负全责。车祸后,陶某经常出现短暂失忆;两颗门牙折断,影响身体的完整性,损害了撕咬食物的功能;与丈夫亲吻时常常感到害怕、有排斥感,严重阻碍了她与丈夫的感情交流。她认为,作为妻子,不能与丈夫感受亲吻时醉人的甜蜜;作为人母,也不能像往常一样满足女儿的"索吻"。便向法院起诉,请求判令吴某赔偿其身体权、"亲吻权"、健康权、财产权等损失人民币3.9万元。《四川爆出"亲吻权"索赔案》,载 http://health.sohu.com/66/88/harticle15168866.shtml,访问时间:2003年9月27日。

自身内涵的不确定性,使得"利益"会成为法官自由裁量权可以任意发挥的"法杖",使得侵权法成为任人打扮的小女孩,将有损法律的威望;严重束缚人们行为的自由,导致人们无所适从。

第二节　侵权行为的形态与类型

一、侵权行为的形态

1. 行为的界定

什么是行为?《现代汉语词典》中将"行为"界定为人的"受思想支配而表现在外面的活动。"从这个概念,可以看出,"行为"具有这样几个方面的特性:第一,行为是一种人的活动;第二,这种活动要通过一定的形式表现于外部,而不再是隐藏在行为人的内心之中;第三,这种活动受行为人的思想意志支配。王泽鉴教授也认为:"所谓行为,系指受意思支配,有意识之人的活动。"①

而对于侵权法上的所谓"致害行为",学者间也有不同的看法。如张新宝就认为:"加害行为指加害人以积极方式或消极方式实施的作用于他人合法民事权益的违法行为。"②我国台湾学者黄立也认为:"加害行为指任何由意思支配之行为,因而在客观上可以归责者。"③

以上所引述的各种概念,均不约而同地将行为与行为人的主观意思联系起来,强调是在人的思想支配下所实施的。如此说来,那些出乎行为人意料之外的外部活动,就不属于这里所说的"行为"了。如依此说,在梦游中致他人以损害的,就不是人的"行为"了。可见,这种说法应当是有问题的。因此,我们不认为一定要把"思想"与"行为"挂起钩来。行为只是一种单纯的客观外在表现事实。至于行为人在行为时主观上有无意识,有无思想,是何种意识或思想,均不影响行为的成立。

2. 行为的形态

行为一般可作如下分类:

---

① 王泽鉴:《侵权行为法》(第一册),中国政法大学出版社 2001 年版,第 89 页。
② 张新宝:《中国侵权行为法》(第二版),中国社会科学出版社 1998 年版,第 80 页。
③ 黄立:《民法债编总论》,中国政法大学出版社 2002 年版,第 243 页。

（1）作为与不作为；

（2）自己行为与在其监控下的他人的致害行为或物品致害事件；

（3）单独行为与数人行为；

（4）单方行为与双方行为。

3. 作为与不作为

作为，指有所而为，通常表现为一种动作，可由外部认识之。大多数致人损害的行为，都表现为是一种作为。如动手伤人、损毁他人财物等。作为的侵权，是违反不作为义务的法律后果。

不作为，则指有所不为。[①] 不作为成立侵权，须以作为义务的存在为前提。而作为义务或基于契约而生，或基于法律的直接规定而生，或基于自身行为而生。侵权法上的作为义务，主要是源于后二者所生。前者如我国《环境保护法》第31条第2款规定的，对于"可能发生重大污染事故的企业事业单位，应当采取措施，加强防范。"后者如在道旁挖坑时，应设置明显的保障措施。我国澳门地区《民法典》第479条亦明确规定："基于法律或法律行为，有义务为一行为而不为时，单纯不作为在符合其他法定要件下即产生弥补损害之义务。"

作为与不作为有时不易区分。如驾车行驶途中，遇红灯时未停车（不作为），撞上（作为）横穿马路的行人。当不作为构成作为的因素时，仍应以作为对待。

4. 自己行为与在其监控下的他人的致害行为或物件致害事件

（1）自己行为（直接行为）；侵权行为通常是由责任人自己亲自实施的。责任人指使或唆使他人实施侵犯他人合法权益的，亦属于此样态。毫无疑问，责任人应当依法对自己实施的侵权行为承担民事侵权责任。

（2）在责任人监控下的他人的致害行为。如雇员在执行雇佣活动时所实施的民事违法行为，国家公务员在执行职务时致人损害的行为，法人机关及法人工作人员执行法人事务时实施的民事违法行为，无民事行为能力或限制民事行为能力人实施的致人损害的行为等，均属此样态。监护人、管理人应对在其监护或管理之下的人所实施的民事违法行为依法承担民事责任。

这种情形下的侵权，责任人与行为人是分离的。也就是说，直接实施致他人以损害的"行为"的所谓"行为人"并不需要向受害人承担侵权责任，而

---

① 王泽鉴：《侵权行为法》（第一册），中国政法大学出版社2001年版，第91页。

是由监控他/它的人(在此我们称之为"责任人")向受害人承担。这是不是与侵权法上的"自己责任原则"相冲突？我们认为,责任人对此承担侵权责任的客观基础,仍然是其自身的不作为。责任人往往是因疏忽或懈怠,对自己监控下的员工、物品、作业等未尽相关注意、监督、防范等义务,以致于造成他人的损害。因而,责任人对受害人承担侵权责任,仍然表现为是对自己的过失行为负责。

5. 单独行为与数人行为

一个人所单独实施的侵权行为,为单独行为;而二人或二人以上对同一对象所实施的侵权,则为数人所为的行为。数人所为的侵权,不仅存在着行为人应如何向受害人承担侵权责任的问题,而且还存在一个数行为人内部如何分担该责任的问题。

数人所为的行为中,大致又可以分成几种情形：其一,该数人均实施了致他人以损害的行为,且行为与受害人的损害之间具有因果联系。这种情况下,数行为人有可能成立共同侵权;其二,该数人均实施了致他人以损害的行为,但只有其中个别人的行为直接造成了受害人的实际损害,其他人的行为仅仅只是具有致他人以损害的危险性。这种情况成立共同危险行为;其三,该数人中仅有个别人实施了致人以损害的行为,其他人甚至没有任何举动,甚至在发生损害后还根本不知情。这种情况则构成加害人不明的侵权。

6. 单方行为与双方行为

单方行为,指一方针对另一方单独实施的行为。在这种行为样态中,加害人与受害人的身份与法律地位清晰明确。如甲突然抢走乙的财物,乙因此遭受了财产损害。甲是加害人,乙是受害人。甲需依法向乙承担侵权责任。

双方行为则指加害人与受害人相互实施的行为。如互殴行为。在这种行为状态中,无论是只有一方受到了损害,还是双方都有损害,双方都互为加害人和受害人。对双方行为所致的损害,应当适用过错相抵的原则,受害人需就其行为给自己带来的损害承担相应的责任,以此减轻另一方的赔偿责任。

二、侵权行为的类型

1. 一般侵权行为

在侵权法学说上,通常将侵权行为分为两大基本的类型,即所谓"一般侵权行为"与"特殊侵权行为"。

通说认为,一般侵权行为,是指行为人基于过错而造成他人财产或人身损害,依法应承担侵权责任的行为;如王利明教授认为:"从《民法通则》的规定来看,凡是符合《民法通则》第106条第2款关于过错责任的规定,侵害他人的财产和人身的行为,都是一般侵权行为。"[1]张新宝教授同样认为:"我们认为,一般侵权行为和特殊侵权行为的区别主要在于:一般侵权行为是指行为人因过错实施某种行为致人损害时,应该适用民法上的一般责任条款的侵权行为。"[2]杨立新也主张:"一般侵权行为是指侵权行为一般条款规定的侵权行为,即行为人基于自己的过错而实施的、适用过错责任原则和侵权责任的一般构成要件的侵权行为。"[3]

笔者认为,这种关于一般侵权行为的观点是错误的。错误就在于以行为人主观上的过错,来为一般侵权行为定性;给人的印象就是:凡适用过错责任的归责原则的侵权行为,都属一般侵权行为。这应当是一种谬误。因为,在公认为特殊侵权的范畴内的某些侵权,亦适用过错责任原则。如我国《侵权责任法》规定的"医疗损害责任",就明确规定适用过错责任的归责原则。

笔者认为,所谓一般侵权行为,应当是指那些侵害他人合法民事权益,而法律并未作特别规定的,从而适用侵权法的一般条款的行为。它具有"普遍性""一般条款性"和"自己行为性"等基本特征:(1)"普遍性"表明,该类侵权行为是广泛存在的,在各个领域均存在一般侵权现象。(2)所谓"一般条款性"则表明只要是不法侵害了他人的合法权益,而法律又未作特别规定的,则适用侵权法的一般条款规定的规则。(3)"自己行为性",是指行为人直接对自己的侵权行为给受害人所造成的损害承担侵权责任。行为人与责任人是同一个人。这充分体现了责任自负的原则。

以侵权行为所直接侵害的受害人的权利性质的不同,我们通常把一般侵权行为分成:侵害财产权的行为、侵害知识产权的行为、侵害人身权的行为等。

2. 特殊侵权行为

按照通说,特殊侵权行为,是指"由法律直接规定的,无需具备一般侵权行为的成立要件而须就他人财产或人身损害负侵权责任的行为。"[4]或"指当

---

[1] 王利明:《侵权行为法研究》(上卷),中国人民大学出版社2004年版,第20页。
[2] 张新宝:《侵权责任法原理》,中国人民大学出版社2005年版,第17页。
[3] 杨立新:《侵权行为法专论》,高等教育出版社2005年版,第46页。
[4] 魏振瀛主编:《民法》,北京大学出版社、高等教育出版社2000年版,第678页。

事人因与自己有关的行为、物件、事件或者其他特别原因致人损害,依照民法上的特别责任条款或者民事特别法的规定应当承担民事责任的行为。"①

笔者认为,特殊侵权行为是指由民事普通法或特别法具体规定的,不适用一般侵权责任的侵权行为。它具有"特殊性""法定性""间接行为性"等基本特征:(1)"特殊性"主要表现在:或是要求行为人具有特定的身份,或是行为发生在特殊的场所(行业),或是产生特殊的法律效果,或是需要以特殊的方法加以解决。(2)"法定性"则要求特殊侵权应有法律的特殊规定;现行侵权法或特别法对侵权现象未作特殊规定的,则属一般侵权行为的领域,要适用侵权法的一般条款。(3)"间接行为性",则主要表现在侵权的行为或现象往往是责任人所监控下的人或物所致,而非责任人自身的行为。责任人与行为人是相分离的。

如前所述,特殊侵权行为的法定性,表明特殊侵权行为必须要有法律的明文规定。到目前为止,我国现行法律法规具体规定的特殊侵权行为,主要有《民法通则》第121—127条、第133条分别规定了"职务侵权""产品责任"(《产品质量法》有更具体的规定)、"高度危险作业致损责任""环境污染责任"(一系列"环境保护法"对此有更具体的规定)、"地面施工致损责任""物件致损责任""动物致损责任""被监护人致损责任"等。此外,《道路交通安全法》《证券法》《医疗事故处理条例》《学生伤害处理办法》等分别对机动车道路交通肇事责任、证券欺诈责任、医疗事故责任、学生伤害责任等作了具体的规定。而《侵权责任法》从第四章起,用七章的篇幅,分别对特殊主体(包括所谓替代责任)、产品责任、机动车事故损害责任、医疗损害责任、环境污染责任、高度危险责任、饲养动物损害责任、物件损害责任等特殊侵权作了较为全面的规定。

根据上述规定,我们还可以进一步将特殊侵权行为及其由此而产生的侵权责任分成"他人致害""物件致害""场所致害""风险致害""事故致害"等类型。"他人致害",指在责任人监控下的人如雇员、公务员、被监护人等所直接实施的侵权行为。"物件致害",指责任人监控下的物件如产品、建筑物、动物等致人损害的事件。"场所致害",指受害人是在特定的场所如施工场所、公共场所内受到的损害。"风险致害",则指某些本身具有致他人以损害的高度风险的行业致人损害的现象,包括高危作业致害、污染环境的致害以及竞

---

① 王利明主编:《民法》,中国人民大学出版社2008年版,第683页。

技体育中致害。"事故致害",则指因交通事故、医疗事故、工伤事故而致害的特殊侵权现象。

我们要认识到,特殊侵权行为的体系具有开放性。随着社会生活的发展,各类不同类型的侵权现象将会不断涌现;又因其自身的某些特殊性,而需要将其纳入到特殊侵权的范畴中来,如商业欺诈、专家责任等。可以预见,特殊侵权的体系将会不断地扩大。

3. 适用

还需要指出的是,一般侵权行为与特殊侵权行为,均属于侵权的范畴,都具有致受害人的合法权益包括财产权益或人身权益于损害的不适法的后果。但在适用时,特殊侵权规则应具有优先适用性的特点。只有在法律未作特殊规定时,则应按一般侵权来处理。

第三节 侵权行为与违约行为、行政违法行为、犯罪行为

一、侵权行为与违约行为

1. 违约行为的概念

违约行为即违反合同的行为,表现为合同当事人一方或双方未按合同约定的条件履行自己的义务,如卖方拒不给货、承租方拒付租金、承揽方交付的建筑物经验收不合格,等等。

2. 侵权行为与违约行为之异同

(1) 侵权行为与违约行为的主要相同点:① 同为民事违法行为;② 违反的是民事法律;③ 承担的法律责任均属民事责任的范畴;④ 责任形式大多相同(如损害赔偿)。

(2) 侵权行为与违约行为的主要不同点:① 行为产生前提不同:违约以行为人与受害人之间有有效合同的存在为前提;侵权则不以合同为基础;② 行为违反的义务性质不同:违约违反的是合同当事人之间的约定义务,侵权违反的是法律所规定的法定义务;③ 行为人的身份不同:侵权行为的行为人是不特定的,一切绝对民事法律关系中的负有义务的不特定的人,都可能会成为侵权行为人;而违约行为的行为人是特定的,必须是合同关系的当事人,当事人以外的第三人不可能违约。④ 行为侵害的对象不同:侵权行为侵害

的是绝对权(债权在一定条件下亦可成为侵权的对象);违约行为所侵害的对象是基于合同所产生的债权,属于相对权。⑤ 承担责任的形式不同:如请求继续履行、支付违约金等,只能属于违约责任的形式。①

3. 侵权行为与违约行为的竞合

侵权行为与违约行为的竞合,是指同一致人以损害的民事违法行为既具有违约的性质,又具有侵权的性质,是为行为竞合。现实生活中,行为竞合的表现形式主要有两种情形:其一,因违约而侵权;即违约是侵权的前提。如甲乘坐乙的出租车,途中因乙操作不当翻车而受伤。此时,乙的行为既违反了应保证乘客平安送至目的地的默示合同条款,构成违约,依法应承担违约责任;又因侵害了乘客的人身权利而构成侵权,应承担侵权责任。又如,饭店提供有毒食品致食客中毒致害;商家出售质量低劣的商品,致消费者财产或人身受损,等等。其二,因侵权而违约,即侵权是违约的原因。如承租方故意损毁其所承租的物品(侵权),致其租赁期满时无法返还租赁物(违约)。

当同一行为具有侵权和违约双重属性时,受害人即依法可享有侵权损害赔偿请求权和违约损害赔偿请求权。受害人能否同时主张这两种请求权,学说及制度设计上有不同的做法。我国《合同法》第122条规定:"因当事人一方的违约行为,侵害对方人身、财产权益的,受损害方有权选择依照本法要求其承担违约责任或者依照其他法律要求其承担侵权责任。"对这一问题,我们将在本书的第三章中再作进一步地说明。

二、侵权行为与行政违法行为

1. 行政违法行为的概念与类型

从实施违法行为的行为人的身份的不同,通常有两种表现:其一,是行政相对人所实施的行政违法行为,即作为行政相对人一方的公民、法人或其他社会组织违反行政法律法规规定的行政管理秩序,依法应当承担行政法律责任的行为;其二,是行政主体所实施的行政违法行为,即行政主体或公务员违法行使行政权力,依法应当承担行政法律责任的行为。有学者将前者称为"狭义的行政违法行为",而将后者称为"违法的行政行为"。②

2. 侵权行为与行政违法行为的区别

(1) 侵权行为与行政相对人所实施的行政违法行为的区别:① 违反的

---

① 马俊驹、余延满:《民法原论》(下),法律出版社1998年版,第1000—1001页。
② 杨立新:《侵权法论》(上册),吉林人民出版社1998年版,第25—26页。

法律性质不同。侵权行为违反的是民法；而行政违法行为违反的是行政法。② 法律后果的责任性质不同。侵权行为产生民事侵权责任，而行政违法行为产生的是行政责任。③ 责任形式不同。侵权责任多表现为财产性的责任，而行政责任除了财产责任（如罚款、没收非法所得）外，还有人身性质的责任（如行政拘留、劳动教养）和政治性质的责任（如行政处分）。④ 受害人不同。侵权行为的受害人是普通的自然人、法人、其他社会组织，它们都是民事主体，即使是国家利益受到侵权损害的，此时国家亦是以一个普通的民事主体的身份出现的。而行政违法行为侵害的是国家行政管理秩序，可以说"受害人"是国家。

（2）侵权行为与行政主体实施的行政违法行为的区别：① 行为发生的领域不同。行政主体的行政违法行为发生在行政管理领域中；侵权行为发生在几乎整个社会领域，凡涉及人们财产、人身利益的领域都有可能发生侵权现象。② 行为的主体资格不同。行政违法行为人只能是行政主体，包括行政机关或行政机关的工作人员；侵权行为人的主体不受任何限制，可以是任何具有民事主体资格的自然人、法人或其他社会组织。③ 法律责任的性质、形式不同。行政违法行为产生的是行政法律责任，包括撤销决定、返还权益、履行职责、行政处分等；而侵权行为产生的是民事侵权责任，责任人主要承担赔偿损失、恢复原状、返还原物等形式的责任。

3. 侵权行为与行政违法行为的竞合

行政违法行为与侵权行为产生竞合，在行政管理活动当中，亦是相当常见的现象。当行政主体的行政违法行为同时成立侵权的，依据我国《行政诉讼法》和《国家赔偿法》的相关规定，应向受害人承担行政侵权责任或国家赔偿责任（职务侵权责任）；同理，行政相对人在实施行政违法行为的过程中，造成其他民事主体的合法权益以损害的，该行为人依法既要承担相应的行政责任，又有可能要向受害的民事主体承担侵权责任；在制度建设上，二者之间不存在责任竞合的问题。对此，我国《侵权责任法》在第4条第1款中就明确规定："侵权人因同一行为应当承担行政责任或者刑事责任的，不影响依法承担侵权责任。"

三、侵权行为与犯罪行为

1. 侵权行为与犯罪行为的历史渊源

人类法制社会的早期，普遍地存在二者不分现象。古代东方的国家里，刑法发达而私法的发展相对落后,因此,对比较严重的侵权行为或侵害人身权利的行为,绝大多数情况下都按犯罪来予以制裁。"在中国古代,对比较严重的侵权行为或侵害人身权利的行为,绝大多数情况下都按犯罪予以制裁,……因此说,中国古代不存在独立的侵权行为法,只有附属于刑法的侵权行为法例。"①"秦汉在法家思想指导下,认定一切损害他人人身与财产的行为都是犯罪,应受刑罚处罚。至于造成对方损害是否应当赔偿,如何赔偿,目前尚缺乏足够的史料。"②而在私法较为发达的西方古代社会里,则普遍地将犯罪行为"私化"为侵权行为。如罗马法的某些"私犯"与"公犯"同属于犯罪行为。"犯罪是产生债的真正的和唯一的渊源。"③19世纪英国著名的法律史学家亨利·梅因就明确指出:"古代社会的刑法,不是'犯罪法';这是'不法行为'法,或用英国的术语,就是'侵权行为'法。"④无论是何种表现形式,都充分说明,侵权行为与犯罪行为二者具有血缘上的联系。但是,从现代法的部门法眼光来看,这二者之间存在的本质上的差别是十分明显的。

2. 侵权行为与犯罪行为的区别

(1)法律依据不同。认定侵权行为的法律依据是民法,而认定犯罪行为的法律依据是刑法。(2)性质不同。侵权行为是一种违反民事法律规定而侵害他人的合法民事权益,应当承担民事责任的行为;犯罪行为则是一种违反刑法的规定,危害社会利益和秩序,依照刑法应负刑事责任的行为。(3)制裁的目的和方式不同。对犯罪行为进行制裁主要目的是惩罚犯罪分子,在惩罚的基础上对犯罪分子进行教育和改造。对侵权行为人的制裁主要目的是为了补偿受害人所受到的损失,通过补偿来恢复被破坏的民事权利,从而保护受害人的利益。从制裁方式看,对犯罪行为主要采取剥夺和限制犯罪人的人身自由,甚至剥夺生命的惩罚形式,对犯罪人的财产制裁只是附加刑;而侵权行为则主要采用赔偿损失,从财产上加以制裁。(4)法律对其行为的形态的要求不同。犯罪行为无论预备、既遂、未遂,都可能构成犯罪;侵权通常仅限于既遂的行为。(5)处理案件适用的程序不同。对犯罪行为追究刑事责任适用刑事诉讼程序,而追究侵权行为的民事责任的程序一般是民事诉讼

---

① 陈涛、高在敏:《中国古代侵权行为法例论要》,载《法学研究》1995年第2期。
② 叶孝信主编:《中国民法史》,上海人民出版社1993年版,第144—145页。
③ 〔意〕彼德罗·彭梵得:《罗马法教科书》,黄风译,中国政法大学出版社1992年版,第401页。
④ 〔英〕亨利·梅因:《古代法》,沈景一译,商务印书馆1959年版,第208页。

程序,即使是刑事附带民事诉讼,本质上仍应是民事诉讼程序。①

3. 侵权行为与犯罪行为的竞合

当犯罪行为造成受害人人身或财产权益遭受损害的,该行为又可构成民事侵权行为,行为人依据刑法要承担刑事责任;依据民法的规定则需同时承担民事侵权责任。根据我国《刑事诉讼法》第 77 条的规定,受害人可提起刑事附带民事诉讼,以维护自己的合法的财产、人身权益。我国《侵权责任法》第 4 条第 1 款进一步强调:"侵权人因同一行为应当承担行政责任或者刑事责任的,不影响依法承担侵权责任。"

第四节　数人所为的侵权行为

一、共同侵权行为

1. 共同侵权行为概念

共同侵权行为,又称共同加害行为,指二人以上(含二人)基于共同的故意(或过失),不法侵害他人人身权利、财产权利的侵权行为。

古罗马法对共同侵权就有规定,但规定的较简单。古罗马皇帝查士丁尼在《法学总论》中规定:"不仅可以对实施侵害行为的人,例如殴打者提起侵害之诉,而且可对恶意怂恿或唆使打人嘴巴的人提起侵害之诉。"②对于属数个所有主共同所有的家畜所造成的损害,"数个共同所有主负连带责任(in solidum)。"③

1804 年的《法国民法典》采取概括式对一般侵权行为作了抽象规定,而对共同侵权行为只字未提,但实践中却认可共同侵权行为。只有德国民法首开先河。1900 年《德国民法典》第 830 条规定:"数人因共同侵权行为造成损害,各人均对此损害承担责任。在数人中不能确定谁为加害人时,亦同。教唆人和帮助人视为共同行为人。"第 840 条规定:"数人共同对某一侵权行为所发生的损害负有赔偿责任者,视为连带债务人。"这一规定确立了现代民法关于共同侵权行为的立法模式。此后,大陆法系国家瑞士、日本、意大利、奥

---

① 魏振瀛主编:《民法》,北京大学出版社、高等教育出版社 2000 年版,第 677 页。
② 〔罗马〕查士丁尼:《法学总论》,张企泰译,商务印书馆藏 1989 年版,第 203 页。
③ 〔意〕彼德罗·彭梵得:《罗马法教科书》,黄风译,中国政法大学出版社 1992 年版,第 407 页。

地利等纷纷仿效。

中国古代,民刑不分,没有独立的共同侵权行为制度,共同犯罪制度适用于共同侵权。最早确立共同侵权行为制度的当是《大清民律草案》。该法第950条规定:"数人因共同侵权行为加损害于他人者,共负赔偿之义务。不能知孰加损害者,亦同。教唆人及帮助人视为共同行为人。"第972条进一步规定:"侵权行为所生之损害有数人共任责者,数人作为连带债务人而任其责。"此条系借鉴德国法的立法例。我国1986年的《民法通则》第130条规定:"二人以上共同侵权造成他人损害的,应当承担连带责任。"最高人民法院在《关于贯彻执行〈中华人民共和国民法通则〉的若干问题的意见(试行)》第148条中作了补充规定:"教唆、帮助他人实施侵权行为的人,为共同侵权行为人,应当承担连带民事责任。教唆、帮助无民事行为能力人实施侵权行为的人,为侵权人,应当承担民事责任。教唆、帮助限制民事行为能力人实施侵权行为的人,为共同侵权行为人,应当承担主要民事责任。"《侵权责任法》第8条和第9条分别再一次规定了共同侵权和教唆与帮助的共同侵权形态。其中第8条关于共同侵权的规则与《民法通则》的规定毫无二致:"二人以上共同实施侵权行为,造成他人损害的,应当承担连带责任。"但是在有关教唆与帮助形态下的共同侵权的责任构成有所变化。

2. 共同侵权行为的基本特征

一般认为,共同侵权行为具有以下基本特征:

(1)主体的复数性。这是区别单独侵权与共同侵权的首要特征。共同侵权意味着侵权行为人在人数上至少是两个人,或者是二人以上。

(2)行为的关联性。各行为人的加害行为具有关联性;它们之间相互联系,构成为一个统一的、不可分的行为整体。它们既可能是共同的作为,也可能是共同的不作为。在数个行为人中,可能事先具有明确的分工,也可能事先并没有分工。但各个行为人的行为都是构成一个致人损害原因的不可或缺的一部分。

(3)行为人的共同过错性。指数个行为人主观上具有共同故意或过失。共同过错是各行为人依法应负连带责任的基础。正是基于共同过错,各行为人的行为才能构成为一个整体。

(4)结果的单一性。共同侵权行为制度着重于解决数行为人对其共同侵权行为给受害人造成的损害的责任分担问题。因此,它并不考虑受害人人数或遭受损害的种类等。在共同侵权的情况下,无论是多少个受害人或某个受害人所遭受的损害有多少,都应当将其抽象为一个整体来看待。

3. 共同侵权行为的构成

(1)各构成要件分析。在有关共同侵权行为的构成要件中,一般所讨论的有三个:即所谓"主体要件""客观要件"和"主观要件"。

第一,主体要件,指要求共同侵权行为人必须是二人或二人以上。是否要求行为人都须具有相应的民事行为能力?限制行为能力人或无民事行为能力人能否成为共同侵权的主体?对后一问,从最高人民法院的《关于贯彻实施〈中华人民共和国民法通则〉若干问题的意见(试行)》第148条来看,司法机构对此作区别对待:既然"教唆、帮助无民事行为能力人实施侵权行为的人,为侵权人",则实施侵权行为的无民事行为能力人就不被视为"侵权行为人",而不构成共同侵权;但"教唆、帮助限制民事行为能力人实施侵权行为的人,为共同侵权人"。说明限制民事行为能力人仍可实施共同侵权,成为共同侵权行为人。有人认为,"无行为能力人无识别自己行为之意识能力,而且由于年幼或精神方面之欠缺而极易为他人所教唆。因此,教唆、帮助无民事行为能力人实施侵权行为,实为将无行为能力人作为加害工具而侵害他人合法民事权益。"①仅凭其欠缺意识能力就成为不成立侵权行为的理由,那么如果数个行为人均是无行为能力人,是不是他们所实施的侵害他人合法民事权益的行为也不是侵权行为?本人以为,是否成立侵权行为与应否承担侵权责任不是同一个层面上的问题,成立侵权行为并不一定要承担侵权责任,因为还要看该侵权行为是否具备其他构成要件。从这个意义上讲,即使是无行为能力人也可以成为侵权行为人。那么,限制行为能力人更不待言。

第二,客观要件,即在客观上要求数行为人共同实施了致他人以损害的致害行为。然何谓行为的"共同"?理论上却有所谓"共同行为说"与"关联共同说"两种不同的学术观点。"共同行为说"强调数行为人的侵权行为之间紧密结合成一个整体,从而或是无法分清哪种损害是谁人所为,或虽然可以明确分清各人在致受害人以损害的共同行为中所起的实际作用,但这些各个人的作用必须相互配合,才能最终发生他人损害的事实。而所谓"关联共同",则是指数人的行为相互间即使是独立的,但只要他们的独立行为对受害人造成了实际的损害,而各人在这种损害中所起的作用如何无法分别时,亦可成立共同侵权。我国台湾著名民法学家史尚宽先生就认为:"民法上之共

---

① 张新宝:《中国侵权行为法》,中国社会科学出版社1998年版,第154页。另参见王利明:《侵权行为法研究》(上卷),中国人民大学出版社2004年版,第711页。

同侵权行为与刑法上之共犯不同,苟各自之行为,客观上有关联共同,即为足矣。"①相比这两种观点,可见,"共同行为说"在认定共同侵权行为方面较之"关联共同说"更为严谨、谨慎些。

第三,主观要件,指数人在实施共同侵权的过程中主观上共同存有过错。有关共同侵权行为的主观要件方面,亦存在"意思联络说"与"共同过错说"两种学术主张。"意思联络说"是侵权法上最传统的观点,认为共同行为人之间必须有意思联络。什么叫"意思联络"?有人认为:"意思联络是指各个行为人具有共同的故意或进行恶意的串通。"②这种说法应当说是有问题的。如果说具有"恶意的串通"属于意思联络,但仅有"共同的故意"如无"联络",仍不成立"意思联络"。所谓"意思联络",按照其字面上的理解,即数行为人之间意思上有沟通,如一起出谋划策、互递信息等。通过意思联络,使各行为人的主观意志统一为共同意志,使各行为人的行为统一为共同的行为。该说的立意在于严格限制扩大共同侵权及连带责任的适用范围以免加重行为人的责任。"共同过错说"则主张不必有意思上的联络,只要数行为人有共同的故意甚或共同的过失,亦可成立共同侵权行为。

(2)关于构成共同侵权行为应当具备哪些基本要件,有二要件说(主体要件,客观要件)、三要件说(主体要件,客观要件,主观要件)等。

第一,二要件说,主张共同侵权行为只需具备主体要件与客观要件即可,不问数行为人主观上是否有共同过错。如我国台湾著名的民法学家王伯琦即持此观点。他认为:民法上的共同侵权与刑法上的共同犯罪不同。刑法上的共同犯罪以犯意为中心观念;而民法上的共同侵权制度则以补偿为目的。"如其损害之发生系由于行为人之共同行为,纵使其无意思之联络,应即时负连带责任。反之,如其损害之发生非由行为人之共同行为,则纵使其有意思之联络,除其应负教唆中帮助之责任外,也难使其负共同加害行为之责任。"③

第二,三要件说,主张成立共同侵权行为应当同时具备主体要件、客观要件和主观要件。认为二要件说既不符合"为自己行为负责"的原则,亦不见得更有利于受害人。④ 我国多数学者持共同过错说,认为共同过错说更符合事

---

① 史尚宽:《债法总论》,中国政法大学出版社2000年版,第166页。
② 王利明:《侵权行为法研究》,中国人民大学出版社2004年版,第697页。
③ 王伯琦:《民法债编总论》,台湾编译馆1997年版,第80页。
④ 王利明:《侵权行为法研究》,中国人民大学出版社2004年版,第693、696页。

物的本来属性,能够更准确地揭示共同侵权行为的本质特征。"共同侵权行为的本质特征在于数行为人对损害结果具有共同过错。"① 但并不同意"意思联络说"。认为,采"意思联络说",要求数行为人有意思上的联络,必将给受害人证明行为人是否具有意思上的联络的难度,并且导致共同侵权行为难以成立。② 目前国内学者中仍然坚持"意思联络说"的已经不多了。但仍有人在坚持。其基本观点是:如果在共同侵权行为中取消了"意思联络"这一要件,"将会严重的背离侵权法中'自己责任'的原则,不适当地扩大了连带责任的范围。""必将无法正确地区分共同侵权行为、单独的侵权行为与共同危险行为。"③

我们赞成意思联络说的观点及理由,认为共同侵权还是应以因意思联络而形成的共同故意为必要。

(3) 共同侵权行为构成要件的制度安排。从学术界关于共同侵权的构成要件的各种学说中,我们可以看到,关于共同侵权行为的客观构成要件,大体上有"共同行为说"与"关联共同说";而共同侵权的主观要件,则有所谓"意思联络说"与"共同过错说"。这四种基本学说中,按照共同侵权行为的构成从"严"→"宽"的标准来排序,当以"意思联络说"为最严;"关联共同说"为最宽。因此,共同侵权行为的构成要件,究竟应采何种学说,其实只是一个法律政策的考量问题。"如果采用严格的主观说,即要求行为人必须具有共同的意思联络,那么,必将给受害人证明行为人是否具有意思联络强加了过重的举证责任,并且将导致共同侵权行为难以成立,这对受害人的保护不利。但如果采用客观说的话,则又过分地保护了受害人的利益,而对行为人过于苛刻。"④

2003年12月最高人民法院在《关于审理人身损害赔偿案件适用法律若干问题的解释》的第3条就共同侵权行为的构成要件作了如下规定:"二人以上共同故意或者共同过失致人损害,或者虽无共同故意、共同过失,但其侵害行为直接结合发生同一损害后果的,构成共同侵权,应当依照民法通则第一百三十条规定承担连带责任。二人以上没有共同故意或者共同过失,但其分别实施的数个行为间接结合发生同一损害后果的,应当根据过失大小或者原

---

① 王利明:《侵权行为法研究》,中国人民大学出版社2004年版,第694页。
② 同上书,第693页。
③ 程啸:《论意思联络作为共同侵权行为构成要件的意义》,载《法学家》2003年第4期。
④ 王利明:《侵权行为法研究》,中国人民大学出版社2004年版,第693页。

因力比例各自承担相应的赔偿责任。"

从上述规定来看,我国最高司法机构在关于共同侵权行为的构成要件方面,所采的学说既有"共同过错说",又有"共同行为说"。所谓"直接结合",其实应当可以理解为是"共同行为"。因其"是指数人的行为具有直接关联性,构成一个整体成为引起损害发生的原因。"而所谓"间接结合"就只能理解为是"关联共同"了。因为它是"指数人的行为不构成引起损害发生的统一原因,各行为对损害后果之发生分别产生作用。"①因此,在共同侵权行为的构成方面,数行为人主观上有意思联络或共同过错,或虽不具备意思联络或共同过错的主观要件,只要客观上有共同行为,即可成立共同侵权行为。应当说,最高人民法院放弃极端的做法而采中庸之道的此举,是完全可以理解的,也是值得赞赏的。问题在于提出一对所谓"直接结合"和"间接结合"的概念,让人费解,在实践中也难以把握。

我国《侵权责任法》第8条仍然没有就共同侵权的构成作出任何明示或默示的规定。因此,在今后的司法实践中,最高法院的上述解释仍旧具有重要的指导意义。

4. 共同侵权行为的法律效果

(1) 对外数行为人向受害人负连带责任。根据各国法律的规定,共同侵权行为人对其侵权行为负连带的民事责任。早期大陆法系各国的民法典均对此有明确的规定。近十几年来制定的新的民法典同样坚持了这一态度。如《俄罗斯联邦民法典》第1080条规定:"共同致害人,对受害人负连带责任。"《越南民法典》第620条规定:"在数人共同造成损害的情形,共同加害人对受害人负连带赔偿责任。"我国澳门地区《民法典》第490条也规定:"如有数人须对损害负责,则其责任为连带责任。"但也有不同规定。如《匈牙利民法典》规定:造成人身伤亡的,或损害是不可分时,才考虑确定为连带责任;而如果受害人本人有过错或者不合理地迟延了请求权的行使,则法院可以无需考虑是连带责任还是按份责任,而直接让赔偿义务人承担按份责任。②

确定连带责任的目的,是通过加重行为人的责任,使受害人处于优越的地位,保障其赔偿权利能得到更有效地实现。至于为什么要使共同侵权行为人承担连带责任这样一种较重的民事责任,学者间有不同的看法。有的认为,这是因为数人共同致人损害,较之于单独致人损害,对受害人的危害更

---

① 张新宝:《侵权责任法原理》,中国人民大学出版社2005年版,第81—82页。
② 转引自王利明:《侵权行为法研究》,中国人民大学出版社2004年版,第719页。

重,因而应使行为人负连带责任;有的学者解释为,在共同侵权行为中,因各个行为人对损害结果所起的作用难以确定,或损害本身具有不可分割性,故应使行为人负连带责任。也有的则指出这是因为共同过错使然。其实,承担连带责任的法理基础应当是:共同侵权行为在客观上和主观上的共同性以及结果的不可分割性决定了每一个行为人都应当对整个损害承担全部责任。所以,确定各行为人对共同侵权给受害人造成的损害,承担连带责任,是公平、合理的。

（2）对内承担按份责任。从数行为人的内部来看,每一行为人按其在行为中所起作用承担按份责任。每个人承担责任的大小应如何确定？有的国家或地区的民法对此有如下规定。如《越南民法典》第620条明确规定:"共同加害人中各个加害人的赔偿责任依各自的过错程度予以确定；若不能确定各人的过错程度,则共同加害人平均承担赔偿责任。"我国澳门地区的《民法典》第490条第2款亦规定:各人的赔偿范围,"按各人过错之程度及其过错程度所造成之后果而确定；在不能确定各人之过错程度时,推定其为相同。"我国《侵权责任法》第14条亦明确规定:"连带责任人根据各自责任大小确定相应的赔偿数额；难以确定责任大小的,平均承担赔偿责任。"然没有确定如何确定责任大小的客观依据。

我们主张依以下原则来确定各人的赔偿责任:

首先,依各行为人在共同侵权行为中的主观过错程度,过错程度大的,承担主要责任；过错程度较轻的,承担次要责任。

其次,当无法确定各人的过错程度时,则依各人在共同侵权行为中所起的作用（原因力）的大小来确定。

最后,如既不能确定各人的过错程度,又不能确定各人的原因力大小,则按均等原则确定各人的责任。

在实务中,确定了各行为人对受害人的损害承担连带责任及其份额后,如何追究行为人的赔偿责任,有三个不容忽视的技术性问题。其一,受害人放弃对某一行为人的求偿时,该行为人所应承担的责任份额,是否由其他行为人负连带清偿责任？其二,法院在确定各被告的连带责任的判决中,是否亦应明确各人的责任份额？其三,承担了连带责任的行为人,如何向其他行为人追偿？

第一,受害人放弃对某一行为人的求偿时,该行为人所应承担的责任份额,是否由他人负连带清偿责任？受害人的求偿权,属于私权利的范畴,自然可以放弃。但是,放弃求偿权,一是要采明示的意思表示;二是要向赔偿义务人或裁判机构作出放弃的表示;三是表示放弃的时间,最好是在判决执行之前。因为判决执行之后再表示放弃的,会影响到被执行人的责任分担,或增加新的诉累。问题在于,当受害人放弃对某一行为人的求偿要求时,是否有权要求其他行为人负责清偿被放弃的行为人应当承担的那一份额的赔偿责任?这涉及债权人免除连带债务人中之一人或数人的债务时的效力问题。这种效力可能包括两个方面:一是这种免除对其他连带债务人没有效力,即其他债务人仍然要承担被免除者本应承担的那一部分债务;二是免除后,对其他债务人同样具有免除效力,即其他债务人不应再负担已经被免除的部分的债务了。对此,法国法的规定并不明确,容易产生误解。《法国民法典》第1285条规定:"债权人为连带债务人之一人的利益,以契约约定免除或解除该债务人的债务,亦告解除其他连带债务人的债务,但如债权人明示保留对其他债务人的权利,不在此限。"这其中,"亦告解除其他连带债务人的债务"一句中的"债务"是指所有连带债务人的"债务",还是该被免除的债务人依按份责任应当承担的那一部分债务?我们认为,免除意味着彻底消灭被免除的债务,因此,既然债务被免除,就应当理解为其他的连带债务人亦不应再承担此部分的债务了。否则,对其他连带债务人是不公平的。除非赋予其他债务人在承担清偿责任后仍然有权向被免除者进行追偿的权利。不过这样又有悖于债权人放弃的意愿。所以,放弃对某一行为人的赔偿责任请求权的行为,对其他连带责任人具有放弃效力,受害人不得要求其他行为人承担连带赔偿责任。对此,最高人民法院在《关于审理人身损害赔偿案件适用法律若干问题的解释》中的第5条规定:"赔偿权利人在诉讼中放弃对部分共同侵权人的诉讼请求的,其他共同侵权人对被放弃诉讼请求的被告应当承担的赔偿份额不承担连带责任。人民法院应当将放弃诉讼请求的法律后果告知赔偿权利人,并将放弃诉讼请求的情况在法律文书中叙明。"

第二,法院在确定各被告的连带责任的判决中,是否亦应明确各人的责任份额?从利弊来分析,如果法院在判决中不明确各行为人应当承担的份额,有可能会增加当事人的诉累。因为当某一行为人承担了全部或大部责任后,向其他行为人行使追偿权时,就需要确定各行为人的具体份额。一旦各行为人就分担的份额有争议时,就会发生新的诉讼。另外,当受害人放弃对某一行为人的求偿权,也需要明确该被免除者应当承担的具体份额,以便其他行为人从其连带责任中剔除此部分责任。但如果需要法院在判决中明确各行为人的份额,会产生不良影响的主要有两个方面:一是增加了法院查明各行为人在共同侵权行为中的过错程度和原因力、以确定各行为人的具体应承担责任大小的诉讼负担,影响诉讼的进程;二是会误导行为人,以为他们只需向受害人承担确定份额内的责任,而拒绝受害人要求其承担连带责任的请求。二者利弊权衡,我们认为,还是以在判决书中明确各行为人的具体份额为佳。

第三,承担了连带责任的行为人,如何向其他行为人追偿? 承担了连带责任的行为人,有权向其他行为人进行追偿。《民法通则》第 87 条规定:"负有连带义务的每个义务人,都负有清偿全部债务的义务;履行了义务的人,有权要求其他负有连带义务的人偿付他应当承担的份额。"这种追偿权的基础是不当得利制度。因为,其他行为人应当承担责任而没有承担,获得了利益;而承担了连带责任的行为人因承担的责任超过自己应当承担的份额,相应地遭受了损失,二者间具有直接的因果联系。因此,其他行为人的获得属于不当利益,应当予以返还。①

追偿权成立的条件包括:其一,有连带责任的存在;其二,有责任的清偿行为;其三,清偿超过了自己应承担的份额。追偿权人在行使其追偿权时,只能就自己超过其份额的部分进行追偿;同时,其他行为人亦不再向追偿权人负连带清偿责任。因此,追偿权人只能向其他各行为人主张按份的清偿责任。对于这一点,目前有所谓追偿权扩张之理论与做法。如我国台湾地区"民法典"第 282 条第 1 款规定:"连带债务人中之一人,不能偿还其分担额者,其不能偿还之部分由求偿权人与其他债务人按照比例分担之。"通过追偿权的扩张,以维护追偿权人的利益,达到鼓励追偿权人向受害人清偿债务的目的。

追偿的范围包括被追偿的行为人应当承担的份额,以及该份额所产生的利息、损害赔偿金额,以及追偿的费用等等。

5. 特殊的共同侵权行为

所谓特殊的共同侵权行为,主要包括教唆行为与帮助行为两种。

(1) 教唆行为,指利用言语对他人进行开导、说服,或通过怂恿、刺激、利诱等办法使被教唆者接受其意图的侵权行为。如唆使未成年人偷盗别人财物、教唆他人行凶等。教唆行为与被教唆者的加害行为一起,构成了共同侵

---

① 王利明:《侵权行为法研究》,中国人民大学出版社 2004 年版,第 731 页。

权行为。

教唆行为的构成应具备以下条件：

第一，有教唆行为的存在。教唆行为包括对他人进行开导、说服、怂恿、刺激、利诱、唆使等。胁迫他人偷盗或行凶者，也应成立教唆。因为无论是哪一种教唆手段，实际上把被教唆者当成了侵权的工具，理应对其教唆的行为致他人以损害的事实承担相应的侵权责任。

第二，被教唆者实行了教唆的行为。被教唆者没有实施被教唆的行为，有两种情形：一是被教唆者未实施任何致他人以损害的行为；二是被教唆者虽然实施了某种致他人以损害的行为，但该行为并非教唆者所教唆的行为和企图达到的损害结果。虽然实施了教唆者所教唆的行为，但并没有达成教唆者的意图所达到的损害结果的，仍成立教唆行为。

第三，教唆者与被教唆者主观上存有共同过错。在这里，所谓"共同过错"，指要求教唆者与被教唆者的过错必须是同一的。对于教唆者，一般情况下，在主观上应当存有教唆的故意；但个别情况下，某甲的某个举动或言语，无意间引起了某乙的犯意并实施了致人以损害的行为的，亦可成立教唆。

教唆行为既然成立共同侵权，因此，原则上教唆者应与被教唆者向受害人承担连带责任。其内部责任的分担，依连带责任制度的有关规则处理。但是，如被教唆者为无行为能力人或限制民事行为能力人时，教唆者如何承担责任？最高人民法院在《关于贯彻执行〈中华人民共和国民法通则〉若干问题的意见（试行）》第148条中有明确规定：如教唆无行为能力人，则由教唆者承担全部责任，而如教唆限制行为能力人者，则应负主要责任。无行为能力人和限制行为能力人的监护人是否要承担相应的责任，则无规定。但我国《侵权责任法》对此有所改动。该法第9条第2款规定："教唆、帮助无民事行为能力人、限制民事行为能力人实施侵权行为的，应当承担侵权责任。该无民事行为能力人、限制民事行为能力人的监护人未尽到监护责任的，应当承担相应的责任。"如此规定，不仅没有区分被教唆者是无行为能力人，还是限制行为能力人，教唆者须承担全部的侵权责任，而作为被教唆者的限制行为能力人无须对其在被教唆的情形下所实施的侵权责任承担侵权责任。所以，在教唆、帮助情形下所为的侵权责任，应不属于共同侵权的范畴。而如果侵权行为的受害人或教唆者能够证明无行为能力人、限制行为能力人的监护人未尽到监护责任的，监护人应承担相应的责任。这里，所谓"相应的责任"不能理解为由监护人与教唆者共同承担连带责任，而只是一种按份责任；其责任的大小,一般应考虑监护人的过错程度确定。

我们还需要讨论的是,如果教唆者亦是无民事行为能力人或限制民事行为能力人的,其是否仍需对教唆、帮助行为承担侵权责任?这里,可能要区分以下几种不同的情形:

第一,被教唆者为完全民事行为能力人的,应由被教唆者承担全部责任。

第二,被教唆者亦为无民事行为能力人、限制民事行为能力人的,责任分配可否按以下原则进行:双方都是无民事行为能力人或限制民事行为能力人的,平均分配责任;教唆者为无民事行为能力人而被教唆者为限制民事行为能力人的,由被教唆者承担主要责任;教唆者为限制民事行为能力人而被教唆者为无民事行为能力人的,由教唆者承担主要责任。

(2)帮助行为,是指通过提供工具、指示目标或以言语激励等方式在物质上或精神上帮助他人实施侵权的行为。在性质上,帮助行为亦构成共同侵权。

帮助行为成立共同侵权的,应具备以下条件:

其一,实施了帮助行为。包括提供工具、指示目标或以言语激励等方式在物质上或精神上帮助他人来实施侵权。在这里,采用"以言语激励"方式的,是教唆行为,还是帮助行为?这二者之间的区别,主要在于被教唆者的犯意是教唆者的教唆所引起的,而被帮助者自身即具有犯意。

其二,被帮助者实施了致他人以损害的行为,并客观上造成了他人的损害。该损害与帮助行为之间具有因果联系。

其三,帮助者与被帮助者主观上具有共同过错。因提供工具、指示目标等,均属于事实行为,因此,并不要求帮助者具有相应的民事行为能力。

帮助行为成立后,帮助者与被帮助者向受害人承担侵权赔偿责任的基本规则适用教唆行为规则。

二、共同危险行为

1. 共同危险行为的概念

共同危险行为,又称准共同侵权行为,是指二人以上实施的同一性质的行为具有对他人人身或财产造成损害的危险性,且事实上已经给受害人造成了实际损害,但无法判明谁是具体加害人的现象。

共同危险行为具有以下基本特征:

第一,数人实施了同一性质的侵害行为。即数人的行为在客观上都具有危及他人财产或人身利益的现实可能性。

第二,客观上已给他人造成了实际损害。

第三,损害是由数人中某个或某几个的行为所造成的,但不能确知谁为具体加害人。

共同危险行为制度来源于罗马法。根据罗马法,"如果从建筑物中落下或投出的任何物品在公共场所造成损害,住户无论是否具有过错,均可受到'落下物或投掷物致害之诉'(actio de effusis et deiectis)的追究,被要求双倍地赔偿损失。如果造成一名自由人死亡,任何市民均有权提起诉讼,罚金将是 50 金币;如果造成伤害,审判员有权裁量应当支付的赔偿。同一房间的数名房客将负连带责任。"①首先在民法典中规定共同危险行为的是《德国民法典》该法第 830 条规定:数人因共同侵权行为造成损害,各人均对此损害承担责任。"在数人中不能确定谁为加害人时,亦同。"此一规定后为各国民法所确认,如《日本民法典》第 719 条、《大清民律草案》第 950 条、《中华民国民律草案》第 248 条、《中华民国民法》第 185 条。但我国在《民法通则》中对此未作任何规定,只是在司法实践中得到了肯定。2003 年最高人民法院在《关于审理人身损害赔偿案件适用法律若干问题的解释》中的第 4 条规定:"二人以上共同实施危及他人人身安全的行为并造成损害后果,不能确定实际侵害行为人的,应当依照民法通则第一百三十条规定承担连带责任。共同危险行为人能够证明损害后果不是由其行为造成的,不承担赔偿责任。"一般认为,我国《侵权责任法》第 10 条第一次对"共同危险行为"作了正式的规定。

确定共同危险行为制度具有重要的现实意义。首先,它使受害人处于优越的地位,能使其受到侵害的权利及时得到补救,更有利于充分维护其合法权益;其次,也有利于消除纠纷,促进安定团结。

2. 共同危险行为的构成要件

共同危险行为一般须具有主体要件、客观要件与主观要件三个方面。主体要件,要求实施危险行为的人在两个或两个以上;客观要件,则要求数危险行为具有共同性;主观要件强调数行为人主观上具有共同过错性。

(1) 共同行为问题。

关于"共同行为"的确定,理论上有两种不同的观点。一是所谓"行为之共同说",认为行为人的行为须具有共同的一体性,才能构成共同行为。此说

---

① 〔意〕彼德罗·彭梵得:《罗马法教科书》,黄风译,中国政法大学出版社 1992 年版,第 405—406 页。

主导了大陆法系很长时期。二是"致害人不明说",强调致害人的不能确知性,即只需致害人不明,不须行为在时间、场所上的关联;行为虽不在同时、同地发生,只要均具有造成损害的可能性,仍可以构成共同危险行为。这两种学说的主要分歧在于是重行为的共同性,还是重致害人的不能确知性。它们对受害人和行为人的利弊亦不同。如采"行为之共同说",则不利于受害人。"因为受害人要证明各行为人行为的共同性,而该共同性的决定因素又具有不确定性。所以,该举证责任本身对受害人而言就是一种负担。另外,在异时、异地发生数个危险行为而不知实际加害人时,受害人就不能通过共同侵权行为得到救济,只能求助于一般侵权行为,但是由于不能证明实际加害人,最终的结果就是受害人在这种情况下得不到任何救济。"相反,如采"加害人不明说",则不利于行为人。因为受害人的上述不利因素都不存在,而行为人承担责任的可能性就大大增加。① 近年来,大陆法系国家理论界开始倾向于后者。美国辛德尔诉阿伯特制药厂案(Sindell v. Abbott Laboratories)②,即为典型的案例。

(2) 共同过错问题。

首先,非致害人是否存在过错?共同危险行为中,虽存在数个人的可能致人以损害的行为,但是其损害后果仅是由其中某个或某几个行为人的单独行为所造成的,只是不知为何人所造成。这样,共同危险行为的行为人就存在致害人与非致害人之分。共同危险行为制度要求致害人主观上存在过错,那么,非致害人是否也有过错?学者间有争论。有的认为非致害人主观上有过错;有的认为没有过错。因为过错的存在须以损害后果的发生为前提,没有损害的发生也就无所谓有过错;而危险行为人中非致害人的行为尽管造成了危险状态,但并未发生实际损害,因而也就不存在过错。笔者以为,即使依此观点,要说非致害人主观上没有过错,恐怕也是没有说服力的。非致害人的行为虽未给受害人造成实际的人身伤亡或财产损毁,但已经致受害人于一

---

① 刘凯湘、余文玲:《共同危险行为若干问题研究》,载《河南省政法管理干部学院学报》2005年第3期。

② 辛德尔是一个乳腺癌患者,患病的原因是她的母亲生她前服用了防止流产的乙烯雌粉。经研究发现,此药有致癌作用。为此,辛德尔向法院提起损害赔偿之诉,但是当时生产此药的化学工厂有11家,而她无法证明她的母亲究竟服用了哪家工厂的药品。辛德尔提起损害赔偿之诉后,初审法院不予受理,上诉法院则判决当时生产此药的11家化学工厂的制造商对原告的损害负连带赔偿责任。参见〔美〕罗伯特·考特、托马斯·尤伦:《法和经济学》,张军等译,上海三联书店、上海人民出版社1999年版,第468—469页。

种危险境地,亦应是一种损害。

其次,过错的内容是什么?有学者认为,从主观上看,共同危险行为人主观上没有致人损害的故意。即既没有共同的故意,也没有单独的故意,而只存在疏于注意的共同过失。"共同危险行为的共同过错,只能表现为共同过失。"①因为共同故意构成共同侵权,单独故意则构成一般侵权。

笔者认为,故意亦可以成为共同危险行为人的过错内容。例如,甲、乙二人素不相识,但都对某丙恨之入骨,欲杀之。一日晚两人不约而同地均持枪找丙复仇。他们之间既没有事先的通谋,行为中也不知对方的存在。面对丙时,二人突然同时开枪后,便仓皇逃走。丙身中一枪死亡,但不知为谁所击中。这说明甲、乙二人主观上都存在故意。但他们之间因缺乏意思联络,没有形成共同的故意,因而不能构成共同侵权行为,只能按共同危险行为来处理(亦不能按无意思联络的数人侵权来处理,理由容后述。)。如果将共同危险行为人的主观心理状态局限于过失,不认故意亦可构成共同危险行为,则显然容易放纵上述案例中的行为人,不利于对受害人的合法权益施以充分保护。

最高人民法院在《关于民事诉讼证据的若干规定》第 4 条规定:因共同危险行为致人损害的侵权诉讼,由实施危险行为的人就其行为与损害结果之间不存在因果关系承担举证责任。这说明,能证明与己无关者可免责。

3. 共同危险行为的法律效果

依各国法律,共同危险行为人对实际损害承担连带的赔偿责任。共同危险行为人就损害事实承担连带责任基于以下两个方面:首先,共同危险行为人承担连带责任在于"无辜的受害人"与"无辜的被告人"利益的取舍。其次,共同危险行为人承担连带责任的基础在于危险行为的客观关联性。②

共同危险行为人对外负连带责任,对内则采平均主义分配原则,来确定各行为人应当承担的份额。这是因为,既然各行为人都实施了具有危险性的行为,但又不能确知致害的行为是谁所为,因此也无法确定原因力,所以按平均主义确定各行为人的责任份额,是合理的。但如果存在教唆行为,且被教唆者为无民事行为能力人或限制民事行为能力的,则教唆者应负全部责任或主要责任,不能依平均主义来确定。

我国《侵权责任法》第 10 条规定:"二人以上实施危及他人人身、财产安

---

① 杨立新:《侵权行为法专论》,高等教育出版社 2005 年版,第 290 页。
② 高留志:《共同危险行为若干问题之我见》,载《民商法学》2000 年第 7 期。

全的行为,其中一人或者数人的行为造成他人损害,能够确定具体侵权人的,由侵权人承担责任;不能确定具体侵权人的,行为人承担连带责任。"从这一规定来看,数人以上实施危及他人人身、财产安全,其中一人或数人的行为造成他人损害的,不一定就成立共同危险行为。如能够确定具体的侵权人的,由具体的侵权人承担侵权的责任。而只有在不能确定具体侵权人的情况下,才成立共同危险行为,各行为人才须对损害承担连带责任。这样做的优点就在于避免其行为对损害的发生确无关联的人被追究责任。

三、其他类型的数人侵权

1. 概述

纳入这一类型的数人侵权,是指那些针对同一对象而实施侵权的人为二人或二人以上,但又不能归属到共同侵权或共同危险范畴的侵权情形。通常有两种基本形态:耦合行为和侵权人不明的行为。

这一类型的数人侵权的共同特征如下:第一,侵权人为二人或二人以上,即行为人具有复数性;第二,侵权行为针对的是同一受害主体,即受害主体具有同一性;第三,侵权行为所造成的损害是同一损害,即损害具有同一性;第四,不具备共同侵权行为、共同危险行为的构成要件,从而不能适用共同侵权或共同危险行为的相关规则。

有学者将这种类型的侵权称之为"无意思联络的数人侵权"。[①] 这种观点似乎是不恰当的。不恰当性主要是因为它无法与共同侵权区分。因为,按照目前共同侵权行为构成理论中占主流地位的"共同过错论"的观点,"无意思联络"并不意味着就不存在共同过错;因此,虽"无意思联络"但数行为人主观上存在"共同过错"时,仍可成立共同侵权。正如王利明教授所说的,"法律对于共同侵权的判断就不能再强调行为人之间必须具有意思联络。"[②] 换言之,即使没有"意思联络",只要有"共同过错",仍可成立共同侵权。所以,可以认为,"无意思联络的数人侵权"应当包括共同侵权。正因为如此,将不属于共同侵权或共同危险行为以外的其他数人侵权的形态,概之以"无意思联络的数人侵权",是明显的不妥。

[①] 王利明、杨立新:《侵权行为法》,法律出版社1996年版,第199页。王利明主编:《〈中华人民共和国侵权责任法〉释义》,中国法制出版社2010年版,第56页。

[②] 王利明:《侵权行为法研究》,中国人民大学出版社2004年版,第697页。

2. 耦合行为

所谓耦合行为,指数人分别实施侵权,相互间既不存在意思联络,亦不存在所谓的"共同故意"或"共同过失",而纯属行为客观上的耦合。例如,甲、乙在互不知情的情况下,分别、同时从不同地方纵火,将丙的房屋烧毁。又如,A、B、C三家小型的造纸厂分别向张某承包的水库排污,致库水严重污染,张某养殖的数十万公斤的鱼全部因窒息而死亡,损失惨重。上述这些案例,显然既不属于共同侵权,亦不是共同危险,是另外一种形态的数人侵权。

对于这一类型的数人侵权,我国《侵权责任法》在第11、12条分别作了规定。其中第11条规定:"二人以上分别实施侵权行为造成同一损害,每个人的侵权行为都足以造成全部损害的,行为人承担连带责任。"第12条规定:"二人以上分别实施侵权行为造成同一损害,能够确定责任大小的,各自承担相应的责任;难以确定责任大小的,平均承担赔偿责任。"

根据这些规定,这一类型的数人侵权的情形,在确定责任承担的时候,一般要遵循以下几个方面的基本规则:

(1)当各侵权行为人的行为都足以造成全部损害的,行为人对其损害须承担连带责任。在这里,关键是如何认定"每个人的侵权行为都足以造成全部损害"?所谓"足以",通常应理解为"即使没有该行为,亦可造成同样的损害后果"。如前例甲或乙的纵火,如无乙或甲的纵火,仍然可使丙的房屋烧毁,则属此种情形。这种类型的数人侵权,各行为人之所以要对所造成的损害承担连带责任,其法理基础主要在于:每一个人的行为都可单独成立侵权,都要对其行为所造成的损害承担全部责任。当数行为人都要对损害负全部责任时,正符合连带责任的基本属性。因此,侵权行为的受害人有权要求任一行为人对其损害承担全部责任,也就是当然之义。

(2)各行为人分别实施侵权,给受害人造成部分损害的,如何确定各行为人的责任,又可以根据以下标准进行:

第一,能够确定责任大小的,由各行为人各自承担相应的责任,相互间不承担连带赔偿责任。而责任的大小,一般应依各人的行为给受害人造成的实际损害的大小来确定。谁的行为造成损害大,谁的责任就大;反之,则责任小。行为与损害一一对应起来。换言之,各人均只对自己的侵权行为对受害人造成的那一部分的损害承担侵权责任。

当造成的损害是不可分时,又当如何确定各人责任的份额:

一是,由依各人的主观过错程度来确定责任大小。如加拿大《魁北克民法典》第1478条第1款规定:"数人引起的损害,依他们各自过错的严重程度的比例分担责任。"又如《俄罗斯联邦民法典》第1081条第2款规定:"对共同致害负担了赔偿责任的致害人,有权请求其他致害人依每人的过错程度给付应向受害人给付的相应份额。当过错程度不能确定时,份额应均等。"最高人民法院在《关于审理人身损害赔偿案件适用法律若干问题的解释》第3条第2款中亦规定:"二人以上没有共同故意或者共同过失,但其分别实施的数个行为间接结合发生同一损害后果的,应当根据过失大小或者原因力比例各自承担相应的赔偿责任。"

二是,如不能确定主观过错程度,或过错程度相同的,则依各人的原因力而定。所谓"原因力",通常指各人对造成的损害所起的作用;所起作用大,责任即大。例如,在"吴文景、张恺逸、吴彩娟诉厦门市康健旅行社有限公司、福建省永春牛姆林旅游发展服务有限公司人身损害赔偿纠纷案"中,法院认定:导游坚持带游客冒险进入林区的错误行为、牛姆林公司管理不善致使马尾松折断伤人、事件发生后牛姆林公司未尽最大救助努力等三个因素均是导致张渊死亡后果发生的原因;其中,导游的错误行为是导致事故发生的次要原因,其原因力酌定为20%;牛姆林公司管理不善致使马尾松折断以及事后救助不力的行为是导致事故发生的主要原因,原因力酌定为80%,判令二被告根据各自的过错及原因力比例分别承担相应的民事责任。[①]

第二,不能确定责任大小的,则平均承担赔偿责任,相互间不承担连带赔偿责任。所谓"不能确定责任大小",一般应在以下几种情形都存在的情况下,才能主张:一是,各人造成的损害不可分;二是,各人的主观过错程度相同或不能确定;三是,各人的原因力相同或不能确定。

3. 侵权人不明的行为

侵权人不明的行为,是指这样一种情形:受害人遭受侵害,虽不知具体的加害人是谁,但可以相对地确定侵权人一定在某一特定的范围内。它包括两种情形:一是侵权人为数人,且均实施了具有致他人以损害的危险行为,只是其中某一人或几人(非全部行为人)的行为导致了损害的实际发生,但不知谁是具体的加害人。另外一种情形,则是行为人为一人或数人,该行为直接造成了受害人以损害,只是不知该加害人是谁,但可以确定加害人在某一特定范围内的人群中。前一种情形属于我们前面已经研究过的共同危险行为。

[①] 参见《中华人民共和国最高人民法院公报》2006年第6期。

因此本处所要讨论的所谓"侵权人不明的行为",正是指后一种情形。如发生在深圳的所谓"玻璃案"、发生在重庆的"烟灰缸案"①和发生在济南的"菜板案"②等即属此一类型。2006年5月31日下午,深圳市小学四年级的学生钟某放学回家,在走至位于南山区南山大道与海德二道交叉口处的"好来居"大厦北侧的人行道时,被从楼上"落下"的玻璃击伤头部,后经南山区人民医院抢救无效死亡。事故发生后,南山警方进行了现场勘验,但是警方未给出玻璃是从具体哪一业主家掉落的书面调查结果。钟某的父母遂向南山区法院提起民事诉讼,将好来居的物业管理公司深圳市锦峰物业经营管理有限公司及好来居大厦北侧的74名业主一并告上法庭,要求支付死亡赔偿金、丧葬费、精神抚慰金等各项损失总计76万余元。

与共同危险行为相比较,侵权人不明的行为具有以下基本特征:第一,侵权人不明的行为中,行为人是一个人;而共同危险行为的行为人须为数人。第二,侵权人不明的行为中,行为人的行为直接造成了实际损害的发生;而共同危险行为中有的行为仅具危险性而未直接造成受害人的损害。第三,不知直接造成损害的加害人具体是谁,但可知在某一特定的人群范围内。

以深圳玻璃案为例,致人损害的只是该玻璃的某一个业主,不可能存在数个业主。该业主的行为(未加妥善保管玻璃的不作为或抛掷玻璃的作为)直接造成了被害人的死亡,说明该行为不仅仅具有危险性,而是已经具有了直接的现实的损害。然致人损害的这块玻璃的业主又是谁?不能确知,但可知肯定是"好来居大厦北侧的74名业主"中一位。因此,加害人的大致范围是可以肯定的。所以,这一种类型的侵权人不明的侵权行为,应不同于共同危险行为。

对于这一类型的侵权,该如何确定责任的归属,是值得探讨的。上述所引案例,同样的情形,不同的法院却给出了不同的答案:深圳玻璃案,南山区一审判决该小区物业公司承担30%的责任,另70%由原告自负,而业主无

---

① 重庆烟灰缸案:2000年5月10日,33岁的郝跃步行到重庆学田湾正街65、67号楼下时,被一只烟灰缸砸伤脑袋。2002年初,他到渝中区法院递交诉状,状告学田湾正街65、67号楼的所有22家住户。2002年5月,渝中区法院判决:学田湾正街65、67号两栋楼,不分楼层高低,所有22户人家每户赔偿郝跃8100元,总计为17万余元。

② 济南菜板案:2001年济南市孟老太在进入自家居民楼楼道入口前与邻居说话,突然被从楼上坠落的一块菜板砸中头部,当场昏迷后抢救无效死亡。死者近亲属将该楼二层以上十五家居民告上法庭,要求其共同赔偿医药费、丧葬费等各项费用共计56740.40元。一审法院认为无法确定菜板所有人,裁定驳回原告起诉。原告上诉,二审法院仍就裁定驳回。经申诉,山东省高级人民法院提审,经再审后仍驳回上诉,维持一审法院裁定。

责;但深圳中院改判物业无责,由 74 名业主各补偿 4000 元。① 重庆烟灰缸案,判决由 22 名业主向原告承担赔偿责任。济南菜板案判决驳回原告的诉讼请求,业主不负赔偿责任。或许是这种结果不一的判决损害法制的权威性,《侵权责任法》第 87 条统一了判决的标准,规定:"从建筑物中抛掷物品或者从建筑物上坠落的物品造成他人损害,难以确定具体侵权人的,除能够证明自己不是侵权人的外,由可能加害的建筑物使用人给予补偿。"

由所谓"可能加害的"人来承担真正的加害人造成的损害赔偿责任,这一制度,或许是在受害人利益与"可能加害人"的利益之间所进行的一种不得已的权衡:以牺牲全体"可能加害人"的利益来维护作为弱小力量的受害人的利益。但是,这种"连坐"法,对那些并非真正的加害人来说,当然是很不公平的;而且还会造成邻里之间的关系紧张:既然我有可能要对其他某个邻居的不慎行为或不理性的行为承担赔偿,那我就有权监督、检查我的邻居的活动,以避免损害与责任的发生。当然,别的邻居也有权时不时地跑到我家来检查! 如果邻里间动不动就以此为名跑到邻居家中去"检查",能有和谐的关系吗?

因此,我们建议:不妨借鉴我国《侵权责任法》第 53 条关于"机动车驾驶人发生交通事故后逃逸,……机动车不明或者该机动车未参加强制保险,……由道路交通事故社会救助基金垫付。道路交通事故社会救助基金垫付后,其管理机构有权向交通事故责任人追偿"的规定,当侵权人不明时,先由社会救助基金垫付。这就需要我们建立包括交通事故在内的、统一的各类事故社会救助基金,以解决这些有人遭受了损害,亟待他人救助,却又无法及时确定责任人或确定无责任人时,由社会救助基金来救助,应当是一种最适宜的办法。② 目前,我国已建立了"中华社会救助基金",应充分发挥它的作用。

---

① 吴涛:《坠落玻璃块砸死小学生案终审判决 74 名业主各补偿 4000 元》,载广东政法网,http://www.gdzf.org.cn/gdsgzdt/sz/201006/t20100611_97873.htm,访问时间:2010 年 8 月 10 日。
② 对这个问题,本书第三编第十章第二节"物件损害责任"中还有进一步论述。

第三章 侵权责任概述

在侵权责任法及法学中,侵权责任无疑是最基本的概念,是指因侵权致人损害,依法应当承担的民事责任。本章将围绕这个基本概念,对侵权责任的概念、特征、适用原则、分类、构成及归责原则展开较深入地理论探索。与其他法律责任相比较,侵权责任具有财产性、补偿性与任意性的基本特征;在适用侵权责任的实践中,应坚持侵权责任优先与责任并重的原则;侵权责任通常可以分为一般侵权责任与特殊侵权责任、无限责任与有限责任、按份责任与连带责任;构成侵权责任的一般要件包括侵权行为及行为的违法性、损害事实、行为与损害事实之间的因果关系以及行为人主观上存在过错四个方面;过错责任与无过错责任构成了我国侵权责任制度的二元归责原则体系。

第一节 侵权责任概述

一、侵权责任的概念

1. 侵权责任的概念

侵权责任是指因侵权致人损害,依法应当承担的民事责任。

侵权法属于民法的范畴;侵权责任为民事责任体系中重要的组成部分。而民法作为调整社会中财产关系、人身关系的法律规范,具有相应的强制性。这种强制性就表现在:一旦有人违反民法规范,就有可能要受到法律的制裁,以此保证民法规范的贯彻实施,建立和巩固正常的社会秩序。民事责任正是民法具有强制性的标志之一。行为人违反民法规范,不履行民事义务,侵犯他人民事权利的,就应当依法追究其民事责任,使其受到民法制裁,以维护民法的尊严,保护受害人的合法权益。

2. 侵权责任的特征

侵权责任作为一种民事责任,具有财产性、补偿性、任意性(自治性)等基本特征。

(1) 财产性。侵权责任主要是一种财产责任。承担侵权责任的主要方式如返还原物,支付违约金、赔偿损失等都是具有财产内容的责任形式。违法行为人就其违法行为往往要在财产上付出相应的代价。侵权责任之所以具有财产性的特征,主要基于两个方面的缘由:

首先,它是由民法的调整对象所决定的。我国民法调整的社会关系,种类繁多,但多数为具有财产内容的社会关系,如财产的占有、使用关系,财产的让与、流转关系,财产的继承关系等等。一些人身关系虽然本身并不具有财产内容,但若遭侵害,也可能带来财产上的问题。如人身健康受到损害,受害人往往会因治疗而遭受财产损失。

其次,它是由侵权责任的补偿性决定的。在我国,建立侵权责任制度的目的,不在于对违法行为人进行制裁,而在于恢复正常的社会交往秩序,尤其是社会经济秩序;通过追究行为人的民事责任,来弥补受害人由此受到的损害。而这种损害的弥补最直接、最现实的方法就是用财产来表征。它需要用财产来进行计量、估价、赔偿等。

(2) 补偿性。侵权责任的直接目的在于使受害人因违法行为人的侵权行为而遭受损害的财产利益或人身利益,通过追究行为人的侵权责任,得到恢复和弥补,以此来维护受害人的合法、正当的民事权益。这是侵权责任与行政责任、刑事责任的显著不同之点。

正因为如此,侵权责任又具有如下特征:首先,侵权责任是一种行为人对受害人承担的责任。违法行为人因其侵权行为致受害人的财产受损害的,应向受害人承担损害赔偿责任,以弥补受害人因此而遭受的损害;使受害人的名誉、肖像等人身利益受损害的,应向受害人赔礼道歉、恢复名誉、消除影响等。因此,因侵权行为所引起的侵权责任关系,依然是行为人与受害人之间的平等的民事法律关系。

其次,侵权责任的方式、范围与违法行为所造成的损害的性质及大小应相适应。非法侵占他人财物的,应予以返还;损毁他人财物的,应予以恢复原状,不能返还或不能恢复原状的,应就受损害的财物的原有价值以及受害人的其他损失,予以全部赔偿。赔偿损失一般应与受害人由此所丧失的财产利益相等价,以能弥补受害人的全部损失为满足。惩罚性赔偿只是适用于法律规定的个别场合的特例,不具有普遍意义。非财产损害的,主要适用非财产责任,如停止侵害、排除防害、消除危险等。

(3) 任意性。侵权责任是一种违法行为人向受害人承担的法律责任,它是不法侵害受害人"私"的权利的民事法律后果,因而具有任意性。主要表现在:当权利人自己的合法民事权益遭受不法侵害时,受害人是否要求侵权行为人承担侵权责任,由受害人自己依据个人意愿决定。受害人不愿追究的,国家专门机关或他人不得主动追究。当实施了侵权行为后,行为人可以而且多数情况下也能够主动地向受害人承担侵权责任,无需受害人提出要求或国家专门机关对其实施强制力。侵权行为人可以与受害人在平等的基础上就是否承担侵权责任、承担侵权责任的方式、数量、时间等问题进行充分地协商,达成和解协议,或在有关部门的主持下进行调解,双方互谅互让,达成调解协议,以及时解决双方的民事纠纷。

侵权责任的任意性并不否定其强制性。后者一般在下列场合下充分表现出来:当受害人要求侵权行为人承担侵权责任,而侵权行为人拒不承担,或双方无法就承担的方式、数量、时间达成一致意见时,国家专门机关就可以应受害人的请求强制性地迫使侵权行为人向受害人承担侵权责任。

3. 侵权责任的性质

在远古民法中,"责任"与"债务"不分。罗马法均用 obligatio 一词来表示,"责任"被融合在"债"之中。各国民法将侵权责任仍然视为其一种债务。到目前为止,在我国和大陆法系各国、各地区的民法典中,只有我国《民法通则》严格区分了责任与债务,并分别作了规定。[①] 但理论界将责任与债务混淆的观念仍然大有市场。不少影响很大的民法学教材仍然坚持将侵权行为作为债的发生根据之一。[②] 我们认为,不能简单地将侵权责任归于债务的范

[①] 我国澳门特别行政区在 1999 年回归前制定的澳门《民法典》中虽然也规定了"民事责任",但它是作为"债的渊源"的一部分,规定在第二卷"债法"之中。可见,作为秉承大陆法系中的葡萄牙法统的澳门《民法典》,仍然固持了将"责任"视为"债务"的传统理念。

[②] 如:魏振瀛主编:《民法》,北京大学出版社、高等教育出版社 2000 年版,第 307 页;王利明主编:《民法》,中国人民大学出版社 2008 年版,第 368 页。

畴。债务是一类特定的民事义务,而责任是不履行民事义务的民法后果。债务是当事人之间的合意的结果,而责任则体现了国家的强制力。二者性质根本不同。在我们这样一个法治观念仍然十分淡薄的国度里,将侵权责任与债务分开来,有利于强化人们对民法权威性的认识,提升人们对民法的尊重,便于民法的实施。另外,侵权责任的各种形式中有许多属于物权请求权的范畴,如返还原物、恢复原物,以及其他一些责任形式如停止侵害、消除危险、排除妨碍等,这些也都已经超出了债法的范畴了。

但是,侵权责任与债确实又有着许多天然的联系。主要表现在,侵权责任制度在适用过程中,可以借助债法规则,如责任的转移、清偿、免除、抵销、混同等可适用债法中关于债的转移、清偿、免除、抵销、混同等规则。

二、侵权责任优先原则与责任并重原则

1. 侵权责任优先原则

所谓侵权责任优先原则,是指当违法行为同时触犯民法侵权法、行政法或刑法的规定,侵犯了国家的、集体的和私人的合法权益,需要追究行为人的民事侵权的、行政的或刑事的法律责任,而责任人承担责任的财产能力有限时,应当优先适用侵权责任。

我国现行法律法规中充分体现了这一原则。如《公司法》第228条就规定:"公司违反本法规定,应当承担民事赔偿责任和缴纳罚款、罚金的,其财产不足以支付时,先承担民事赔偿责任。"《食品安全法》第97条也明确规定:"违反本法规定,应当承担民事赔偿责任和缴纳罚款、罚金,其财产不足以同时支付时,先承担民事赔偿责任。"另外,我国《刑法》第60条亦规定:"没收财产以前犯罪分子所负的正当债务,需要以没收的财产偿还的,经债权人请求,应当偿还。"但在判处犯罪分子以罚金时,若该犯罪分子的财产在被缴纳罚金后,不能清偿此前所负的正当债务的,是否应当先予清偿债务后再追缴其罚金,现行刑法并未作出规定。因此,《刑法》在这方面并未做到很彻底。其他法律对此问题更是没有任何规定。《侵权责任法》的第4条第2款明确规定:"因同一行为应当承担侵权责任和行政责任、刑事责任,侵权人的财产不足以支付的,先承担侵权责任。"从侵权法上作这一规定,更有利于贯彻"侵权责任优先"的基本原则。

实行侵权责任优先原则,无疑有利于充分维护民事主体的合法权益。民事主体的合法权益之所以要置于优先保护的法律地位,这是出于我们要培育与发展市场经济、促进社会稳定发展的需要。一个国家的首要任务,就是要大力发展社会生产,建立和维护正常的社会秩序;其根本目的,就在于使自己的老百姓能安居乐业、生活繁荣幸福。

要实行侵权责任优先原则,就必须改变过去那种重"刑(刑罚)"轻"民(民事责任)"的传统观念与倾向。立法上,在设定法律责任时,要充分考虑民事权利应有的地位和作用,重视民事责任的运用,建立以民事侵权责任为基础的法律责任体系。执法上,要求各级各类执法机关要增强民法意识,注意保护社会主体的各项民事权利和合法经济利益。要坚决纠正刑事司法实践中那种仅因刑事被告人缺乏现时财产赔偿能力,就判决刑事被告人不负民事赔偿责任,随意剥夺刑事被害人得到合理赔偿的权利的做法。

2. 责任并重原则

所谓责任并重原则,是指当一个行为同时触犯了民法侵权法规范、行政法规范和刑法规范的,违法行为人依法应当同时承担民事责任、行政责任和刑事责任。过去长期以来在司法实践中盛行的那种"打了就不赔"或"赔了就不打"的做法是错误的。我国《侵权责任法》第4条第1款就明确了这一原则:"侵权人因同一行为应当承担行政责任或者刑事责任的,不影响依法承担侵权责任。"

首先,提出责任并重原则是必要的。一个人的一个行为同时触犯数个不同性质的法律规范,在社会生活中是现实存在的。由于某些行为的重要性,有必要对该行为同时用数个不同性质的法律规范予以调整,如出于对日益恶劣的环境的忧虑,我国的民法、行政法、刑法都从不同角度对保护环境问题作出了规定。若有人污染了环境,依据行政法规,污染者应当承担行政责任,予以行政罚款;依据刑法规定,污染者要被追究刑事责任;造成了他人损害的,依据民法规定,该人还须承担侵权的民事赔偿责任。

其次,实行责任并重原则具有重要的意义。其一,有利于维护法律的权威性。每个法律文件既然规定了对违法行为进行处罚的措施,根据"有法必依"的法制原则就应当切实按照法律的规定作出处理,该处罚的就必须进行处罚,才能维护法律的权威性。

其二,有利于维护法制的统一性。如果对某个违法行为依法应当同时作出数种处罚,而有的只给予一种或两种处罚,有的则给予全部三种处罚,必然会破坏全国法制的统一性。

其三,有利于防止执法者的肆意妄为,避免执法腐败。如果不实行责任并重原则,意味着执法者可以自由决定处罚的措施,必然放纵执法者的肆意妄为,法律在执法者手中便会成为可以随意所欲的东西。

其四,减少违法者的侥幸心理,加强其守法的自觉性。

第二节 侵权责任的分类

一、一般侵权责任与特殊侵权责任

一般侵权责任是指基于一般侵权行为而依法应当承担的侵权责任;基于特殊侵权行为而发生的侵权责任则为特殊侵权责任。它们的共同点主要在于均是一种侵权责任,均应适用基本的侵权规则。它们的不同点则主要表现在适用法律方面。一般侵权责任,适用的是侵权法上的一般条款,主要是针对侵害财产、人身等基本民事权利所作的一般性规定。而特殊侵权责任,是适用侵权法的特殊条款。此外在区分一般侵权责任与特殊侵权责任的标准方面,还有一种最为常见的说法,即一般侵权责任适用的是过错责任原则,而特殊侵权责任则适用无过错责任原则。这种说法其实是一种偏见。只有在一般侵权责任要求损害赔偿时,实行的才是过错责任的归责原则;如果适用其他责任形式,如"返还原物"等,并不以行为人有无过错为标准。同样,在特殊侵权责任的领域里,有关损害赔偿的侵权责任,则有的实行无过错责任的归责原则;有的适用过错推定,还有的同样也要适用过错责任原则。如我国《侵权责任法》规定的医疗损害责任,即是如此。

与一般侵权责任相比,在法律适用方面,特殊侵权责任具有优先适用性。

二、无限责任与有限责任

1. 概念

无限责任与有限责任,是仅就责任人承担民事赔偿责任的责任财产之范围和程度而言的。如何对它们下定义,取决于它们的确定标准是什么。确定责任人承担民事赔偿责任的责任财产范围的大小,无论是对责任人而言,还是对受害人来讲,都具有重要的意义。责任财产范围大,意味着一方面责任人的责任负担重,另一方面则能使受害人遭受损害的合法利益能够得到充分弥补。因此,各国法律无不十分重视这一制度的建设。

2. 确定责任的标准

如何确定有限责任与无限责任的标准？即以"财产"定"责任"还是以"损害"定"责任"？理论界一般均以"是否以责任人的全部财产为限承担责任"作为划分无限与有限的标准。根据这种观点，所谓无限责任，是指应以全部财产来清偿债务。"而'无限责任'，则是以主体的全部财产作为履行债务的保证……民事主体原则上应以其全部财产作为清偿债务的保证，即对债务负无限清偿责任。"①"无限责任，是指责任人以其所有的全部财产承担民事责任。"②民法上的一般的有限责任，是指根据法律或债的规定，债务人仅以其全部财产的一部分承担清偿债务的责任，债权人也仅就债务人的部分财产请求和强制执行。③

我们认为，这样定义"无限责任"是值得商榷的。按照这种观点，所谓无限责任，实际上是责任人"有多少财产就承担多大责任"。这种观点，既严重曲解了"无限责任制度"的基本理念，与相关法律制度相悖，也对现实经济生活产生极大的危害。

首先，在制度理念上，建立无限责任制度的宗旨，就在于确保债权人的利益不受损害。其次，将无限责任限定在责任人现存全部财产范围内的观点，误导了我们的司法实践。民事审判中，有的法院在民事判决中以行为人没有赔偿能力而判决其不承担赔偿责任的做法，正是受"有多少财产承担多大责任"的观点不良影响的表现，严重损害了受害人的合法权益，纵容了违法行为。

我们主张，无限责任应当定义为"造成多大损害就负多大责任"，即承担财产责任不以其现有全部财产为限；当侵权行为造成他人实际损害，依法应当负赔偿责任的，首先应以其现有全部财产承担；若不能全部承担的，其余部分留待将来有了新的财产以后再予以清偿；或以其他形式（如支付劳务）承担；除非该民事主体已经终止。在这方面，国外著名的民法典已经为我们提供了很好的注脚：著名的《拿破仑民法典》第2092条就规定："负担债务的人，负以现在所有或将来取得的一切动产或不动产履行其清偿的责任。"请注意"将来取得的"这个用语，就是对无限责任的最好注解。《意大利民法典》第2740条对此亦有明确的规定："债务人以其现有的和未来的全部财产承担履

---

① 江平主编：《民法学》，中国政法大学出版社2000年版，第96页。
② 吴汉东、陈小君主编：《民法学》，法律出版社2013年版，第54页。
③ 参见江平主编：《民法学》，中国政法大学出版社2000年版，第96页。

行债务的责任。"另外,从我国《民法通则》第 35 条第 2 款关于合伙人的连带责任的规定亦可看出,正因为无限责任意味着责任人的责任不限于自己现在的资产,因此当某个合伙人的现有资产不足以清偿自己所承担的那一份额的财产责任时,其他合伙人就应当承担代其清偿债务的连带责任。如将无限责任仅仅理解为以现在财产为限的话,很明显,合伙人的连带责任就无存在的必要了。

有限责任是以现有的一定范围内的财产为限承担的责任。包括两种情况:第一,责任人以其现有的全部财产承担的责任,如法人的责任,自然人死亡时的责任等。第二,责任人不是以其现有的全部财产承担责任,而是以其现有财产中某个特定范围内的财产承担责任,这也是有限责任的一种形式。其典型表现即为公司股东的有限责任。

3. 有限责任的法定性

在一个法制社会里,民事主体对自己的侵权行为所造成的损害后果是承担财产上的无限责任还是有限责任,取决于法律的规定。但从立法的历史和现状来看,除了继承法律以外,法律并未对自然人承担财产责任的范围作出明确规定;依常理,自然人应当对自己的行为负无限责任。而对作为另一重要民事主体的社会组织(法人、合伙企业),法律却予以特别关照,不仅规定社会组织本身承担责任的范围,还对社会组织的成员的责任范围作了明确规定。法律关于无限责任或有限责任的规定属于强行性规范;法律既有规定的,一般情况下当事人不得自行更改;但如果受害人自愿放弃,变无限责任为有限责任的,或责任人自愿将有限责任改为负无限责任的,法律不应当禁止。

4. 国家责任的无限性

一般情况下,因国家具有雄厚的财力,对一般的侵权损害赔偿完全有偿付能力,即使国家要对其债务负无限清偿责任,亦不影响国家的赔偿能力。

三、单独责任与共同责任

单独责任,是指依法应由一个民事主体就整个损害承担全部责任。这意味着受害人只能要求这一个责任人承担所有的责任;责任人也只能由自己单独对依法应予以承担的损害负有限或无限责任;未经受害人及第三人同意,不得将该责任的全部或部分转与给该第三人。

共同责任,则是指由两个或两个以上的民事主体共同对同一损害承担民事责任。根据这数个责任人对该损害承担责任的份额、他们之间有无连带关系,可将共同责任分为按份责任与连带责任。共同责任,不仅在责任人与受害人之间存在损害赔偿的责任关系,而且在该数个责任人之间产生一种内部求偿关系。比起单独责任,共同责任因有数个责任人对同一损害承担责任,减轻了每个责任人的责任负担,能使受害人得到及时的补救。

四、按份责任与连带责任

1. 按份责任

按份责任,是指多个责任人对同一损害共同承担责任时,每个责任人只须按照一定的份额承担责任的形式。相对于连带责任,它是最基本的民事责任类型。连带责任也须以按份责任为基础。

早在罗马法中就有关于按份责任的规定。如查士丁尼的《法学总论》关于"合伙"一篇中就规定,如合伙"未特别商定分配损益的比例,应视为平均分配。如经商定分配比例,当事人应予遵守。"[①]此后,法国、德国民法均对按份责任作了基本的规定。如《法国民法典》第 1213 条规定:"几个债务人依约定对于一个债权人连带负责的债务,由该几个债务人分担之,债务人相互间各就其分担额或部分负责。"《德国民法典》第 420 条也规定:"数人负担同一可分给付,或数人可以请求同一可分给付的,如无其他规定,每个债务人只对相同的份额负担义务,每个债权人只对相同的份额享受权利。"这些规定,奠定了现代民法中按份责任制度的基本内容。

在按份责任中,确定份额是最重要的一环。在数人侵权的情况下,如成立共同侵权行为,则按照各行为人在共同侵权行为中的主观过错的程度、各人在行为中所起作用的大小来确定各人的份额;仍不能确定份额的,按平均主义原则确定各人的份额。如既不是共同侵权,又不是共同危险的,可适用《侵权责任法》第 12 条的规定:"二人以上分别实施侵权行为造成同一损害,能够确定责任大小的,各自承担相应的责任;难以确定责任大小的,平均承担赔偿责任。"

2. 连带责任

连带责任,是指对同一损害由数个责任人共同承担民事财产责任时,每个责任人都须对损害的全部承担责任的形式。

对于连带责任,我国《侵权责任法》第 13、14 条有基本规定。第 13 条规

[①] 〔罗马〕查士丁尼:《法学总论》,张企泰译,商务印书馆 1989 年版,第 179 页。

定:"法律规定承担连带责任的,被侵权人有权请求部分或者全部连带责任人承担责任。"第14条规定:"连带责任人根据各自责任大小确定相应的赔偿数额;难以确定责任大小的,平均承担赔偿责任。支付超出自己赔偿数额的连带责任人,有权向其他连带责任人追偿。"

根据这些规定,我们有理由认为,连带责任有三个基本特征:第一,须有数人对受害人的损害共同负责;第二,每一个连带责任人都有承担全部侵权责任的可能性;第三,承担了连带责任的人,有权向其他责任人进行追偿。

由此,我们可以得出如下结论:凡同时具备上述三个基本特征的法律现象或法律制度,都属于连带责任的范畴。因此,所谓"不真正的连带责任",本质上还是连带责任的一种特殊形式而已。

连带责任制度充分有效地维护了受害人合法权益,加重了每个连带责任人的法律负荷,从而促使人们在与他人共同实施某一行为时要谨慎小心,履行义务时要诚实、讲信用。

关于连带责任制度的历史,可以追溯到罗马法。罗马法规定,如果债务有多个保证人的,则任一保证人均对全部债务负清偿责任;如某一保证人无力负担时,其负担就落在其他保证人身上。① 1804年的《法国民法典》特就债务人之间的连带债务作了专门的规定(第1200—1216条)。其中第1203条规定:"约定为连带债务的债权人,得依其选择而向债务人中的一人为清偿请求,债务人不得提出与其他债务人分担债务的抗辩。"《德国民法典》第421及以下各条亦对连带债务作了明确规定。

连带责任具有法定性。连带责任一般应有法律的规定。《法国民法典》第1202条就明确规定:"连带责任必须明文规定,不得推定。"我国现行许多法律法规均有关于连带责任的规定。如《民法通则》第130条规定:"二人以上共同侵权造成他人损害的,负连带责任。"《海商法》第169条规定:"船舶发生碰撞,互有过失的双方对造成第三人的人身伤亡,负连带赔偿责任。"《侵权责任法》就明确规定了9种连带责任:① 共同加害人的连带责任(第8条);② 教唆人、帮助人与行为人的连带责任(第9条);③ 共同危险行为人的连带责任(第10条);④ 分别实施的行为足以造成全部损害行为人的连带责任(第11条);⑤ 网络服务提供者与网络用户的连带责任(第36条);⑥ 以买卖等方式转让拼装或者已达到报废标准的机动车,发生交通事故造成损

---

① 〔罗马〕查士丁尼:《法学总论》,张企泰译,商务印书馆1989年版,第172页。

害的,由转让人和受让人承担连带责任(第51条);⑦高度危险物的所有人与管理人的连带责任(第74条);⑧高度危险物所有人与管理人、非法占有人的连带责任(第75条);⑨建设单位与施工单位的连带责任(第86条)。

3. 连带责任的分类

连带责任可以作如下分类:

(1)有序的连带责任与无序的连带责任。从数责任人承担连带责任的顺序来看,连带责任可分为有序的连带责任和无序的连带责任。

第一,有序的连带责任,指承担连带责任的数个责任人中,存在一个谁先承担责任,谁后承担责任的顺序问题。只有在前一顺序的责任人不能承担或其现有财产不足以清偿全部责任时,后一顺序的责任人才须实际承担责任。我国《民法通则》关于被代理人授权不明造成第三人损害,由被代理人承担责任,代理人承担连带责任的规定;关于有财产的被监护人造成他人损害时,从本人财产中支付赔偿费用,不足部分由监护人适当赔偿的规定,都属于有序的连带责任。对于这种有序的连带责任,受害人只能按其顺序来进行追偿,不能"越级"。对于法律规定为有序的连带责任的,一般也不允许当事人自行改变其顺序,须经各方同意才许变更。

有序的连带责任,实际上是一种补充性质的责任。"侵权法上的补充责任,是指两个以上的行为人违反法定义务,对一个受害人实施加害行为,各个行为人产生同一内容的侵权责任,受害人享有数个有顺序区别的请求权,首先行使顺序在先的请求权,不能实现或者不能完全实现时再行使另外的请求权的侵权责任形态。"①我国《侵权责任法》多处地方规定了补充责任。如第32条第2款规定了无民事行为能力人、限制民事行为能力人造成他人损害的,财产不足的部分,由监护人赔偿。第34条第2款规定了被派遣的工作人员因执行工作任务造成他人损害的,劳务派遣单位有过错的,承担相应的补充责任。第37条第2款规定了在公共场所,因第三人的行为造成他人损害的,管理人或者组织者未尽到安全保障义务的,承担相应的补充责任。第40条规定了幼儿园、学校或者其他教育机构对在教育机构内受到第三人侵害的无行为能力人或限制能力人未尽到管理职责的,承担相应的补充责任,等等。

第二,无序的连带责任,则指数个连带责任人承担责任没有先后顺序的规定,任一连带责任人均有可能要首当其冲地对全部损害负责;换言之,受害

---

① 薛红喜、魏少勇:《侵权补充责任适用探析》,载《人民法院报》2009年9月15日。

人可以要求任一连带责任人承担全部民事财产责任,而没有顺序的限制。如《侵权责任法》第8条规定的"二人以上共同实施侵权行为,造成他人损害的,应当承担连带责任",就是典型的无序的连带责任。连带责任在多数情况下均为无序的连带责任。

(2) 有最终责任的连带责任与无最终责任的连带责任。从责任人是否最终负有侵权责任,可将连带责任分为有最终责任的连带责任与无最终责任的连带责任。在前者,连带责任人最终负有自己应当承担的侵权责任份额、就该份额,承担了连带责任的责任人不能要求其他连带责任人向其偿付。在后者,实际承担了连带责任的人最终并没有任何侵权责任,他们承担的只不过是一种纯粹的替代责任,即替真正的责任人向权利人承担责任而已。我们可将这种责任人称为替代责任人。当替代责任人向权利人承担了全部责任后,有权就其全部责任向真正的责任人进行追偿。

例如,我国《侵权责任法》第43条规定:"因产品存在缺陷造成损害的,被侵权人可以向产品的生产者请求赔偿,也可以向产品的销售者请求赔偿。产品缺陷由生产者造成的,销售者赔偿后,有权向生产者追偿。"即生产者才是终局意义上的责任人。再如《民法通则》第65条第3款规定:"委托书授权不明的,被代理人应当向第三人承担民事责任,代理人负连带责任。"因"授权不明"是被代理人造成的,与代理人本无关,之所以要求代理人承担连带责任,纯粹是从预防出发,以此减少不必要的损害,从而强加给代理人督促被代理人明确授权的义务。若果因授权不明造成第三人损害的,代理人虽然应向第三人负次后顺序的连带责任,但自然最终是应当没有责任的。代理人代被代理人向第三人承担责任后,有权要求"授权不明"的被代理人向其偿付全部责任。而《民法通则》第67条规定的"代理人知道被委托代理的事项违法仍然进行代理活动的,由被代理人和代理人负连带责任",代理人与被代理人都负有最终的责任,其原因就在于被代理人"授权他人从事违法事项",而代理人"明知受托事项违法却仍予以代理",因而双方均应对自己的违法行为对他人造成的损害承担最终的民事责任。

4. 不真正的连带责任

不真正连带责任是指多个责任人就各自立场,基于不同的发生原因而产生的同一内容的给付,各自独立地对受害人负全部履行的义务,并因其一责任人的履行而使全体责任人的责任归于消灭的责任。如乙不法侵占甲之汽车,丙又将汽车损害,乙和丙对甲负不真正连带责任。

在我国《侵权责任法》上,属于这种不真正的连带责任的规定,主要有以下条文的规定:

(1)第43条:产品缺陷由生产者造成的,销售者赔偿后,有权向生产者追偿。因销售者的过错使产品存在缺陷的,生产者赔偿后,有权向销售者追偿。

(2)第44条:因运输者、仓储者等第三人的过错使产品存在缺陷,造成他人损害的,产品的生产者、销售者赔偿后,有权向第三人追偿。

(3)第59条:因药品、消毒药剂、医疗器械的缺陷,或者输入不合格的血液造成患者损害的,患者向医疗机构请求赔偿的,医疗机构赔偿后,有权向负有责任的生产者或者血液提供机构追偿。

(4)第68条:因第三人的过错污染环境造成损害的,污染者向被侵权人赔偿后,有权向第三人追偿。

(5)第83条:因第三人的过错致使动物造成他人损害的,动物饲养人或者管理人赔偿后,有权向第三人追偿。

(6)第85条:建筑物、构筑物或者其他设施及其搁置物、悬挂物发生脱落、坠落造成他人损害,所有人、管理人或者使用人赔偿后,有其他责任人的,有权向其他责任人追偿。

(7)第86条第1款:建筑物、构筑物或者其他设施倒塌造成他人损害的,建设单位、施工单位赔偿后,有其他责任人的,有权向其他责任人追偿。

五、单方责任与混合责任

在以侵权责任为内容的民事法律关系中,只有一方依法需要承担侵权责任的,为一方责任;若不仅行为人要对自己的违法行为承担侵权责任,受害人亦须依法承担相应的侵权责任的,为混合责任。理论上又称"混合过错"。如我国《侵权责任法》第73条规定:占有或者使用易燃、易爆、剧毒、放射性等高度危险物造成他人损害的,占有人或者使用人应当承担侵权责任;被侵权人对损害的发生有重大过失的,可以减轻占有人或者使用人的责任。

一方责任为最基本的责任形态。这种责任是非分明,责任确定,该方应就整个损害承担全部责任。一方责任往往是基于行为人一方的违法行为而发生的,如丙骑车撞倒了在人行道上正常行走的行人等。混合责任在实践中也较为常见。比如甲乙互殴,各致对方伤害的,亦属混合责任。混合责任中,只有一方受损害的,未受损害的一方应向对方承担与其过错相适应的民事责任;另一部分损害由受损害方自行承担。双方均受损害的,基于衡平原则,过错大而受损轻的一方,则应向过错小但受损重的一方作出相应的赔偿。双方过错相同,但受损有别的,受损轻的仍应向受损重的承担部分责任。

第三节 侵权责任的一般构成要件

侵权责任的构成条件,是指责任人承担侵权责任应当具备的要素。不具备这些要素,或者缺乏其中一个或数个要素,均不产生侵权责任的问题,就不能责令某某人承担所谓的侵权责任。因此,研究侵权责任的构成条件,在民法理论上,尤其是在司法实践中,都具有重要的意义。

侵权责任的一般构成条件又有哪些,理论上却存有较大的争议。有三要件说,即侵权行为、损害事实与因果关系,或损害事实、因果关系与过错;有四要件说,即侵权行为、损害事实、因果关系及过错;有五要件说,即侵权行为、损害事实、因果关系、过错及行为人有责任能力。民法学界大多持四要件说,即侵权责任的一般构成条件包括侵权行为及其违法性、损害事实、侵权行为与损害事实间的因果关系、行为人的主观过错等四个要素。其中前三个为侵权责任的客观构成条件,过错为侵权责任的主观构成条件。

一、行为的违法性

在侵权责任的一般构成要件中,侵权行为的存在是最基本的构成要件。没有侵权行为这一基本事实的存在,自然不会产生所谓的侵权责任。而侵权行为的问题,我们已于前一章进行了专门论述。本处仅探讨侵权行为的违法性问题。

违法性是对致他人以损害的行为即侵权行为的法律上的评价。应当说,"侵权行为"这一术语,仅仅是从客观来看该行为实际上损害了他人的合法权益。换言之,凡损害了他人的合法的财产权、人身权益的行为,都成立"侵权行为"。然只有"违法"的侵权行为,才有适用侵权责任制度的可能性。侵权行为虽然给他人造成了一定的现实损害,但因其不具有违法性,便不成立民事责任。如依法执行职务的行为、正当防卫的行为、紧急避险的行为等等,便属此类。

关于"违法"的各种学说。在侵权法上,关于"违法"的概念,有广义违法说与狭义违法说、形式违法说与实质违法说、主观违法说与客观违法说和结果违法说与行为违法说,等等。① 其中以结果违法说和行为违法说二种主要观点的争论最具典型意义。

（1）结果违法说主张凡侵害他人权利者,即属违法。"权利之内容及其效力,法律上有规定者,其反面即禁止一般人之侵害。故侵害权利,即系违反权利不可侵之义务,而为法之禁止规定之违反。故此时,如无阻却违法之事由,则为不法。"②

（2）行为违法说,主张并非每一个产生损害结果的行为都属违法,而是应当针对个案中的违法性加以探讨。一般言之,故意侵害行为,因属法律所绝对禁止的,因此其违法性可径行认定;但过失行为的违法性则应当考虑侵害行为的相关情况而定,如行为人在行为时,未尽到避免他人损害的一般注意义务的,则属违法行为。"易言之,若行为人已尽其社会活动上必要注意义务时,纵因其行为侵害他人权益,亦不具违法性。"③

结果违法与行为违法两种观点,孰是孰非,难以定论。在我看来,这两种学说,无非是考察问题的思考方法不同而已,都具一定的合理性。在法制健全、法律体系完备、法律制度详尽的情况下,人们的行为是否违法,只要翻一翻法律条文即可得出结论。但即便是这样,有的行为是否违法,还需从该行为所造成的结果才能作出评价。如学校组织学生进行春游,如果未出现学生受伤害事件,我们就不会去评价学校组织春游的行为是合法还是违法的问题。这是一种以结果给行为定性的自然的反映。另外,任何体制下的法律都不可能穷尽一切,不可能仅靠翻法律条文就可以得出所有的结论,需要我们在法律条文以外去探索新的现象,开辟新的领域,解决新的问题。行为违法说的错误就在于,认为只有故意侵害他人权益的行为才具违法性,过失的行为只有在行为人未尽"社会活动上必要注意义务"时才属违法的观点,把行为人的主观意识带入到对行为的客观评价中来。依行为违法说的观点,只有在行为人主观上存有过错时,行为才成立违法,那么自然没有所谓"无过错责任"的适用余地了。

因此,笔者主张,违法为一种客观标准,不以行为人主观上是否明知为违

---

① 罗昆、易军:《侵权行为法上的违法性概念》,载王利明主编:《民法典·侵权责任法研究》,人民法院出版社2003年版,第187页。
② 史尚宽:《债法总论》,中国政法大学出版社2000年版,第121页。
③ 王泽鉴:《侵权行为法》（第一册）,中国政法大学出版社2001年版,第230页。

法要素。行为人不得以其不知违法为其进行抗辩。

二、损害

1. 概念

指行为致受害人于某种不利的事实状态,具体表现为如财产被侵占或被损毁,肌体被损伤,名誉被玷污,债权未得到清偿,或受害人的财产利益或人身利益处于某种危险状态等。损害是违法行为对民事法律客体发生作用的结果,因而是对正常的民事法律关系的破坏和践踏。损害结果违背了受害人要求其财产或人身不受侵害的心愿,影响或打断了受害人正常生产生活,给受害人带来了痛苦或不便,亦粗暴地违反了国家法律,破坏了国家通过法律予以维持的民事法律关系的正常、和谐的秩序,因而也损害了国家或社会的利益。

2. 特征

侵权责任法上的损害具有客观性、可补救性、合法性的基本特征。

(1) 客观性,即损害作为事实,必须是客观存在的,既不是想象的、虚构出来的东西,也不是在遥远的将来才有可能发生的东西。从诉讼的角度来看,所谓客观性,也就是现实性,就要求能提供相应的证据予以证明。这表明,第一,损害必须是已经发生的事实。那些尚未发生的或者根本不可能发生的,仍然存在于人们的想象中的东西不能认定为损害事实。第二,损害必须是真实存在的事实。那些虽然已经发生,但早已得到补救的损害不能再作为损害请求补救。那些行为人的行为对他人权利的行为构成妨碍,或置他人财产或人身利益于某种危险状态,但尚未形成实际减损、伤害的,仍应认为具有现实性。

(2) 可补救性,是指损害应当是能够通过民法手段予以弥补。表现在:该损害达到了应当依法予以民事补救的程度。如城市街道上的噪声如在正常范围内给行人或街旁住户造成的轻微损害,便不在补救范围之内。因此,"损害必须在量上达到一定程度才能被视为可补救的损害"。①

(3) 合法性则指遭受损害的利益应当是合法的,受法律保护的。只有具

---

① 王利明主编:《民法·侵权行为法》,中国人民大学出版社1993年版,第138页。"一个一生都钟爱某种鸟类的人,现在因为环境污染,这种鸟不再飞回原生活地了,他无疑遭受了实在的和可感知的不利,但没有可赔偿性损害。"〔德〕克雷斯蒂安·冯·巴尔:《欧洲比较侵权行为法》(下卷),焦美华译,法律出版社2001年版,第4页。

有这种合法性,该损害才能受到法律否定的评价。非法利益受到不法侵害的,不具有可补救性。如甲抢占乙的违章建筑作门面,乙无权以其利益受到损害而要求退出门面,赔偿损失。但甲的行为仍然构成违法,应受其他法律(如行政法)的处罚。

3. 分类

(1) 财产损害与人身损害。这是从侵权行为直接侵害的对象——受害人的民事权利来分类的。财产损害是指受害人的财产权利所遭受的损害。如财物被他人侵占、注册商标被他人冒用、专利被他人仿制、作品被他人剽窃等,均为财产损害。人身损害则指受害人的人身权利受不法侵犯。如身体受到创伤、名誉被他人贬低、婚姻家庭遭人破坏、未成年子女被他人拐骗等。

(2) 物质损害与非物质损害。这是从受害人实际受到的损害结果的内容来分类的。侵权行为给受害人造成财产上的不利后果或处于不良状态的,为物质损害。如财产被他人抢走或被盗,卖方拒绝依合同提供原材料致使买方无法进行正常生产经营活动、影响其经济效益等。物质损害能以金钱来计量和表示。非物质损害包括受害人身体痛苦等人格、身份损害以及由此产生的精神损害在内的损害,是受害人因其民事权利遭受侵害而使其在生理、心理上所感受到创痛以及在精神上的创伤、痛苦或某种不利状态。

(3) 直接损害与间接损害。直接损害是指侵权行为直接作用于侵害对象时发生的损害。如殴打受害人,从受害人那里抢走财物等,损害后果与违法行为之间具有直接的因果关系。行为并未直接作用于侵害客体,而是通过某种中介而发生作用的,为间接损害,损害后果与侵权行为间为间接的因果关系。

(4) 积极损害与消极损害。积极损害,是指现有财产或利益的减损、灭失或费用的支出,如房屋被拆除、名誉受到贬损等。消极损害则指本可得到的利益未得到,如因受伤住院未能上班而被扣发工资或奖金,因未获履行而不能取得的销售利润等。简言之,积极损害指既得利益的丧失,消极损害指可得利益的丧失。

(5) 客观损害与主观损害。客观损害,应当是指受害对象在事实上所遭受的损害;主观损害则不同,这是受害人的主观感受到的损害。

(6) 权利损害与利益损害。前者指受害人的某种民事权利遭受了侵害,后者则指因权利遭受侵害而致使其实际利益受到了损伤或丧失。通常情况下,权利遭受侵害,受害人的某种利益必定会遭受损失,如甲被乙打伤,甲的健康权遭受了侵害,由此产生甲的身体健康的利益受到了伤害。个别情况下,受害人的权利遭受了侵害,但并未进一步造成其利益遭受损失。如乙非法进入甲的房屋,甲的房屋所有权遭受了侵害,但并不一定会给甲造成不安、不便或其他人身或财产上的利益损害。张某的名誉权遭受侵害,张某也不需要证明其遭受了其他利益损害,即可以其名誉权被侵害为由,径行向法院起诉,要求行为人承担侵害名誉权的侵权责任。

(7)事实上的损害与法律上的损害。前者指受害人因侵权而遭受的所有的损害,包括直接的损害与间接的损害、积极的损害与消极的损害;后者是指那些在现行法律制度的框架内能获得补救的损害。如前所述,现实生活中,并非所有的损害都能得到法律的补救。一方面,非法利益的损害,是不能得到补救的;另一方面,即使是合法利益遭受了损害,有许多往往也得不到补偿,特别是那些消极损害、间接损害等,通常是得不到救济的。这主要是一个利益平衡的政策考量的问题。

三、因果关系

1. 因果关系的概念

侵权法意义上的因果关系,是指侵权行为(包括行为人支配下的物品的致害等,下同)与一定的损害后果之间的客观联系。如果某个民事行为引起一定的损害后果的产生,那么该行为与该后果间就存有因果关系。其中,该行为为原因,该后果为结果。

因果关系具有以下基本特征:(1)客观性。因果关系是一种客观事实,是自然界和人类社会中存在的不以人的意志为转移的;客观性是它的最基本的特征。民法研究特别是司法活动的任务,不是去人为地创设某个因果关系,不能以人的主观心理状态作为认定有无因果关系的根据,而是要去判明有无这种因果关系的客观存在,去认识它,分析它,把握它。(2)严格的时间先后顺序性。因果关系作为一种客观现象,有着严格的时间上的先后顺序,即原因在前,结果在后;引起一定结果发生的是原因,而由原因引起的一定的现象即为结果,不可能结果在前而原因在后。但这并不妨碍我们从结果出发,去判明某种行为是否与其有因果关系,然后再为该行为定性是否违法,是否应负侵权责任等。可以通过某一损害后果,去寻找引起该结果发生的原因;因为结果总是现实存在的,而原因总是隐藏在结果的背后。这种从结果回溯到原因的方法,是我们分析一现象与另一现象间有无因果联系的一般思维方式。

2. 因果关系的分类

(1) 事实上的因果关系与法律上的因果关系。事实因果关系又称自然因果关系,是指现实生活中存在着的、某一客观现象与某一损害结果之间存在的联系。事实上的因果关系是一种对纯粹的事实过程的认识,它不包含法的价值评判。而法律上的因果关系,则是一种法律评价。凡为法律上的因果关系者,则意味着作为原因的"行为"应对作为结果的"损害事实"承担法律责任。但法律上的因果关系总是在事实上的因果关系系列或链条之中,没有事实上的因果关系,就不存在法律上的因果关系;我们不可能在事实上的因果关系之外去探寻法律上的因果关系。法律上的因果关系总是小于或等于事实上的因果关系。

(2) 直接因果关系与间接因果关系。在法律上的因果关系中,直接作用于结果的原因,为直接原因,该因果关系为直接的因果关系;原因只对结果发生间接的作用的,为间接因果关系,该原因为间接原因。直接因果关系具有直观、简单、容易预见的特点;而间接因果关系因不具有直观、明了的特征,故往往不易为人们所认识。

(3) 必然因果关系与偶然因果关系。必然因果关系指依事物发生的客观规律,某行为在正常情况下必定会导致某损害的发生。而偶然因果关系则是在异常情况下出现的,其发生有点出乎人们的意料。可见,所谓必然因果关系与偶然因果关系,与人的主观意志有关;该因果关系的出现,是必然的还是偶然的,看是属于人们的意料之内还是之外。依人们的常识判断,该行为应当发生某种结果,该结果出现了,为必然的因果关系;反之,出现了人们所想象不到的结果的,则为偶然的因果关系。

(4) 责任成立的因果关系与责任范围的因果关系。所谓责任成立的因果关系,是指可归责的行为与权利受害者(或保护他人法律的违反)之间具有因果关系,责任成立之因果关系所欲断定的是权利受侵害是否因其原因事实(加害行为)而发生。而所谓责任范围的因果关系,则是指权利受侵害与损害之间的因果关系,它所确认的是"因权利受侵害而生的损害,何者应归由加害人负赔偿责任的问题。"①

3. 因果关系的形态

(1) 一因一果。这种形态的因果关系,原因与结果均为一个,呈一对一

---

① 王泽鉴:《侵权行为法》(第一册),中国政法大学出版社2001年版,第189页。

的现象。这是因果关系关系中最典型、最常见的形态。一因一果的因果关系,责任的归属相当明确,当事人的举证与法院的查证也相当容易。

(2) 一因多果。在一因多果的形态中,原因只有一个,但结果却是两个或两个以上的复数。这种"多果",有时是一个侵权行为造成多个受害人受到损害,有时虽然只有一个受害人,却致该受害人多个损害后果。

(3) 多因一果:多因一果的因果关系中,一个结果是由于多个原因所造成的。多数情况下,所谓多因,往往是数个侵权行为人的行为所致。多个人的行为致一个损害后果发生,彼此之间相互结合或有关联时,如何判定其因果关系,还存有以下三个方面的情形:① 聚合因果关系。即数人的侵权行为均足以致同一损害后果的发生。② 共同因果关系。即数人的行为中,每一行为均不足以导致损害后果的发生,只有在该数行为的共同作用下才发生损害后果的,为共同因果关系。③ 择一的因果关系。如甲、乙狩猎时同时向一处开枪,其中一弹击中并伤害了丙,然该弹系何人所射,无法确定。这实际是属于共同危险行为中的因果关系问题。英美法将其称为"不确定的因果关系"或"或然的因果关系"。

(4) 多因多果。是指原因与结果均为复数。多数情况下是多个人的侵权行为造成多个人的损害或一个人多个损害,但也有时是一个人的多个行为致多个人的损害或一个人的多个损害。

4. 大陆法系关于因果关系的各种学说

(1) 条件论。这是一种最古老的关于因果关系的学说,主张凡引起结果发生的所有现象均为条件,条件即原因。只要与损害后果存在逻辑上的联系的现象,就认为二者间存在民法意义上的因果关系。该学说必然导致责任人范围的无限扩大,早已为人们所放弃,代之而起的是原因论。

(2) 原因论。这一学说主张把原因与条件区别开来。在引起某一损害后果发生的一系列条件中,只有一个条件为法律上的原因,它与损害后果间存在因果关系;其余为单纯的条件,与损害后果间没有法律上的因果关系。原因说是针对条件说那种所有条件都是原因的观点所造成的漫无边际、毫无限制的弊病而提出的,其目的在于限制责任人的范围。然而,在众多的条件中,到底哪一个是原因,又有许多看法,如必要条件说、优势条件说、最先条件说、最后条件说等,可以说是众说纷纭。现时较为流行的所谓必然因果关系论与相当因果关系论,亦是一种原因论。

(3) 必然因果关系论。这是我国曾最为流行的观点,近期也遭到了许多学者的质询。这种观点认为,因果关系可以分成必然因果关系和偶然因果关系。所谓必然因果关系,是指原因与结果之间存在着本质的、内在的、具有规律性的联系。不承认偶然因果关系的作用。然如何区分"必然"与"偶然",又不得不借助于人们的主观认识。

(4)相当因果关系论。又称相当条件、相当原因说,主张在导致结果发生的一系列条件中,依一般人的经验、智识,即所谓"经验法则",认其发生结果相当者,即该条件为原因。相当条件为结果发生不可缺少的条件。相当因果关系说,把行为人或一般人的主观上有无认识作为有无因果关系的客观依据,实质上否认了因果关系的客观性。

5. 因果关系的认定

实践中如何认定因果关系,一般可从以下几个方面展开:

(1)一因形态中,该因即法律上的原因。

(2)多因形态中,应区分直接原因与间接原因、主要原因与次要原因、起决定性的原因和不起决定性的原因、内因与外因。不能把自然界和人类社会中客观存在的丰富多彩的因果关系形式,简单地以某一种固定的模型去生搬硬套,更不应把人的主观因素放进因果关系之中,把行为人的认识、预见与否作为因果关系存在的必要条件。当然这并不妨碍我们在考虑作为各种原因的侵权行为应否对其损害后果承担民事责任时,必须考虑行为人行为时的主观过错。

(3)坚持实事求是的态度,客观地而不是主观地查明全部案情。分析各种现象间的相互联系,相互影响;坚决摒弃条件说把所有现象当做同价原因、原因说仅把所有现象中的一个现象作为原因、相当因果关系说和必然因果关系说把一般人的认知作为有无因果关系的标准的错误观点;坚持具体情况具体分析的科学态度,充分利用现代科技手段,探究致害的真正奥秘,以区分各种原因在结果上所起的作用和发生作用的时间、地点、方式等,来确定因果关系之有无。

四、主观过错

1. 过错的本质

过错是指行为人行为时的某种主观心理状态。

关于过错的本质,有主观说、客观说与折中说三种不同的学说。

(1)主观说。该说认为,过错是行为人对自己的行为及其后果所具有的主观心理状态,是由行为人内在的意志决定的;主观过错表明行为人具有道德上应受非难性。① 而过错之所以应受非难,原因在于行为人意识到自己的行为的后果。正如黑格尔所说的:"行为只有作为意志的过错才能归责于我。"② 按照主观说的观点,每个具有意志能力和责任能力的人都具有意志自由,因而应对自己选择的后果负责。无行为能力人因其不能理解自己的行为及其后果,因此对其实施的损害行为及由此产生的后果不负责任。主张考察过错需要分析行为人的心理状态,从意志的活动过程来确定过错程度,并决定行为人的责任和责任范畴。③

但强调主观过错,会导致难以查明行为人的主观心理状态,造成司法机关操作不便,增加当事人的举证困难,从而不恰当地"限制了行为人的责任,不能达到有效地保护受害人的利益、使受害人所受的损害得以及时充分补救的目的"。④

(2)客观说。该说主张应从客观行为判断行为人有无过错。认为:过错并非在于行为人的主观心理状态的应受非难性,而在于行为具有应受非难性。行为人的行为若不符合某种行为的标准,即为过错。⑤ 还是在罗马法时,客观说便有了基础。罗马法提出的所谓"善良家父",即为人们行为的客观标准。没有尽到一个善良家父所能尽到的注意义务,即为有过失。自20世纪客观归责理论盛行以来,客观过错说也得到了较大发展,成为西方侵权法主导学说。

关于判断是否有过错的行为标准,又有违反义务说、不符合合理人的行为标准说和对权利侵犯说。违反义务说主张凡违背了法律规定的注意义务,即为过错;不符合合理人的行为标准说认为过错表现于行为不符合一个合理人的行为标准,或不符合法律为保护他人免受不合理的危险而订立的行为标准;对权利侵犯说则主张任何人侵害他人法定权利并造成损害的,即为过错。⑥ 客观说强调对行为人的客观外部行为,对判断有无过错有一个明确的标准,便于司法机关操作和当事人举证;但该说割裂了意志与行为的关系,否定了人的意志对行为的决定作用,因而不能准确地说明过错的本质和内容。

---

① 王利明:《侵权行为法归责原则研究》,中国政法大学出版社2003年修订版,第186页。
② 〔德〕黑格尔:《法哲学原理》,范扬、张企泰译,商务印书馆1982年版,第119页。
③ 王利明主编:《民法·侵权行为法》,中国人民大学出版社1993年版,第152—153页。
④ 王利明:《侵权行为法归责原则研究》,中国政法大学出版社2003年修订版,第197页。
⑤ 同上书,第198页。
⑥ 同上书,第199页。

(3) 折中说。该说认为过错是一个主观和客观要素相结合的概念,它是指支配行为人从事在法律上和道德上应受非难的行为的故意和过失状态,即行为人通过违背法律和道德的行为表现出来的主观状态。这种观点认为,"过错体现了行为人主观上的应受非难性,但这并不意味着将行为人的主观状态孤立化,实际上,在考察人的主观意志时,若不借助外部的参照,是不能达到目的的。另外,人的意志是一种潜在的东西,若不通过外部行为表现出来,不会对客观世界造成影响,就不能产生损害结果,也就谈不上侵权法上的过错。故过错是一个主客观相结合的概念,是指行为人通过其在法律上和道德上可受非难性的行为表现出来的主观状态。"①

笔者认为,上述三种关于过错的学说中,唯有主观说正确地揭示了过错的本质和内容。而客观说和折中说看上去较为合理,实际上所说的只是一种判断有无过错的标准问题。的确,过错是通过行为表现出来的,没有行为即无所谓有过错。我们考察行为人有无过错,确实要从行为着手。但行为并不代表过错,并不能等同于过错。否则我们只需看有无行为即可,没有必要提出一个主观过错的问题,也就不存在所谓过错责任原则。客观说和折中说的错误就在于把考察有无过错的方法、途径或标准,当做是过错本身。我们认为,过错就其本质来说,是人的主观心理状态,是一个主观的概念。

过错,是指行为人行为时的某种主观心理状态,其表现形态包括故意与过失。行为人行为时的这种心理状态,在刑法上,称为罪过,在民法上称为过错。过错既然是行为人的主观心理状态,表明了行为人对国家法律、社会公共道德以及他人合法权益的一种嘲弄、蔑视或冷漠的态度。之所以要追究行为人的民事责任,除了通过追究,使受害人的丧失的利益能得以弥补以外,还在于对行为人的主观过错予以否定的评价。如果说,侵权责任具有征罚性功能的话,那么这种惩罚的对象主要的还不是行为人单纯的侵权行为,而是通过这种侵权行为表现出来的主观态度。

过错虽然是行为人的一种主观心理状态,是一种主观的东西,但是,对于社会而言,它却是一种客观事实。它不依据于司法人员的感觉而客观地存在。正因为这一点,行为人在行为时有无主观过错,既不是不可认识的,也不能凭司法人员的主观想象随意去认定,而是应结合案件发生时的一切客观情况去确定行为人有无主观过错。

---

① 江平主编:《民法学》,中国政法大学 2000 年版,第 757 页。

过错虽然是主观的东西,却与客观的行为有着密切的联系。"它们之间的关系是:过错是违法行为的心理基础和驱动力,违法行为是过错的外在表现;但是存在过错不必然出现违法行为,出现违法行为也不必然基于过错。"[1]在过错的认定上,因行为人的主观心理状态除其本人外,事实上难以切实掌握。所以我们应当借助于外在(通过证据表现出来)的违法行为这样一个事实去了解它,去把握它。

2. 过错的构成

过错一般由"认识"与"态度"两方面构成的。

(1)认识。包括"预见",即所谓"明知"或"应知"。"应知"是基础。"知"的对象包括对客观事实的"知"和对法律的"知"两方面。

第一,对客观事实的"知",指行为人对行为自身、行为性质、行为后果等三方面的认识。各国法律多将这种"知"限定在对损害结果上的"知"。然而,对前两者的认知也是相当重要的:① 对行为自身的认识,指行为人对自己正在或将要实施的活动要有一个明确或较为清晰的了解。有的行为是行为人有意识地实施的,处在行为人的意识或意志的支配之下,大部分情况下这种行为是行为人内心意愿的真实反映。有的则可能是行为人处于无意识的情况下实施的。这种行为可能正是行为人在清醒时不愿实施的。如梦游时损毁他人财物。② 有意为之的行为,行为人也不一定就肯定能明了其行为的性质。如有的明知自己在与他人订合同,但可能并不知道自己所订的合同是买卖合同还是租赁合同。行为人对行为的性质的了解,与他对行为后果的了解多数情况下是联系在一起的。有的情况下行为人知道自己在干什么,但不见得他肯定知道该行为会发生何种损害后果,或者他虽然知道会发生某种损害后果,但并非一定明了该行为具有"社会危害性",说不定他还以为其行为是对他人有益的,比如大义灭亲的行为即是典型。可见,民法理论将过错中"知"的范围仅仅局限于对后果的"认识"或"预见"上,应当过于狭窄。

第二,对法律的"知",即所谓"违法性认识"的问题。过错是否应包含对违法性的认识。学者间有持反对、赞成和折中三种看法。反对者基于心理责任论,认为故意作为一种责任要素,其成立只需行为人对结果有认识即可,不必考虑对违法性是否有认识;赞成者则基于所谓道义责任论,认为行为人基于其自由意志的决定而实施的违法行为,自然应受道义的非难和谴责,承担

---

[1] 张新宝:《中国侵权行为法》,中国社会科学出版社1998年版,第132页。

道义责任，对于这种道义违反，只有当行为人在实施行为之时具有实际的认识，才产生故意责任；折中者则主张，如果行为人缺乏违法性的实际认识，但却存在违法性认识的可能性时，仍成立故意责任。

笔者认为，既然侵权责任追究侵权行为人的过错性，是因为该过错具有反规范、反社会性；如果行为人主观上并不知有此法律规范，比如乡下人初次进城不知有交通规则而骑车闯红灯，就不能说他主观上存在一种反规范的意识，否则只能把这种反规范、反社会的意识归结于他的人性。何况现实生活中有许多行为是否会产生危害后果，是以法律有无明确禁止性规定为条件，单纯就行为本身，是看不出其有危害后果的，如传销。行为人不知道有相关法律规定，就不知其行为是否为法律所禁止，就不能说明他具有反规范性的意识。更何况我们有许多法律法规尤其是行政性规章、地方性法规或政府规章多是通过红头文件的形式下发，并未在社会民众中"广而告之"，为一般民众所不知，叫人们怎么去遵守它？对这种行为进行制裁，是否有失公允？因此，只有在行为人认识到其行为违法时，才说明他主观上存在过错，才对其予以制裁。但果若如此，会不会出现以"不知有法"为借口来推脱责任；知法者会比不知法者更为不利，会不会促使人们对法律条文的漠视？

因此，不问行为人是否知法，是否认识到其行为的违法性，只要行为人对客观事实有认识，即为有过错。因为，作为现代社会的公民、法人，都负有熟知国家法律的义务，应知法而不知法者，本身就有过错。这种做法，有利于改变我国民众法律意识普遍不高的现状，促使人们学法、用法与守法，提高对法律应有的尊重。但是这首先要求我们的立法者应将全部法律通过各种有效的媒介向全民公布、宣传，改变过去那种既不将法规公之于众，又要人们去遵守的不公允的做法。然而，随着法制建设的发展，法律条文的日益增多，不可能要求每一个人都熟知每一个法律条文。这点恐怕连专业法律工作者都是做不到的。所以，我们认为折中的做法应当是：对于那些国家的基本法律，以及与自己的生产生活、本职工作密切相关的法律法规，每个人都有"知"的义务；违反这些法律法规，不问行为人是否认识到其违法，都以过错论。而对于那些既不是国家的基本法律法规，亦与其生产生活关系、本职工作不太密切的，行为人主观上是否有过错，应以行为人是否有违法性认识为构成要素。

（2）态度。态度是指行为人对其行为所造成的或可能造成的危害后果所持有的某种心情。实践和理论中，一般有希望、放任（容忍）和不忍（不愿意）三种态度。

其一，希望，即行为人直接追求该损害后果的发生。持有希望态度的人，往往具有损害他人合法权益的目的，行为无非是实现该目的的手段而已；持希望态度者，公然蔑视和对抗国家法律、社会公共道德和他人合法权益，说明其主观恶性大。

其二，放任，即行为人对损害后果是否发生抱一种无所谓的态度，发生也可，不发生亦可；或者说，行为人并不直接努力追求该损害后果的发生，但也不会采取任何措施去阻止它发生。损害后果没有发生，行为人并不失望；即使发生了，他也能容忍。对损害后果抱放任态度的，说明行为人对他人的合法权益抱一种冷漠的态度。

其三，不忍，即行为人并不希望看到损害后果的发生，而且对于已经发生的损害后果亦抱一种拒绝的、不能容忍的态度。从这个角度来看，行为人的主观恶性相对于抱希望或放任态度的人来说较小。

虽然态度存有差别，但并不能由此免除侵权行为人的侵权责任，而且在民法上并不问行为人的主观态度如何，都要对其侵权行为所造成的损害后果负侵权责任；责任的大小取决于损害后果的程度而非主观态度的不同。但是，从侵权责任的适用及教育功能来看，抱不忍态度的行为人较能主动承担侵权责任，容易受到教育感化，再次实施侵权行为的可能性较小。

3. 故意

（1）概念。故意，作为行为人主观过错的一种，是指行为人有意为之的心理状态。我国民法一般将故意定义为：明知自己的行为会发生损害他人权益的后果，希望或放任该损害后果发生的主观意志。故意具有一种强烈的反社会、反规范的主观恶性，因而对于在故意这种过错支配下所为的侵权行为，必须予以追究。《越南民法典》第309条第2款明确指出："故意损害是行为人认识到自己的行为将会给他人造成损害，但仍实施该行为，并且希望或放任损害发生的情形。"故意的行为往往是行为人内心意愿的真实反映，如故意不履行合同，有意损毁他人财物，为泄私愤而毁人容貌等等，说明故意的行为都是在行为人主观意志支配下所积极实施的；故意是行为人意识与意志的统一体，行为的结果往往是行为人所追求的目标，至少也是行为人主观上能够容忍的。

（2）构成。既然故意是行为人明知自己的行为会损害他人合法权益却希望或放任该损害后果的发生的主观心理状态，那么故意的成立，应当包括"明知"和"希望或者放任"两个方面的要素，前者为"认识"，后者为"态度"

或称"意思"。认识,即对违法事实的了解。对于故意的"认识",我国民法将它限定在"明知"程度上。"明知",从严格意义上讲,应当是确定的知道,毫不含糊地明白,而那些朦朦胧胧的"知"不宜视为故意。作为故意构成要素的"知"的范围,我国民法也将它限定在"行为后果"这一方面。不仅要"明知"有"损害结果",而且也要"明知"该损害结果具有"社会危害性"。这种做法和认识存有不足,已如前述。

态度。即行为人对自己行为所造成的损害后果所抱的态度。行为人明知自己的行为必然或可能造成损害他人合法权益的后果,仍决意为之时,对其损害后果总是抱有一种态度的。有的希望这种损害后果发生,为希望主义;有的放任这种损害结果发生,为放任主义;有的不能容许这种损害结果发生,为拒绝主义。希望主义者,其损害结果正是行为人所直接追求的目的,这表明行为人具有明显的反社会性、反规范性,从而主观恶性大。放任主义者虽然并不希望且不积极追求损害结果的发生,但对结果的是否发生抱着一种无所谓的态度;发生了也不完全违背其意愿,若不发生亦不感到失望。拒绝主义者不仅不希望损害结果的发生,而且也尽可能地避免这种结果的发生;损害结果的发生是行为人所不愿看到的,不能容许的。

就故意的构成要素方面,历来有认识论、希望论和容认论三种观点。认识论又称预见主义,主张只要行为人预见到了自己行为存在损害结果的可能性,仍决意为之者,均为故意,而不问行为人对损害结果抱何种态度,亦即不仅希望主义、放任主义者亦属故意,即使行为人对损害结果抱拒绝态度的,也有可能被认定为故意,从而把故意的范围划的很宽。希望论又称意欲主义,认为不仅要有行为人之预见(认识),而且还须行为人希望损害结果发生的意愿,才成立故意。所以,放任主义者和拒绝主义者均非故意。可见,此说又失之过窄。容认论则主张除了应具备"认识"的要素外,"态度"要素也不仅限于"希望";凡对损害结果抱容认态度的,均为故意。所谓容认,即对损害结果从消极方面讲至少是不拒绝、不关心,从积极方面讲则为认可、容忍。如此,则希望主义、放任主义均包括在故意之内;而拒绝主义被排除在故意的范畴之外。三说中,以此说为妥。我国民法即采此说。

(3)错误。与故意相关联的,还有民法上的"错误"。错误,系行为人因为某种主观上或客观上的原因,对行为的客观事实或法律事实产生不正确的理解、判断或认识;基于这种错误的认识而有意实施了某种侵权行为。可以分成对法律事实的错误和对客观事实的错误两个方面。对法律事实的错误,往往表现为不正确地理解法律条文的确切含义,这与完全不知法是不同的。如一审法院判决离婚,当事人误以为一经判决即生效力,便于上诉期间与他人再行结婚;法定代理人可以代为行使无民事行为能力人、限制民事行为能力人的继承权、受遗赠权,却误以为还可以代为放弃这种权利,等。行为人对客观事实的错误认识,可以是对行为的性质、行为的后果、行为的对象等方面的错误判断。如把他人所有的财物误以为是自己的财物加以占有而拒不退还;医生在紧急情况下误诊,致本不该切割的器官被切除;甲欲杀乙,闯入乙的卧室,见乙床上蒙头睡着一人,以为是乙,便抡刀砍过去,结果被杀的是丙。上述行为均是行为人在对自己的行为本身有着清醒认识的情况下所实施的,然而导致这种行为发生的基础却是出于错误的判断,造成的损害后果在许多情况下也是行为人所不愿看到的。对于这种出于错误判断而有意实施的行为,在刑法上,必须分辨出是故意或是过失;但从民法角度看似乎意义不大:行为人均须对其行为所造成的损害后果承担民事责任,不能以判断错误作为拒不承担民事责任的借口。

导致行为人错误认识,有的是出于行为人自身的主客观原因,有的则是由于他人的有意或无意的欺诈或教唆;若是后者,欺诈者或教唆者应对其故意所为的欺诈或教唆行为而造成的损害后果承担侵权责任。

4. 过失

(1)概念。过失是行为人应当预见自己的行为可能会损害他人的合法权益,因疏忽大意而没有预见,或者虽然已经预见到了,但轻信可以避免的主观心理状态。

过失与故意均属于行为人的主观心理状态,但在侵权责任的适用上,区分行为人主观上是故意抑或是过失,意义不大。在一般情况下,侵权责任实行的是客观责任,当侵权行为已经给他人造成了实际损害,只要证明其主观上存在过错,不问是故意还是过失,均须承担侵权责任;也不因过错程度不同而责任有轻重之别。这与刑法中必须区分故意和过失是不同的。但在某些情形下区分故意与过失还是有意义的。

(2)类型。民法上的"过失",一般又分成"懈怠"与"疏忽"两种。

懈怠,又称"过于自信的过失",指行为人已知其行为会造成损害他人合法权益的后果,因自信可以避免而仍予实施,结果给他人造成损害的心理状态。其构成要件,一是"已知",二是不能接受的态度。懈怠与故意相同的是行为都是建立在"已知"的基础上,但根本区别在于行为人对其行为对受害人造成的损害结果的态度方面。

疏忽,又称"疏忽大意的过失",指行为人不知但是应知其行为会给他人造成损害的一种心理状态。如果行为人没有预见到其行为造成损害后果的可能性,则应考察该行为人是否应当预见。行为人应当预见到其行为会损害他人的合法权益,因疏忽大意而没有预见者,说明其主观上存有过失。"应当预见"是建立在"能够预见"的基础之上的。

如何判断行为人是"能知"的,有"个人标准说"、"社会标准说"和"综合说"三种不同观点。"个人标准说"又称"主观说",主张判断行为人能不能预见、应不应当预见,应以该行为人自身的条件来考量,即根据行为人的年龄、知识、能力、经验、技术等主观条件来判断该行为人在当时情况下能否预见。能够预见的,则为"应当预见"。而"社会标准说"即"客观说",主张以社会上一般人的认识水平作为标准;一般人能够预见的,该行为人就应当预见;一般人不能预见的,行为人就不应当预见。

个人标准最大的缺陷是难以有一个统一的标准。所谓个人标准实际上就是没有标准,不同的人就有不同的标准,有多少人就有多少个标准。社会标准的最大缺陷则是应以哪一类人的认识能力作为标准。大千世界,芸芸众生,人与人之间的年龄、精神状态、专业知识、工作经验、技术水平甚至政治觉悟等诸多方面均存在差异,应以谁的认识能力作为一般人的标准,来考量其他人应否预见?

我们认为,在考察行为人主观上是否有过失,应否预见时,首先应分析该行为人的具体条件以及行为时的具体情况。在采用个人标准仍不法肯定该行为人是否应当预见时,还须以其他人进行比较。因此,在实际司法运用中,考察行为人有无过错的思路,大致可以沿着这样一个路径进行:

首先要看行为人对其行为所造成的损害后果是否"知",即是否有"预见"。

如果是"知",则看行为人对其行为所造成的损害后果抱何种态度。如果是追求或放任该损害后果发生的,则为故意;如果是抱一种不能容许的态度的,则为过失(有认识的过失)。

如果是"不知",则要根据行为人自身的条件,看其是否"能知";若"能知"的,则为"应知",为有过失;若不"能知",则要看一般人在此情况下是否'能知",若能知,则说明行为人主观上存有过失;若仍不能知的,还要看与其专业相同或相近的人在此情况下是否"能知",若能知的,则认行为人有过失。

（3）重大过失。民法上的"过失"还可分成重大过失与轻过失。一般将疏忽称为轻过失，而将懈怠称为重大过失。民法上划分重过失和轻过失一般也无重大的实用价值。但在行为人与受害人均有过失时，过失轻重的不同，是确定双方责任大小的依据。在某些特殊领域中，行为人或受害人只有在重大过失的情况下，才产生责任人或行为人承担或不承担责任的事实根据。如我国《侵权责任法》第72条规定："占有或者使用易燃、易爆、剧毒、放射性等高度危险物造成他人损害的，占有人或者使用人应当承担侵权责任，但能够证明损害是因受害人故意或者不可抗力造成的，不承担责任。被侵权人对损害的发生有重大过失的，可以减轻占有人或者使用人的责任。"

第四节　侵权责任的归责原则

一、归责原则概述

1. 相关概念

归责，是责任归属的意思，即由谁来承担损害后果的责任，责任是归责的结果；是指"将损害归由加害人承担，使其负赔偿责任的事由，学说上称之为损害归责事由或归责原则。"[1]"归责原则"，则是指确定"归责"的根据或准则，即确定由谁来承担责任的一般规则。如果说，归责的根本含义是决定侵权行为所造成的损害后果的侵权责任的归属，那么，所谓归责原则就是指确定责任归属所依据的标准。没有这根据或标准，就无法确定责任的归属，或者说责任归属的确定就会成为任意妄为的行为。

2. 归责原则的体系

在我国，侵权法上的归责原则的体系，从现行法律的规定可以得出一些结论。《民法通则》第106条第2、3款分别规定了过错责任原则与无过错责任："公民、法人由于过错侵害国家的、集体的财产，侵害他人财产、人身的，应当承担民事责任。没有过错，但法律规定应当承担民事责任的，应当承担民事责任。"另外，第132条还规定："当事人对造成损害都没有过错的，可以根据实际情况，由当事人分担民事责任。"论者认为这是关于"公平责任"原则

---

[1] 王泽鉴：《侵权行为法》（第一册），中国政法大学出版社2001年版，第12页。

的规定。《侵权责任法》第 6 条规定了过错责任原则与过错推定:"行为人因过错侵害他人民事权益,应当承担侵权责任。根据法律规定推定行为人有过错,行为人不能证明自己没有过错的,应当承担侵权责任。"第 7 条则规定了无过错责任原则:"行为人损害他人民事权益,不论行为人有无过错,法律规定应当承担侵权责任的,依照其规定。"在第 24 条还基本上沿袭了《民法通则》第 132 条的规定:"受害人和行为人对损害的发生都没有过错的,可以根据实际情况,由双方分担损失。"只不过将《民法通则》规定的"分担民事责任"修订为"分担损失"。

而在学术上,我国侵权法的归责原则体系中,应包括哪些归责原则,学界有"一元论""二元论""三元论""四元论"之争。一元论主张只有过错责任原则;二元论认为有过错责任与无过错责任原则;三元论又可分为二种,一种主张包括过错责任、无过错责任与过错推定原则;另一种主张包括过错责任、无过错责任与公平责任原则;四元论则主张有过错责任、无过错责任、过错推定与公平责任的归责原则。其中持过错责任、无过错责任与公平责任的三元论稍占主导地位。

我们主张过错责任与无过错责任的二元论归责原则;并且认为,所谓"过错推定"只不过是过错责任的另一种表述而已。因此,《侵权责任法》才将"过错推定"安排在规定过错责任原则的第 6 条之中。另外,所谓"公平责任"因为破坏了由过错责任与无过错责任构成的归责原则体系的和谐统一,因而不宜成为一项独立的归责的原则。或许正是出于此种考虑,《侵权责任法》不仅没有紧接在规定过错责任、无过错责任的第 6 条、第 7 条之后规定所谓"公平责任",而是将其安排在第 24 条,远离关于归责原则的规定,而且将《民法通则》规定分担"民事责任"改为分担"损失",剔除了"责任"的因子。

二、过错责任

1. 概念与制度变迁

过错责任,是指行为人只对自己有过错的侵权行为所造成的损害后果承担民事赔偿责任。无过错即无责任,这是过错责任的全部真谛。

远古民法中长期实行客观归责。只要行为人致他人以损害,均须承担损害赔偿责任。那时亦无"过错"的观念。以后随着社会文明的逐渐演进,"过错责任"的观念渐渐萌芽。如中国传说中的尧舜时代的法律文献中就开始有了过失和免责的记载。如《尚书·舜典》云:"眚灾肆赦",按现代语义解释,眚,即过失;灾,即灾害;肆,减缓之意;赦,即免除。眚灾肆赦,用现代法律语言来说,即因过失和不可抗力造成损害时予以减轻或免除责任。① 西周时,强调法官在审理案件时要注意区分过失和故意,有所谓"宥过无大,刑故无小"之说(《尚书·大禹谟》)。即因过失而犯法的,最大也可以饶恕;而对于因故意犯法的,最小也须予以处罚。

在国外,早在公元前 18 世纪的《汉穆拉比法典》(约公元前 1792—前 1750 年)就已经有了过错责任的萌芽。如第 53、55 条规定:自由民怠于巩固其田之堤堰,而因此堤堰破裂至邻地损失者,或自由民开启渠,不慎而使水淹其邻人之田者,均须负赔偿之责。第 236 条规定:若自由民以其船租与船工,船工不慎,致船沉没或毁坏,则船工应以船赔偿船主。第 245 条规定,倘自由民租牛,因不慎或殴打而致牛死亡,则应以牛还牛,赔偿牛之主人。这里的"不慎""怠于"都是属于过失的范畴。该法典第 227 条进一步规定,若理发师受自由民的欺骗,剃去了他人的奴隶的奴隶标识的,只要该理发师宣誓:"我非有意剃之,"就可免其责任。实际上这种记录还可以往前溯及到比《汉穆拉比法典》更早的古巴比伦的《埃什嫩那国王俾拉拉马法典》,据该法第 5 条的规定,"倘船夫不慎而致船沉没,则彼应照所沉没者赔偿之。"

古罗马的《十二铜表法》也开始要求对烧毁他人房屋的,要区分过失和故意。随着罗马商品经济的发展,过错观念日渐流行,终致公元前 287 年的《阿奎利亚法》首先在立法上确认了过错责任。该法提出了"injuria"(即"不法")的概念。据当时代罗马著名法学家乌尔比安的解释,"必须把 injuria 理解为过失致损,即行为人并无致人损害的愿望"。自此,过错责任"以磅礴的气势迅速地摧毁了以加害原则为中心的一整套古板、粗鲁的侵权责任规范,取得了法律上和法学上的主导地位。"②

过错责任最终为近代民法所确认,是在 1804 年的《法国民法典》中。《法国民法典》第 1382、1383 条对过错责任作了高度概括:"任何行为使他人受损害时,因自己的过失而致行为发生之人对该他人负赔偿的责任。""任何人不仅对其行为所致的损害,而且对其过失或懈怠所致的损害,负赔偿的责任。"此后,各国民法纷纷效尤。如《德国民法典》第 823 条规定:"因故意或者过失不法侵害他人的生命、身体、健康、自由、所有权或其他权利者,负向他人赔偿因此所生损害的义务。"英国 1846 年的《不幸事故法》亦规定:致人死亡,若是

---

① 王卫国:《过错责任原则:第三次勃兴》,中国法制出版社 2000 年版,第 26 页。
② 同上书,第 33、42 页。

故意或者过失的不法行为而发生,行为者应负损害赔偿责任。我国《民法通则》第106条亦规定:"公民、法人由于过错侵害国家的、集体的财产,侵害他人财产、人身的,应当承担民事责任。"我国《侵权责任法》第6条第1款规定:"行为人因过错侵害他人民事权益,应当承担侵权责任。"过错责任在我国亦得到了充分地肯定。

2. 确立过错责任原则的意义与不足

侵权法为何采过错责任原则,对此,德国著名的思想家耶林有一句名言。他说:"使人损害赔偿的,不是因为有损害,而是因为有过失,其道理就如同化学上的原则,使蜡烛燃烧的,不是光,而是氧气一般的浅显明白。"[①]王泽鉴教授认为,在个人的自由与理性大张的19世纪,过错责任原则之所以被人们奉为金科玉律,其主要理由有三点:其一,从道德观念上看,行为人就自己过失的行为所造成的损害承担赔偿责任,是社会正义的要求;反之,其行为非出于过失,行为人已尽注意义务,则在道德上无可非难,自不应负侵权责任。其二,从社会价值来看,任何法律必须调和"个人自由"与"社会安全"两个基本价值。过错责任被认为最能达成此项任务。因为个人若已尽其注意,即得免负侵权责任,则自由不受束缚,聪明才智可得发挥。人人尽其注意,一般损害亦可避免,社会安全亦足维护。其三,从人的尊严而言,过错责任肯定人的自由,承认个人抉择,区别是非的能力。个人基于其自由意志决定,从事某种行为,造成损害,因其具有过失,法律予以制裁,使负赔偿责任,最足以表现对个人尊严的尊重。[②]

但过错责任的实行,也存在一些缺陷,主要表现在:其一,举证责任由受害人承担,增加了受害人的诉讼成本与诉讼风险;其二,行为人无过错时,受害人无法得到补救,在个案方面显得不公平。因此,这些都给受害人带来了一些不利。

3. 过错推定

推定,是指从已知事实对未知事实进行推理与确定。过错推定,即在行为人不能举证证明自己无过错的情况下,推定其有过错而应负责任。我国《侵权责任法》第6条第2款规定:"根据法律规定推定行为人有过错,行为人不能证明自己没有过错的,应当承担侵权责任。"

过错推定的基本特点,就是在有关侵权责任的诉讼中,被告是否存在有

---

① 转引自王泽鉴:《侵权行为法》(第一册),中国政法大学出版社2001年版,第13页。
② 王泽鉴:《侵权行为法》(第一册),中国政法大学出版社2001年版,第13—14页。

过错的举证责任由被告来承担,即所谓举证责任倒置。它能更有效地维护作为受害人的原告的利益。一是减轻了原告的举证负担,从而使得原告诉讼负累大大降低;二是如果被告不能证明自己无过错,则推定其有过错,有过错即有责任,从而使得原告胜诉的概率大大增加。

从我国《侵权责任法》关于过错推定的规定来看,过错推定,具有法定性:只有在法律规定实行过错推定的情形下,才适用过错推定的做法。如《侵权责任法》第81条规定:"动物园的动物造成他人损害的,动物园能够证明尽到管理职责的,不承担责任。"

此外,我国《侵权责任法》规定实行过错推定的场合还有:

第38条:无民事行为能力人在幼儿园、学校或者其他教育机构学习、生活期间受到人身损害的,幼儿园、学校或者其他教育机构能够证明尽到教育、管理职责的,不承担责任。

第75条:非法占有高度危险物造成他人损害的,所有人、管理人不能证明对防止他人非法占有尽到高度注意义务的,与非法占有人承担连带责任。

第85条:建筑物、构筑物或者其他设施及其搁置物、悬挂物发生脱落、坠落造成他人损害,所有人、管理人或者使用人不能证明自己没有过错的,应当承担侵权责任。

第88条:堆放物倒塌造成他人损害,堆放人不能证明自己没有过错的,应当承担侵权责任。

第90条:因林木折断造成他人损害,林木的所有人或者管理人不能证明自己没有过错的,应当承担侵权责任。

第91条第2款:窨井等地下设施造成他人损害,管理人不能证明尽到管理职责的,应当承担侵权责任。

过错推定仍然强调被告只有在有过错的情况下,才承担侵权责任。因此,过错推定本质上仍然是一种过错责任。当被告确无过错,但无法证明其无过错时,仍需对损害承担侵权责任。在此种情况下,被告实质上承担的是一种无过错责任。同样,在实行过错责任归责原则的领域,如果原告不能证明被告有过错,则推定被告无过错。此种情况下,即使被告确有过错,也不用承担责任。

三、无过错责任

1. 无过错责任的概念

无过错责任(liability without fault),又称严格责任、客观责任、绝对责任(absolute libility)等,即不问行为人主观上是否有过错,都应当依法对自己的侵权行为所造成的损害后果负侵权责任。即使该行为人主观上没有过错,法律规定应当承担责任的,亦有责任。可见,无过错责任的意义表现在实体法上和程序法两个方面:在实体法上,行为人不因其无过错而无责任,从而加重了行为人的责任;在程序法上,受害人和行为人均无须证明行为人有无过错,法院亦无须予以查证,这样既减轻了诉讼当事人的举证责任,亦简化了诉讼程序,减轻法院查证负担,降低诉讼成本,提高诉讼效益。

无过错责任具有以下特征:(1)无过错责任不以行为人主观上存有过错为承担责任的构成条件;行为人主观上无过错的,法律规定要负责任的,也应对自己的行为所造成损害负责。(2)无过错责任不是指行为人没有过错才承担责任,而是指在诉讼中不问行为人主观上是否有过错。这样在诉讼中受害人不用举证证明行为人主观上存有过错,行为人也无须证明其无过错,法院也无须去进行查证,从而大大简化了诉讼程序。(3)无过错责任并非绝对责任,行为人仍然可以不可抗力作为抗辩理由而不承担责任。事实上,从各国的立法与司法来看,并不存在绝对的"无过错责任";不可抗力在任何情况下都可以成为自己主观无过错而不承担责任的抗辩理由。

2. 无过错责任原则的历史演进

无过错责任作为一种侵权责任的归责原则,是近代工业化的产物。随着近代工业革命的兴起,社会生产进入机器时代。大机器生产一方面促进了人类文明的飞速发展,另一方面也因工业事故的频繁发生,给人们的生命财产带来了极大的损害;而过错责任原则要求受害人能够证明行为人对事故的发生存有过错,否则损害自负。这种由受害人来证明行为人主观上存在过错的举证责任,对于生产科技化、专门化时代的受害人来说是相当困难的;而过错推定方法虽然将过错的举证责任转移给行为人,但相应的科技知识掌握在行为人一方,不仅受害人一般不懂,连裁判人员多有不懂的,故而行为人基于自己的科技专业知识比较容易找出自己主观无过错的借口摆脱责任的追究,广大的受害人得不到法律的补救而处于困难的境地,严重者甚至给社会带来不稳定。故此,过错责任在工业领域的适用遭到了怀疑和质询,"没有过错也有责任"的理论便应运而生。

据载,最早采纳无过错责任理论的是1838年普鲁士王国的《铁路法》。该法规定:"铁路公司对其所转运的人及物,或因转运之故对于别的人及物造成损害的,均须负严格责任。"此后德国又通过一系列的单行法规进一步确立了这一做法。在法国,无过错责任的确立主要是通过对《法国民法典》第1384条的扩大解释来完成的。该条规定:"任何人不仅对其自己的行为所造成的损害,而且对应由其负责的他人的行为或在其管理下的物件所造成的损害,均应负赔偿的责任。"1898年法国制定的《劳工事故赔偿法》也规定:劳工死亡或人身伤害事件,不论事件的原因如何,免除受害一方证明雇主或同事有过错的举证负担,即使受害人自己有过错,都有权获得赔偿,除非损害是他有意造成的。1914年法国最高法院通过一个判决确认,物之管理人对损害的发生除能证明是因不可抗力、被害人过错、第三人过错所致外,自己没有过错也要负赔偿责任,由此确立了无过错责任制度。

在英美法系,无过错责任主要是通过一次次判例形成,最后由立法确立的。1866年Rylands v. Fletcher(赖兰德诉弗莱彻案)开始确立危险物自某人土地上"逸出"(escape)致人损害的严格责任。该案件的案情是:被告为了其磨坊供水而雇人在自己的土地上建造水库。施工中工人们发现一些废弃的煤矿竖井——事先无人知道这些废井——便用水泥将其填塞,但未完全填实。当水库注满后,水渗过竖井,淹没了相邻的原告的矿井;诉讼中原告不能证明被告有过错。法官J.布莱克在判决中作了如下说明:"为其个人目的在其土地上置人、集聚并保留任何倘若逸出便可能致人损害之物者,必须自负其风险,要么,他便显而易见地对作为该物逸出之自然结果的一切损害负有责任。"[1]"该案的判例也一直被美国的法院所引用,法院对一切因从事超常活动引起的伤害都施以严格侵权责任。"[2]1916年美国学者Ballantine(巴兰廷)首次提出了"无过错责任"的概念。1910年美国许多州在《劳工赔偿法》中通常规定:不论雇用人或受雇人有无过失,雇用人对于所发生的伤害事件在雇佣上应承担风险。这种严格赔偿责任的形式,辅之以强制的责任保险,使损失由整个企业分担。[3]

---

[1] 王卫国:《过错责任原则:第三次勃兴》,中国法制出版社2000年版,第92—93页。
[2] 李亚虹:《美国侵权法》,法律出版社1999年版,第129页。
[3] 上海社会科学院法学研究所:《国外法学知识译丛·民法》,知识出版社1981年版,第230—231页。

我国《民法通则》借鉴世界各国的相关立法以及司法实践,在第 106 条第 3 款中亦以一般条款的形式确立了无过错责任原则,规定:"没有过错,但法律规定应当承担民事责任的,应当承担民事责任。"《侵权责任法》再一次肯定了无过错责任的归责原则,第 7 条规定:"行为人损害他人民事权益,不论行为人有无过错,法律规定应当承担侵权责任的,依照其规定。"与《民法通则》的规定相比较,《侵权责任法》关于无过错责任原则的表述更为准确和中肯。因为它更准确地揭示了所谓无过错责任原则的真谛:即不问过错。

3. 无过错责任原则的理论基础与社会背景

在学术界,关于无过错责任的理论基础主要有风险说、公平说、遏制说和利益均衡说等观点。(1)风险说,认为一个为自己利益而自愿经营某项事业的人,应当承担该事业性质所生的或相关性的致损风险;(2)公平说,认为一个在他支配下的某物或某项活动中获取利益的人,应当对该物或该项活动(无论是亲手或假他人之手进行)所致的损害承担责任;(3)遏制说,认为让事故原因的控制者承担责任,可以刺激他采取措施来防止事故的发生;(4)利益均衡说,认为在发生损害的情况下,应当根据公共政策(或曰公共利益)权衡冲突双方的利益,以达到合理的损失分配。[①]

无过错责任归责原则的建立有着深刻的哲学、社会背景。19 世纪末、20 世纪初,实证哲学盛行。根据这种哲学观点,人的行为和损害结果是人们能够感受到的,即能够实证的;而人的主观心理状态是难以感觉到,是不能实证的。因此,侵权责任的承担考虑的重心应是人的行为和损害结果这些实证的东西,而不是人的主观心理状态这种不能实证的因素。实证哲学否定人的主观过错是人自由意志选择的理论,为无过错责任的产生和发展提供了理论依据。同时,随着理性哲学让位于实证哲学,社会法学也取代了自然法学。社会法学强调法律的重点应从个人利益转向社会利益,法律的目的是以最少限度的阻碍和浪费以尽可能地满足人们的要求;在这种理论基础上,人们在侵权责任领域提出了风险分摊理论、社会过错理论、分配正义理论等,为无过错责任的确立提供了法学理论基础。

无过错责任的产生也是社会经济发展的必然要求。如前所述,随着资本主义从自由竞争发展到垄断阶段,一方面竞争日趋激烈,在生产与消费关系上,消费者地位不断提高,保护消费者权益的意识日渐高涨,使得在产品责任

[①] 王卫国:《过错责任原则:第三次勃兴》,中国法制出版社 2000 年版,第 95 页。

领域中采用严格责任成为可能;另一方面也是因为工业事故不断出现,原有的诉讼机制不利于工人阶级及贫民阶层的利益,极易激发社会矛盾,因而确立无过错责任成为历史的必然。[①]

4. 无过错责任原则的适用范围

无过错责任原则的适用具有法定性,这样才不会与过错责任原则的适用产生冲突。如我国《侵权责任法》第41条规定的产品责任,实行的就是无过错责任:"因产品存在缺陷造成他人损害的,生产者应当承担侵权责任。"第49条规定的机动车交通事故责任、第65条规定的环境污染责任、第69条规定的高度危险责任等,实行的都是无过错责任。

一般认为无过错责任主要适用于特殊侵权领域中。但并非所有的特殊侵权都适用无过错责任,有的仍适用过错责任原则,如我国《侵权责任法》第54条规定的医疗损害责任;有的实行过错推定,如我国《侵权责任法》第78条规定的饲养动物致人损害的责任、第85条规定的建筑物、构筑物或者其他设施及其搁置物、悬挂物发生脱落、坠落造成他人损害的责任,等等。

另外,如果从承担侵权责任的形式来看,在我国《侵权责任法》规定的承担侵权责任的8种具体形式来看,除了赔偿损失这一项不全都可以实行无过错责任的归责原则以外,其他7种责任形式包括"停止侵害""排除妨碍""消除危险""返还财产""恢复原状"等,都应当适用无过错责任的归责原则。因此,我们可以这样说:过错责任的归责原则仅适用于债权性质的侵权责任形式(如损害赔偿),而物权性质的侵权责任形式中普遍适用无过错责任原则。单从这个角度来看,无过错责任原则有比过错责任原则更加广泛的适用空间。

[①] 马俊驹、余延满:《民法原论》(下),法律出版社1998年版,第1018—1019页。

第四章 侵权责任的形式

侵权责任的形式,是指侵权行为人依法承担侵权责任的方式,是受害人为使自己遭受损害的权利、利益得以恢复或弥补的具体补救办法,也是人民法院或其他执法机关对行为人实施民事制裁、保护民事权利的具体措施,它是侵权责任得以存在的客观表现。我国《侵权责任法》规定了停止侵害,排除妨碍,消除危险,返还财产,恢复原状,赔偿损失,消除影响、恢复名誉,赔礼道歉8种责任形式;通常可以分成预防性责任形式、回复性责任形式与惩罚性责任形式三种基本类型。在侵权责任的形式中,损害赔偿运用的最为广泛,也最为复杂。我国《侵权责任法》还确立了精神损害赔偿制度和惩罚性赔偿制度,开拓了损害赔偿制度的适用范围。

第一节 侵权责任的形式概述

一、概述

1. 侵权责任形式的概念

侵权责任的形式,是指侵权行为人依法承担侵权责任的方式,是受害人为使自己遭受损害的权利、利益得以恢复或弥补的具体补救办法,也是人民法院或其他执法机关对行为人实施民事制裁、保护民事权利的具体措施。

侵权责任的形式,是侵权责任得以存在的客观表现。对于行为人而言,侵权责任形式是他承担侵权责任的具体方式;而对于受害人来讲,则是他追究行为人侵权责任的具体措施。没有侵权责任的形式,就没有侵权责任,侵权责任就成为空中楼阁,成为画饼。正是侵权责任的形式,使得侵权责任从抽象的理论概念转化为具有可操作性的客观东西。因此,侵权责任形式是侵权责任制度的重要组成部分,它的确立,对于建立与完善侵权责任制度具有重要的理论与实践意义。

2. 侵权责任形式的体系

我国《侵权责任法》第15条在吸纳《民法通则》的基础上,总结长期的立法与司法实践,借鉴国内外数千年的成功经验,规定了8种主要的侵权责任形式:

(1) 停止侵害;
(2) 排除妨碍;
(3) 消除危险;
(4) 返还财产;
(5) 恢复原状;
(6) 赔偿损失;
(7) 消除影响、恢复名誉;
(8) 赔礼道歉。

3. 侵权责任形式的分类

(1) 从内容上,侵权责任的形式可分成财产性的责任形式和人身性的责任形式两大类。

前者强制责任人用财产来弥补受害人的损害或承担其他财产上不利后果,主要适用于受害人在财产上的损害。后者则责令责任人通过各种手段来恢复受害人在人身权利遭受的损害,如消除影响、恢复名誉、赔礼道歉等。因而人身性形式主要适用于受害人人身权利的损害。在侵权责任形式的上述两大类别中,财产性形式占主要地位,这充分体现了侵权责任的财产性特征。如返还财产、恢复原状、赔偿损失等。其中前两项又称物权的方式,后一项为债权方式。另外,还有的形式具有双重性,即既属于财产性的责任形式,又属于人身性的责任形式,如停止侵害、排除妨碍、消除危险等。

(2) 按性质,还可将上述侵权责任的形式分成预防性方式、回复性方式和惩罚性方式三类。① 预防性方式,主要有停止侵害、排除妨碍、消除危险等,指要求责任人承担侵权责任的目的主要在于防止实际损害的发生;这主要适用于侵权行为已经开始、实际的损害结果尚未发生时。预防性方式的适用,有利于防止损害的发生,以免给受害人以及社会的利益的无端受损。因为,即使受害人在实际损害发生后能通过要求责任人承担损害赔偿责任而得到补偿,但毕竟已经造成了社会资源或财富的浪费。② 回复性方式,包括返还财产、恢复原状、赔偿损失等,主要适用于实际损害已经发生的场合,其目的在于通过强制责任人拿出一定数量的财产,以弥补受害人的已经遭受的损害,以达到一种新的财产关系的平衡。③ 惩罚性方式,则单纯具有制裁责任人的意义,具有教育、警示的作用;如惩罚性赔偿。

二、预防性形式

1. 停止侵害

停止侵害,是对正在进行或即将开始的侵权行为的一种强制其不得继续进行下去的方法。停止侵害这一责任形式,是我国《民法通则》的独创。它不仅适用于正在进行的侵权行为,而且也适用于即将开始的侵权行为;不仅受害人,而且任何他人都有权责令或采取相应措施强迫行为人停止侵害。如我国《侵权责任法》第 21 条规定:"侵权行为危及他人人身、财产安全的,被侵权人可以请求侵权人承担停止侵害、排除妨碍、消除危险等侵权责任。"

停止侵害的侵权责任形式,是为了避免或扩大对受害人合法权益的损害,将实际损害防止在未发生之前,或降到最小的程度。这不仅对受害人、对国家、对社会都具有积极意义;即使是对于责任人也具有现实的意义,因为这样可以免除或减轻其将要承担的损害赔偿责任。因此,停止侵害的责任形式,充分发挥了侵权责任的预防作用,在立法和司法实践中应予以高度的重视。

停止侵害,作为一种侵权责任的形式,其适用范围是相当广泛的。它不仅适用于财产性的侵权行为,也适用于人身性的侵权行为。例如我国《民法通则》第 118 条规定:公民、法人的知识产权受到侵害的,有权要求停止侵害、消除影响,赔偿损失。第 120 条规定:公民的姓名权、肖像权、名誉权、荣誉权受到侵害的,有权要求停止侵害、恢复名誉、消除影响、赔礼道歉等。我国《商标法》第 39 条规定:侵犯注册商标专用权的,有关工商行政管理部门有权责令侵权人立即停止侵权行为。我国《专利法》第 60 条规定:专利管理机关在处理专利侵权案件时,有权责令侵权人停止侵权行为。

2. 排除妨碍

民事权利因行为人所实施的侵权行为而无法正常行使时,权利人有权要求行为人排除这种妨碍。例如,进出的必经之道因被他人挖坑、砌墙而无法通行,自家窗前被他人近距离修建建筑物或堆放杂物等影响采光、通风的,受害人有权责令或通过国家职能机关强制责任人修通道路、拆除建筑物、搬走杂物等;行为人拒不排除的,受害人或有关职能机关有权自行排除,其费用由责任人负担。

排除妨碍的功能,同样在于避免或减少实际损害的发生,防止激发双方矛盾,因而具有预防性。早在罗马法中,所有人针对侵犯其权利的轻微行为有权提起"排除妨害之诉"(negatoria 或 negativa, prohibitoria),以便排除或阻止对物的滥用权利的活动。无论这类侵犯行为已经出现,还是所有者担心它出现。在排除妨害之诉中,原告应证明他对物享有所有权以及被告造成损害的事实,但不必证明他人不拥有权利。通过这种诉讼,所有人获得对侵扰的排除以及对不发生侵扰的担保。对于具有法定性质的侵害和损失,所有人还可以提起盗窃之诉、损害之诉和维护占有之诉等。①

排除妨碍的责任形式一般适用于侵权行为已经给权利人行使权利造成不便的情形。

3. 消除危险

当存在着有可能危害公、私财产或民事主体的人身利益的隐患时,制造该隐患的行为人或负有消除该隐患的责任人员,应及时采取有效措施,消除这种隐患,以防止造成实际损害。例如,在自己承包的果园周围挖一道暗沟,暗沟内布满竹签,其用意虽然是为了防止盗窃,但有可能误伤无辜者;对于危房,房屋所有人或管理人应予以修缮或拆除;在道路上施工的,应设置明显的警示设施,以防止行人不慎受害。通过消除危险,将隐患消灭于损害事故发生之前。故消除危险的责任形式亦具有预防功能。

据史料记载,我们远古的祖先们就有了运用消除危险以防止损害发生的规定。例如公元前20世纪的古巴比伦的《埃什嫩那国王俾拉拉马法典》第58条就明确规定,倘墙有崩塌危险时,邻居有权告之墙之主人,要求其予以修复。同一时代的《伊新国王李必特·伊丝达的法典》第11条亦规定,倘自由民房屋之旁有一块他人之荒地,房屋主人可以告知荒地的主人:"因你地荒凉,将有人侵入我屋;请将你屋加固。"这无疑亦具有请求荒地主人消除潜在危险的意思。

---

① 〔意〕彼德罗·彭梵得:《罗马法教科书》,黄风译,中国政法大学出版社1992年版,第230页。

消除危险的责任形式,一般适用于侵权行为给他人的合法权益造成损害隐患的场合。

三、回复性形式

1. 返还财产

当财产被他人非法占有时,受害人有权要求予以返还。

返还财产是一种财产性责任形式,主要适用于财产案件中。适用时一般要注意以下几个问题:

(1) 须为非法占有。凡合法占有的,在合法占有期间内,不能要求提前予以返还;但合法占有期限届满后无正当理由拒不退还的,为非法占有。根据我国《民法通则》第61条的规定,民事行为被确认无效或被依法撤销后,一方或双方依据该行为所取得的财产,应返还给对方;双方恶意串通,实施民事行为损害第三人利益的,应当将双方所取得的财产返还给该第三人。

(2) 须原物仍然存在且具有返还的可能性。原物已经灭失、消耗、损毁的,当然无法返还;而虽原物仍然存在,但已被加工、附合或混合,成为一种新的财产,能否要求返还,须区分不同情况分别予以处理。加工后新物的价值未超过原物的价值的,应当予以返还;附合物能够予以拆开的,可责令予以返还;混合物一般不予以返还。

(3) 须区分善意占有与恶意占有。对于恶意占有人,不论是有偿占有还是无偿占有,都负有返还之责。而对于善意占有人,如为有偿占有,一般不能要求返还;但原物为特定物者或对于受害人有特殊意义者,应责令予以返还。

(4) 返还范围包括原物所生孳息。因原物所生孳息,包括自然孳息和法律孳息,如牲畜所生幼畜、出租房屋所得的租金等。

返还财产也是一种古老的侵权责任形式。如根据中国汉代法律规定,凡用诈欺、恐吓等手段强占别人私产的,被侵权者可依法提起诉讼,要求返还非法占有的财产。这种诉讼甚至可以越级,直至向中央申诉。如萧何在长安"贱强买民田宅",刘邦回长安时,"民道遮行,上书",刘邦接受了这个申诉,让萧何"君自谢民"。① 又如东汉的范康任泰山太守时,"郡内豪姓多不法。康至,奋威怒,施严令,莫有干犯者,先所请夺人田宅,皆遽还之。"② 在公元前15世纪西亚的《赫梯法典》中亦有类似的条文。其中第85条规定:假如猪进

---

① 孔庆明等:《中国民法史》,吉林人民出版社1996年版,第129页。
② 参见《后汉书·党锢列传·范康传》。

人牧场或田地或果园,而牧场、田地或果园的主人将它打死,则应将它转交给它的主人;如不交还,则为贼。

在罗马法中,要求返还所有物之诉(rei vindicatio)是所有人针对非法占有者提起的、要求承认自己的权利从而返还原物及其一切添附的诉讼。因此,有权针对占有人所提起诉讼的人是原物的所有人。败诉的被告必须返还原物以及所有的添附,其中包括孳息。如果原物因占有者的过错而全部或部分灭失,该占有人必须赔偿损失。但是恶意占有人还要对因意外事件造成的原物的灭失负责;而善意占有人最初还有权要求补偿必要的费用,否则有权予以留置。后来,查士丁尼进一步允许恶意占有者也有权要求补偿必要的占有费用,并承认占有者享有"去除权"(ius tollendi),即去除添附的权利。此外,占有者还可以针对原告提出"出卖和让渡物的抗辩"(exceptio rei venditae et tracditae)。①

2. 恢复原状

恢复原状,是指将财产或权利恢复到被侵犯前的状态。侵权责任制度的作用,就在于通过对侵权行为进行制裁,来弥补受害人所遭受的损害,恢复其重新进行民事活动的实际能力,如返还财产、赔偿损失、修理、重作、更换、恢复名誉等。因此,恢复原状,是侵权责任的基本功能。但作为侵权责任具体形式的"恢复原状",仅指当财产被不法损坏时,通过采取各种措施,恢复到被损坏之前的状态。我国《物权法》第 36 条就规定,造成不动产或者动产毁损的,权利人可以请求修理、重作、更换或者恢复原状。如非法侵占耕地并在耕地上修建房屋的,不仅应将房屋予以拆除,而且还需修整土地,将被破坏的土地恢复到能耕种的状态;损坏他人机械的,应予以修理,使之能恢复使用。

在适用恢复原状的责任形式时,应坚持可能性和必要性。可能性要求被损坏的财产应具有修复的可能;若不能修复者,就不用适用这一责任形式。必要性则强调恢复原状有无必要;所有人已不需要的,或者虽能修复但在经济上需付出较大代价的,亦不必坚持恢复原状。

古代法制中也有恢复原状的法律规定。如著名的《汉穆拉比法典》第 43 条就规定:"倘不耕耘而任田荒芜,则彼应依邻人之例交付田主以谷物,并应将其所荒芜之田犁翻耙平,交还田主。"第 44 条规定:"自由民租处女地三年,以资垦殖,但息惰不耕,则至第四年时应将田犁翻、掘松、耙平,交还田主,并

---

① 〔意〕彼德罗·彭梵得:《罗马法教科书》,黄风译,中国政法大学出版社 1992 年版,第 227—229 页。

应按每一布耳凡十库鲁之额,以谷物交付田主。"

3. 赔偿损失

赔偿损失是一种最主要、适用最广泛的民事责任形式,它是指当侵权行为给受害人财产或利益造成实际损害时,责任人应以一定数量的财产交付给受害人作为赔偿。鉴于赔偿的法律问题非常复杂,拟在本章第二节至第四节中进行专题研究。

4. 消除影响、恢复名誉

消除影响,恢复名誉的责任形式,广泛适用于侵犯民事主体的人身权利的侵权案件中。消除影响就是指要采取各种有效措施,抹去因侵权行为给受害人人格、尊严方面所造成的各种不良影响;当侵权行为造成受害人的名誉受损时,还须给受害人恢复名誉。可见,消除影响的适用范围较之恢复名誉的适用范围广。我国《民法通则》第118条规定,民事主体的知识产权受到不法侵犯的,有权要求停止侵害,消除影响,赔偿损失;第120条规定,自然人的姓名权、肖像权、名誉权、荣誉权以及法人的名称权、名誉权、荣誉权受到侵害的,有权要求停止侵害,恢复名誉,消除影响,赔礼道歉,并可以要求赔偿损失。

我国《大清民律草案》中就有关于为受害人恢复名誉的制度。第961条规定:"审判衙门因名誉被害人起诉,得命加害人为回复名誉之适当处分,以代损害赔偿或于回复名誉外更命其为损害赔偿。"《中华民国民律草案》第267条第1款亦有相同的规定:"不法侵害他人之身体、名誉或自由者,被害人于非财产之损害,亦得请求赔偿相当之金额。其名誉被侵害者,并得向加害人请求为回复之适当处分。"

5. 赔礼道歉

赔礼道歉,是一种在民间交往中经常运用的行为人向受害人承认错误、请求原谅的做法。我国《民法通则》及《侵权责任法》将这一做法上升为一种侵权责任的形式,是对我国民间调处侵权纠纷的传统经验的继承与借鉴,开创了立法先例。赔礼道歉的做法,不仅可以教育不法行为人,亦能抚慰受害人,直到化解矛盾,消除纠纷,保持情谊,增强团结。赔礼道歉不仅可以适用于对受害人的人身权利的不法侵害,也可广泛适用于债务不履行或者其他侵权纠纷中。不仅可以与其他责任合并适用,亦可单独适用;但单独适用只应限于侵权行为未造成受害人的实际损失,或虽有轻微损失,但受害人表示可以谅解的民事纠纷之中。

四、侵权责任形式的适用

1. 适用的原则

我国《侵权责任法》第 15 条第 2 款规定:"以上承担侵权责任的方式,可以单独适用,也可以合并适用。"侵权责任的形式是单独适用还是合并适用,要综合下列情况予以考虑:

(1) 侵权行为的危害程度和后果。侵权行为尚未付诸实施,或虽然正在实施之中但尚未造成实际损害,可单独适用停止侵害,赔礼道歉,或二者合并适用;已经实施完毕但并未造成实际损害的,可单独适用赔礼道歉的责任形式。

(2) 侵权行为的方式。侵权行为妨碍他人正常行使其权利的,可单独适用排除妨碍;侵权行为给他人的财产、人身带来危害隐患的,可单独适用消除危险;侵占他人财产且原物仍然存在的,可单独适用返还财产;损坏他人财物的,可单独要求恢复原状。上述侵权行为已经给权利人造成实际损失的,可合并适用赔偿损失。

(3) 受害人的意愿。在可能的情况下,受害人可以依据自己单方的意愿,对责任人选择适用侵权责任的形式。比如,财产遭不法损害的,既可能要求其恢复原状,亦可以要求其赔偿损失。

(4) 侵权行为侵害对象的性质。有的责任形式只能适用于特定的责任案件中。如财产纠纷不可能适用恢复名誉的责任形式;人身权利遭受侵害的,不可能适用返还财产、修理重作或更换的责任形式等。

2. 适用的方法

侵权责任的形式,在区分侵害财产权、人身权和知识产权而有不同的适用方法。

(1) 侵害他人财产所有权等物权的责任形式。我国《民法通则》第 117 条规定:侵犯他人财产所有权、使用权、承包经营权等物权的,应区分不同情况,责令责任人承担停止侵害、消除危险、排除妨碍、赔偿损失、赔礼道歉等民事责任;侵占他人财产的,应责令责任人返还财产,不能返还的,要求其折价赔偿;损坏他人财物的,责令其恢复原状或折价赔偿;返还财产或恢复原状仍给权利人造成损失的,还可要求其赔偿损失。我国《物权法》第三章还以专章的形式规定,不法侵害他人各类物权的,行为人应依法承担返还原物、排除妨碍、消除危险、修理、重作、更换、恢复原状、赔偿损失等形式的侵权责任。我国《侵权责任法》第 19 条规定:"侵害他人财产的,财产损失按照损失发生时的市场价格或者其他方式计算。"

（2）侵害自然人生命健康权的责任形式。我国《侵权责任法》第 16 条规定:侵害他人造成人身损害的,应当赔偿医疗费、护理费、交通费等为治疗和康复支出的合理费用,以及因误工减少的收入。造成残疾的,还应当赔偿残疾生活辅助具费和残疾赔偿金。造成死亡的,还应当赔偿丧葬费和死亡赔偿金。

（3）侵害其他人身权益的责任形式。我国《侵权责任法》第 20 条规定:"侵害他人人身权益造成财产损失的,按照被侵权人因此受到的损失赔偿;被侵权人的损失难以确定,侵权人因此获得利益的,按照其获得的利益赔偿;侵权人因此获得的利益难以确定,被侵权人和侵权人就赔偿数额协商不一致,向人民法院提起诉讼的,由人民法院根据实际情况确定赔偿数额。"第 22 条还进一步规定:"侵害他人人身权益,造成他人严重精神损害的,被侵权人可以请求精神损害赔偿。"

（4）侵害知识产权的责任形式。我国《民法通则》第 118 条规定:民事主体的著作权、专利权、商标专用权、发现权、发明权和其他科技成果权受到剽窃、篡改、假冒等侵害的,有权要求停止侵害、消除影响、赔偿损失。

3. 物权请求权与债权请求权

侵权责任各种形式的适用中,都涉及一个物权请求权和债权请求权的问题。物权请求权,又称物上请求权,是物权的效力之一。当物权人的物权遭受侵害时,物权人有权请求回复到原来状态。而债权请求权则是债权的效力之一,它是指当财产权利遭受侵害后要求损害赔偿的权利。正因如此,物权请求权的功能在于恢复原状;其目的在于排除物权受侵害的事实或者可能,恢复或者保障物权的圆满状态;因此,物权请求权适用于包括停止侵害、排除妨碍、消除危险、返还财产、恢复原状等在内的各种形式。而债权请求权的目的在于填补损失,因此适用于赔偿损失这一责任形式。按照诉讼时效制度,物权请求权的行使不受时效限制;而债权请求权则需遵守时效的规定。另外,物权请求权所适用的责任形式,亦不适用过错责任的归责原则;而适用债权请求权的损害赔偿的责任形式一般要考虑主观过错。

第二节 损 害 赔 偿

一、损害赔偿概述

1. 损害赔偿的概念及地位

损害赔偿,俗称赔偿损失,即责任人以其一定的财产向受害人承担侵权责任的形式,以填补侵权行为给受害人造成的实际损害。

损害赔偿是承担民事责任的一种最主要的形式。凡因侵权或违约致受害人以损害的,都有可能产生损害赔偿的民事责任。故损害赔偿的责任形式不限于侵权责任,也是承担违约责任的一种常见方法,我国《合同法》中就广泛采用了"损害赔偿"这一概念,在《合同法》分则中,有 20 处用到"损害赔偿"概念。损害赔偿是以财产弥补受害人因侵权行为所遭受的实际损害,不同于返还财产、消除危险、恢复名誉、消除影响、赔礼道歉等责任形式。因此,损害赔偿也并非侵权责任形式的全部。

损害赔偿作为侵权责任的一种最主要的形式,在实践中运用得最广泛,亦是保护民事权利的最后一道民事补救措施。当责任人无法或不愿以其他形式承担责任,或受害人不愿接受其他形式的责任时,赔偿便是最简便、最直接了当的办法。它能充分实现侵权法的补偿功能。损害赔偿亦是对行为人的侵权行为予以财产制裁的民事措施。通过强制责任人向受害人支付一定数额的财产,有利于尽可能地使受害人遭受侵害的权利得以恢复,亦有效地惩罚和警示行为人的主观恶性;有利于教育当事人尊重他人权利,维护正常的社会交往秩序,促进社会发展。赔偿与财产观念有着密不可分的血缘联系。只有当财产观念出现并得以深化、且财产具有了交换价值后,赔偿便应运而生。[①] 因此,自有民法以来,或者说,尚在民法诞生以前,损害赔偿便成为一种运用最普遍、最经常、最主要的手段和措施。如现存的公元前 20 世纪的《古苏美尔法典》共 9 个条文中,关于赔偿的规定便有 5 个条文;著名的《汉穆拉比法典》共 282 个条文(其中缺 19 个条文),有关损害赔偿的条文达 70 个,约占全部条文的四分之一。现代各国民法都有一整套完整的损害赔偿制度。

[①] 〔美〕约翰·麦·赞恩:《法律的故事》,刘昕、胡凝译,江苏人民出版社 1998 年版,第 36 页。

2. 赔偿与补偿

赔偿与补偿，二者既有共同点，也有本质上的差别。单从结果上来看，损害赔偿具有补偿性，赔偿与补偿是一致的；从表现形态上来看，均表现为一方以一定数额的财产偿付给对方，承受一定的财产上的不利后果。但它们的法律性质是有区别的。赔偿是责任，基于侵权行为而生，是对侵权行为的民法制裁方式。补偿是义务，基于合法行为致他人以损害而生。

考察我国现行法律法规可以看出，补偿义务的产生主要有下列几类情形：

（1）自己的行为合法，却致他人以损害，依法应予以适当补偿。行为给他人造成一定的损害，因其行为具有合法性，因而不产生民事责任问题。但由此而给他人造成了损害的，应予以适当补偿，以抚慰受害人，稳定社会秩序，减少实施合法行为的阻力。如我国能源部1989年发布的《石油地震勘探损害补偿规定》中要求，因进行石油地震勘探造成他人损害的，应依该规定予以适当补偿。我国《土地管理法》规定，国家建设征用土地，或因建筑施工而临时征用土地，或因选择建设地址需对土地进行勘测，造成原土地所有者或承包者损失的，应支付土地补偿费等；2000年国务院发布的《蓄滞洪区运用补偿暂行办法》要求合理补偿蓄滞洪区内居民因蓄滞洪遭受的损失。凡蓄滞洪区运用后，对区内居民遭受的农作物、专业养殖和经济林水毁损失，住房水毁损失，无法转移的家庭农业生产机械和役畜以及家庭主要耐用品水毁损失等，遵循保障蓄滞洪区居民的基本生活、有利于蓄滞洪区恢复农业生产、与国家财政承受能力相适应的原则，按照规定的标准给予补偿。

（2）还有一种情形需要引起我们注意，即致他人以损害的行为本身并不合法，只是因为不具备侵权损害赔偿责任的构成要件（如主观上没有过错）而不需承担赔偿责任，但依法要给予一定的财产补偿。如我国《侵权责任法》第31条规定："因紧急避险造成损害的，由引起险情发生的人承担责任。如果危险是由自然原因引起的，紧急避险人不承担责任或者给予适当补偿。"第33条亦规定："完全民事行为能力人对自己的行为暂时没有意识或者失去控制造成他人损害有过错的，应当承担侵权责任；没有过错的，根据行为人的经济状况对受害人适当补偿。"或者根本就没有实施任何行为，只是出于政策的考量而需要对他人遭受的损害被课以补偿义务。最典型的例子就是我国《侵权责任法》第87条的规定："从建筑物中抛掷物品或者从建筑物上坠落的物品造成他人损害，难以确定具体侵权人的，除能够证明自己不是侵权人的外，由可能加害的建筑物使用人给予补偿。"

（3）见义勇为者遭受的损失，由受益人作出一定的补偿。我国《侵权责任法》第23条规定，因防止、制止他人民事权益被侵害而使自己受到损害的，由侵权人承担责任。侵权人逃逸或者无力承担责任，被侵权人请求补偿的，受益人应当给予适当补偿。

补偿属于民事义务的范畴，本身不具有直接的强制性；只有在补偿义务人不履行补偿义务时，补偿义务便转化为赔偿责任。补偿是一种法定义务，应以法律的明文规定为前提；无法律明文规定者，无补偿义务。

二、损害赔偿原则

1. 概述

损害赔偿原则，即在司法中适用损害赔偿制度时应当遵守的基本准则。

关于损害赔偿的原则，学者间有不同的看法。有的学者提出有三项：即全部赔偿原则、考虑当事人经济状况的原则和衡平原则。① 也有的提出五原则，即全部赔偿、限定赔偿、惩罚性赔偿、考虑当事人经济状况及衡平原则。② 由于考虑当事人的经济状况是一个民事责任减免的问题，我们将在后面予以论述；衡平原则实质上是一个有无责任的问题而非赔偿问题；而限定赔偿和惩罚性赔偿与全部赔偿本身相矛盾，且其仅适用于个别领域，都不足以提升到"原则"来论及。多数学者主张只有一个原则，即全部赔偿原则。③ 故我们认为损害赔偿原则只应有一个，即"全部赔偿原则"。

2. 全部赔偿原则

全部赔偿原则，要求责任人对债不履行或侵权行为所造成的一切以财产予以赔偿的损害，应当予以全部赔偿。全部赔偿原则，反映了民事责任以填补受害人损害为目的的性质，因而是公正合理的。该原则的适用，对于责任人来说，意味着要对行为人的侵权行为所造成的全部损害承担损害赔偿责任，但也无责任对超出该损害范围的部分作出额外的补偿。对于权利人而言，他有权就其全部损害追究责任人的赔偿责任，但也无权在超出其实际受到的损害范围以外追求额外的利益。全部赔偿原则作为一项赔偿原则，具有

---

① 马俊驹、余延满：《民法原论》（下），法律出版社1998年版，第1065页。
② 魏振瀛主编：《民法》，北京大学出版社、高等教育出版社2000年版，第722—723页。
③ 参见张新宝：《侵权责任法原理》，中国人民大学出版社2005年版，第469页；杨立新：《侵权行为法专论》，高等教育出版社2005年版，第124—125页。

普遍的指导意义。但在实际适用中,全部赔偿原则受到来自法律的或当事人意志的约束或限制。赔偿原则的具体适用,取决于赔偿范围的确定。另外在法律有特别规定的情况下,权利人还有权要求惩罚性赔偿,即超出其所受损害的范围要求责任人额外予以赔偿。

全部赔偿原则是近代民法的产物。古代民法注重对违法行为人的人身惩罚和制裁,虽有财产赔偿,但并未要求全部赔偿。在大多古代法典中,对物的损害赔偿,并不计算受损物的实际价值,均一律按照规定的数额予以赔偿。如约公元前20世纪的《伊新国王李必特·伊丝达的法典》第9条规定:自由民入他人之园而以盗窃被捕的,应赔偿银十舍客勒。第10条规定,自由民砍伐他人园中树木的,应赔银二分之一明那,不问盗砍树木多少。第35条规定,自由民租牛而伤其眼的,应赔偿买价的一半,等等。《汉穆拉比法典》第114条规定:自由民对他人没有债权,却将其拘留作为人质的,应按每质一人赔偿银三分之一明那。第56条规定,自由民放水,水淹其邻人业已播种之田的,则应按一布耳凡十库鲁之额,赔偿谷物。但该法典中也有全部赔偿的规定,如第232条规定,建筑师所建房屋倒毁,致房主财物遭受损毁的,建筑师应赔偿所毁的全部财物。第237条规定,自由民雇佣船工并租赁船只,船上装载货物的,若船工不慎致船沉没或船上货物毁损,则船工应赔偿所沉没之船及船上所载全部被毁损的财物。

19世纪初,《法国民法典》第1149条规定:"对债权人的损害赔偿,除下述例外和限制外,一般应包括债权人所受现实的损害和所失可获得的利益。"为此德国学者将其归纳为"全部赔偿原则"。《德国民法典》再次确认了这一原则,第249条第1款关于损害赔偿的方式和范围中规定:"负有损害赔偿义务的人,应回复在使其负担赔偿义务的事由不发生时原应存在的状态。"学者解释道:"这一原则意味着产生损害之行为的方式、行为之际行为人的故意过失程度、损害是否可预见、损害属直接还是间接,诸此对损害赔偿的范围并无影响。也就是说,切断了责任原因与损害赔偿的范围。"[①]此后大多数国家立法承认了全部赔偿原则。我国相关法律也实行全部赔偿原则。如《民法通则》第112条第1款规定:"当事人一方违反合同的赔偿责任,应当相当于另一方因此所受到的损失。"《侵权责任法》第20条亦规定:"侵害他人人身权益造成财产损失的,按照被侵权人因此受到的损失赔偿。"

---

① 转引自韩世远:《违约损害赔偿研究》,法律出版社1999年版,第218页。

在侵权责任制度的理念上,现代民法与古代民法不同,在于古代民法重视对行为人的惩罚与制裁,而现代民法更多地是从受害人的角度考虑问题,如何使受害人遭受损害的利益能尽快地得到弥补与恢复。这符合民法中公平正义的基本观念,符合当事人的最大的、根本的利益。全部赔偿原则正是在最大范围内尽可能地保护受害人的权利,因此,全部赔偿原则在现实生活中仍然具有极为重要的现实意义。

但是,全部赔偿原则在适用中又往往受到来自各方面的限制。主要有以下几个方面的限制:第一,构成要件的限制:适用过错责任的归责原则的领域,凡行为人对其行为所造成的损失不存在过错的,自然不用赔偿。第二,赔偿范围的限制:一般情况下,可得利益的丧失和间接损失的赔偿要求得不到法律及司法机构的支持。第三,有限责任的限制:当民事主体仅对自己的行为负有限责任的,当其行为造成的损失超过了自己的全部财产的限额的,对于超过的部分不再予以赔偿。第四,限定赔偿的限制。

3. 限定赔偿

限定赔偿,也叫限额赔偿,是指对受害人因侵权所遭受的损害,只在规定的限额内予以赔偿的制度。实行限定赔偿,主要是通过限制责任人的赔偿额度,避免造成责任人因不堪重负而产生新的损害如破产,进而影响到公众利益的现象的出现。限定赔偿只适用于当事人事先有约定,或法律有关于赔偿限额的规定的情形,因而不具有普遍的适用性。目前,当事人约定的限定赔偿,通常表现在保险赔偿合同中。一般情况下,保险合同中,保险人对保险事故的赔偿范畴限定在保险金额的范围内。如我国 2009 年修订后的《保险法》第 18 条规定,保险合同应当对保险金额条款作出约定。"保险金额是指保险人承担赔偿或者给付保险金责任的最高限额。"又如我国《道路交通安全法》第 76 条规定:"机动车发生交通事故造成人身伤亡、财产损失的,由保险公司在机动车第三者责任强制保险责任限额范围内予以赔偿;"其他法律规定有赔偿限额的还有如我国《海商法》第 11 章专章规定了"海商赔偿责任限制";其中第 210 条明确规定了人身伤亡和非人身伤亡的具体的赔偿限额。第 211 条还进一步规定:"海上旅客运输的旅客人身伤亡赔偿责任限制,按照 46666 计算单位乘以船舶证书规定的载客定额计算赔偿限额,但是最高不超过 25000000 计算单位。"

目前,我国对核事故等高度危险责任以及交通事故责任、矿山安全事故的赔偿责任,规定了限额赔偿的制度。如《侵权责任法》第 77 条规定:"承担高度危险责任,法律规定赔偿限额的,依照其规定。"而国务院在《关于民用核设施事故损害赔偿责任问题的批复》第7、8条中规定,核电站的经营者和乏燃料贮存、运输、后处理的经营者,对一次核事故所造成的核事故损害的最高赔偿额为3亿元人民币;其他经营者对一次核事故所造成的核事故损害的最高赔偿额为1亿元人民币。

三、赔偿范围

1. 概念

赔偿范围即责任人依法应当承担赔偿责任的范围。全部赔偿原则在实际适用中,首先要解决的是赔偿范围问题。依全部赔偿原则的本意,应当是有多大损害,就承担多大赔偿责任,即赔偿范围等于损害范围。但实际上,全部赔偿的原则要受到赔偿范围的限制而不能贯穿到底,而赔偿范围的确定又受制于法律的、政策的诸多因素。

从法律的层面来看,如何确定赔偿范围,各国因法制传统的不同,导致确定赔偿范围的方法、标准亦有差别。从各国立法来看,确定赔偿范围,要受当事人的主观过错、因果关系等因素的影响,亦受当事人意志的约束。

2. 可得利益的赔偿

所谓"可得利益",依《德国民法典》第252条之规定:"指依事物通常进程,或依特殊情况,特别是依已采取的措施或准备,可得预期的利益。"旧中国的《中华民国民法》第216条第2款亦规定:"依通常情形或依已定之计划、设备或其他特别情事,可得预期之利益,视为所失利益。"可见,可得利益即为有充分理由应当得到的利益。这种理由的充分性的基础在于"依通常情形"或"依特别情事"。前者指受害人在一般情况下若无他人的侵权行为之干扰,则依人们的一般常识和经验,理应得到的利益,如工资、利息及其他孳息。后者则指虽非一般情形,但受害人已制定了计划,采取了必要的措施,做好了必要的准备、设施,因而有充分理由可以获得的利益。如甲已建好了房屋,将欲出租他人时被乙所毁,则房屋租金应视为甲的可得利益。劳动能力丧失或减少的损害,如身体或健康受损,导致不能上班所减少的工资收入等;就业机会遭到剥夺所生损害,如考上大学却被他人冒名顶替而丧失较好的工作前景,等等,均属可得利益的丧失。

可得利益是否应予赔偿?许多国家的法律对此持肯定态度。如《法国民法典》第1149条规定:"对债权人的损害赔偿,除下述例外和限制外,一般应包括债权人所受现实的损害和所失可获得的利益。"《德国民法典》第252条更明确规定:"应赔偿的损害也包括失去的利益。"《意大利民法典》第2056条规定:对要给予受害者的赔偿,"法官基于公正的判断,得考虑对可得而未得到的利益进行估价。"旧中国的《中华民国民法》第216条规定:"损害赔偿,除法律另有规定或契约另有订定外,应以填补债权人所受损害及所失利益为限。"我国法律亦坚持此一原则。如《侵权责任法》第16条规定,伤害公民身体的,应赔偿"因误工减少的收入"即为一例。但要求赔偿的可得利益必须是有充分理由获得的利益。如丙建房自用,为丁所毁时,丙不得要求丁赔偿租金损失。同样,可得利益的赔偿也是有限制的。除有如同积极损失赔偿的限制外,有的法律还明文规定对属于消极损失范围的可得利益亦不予赔偿。如1987年《货物运输事故赔偿价格计算规定》,"货物在运输过程中,发生灭失、短少、变质、损坏等事故造成的直接实际损失,由责任方负责赔偿。"排除对消极损失的赔偿。必须指出的是,在我国民法中,人们一直将直接损失等同于积极损失,故该"直接损失"实际上是指积极损失。

3. 间接损失的赔偿

间接损失,是与直接损失相对应的。直接损失,指侵权行为直接造成的损害后果,即损害后果与侵权行为之间具有直接的因果关系;间接损失则指侵权行为所造成的间接影响,损害后果与侵权行为间为间接的因果关系。

对于直接损失与间接损失是否属于赔偿范围?值得研究。在过错责任领域中,行为人对于损害后果以有过错为赔偿的主观条件,自不待言;对于所造成的直接损失,若行为人无过错的,不负赔偿之责。而对于间接损失,则多为行为人所始料未及的,故不予赔偿。对于有过错的间接损失,应予以赔偿。在实行所谓严格责任的条件下,不问行为人对损失是否存有过错,是否能够预见,行为人均须对其行为所造成的一切损失,包括直接损失和间接损失,承担赔偿责任。但是理论及实务中,间接损失一般是不予赔偿的。如最高人民法院在《关于审理人身损害赔偿案件适用法律若干问题的解释》第1条规定:"因生命、健康、身体遭受侵害,赔偿权利人起诉请求赔偿义务人赔偿财产损失和精神损害的,人民法院应予受理。本条所称"赔偿权利人",是指因侵权行为或者其他致害原因直接遭受人身损害的受害人、依法由受害人承担扶养义务的被扶养人以及死亡受害人的近亲属。"请注意这里的"直接遭受人身损害的受害人"的限定,说明间接遭受人身损害的受害人是没有损害赔偿请求权人资格的。

我们认为,对于间接损失是否应予赔偿,应掌握以下几条基本规则:

第一,对于实行过错责任为归责原则的领域,要看该"间接损失"是否属于行为人"应当预见"的范畴。若属于"应当预见"的范畴的,理应予以赔偿;反之不应承担赔偿责任。

第二,对于实行所谓严格责任的领域,原则上对间接损失应予赔偿,但应作严格限制赔偿范围,一般以赔偿第一、二次序的间接损失为宜。

四、赔偿额的确定

1. 意义

赔偿额是指责任人承担的损害赔偿的具体数额,实际上也决定了责任人的赔偿责任的大小。因此,确定赔偿额,对于裁决的执行具有重要的实际意义。一般以货币作为计量标准予以确定。赔偿额的确定,首先取决于赔偿范围的确定;其次还须确定赔偿额的计算方法。

2. 财产损失的赔偿额的确定方法

一般有直观法、对比法与估价法。

(1) 直观法。即以已确定的实际损失额作为赔偿额。这一般适用于应赔偿的损失额能直截了当地确定。如甲砸碎了乙刚花1万元购置的家具,则赔偿额应确定为1万元。直观法简单方便,直观明了,争议较少,在实践中被广泛运用。然而当应赔偿的损失额无法直截了当地确定时,就不宜采用直观法。

(2) 对比法。即采取类比或类推的方法,以同一性质、条件相同的事物(如人、物、时间等)作为比照标准,来确定应赔偿的数额。如甲殴伤一无固定职业的乙时,甲应赔偿的误工费,可参照乙在一定期限内的平均收入酌定。这种方法往往适用于可得利益的赔偿。可得利益因行为时尚不存在,而无法以直观法确定其损害赔偿额;同时又有一定的可比对象作为确定赔偿额的参照标准。

(3) 估价法。这种方法适用于那些不能采用直观法,又无可比对象因而亦不能用对比法来确定赔偿额的损害赔偿案件。例如,当受害人要求行为人承担其名誉减损的赔偿责任时,当致人残疾需承担受害人未来生活补助费时,可以根据案件的具体情况,如过错程度、违法情节、损害程度、当地生活水平等,大致地确定一个相应的赔偿额。

我国《侵权责任法》第19条确定了计算财产损失的基本方法,规定:"侵害他人财产的,财产损失按照损失发生时的市场价格或者其他方式计算。"所谓"财产损失按照损失发生的市场价格计算",实际上就是一种直观法。在这里,它限定了两个方面:计算损失的时间点与标准。首先,计算损失发生的时间定在"损失发生时"。损失发生的时间通常是在侵权行为实施之时,但也有的有时间差。即先发生了侵权的事实,过一段时间以后才出现损失。其次,计算损失的标准是"市场价格"。市场价格是一种较为客观的价格,它以市场上同类或类似物的价格为参照价格,往往不以人的意志为转移。但是,市场价格是在不断地波动。此一时的市场价格,与彼一时的市场价格可能有较大差别;再如有的财产在获得时可能价格高昂,而在遭受侵害时又可能恰好处于价格低迷之时,如按此时的低迷价格来确定赔偿额,对受害人可能造成不公。

对于同一侵权行为所造成的损失,可以采用不同的计算方法来确定赔偿额。如注册商标专用权遭受侵犯,要求赔偿时,可以按受害人实际所遭受的损失额请求赔偿,亦可请求将侵权人在侵权期间因侵权所获得的利润作为赔偿额。我国《专利法》第65条就明确规定:"侵犯专利权的赔偿数额按照权利人因被侵权所受到的实际损失确定;实际损失难以确定的,可以按照侵权人因侵权所获得的利益确定。权利人的损失或者侵权人获得的利益难以确定的,参照该专利许可使用费的倍数合理确定。赔偿数额还应当包括权利人为制止侵权行为所支付的合理开支。权利人的损失、侵权人获得的利益和专利许可使用费均难以确定的,人民法院可以根据专利权的类型、侵权行为的性质和情节等因素确定,确定给予1万元以上100万元以下的赔偿。"有几种计算方法的,受害人有权选择有利于自己的计算方法,来确定赔偿额。

五、赔偿方法

1. 金钱赔偿与实物赔偿

损害赔偿以金钱赔偿为原则,以实物赔偿为例外。金钱赔偿,即指以货币或其他有价证券的形式予以支付。当赔偿范围确定后,一般应以货币为计量单位来确定赔偿额,将物质损害和精神损害换算成货币形式,予以赔偿。金钱赔偿有利于受害人及时恢复或弥补受损害的合法利益。经双方协商,或当无法予以金钱赔偿时,亦可以实物赔偿。所赔偿的实物的价值应等于或大致等于以金钱计算的赔偿额。受害人可以在金钱赔偿与实物赔偿间加以选择,除非责任人无法以金钱赔付或无法以实物赔付。

2. 一次性赔偿与分批赔偿

一次性赔偿,是指责任人将所有应赔偿额一次性予以全部付清;分数批支付赔偿额的,则为分期赔偿。损害赔偿以一次性赔偿为原则;分期赔偿主要适用于责任人欠缺一次性赔偿能力或损害持续时间较长(如长期住院治疗)需分期计算赔偿额的案件。有能力一次性赔偿的,经受害人同意,亦可分期赔偿。

六、以劳抵赔

1. 以劳抵赔的概念

以劳抵赔,就是指责任人在其无财产可供赔偿或财产不足以全部赔偿时,通过与受害人签订劳务合同,在一定的时期内向受害人提供劳务,受害人则从应支付给责任人的劳动报酬中扣除部分或全部来抵偿赔偿责任的一种方式。

现实生活中,有的责任人既无金钱可供赔偿,亦无财物执行赔偿,在此种情况下,我们建议以向受害人提供相应的劳务以为抵偿。所谓劳务,是指以体力劳动或智力劳动的方式为他人提供某种效用的活动;从法律上来看,劳务表现为某种行为(活动),而这种行为的结果通常是有形的、可视的,因而是可以评价的。

2. 以劳抵赔的制度史

在早期法制史上,就曾长期且广泛地存在着"以劳抵赔"的方式。例如,我国出土文物《秦简·司空律》中就规定:"居赀赎债欲代者,耆弱相当,许之。作务及贾而负债者,不得代。"也就是说,欠了官府的债无力偿还的,必须用劳役来抵偿,一般人可以找人来代替服役,而手工业者和商人则必须本人来服役。[①] 东汉初年梁鸿于上林苑放牧猪群时不慎失火,烧了别人的住宅,梁主动上被害人之家,"问所去失,悉以豕偿之。其主尤以为少,鸿曰:'无它财,愿以身居作',主人许之,因为执勤,不懈朝夕。"[②] 在古代法律中,"若债务人无财产或扣押的财产不足以清偿债务时,可由法庭判决扣押债务人的人身,交给债权人为奴。""债务奴隶已以自己的劳务清偿了债务,或其亲属代为清偿时,即可恢复自由。"[③] 当然,我们主张以劳务作为无力偿债时的替代形式,

---

[①] 孔庆明等:《中国民法史》,吉林人民出版社 1996 年版,第 79 页。
[②] 叶孝信主编:《中国民法史》,上海人民出版社 1993 年版,第 145 页。
[③] 陈盛清主编:《外国法制史》,北京大学出版社 1982 年版,第 81 页。

与古代法制中的类似做法有本质的区别,主要在于:古代法制中的以劳务抵债,债务人(责任人)处于被奴役的地位,无自己的独立人格、尊严与自由可言;而我们所主张的以劳抵赔,从事劳务的责任人与受害人之间仍然是一种平等的民事法律关系。他们之间需要通过劳务合同来规范各自的权利义务,提供劳务者仍然享有充分的人格尊严与自由,只是通过自己的劳务,以其应获得的劳动报酬来弥补其赔偿能力的不足。劳动报酬是劳务者的合法财产收入,以劳抵赔实质上是用自己的合法财产清偿债务的转化形式,类似于民法上债的抵销制度。

3. 以劳抵赔的现实意义

将责任人向受害人提供一定的劳务作为承担侵权责任的一种形式,具有如下显而易见的意义:

第一,有利于维护受害人的合法权益。目前司法实践中,许多法院往往因被告缺乏赔偿能力又无以劳抵赔的法律规定,只得判决被告免于赔偿;这样做的结果,虽然给了被告以再生的机会,却严重损害了原告的合法权益。而将劳务作为民事责任的承担方式,无非是责任人以自己将来取得的劳务报酬偿债,保证受害人有继续追偿和受偿的权利,从而使受害人的权益得到彻底地维护。

第二,有利于减轻责任人的压力。当责任人确无财产可供赔偿时,允许他支付一定的劳务来抵偿,对于维护责任人的信用、减轻责任人的精神负荷,都是有利的。这样最终亦有利于维护社会的正常秩序,促进社会的安定发展。

4. 以劳抵赔的适用

适用以劳抵赔,应当注意以下几个方面的问题:

其一,应充分尊重受害人和责任人双方的意愿,法院不应在未征得双方意见的情况下,强行决定以劳抵赔;

其二,以劳抵赔一般适用于责任人无财产可供赔偿或可供赔偿的财产不足的情形;如受害人和责任人同意,亦可适用于责任人有充足财产可供赔偿的情形;

其三,实行以劳抵赔时,双方必须签订劳务合同,必须尊重提供劳务的一方的独立人格。

第三节 精神损害赔偿

一、精神损害赔偿概述

1. 精神损害赔偿概念

精神损害赔偿是民事主体因其人身权利受到不法侵害,使其人格利益和身份利益受到损害或遭受精神痛苦,要求侵权人通过财产赔偿等方式进行救济和保护的民事法律制度。

在精神损害赔偿制度中,有两个基本的概念是必须要弄清楚的。

首先,什么叫"精神"?精神,从其最一般的意义上来讲,是指"人的意识、思维活动和一般心理状态"①。精神是高度组织起来的人脑的产物,是人的观念、思想存在的媒介或反映。而在哲学上,"精神"应当指"主要的意义"(如中央文件的精神),或"意志"(如某英雄人物的精神),或"面貌"(如精神文明)等。法律意义上的精神,属于哲学意义上的精神的范畴,它不仅包括主体的心理或生理上的精神活动,还包括主体维护精神利益的活动这两个方面。②

其次,什么是"精神损害"?关于精神损害的界定,我完全赞成杨立新教授的观点,主张"精神损害是对民事主体精神活动的损害"。包括民事主体的精神痛苦和精神利益的丧失或减损两个部分。③ 精神痛苦,有两种表现形态。一是主体生理上的痛苦;二是主体心理的痛苦。前者特指对主体身体、生命、健康造成损害时,受害人在生理上感受到的痛苦;而后者则指民事主体因人格权遭受侵害时产生的愤怒、恐惧、焦虑、不安、绝望等不良情感。精神利益的丧失或减损,则是指自然人、法人维护其人格利益、身份利益的活动受到破坏,因而导致其人格利益、身份利益造成损害。笔者认为,这种对"精神损害"的理解是完全符合实际情况的,因而是完全合理的。

2. 精神损害赔偿制度史

古罗马法中就有关于精神损害赔偿的规定。查士丁尼皇帝在《法学总

---

① 杨立新:《侵权行为法专论》,高等教育出版社 2005 年版,第 372 页。
② 同上。
③ 同上。

论》中就规定:"侵害行为的构成,不仅可以用拳头或棍杖殴打,而且由于当众诬蔑他是债务人而占有他人的财产,而行为人明知他人对他不负任何债务;或写作、出版诽谤性能的诗歌、书籍,进行侮辱,或恶意策动其事;或尾随良家妇女、少年或少女,或着手破坏他人的贞操。总之,很显然,侵害行为有各种不同的方式。""关于一切侵害,被害人可提起刑事诉讼,也可以提起民事诉讼。"①16世纪《法兰克萨克逊法》允许被害人可就精神痛苦请求赔偿;法国判例认为自由被害人与其他的利益之被害人相同,得请求慰抚金。

现代精神损害赔偿制度的完备,以《德国民法典》的颁布实施为标志。该法第823条规定:"因故意或过失不法侵害他人的生命、身体、自由、所有权或其他权利者,对被害人负损害赔偿义务。"第847条规定:"1. 不法侵害他人的身体或健康,或侵夺他人自由者,被害人所受侵害虽非财产上的损失,亦得因受损害,请求赔偿相当的金额。""对妇女犯有违反不道德的罪行或不法行为,或以欺诈、威胁或滥用从属关系,诱使妇女允诺婚姻以外的同居者,该妇女享有与前项相同的请求权。"《瑞士债务法》第55条规定:"由他人之侵权行为,于人格关系上受到严重损害者,纵无财产损害之证明,裁判官亦得判定相当金额之赔偿。"第49条更是明确规定:"人格关系受到侵害时,对其侵害情节及加害人过失重大者,得请求慰抚金。"当前,精神损害赔偿制度已经得到世界各国的普遍承认。如美国《侵权法重述(第二版)》第623节规定:"因书面诽谤或口头诽谤而对他人承担责任者,也应对被证明由该诽谤性公布造成的精神痛苦与身体伤害承担责任。"在第908节关于"对非金钱损害的补偿性赔偿"中更是进一步规定:"不需证明金钱损失便可给予的补偿性赔偿包括:(a)对人身伤害的赔偿;(b)对精神痛苦的赔偿。"

在我国历史上,精神损害赔偿制度最早出现在《大清民律草案》之中。《大清民律草案》第960条规定:"害他人之身体、自由或名誉者,被害人于不履财产之损害,亦得请求赔偿相当之金额。"《中华民国民律草案》第26条规定:"不法侵害他人之身体、名誉或自由者,被害人于非财产之损害,亦得请求赔偿相当之金额。"国民党当政时制定的《中华民国民法》分别用三个条文的篇幅规定了精神损害赔偿制度。其中第18条规定:"人格权受侵害时,得请求法院除去其侵害;有受侵害之虞时,得请求防止之。前项情形,以法律特别规定者为限,得请求损害赔偿和慰抚金。"第194条规定:"不法侵害他人致死

---

① 〔古罗马〕查士丁尼:《法学总论》,张企泰译,商务印书馆1989年版,第201、203页。

者,被害人之父、母、子、女及配偶,虽非财产上之损害,亦得请求赔偿相当之金额。"第 195 条规定:"不法侵害他人之身体、健康、名誉或自由者,被害人虽非财产上之损害,亦得请求赔偿相当之金额。"这些规定比《大清民律草案》和《中华民国民律草案》更为全面。

新中国成立后,受苏联民法的影响,曾有很长一段时间对精神损害赔偿持强烈的否定态度。直到 1986 年《民法通则》的制定,才改变局面。一般认为,《民法通则》第 120 条第一次建立了我国的精神损害赔偿制度。该条规定:"公民的姓名权、肖像权、名誉权、荣誉权受到侵害的,有权要求停止侵害,恢复名誉、消除影响,赔礼道歉,并可以要求赔偿损失。法人的名称权、名誉权、荣誉权受到侵害的,适用前款规定。"此后,最高人民法院通过一系列的司法解释,使得精神损害赔偿制度在我国得到了确立。其中,重要的有关精神损害赔偿的司法解释有 1993 年最高人民法院颁行的《关于审理名誉权案件若干问题的解答》和 2001 年的《关于确定民事侵权精神损害赔偿若干问题的解释》。《解答》第一次以法律文件的形式明确提出了"精神损害赔偿"的概念;而《解释》则较全面地确立了司法系统在解决精神损害赔偿案件适用法律问题的基本规则,具有重要的实际意义。但也有必要指出的是,最高人民法院的某些司法解释,对精神损害赔偿制度的适用起到一些不好的影响。如将犯罪行为排除出适用精神损害赔偿制度的范围;[1]不承认法人的精神损害赔偿请求权等等。[2]

我国《侵权责任法》第 22 条规定:"侵害他人人身权益,造成他人严重精神损害的,被侵权人可以请求精神损害赔偿。"这是我国迄今在法律文献中第一次正式提到"精神损害赔偿";也宣告着我国的精神损害赔偿制度的正式确立。

二、适用精神损害赔偿制度的民事权利范围

适用精神损害赔偿制度的民事权利范围,是指哪些民事权利遭受侵权行

---

[1] 最高人民法院 2002 年 7 月 15 日《关于人民法院是否受理刑事案件被害人提起精神损害赔偿民事诉讼问题的批复》规定:"根据刑法第 36 条和刑事诉讼法第 77 条以及我院《关于刑事附带民事诉讼范围问题的规定》第 1 条第 2 款的规定,对于刑事案件被害人由于被告人的犯罪行为而遭受精神损失提起的附带民事诉讼,或者在该刑事案件审结以后,被害人另行提起精神损害赔偿民事诉讼的,人民法院不予受理。"

[2] 2001 年最高人民法院《关于确定民事侵权精神损害赔偿若干问题的解释》第 5 条规定:"法人或者其他组织以人格权利遭受侵害为由,向人民法院起诉请求精神损害赔偿的,人民法院不予受理。"

为侵害,权利人可获得精神损害赔偿。民事权利一般分为人身权与财产权。人身权又有人格权与身份权之分;财产权有物权、知识产权、债权之分。上述这些权利遭受侵权行为侵害后,权利人是否都可以请求精神损害赔偿?各国制度大体一致,但也存在些微差别。

1. 人身权

各国法律多就精神损害赔偿制度的适用,限定在人身权的方面。这从我们上引德国民法典、瑞士民法以及旧中国的几部民法典都可看出。又如《俄罗斯联邦民法典》第151条规定:"如果公民因侵犯其人身非财产权利的行为或侵害属于公民的其他非物质利益的行为而受到精神损害(身体的或精神的痛苦),以及在法律规定的其他情况下,法院可以责成侵权人用金钱赔偿上述损害。"《越南民法典》在第614条"侵害生命的损害"和第615条"名誉、人格、尊严被侵害的损害"中分别规定,根据具体情况,法院可判令加害人给予一定数额的精神损害补偿金。

我国《民法通则》第120条将权利范围局限在"公民的姓名权、肖像权、名誉权、荣誉权"和"法人的名称权、名誉权、荣誉权"。2001年最高人民法院《关于确定民事侵权精神损害赔偿若干问题的解释》第1条将自然人的受精神损害赔偿制度保护的权利扩及到"生命权、健康权、人格尊严权、人身自由权、隐私权或者其他人格利益。"这应当说是一个很大的进步。我国《侵权责任法》第22条又将精神损害赔偿制度的适用从人格权扩张到整个人身权益,进一步拓展了精神损害赔偿制度的权利保护范围。这充分说明,精神损害赔偿制度已经得到了人们的充分肯定。

2. 物权

各国民法多数对于精神损害赔偿制度不允许扩及财产权受侵害的情形。"欧洲所有的法律制度均将物之所有权人因物的损坏而导致的不快视为非财产损失。"①但这种非财产损失能否得到赔偿,则须另当别论。在德国、瑞士等国,精神损害赔偿仍不得扩及财产权受侵害的情形;倒是法国判例引申《法国民法典》第1382条的规定,"任何行为使他人受损害时,因自己的过失而致行为发生之人对该他人负赔偿的责任",广泛承认非财产上的损害赔偿;凡有非财产上的损害情形者,包括财产权受侵害,均得请求赔偿。②

---

① 〔德〕克雷斯蒂安·冯·巴尔:《欧洲比较侵权行为法》(下卷),焦美华译,法律出版社2001年版,第196页。

② 曾世雄:《损害赔偿法原理》,中国政法大学出版社2001年版,第320、321、322页。

只有《日本民法典》第 710 条明确规定财产权受侵害致精神损害时,亦可请求精神损害赔偿:"不问是侵害他人身体、自由或名誉情形,还是侵害他人财产权情形;依前条规定负赔偿责任者,对财产以外的损害,亦应赔偿。"《俄罗斯联邦民法典》第 1099 条则规定,侵犯公民财产权的行为(不作为)所致精神损害,只有在法律有规定的情形下才予以赔偿。

在我国,对于财产权遭受侵害能否获得精神损害的赔偿,理论界一直持否定态度。最高人民法院 2001 年在《关于确定民事侵权精神损害赔偿若干问题的解释》对此有所突破,在第 4 条中规定:"具有人格象征意义的特定纪念物品,因侵权行为而永久性灭失或者毁损,物品所有人以侵权为由,向人民法院起诉请求赔偿精神损害的,人民法院应当依法予以受理。"开启了精神损害赔偿制度的物权保护的一扇门缝。但遗憾的是,《侵权责任法》却放弃了这一规定,重新紧紧地关上了这道大门。

3. 债权

对于违约造成的精神损害赔偿问题,从各国立法现状来看,多倾向于持否定态度。英美国家允许在个别合同违约时可允精神损害赔偿。在美国,1933 年《合同法重述(第一版)》第 341 条规定:"在违反合同的行为中,精神损害赔偿不予支持,除非该违约行为极不负责或不顾后果,并且造成了人身伤害,被告在订约时有理由预知这种行为将导致除金钱损失外的精神损失。"1981 年的《合同法重述(第二版)》第 353 条进一步规定:"精神损害赔偿将不予支持,除非违约行为导致人身伤害或合同或违约行为使严重精神损害成为一种特别可能的结果。"针对该条的解释是:"……合同或违约行为使严重精神损害成为一种特别可能的结果,通常的例子是运送旅客合同、旅馆接待客人合同、运送遗体合同和传送噩耗合同。违反这些合同特别可能造成精神损害。在违反其他种类合同的情况下,如违约结果导致受害人一贫如洗或突然破产,也可能碰巧造成更为严重的精神损害,但是如果这种合同并未使精神损害成为一种特别可能的风险,这种精神损害不予支持。"由此可见,美国的法律并不绝对禁止合同领域中的精神损害赔偿。在美国的"合同诉讼中,法院对违约所至的精神损害通常并不考虑给予赔偿。然而,当这种损害明显地存在以致法院可以认为违约方在订立合同时可以预料到违约可以导致这种损害时,法院就可能准许违约的受损害方获得此种损害赔偿。"[①]英国法院

---

① 王军:《美国合同法》,中国政法大学出版社 1996 年版,第 342—343 页。

也允许受害人在下列三类合同中要求精神损害赔偿:(1)合同的目的就是提供安宁和快乐的享受;(2)合同的目的就是要解除痛苦和麻烦;(3)违反合同带来的生活上的不便直接造成了精神痛苦。英国法院在1995年的一个判例中,对于精神损害赔偿有明显放松的倾向。案中被告为原告修建的游泳池的深度不符合合同要求,虽然有关专家认为并不影响使用,并且未给原告造成金钱损失;但上议院终审判决给予原告2500英镑的精神损害赔偿,以补偿原告满足度的损失。[①]

因违约而产生的精神损害赔偿问题,我国现行法律未作任何正面的规定。我们认为,违约精神损害赔偿是一个需要从理论上进行探讨的重要领域,用以指导我们的立法与司法实践。应当肯定,因违约而引起守约方的精神损害,是现实存在的。虽然并非所有的违约均必然会导致守约方的精神损害,但亦有相当一部分违约行为给守约方造成了较重的精神损害。因此,承认违约有造成守约方以精神损害的可能,具有重要的现实意义。但并非一有精神损害,便须予以赔偿。其缘由就在于,合同通常具有经济目的。每个参与经济活动的主体均应当具有商业风险意识;都应当有所订立的合同得不到正确及时履行的心理准备。因此,当合同没有得到履行或没有得到正确履行时,就不能以精神遭受损害而主张精神损害赔偿。但一概不承认守约方的精神损害赔偿请求权也是过于绝对的。笔者认为,下列三类合同若得不到履行或没有得到正确履行的,守约方可主张精神损害赔偿。这些合同是:

第一类,与人身有较密切联系的合同,如婚姻合同、收养合同、医疗合同、遗赠扶养合同等。从法律上来看,婚姻本质上即是一种契约。夫妻一方或双方未遵守对婚姻的承诺,即构成违约,会对对方造成相当程度上的精神损害。为此,我国《婚姻法》第46条规定,配偶一方因重婚、与他人同居、实施家庭暴力或虐待、遗弃家庭成员而导致离婚的,无过错的另一方有权请求损害赔偿。根据最高人民法院《关于适用〈中华人民共和国婚姻法〉若干问题的解释》的第28条,本条所谓"损害赔偿"既包括物质损害赔偿又包括精神损害赔偿。《瑞士民法典》在第151条中也明确规定:"因导致离婚的情势,配偶一方的人格遭受重大损害的,法官可判与一定金额的赔偿金作为慰抚。"

第二类,某些具有休闲性质的合同,这里主要是指旅游合同、疗养合同等。在旅游合同中,旅游者之所以参加旅游活动,是为了追求精神生活享受

---

① 姜作利:《美国合同法中的精神损害赔偿探析》,载《法学论坛》2001年第6期。

和个人独特审美体验;旅游合同是旅游者获得旅游服务实现上述目的的手段。如果旅游企业违约,提供有瑕疵的旅游服务,将使旅游者的目的即精神享受不能达到,从而造成精神上的损害;对于这种损害应予赔偿。对此,《德国民法典》第 651f 条特别规定:"旅游无法进行或者明显受损害时,游客也可以因无益地使用休假时间而要求以金钱作为适当赔偿。"我国台湾地区"民法典"第 514 条亦规定:"因可归责于旅游营业人之事由,致旅游未依约定之旅程进行者,旅客就其时间之浪费,得按日请求赔偿相当之金额。"

第三类,某些对守约方的生产生活具有重要意义的合同,如劳动合同、定点供应的合同等。对某些劳动者以某种工作岗位为生活主要来源,若违反或解除该劳动合同,则不仅有可能会给劳动者带来一定的经济损失,亦会给他造成一定的精神损害。因此,对这些劳动合同的违反或解除,给予相应的精神损害赔偿金是十分必要的。

三、适用精神损害赔偿制度的民事主体范围

1. 自然人

从受该制度保护的民事主体的范围来看,自然人的精神损害赔偿请求权已经得到了人们的一致承认;但自然人在死亡后,其人格(这里所谓"人格",并非从"民事主体"的层面的认识,而仅指诸如名誉、姓名、肖像、尸体、遗骨等)受到侵害的,是否也存在一个精神损害赔偿的问题,存有较大争议。死者是否有精神损害,是否要予以精神损害赔偿?植物人是否有精神损害,能否主张精神损害赔偿?

(1)自然人死后,是否仍享有人格权?是否有权主张精神损害赔偿?

对这个问题,欧洲大陆的做法是不一致的。德国法虽然承认自然人死后其人格权继续存在,但坚决排除精神损害赔偿的可能性,仅赋予其近亲属提起消除影响和停止侵害行为之诉的权利而没有包括精神损害赔偿在内的损害赔偿请求权。而希腊和荷兰的民法规定,当死者的人格受到侵害时,其近亲属拥有假设他还活着时他在人格权受到侵害时所拥有的一切权利,包括财产权利和非财产权利的损害赔偿请求权。① 这意味着包含了精神损害赔偿请求权。俄罗斯对死后名誉和尊严的保护同样持平和的态度,其 1994 年《民法典》规定,"根据利害人的要求,也允许在公民死后保护其名誉和尊严。"(第

---

① 张民安、龚赛红:《因侵犯他人人身完整权而承担的侵权责任》,载《中外法学》2002 年第 6 期。

152条)

在我国,2001年最高人民法院通过《关于确定民事侵权精神损害赔偿责任若干问题的解释》,对这个问题有了新的见解。该《解释》的第3条中指出:自然人死亡后,其近亲属因下列侵权行为遭受精神痛苦,向人民法院起诉请求赔偿精神损害的,人民法院应当依法予以受理:① 以侮辱、诽谤、贬损、丑化或者违反社会公共利益、社会公德的其他方式,侵害死者姓名、肖像、名誉、荣誉;② 非法披露、利用死者隐私,或者以违反社会公共利益、社会公德的其他方式侵害死者隐私;③ 非法利用、损害遗体、遗骨,或者以违反社会公共利益、社会公德的其他方式侵害遗体、遗骨。该《解释》在精神损害赔偿方面有以下几个方面的特点。第一,扩大了受法律保护的人格范围:从过去的死者单纯的名誉,扩大到其姓名、肖像、荣誉、隐私、遗体与遗骨等;第二,其近亲属只有在遭受了精神损害的情况下,才能提起民事诉讼;从而彻底否认了死者独立的精神损害赔偿的问题,由此自然不存在以死者为原告的精神损害赔偿诉讼现象。

对我国最高司法机关这一规定,我们可以从两个方面进行分析。一方面,最高人民法院的这种认识是符合事物的本质的。自然人死后,万事皆空,对他人对其人格的侵害,如鞭尸、掘坟、毁誉等,不可能还有痛苦的感觉;说死者有精神痛苦和精神损害,当然是荒谬的。但另一方面我们也应看到,依此司法解释,单纯就死者而言,当其生前人格遭受侵害的,自不能适用精神损害赔偿制度,死者不可能作为原告再提起精神损害赔偿诉讼。因此当其近亲属"没有感受到"自己有精神痛苦,或没有近亲属的,就意味着死者生前的人格利益在事实上是不受法律保护的。这样无疑将不利于对死者生前人格利益的保护。由此可见,最高人民法院的司法解释存在一个重大的隐患,给每个活着的人带来危机感,不利于现实社会的稳定和进步。

(2)植物人是否有精神损害,能否主张精神损害赔偿?

处于植物状态中的受害人,对自己所遭受的肉体损害和心理损害欠缺意识和认识,与外部世界欠缺任何沟通。"当受害人处于植物状态时,他们对自己所遭受的肉体痛苦、精神痛苦和娱乐损失茫然无知,他们无法像一般受害人那样要忍受肉体的痛苦,要遭受精神的打击,他们能像一般受害人那样就他们所遭受的无形损害请求侵害人承担赔偿责任吗?""精神损害的赔偿不以经济上的赔偿为目的,其唯一目的是为了给予受害人以精神上的认可和慰抚,是为了给予受害人本人以欢娱和快乐,以使他们能够忘记自己所遭受的不幸。然而,对于那些处于永久性植物状态中的受害人而言,法律在给予他人以精神损害赔偿时,他们本人不可能意识到此种赔偿的慰抚性,不可能知道此种赔偿对其精神上的认可性。"[1]正是基于这种考虑,以受害人感到精神痛苦为请求精神损害赔偿构成要素的传统法律不支持植物人精神损害赔偿的请求。现代法律已经开始突破了这一限制。如英国上议院分别在1962、1964年的两项判决中判决给予原告以无形损害赔偿金;而法国最高法院也在1995年的一项判决中认为"人的植物状态并不排除任何形式的损害赔偿",支持了原告的请求。[2] 但这种突破仍然显得相当有限。英国的判例并不承认植物人有精神痛苦而须赔偿,而是用以弥补植物人因不能参加社会活动和享受生活所遭受的损失而已。

由于植物人处于无意识的状态之中,自无精神、肉体痛苦可言;因此,如恪守精神损害赔偿以感受精神痛苦为条件,意味着植物人将得不到精神损害赔偿。但这样做,对植物人是否公平?是否会造成出现一种社会道德危机?如在故意伤害他人身体健康时,会不会出现与其造成受害人身体一般伤害可能还会要承担精神损害赔偿,还不如重重一击致受害人于植物状态,使其丧失请求精神损害赔偿的可能性?我们认为,任何法律和理论都是为现实服务的。是否建立一项法律制度,绝非首先要从理论上去寻找根据,而是要看现实生活是否有这种客观需要,是否有这种必要。因此,基于植物人以及其近亲属的利益,给予植物人精神损害以特别地保护,应是符合社会现实需要的。

2. 法人

法人能否成为精神损害赔偿请求权的主体,各国法和学界也都存在不同的做法和看法。

在欧美,英美法认为法人不可能遭受精神损害,大陆法普遍倾向于承认法人的精神损害赔偿请求权。正如比利时最高法院在1985年的一项判决中明确指出的那样,"和一个有躯体和道德的自然人一样,法人应受的尊严也能因他人的过错而受到侵害,对由此造成的精神损害也必须加以补偿。"而意大利和西班牙法院走的更远:法人因其所管束的自然人成员的死亡亦可主张精神损害赔偿。根据1972年西班牙最高法院的一项判决,一养老院因其中一

---

[1] 张民安、龚赛红:《因侵犯他人人身完整权而承担的侵权责任》,载《中外法学》2002年第6期。
[2] 〔德〕克雷斯蒂安·冯·巴尔:《欧洲比较侵权行为法》(下卷),焦美华译,法律出版社2001年版,第153页。

老人被杀而获得了精神损害赔偿;而一地方政府因居民的大量死亡,感受到了自己的声望及影响力受到了损害,意大利法院支持了地方政府的损害赔偿要求;理由是政府官员感受到了受害人的痛苦,如同自己遭受了痛苦一样!①

在我国台湾地区,认为法人本质上非人(自然人),精神上之痛苦,非人(自然人)莫有,因而无精神痛苦可言,故不得请求"非财产上损害之金钱赔偿",已成通说,亦为司法判决所采纳,因此,"可以说法人在台湾地区非财产损害赔偿法上已无容身之处。"②

我国《民法通则》第120条第2款明确规定,法人的名称权、名誉权、荣誉权受到侵害时,有权要求停止侵害、恢复名誉、消除影响、赔礼道歉,并可以要求赔偿损失。对这一规定,法学界通说认为法律赋予了法人精神损害赔偿请求权。但现在学者间多对法人的精神损害赔偿请求权持怀疑和否定的态度,认为法人不同于自然人的根本区别在于法人是没有生命的社会组织,法人没有生命。法人的名称权、名誉权、荣誉权受到侵害时不会发生精神上、心理上的痛苦。所以法人作为社会组织,不宜成为精神损害赔偿的权利主体。③ 受这种观点的影响,最高人民法院在2001年的《关于确定民事侵权精神损害赔偿若干问题的解释》第5条中就规定:"法人或者其他组织以人格权利遭受侵害为由,向人民法院起诉请求赔偿精神损害的,人民法院不予受理。"

笔者以为,最高人民法院的这条规定,很值得质疑。首先,它违背了有关法律的基本规定。我国《民法通则》第120条第2款明确规定,法人的名称权、名誉权、荣誉权受到侵害时,有权要求停止侵害、恢复名誉、消除影响、赔礼道歉,并可以要求赔偿损失。对这一规定,法学界通说认为法律赋予了法人精神损害赔偿请求权。而最高人民法院却以司法解释的形式剥夺了国家法律赋予给"法人或者其他组织"的精神损害赔偿请求权。这一做法,明显是不合法的。其次,这一规定在理论上也缺乏根据。那种主张法人没有生命,便没有精神痛苦,实际上是错误地将"生物学上精神损害同法律上的精神损害混为一谈"。我们认为,如同法人是法律拟制的人一样,法人的痛苦也是法律拟制的,并不应以生物学上的痛苦为准。我们赞成杨立新教授的如下观

---

① 〔德〕克雷斯蒂安·冯·巴尔:《欧洲比较侵权行为法》(下卷),焦美华译,法律出版社2001年版,第153页。
② 曾世雄:《损害赔偿法原理》,中国政法大学出版社2001年版,第334—335页。
③ 王利明主编:《民法·侵权行为法》,中国人民大学出版社1993年版,第618页;张新宝:《侵权责任法原理》,中国人民大学出版社2005年版,第524—525页。

点:"精神利益包括人格利益与身份利益,是民事主体人格的基本利益所在,否认法人有精神利益,就等于否认法人的人格,其结果,必然使法人本身失去了存在的依据。因此,法人没有精神损害这种说法是不准确的。"[①]

需要指出的是,我国《侵权责任法》第22条关于精神损害赔偿的规定时,并没有将权利主体规定为"自然人":"侵害他人人身权益,造成他人严重精神损害的,被侵权人可以请求精神损害赔偿。"从整个法条的上下文的表述来看,在这里,"他人"完全可以理解为包括法人在内的所有民事主体。

四、精神损害赔偿责任的构成

我国《侵权责任法》第22条的规定不仅最终确立了我国的精神损害赔偿制度,而且明确了精神损害赔偿责任的基本构成要件。

从该条的规定来看,精神损害赔偿责任的构成条件包括以下几项:

(1) 主体要件:所有的民事主体包括自然人、法人、非法人组织都依法享有精神损害赔偿请求权;

(2) 客体要件:民事主体的人身权益均受精神损害赔偿制度的保护,包括生命权、健康权、姓名权、肖像权、名誉权、隐私权、婚姻自主权等人格权以及配偶权、亲权、监护权、亲属权等身份权等;但财产权益不在此范围中。

(3) 损害程度要件:须达到"严重"的程度,才能主张精神损害赔偿;以防止权利的滥用。

五、精神损害赔偿额的确定

1. 确定的原则

一般认为有酌定原则、比例赔偿原则、标准赔偿原则、固定赔偿原则和限额赔偿原则等。

(1) 酌定原则,主张不制定统一的赔偿标准,而是由法官根据案件的具体情况来确定。英美法系法院通常采取这种做法。酌定原则的优点,在于能充分发挥法官的主观能动性,能针对不同的案件作出切合实际的判决;但缺点在于给予法官的自由裁量权过大,因缺乏统一标准会导致相同的案件可能会出现赔偿数额悬殊的判决,破坏法制的权威。

(2) 比例赔偿原则,则指依据医疗费的一定比例来确定精神损害的赔偿

---

① 杨立新:《侵权行为法专论》,高等教育出版社2005年版,第373页。

金额。例如,根据秘鲁的法律规定,法官只能在受害人所必须花费的医疗费用的半数和两倍之间来估算赔偿金额。这种做法的缺点最明显在表现在,如何确定医疗费用的问题。如果某一侵害受害人姓名权的案件没有致受害人身体健康伤害的,自然就不存在所谓医疗费,则确定精神损害赔偿的金额就失去了客观依据。

(3)标准赔偿原则,指确定每日的赔偿额,计算总的赔偿数额。但这种计算方法存在的问题在于具体的天数又依据什么标准来确定。

(4)固定赔偿原则,指制作固定的赔偿金额的表格;法官只须针对具体的案情,对照表格中所规定的数额,适用之。

(5)限额赔偿原则,指规定一个赔偿的最高限额,法官可以在最高限额下来酌定一个具体数额。

上述原则中,当以酌定原则为基本,再根据案情的实际情况,综合考虑辅之以其他相关原则。同时,更需要我们通过总结经验,尽早地确定一个具可操作性的赔偿标准。

2. 确定的因素

酌定原则,要求法官发挥其主观能动性,根据案情的具体情况,来确定具体的赔偿数额。《俄罗斯联邦民法典》第1101条就精神损害赔偿金的数额,规定"由法院根据给受害人造成身体或精神痛苦的性质决定。当以过错为损害赔偿的依据时,法院还要根据致害人的过错程度确定赔偿数额。在确定精神损害的补偿数额时,应斟酌请求的合理性和公正性"。

根据最高人民法院《关于确定民事侵权精神损害赔偿若干问题的解释》第10条的规定,确定精神损害赔偿数额,应考虑以下因素:

(1)侵权人的过错程度,法律另有规定的除外;
(2)侵害的手段、场合、行为方式等具体情节;
(3)侵权行为所造成的后果;
(4)侵权人获利情况;
(5)侵权人承担责任的经济能力;
(6)受诉法院所在地平均生活水平。

第四节 惩罚性赔偿

一、惩罚性赔偿概述

1. 惩罚性赔偿的概念

惩罚性赔偿,即受害人有权要求依法应当承担侵权责任的责任人承担超出侵权行为给其所造成的损害额范围的赔偿责任。依此概念,如甲的行为致乙损失 25 万元,即使是依全部赔偿原则,甲亦只需赔偿 25 万元。但若对其适用惩罚性赔偿制度,甲可能须支付超过此数额的赔偿额。

2. 惩罚性赔偿的制度史

惩罚性赔偿,在中外古代社会运用的十分广泛。早在约公元前 20 世纪《埃什嫩那国王俾拉拉马的法典》第 23 条就规定:"倘自由民并无他人所负任何之债,而拘留他人之婢为质,并扣留此质于其家直至于死,则自由民应赔偿婢之主人以两婢。"著名的《汉穆拉比法典》更是到处闪烁着惩罚性赔偿的光辉。其中,第 12 条规定:自由民(买者)从卖者购买另一自由民遗失之物而被失主收回时,"倘卖者已死,则买者可从卖者之家取得本案起诉之五倍的赔偿费。"第 106 条规定:"倘沙马鲁从塔木卡取到银后,在塔木卡前坚不承认,则塔木卡应在神及证人之前证实沙马鲁领银之事,而沙马鲁应按其所取之银三倍交还塔木卡。"第 107 条、第 112 条、第 120 条、第 124 条、第 126 条、第 265 条都有类似规定。

古印度著名的《摩奴法典》也有关于惩罚性赔偿的记录;其中第 8 卷第 289 条规定:"损害皮革或皮袋,木制或土制家具,花,根或果实时,罚金应该五倍其价值。"第 320 条规定:"体刑应该施于偷窃十坎巴以上谷物的人;不足十坎巴时,处偷窃价值十一倍的罚金,并将财物归还原主。"另外,在第 322 条、第 337 条、第 338 条的类似规定。

罗马法中规定了多倍赔偿的制度。在一些侵权案件中,受害人得到的赔偿额或者是法定的数额,或者是数倍于所受损失,或者由法庭来裁判。西方学者认为,罗马法中的多倍赔偿是基于惩罚的思想而非简单的补偿观念。《十二铜表法》第八表第 9 条就规定:"如果成年人于夜间在犁耕的田地上践踏或收割庄稼,则处以死刑。……未成年人,则根据最高审判官的处理,或则给以鞭打,或判处加倍赔偿使人遭受的损害。"第 15 条 A 规定:"当正式搜查时,物件在某人处寻到,或当该物件被带到窝藏者处时又在该处寻到者,处以该物件价值之三倍的罚款。"第 18 条 B 规定:"我们祖先曾有(惯例),并在法律内规定,对窃贼处以缴纳(窃物)价值之二倍的罚款,对高利贷者则(处以)(所得利息)之四倍的罚款。"第 19 条规定:"根据十二铜表法,对于寄托保管之物可按该物价值之二倍提出诉讼。"第 20 条 B 规定:"当监护人侵吞他们所监护者的财产时,应当确定,我们是否应如十二铜表中反对监护人的规定,对这些监护人中的每一个人个别地提出按两倍赔偿的诉讼。"第十二表第 3 条规定:"假如(在出庭辩论时)带来了伪造物件或否认出庭辩论的(事实本身),则最高审判官应指定三个仲裁者,并根据他们的决定,按照所(争执物件)的双倍利益赔偿损失。"查士丁尼皇帝在其《法学总论》中更是直接规定:根据侵权行为发生的诉讼,"一切诉讼,其标的或是单价,或是加倍、三倍、四倍,但从不超出四倍。"①

就连《圣经》也规定了惩罚性赔偿制度。在《圣经·出埃及记》中规定:"人若偷牛或羊,无论是宰了,是卖了,他就要以五牛赔一牛,四羊赔一羊。……若他所偷的,或牛,或驴,或羊,仍在他手下存活,他就要加倍赔还。""人若将银钱或家具交付邻舍看守,这物从那人的家被偷去,若把贼找到了,贼要加倍赔还。""两个人的案件,无论是为什么过犯,或是为牛,为驴,为羊,为衣裳,或是为什么失掉之物,有一人说:'这是我的。'两造就要将案件禀告审判官,审判官定谁有罪,谁就要加倍赔还。"

近现代社会中,惩罚性损害赔偿在英美法中发挥的可谓淋漓尽致。1278 年英王在 Gloucester 条例中作出损坏者(waste)予以 3 倍损害赔偿的规定。1763 年的 Wilkes v. Wood 案可能是最早有记载的赔偿数额超过实际损失的判例。在给陪审员的指示中,法官指出,损害赔偿不仅要补偿受害人的实际损失,而且要起到惩罚加害人和威慑此类侵权行为的作用。稍后的 Huckle v. Money 案中,原告由于被怀疑印刷 North Briton 报而被皇室非法监禁 6 个小时。法官要求陪审团对被告适用超过实际损失的惩罚性赔偿以惩罚被告的残暴行为。1964 年英国上议院在 Rookes v. Barnard 案中作出了第一个惩罚性赔偿的判决。Lord Devlin 勋爵在该案的发言中以权威的言辞确定了法院适用惩罚性赔偿案件的种类和范围,即:第一类案件涉及法定的授权机关;

---

① 〔古罗马〕查士丁尼:《法学总论》,张企泰译,商务印书馆 1989 年版,第 212 页。

第二类案件涉及政府机关进行的迫害、专断或违宪行为;第三类案件涉及被告在实施违法行为前就已算计好为其自身获得该私利有可能远远超过支付给原告的补偿的情形。① 目前,这种范围已经扩大到极为广泛的领域。

早期美国法院作出的惩罚性赔偿判决,多援引英国法中 Wilkes v. Wood 和 Huckle v. Money 两案的判例。20 世纪以来,惩罚性赔偿的一个重要功能是作为社会控制的工具,威慑企业公司为追求自身巨大利益而不顾大众安全的行为。美国很多法律增加了有关惩罚性赔偿的规定。如《谢尔曼法案》(The Sherman Act)中规定,任何一方由于另一方违反反垄断法而遭受商业上或财产上的损害,有权向违法行为人请求 3 倍的损害赔偿。《克莱顿法案》(The Clayton Act)第 4 条也规定了 3 倍赔偿;保护消费者方面的立法如《联邦信用保护法》(Federal consumer credit protection Act)、《职业安全与健康法》(Occupational Safety And Health Act)也都规定了惩罚性赔偿。美国《加利福尼亚州民法典》第 3294 条中亦规定:"关于压制、欺诈或恶意。(1)在不履行非因契约所生之债的诉讼中,被告犯有压迫、欺诈或恶意的,原告除了追偿实际损失之外,还得追偿旨在警告并借此惩罚被告的损害赔偿金。"

而我们从近现代大陆法系各国的民法典中,却很难见到有关惩罚性赔偿的规定。这主要是源于这样一种理念:"民事责任不具有惩罚功能,因此过错的严重性不能证明判决一个比损害之实际价值大的赔偿是正当的。"② 不过瑞士民法似乎是个例外。因为《瑞士债法典》第 49 条明确规定,侵权行为,在"情节严重时",受害人"可以请求支付惩罚性赔偿金"。

我国古代亦运用了惩罚性赔偿制度。其中,《唐律·名例四》注:"若盗所盗之物,倍赃亦没官。"对此,《唐律疏议》释:"假有乙盗甲物,丙转盗之,彼此各有倍赃,依法并应还主。甲既取乙倍备,不合更得丙赃;乙既元是盗人,不可以赃资盗,故倍赃亦没官。若有纠告之人应赏者,依令与赏。"③《唐律疏议》:"'盗者,倍备',谓盗者以其贪财既重,故令倍备,谓盗一尺,征二尺之类。"④《宋刑统》疏议:"备犹偿也。谓盗者以其贪利既重,故令倍备,谓盗一尺征二尺之类。""疏云,盗者倍备,谓盗一尺征二尺之类。臣等参详,近来盗

---

① 〔德〕克雷斯蒂安·冯·巴尔:《欧洲比较侵权行为法》(下卷),焦美华译,法律出版社 2001 年版,第 746 页。
② 同上书,第 745 页。
③ 《唐律疏议》,中华书局 1983 年版,第 86 页。
④ 同上书,第 90 页。

赃多不征倍,倍备之律,伏请不行。"此后元、明、清再无"倍备"制度。关于"倍备",学者多有解释:"倍备,即加倍赔偿。"①按照杨立新教授的说法,"倍备,只是唐、宋两代出现的侵权法律制度,其他朝代没有明确规定。但是,《汉律》中的'加责入官'、《明会典》中的'倍追钞贯'制度,都与倍备制度十分相似,所不同的是,加责入官的入官,讲的是没收,在没收的时候,考虑行为人的恶意,施以双倍的没收。倍追钞贯,意思是指处以双倍罚款。这三种加倍的制裁,虽然都具有惩罚性,但是,只有倍备制度是侵权行为法的惩罚性赔偿金,另外两种不是侵权行为法的惩罚性赔偿金。所谓倍备,就是在原全部赔偿的基础上再加一倍赔偿,也就是加倍赔偿,或者说加倍的备偿制度。"这种制度只适用于盗窃赔赃。②

清道光二十四年(1844年)条例规定:"典铺被窃,无论衣服、米豆、丝棉、木器、书画、以及金银珠玉、铜铁铅锡各货,概照当本银一两、再赔一两。如系被劫,照当本银一两再赔五钱,均扣除失事日以前应得利息。"③

清末立法中,或许是受大陆法的影响,《大清民律草案》亦未规定惩罚性赔偿制度。这种立法理念被随后的《中华民国民律草案》和《中华民国民法》所继承。但目前我国台湾地区的许多法规都规定了惩罚性赔偿制度。如台湾"消费者保护法"第51条规定:"依本法所提起之诉讼,因企业经营者之故意所致之损害,消费者得请求3倍以下之惩罚性赔偿;但因过失所致损害,得请求损害额1倍以下之惩罚性赔偿。"台湾"公平交易法"第32条规定:"法院因被害人之请求,如为事业之故意行为,得依侵害情节,酌定损害额以上之赔偿。但不得超过已证明损害额之3倍。"

我国充分认识到了惩罚性赔偿制度在规范经济运行秩序中的重要作用,也采用了惩罚性赔偿制度。早在1993年《消费者权益保护法》第49条中就规定了惩罚性赔偿:"经营者提供商品或者服务有欺诈行为的,应当按照消费者的要求增加赔偿其受到的损失,增加赔偿的金额为消费者购买商品的价款或者接受服务的费用一倍。"2009年制定的《食品安全法》又进一步规定:"生产不符合食品安全标准的食品或者销售明知是不符合食品安全标准的食品,消费者除要求赔偿损失外,还可以向生产者或者销售者要求支付价款十倍的赔偿金。"针对近几年我国生产的商品一再发生重大的安全责任事故,严重损

---

① 孔庆明等:《中国民法史》,吉林人民出版社1996年版,第338页。
② 杨立新:《侵权法论》(上册),吉林人民出版社1998年版,第90页。
③ 叶孝信主编:《中国民法史》,上海人民出版社1993年版,第558页。

害广大消费者的合法权益,也极大地损害了我国产品的国际声誉,《侵权责任法》第47条对产品责任再一次祭起了惩罚性赔偿的大刀,规定:"明知产品存在缺陷仍然生产、销售,造成他人死亡或者健康严重损害的,被侵权人有权请求相应的惩罚性赔偿。"民间则有"缺一赔十"的习俗。

3. 惩罚性赔偿的意义及道德风险

建立惩罚性赔偿制度,具有重要的现实意义。一方面能使受害人在得到充分补偿外又获得了额外利益;另一方面,又能充分体现侵权法对行为人的惩罚功能。但是,惩罚性赔偿又存在一定的道德风险。实施惩罚性赔偿制度的不良后果有两个方面:一是违背了全部赔偿的原则,与民事责任的补偿性特征背道而驰;二是使原告获得了不当的利益。因此,惩罚性赔偿制度的实施,极易引发社会的道德危机。

二、惩罚性赔偿的适用

尽管惩罚性赔偿可能会引发社会道德危机,但该制度的存在却是客观的,且有着十分悠久的历史,在人们看来也具有一定的合理性。因此,我们所要探讨的问题,不是寻找废止的理由,而是如何有限度地适用,使之一方面充分发挥该制度的社会功能,另一方面又能将社会道德危机控制在随时可以湮灭的程度内。

有限度地适用惩罚性赔偿制度,应当解决以下两个方面的问题。一是限定惩罚性赔偿制度的适用范围;二是确定惩罚性赔偿金的计算方法。

1. 限定惩罚性赔偿制度的适用范围

如果说在古代社会惩罚性赔偿制度运用的相当普遍以外,而现代社会则对此抱谨慎的态度。大陆法系且不说,连英国法也仅限于前述三类性质较严重的民事案件;而在美国,"依照常规,在被告的行为是蓄意的、令人难以忍受的、故意而又任性的、或者是欺诈性的时候,就可以裁定惩罚性损害赔偿金。"① 这种对惩罚性赔偿的滥用,使得在美国许多企业动辄被处以数千万或上千亿美元的赔偿金。② 这种"走火入魔式"的惩罚性赔偿做法,无疑极大地损害了企业的生产能力以及开发新技术的积极性,从而引起了学界及企业界对此问题的高度注意。在我国,惩罚性赔偿被严格限制在消费者受欺诈、产

---

① 〔美〕罗伯特·考特、托马斯·尤伦:《法和经济学》,张军等译,上海人民出版社1994年版,第536页。
② 2000年7月,美国佛罗里达州地区法院对5家烟草公司判处1450亿美元的赔偿金。

品责任、食品安全等少数情形中。各国均严格限制惩罚性赔偿制度的适用范围,说明惩罚性赔偿并不能代表现代损害赔偿法制的发展方向。

要限定惩罚性赔偿制度的适用范围,我们认为,首先应当明白,适用惩罚性赔偿,必须要有法律的明文规定,法无明文不得适用之。在这里,所谓"法律",仅指国家最高立法机关——在我国,特指全国人民代表大会及其常务委员会——所制定的法律。行政法规、行政规章以及地方性法规、地方性行政规章等均无权就惩罚性赔偿作出规定;国家最高司法机关亦不得随意作出扩大或缩小的司法解释。其次,立法者在对惩罚性赔偿制度作出规定时,应当将可予以惩罚性赔偿尽可能地限制在极个别的领域内,而不能像某些学者所主张的那样,将惩罚性赔偿作为一项普遍适用的赔偿原则而加以适用。①

2. 确定惩罚性赔偿金的计算方法

从各国历史文献以及当代我国现行法律和我国台湾地区地方性法规可以看出,惩罚性赔偿金多以"倍数"来确定,即按照受害人实际所遭受损失的几倍来确定惩罚性赔偿金额。然究竟应确定赔偿"几倍"最为合适却是值得探讨。历史上,《汉穆拉比法典》规定有1倍、3倍、5倍、6倍或10倍;其中第265条规定,牧人不诚实,变换主人牛羊的标记变为己有,或擅自出卖的,以盗窃论,应按其所盗窃之牛羊数,10倍偿还其主人。《摩奴法典》第338条甚至规定:婆罗门偷盗的,要处以64倍或百倍的赔偿,"或者,当他们中的每一个都充分了解自己行为的善恶时,甚至重128倍。"这是可见的最高的惩罚倍数。罗马法一般规定为"加倍、3倍、4倍,但从不超出4倍。"②英美法规定一般为3倍;我国古代惩罚性赔偿金额一般为1倍。"所谓倍备,就是在原全部赔偿的基础上再加一倍赔偿,也就是加倍赔偿,或者说加倍的备偿制度。"③我国台湾地区地方性法规规定为3倍。我国在制定《消费者权益保护法》时,原草案曾规定为1到3倍的赔偿,因遭到反对,最后确定为1倍。④ 我国《食品安全法》将惩罚赔偿金的倍数提高到10倍,虽然其目的在于通过重罚,以确保受害人能获得及时充足的补救,以及确保食品质量,保障广大消费者的生命健康安全。但规定10倍,似乎过重了。倍数过高,容易导致责任人负担过重,甚至致其倾家荡产,一方面易引发社会问题;另一方面也会因责任人无

---

① 刘士国:《现代侵权损害赔偿研究》,法律出版社1998年版,第109页。
② 〔古罗马〕查士丁尼:《法学总论》,张企泰译,商务印书馆1989年版,第211页。
③ 杨立新:《侵权法论》(上册),吉林人民出版社1998年版,第90页。
④ 刘士国:《现代侵权损害赔偿研究》,法律出版社1998年版,第109页。

力执行，使赔偿数额无法落实，影响判决的权威性。而我国《侵权责任法》更是没有规定惩罚性赔偿的具体倍数或数额限制，这不仅会导致司法上无法适用，或是出现法律适用上的混乱；同时似乎也对惩罚性赔偿额方面开了一个危险的先例。

第五章 侵权责任的适用

侵权责任的适用,指依照法律规定的方式和程序,追究侵权行为人的侵权责任的活动。它是侵权责任制度最终从纸上的理论或条文转化为现实的秩序的中介;既是一个民法上的实体问题,也涉及程序问题;它是作为原告的追偿人和作为被告的责任人双方为各自利益进行博弈的场所。在侵权责任的适用中,确定追偿人(原告)和责任人(被告)是十分重要的。一般情况下,侵权事件中的受害人和行为人是双方主体,其他人在具备相应条件的情况下亦可以成为适用主体。为平衡各方主体的利益,现代侵权责任法在赋予追偿人以追偿权的同时,亦授予责任人以抗辩权和申请依法减免的权利;而正当防卫、不可抗力等通常成为最具法律效力的抗辩事由;损益同销与过错相抵则是主张减免责任的最有力依据。

第一节 侵权责任适用概述

一、侵权责任适用概述

1. 侵权责任适用的概念

侵权责任的适用,是个动态的过程,指依照法律规定的方式和程序,追究侵权行为人的侵权责任的活动。如人民法院经过开庭审理,作出判决,责令侵权行为人向受害人赔偿损失,即为侵权责任的适用。

侵权责任的适用,是侵权责任制度的重要组成部分。

它是侵权责任制度最终从理论或抽象的制度转化为现实秩序的中介,是民事法律对民事活动的参与者具有法律拘束力的最终保证和具体表现之一。通过侵权责任的适用,对侵权行为予以有力制裁,以保护人们合法的民事权益,最终实现维护法律秩序,保障正常的社会秩序,促进社会繁荣的目的。换言之,没有侵权责任的适用,侵权责任制度终将是空中楼阁,海市蜃楼。

侵权责任的适用既是一个民法上的实体问题,同时也涉及程序问题,因而与民事诉讼法等程序法有着密切的联系。从实体角度来看,侵权责任的适用制度首先要解决的是在适用侵权责任的活动中追偿人与责任人的资格问题,即谁有权作为"原告"行使追偿权,谁应当作为"被告"最终承担侵权责任;其次,针对追偿人的侵权责任追偿要求,责任人依法享有抗辩权、申请减免权;最后,举证责任也是一个实体问题,而非程序问题。从程序来看,侵权责任适用活动中,要解决谁有权作出裁决,适用什么程序等。这些问题都不是一部民事诉讼法所能解决得了的。

2. 侵权责任适用的原则

侵权责任制度在适用活动中并没有它独特的原则。作为民法的一个组成部分,民法基本原则在侵权责任适用活动中仍然具有重要的指导作用,另外,民事诉讼法的基本原则对侵权责任的适用活动无疑也具有指导价值。但是,我们认为,下列基本原则在侵权责任的适用中尤其具有重要的现实意义:

(1)平等原则。平等原则要求在侵权责任的适用上,人人平等。具体体现在:其一,任何人的民事权利受到不法侵害后,都有权请求司法保护,追究行为人的侵权责任。任何人无正当理由不履行民事义务,侵害他人的民事权益,都应当应受害人的要求承担其侵权责任。其二,在侵权责任的适用过程中,受害人与行为人的法律地位仍然是平等的,受害人有权提出请求,参与辩论;行为人亦有权反驳请求,提出抗辩等。行为人并不因处于被控告的地位而丧失其平等性。

(2)自愿原则。主要表现在,民事权利被他人不法侵害后,受害人仅凭其自由意志,来决定是否要追究行为人的侵权责任。一般情况下,法院及其他有权机关并不主动依职权加以干预。这一原则在民事诉讼法上被称为"不告不理"的原则。受害人可以选择追究侵权责任的方式,如提起诉讼;亦可以与行为人进行和解,可以请求调解,甚至可以撤回或变更自己的诉求,放弃上诉权、申诉权或申请执行权等等。民事权利总的说来是一种与个人利益休戚相关的权利(私权),与社会公共利益并无直接影响。故此,国家作为一种公共权力,不便于直接出面加以干预。否则,还有可能损害受害人更大的利益或给受害人带来更大的不便。

必须指出,自愿原则并不应理解为侵权行为人愿意承担责任就承担责任,不愿承担责任就可以不承担。自愿原则,反映的只能是受害人的真实意愿。

(3)保护当事人合法民事权益的原则。作为民法的一项基本原则,保护当事人合法的民事权益,主要体现在侵权责任的适用方面。实践中,有关部门对受害人的正当诉求推三阻四,无故延长审结期限,对生效判决不下大决心予以执行、"司法白条"现象普遍存在,不仅使得保护当事人合法权益的基本原则成了一句空话,也严重地损害了法律及执法机关的权威。采取一切合法措施,切实保护当事人的合法权益,仍需我们予以极大的关注。

(4)严格依法的原则。该原则具体有两个基本的要求。其一,是要求有关机关在处理有关侵权纠纷时,应及时、有效、公正地作出处理;一方面既要充分保护受害人的合法权益,另一方面也要严格遵守法定程序,维护被追究者的个人合法权益。其二,则对于受害人而言,在维护自己的合法权益的过程中,必须采取正当、合法的方式、途径来进行维护,不允许以违法手段对付违法行为;否则自身将被推上被告的位置。

二、追偿人(原告)

1. 概念

侵权责任适用的追偿人指依法享有追究责任人侵权责任请求权,依有关方式和程序向责任人提出追偿请求的人。在侵权责任的适用活动中,他们往往是以"原告"的面目出现的,依法享有作为原告所应享有的权利,承担作为原告应当承担的义务,受裁判机关的裁决的拘束,与裁决结果有直接的利害关系。

依据有关法律规定,作为追偿人的,可以是自然人,亦可以是社会组织。在我国,自然人都具有民事权利能力,但行使追偿权时,应具备完全的民事行为能力。自然人已经死亡,或者不具备或已经丧失民事行为能力的,应由其依法享有代位追偿权的人代位行使。社会组织作为追偿人,则要求同时具备民事权利能力和民事行为能力。不具备上述民事能力,但经合法设立的法人分支机构、合伙组织等,视为具有追偿人资格。

司法实践中,作为追偿人的,往往是受害人;个别情况下,人民检察院亦可作为追偿人提起刑事附带民事诉讼;受害人已经死亡或终止,或丧失行为能力时,依法享有代位追偿权的人亦是追偿人。对此,我国《侵权责任法》第18条第1款规定:"被侵权人死亡的,其近亲属有权请求侵权人承担侵权责任。被侵权人为单位,该单位分立、合并的,承继权利的单位有权请求侵权人承担侵权责任。"

追偿人依法应当享有追偿权。所谓追偿权,是指请求责任人承担侵权责任的权利。它本质上是一种请求权。在民事诉讼法上,追偿权又称诉权。这种诉权,尤其是实体意义上的诉权,无非就是权利人依据实体民法所享的民事权利在诉讼领域中的自然延伸而已。我们在这里之所以将其称为"追偿权",目的在于与其他请求权相区别,以显其特殊的制度价值。追偿权是民事权利内在三要素中"保护权能"在适用民事责任的领域中的具体表现,并不是一种独立的民事权利。追偿权作为民事权利的一种权能,存在于民事权利之中,但只能于该民事权利受到不法侵害后才能依法行使。行使追偿权,要求要具有完全的民事行为能力,同时有的追偿权的行使还受有关时效等方面的限制。

追偿权作为一种民事权利(能),是应当可以让与他人和放弃的。让与可以是有偿的,也可以是无偿的;可以是主动地让与,亦可以是被动地让与,后者如受害企业被他单位兼并时,其原享有的追偿权可以作为被兼并企业的财产列入清单。

追偿权可以放弃。但放弃在一般情况下应当采明示的方式;在法律规定或当事人事先约定有行使期限,而权利人在期限内未行使追偿权的,可推定为默示放弃。

必须指出的是,人民检察院的追偿权却是不能让与的,也不能放弃。而且,在国家财产、集体财产遭受犯罪行为侵害,而有关受害单位未提起附带民事诉讼时,人民检察院主动行使追偿权,既是它的一种权力,亦是它应尽的一种职责。

2. 受害人

作为追偿人的,往往是受害人;受害人可以分成直接受害人与间接受害人。直接受害人仅指侵权行为的直接受害者,又称被害人。如甲打伤了乙,则乙为直接的受害人。间接受害人则指除了被害人以外的所有因侵权行为而受到损害的人。间接受害人又可以有以下几种情形。其一,某乙被甲追杀,其配偶、儿女、父母深为悲痛,其兄弟姐妹、祖父母、外祖父母、孙子女、外孙女深同感受,其其他亲友、同学、同事也感到悲伤,等等;其二,如甲追杀乙,其手段之残忍,令在场的丙深受刺激,致精神失常。丙为间接受害人。其三,如乙被杀死后,乙妻因悲伤过度而自杀身亡,乙兄出钱安葬乙,乙岳母因女儿身亡而失去生活保障,乙妻、乙兄、乙岳母均为间接受害人。上述几种情形,大致上可以分成作如下分类:第一,是按照受害人是否在侵权行为的现场,可以将间接受害人分类在现场的间接受害人和不在现场的间接受害人。前者如第二例,后者如第一例和第三例。这种分类在司法实务上意义并不大。第二,是按照受害人所受到的损害与致害人的侵权行为之间是否存在第三者的因素,可以分成放射性间接受害人和持续性间接受害人。前者如第一、二例;后者如第三例。持续性间接受害人,是指最终的损害并非致害人的侵权行为直接造成,而在介入了第三者的因素,如乙妻的自杀行为,即造成了自己的死亡和其母亲失去扶养人,乙兄主动或被迫出钱安葬乙。不论是"放射性间接受害人"还是"持续性间接受害人",它们有两个共同点,那就是:其一,侵权行为给直接受害人造成的损害结果,必然地、同时也是间接地对与该直接受害人有亲属、朋友关系的人造成物质上的,通常情况下更多的是造成精神上的损害。其二,致害人的侵权行为并非直接指向间接受害人,其主观上通常也没有致间接受害人以损害的意图;只是该行为的过程或结果放射性地或持续性地造成了他们的损害。

直接受害人有权依法追究行为人的侵权责任,然间接受害人是否也享有追偿权?对此,理论上有不同的看法。从现行立法例及学术观点来看,通常将享有追偿权的间接受害人加以限制,只有直接受害人的近亲属才享有追偿权。如我国《国家赔偿法》第6条第2款规定:"受害的公民死亡,其继承人和其他有扶养关系的亲属有权要求赔偿。"最高人民法院在《关于确定民事侵权精神损害赔偿责任若干问题的解释》的第7条规定,自然人因侵权行为而死亡的,或自然人死亡后其人格或者遗体遭受侵害的,其配偶、父母、子女、或其他近亲属,可以作为原告提起精神损害赔偿之诉。最高人民法院《关于审理人身损害赔偿案件适用法律若干问题的解释》第1条第2款中也明确规定,赔偿权利人除了那些"因侵权行为或者其他致害原因直接遭受人身损害的受害人",即所谓"直接受害人"外,还包括"依法由受害人承担扶养义务的被扶养人以及死亡受害人的近亲属。"另外还规定,自然人因侵权行为致死或致残的,直接受害人的被扶养人就扶养费、其亲属就办理丧葬事宜支出的交通费、住宿费和误工损失等其他合理费用、近亲属就死亡赔偿金和精神损害赔偿金等等,都享有追偿权。最高人民法院在1991年制订的《关于审理涉外海上人身伤亡案件损害赔偿的具体规定》的第1条规定:对于涉外海上人身伤亡的,伤残者本人、死亡者的近亲属有权依法向有管辖权的海事法院提起损害赔偿诉讼。从这些规定可以看出,享有追偿权的间接受害人仅限定在直接受害人已经死亡时他的近亲属;至于其他间接受害人,则不在追偿权人范围之列。

在欧洲,有关享有追偿权的受害人的范围在发生一些变化。例如,欧洲人权委员会原来一直坚持将受害人范围局限在直接受害人之内,"申诉人必须是自身利益遭受侵害的直接受害人";后来才逐渐扩大到间接受害人,认为"受害人一词不仅仅指直接受害人即被指控的违反人权行为的受害人,还指由于这种违反人权的行为的结果而间接遭受不利影响的任何人或者对确保取缔这种违反人权的行为享有合法有效的个人利益的任何人。"[1]有的国家还规定,企业也可以作为间接受害人,在法律规定下可以请求损害赔偿。

我们认为,原则上应当赋予间接受害人以追偿权。但是应当适当限制。一是要限制享有追偿权的"间接受害人"的范围;二是要限制享有追偿权的间接受害人所能获得赔偿的范围。首先,要将间接受害人的范围限制在"放射性间接受害人"层面,但不应限于作为直接受害人的自然人的近亲属;放射性间接受害人是法人或其他民事主体的,亦应赋予其追偿权。而对于"持续性间接受害人",所受损害因是第三者因素所造成的,该损害与侵权行为之间不具有法律上的因果关系,所以不应获得赔偿。其次,要将间接受害人所能获得赔偿的范围,限制在直接损失与积极损失的层面,间接损失、消极损失原则上不予赔偿,法律有特别规定者除外(如误工损失)。

3. 代位追偿人

代位追偿人是指虽不是本案的受害人,但依法享有以自己的名义要求他人向自己承担侵权责任的人。在侵权责任的适用活动中,下述几种情况一般可发生代位追偿问题:① 因受害人死亡或终止而产生的代位追偿;② 因替行为人向受害人承担了侵权责任后而产生的代位追偿。

(1) 自然人因侵权行为而死亡的,或者自然人死亡后其名誉等人身权利受到不法侵害的,其近亲属享有代位追偿权。我国《民法通则》第119条规定:侵害公民身体造成死亡的,有权要求行为人赔偿医疗费、丧葬费、死者生前扶养的人的必要的生活费用等。《侵权责任法》第18条更是明确规定:"被

---

[1] 李良才:《间接受害人:欧洲人权委员会的创造性贡献》,载李良才WTO法博客,http://www.bloglegal.com/blog/cac/750000480.htm,访问时间:2010年6月21日。

侵权人死亡的,其近亲属有权请求侵权人承担侵权责任。"按照最高人民法院的《关于审理人身损害赔偿案件适用法律若干问题的解释》第17条第3款的规定,造成受害人死亡的,赔偿义务人除应当根据抢救治疗情况赔偿医疗费、误工费、护理费、交通费、住宿费、住院伙食补助费、必要的营养费、必要的误工损失等相关费用外,还应当赔偿丧葬费、被扶养人生活费、死亡补偿费以及受害人亲属办理丧葬事宜支出的交通费、住宿费和误工损失等其他合理费用。上述这些费用中除了死亡补偿费、被抚养人的生活费是由死者近亲属直接作为受害人主张追偿外,其他费用或许是以直接受害人自身的财产支付的,属于直接受害人的损失,只因直接受害人已经死亡而无法行使追偿权,其由死者的近亲属代位行使了。

法人等社会组织终止并进行清算期间,由其清算组织以其名义代位行使追偿权;终止后,由承受该社会组织的权利义务的人,如该法人的上级主管部门、原合伙人、原投资人、作为兼并一方的企业等,行使代位追偿权。如我国《国家赔偿法》第6条第3款规定:"受害的法人或者其他组织终止,承受其权利的法人或者其他组织有权要求赔偿。"《侵权责任法》第18条规定:"被侵权人为单位,该单位分立、合并的,承继权利的单位有权请求侵权人承担侵权责任。"

这一种代位追偿人与前述享有追偿权的间接受害人不同,在于代位追偿人并非侵权行为的受害人,既不是间接受害人,更不是直接受害人。他们自身的利益未受损害,当然不能依受害人地位而主张权利。代位追偿人的代位追偿权的产生,源于受害人已经在实体上不再存在,丧失了民事主体的资格;如果受害人没有死亡或未终止,他们也不能行使代位追偿权。同时,代位追偿人也不是受害人的代理人。主要有三个方面的不同。第一,代理关系的存在,需要有被代理人。而代位追偿关系中,作为被代位人的受害人已经死亡或者终止,不再具有民事主体的资格。第二,代理关系中,代理人行使代理权,一般需以被代理人的名义;而代位追偿人行使追偿权时,是以自己的名义来进行求偿的。第三,行使追偿权所获得的利益,直接归属于代位追偿人,而不再归被代位人。

(2)代位人依照法律的规定或当事人间的约定,在向受害人承担了民事责任后,便取得了要求行为人向自己清偿责任的权利。这种情况是较常见的。如我国《保险法》第60条第1款规定:"因第三者对保险标的的损害而造成保险事故的,保险人自向被保险人赔偿保险金之日起,在赔偿金额范围内代位行使被保险人对第三者请求赔偿的权利。"①

在连带责任中,数个连带责任人中的一人或多人,向债权人承担了全部责任后,可以要求其他连带责任人向自己清偿他们各自应负的那一份额责任。如我国《侵权责任法》第14条第2款规定:"支付超过自己赔偿数额的连带责任人,有权向其他连带责任人追偿。"我国《侵权责任法》第44条规定:"因运输者、仓储者等第三人的过错使产品存在缺陷,造成他人损害的,产品的生产者、销售者赔偿后,有权向第三人追偿。"这一类规定,在我国《侵权责任法》中可以说是随处可见。

此处的代位追偿人,与前述代位追偿人不同,主要有以下几个方面:其一,代位追偿权产生的根据不同。前者,代位追偿权源于与被代位人的合同约定(如财产保险合同)或法律的直接规定;后者则直接源于法律的规定。第二,代位追偿权行使的前提不同。前者必须是向受害人承担了本应由致害人承担的损害赔偿责任后,使自己成为"受害人"后,才能向致害人主张代位追偿权。而后者是基于受害人的死亡或终止,不存在向谁承担赔偿责任的问题。第三,获利性质不同。前者所获利益不过是用于补偿其已经向受害人所承担的赔偿责任,仅具补偿性。而后者因不需要向任何人承担责任,并未遭受损失,因此为纯获利益。但这种所获利益因有正当的法律依据,因而并不成立不当得利。

4. 人民检察院

在我国,人民检察院作为国家的司法部门,其主要职责在于负责刑事案件的检察(包括刑事案件的侦查、提起公诉)以及法律监督。也就是说,绝大多数的刑事案件(公诉案件)都是由人民检察院以原告的身份,向人民法院提起刑事审判程序,追究刑事被告人的刑事责任。民事责任作为行为人向受害人承担的法律责任,人民检察院一般不具有这种追偿权。但也有例外。我国《刑事诉讼法》第77条第2款规定,因犯罪行为而致"国家财产、集体财产遭受损失的,人民检察院在提起公诉的时候,可以提起附带民事诉讼",追究刑事被告人的民事侵权责任。

所谓附带民事诉讼,是一种特殊的民事诉讼,所要解决的是刑事被告人承担民事赔偿的问题。此时,人民检察院作为侵权责任的求偿者,具有如下

---

① 但人身保险中,不适用代位追偿规则。如我国《保险法》第46条规定:"被保险人因第三者的行为而发生死亡、伤残或者疾病等保险事故的,保险人向被保险人或者受益人给付保险金后,不享有向第三者追偿的权利,但被保险人或者受益人仍有权向第三者请求赔偿。"

特征：

（1）只适用于特定的场合：① 刑事公诉案件；② 犯罪行为致国家财产、集体财产遭受损失；③ 受害单位未提起附带民事诉讼。对于这一点似乎值得讨论。当国家财产遭受犯罪行为的侵害，而占有该国有财产的单位未提起附带民事诉讼的，由人民检察院代表国家主动行使诉权，似是有道理的。但当遭受犯罪行为侵害的是集体财产，而该集体单位未提起附带民事诉讼，人民检察院也享有追偿权吗？是不是有越俎代庖之嫌？

（2）人民检察院作为以自己的名义提起附带民事诉讼的原告，但只是形式上的原告，而非实质上的原告，表现在：① 它不能处分实体民事权利。不能像其他原告一样，请求调解或与刑事被告人达成和解协议；② 与附带民事诉讼的裁判结果没有利害关系。通过提起附带民事诉讼所获得的赔偿金等，应退还给刑事被害人。

因此，人民检察院作为民事责任适用中的追偿人，是另一种形式的代位追偿人。

三、责任人（被告）

1. 概念

责任人即侵权责任的实际承担者，指依法应对自己的行为或他人的行为承担侵权责任的人。责任人在侵权责任的适用活动中往往以"被告"的面目出现。作为责任人，只能是民法意义上的人。损害事实纯出于自然原因者，因缺乏能承担民事责任的民法意义上的人，而不存在民事责任问题。如被雷电击伤，被野狼咬伤，受害人不可能要求雷电或野狼承担所谓的"民事赔偿责任"。

在侵权责任的适用活动中，责任人的确定具有很重要的意义。责任人的确定是否正确，不仅关系到追偿人的追偿权能否得以实现，受害人的合法权益能否得到有力保护，也关系到被确定为"责任人"的合法权益保护问题。

依据有关法律和司法实践，责任人一般可分为三大类：① 行为人，对自己的侵权行为承担侵权责任；② 代位人，对他人的侵权行为负侵权责任；③ 准行为人，对由其管理、支配下的物品致人损害的现象承担侵权责任。

2. 侵权责任能力

侵权责任能力，是指民事主体依法对自己的行为或他人的行为承担侵权责任的法律能力。传统民法理论把民事责任能力看成是民事行为能力的组成部分,行为人对其行为人的性质、后果具有认识能力,才具有侵权责任能力,才对其违法行为承担侵权责任,从而得出无民事行为能力人因没有认识能力而无责任能力;而限制民事行为能力人只有限制的判断认识能力,因而只有限制的侵权责任能力,故而只承担部分的侵权责任。从而在法人的问题上,围绕法人有无认识能力,引起了法人有无责任能力的重大纷争。

我们认为,侵权责任能力是每一个民事主体所必须具备的实质条件。社会的繁荣发展有赖于人的各种有序的社会活动;而社会活动必须维持正常的交往秩序。这就要求每一个社会活动的参加者都能对自己的行为负责;不能对自己的行为负责的,不具有侵权责任能力,法律就不应当赋予其以民事主体的资格。因此,侵权责任能力涉及到民事主体资格的问题,它属于民事权利能力的范畴。从理论上来说,民事权利能力指民事主体享受权利承担义务的资格。民事责任与民事义务只有一步之遥。民事责任是违反民事义务的民事法律后果,是一种广义的民事义务。民事主体既然有承担民事义务的能力,不可能又没有承担侵权责任的能力。没有承担侵权责任的能力,所谓有承担民事义务的能力,只是一句空话。因此,任何一个具有民事权利能力的人,包括无民事行为能力人和限制民事行为能力人,都毫无例外地具有侵权责任能力。基于此,我国民法将"能独立承担民事责任"作为法人成立的必备条件,否则就不能取得民事主体资格。也是基于此,我国民法要求有财产的被监护人对自己的致人损害的行为负责,正是肯定了被监护人的侵权责任能力。至于他们在行为时有无认识能力,只能说明其主观上是否存有过错的问题。没有认识能力,说明其行为时主观上没有过错,在过错责任领域中就不应当承担侵权责任;在严格责任领域中,同样要承担责任。这与侵权责任能力是两个不同的范畴。

3. 行为人

行为人,是指具有民事主体资格,且以其名义实施侵权行为因而依法应承担侵权责任的自然人或社会组织。一般情况下,行为人就是责任人,这体现了"责任自负"的原则。谁实施了侵权行为,就由谁承担相应的侵权责任,这是侵权责任适用中确定责任人的一般根据。在大量的侵权案件中,行为人因其侵权行为而成为责任人,承担侵权责任。由行为人承担侵权责任,不仅能充分体现民法的公平原则,亦能使侵权责任制度有效地发挥其教育功能,预防侵权行为的发生。

在法律实践中,行为人可分为两类:一类是以自己的名义直接实施侵权行为的人(往往指自然人);一类是由某自然人依法以社会组织或他人的名义具体实施侵权行为,而由该社会组织或他人承受法律后果时,该社会组织或该他人为行为人。如法人的法定代表人以法人的名义所为的行为,为法人的行为;国家公务员在执行公务活动中所为的行为,为国家的行为;代理人以被代理人名义所为的代理行为,为被代理人的行为,等等。当这些人分别以法人、国家或被代理人名义所为的行为,不法侵害了他人的合法民事权益时,依法应由法人、国家或被代理人承担侵权责任;而那些具体实施行为的法定代表人、国家公务员或代理人所谓"直接责任人"仅负有从内部向法人、国家或被代理人承担相应的法律责任,并不直接对外向受害人承担责任。

4. 准行为人

准行为人是指那些应对由其生产、经销、支配或管理的物品致人损害的事实承担侵权赔偿责任的人。例如,因产品存在缺陷造成受害人人身或财产损害的,该产品的制造商、经销商应承担产品责任;因高度危险作业造成损害的,由从事高度危险作业的人承担民事侵权责任;因排出的污水污染环境造成损害的,由致环境污染者承担责任;建筑物或其他设施致人损害的,由该建筑物或设施的所有人或管理人承担责任;饲养的动物致人损害的,由该动物的所有人或管理人负责损害赔偿。之所以将这些产品的制造商、经销商、高度危险作业者、环境污染者、建筑物或动物的所有人或管理人称为"准行为人",是因为这些损害系由他们管理、支配下的产品、高度危险作业、污水、建筑物、动物所致,而非其本人亲自所为;但又须对此承担侵权责任。在侵权责任的适用中,准行为人的法律地位与行为人的法律地位是相同的。

5. 代位责任人

代位责任人,又可称代偿人。代位责任人依法对被代位人所实施的侵权行为向受害人承担侵权责任。例如,我国《保险法》第65条规定:"保险人对责任保险的被保险人给第三者造成的损害,可以依照法律的规定或者合同的约定,直接向该第三者赔偿保险金。责任保险的被保险人给第三者造成损害,被保险人对第三者应负的赔偿责任确定的,根据被保险人的请求,保险人应当直接向该第三者赔偿保险金。"此种情况下,保险人为代位责任人。连带责任中,某连带责任人有责任负责清偿其他责任人应清偿的部分。

但是,代位责任并非最终责任人。代位责任人代位向受害人承担责任后,便取得了代位追偿权,有权要求被代位人向自己承担相应的责任;但责任保险除外。连带责任人代其他责任人向债权人清偿债务后,有权向其他未负清偿之责的责任人要求清偿。故此,代位责任人承担责任,只是行为人向受害人承担责任的一个中介。由代位人承担责任,对于受害人而言,多了一个应承担责任的人,能更有效地保证自己追偿权的实现,能尽快地弥补或减少其损害。

6. 监护人

无民事行为能力或限制民事行为能力的被监护人致人损害的,由其监护人承担侵权责任,这是各国立法之通例,我国民法亦然。我国《民法通则》第133条:"无民事行为能力人、限制民事行为能力人造成他人的损害,由监护人承担民事责任。监护人尽了监护责任的,可以适当减轻他的民事责任。""有财产的无民事行为能力人、限制民事行为能力人造成他人损害的,从本人财产中支付赔偿费用。不足部分,由监护人适当赔偿,但单位担任监护人的除外。"我国《侵权责任法》第32条作了基本相同的规定。监护人的这种责任性质,有他人行为说和自己行为说两种观点。前者认为监护人对由其负监督管理之责的被监护人的侵权行为承担责任,并不是最终责任。此时,监护人属于"代位责任人";后者则认为监护人是对自己不履行监护职责的行为负责,监护人即是行为人,应由其承担责任,不得就此要求被监护人向自己负责赔偿。因而,监护人不可能为代位责任人。

然而,我国民法同时又规定,被监护人有财产的,应从该"财产中支付赔偿费用。不足部分,由监护人赔偿"。众所周知,侵权责任主要是一种财产责任,既然由被监护人用自己的财产来支付赔偿费用,实际上等于说是由被监护人自己对自己的致人损害的行为负责;监护人只是在被监护人没有财产,或者财产不足时,才负赔偿责任。这说明,监护人的责任实际上是一种补充责任。此时,监护人类似于"代位责任人"向受害人承担责任;但又不能向被监护人进行最终追索,因而又与"代位责任人"相区别。

此外,侵权责任也不仅仅是一种财产责任,还包括如赔礼道歉等人身性质的民事责任形式。即使是无民事行为能力人或者限制民事行为能力人,都可以作出此种意思表示,承担此种形式的侵权责任。

所以,我们认为,被监护人致人损害的,被监护人作为行为人依法向受害人承担人身性质的侵权责任;有财产时,还须承担支付赔偿费用的财产责任;没有财产时,由监护人作为承担财产责任的最终责任人。

第二节　侵权责任的抗辩

一、侵权责任抗辩概述

1. 抗辩概念

侵权责任的抗辩,是指在侵权责任的适用活动中,被追偿人(责任人、被告)针对追偿权人的责任追究的要求,主张追偿人关于侵权责任的指控不成立或不完全成立,而依法作出的辩解、反驳。抗辩的目的在于使抗辩人自己不承担侵权责任或力图减免其侵权责任。

从以上概念可以看出,抗辩具有以下几个方面的特征:

其一,抗辩是一种辩解、反驳,而非指控;因此,抗辩人往往处于被动防守的地位。

其二,抗辩是被追偿人(责任人、被告)所享有的一种特有的权利,包括原告在内的其他任何人都不可能享有,也不需要这种权利。

其三,抗辩是在侵权责任的适用过程中所实施的一种行为;侵权责任适用程序开始之前或责任确定之后,则无需或不再需进行抗辩。

其四,抗辩是针对本案的追偿人(原告)所提出的指控而实施的一种对抗性活动,具有鲜明的针对性;如指向其他民事主体,或者另案的追偿人所作的抗辩,都不能成立。

其五,抗辩的内容是主张追偿人关于侵权责任的指控不成立或不完全成立。

其六,抗辩的目的是力图使抗辩人自己不承担或减免侵权责任。

其七,抗辩必须依法进行。这里所谓"依法进行"主要包括两个方面的内容:一是须具有抗辩事由;二是须依法定的程序进行。

2. 抗辩制度的历史

抗辩制度由来已久。早在古罗马时代,抗辩制度即已产生。如使用得最广泛的是"时效抗辩"[①]。"抗辩是赋予被告的一种辩护手段。因为往往会发生这种情形,即原告所提起的诉讼本身是有合法根据的,但是对被告说来是

---

① 〔意〕彼德罗·彭梵得:《罗马法教科书》,黄风译,中国政法大学出版社1992年版,第327页。

不公平的。"①罗马人将抗辩分成永久性抗辩和暂时性抗辩。前者具有消灭诉权的作用,不仅永远可以对原告提出,而且永远消灭其请求原因,例如欺诈抗辩,以及基于胁迫和既成约定——即约定根本不得请求支付——等抗辩。后者仅在一定期间内阻碍原告提起诉讼,从而起延缓作用。例如约定在5年内不得起诉,原告若在该期间内起诉的,被告则可行使既成约定的抗辩;而一旦期满,原告就可以不受任何阻碍地提起诉讼。现代各国侵权法均承认被追偿人的抗辩权,并建立了相应的抗辩制度。如美国《侵权法重述(第二版)》第25章,就专门就"诽谤诉讼的抗辩事由"作了较为全面的规定。

3. 抗辩权

依据抗辩制度,被追偿人享有抗辩权。抗辩权,是指对抗或否认追偿人的追偿请求权的权利,又称异议权。"抗辩权的重要功能在于通过行使这种权利而使对方的请求权消灭、或使其效力延期发生。"②

侵权责任的抗辩与侵权责任的追究,是侵权责任的适用过程中对立统一的矛盾体。如果说追偿是追偿人依法所享有的民事权利,那么抗辩权同样是被追偿人权利的应有之义。这正是民法平等、公平原则以及保护当事人合法权益原则的具体体现。被追偿人通过行使抗辩权,使自己的合法权益不受不当追偿,免受本不应承担的侵权责任的追究、或依法可以减免自己所承担的侵权责任。但是,抗辩权是否行使,取决于被追偿人自己的意愿。抗辩权行使的结果,也并非就能达到抗辩权的目的。抗辩权能否实现,关键仍然在于抗辩事由是否成立。

二、抗辩事由

1. 概述

侵权责任的抗辩,不等于诡辩或狡辩。抗辩,必须基于合法的事由才能达致抗辩的目的,才能发生抗辩的效力。所谓抗辩的合法事由,即构成抗辩事由的,被追偿人据以证明其不应承担或应当减、免其侵权责任的客观事实。"抗辩事由是指被告针对原告的诉讼请求而提出的证明原告的诉讼请求不成立或不完全成立的事实。"③

作为抗辩事由,应当具备客观性、对抗性、合法性的基本特征。首先,客

---

① 〔罗马〕查士丁尼:《法学总论》,张企泰译,商务印书馆1993年版,第227—228、229页。
② 王利明:《违约责任论》,中国政法大学出版社1996年版,第211页。
③ 杨立新:《侵权行为法专论》,高等教育出版社2006年版,第135页。

观性是指抗辩事由应当是某种客观存在的积极事实,如不能单纯地否定自己的过错作为抗辩,而应通过列举不可抗力确已发生的客观事实来说明自己无主观过错。其次,对抗性是指抗辩事由应当具有对抗性,即能够否定或部分否定追偿人的诉讼请求,而不是单纯地请求对方的宽宥或提出不具有对抗性质的事实,如不能以自己经济困难作为抗辩事由等。最后,合法性是指只有合法的事由才能产生抗辩的效力。所谓"合法",表现在要求抗辩事由具法定性。这种法定性,表现在两个方面,一是抗辩事由种类的法定性,即能够作为抗辩事由的,应当是由法律有特别的规定,或当事人事先有特别的约定的事项。二是抗辩事由内容的法定性,即要求抗辩事由必须符合法律所规定的构成要件才能成立。如不可抗力,须符合我国《民法通则》第153条所规定的"客观性"和三个"不能性"的基本要求。

抗辩事由一般可分为法定抗辩事由和约定抗辩事由两类。法定抗辩事由是由法律明确规定具有对抗性,能作为不承担侵权责任或应当减、免其侵权责任的理由的客观事实,包括有依法执行职务或正当行使权利、正当防卫、紧急避险、自助行为、无因管理、不可抗力或意外事件、受害人过错或允诺、第三人行为、时效届满等。约定抗辩事由,则指当事人事先约定的某种一方当事人可以不承担或应当减免其侵权责任的事由,如免责条款。约定的抗辩事由不能违背法律的强行性规定。

学者通常将抗辩事由分为正当理由和外来原因:前者如依法执行职务、正当防卫、受害人同意等;后者则包括不可抗力、第三人过错、受害人过错等。也有的将抗辩事由分为一般的抗辩事由和特殊的抗辩事由:前者指损害确系被告行为所致但其行为是正当的、合法的,如正当防卫、职务授权行为等;后者是指损害并不是被告的行为造成而是由一个外在于其行为的原因独立造成的,如意外事件、不可抗力等。[①] 这种分类方式似不可取:为何前者为"一般"而后者则是"特殊"?亦有人则将抗辩事由分为三类:第一类,基于行为人的行为之正当理由的抗辩,如正当防卫、紧急避险、依法执行职务等;第二类,基于客观事件的抗辩,主要指不可抗力;第三类则基于第三人或受害人过错的抗辩。[②] 分类方法的不同,并不影响对抗辩事由的正确理解与把握。

需要我们关注的是,我国《侵权责任法》第三章以"不承担责任和减轻责任的情形"为章名,实际上规定的是所谓侵权责任的抗辩事由问题。但仅仅

---

① 杨立新:《侵权行为法专论》,高等教育出版社2006年版,第136—137页。
② 张新宝:《中国侵权行为法》,中国社会科学出版社1998年版,第571页。

规定了"过错相抵""受害人故意""第三人行为""不可抗力""正当防卫"与"紧急避险"五种抗辩事由。不仅一些公认的侵权责任的抗辩事由,如依法执行职务的行为、受害人同意、自助行为等均没有被纳入,而且,关于"受害人故意"和"第三人的行为"的规定也是不准确和不全面的。

2. 依法执行职务的行为

依法执行职务的行为,指执行法律所赋予的职责(如工商行政管理部门管理市场的职责)或法律所承认的职业(如医生)给对方当事人造成财产或人身损害的行为。如产品质量监督部门没收假冒伪劣产品的行为、税务部门强制征缴税收的行为、医生对病人动手术的行为等。

依法行使权利但给他人造成损害的行为,亦可成为抗辩理由之一。例如,依法行使留置权将他人财物予以变卖的行为;在自己的农田里喷施农药,受害人喂养的耕牛闯入啃食有毒禾苗而中毒死亡;公民在现场抓获罪犯并将其扭送司法部门的行为,等等,均属此类。

依法执行职务或依法行使权利的抗辩理由能否成立,关键在于是否"依法"。所谓"依法",要注意以下几个方面的问题:(1)行为人有无此种"职务"或"权利",该"职务"或"权利"来源是否合法;(2)该行为是否超越其"职务"或"权利"的权限;(3)执行职务或行使权利是否符合法定程序;(4)给他人造成损害是否必要的,是否超出必要的限度。凡超越权限的行为、不合法定程序的行为以及给他人造成不必要的损害的行为,属于职务侵权或权利滥用,仍应负民事责任。

将依法执行职务或依法行使权利的行为作为法定的抗辩事由之一,其意义在于保障国家机关对社会的切实有效的管理,促使权利人大胆地从事社会交往,发展商品经济。

3. 正当防卫

现代意义上的正当防卫制度,是西方18世纪资产阶级启蒙思想家鼓吹的"天赋人权"的产物。但在此之前,正当防卫的观念和内容却是源远流长。学者认为:"正当防卫从习俗到法律、从观念到学说,经历了一个漫长曲折的历史发展过程。正当防卫蜕变于私刑,萌生于复仇,其历史渊源一直可以追溯到原始社会。"[①]进入阶级社会,私刑为法律所禁止,但法律同时允许个人在自身的权利受到正在进行的不法侵害、而国家公权力又来不及救助的紧急

---

① 陈兴良:《刑法适用总论》(上卷),法律出版社1999年版,第298页。

情况下以暴力手段来予以保护。据资料考证,最早以法律的形式规定正当防卫的,是1532年的《卡洛琳娜刑法典》。该法典对正当防卫作了明确的规定:"为了防卫生命、身体、名誉、贞操等不受侵害,可以实施正当防卫,直至把人杀死。"我国封建社会时期的著名法典——《唐律》对正当防卫也有所规定:"诸夜无故入人家者,笞四十。主人登时杀者,勿论。"

在现代,"正当防卫在任何一种法律制度中都是正当理由的抗辩的一个根据,几乎所有大陆法系国家民法典均有关于正当防卫的规定。"①《德国民法典》第227条则对正当防卫作了经典性的规定:"因正当防卫所为之行为,不以违法论。正当防卫系对于现时违法的攻击为防卫自己或他人所为必要的行为。"这一规定影响到了许多国家的民法典。即使在民法典中未规定正当防卫的国家,如比利时、法国、卢森堡、荷兰和西班牙等,其刑法中也规定正当防卫属于不负刑事责任的正当理由,而"免于刑事责任的同时也会免于民事责任。"②在我国,《大清民律草案》第313条也对正当防卫作了明确规定:"对于现时违法之攻击,为防御自己或他人所必要之行为,不为违法行为。"而在新中国,最早采用正当防卫制度的是1979年的《刑法》,该法第17条规定:"为了使公共利益、本人或者他人的人身和其他权利免受正在进行的不法侵害,而采取的正当防卫行为,不负刑事责任。"《民法通则》第128条亦规定:"因正当防卫造成损害的,不承担民事责任。"《侵权责任法》第30条进一步规定:"因正当防卫造成损害的,不承担责任。正当防卫超过必要的限度,造成不应有的损害的,正当防卫人应当承担适当的责任。"因此,正当防卫是重要的民事责任的抗辩理由之一。

在行使正当防卫抗辩权时,必须注意正当防卫的构成要件。一般认为,正当防卫的构成要件主要有:其一,必须存在针对本人或他人的不法侵害,且该侵害是现实存在的、正在进行的、非法的、非进行防卫不足以排除的;其二,防卫只能针对侵害人本人进行;其三,防卫给侵害人造成的损害不得超过必要的限度。是否具备以上条件,应由防卫人举证证明之。

4. 紧急避险

紧急避险,是指为了本人或者他人的人身、财产或者公共利益免遭正在发生的实际危险的损害,而不得已采取的致他人以某种损害的行为。作为一

---

① 张新宝:《中国侵权行为法》,中国社会科学出版社1998年版,第575页。
② 〔德〕克雷斯蒂安·冯·巴尔:《欧洲比较侵权行为法》(下卷),焦美华译,法律出版社2001年版,第612页注69。

种抗辩事由,许多国家的民法典以及刑法典均有明文规定。如《德国民法典》第228条规定:"为免除自己或他人面临的由他人的物引起的急迫危险而毁损或灭失此物的人,在毁损或灭失为免除危险而为必要,并且损害与危险不成比例时,其行为非为不法。"《俄罗斯联邦民法典》第1067条亦规定:"紧急避险所致损害,是指为了排除对本人或者他人构成威胁的危险而造成的损害,如果该危险在当时情况下不可能以其他方法排除,紧急避险所致损害由致害人赔偿。"

在我国,早在《大清民律草案》的第314条就规定:"由不属于己之物生有急迫之危险,因避免自己或他人之危险将该物破坏或毁损者,其行为以避险所必要,并未逾危险程度之限,不为违法行为。"《中华民国民法》第150条亦有类似的规定。《民法通则》再次肯定了紧急避险作为抗辩事由的性质。第129条规定:"因紧急避险造成损害的,由引起险情发生的人承担民事责任。"而避险人不承担责任。《侵权责任法》第31条也规定:"因紧急避险造成损害的,由引起险情发生的人承担责任。如果危险是由自然原因引起的,紧急避险人不承担责任或者给予适当补偿。紧急避险采取措施不当或者超过必要的限度,造成不应有的损害的,紧急避险人应当承担适当的责任。"

以紧急避险为由进行抗辩时,也应注意:

第一,只有具备下列条件,紧急避险才能成立:① 危险存在是客观现实的,具有紧迫性;② 维护的是自己或他人的合法权益;③ 避险是不得已而采取的;④ 给他人造成的损害未超过必要限度。

第二,紧急避险不一定能作为不承担责任的抗辩事由,有的只能请求减轻其责任。如我国《民法通则》第129条规定,如果险情是由自然原因引起的,避险人须"承担适当的民事责任";《意大利民法典》在这方面走的更远,几乎所有的紧急避险行为均需承担"适当的民事赔偿责任"。该法第2045条规定:因紧急避险造成他人损害的,"行为人要在法官公平判定的范围内对受害人承担赔偿责任。"此外,如果行为人对危险的发生存有过错的,亦须承担相应的过错责任。"一个人因过失使自己处于危险境地,而只有通过损坏变得危险了的客体才能摆脱该处境者,损害赔偿责任是理所当然的,根本无须法律的特别规定:未及时离开商店因而被锁在里面的人,当然必须支付他为解脱出来而砸碎的玻璃门的费用。"① 因实行紧急避险致使自己和他人都受

---

① 〔德〕克雷斯蒂安·冯·巴尔:《欧洲比较侵权行为法》(下卷),焦美华译,法律出版社2001年版,第623页。

到损害的,就自己受损害的部分,不能依紧急避险规则提出抗辩,而可依其他法律制度如无因管理进行索赔。

5. 自助行为

自助行为,是指行为人于自己的合法权利在紧急情况下无法求救于社会公共权力保护时,对他人的财产或人身施加暂时性的、未超过必要限度的扣押、拘束等强制性措施。

"对物或人施加暴力以保护自己的权利原则上是禁止的。因为暴力的行使被国家垄断;它不允许任何人通过自己的力量实施法律。"①但是,当自己的合法权益受到来自他人的侵害,而因情况紧急又来不及求助于社会公共权力时,允许权利人采取一定的适度的暴力措施,又是必需的。因为只有这样,才能避免权利人以及社会公共资源无端的遭受损害或浪费。因此,现代各国民法均在一定程度上允许权利人的自助行为。如《瑞士债法典》第52条第3款规定:"为保护自己的合法利益实施侵害行为,只要不可能有充分的时间提起诉讼,并且侵害行为本身足以保护其利益不受侵害或者其利益实施不受障碍的,不承担责任。"《中华民国民法》第151条也规定:"为保护自己权利,对于他人之自由或财产施以拘束、押收或毁损者,不负损害赔偿之责。"

为了防止滥用自助行为,要求这类强制措施须具备相应的条件。主要有:其一,实施自助行为的目的是为了保护自己的合法权益;其二,须是在情况紧急,来不及求救于社会公共权力的援助的情况下;其三,不得超过必要的限度。对此,《德国民法典》第229条规定:"为自助目的而取走、灭失或毁损物的人,或为自助目的而扣留有逃跑嫌疑的义务人,或制止义务人对其有义务容忍的行为进行抵抗的人,在不能及时取得机关援助,并且不立即处理即存在无法实现或严重妨碍实现请求权的危险时,其行为非为不法。"同时,根据《德国民法典》第231条的规定,如果错误地以为存在阻却不法行为的必要条件而实施所谓的自助行为的,即使该错误不是出于过失,仍对对方负有损害赔偿的义务。

我国当前的立法者对自助行为似乎抱有一种敌意。本来,早在2002年经全国人大常委会审议的《民法典》(草案)中,就提出过自助行为这一制度。该草案的第23条拟定:"在自己的合法权益受到不法侵害,来不及请求有关部门介入的情况下,如果不采取措施以后就难以维护自己的合法权益的,权

---

① 〔德〕克雷斯蒂安·冯·巴尔:《欧洲比较侵权行为法》(下卷),焦美华译,法律出版社2001年版,第610页。

利人可以采取合理的自助措施,对侵权人的人身进行必要的限制或者对侵权人的财产进行扣留,但应当及时通知有关部门。"但在后来的《侵权责任法》的几次草案中,均取消了这一制度。理由似乎是担忧会被人们滥用。如果是真的出于这种担忧而反对建立自助行为制度,那么,为什么又不怕正当防卫和紧急避险被人们滥用?

6. 受害人的过错

当受害人的故意或过失是损害的全部或部分主观原因时,可以成为被追偿人不承担侵权责任或减轻侵权责任的法定抗辩事由,可以主张适用"过错相抵"的制度,以减轻其侵权责任。当受害人过错是损害发生的唯一主观原因时,行为人对此不承担任何责任。如 1977 年《关于涉及人身伤害与死亡的产品责任的欧洲公约》第 4 条规定:"如果受害人或有权索赔人因自己的过失而造成损害,根据有关情况,可以减少或拒绝赔偿。如果受害人或有权索赔人按国内法是负有责任者,由于其过失造成损害时,上述规则对其同样适用。"《俄罗斯联邦民法典》第 1083 条亦规定:"因受害人的故意产生的损害,不应赔偿。如系受害人本人的重大过失促成损害的发生或使损害扩大,应根据受害人和致害人的过错程度减少赔偿金额。"我国《侵权责任法》第 27 条规定:"损害是因受害人故意造成的,行为人不承担责任。"对此,我国《侵权责任法》有多处地方规定受害人故意的情况下,相关行为人不承担侵权责任。如第 70 条、第 71 条规定,民用核设施发生核事故、民用航空器造成他人损害的,民用核设施的经营者应当承担侵权责任,但能够证明损害是因战争等情形或者受害人故意造成的,不承担责任。民用航空器造成他人损害的,民用航空器的经营者应当承担侵权责任,但能够证明损害是因受害人故意造成的,不承担责任。

但我国《侵权责任法》第 27 条的规定似乎存在一定的问题。如果受害人存在过失,行为人是否可以主张减轻责任?另外,如果行为人也有过错,是不是照样"不承担责任"?而且,我国《侵权责任法》第 26 条规定:"被侵权人对损害的发生也有过错的,可以减轻侵权人的责任。""过错"无疑包括了"故意",因此,该规定与第 27 条的规定似乎也存在某种冲突。

7. 受害人的允诺

受害人的允诺,即受害人明知损害有可能发生,但仍予以接受或不拒绝、能容忍的意思表示。受害人允诺,是对自己权利的一种处分,故可以作为被追偿人不承担侵权责任的一种抗辩事由。如《葡萄牙民法典》第 340 条就规定:"侵害他人权利的行为在得到他人事先同意时,就是合法的。"美国《侵权法重述》第523条亦规定:"原告自愿承担一项异常危险活动造成损害的风险的,不得就该损害获得赔偿。"

受害人允诺可分为明示或默示的两种。前者如请求医生截肢、自愿捐献人体器官等;后者如参加有危险性的体育活动等。明示的允诺意味着受害人对可能发生或必然发生的损害自己的利益的客观事实表示接受或同意;默示允诺则表明受害人虽不希望损害发生,但亦不拒绝损害可能发生,同意接受风险。如运动员自愿加入具有高度危险性的活动(如足球、曲棍球),即说明他愿意承担相应的损害风险。对于后一种,理论上又称"风险自负",也叫"甘冒风险",即受害人明知或至少应知自己面临风险,仍愿接受或仍坚持参与。在这种风险成为现实而要求赔偿时,被告可以之进行抗辩。如1988年5月24日《意大利产品责任法》总统令第10条第2款就赋予了这种抗辩权。它规定:"受害人知道产品的缺陷和缺陷所代表的危险却仍然有意识地介入该风险时,无损害赔偿请求权。"《葡萄牙民法典》第340条还进一步规定:"倘若侵害行为是基于受害人利益所为且符合其推定愿望时,视为同意。"因此,即使受害人事先并未以任何形式表示同意,或者曾明确表示过不同意的,但基于受害人自身的根本利益而为的损害其利益的行为,亦可以受害人允诺为由进行抗辩,如高危病人拒绝抢救时,医生毅然实施截肢手术的行为。对后一种,也可以主张无因管理作为抗辩。

受害人允诺作为一种抗辩事由,其成立取决于受害人允诺的合法性、符合伦理性。任何违反法律、社会公德、违背自身根本利益的允诺,都不具有抗辩效力。受害人在受胁迫、受欺诈的情况下所作出的允诺,以及无民事行为能力人或限制民事行为能力人所作出的允诺,同样不生抗辩效力。如前述《葡萄牙民法典》就规定:"倘同意的内容违反法律或善良风俗,受害人的同意不排除行为的不法性。"例如,虽经未满14周岁的女孩同意而与之发生性关系的行为,仍具有违法性而须承担相应的民事责任。受害人在受胁迫、受欺诈的情况下所作出的允诺,以及无民事行为能力人或限制民事行为能力人所作出的允诺,同样不生抗辩效力。"只有当同意是自由意志作出的决定时,才能导致免责效果。"[①]同时,受害人允诺的抗辩,必须限定在法律有明文规定的范围内才能适用。例如,不能把正常人明知有可能发生交通事故仍然上

---

① 〔德〕克雷斯蒂安·冯·巴尔:《欧洲比较侵权行为法》(下卷),焦美华译,法律出版社2001年版,第632页。

街或乘坐高速运输工具的行为,亦作为允诺来进行抗辩。

8. 第三人的行为

损害事实纯属第三人的行为所致的,应由该第三人承担民事责任。我国《侵权责任法》第28条规定:"损害是因第三人造成的,第三人应当承担侵权责任。"我国《民法通则》第127条规定:由第三人的过错致动物造成他人损害,应由该第三人承担民事责任。言下之意,动物的饲养人、所有人不承担侵权损害赔偿责任。我国《海洋环境保护法》第43条规定:"完全是由于第三者的故意或者过失造成污染损害海洋环境的,由第三者承担赔偿责任。"我国《水污染防治法》第41条规定:"水污染损失由第三者故意或者过失所引起的,第三者应当承担责任。"我国《海商法》第51条也规定:在责任期间,货物因船长、船员或者承运人的其他受雇人在驾驶船舶或者管理船舶中的过失造成灭失或者损坏的,承运人不负赔偿责任。因此,被告可据之以抗辩。如被告与第三人均有过错的,由他们按过错程度分担责任。但如果他们构成共同侵权,则因连带责任的性质,决定了被告不能以此进行不负责任或减轻责任的抗辩。不过,我国《侵权责任法》第28条的规定似乎存在不妥,好像在任何情况下第三人都要对其致害行为承担无过错的责任。这对第三人应当是很不公平的。所以该条文可修改为:"损害是因第三人造成的,由第三人依法承担侵权责任。"

9. 无因管理

一个人在既没有法定义务,也没有约定义务的情况下,主动替他人管理事务的,有干涉他人内部事务的侵权之嫌;然如构成无因管理,属于可褒奖的那种助人为乐、危难相助、见义勇为的符合社会公德的行为,则可作为民事责任的抗辩事由之一。无因管理人不仅有权拒绝被管理人的赔偿要求,而且有权要求被管理人支付必要的管理费用。但若因管理不善造成本人损害的除外。

10. 时效届满

在我国,诉讼时效和仲裁时效届满的法律后果,是权利人的胜诉权消灭。当权利人未在法定的时效期间内行使其请求权,又无中止或中断时效的法定事由存在的,时效期间届满,对方即获得一种时效届满而有权拒绝承担侵权责任的抗辩权。

11. 其他法律特别规定

如我国《产品质量法》第29条规定,因产品存在缺陷造成他人人身或财产损害的,如果生产者能证明属下列情形之一的,就不承担损害赔偿责任:(1)未将产品投入流通的;(2)产品投入流通时,引起损害的缺陷尚不存在的;(3)将产品投入流通时的科学技术尚不能发现缺陷的存在的。再如我国《海商法》第51条规定,在责任期间货物因货物的自然特性或者固有缺陷致货物灭失或损坏的,承运人不负赔偿责任。我国《民用航空法》第125条第2款规定:"旅客随身携带物品或者托运行李的毁灭、遗失或者损坏完全是由于行李本身的自然属性、质量或者缺陷造成的,承运人不承担责任。"

三、不可抗力

1. 不可抗力的概念

我国《民法通则》第153条关于不可抗力的定义是:"指不能预见、不能避免并不能克服的客观情况"。

不可抗力作为一项民法中的抗辩事由,具有悠久的历史。学者一般认为不可抗力最早起源于罗马法。其实早在古巴比伦王国的《苏美尔法典》第8条就规定:栏中之牛为狮所食,牛的价值应作为主人的损失。《汉穆拉比法典》第244、249、266条规定,牲畜因雷击、瘟症而死或为狮子噬食,租用人或牧人免负责任。在近代,《法国民法典》首次使用了"不可抗力"的术语。该法第1148条规定:"如债务人系由于不可抗力或事件而不履行其给付或作为的债务,或违反约定从事禁止的行为时,不发生损害赔偿责任。"英国通过1863年泰勒诉考德威可案、1903年克雷尔诉亨利案,确认了"不可能履行"和"合同目的落空"的原则。美国《合同法重述》第288条规定:"凡以任何一方应取得某种预定的目标效力的假设的可能性作为对方订立合同的基础时,如这种目标或效力已经落空或肯定会落空,得解除其履行合同的责任。"即包含了不可抗力的内容。现代各国民法以及国际民事立法均承认不可抗力的效力。

我国1979年《刑法》首次在法典中提出了"不可抗力"的概念,以后1982年的《经济合同法》、1985年的《涉外经济合同法》、1986年的《民法通则》、1987年的《技术合同法》、1992年的《海商法》、1993年的《经济合同法》、1997年的《刑法》以及1999年的《合同法》等法律文件中均采用了这一概念。

2. 不可抗力的构成

从我国《民法通则》及《合同法》关于不可抗力的定义,可以看出,不可抗力的内涵包括三个"不能性"和一个"客观性"。即不可抗力是"不能预见、不能避免、不能克服"的"客观情况"。客观性即不可抗力是一种不以人的意志为转移的存在于人的行为外部的客观情况。因人的行为所造成的,不论是权利人还是义务人,抑或是第三人的行为,都不能作为不可抗力对待。

现实生活中,客观性比较容易认定。然何谓"不能"?却有主观说、客观说与折中说三种。(1)主观说主张以行为人的预见力和预防能力为标准,凡属行为人在主观上尽最大注意仍不能防止其发生的事件,为不可抗力。(2)客观说主张以事件的性质和外部特征为标准,凡属一般人都无法防御的重大的外来力量,为不可抗力。(3)折中说主张采主观与客观相结合的标准,凡属行为人尽最大注意和努力仍不能预见和防止的外来重大的事件,为不可抗力。也就是说,不可抗力本身具有客观性,是不受行为人意志左右的;但在确定不可抗力事件时,要考虑行为人是否尽到了最大的注意,以此来判断行为人主观上是否有过错。

主观说强调不可抗力的行为人主观上的不可预见性,以行为人个人的主观认识能力作为确定标准,很容易降低整个社会的素质。客观说完全排除人的认识,强调不可抗力是发生在行为人意志以外的重大的、非通常发生的、一般人不可能预见和预防的事件。按照客观说,行为人能够预见但不能避免和克服的客观情况就不是不可抗力。折中说综合主观说和客观说二说之长处,具有一定的合理性,但将行为人个人的预见和预防能力与一般人的预见和预防能力混淆在一起,缺乏统一的客观标准,因而有待完善。

我们认为,要认定这三个"不能性",既不能以行为人个人的能力为标准,也不能以全人类一般人的能力为标准,而是应当以不可抗力发生地一般人的预见、抵御能力来确定是否属于不可抗力。不同地区、不同国家因经济、科技发展水平的差异,导致人的预见能力或抵御能力也有高低之分。若以行为人个人能力为标准,则不利于建立一个统一的标准,有保护落后、阻止采用先进技术之嫌;若采用全人类一般人的能力为标准,则对于发展中国家或地区恐为不利。实际上也无法以哪一类人作为"一般人"的模特。因此,以不可抗力发生地一般人的能力为标准是比较合宜的。而且这种地域性标准,也并非一旦确定下来后便永久固定、一成不变,而是应当随着这个地域经济、科技水平的发展变化而变化。

还需要指出的是,虽然法律上规定了"三个"不能性,但并不意味着任一不可抗力须同时具备"三个不能"。通过我国《民法通则》以及《合同法》对不可抗力的定义性规定,我们可以看出,具备"不能预见性",即可单独成立不可抗力;而法律关于"不能避免"与"不能克服"之间是用一个"并"字联结起来的。由此可见,这两个"不能性"须同时具备,才能成立不可抗力。

3. 不可抗力的类型

一般认为,不可抗力包括自然灾难和社会变故两大类。自然灾难,主要指水灾、火灾、旱灾、风灾、地震、山崩、海啸等"天灾";社会变故则有战争、罢工、禁令、封锁等,俗称"人祸"。

自然灾害属于不可抗力的,是那些为人力所无法控制的自然力所造成的灾难性事件。因此,哪些是"为人力所不能控制"的自然灾难,因各国的科技水平不同而有分歧。个别科技发达的国家对某些自然灾害大都可以预测,可提前采取预防措施,以减少或避免灾难所带来的损害;而许多科技落后的发展中国家对同一自然灾害可能还是束手无策,尚处于不能预测、无法抗拒的境地,而成为不可抗力。

社会变故中战争等能否成为不可抗力,亦有分歧。除非行为人身处战争之中,或虽未处于战争之中但履行义务受其他地区间战争的深刻影响致使无法履行的,战争才成为不可抗力。罢工一般也不能视为不可抗力。《侵权责任法》第70条即明确将"战争"规定为不承担责任的事由。

4. 不可抗力的法律效果

因不可抗力损害了他人合法权益的,行为人不负侵权责任。这是侵权法律的一般规则。我国《民法通则》第107条就明确规定:"因不可抗力不能履行合同或者造成他人损害的,不承担民事责任。"我国《侵权责任法》第29条更是在"不承担责任和减轻责任"的名义下对不可抗力的法律效果作了更为明确的规定。

不可抗力成为不承担责任的抗辩事由的理论依据在于:在过错责任领域中,因不可抗力表现为行为人因不能预见、不能避免并不能克服而致义务未能履行或致人损害,主观上并无过错,故而失去了承担民事责任的主观基础。然而,在实行无过错责任的领域中,是否也适用不可抗力制度?我们的答复是:原则上适用,只有在法律有特别规定时才不适用。从我国当前众多的现行法律法规的规定来看,多数情况下,行为人得以不可抗力作为抗辩事由,如《海商法》第167条规定,因不可抗力发生的船舶碰撞,碰撞各方相互不负赔偿责任;《民用航空法》第125条规定,在航空运输期间,因战争或者武装冲突、或政府有关部门实施的与货物入境、出境或者过境有关的行为,导致货物毁灭、遗失或者损坏的,承运人不负赔偿责任。《电力法》第60条规定,因不可抗力造成电力事故给用户或者第三人造成损害的,电力企业不承担赔偿责任。《水污染防治法》第 56 条规定:"完全由于不可抗拒的自然灾害,并经及时采取合理措施,仍然不能避免造成水污染损失的,免予承担责任。"《海洋环境保护法》第 92 条规定:完全属于下列情形之一,经过及时采取合理措施,仍然不能避免对海洋环境造成污染损害的,造成污染损害的有关责任者免予承担责任:(一) 战争;(二) 不可抗拒的自然灾害。《铁路法》第 18、58 条亦规定将不可抗力作为不承担赔偿责任的抗辩理由。我们如此不厌其烦地引用上述法律法规,只是想说明这样一个基本事实,即在被公认为实行所谓严格责任的领域中,多数情况下,不可抗力仍然是有力的抗辩事由之一。

但是,《侵权责任法》第 29 条后半句也明确规定:"法律另有规定的,依照其规定。"从这一规定就可以明确地看出,当法律有规定的情况下,即使是因不可抗力造成的损害,也要承担侵权的损害赔偿责任。如一化工厂因地震造成毒气外泄,致周围居民生命健康严重受损,该化工厂能否以不可抗力作为其不承担赔偿责任的抗辩理由? 我国现行法律对这个问题的规定似乎有点矛盾。《民法通则》第 123 条规定"从事高空、高压、易燃、易爆、剧毒、放射性、高速运输工具等对周围环境有高度危险的作业,造成他人损害的,应当承担民事责任;如果能够证明损害是由受害人故意造成的,不承担民事责任。"根据这一条,似乎只有在损害是受害人故意造成的情况下行为人才能不负责任,如若因其他任何情况下——包括因不可抗力——而导致的损害亦不能逃避责任。但国务院于 1989 年颁发的《国内航空运输旅客身体损害赔偿暂行条例》第 4 条则规定:"承运人如能证明旅客死亡或受伤是不可抗力……造成的,不承担赔偿责任。"又将不可抗力作为不承担责任的抗辩理由。我们认为,从事高空、高压、易燃、易爆、剧毒、放射性、高速运输工具等对周围环境有高度危险的作业的人,不可能不知其作业对周围环境存在潜在的高度危险,只是希望通过采取某些或许在当时是最先进的科技水平因而是行之有效的措施来避免发生损害后果,这正符合过于自信的过失的心理特征。也就是说,从事对周围环境有高度危险的作业的人从一开始就存在过错,因此即使是某个具体的损害是因不可抗拒的客观力量所造成的,亦须承担侵权责任。或许正是考虑到这一点,《侵权责任法》在第 70 条关于民用核设施发生核事故造成他人损害时,只将战争与受害人故意列为不承担责任的抗辩事由,而包括地震在内的等自然力造成的灾难仍不免核设施的经营者的损害赔偿责任。

5. 意外事件

一般认为,意外事件是指非因行为人的故意或过失而发生的致人以损害的客观情况。

意外事件与不可抗力均属行为人意志以外的客观情况。在罗马法,意外事件包括不可抗力,不可抗力是最典型的意外事件。根据罗马法,当意外事件致使物品灭失或者致使给付不可能时,债务人得到解脱,除非有相反的协议。① 而《法国民法典》第1148条将不可抗力与"事变"并列。

如何划分意外事件与不可抗力,理论上存在主观说、客观说两种主观看法。(1)主观说按照防止损害的程度来区分二者,认为意外事件是行为人个人在主观上所不能防止的情况,而不可抗力则是一般人都不能防止的情况,尽管采取了现代条件下一切可能的防范措施,仍然无法防止其发生。(2)客观说则按照外在的标志来加以区分,主张与行为人的业务范围具有特殊内在联系的情况为意外事件,而外在的与行为人的业务范围无特殊的内在联系的情况则是不可抗力。也有人主张以因果性来区分意外事件与不可抗力,指出:意外事件,作为一个与过错相对立的概念来说,属于行为人的活动与损害结果间的客观必然联系范围内;而不可抗力作为一个与主观因素即过错不相关联的概念来说,属于行为人的活动与损害结果间的客观偶然联系范围内。概言之,意外事件属于必然因果关系系列,不可抗力则属于偶然因果关系系列。② 这种以行为结果间的因果关系是必然还是偶然来划分作为某种客观事实的意外事件与不可抗力的方式,显然是牵强附会的。

意外事件能否作为抗辩事由,以免除或减轻责任人的侵权责任?各国法律及学说未有一致的看法。国内也有学者主张作为抗辩事由。③ 笔者认为,将行为人的个人预见能力作为判断是否为意外事件的标准,与疏忽大意的过失理论关于行为人"应当预见"是以一般人的预见能力为标准的规定相矛盾。一般人应当预见的,即使该行为人没有预见或不能预见,亦应判定行为人主观上存有过失。因此,意外事件在法理上没有理论基础,因而不宜作为抗辩事由。④ 我国的《侵权责任法》未将意外事件作为不承担责任或减轻责任的

---

① 〔意〕彼德罗·彭梵得:《罗马法教科书》,黄风译,中国政法大学出版社1992年版,第331页。
② 〔苏〕马特维也夫:《苏维埃民法中的过错》,彭望雍等译,法律出版社1958年版,第74—76页。
③ 杨立新:《侵权法论》(上册),吉林人民出版社1998年版,第255页;王利明主编:《民法·侵权行为法》,中国人民大学出版社1993年版,第208—209、210页。
④ 张新宝:《侵权责任法原理》,中国人民大学出版社2005年版,第132—133页。

抗辩事由加以规定,也可以说明这个问题。

第三节 侵权责任的减免

一、侵权责任减免概述

1. 侵权责任减免的概念

侵权责任的减免,包括减轻与免除两个方面的内容。前者责任人可少承担责任;后者则意味着责任人可不承担责任。无论是侵权责任的减轻,还是侵权责任的免除,它们都有一个共同的前提,即侵权责任已经成立,责任人均应依法承担相应的侵权责任。只是由于法律的特别规定或是追偿人的自愿,而减轻或不追究责任人的侵权责任。因此,不应将"免除责任"与"不承担责任"相混淆。

责任的减免,有法定减免、意定减免和裁判减免之分。

2. 法定减免

法定减免,源于法律的直接规定。如《瑞士债法典》第99条第2款规定:"责任的程度依交易的具体性质而定,特别是在欠缺为债务人谋利益的故意时,应当考虑减轻责任。"我国《侵权责任法》第26条规定:"被侵权人对损害的发生也有过错的,可以减轻侵权人的责任。"法定的减、免,必须要有法律的明文规定。正如《意大利民法典》第2740条规定的,"如果不是在法律规定的情况下,对责任的限制不被认可。"

法律规定责任减免的方式多种多样。有的法律采取了指导性的方式,规定对某一或某些情形的赔偿纠纷,"可以"或是"应当"减免责任人的责任;如我国《侵权责任法》第32条第1款就规定:"无民事行为能力人、限制民事行为能力人造成他人损害的,由监护人承担侵权责任。监护人尽到监护责任的,可以减轻其侵权责任。"也有的法律通过规定赔偿额的计算方法来限定赔偿额,达到减轻责任人责任的目的。如我国《国家赔偿法》第四章"赔偿方式和计算标准"中规定,侵犯公民人身自由的,每日的赔偿金按照国家上年度职工平均工资计算;造成身体伤害的,需赔偿因误工减少的收入时,每日的赔偿金按照国家上年度职工平均工资计算,最高额为国家上年度职工平均的五倍确定。有些法律则直接规定了责任人赔偿责任的限额,这实际上也是减轻责任的一种法定方式。如我国《海商法》第 11 章,就海事赔偿责任专章作了限制性的规定。只要行为人不是故意或过于自信,而就第 207 条所规定的海事赔偿请求,根据第 210 条的规定,可享受限额赔偿的权利,如关于人身伤亡的赔偿请求,总吨位在 300 吨至 500 吨的船舶,赔偿限额为 333000 计算单位;总吨位超过 500 吨的,500 吨以下部分适用前项规定,超过部分应当增加的数额分别为:501 吨至 3000 吨的部分,每吨增加 500 计算单位;3001 吨至 30000 吨的部分,每吨增加 333 计算单位;30001 吨至 70000 吨的部分,每吨增加 250 计算单位;超过 7000 吨的部分,每吨增加 167 计算单位。依此限额,仍不足以支付全部人身伤亡的赔偿请求的,其差额按照非人身伤亡的赔偿请求并列,根据非人身伤亡赔偿责任限额的规定支付赔偿金。《民用航空法》亦有关于赔偿责任限额的规定,如规定对每名旅客的赔偿责任限额为 16600 计算单位。对赔偿责任规定限额,旨在维护责任人的正常维持与发展,避免作为责任人的企业因赔偿责任过重而导致破产,引发更多的社会问题。

3. 意定减免

意定减免源于追偿人的单方面的意志或者追偿人与责任人双方的共同意志,又可以分为事先的意定减免和事后的意定减免两种。前者如双方事先订立免责协议。后者如和解或调解,或单方面主动弃权等。

免责协议,又称免责条款,指当事人以协议排除或限制其未来责任(违约责任或侵权责任)的合同条款。它具有约定性,是双方协商同意的合同的组成部分。免责条款必须是明示的,不允许以默示方式作出,也不允许法官推定。免责条款的目的,在于排除或限制未来的民事责任,具有免责性。潜在的被告(在实践中往往是经营者、雇主、卖主)为了规避与自己行为相关的经济风险上的利益,极愿意与其有着某种合同关系的相对人提出免责条款。既然是免责协议,就应当得到相对人的同意。如果能得到对方的响应,就可以签订免责协议。一般情况下,相对人接受这种免责条款,是对自己权利的一种预先处分,与民法的意思自治原则是相符合的,从而得到了各国法律的认肯。也就是说,不仅是违约责任,即使是侵权责任,也可以事先通过协议的方式予以免除。但免责协议必须符合法律的规定,才具有法律效力,否则将被认定为无效而不能执行。在欧洲,"排除本人故意行为赔偿责任的协议均被认为是违反善良风俗的,因而也是无效的。"① 如修订后的《德国民法典》第

---

① 〔德〕克雷斯蒂安·冯·巴尔:《欧洲比较侵权行为法》(下卷),焦美华译,法律出版社 2001 年版,第 680—981 页。

276条第3款就规定:"不得事先免除债务因故意而产生的责任。"《瑞士债法典》第100条则进一步规定:"事先达成的旨在免除故意或者重大过失行为责任的协议无效。"《意大利民法典》第1229条规定:"任何预先免除或者限定债务人的故意责任或者重大过失责任的约定都是无效的。任何预先免除或者限定债务人或者他的辅助人违反公共秩序准则的行为责任的约定同样无效。"我国《合同法》则在第40、53条中分别规定下列免责条款无效:(1)免除提供格式条款一方责任的;(2)造成对方人身伤害的;(3)因故意或者重大过失造成对方财产损失的。这样可以避免另一方当事人处于完全无助的境地。

通过和解或调解,追偿人也可以在事后表示放弃全部或部分追究责任人侵权责任请求,允许其不承担或只部分承担责任。但是,意定减免,必须是追偿人的真实意思表示。裁决机关不得采用胁迫、欺骗等手段强制、诱使追偿人同意减轻或免除责任的责任;同时,意定减免也不得损害国家、集体利益或第三人的合法权益。

4. 裁判减免

裁判减免,是由国家裁判机构根据具体案情作出的强行减免责任人侵权责任的现象。这是国家裁判机构行使国家司法权的一种表现。它往往出现于这样一种场合,即无法律明文关于"应当"或者"可以"减免责任人侵权责任的规定,当事人之间既无事先达成的免责协议,事后亦未能达成免责或减轻责任的和解或调解协议,追偿人又不愿让步。此时,裁判机构基于"考虑责任人经济状况"的原则,强制性地决定减、免责任人的侵权赔偿责任。如《俄罗斯联邦民法典》就明确要求法院可斟酌致害人的财产状况,减少其赔偿损失的金额。"但损害由其故意行为所致时除外"(第1083条第3款)。

考虑当事人经济状况的原则,是指在确定当事人的赔偿数额时,须考虑当事人的实际经济状况,尤其是要考虑责任人的经济负担能力,以公平合理地解决赔偿问题。考虑当事人的实际经济状况,是法律人道化的体现。在司法实践中,人民法院在确定赔偿数额时,也往往很注意这个问题。

在确定赔偿数额时,要考虑当事人的经济状况,实际上是对全部赔偿原则在适用时的一个限制。不能因为要贯彻全部赔偿原则,而将责任人搞得家破人亡,造成新的悲剧,给社会的稳定留下新的隐患。当然也不应借口要考虑当事人的经济状况,而拒绝全部赔偿。在这里有几个问题应当研究:

第一,判断当事人经济状况好坏的标准是什么。不同国家甚至同一国家的不同地区,其经济发展的水平不一,不可能有一个统一的经济状况标准。因此,我们在判断当事人的经济状况时,必须同当事人的本国或本地区的经济发达程度、人民的生活水平相联系,一般应以责任人所在地区的人民的最低生活水平作为标准为宜。

第二,当事人的经济状况的好坏,不应当只看到责任人在实施侵权行为或确定赔偿责任时的实际经济状况,而是要看到该责任人在最近几年内的生活水平以及在未来几年内有可能出现的生活水平。比如,某甲在确定赔偿责任时处于十分困难的境地,但在近期内他很有可能得到一大笔遗产;某乙本来生活不错,只因近期经营有些失误,致经济暂时处于困境。对于这种情况,我们认为,应赋予当事人再次起诉的权利,一旦发现责任人有了新的财产,受害人即有权利重新起诉,追加责任人的赔偿责任。

第三,责任人的经济状况恶劣不能承担全部赔偿责任时,能不能改变一下只有给付现实财产才是赔偿的思路,考虑以服劳务的方式承担责任。如某丙致丁以损害但无力赔偿,丁正因承包一小型煤矿缺少人工而发愁,可以考虑责令丙无偿为丁打工一段时间,以为赔偿。这种以劳代赔的方式的实际意义,前文已有所论述。

二、过错相抵

1. 过错相抵的概念

过错相抵,又称过失相抵,是指对损害的发生或扩大,受害人也有过错,从而减轻或免除责任人的赔偿责任的一种法律规则。国外许多国家的立法均承认这一规则。如《德国民法典》第254条第1款规定:"损害的发生,被害人与有过失,赔偿义务和赔偿范围,应根据情况,特别是根据损害是由当事人的一方还是他方造成的来确定。"《瑞士债法典》第44条第1款亦规定:"受害方同意损害或者因可归责于其自身之原因扩大了损害程度或者给侵权行为人造成损害的,法院可以减少或者免除责任方的赔偿责任。"《日本民法典》第722条第20款规定:"受害人有过失时,法院可以斟酌其情事,确定损害赔偿额。"旧中国《中华民国民法》第217条规定:"损害之发生或扩大,被害人与有过失者,法院得减轻赔偿金额,或免除之。""重大之损害原因,为债务人所不及知,而被害人不预促其注意或怠于避免或减少损害者,为与有过失。"1964年的《苏俄民法典》第224条第1款规定:"如果不履行债或不适当履行债是由于双方的过错所致,法院、仲裁署或公断法庭应当适当减轻债务人的责任。如果债权人故意或者由于过失促使了不履行或不适当履行债所致损失的增大,或者没有采取措施减轻损失,则法院、仲裁署或公断法庭也有权减轻债务人的责任。"《俄罗斯联邦民法典》第404条第1款规定:"如果没有履行或者没有正确履行债务是因双方的过错所致,法院应相应地减少债务人的责任。如果债权人故意或因过失促使未履行或者未正确履行债务而引起损失扩大,或者未采取合理措施防止损失的扩大,法院也有权减轻债务人的责任。"我国澳门地区《民法典》第564条规定:"如受害人在有过错下作出的事实亦为产生或加重损害之原因,则由法院按双方当事人过错之严重性及其过错引致之后果,决定应否批准全部赔偿,减少或免除赔偿。""如责任纯粹基于过错推定而产生,则受害人之过错排除损害赔偿之义务,但另有规定者除外。"我国法律亦采纳了这一规则。如《民法通则》第131条规定:"受害人对于损害的发生也有过错的,可以减轻侵害人的民事责任。"《侵权责任法》第26条重申了这一规则:"被侵权人对损害的发生也有过错的,可以减轻侵权人的责任。"

过错相抵,系基于公平原则和诚实信用原则演绎而来。"赔偿义务人之所以应负赔偿责任,系因其对于损害之发生或扩大有过失,今赔偿权利人既对于损害之发生或扩大亦与有过失,自不应使赔偿义务人负赔偿全部损害之责,否则,即等于将基于自己之过失所引发之损害转嫁与赔偿义务人负担。"①"共同过错实际上是违反本人的义务的重要例子:没有人(也没有人能)禁止我轻率地对待我自己的事物;在这个层面上我是个自由的人。但如果在发生损害事件后不对事先这种置危险于不顾的态度承担相应的后果,就不公平了。"②

2. 过错相抵的构成要件

过错相抵,通常须具备两个基本条件:一是受害人自身有过错;二是受害人的不当行为是造成受害人自身损害的原因之一。

(1) 受害人的过错。常常指受害人未能尽其合理注意,或采取适当的措施来保护自己的合法权益,致使其与行为人可归责的行为合致而给自己造成了损害。受害人的这种过错与行为人的过错虽有许多相似之处,同样可以表现为是故意或过失、作为或不作为,但两者在实质上存有根本区别。行为人

---

① 曾世雄:《损害赔偿法原理》,中国政法大学出版社2001年版,第259页。
② 〔德〕克雷斯蒂安·冯·巴尔:《欧洲比较侵权行为法》(下卷),焦美华译,法律出版社2001年版,第650页。

的过错表现在其违反了不得侵犯他人利益的法定义务,这种违反法定义务的行为往往构成了不法行为。但受害人过错的核心在于其对自身安全或利益的疏忽,而人们一般不对自己负有自我保护、不自我侵犯的法定义务。尽管从道义上讲可能要负一定的忠实义务。所以受害人对于自己的过错便不具有不法性,故学说上常将受害人的过错称为对自己的过失,以与行为人的过错区别开来。

（2）构成过错相抵的条件,除了须受害人亦有过错外,还要求受害人有不当行为,且该不当行为是损害发生的原因之一。受害人自己的不当行为有两种基本的形式。一是因与被告的行为结合而致自己发生的损害;二是在损害发生后未采取有效措施,防止损害的扩大。① 前者受害人的行为与损害结果之间存在因果关系,与行为人的行为相结合而致损害发生。例如,受害人甲抢道而被违章高速行驶的货车撞伤;等等。后者如甲有意延误治疗或不配合治疗导致伤害扩大。

3. 过错相抵的法律效果

依我国《侵权责任法》第 26 条的规定,过错相抵的法律效力表现在,由受害人与行为人分担损失,即等于减轻责任人的侵权责任。关键的问题是,如何确定受害人应承担的责任的大小、轻重?

根据各国的立法以及司法实践中的通常做法,首先,要考虑受害人与行为人各方的过错程度。过错大的责任大;过错程度相等的,责任相等。如我国《道路交通安全法》第 76 条规定:"机动车发生交通事故造成人身伤亡、财产损失的,由保险公司在机动车第三者责任强制保险责任限额范围内予以赔偿;不足的部分,按照下列规定承担赔偿责任:（一）机动车之间发生交通事故的,由有过错的一方承担赔偿责任;双方都有过错的,按照各自过错的比例分担责任。（二）机动车与非机动车驾驶人、行人之间发生交通事故,非机动车驾驶人、行人没有过错的,由机动车一方承担赔偿责任;有证据证明非机动车驾驶人、行人有过错的,根据过错程度适当减轻机动车一方的赔偿责任;机动车一方没有过错的,承担不超过百分之十的赔偿责任。"其次,在过错程度相同,或无法确定各方的过错程度时,则考虑各方的行为致损害发生的原因力的大小。原因力大的,责任大;原因力相等的,责任相等。②

---

① 〔德〕克雷斯蒂安·冯·巴尔:《欧洲比较侵权行为法》（下卷）,焦美华译,法律出版社 2001 年版,第 661 页。

② 杨立新:《侵权行为法专论》,高等教育出版社 2006 年版,第 276—277 页。

而对于扩大的损失部分,如能有证据证明扩大的损失纯属受害人自身的原因造成的,就扩大的损失部分,应由受害人自己全部承担。如不能证明或无法确定扩大的损失部分的界限的,则根据各方的过错程度或原因力的规则来确立各方的责任分担机制。

三、损益同销

1. 损益同销的概念

损益同销,又称损益相抵,是指当追偿人因同一原因中取得利益时,应从责任人赔偿数额中扣除这一部分的利益,即责任人只负责赔偿追偿人所得利益仍未能弥补的那一部分损害。如,甲的一头价值800元的耕牛被乙打死,甲将牛肉出售并扣除费用后得款300元,则乙只负500元的赔偿责任。

一般认为,损益同销规则早在罗马法上即有萌芽。有学者认为,查士丁尼在《法学总论》中所说的"一切善意的诉讼中,审判员享有全权根据公平原则决定返还原告之数"中即包含有损益同销的意思。[①] 其实早在古罗马法之前,就有类似损益同销制度的规定,如《汉穆拉比法典》第238条就规定:如船工将船沉没,又被打捞出水的,则只应按船价的一半赔偿。虽然现代各国民法多未对此作明确规定,但各国学说与判例多承认此规则。1992年生效的《荷兰民法典》首次以立法的形式确立了损益同销的规则。第6.1.9.5条规定:"同一行为既造成受害人损害又使之获益,在确定应予赔偿的损害时,此获益应合理地计入。"英美法明确采纳了损益同销规则,如美国《侵权法重述》第920条就明确规定:"如果被告的侵权行为给原告或其财产造成了损害,而在造成该损害时也给原告被损害的权益带来了某种特别的益处,那么在减少赔偿数额时,应在衡平的范围内考虑该益处的价值。"我国民法目前尚无有关损益同销的明确规定,即使是《侵权责任法》亦对损益同销制度采沉默态度。但《保险法》运用了此规则。《保险法》第59条即规定:"保险事故发生后,保险人已支付了全部保险金额,并且保险金额等于保险价值的,受损保险标的的全部权利归于保险人;保险金额低于保险价值的,保险人按照保险金额与保险价值的比例取得受损保险标的的部分权利。"

2. 损益同销的法理依据

损益同销,实质上是一种减轻或免除责任人侵权责任的情形。其立法理

[①] 王利明:《违约责任论》,中国政法大学出版社1996年版,第465页。

由基于侵权责任的补偿性:侵权责任以填补受害人的损害为目的,并非使其因此反得利益。既然追偿人已经得到了一种利益,就应从责任人的责任中加以扣除,以减轻或免除责任人的责任。"损益相抵之目的系在乎使被害人于损害已被填补之外,不得更因之而受利益,与不当得利之问题,皆系建筑于公平之原则上,二者具有同一之基础。故广义言之,损益相抵,不以适用于损害赔偿之债为限,其他债务亦均应有适用为妥。"①

关于损益同销,理论上有利益说和禁止得利说两种学说。利益说主张比较受害人损害发生前的财产状况与损害发生后的财产状况,在计算受害人损害发生后的财产究竟剩多少时,应将受害人因此所得的利益也一并计入。禁止得利说认为,损害赔偿旨在填补损害,故赔偿应与损害大小相一致,不可少亦不可多;利益大于损害者,自无损害赔偿之说;利益小于损害者,计算损害时应扣除利益额。"按损害赔偿之目的,虽在于排除损害,回复损害发生前之同一状态,然非使被害人因而受不当之利益,故如被害人因发生损害赔偿义务之原因事实,受有损害,同时受有利益时,即应由损害额中扣除利益额,以其余额为赔偿额,是为损益相抵。"②

3. 损益同销的适用

适用损益同销规则,应具备如下条件:① 受害人受有损害;② 受害人取得利益;③ 受害人取得利益与其遭受损害之间具有因果关系。其中,因果关系是关键之所在。另外,"在考查损益相抵的合理性须加以考虑的因素是被告的过错。被告根本未预见到原告可能获得利益而出于加害动机行动时,原则上根本就谈不上损益相抵的问题。除非'基于自愿或好意的支付是出于被告自愿时,该支付应当用来减少被告的损害赔偿额。'"③

追偿人因同一原因既受损害又获利益的,哪些利益应从赔偿额的负担中予以扣除,即在何种情形下适用损益同销制度,因我国尚无法律的明确规定而不能确定,理论上也存在一些不同的看法。主要有下列问题易产生争议:

(1) 保险事故中,作为受害人的保险利益受益人获得了行为人的赔偿后,能否要求保险人继续支付保险金,或是受益人已经从保险人处获得了保

---

① 郑玉波:《论过失相抵与损益相抵之法理》,载郑玉波著:《民商法问题研究》(二),台湾1984年自版,第17页。
② 同上。
③ 〔德〕克雷斯蒂安·冯·巴尔:《欧洲比较侵权行为法》(下卷),焦美华译,法律出版社2001年版,第545页。

险金,能否继续向行为人追偿?或是当保险事故受损人与受益人非同一人时,受益人获得的利益应否适用损益同销?

在财产保险中,受益人取得了保险赔偿金后,能否继续要求行为人赔偿,大体有三种做法。多数国家规定受益人应将对责任人的追偿权转移给保险人。如我国《保险法》第60条规定:"因第三者对保险标的的损害而造成保险事故的,保险人自向被保险人赔偿保险金之日起,在赔偿金额范围内代位行使被保险人对第三者请求赔偿的权利。前款规定的保险事故发生后,被保险人已经从第三者取得损害赔偿的,保险人赔偿保险金时,可以相应扣减被保险人从第三者已取得的赔偿金额。保险人依照本条第一款规定行使代位请求赔偿的权利,不影响被保险人就未取得赔偿的部分向第三者请求赔偿的权利。"这意味着受益人在保险金额范围内不得再向行为人(第三者)提出赔偿要求。另外,财产保险中,保险标的物因保险事故而被损毁的,该标的物的残值归保险人所有。如前述我国《保险法》第59条的规定。这说明保险受益人不能既获得了保险赔偿金,又可以保留对受损保险标的物,从而双重获利。

而在人身保险中,受益人取得了保险赔偿金后,仍有权直接向责任人行使追偿权。我国《保险法》第46条规定:"被保险人因第三者的行为而发生死亡、伤残或者疾病等保险事故的,保险人向被保险人或者受益人给付保险金后,不享有向第三者追偿的权利,但被保险人或者受益人仍有权向第三者请求赔偿。"

(2)受害人因受损害所取得的抚恤金、救济金、民间救助捐赠,责任人不得以此主张损益同销。如1998年法国足球世界杯期间,德国足球流氓残忍地伤害了一法国警察,事后德国民众中掀起了救助浪潮,无数的捐款流入了该警察家庭的账户上,其数额远远超过了法院至今为止就非财产损失的判决赔偿额,也远远超过了该家庭支付治疗和护理费用的标准。[①] 这些捐款不能导致赔偿义务的减少。因为,"因侵权行为引起的赠与,若允许损益相抵,则违背赠与人的目的和赠与法律规定的意义,使受益者非受害人而为加害人,这也是社会公共道德所不允许的。因此,赠与不能相抵,不管受害人受赠财产价值多少,加害人均应按实际损害依法赔偿。"[②] 在国外,第三人的给付不减轻加害人责任;受害人家庭成员为受害人提供的无偿照顾时,该照顾亦不能从数额上减轻责任人的责任。《德国民法典》第843条对此原则有规定:

---

① 〔德〕克雷斯蒂安·冯·巴尔:《欧洲比较侵权行为法》(下卷),焦美华译,法律出版社2001年版,第540页;刘士国:《现代侵权损害赔偿研究》,法律出版社1998年版,第121页。

② 刘士国:《现代侵权损害赔偿研究》,法律出版社1998年版,第121页。

"(1)因身体或健康受到伤害致受害人的劳动能力全部或部分丧失,或其生活上的需要增加的,应以支付金钱定期金的方式向受害人给付损害赔偿。……(4)此项请求权不因他人应向受害人给予扶养而被排除。"英国1976年的《死亡事故法案》第4条和1982年的《司法管理法》第3条也有类似的规定。"如此看来,受害人在具体个案中可能获得的双重补偿不仅无须避免,而恰恰是应当追求的结果。第三人支付后既不能获得独立的补偿权,也不能获得受害人侵权赔偿的法定让与,也不能因加害人对受害人的支付(或可能的支付)而减少自己的支付时,受害人获得的额外补偿就是正当得利的。他是基于法律的规定而获得额外支付的,而不是通过加害人而获得的。"①

(3)继承所得并不扣减责任人的赔偿额。"杀害他人者不能以被抚养人在失去抚养人的同时继承了后者的遗产因而实际上根本无财产损失为由进行抗辩。"②但是,奥地利最高法院认定,法定养老金(特别是遗孀养老金)构成事故而获得的利益,应在认定遗孀(针对加害人)之损害赔偿请求权时加以考虑。另外,意大利最高法院在1996年5月7日还有一个很有意思的判决:一个7岁的儿童死于交通事故。父母要求"未来财产损失"的赔偿,即他们所遭受的倘若该儿童正常成长而在未来的生活中将创造的"家庭共同财产"损失。法院从损益相抵的角度作出了判决:儿童的死亡也终止了父母法定抚养义务。③

(4)损益同销是否也适用于非财产利益?对此实务界及学术界是有争议的。如某青年夫妇避孕失败,被索赔的医生能否主张他们因婴儿降临人世的喜悦应和由此导致的损害相抵?有人甚至还以对被告所受的刑事处罚已经对受害人赎过了他的罪为由而考虑减少抚慰金数额。我们认为,因损害事件而获得的非财产利益,不宜适用损益同销制度。这主要在于非财产利益的不确定性因素。

---

① 〔德〕克雷斯蒂安·冯·巴尔:《欧洲比较侵权行为法》(下卷),焦美华译,法律出版社2001年版,第540页、545页、544页。
② 同上书,第545—546页。
③ 同上书,第544页。

第二编　一般侵权责任

第六章　侵害财产权的侵权责任

　　财产权,是人们在法制条件下依法所享有的,获得、占有、利用、让与一定的物质资料的权利。财产权,通常包括所有权、用益物权、担保物权、债权、财产继承权等。它们与人身权一道,构筑了民事权利的基本权利大厦。财产是人们须臾不可或缺的生存与发展的物质基础。正因为如此,人们对财产的争夺、占有,并因此而发生的争持、流血甚或战争,一直贯穿着直到如今的人类社会。可以想见,这种为财产而奋斗的情境仍将永久地延续下去。因此,可以这样说,一部人类社会史,被深深烙上了财产的印痕,处处渗透了财产的血液。规范人们对财产的追逐行为,建立行之有效的社会秩序,也是人们千百年来所企求的目标。在现代法制条件下,不只是民法,包括宪法、行政法、刑法、诉讼法在内的整个法律机器,无不在尽心尽力地履行着各自确认、保护财产权利的功能。侵权责任法的独特功能,则是通过建立侵权责任制度,给权利人提供一条切实可行的救济之道,以弥补受害的权利人所遭受的财产损失。

第一节 侵害所有权的侵权责任

一、概述

1. 概念

侵害财产所有权的侵权责任,是指不法侵害他人财产所有权而依法应当承担的侵权责任。

从这个概念可以看出,本命题包含以下几个方面的内容:

(1)责任性质:是侵权责任而非违约责任,更非刑事责任或行政责任;

(2)责任原由:不法侵害受害人的财产所有权,包括一般财产所有权、建筑物区分所有权中的专有权与社员权、共有权、相邻权等。

(3)责任根据:依法,即依据国家侵权法律及其他相关法律法规、地方性法规;在缺乏相应法律规定的情况下,依据有关民法的基本原则,亦可确定责任的成立与承担。

2. 对财产所有权的保护

财产所有权历来为各国各代法律的保护重心。

关于财产所有权的作用,我国古代社会的智者很早就将之归结为"定纷止争"。春秋战国时代,著名思想家及实践家商鞅在论及"所有权"时,就明确地表达了此类见解。商鞅并形象地举例以说明之:"一兔走,百人逐之,非以兔可分以为百也,由名分之未定也。夫卖兔者满市,而盗不敢取,由名分已定也。故名分未定,尧、舜、禹、汤且皆如骛焉而逐之;名分已定,贪盗不取。……名分定,则大诈贞信,民皆愿悫,而自治也。故夫名分定,势治之道也;名分不定,势乱之道也"。[①] 按照这种说法,财产所有权乃是定纷止争的工具。皆因财富有限,如不限定其归属,则势必纷争不已,致社会生活不能维持。因此,人类发明财产所有权,以定物质的归属,以明人己之分界,因之相安无事,而共谋社会生活的发展,从而最终推动人类社会的进步。

按照现代理念,财产所有权制度的基本社会作用,主要有:首先,它是关于财产的归属关系的制度。而对财产的归属关系,尤其是重要财产(如土地

---

① 参见《商君书·定分》。

及其他重要生产资料)的归属如何,不仅直接决定着一个国家的基本经济制度,同时也间接决定着一个国家的基本政治制度;就个人而言,社会成员的个人人格的自我实现与发展,也必须有其可以自由支配的财产。因为,所有权为个人自主、独立的前提,任何法律人格的建立无不建立在财产之上,无所有权也就无所谓人格。其次,所有权制度由于旨在保障个人对社会财富的拥有,因此其结果更可激发个人对财富的追求,由此促进整个社会财富的总量的增长。个人财富的增长,反过来又必然促进个人的全面发展,进而最终促进民主社会的真正形成。所有权制度因会使人自私、利己,但同时也会唤醒所有人对家庭、后代的关怀和对社会的回馈。因此,确认并切实保护所有权制度,实是具有重要的社会意义。

各国历代的法律早就毫无例外地均把对财产所有权的保护当作其重心。如《汉穆拉比法典》第7条就明确规定:"自由民窃取牛、或羊、或驴、或猪、或船舶,倘此为神之所有物或宫廷之所有物,则彼应科以三十倍之罚金;倘此为穆什钦努所有,则应科以十倍之罚金;倘窃贼无物以为偿,则应处死。"古罗马《十二铜表法》第八表"伤害法"第10条亦规定:如有人放火烧毁建筑物或堆放在房屋附近的谷物堆,而该犯罪者系故意为此者,则令其带上镣铐,在鞭打之后处以死刑。罗马法还将盗窃、强盗等列入"私犯"的范畴,追究其民事赔偿的责任。中国古代社会的法律中,对侵害财产所有权的行为也往往处以严厉的刑事处罚。如《唐律疏议·厩库》的规定:"诸故杀官私马牛者,徒一年半。赃重及杀余畜产,若伤者,计减价,准盗论,各偿所减价,价不减者,笞三十。"

进入近代社会以来,近代法律明示财产所有权为神圣不可侵犯的权利。这些宣言往后成为欧陆各国进行民法典编纂时的一项基本原则,即所有权绝对原则。基于此原则,国家对个人的所有权不仅不得侵犯或任意剥夺,而且个人对其所有物的占有、使用、收益及处分也有绝对的自由,而不受任意干涉。

1949年新中国成立以前,我国曾有过长达数千年之久的封建专制传统,在此漫长的历史时期,人的权利、尊严、价值都湮没于封建专制主义的汪洋之中,几无存在的余地。而造成这种状况的一个重要原因,就是传统文化中完全没有个人财产权的观念,也不存在充分的私有权。1949年新中国成立后,我国建立了社会主义的公有制经济制度。实现公有制制度,为保障公民个人财产所有权制度提供了必要的制度与物质基础。但由于诸多因素的交互作用,我国公民的个人所有权事实上在相当程度上为公有制所否定或限制;公有制的过度膨胀,将私人财产所有权挤到了一个十分狭窄的地域。随着改革开放,社会经济的繁荣发展,人们物质生活水平日益提高,思想观念的改变,对财产所有权尤其是私人财产所有权的保护又重新成为法律的重要任务。我国《民法通则》第70条第2款明确规定:"公民的合法财产受法律保护,禁止任何组织或个人侵占、哄抢、破坏或者非法查封、扣押、冻结、没收。"2004年第十届全国人民代表大会第二次会议通过宪法修正案,进一步强调:"公民的合法的私有财产不受侵犯。""国家依照法律规定保护公民的私有财产权和继承权。""国家为了公共利益的需要,可以依照法律规定对公民的私有财产实行征收或征用并给予补偿。"这是我国首次,并且是在基本大法——《宪法》上明确规定保护公民的私有财产,这将大大提高我国现今财产权利与保护的观念;为社会的繁荣昌盛,人们生活的富足安定、国家的强盛安康,奠定了坚实的法律保障。

3. 侵害财产所有权的各种形态

现实生活中,侵害财产所有权的行为形态可谓多种多样。从侵害的客体来看,有对不动产的侵害和对动产的侵害;从侵害的权利性质来看,有对所有权的侵害,也有对共有权、相邻权的侵害等;而从侵害的手段来看,则有非法进入、非法占有、不当妨碍、毁灭损坏、非法处分,等等。我们可以从侵害财产所有权行为的表现形态,将侵害财产所有权的行为归纳为侵入、侵占、妨害、毁损四种形态。

需要说明的,上述侵入、侵占、妨害与毁损等侵害财产所有权的侵权行为的基本类型及相关侵权责任制度,同样适用于有关侵害用益物权、担保物权的侵权责任制度。

二、侵入

1. 概述

侵入是指未经所有人的邀请或同意,或未经法律的授权,而擅自进入所有人的房屋或土地的行为。

作为一种最古老、也是最常见的侵权行为,早在《汉穆拉比法典》上就有了对侵入行为的规定。《汉穆拉比法典》第21条规定:"自由民侵犯他人之居者,应在此侵犯处处死并掩埋之",第22条规定:"自由民犯强盗罪而被捕者,应处死";在罗马法的《法学总论》中也规定了对侵入行为的救济:"如其家被突破侵入",可行使侵害之诉,"所谓家,指其人居住的地方,不论是自有的或租赁的,也不论是无偿居住的或作客居住的。"①西方法谚亦云:"除非有国王颁发的搜查令,否则就不得进入我的城堡。"更有所谓"风能进,雨能进,国王不能进"的美谈。

美国的《侵权法重述》(第二版)对"侵入"作了十分系统的规定。其第258条"故意侵入土地的责任"中规定:"在下列情形下,一人应向他人负侵入之责任,而不论他是否因此给该他人受法律保护的权益造成伤害:(a)他故意进入该他人所拥有的土地,或故意导致某一物体或第三人进入该他人所拥有的土地;或(b)他故意在该土地上停留;或(c)他故意不从该土地上将他有义务移走的物体移走。"第329条对"侵入者"作了明确的定义:"侵入者是不享有经由土地占有人的同意或其他方式建立的进入或在该占有人所拥有土地上停留的特权而进入或在该土地停留的人。"

我国《宪法》第39条也规定:"中华人民共和国公民的住宅不受侵犯。禁止非法搜查或者非法侵入公民的住宅。"我国《刑事诉讼法》第109、111条规定,为了收集犯罪证据、查获犯罪人,侦查人员可以对犯罪嫌疑人以及可能隐藏罪犯或者犯罪证据的嫌疑人的住处和其他有关的地方进行搜查。但在进行搜查时,必须向被搜查人出示搜查证。我国《治安管理处罚法》第40条规定了"非法侵入他人住宅"的相应行政处罚的措施。

2. 责任构成

并不是说行为人进入所有人的房屋或土地的任何行为,均构成侵入,只有在非法进入的情况下,才应负侵权责任。一般而言,构成"侵入"的要件是:

(1)客观上进入了所有人的房屋或土地。此处的侵入是一种行为,指行为人进入(含经过)的形态,是一种身体的入侵,作用对象为土地或房屋。而在英美法,侵入不一定是身体的入侵,不意味着行为人本人一定要进入所有人的土地或房屋,只要行为人所控制的东西进入了所有人的房屋或土地,就认为是侵入。如在所有人的土地上放置物体、释放油或气等。美国《侵权法重述(第二版)》第158条甚至还规定:故意导致第三人进入,或者故意不从他人土地上移走行为人义务移走的物体的,亦成立侵入。但如果是单纯的行为人所制造的气体、噪音进入,是否构成侵入,尚未看到有这方面的规定。如果这些气体或噪音造成的环境污染,则可适用环境保护法,主张权利。

---

① 〔古罗马〕查士丁尼:《法学总论》,张企泰译,商务印书馆1993年版,第202—203页。

(2) 行为人的行为具有非法性。行为人进入所有人的土地或房屋未经所有人邀请、同意,或未经法律授权,则具有非法性。在这里有必要分清四种人的进入:

其一,被邀请者,指的是那种受到邀请而到土地所有人土地或房屋里去的人,如为土地所有人工作的雇员,或受邀上门的亲友、同事、邻人等。因得到了邀请,从而进入获得了合法性,不成立侵入。美国《侵权法重述(第二版)》第332条规定,被邀请者包括二种情形:或是公共被邀请者,或是商业邀请者。前者指作为公众的一员为了某一土地所以向公众开放的目的而被邀请进入或在该土地上停留的人。后者则指为了与某一土地占有人的商业往来有直接或间接关联的目的而被邀请进入或在该土地上停留的人。

其二,被许可者,指的是获得土地所有人明示或默示的同意,为了自己私人的目的或是土地或房屋所有人的利益,而到土地所有人土地或房屋里去的人。如上门安装家电的工人。因得到不动产所有人的许可,从而其进入也具有了合法性。但是,在这里,明示的许可尚可验证,但何为默示的许可?何种行为可视为"默示的许可"?尚待确定。如有人敲门作出了要求入内的意思表示,房屋主人开门后未置可否,转身离去却未关上门的,是否可视为得到了许可?对外开放的营业场所,营业时间到后,打开营业场所的门,是否可视为默示许可他人进来?

邀请与许可,均是不动产的所有人所为。其他经所有人授权的人,也有权邀请或许可。如建设用地使用权人、农村土地承包经营权人、地役权人、房屋的承租人,以及与所有人有亲属关系、雇佣关系的其他人等。邀请与许可,都需要作出意思表示。但许可可以是明示和默示的,但邀请只能采明示的方式。不存在默示的邀请。另外,进入者是否受到邀请或得到许可,应当举证证明之。

其三,经法律授权进入者。一经法律授权,意味着即取得了合法进入他人土地或房屋的权利,其进入即具有了合法性,而不成立侵入。如根据我国《刑事诉讼法》的规定,侦查人员为了调查、羁押犯罪嫌疑人或证据,在取得搜查证后,即可进入犯罪嫌疑人的住处或其他场所;而且,我国《刑事诉讼法》第111条第2款还明确规定:"在执行逮捕、拘留的时候,遇有紧急情况,不另用搜查证也可以进行搜查。"如果说"取得搜查证"意味着一种国家机关的授权,而后一种情形本质上则是一种国家法律的直接授权。

关于法律授权方面,有以下一些问题需要注意:其一,授权机关要有授权资格;其二,授权程序要合法;第三,授权事项、权限及期限要明晰;其四,授权人、被授权人要明确。

其四,擅入者。凡不属于以上三种情形而进入的人,属于擅入者。擅入者的进入因不具有合法进入的资格或权利而构成侵入。

(3) 主观上要有过错。侵入的成立,一般要求进入者主观上存在故意。这里所说的"故意",并非进入者的故意致不动产所有人或其他人以损害的故意,而是指进入不动产的故意。只要进入者是故意的、自愿的进入他人的土地或房屋,而不一定有什么坏的念头(如偷东西、霸占土地等),他就可能要负侵入的责任。因此,所有人不需要证明进入者有伤害的故意,只需证明进入者有到所有人土地或房屋里去的故意。所谓"故意",是指进入者明知其将进入他人的不动产而有意为之;而所谓"自愿",则是指进入者是在自己的主观意志支配下积极所为的。

因此,因错误或被强迫或被诱入他人土地或房屋中的,是否不构成侵入?根据美国《侵权法重述(第二版)》的规定,即使是误入,仍可成立侵入。第164条规定:如果因下列误解导致进入的,不论这些误解如何具有合理性,亦"应向该土地的拥有者负侵入之责任"。这些误解是:第一,他是该土地的拥有者或有权占有该土地;第二,他已取得该拥有者的同意或有权代表该拥有者表示同意的第三人的同意;第三,他有权进入或在该土地上停留的某种其他特权。

误解,表明了是一种过失。进入者亦应对其过失地进入承担相应的侵权责任。但被强迫进入,如被绑架、被威逼等,则不应承担侵入的责任,应由强迫者承担责任。因为这已经与他的意志无关,或者根本就是违背其主观意愿的。但如被诱骗、或被教唆者,则可能需与强迫者、教唆者承担共同侵权的连带责任。因为,被诱骗者或被教唆者主观上往往至少存在着过失。

(4) 是否要有损害? 在这方面,法律并不要求所有人证明任何实际伤害和损失。也就是说,只要行为人一进入所有人的土地或房屋(未经许可),即使是行为人并没有做什么事,他也要承担侵入的责任。在美国 1835 年的一个判例中,被告闯入原告领地进行测量,虽然被告未在原告的树上作标记,也没有砍伐树枝,被告仍要负侵权之责。"法院认为,即使被告仅仅在草地上留下一行脚印,法律也推断不法侵入给原告造成的损害。"[①]

---

① 〔美〕文森特·R.约翰逊:《美国侵权法》,赵秀文等译,中国人民大学出版社 2004 年版,第 257 页。

美国《侵权法重述(第二版)》第163条就明确规定:"故意进入他人所拥有土地者应向该拥有者负侵入之责任。虽然他在该土地上的出现未曾给该土地、其拥有者,或该拥有者对其安全享有受法律保护之权益的任何其他物体或个人造成任何伤害。"但是,"伤害"并不等同于"损害"。在通常情况下,侵入他人的土地或房屋,可能会给该不动产的所有人或使用人造成如下损害:第一,给不动产的所有人或使用人行使所有权或使用权带来不便;第二,使受害人的不动产价值或效用减损;第三,使受害人的宁静和自由受到破坏;第四,对不动产本身或其他相关财产造成损失,等。① 但也有的情况下,虽然是非法进入,但并未给不动产的所有人或使用人造成任何不良的影响,或者说这些不动产的主人们并没有因此感到有丝毫的不安或不便。因此,我们有必要重新认识所谓"损害"了。正如第一编第三章中讨论到关于损害的分类时,我们所说的那样,损害是可以分成权利损害与利益损害两种类型。权利损害,指受害人的权利受到了侵权行为的侵害,这即意味着一种"损害";而所谓利益损害,则指受害人因权利遭受侵害而使其人身利益或财产利益承受了不利的后果。非法进入,虽然不一定给不动产的所有人或使用人造成利益上的损害,但因权利(所有权或使用权)遭受了侵害,损害即已产生。

3. 责任形式

侵入者侵入所有人的土地或房屋,给权利人带来不便、妨碍、威胁或损耗(坏)的,所有人可以请求加害人停止侵害,消除危险,排除妨碍,恢复原状,赔偿损失,赔礼道歉等。没有给权利人造成任何实际损害的,侵入者亦应向权利人承担赔礼道歉的侵权责任。饲养的动物进入或污染物进入,则可分别适用动物致人损害的责任和环境污染的责任制度。

4. 责任抗辩

责任抗辩,是指虽然在客观上有进入他人土地或房屋的行为,但因具有某种合法的缘由,所作的不需承担或应当减轻承担侵入的侵权责任的抗辩。如不具备如前所论述的"侵入的构成要件"的,则不构成侵入,当然不需要对其进入他人土地或房屋的行为承担侵权责任。另外,还有以下几项问题需要特别加以讨论。

(1)进入者享有相邻权或地役权。相邻权是指相邻各方在对各自所有的或使用的不动产行使所有权或者使用权的时候,因相互依法应当给予方便

---

① 张新宝:《侵权责任法原理》,中国人民大学出版社2005年版,第154页。

或者较受限制而发生的权利义务关系。相邻权实际上是一种权利义务关系,是法律对相邻的不动产的利用进行调节的结果,是不动产所有权内容的当然扩张或限制。我国《物权法》第87条就规定:"不动产权利人对相邻权利人因通行等必须利用其土地的,应当提供必要的便利。"因此,根据相邻权而进入他人土地或房屋,如必要通行,则不视为侵入。

地役权指以他人的土地供自己土地的方便和利益的权利,是土地所有人或利用人之间基于合同关系而对所有权的扩张或者限制,是由当事人之间的地役权设定合同所规定的。例如,可以在使用地上为需用地设定通行的邻地利用权。我国《物权法》第159条规定:"供役地权利人应当按照合同约定,允许地役权人利用其土地,不得妨害地役权人行使权利。"地役权人行使地役权,在他人的土地上通行,属于合法的行为,不构成侵入。但如果需用地人的行为超出了合同的约定,其进入行为仍视为侵入。

(2)对地上空间或地底的利用。按照近代民法的所有权绝对的原则,土地所有权的效力自然扩及到地上的空间及地底下。《法国民法典》第552条就明确宣布:"土地所有权并包含该地上空和地下的所有权。"因此,未经土地所有人的同意,飞越该土地上空或穿越其地下的,均构成对土地所有权的侵犯。但随着航空事业的发展及铺设管道的必要,对土地所有权的空间效力与地下效力施加限制,是十分必要的。因此,如美国《侵权法重述(第二版)》第159条所规定的那样,在500英尺的高空上飞行的,不构成对土地所有权的侵入。但如果飞行对原告使用土地造成严重干扰的,则"可能导致妨害私产诉讼下责任的发生。"[1]1982年的《英国民用航空条例》第76条规定:"如果仅仅在一定高度,飞行器在任何财产的上空飞行,而且这种飞行是合理的和日常性的,那么就不存在不法侵害或侵扰的诉讼。"[2]

至于在他人土地下进行采矿或铺设管道等行为,在美国等国家,未经土地所有者的同意,一般情况下可构成侵权。

(3)公共利益的需要。因公共利益的需要,在执行公务中需要进入他人土地或房屋的,不构成侵入。对此,美国《侵权法重述(第二版)》第196条明确规定:"如果为避免一即时的公共灾难所需,或行为人合理地相信为避免该公共灾难所需,行为人有特权进入他人所拥有的土地。"在这里,所谓特权,是

---

[1] 〔美〕文森特·R.约翰逊:《美国侵权法》,赵秀文等译,中国人民大学出版社2004年版,第258页。

[2] 转引自徐爱国:《英美侵权行为法》,法律出版社1999年版,第26页。

指由于保护公众的考虑而赋予行为人的进入他人不动产的权利。其根本点是所做进入的目的是防御或驱除某一公害或公敌,或者防止或减弱譬如火灾、洪水、地震或瘟疫等即将发生的公共灾难及其后果。行为人在行使此特权时,可以强行进入某一住所或其他建筑物,更可以强行进入围栏或其他隔离物,并可以对他人人身施加合理暴力。根据行为人的合理判断,只要这样做,是实现该特权所以存在的目的所必需的。① 公共利益的需要,这是一个相当充分的理由。在当前自然灾害日前频繁,公共事件日渐增多的当今社会,为救灾抗难,减少损害,救助民众,临时性进入他人的不动产,是十分必要的。在实施这些活动时,不应受制于不动产的所有权制度;否则会因延误时机,造成更大的、无可弥补的损害。

(4)私人需要。个人虽然既没有得到不动产所有人或使用人的邀请或许可,亦未得到法律的授权,但在紧急情况下,为了避免迫在眉睫的危险,为了维护自己的更大的合法权益避遭损害,得进入他人的不动产,并不需负侵权责任。在这个方面,美国的《侵权法重述(第二版)》给了我们十分有益的启发。该《重述》第197条规定:有下列情形之一的,行为人为了避免严重的伤害,有权进入他人的不动产:第一,对行为人或其土地或动产构成严重伤害;第二,对他人或其土地或动产构成严重伤害;第三,为了避免土地拥有者的侵权行为或过失所造成的即将发生的伤害而进入该不动产的。从上述规定,可以看出,行为人只有在紧急情况下,为了维护自己的、他人的(包括土地拥有者)的利益,才有进入他人不动产的特权而不承担侵入的责任。② 例如,甲乘独木舟在河上航行时,突遭暴雨袭击。为保护自己并使其独木舟免于被毁,甲将独木舟靠近乙的码头,试图在该码头上停靠。乙使用暴力试图阻止甲。甲即通过合理暴力将乙制服。甲对因此给乙造成的伤害不承担侵权责任。③

上述有关维护公共利益与私人利益的制度安排,其合理性是十分明显的。它恰当地解决了公共利益、他人合法权益与不动产拥有者的个人利益的平衡,促进了社会的和谐与发展,值得我们借鉴。

5. 举证责任

(1)不动产所有人或使用人应承担下列举证责任:① 依法拥有该不动

---

① 〔美〕肯尼斯·S.亚伯拉罕、阿尔伯特·C.泰特:《侵权法重述——纲要》,许传玺、石宏等译,法律出版社2006年版,第39页。

② 同上书,第40页。

③ 同上。

产的所有权;② 行为人有进入不动产的客观事实;③ 如要求赔偿损失,还须证明其遭受了实际损失或精神损害;④ 如指控行为人未移走置于不动产内的某物件的,还应证明行为人负有移走该物件的法律义务。

（2）进入者须承担下列举证责任:① 主观上无过错;或② 享有进入的特权（如受到邀请、地役权、因公共利益需要等）;或③ 被第三人诱入或被迫进入或被教唆进入。

6. 诉讼时效

因侵入而要求赔偿损失的,诉讼时效一般应从侵入者造成实际损失时起计算时效,期间为 2 年。要求侵入者停止侵入、排除妨碍、消除危险的,不受时效限制。

三、侵占

1. 概述

没有法律根据而占有他人财产的行为,是为侵占。在这里,侵占的对象,限于所有人的财物,包括不动产和动产;可以是物质财物,也可以是自然资源,如水流、矿藏等,甚至还可以是无形财产,如频道、航道等。

禁止非法占有他人财物,是历朝历代国家的法律的共同制度。如前所述,早在《汉穆拉比法典》中就有了对侵占的规定。其中第 8 条规定:自由民窃取牛、或羊、或驴、或猪,或船舶,倘此为神之所有物或宫廷之所有物,则彼应科以三十倍之罚金。第 14 条规定:"自由民盗窃自由民之幼年之子者,应处死。"第 19 条规定:自由民藏匿他人的逃亡奴隶于家中者,应处死。在古罗马法中则有关于准私犯的四种形式:盗窃、抢劫、财产上损害、人身伤害的规定。其中,前两种即属于对"侵占"行为的处罚。

在现代法制社会中,同样禁止非法占有他人的财产。我国《民法通则》第 73 条第 2 款、第 74 条第 4 款、第 75 条第 2 款分别规定:"国家财产神圣不可侵犯、禁止任何组织或者个人侵占、哄抢、私分、截留、破坏。""集体所有的财产受法律保护,禁止任何组织或者个人侵占、哄抢、私分、破坏或者非法查封、扣押、冻结、没收。""公民的合法财产受法律保护,禁止任何组织或者个人侵占、哄抢、破坏或者非法查封、扣押、冻结、没收。"我国《物权法》再一次重申:"国家所有的财产受法律保护,禁止任何单位和个人侵占、哄抢、私分、截留、破坏。"（第 56 条）"集体所有的财产受法律保护,禁止任何单位和个人侵占、哄抢、私分、破坏。"（第 63 条）"私人的合法财产受法律保护,禁止任何单位和个人侵占、哄抢、破坏。"(第66条)不过,这种口号式的规定,在实务中到底能发挥多大的作用,却是令人怀疑。

2. 责任构成

构成侵占责任,需满足如下两个条件:

(1)行为人存在侵占行为。例如通过盗窃、抢劫、抢夺、贪污、挪用、非法没收等方式而占有他人的财产。在使用财产的合同期满以后,不履行合同规定的返还标的物的义务,而继续对标的物进行使用收益,亦构成侵占。侵占的行为通常以作为的方式出现,不作为一般不构成侵占。但下列不作为,仍然可以成立侵占:合同期满不返还占有物,获得不当利益不予返还、无因管理中管理人获得某种利益理应返还给本人而拒不返还、拾得遗失物拒不交还者。

(2)行为人占有他人财物具有非法性。行为人占有他人的财产没有法律的依据,同时也没有合同的约定,这是区分用益物权及其他有权占有的关键。

此外,是否要以侵占人主观上有侵占故意,才成立侵占？一般认为,侵占不考虑侵占人主观上是否在侵占的故意,过失地非法占有他人财物的,亦可成立侵占。

3. 基本形态

侵占他人财产的具体形态包括:

(1)占有。如侵占人利用盗窃、非法强制剥夺、威胁或欺诈等方法占有他人的财产。这是最常见的非法占有的形态。现实中,盗窃、抢劫、抢夺、贪污、挪用、截留、私分、哄抢等,都属非法占有的常态。

(2)搬动。侵权人将物品从一个地方搬到另一个地方,目的在于长期占为己有。如果只是仅仅想借用一下,则不视为侵占。

(3)转移。如果一个人转移非法获得的物品(如拍卖人拍卖偷来的电视),不管他是否知道该物品是赃物,他都要负侵占的责任。

(4)拒不归还。明知东西是别人的而拒不归还,构成侵占。误将别人的财物为自己的财物而占有的,亦可成立侵占。

(5)使用。以占有或控制他人的物品为目的的使用(如将偷来的车开出去旅游),即是侵占。

4. 责任形式

因侵占而需承担的最重要的侵权责任形式,为返还原物。我国《民法通则》第117条第1款规定:"侵占国家的、集体的财产或者他人财产的,应当返还财产,不能返还财产的,应当折价赔偿。"侵占又可以分为善意占有和恶意占有。在返还原物时,善意占有人可请求所有人返还其为保管、保存占有物所支付的必要费用。① 而恶意占有人在返还原物时,无权请求所有人返还其支付的费用,并有义务返还其所获得的孳息。根据《物权法》第244条的规定,如果占有的不动产或者动产毁损、灭失而无法返还的,该不动产或者动产的权利人有权要求赔偿。占有人应当将因毁损、灭失取得的保险金、赔偿金或者补偿金等返还给权利人;权利人的损害未得到足够弥补的,恶意占有人还应当赔偿损失。

5. 责任抗辩

有下列情形之一的,占有人不承担侵占的侵权责任:

(1)合法占有。合法占有的合法性,主要源于两个方面:一是根据法律的直接授权的占有。如监护人占被监护人的财物的,配偶一方在婚姻关系期间占有对方的财物的,按份共有人占有其他共有人的份额的财物的,国家机关依法扣押、置留相关违法行为人财物的,等等,均是合法占有,自不能成立侵占。二是取得了权利人的许可同意。这主要是通过合同或单方允诺的形式。如通过出让或转让的方式取得的城镇国有土地的使用权人对城镇国有土地的占有,通过承包合同形式取得的农村土地承包经营权人对农村集体土地的占有,农村宅基地使用权人对宅基地的占有,通过质押合同、租赁合同、运输合同、保管合同、承揽合同等对标的物的占有,等等,均属合法占有。

(2)拾得遗失物。拾得遗失物,拾得人拾得的行为,以及在将遗失物返还给失主之前的占有,均不构成侵占;拾得遗失物的,虽然也要返还原物,但这种返还不是侵权法上的返还,不构成侵权责任。

(3)无因管理。无因管理中,管理人占有本人的财物或所获利益,在返还之前的占有,不构成侵占。同样,管理人返还这些财物,属于债法上的债务,而非责任。

(4)不当得利。因不当得利而获得的受损人的财产利益,亦不构成侵占,应适用不当得利制度返还之。理由同上。

(5)发现隐藏物、埋藏物。发现隐藏物或埋藏物者,在未确定权利人或未找到真正的权利人之前的占有,不构成非法占有。返还隐藏物或埋藏物的

---

① 我国《物权法》第243条规定:"不动产或者动产被占有人占有的,权利人可以请求返还原物及其孳息,但应当支付善意占有人因维护该不动产或者动产支出的必要费用。"

义务亦属物权法上的一般义务,而不是侵权法上的责任。

(6) 先占。先占,即先于他人而占有。先占,适用的对象是无主物,包括野生资源(不含矿产资源)以及抛弃物。其中,抛弃物原为有主物,但后为原主所抛弃而成为无主物。对于无主物,各国民法历来承认先占者可取得无主物的所有权。我国《物权法》对此却没有作出规定。但民法理论却承认这一点。既然先占可以依法取得无主物的所有权,因此,先占并不构成对他人的侵权。

(7) 善意取得。善意取得也是物权法上的一项古老的制度。它是指占有人从无权处分人善意地、有偿地取得权利人的财产,法律承认其拥有对该物的所有权。我国《物权法》第106条规定:"无处分权人将不动产或者动产转让给受让人的,所有权人有权追回;除法律另有规定外,符合下列情形的,受让人取得该不动产或者动产的所有权:(一)受让人受让该不动产或者动产时是善意的;(二)以合理的价格转让;(三)转让的不动产或者动产依照法律规定应当登记的已经登记,不需要登记的已经交付给受让人。"因此,基于善意取得制度,占有人对占有物享有所有权,不构成对原权利人的侵占。

6. 举证责任

(1) 动产或不动产所有人就侵占提出的控告,应承担如下举证责任:① 财物被被告占有的客观事实;② 自己对标的物依法享有所有权;③ 如同时或单独要求赔偿损失的,还需证明其遭受有实际损失。

(2) 占有人提出抗辩的,需承担如下举证责任:① 占有具有合法依据;或② 主观上无过错(仅针对原告的赔偿诉求);或③ 已届诉讼时效(仅针对原告的赔偿诉求)。

7. 诉讼时效

返还原物属于物权请求权的范畴,因此不适用诉讼时效制度。但如要求赔偿损失的,则应在2年的诉讼时效期间内提起诉讼。期间从权利人知道或应当知道受有损失之日起计算。

四、妨害

1. 概念

妨害,是指行为人不法妨碍权利人利用其动产或不动产的行为。

现实生活中,妨害行为是十分常见的一种侵害他人财产所有权的现象。美国《侵权法重述(第二版)》将妨害称之为"侵扰",并归纳为二种基本的类型:公共侵扰与私人侵扰。公共侵扰,是指对一种公众共有权利的不合理的干扰,包括对公共健康、公共安全、公共和平、公共舒适或公共便利的重大干扰;而私人侵扰则是指对他人私人使用和享受土地这一利益的非侵入性的侵害。不论是何种形式的侵扰,受到实质性损害的原告,均可依法获得赔偿。[1]

2. 责任构成

构成妨害所有人行使其所有权的行为,要具备以下两个要件:

(1)客观上存在侵扰行为。侵扰行为通常多发生于相邻关系中。根据民法关于相邻关系的规定,不动产的所有人和使用人行使权利,应给予相邻的不动产所有人和使用人以行使权利的必要的便利。同时各方应有义务容忍来自于对方的轻微的损害。但是,一方在行使其权利时,如对他方造成滋扰,影响其行使所有权,则应追究妨害人的侵权责任。

常见的妨害行为有:① 施工。施工人在施工时的妨害行为通常有:未经不动产所有人或使用人的同意,使用权利人的不动产;制造噪音、污染空气;妨碍邻人的采光、通风、日照等。② 通行。有两个方面的表现:一是通行者在通行时致不动产以损害或给权利人带来不应有的不便或不安;二是权利人设置路障等,妨碍他人的通行。③ 截水、灌水、排水。对共用的河流、水沟,任意截水,影响下游用水;或利用经流他人土地灌水或排水时,未采取必要保护措施,影响他人对土地的利用。④ 滴水。相邻房屋之间,一方的滴水影响到他方的房屋质量。⑤ 挖掘。相邻一方在自己的土地里挖沟、挖坑,危及到他方不动产的安全的。⑥ 种植。在自己的土地上种植的树木的树枝或树根越界进入他方土地或房屋的。

(2)行为的非法性。妨害人在行使其不动产权利时,不仅不给他方提供必要的便利,反而滥用其权利,并给对方造成损害,从性质上已不再是合法行使权利的行为,而属于滥用权利的非法行为。判断这些行为的非法性,往往不能单纯从行为的本身来加以考察,而是要看上述这些行为是否会对相邻的他方产生不合理的危险性或不必要的实际损害。相邻各方中,任何一方权利的行使,对对方而言,意味着都是一种不便、限制或损害。这些不便、限制甚或损害,不能都归结为法律意义上的损害。只有当这些不便、限制或损害属于不合理的、不必要的,才具有法律意义。所谓"不合理的损害",应当是那些

---

[1] 〔美〕肯尼斯·S.亚伯拉罕、阿尔伯特·C.泰特:《侵权法重述——纲要》,许传玺、石宏等译,法律出版社 2006 年版,第 256 页。

"有关损害的严重性超过行为人行为的效用"。①

（3）损害结果。损害结果，是妨害人需对其妨害行为承担侵权责任的一个必不可少的要素。因妨害而给权利人造成的损害结果，通常表现为是权利人利用其不动产时带来某些不便，或给权利人的不动产带来了安全隐患；或是给权利人的生产生活带来了不利的影响，等等。这些不便、不利影响或是安全隐患，应当是比较严重的实质性损害，而不仅仅是某些轻微的不便或轻微的烦恼等。"只有当侵扰给原告造成实质损害、且该损害的种类同于该社区的正常人或处于正常状况并用于正常目的的财产将会遭受的损害时，被告才因侵扰对原告承担责任。"②对于某些损害，如果居住在同一个社区的正常的人都不认为是损害，而某些过度敏感的人感受到了烦恼或不安的，不能认定是损害。

（4）主观过错。成立妨害的，是否要求妨害人主观上要有过错。如美国《侵权法重述（第二版）》主张，对于私人侵扰，只有是妨害人故意和不合理造成的情况下，或"虽非故意，但根据管制因过失或莽撞行为或异常危险状况或活动而承担责任的规则可被提起诉讼"。③可见，根据美国法，构成妨害，原则上要求妨害人主观上要有过错。但我们认为，如果受害人要求妨害人承担停止妨害、消除危险、排除妨碍、恢复原判等侵权责任的，不问妨害人主观上是否存在过错。而如果要求妨害人承担损害赔偿的责任的，则应适用过错责任的归责原则，要考虑妨害人主观上有无过错。

3．责任形式

妨害所有人依法行使其财产所有权，构成对财产所有权的侵害，所有人可以请求妨害人停止侵害、排除妨碍、消除危险、恢复原状，造成损害的，所有人有权要求赔偿。

4．责任抗辩

有下列情形之一，被告不应承担妨害的侵权责任：

（1）妨碍行为具有合法性。如依法享有相邻权、地役权等。

（2）未造成实质性损害。

（3）主观上无过错（针对损害赔偿的诉求）。

---

① 〔美〕肯尼斯·S.亚伯拉罕、阿尔伯特·C.泰特：《侵权法重述——纲要》，许传玺、石宏等译，法律出版社2006年版，第263页。
② 同上书，第258页。
③ 同上书，第262页。

(4) 自己进入侵扰。这是美国《侵权法重述(第二版)》中提出的一个抗辩事由。所谓"自己进入侵扰",是指"原告在一项干扰其土地的侵扰已经存在之后才获得或改善其土地"的事实。对于自己进入侵扰,并不禁止原告获得救济,但在涉及"其他因素的案件中应被考虑"。例如,甲曾在一个曾是居民区,但开始出现一些工厂的土地上经营一家酿酒厂。酿酒的噪音、气味和烟尘干扰了乙对其邻近土地的使用和享受。丙从乙手中买下了这块土地,搬到上面居住,并就该私人侵扰提出诉讼。丙自己进入侵扰这一事实——以及该地区正在改变的用途——可能足以阻止丙获得救济。①

5. 举证责任

(1) 原告需承担的举证责任是:① 行为人实施了妨害行为;② 该妨害行为造成了自己的实质损害;③ 行为人主观上有过错(针对赔偿诉讼而言)。

(2) 被告需负以下举证责任:① 妨碍行为具有合法性;或② 原告自己进入侵扰。

6. 诉讼时效

针对妨害行为提出的停止妨害、消除危险、排除妨碍、恢复原状的诉讼请求,不受时效的限制。如要求赔偿损失的,则通常有 2 年时效的约束;时效期间一般从原告知道或应当知道自己受有损失时起计算。

五、毁损

1. 概念

毁损,是指原物遭受毁灭而不再存在;或者原物仍然存在,但在物理形态上受到损坏或物的内在价值减少。毁损包含了毁、损二义。毁,致物消灭;损,破坏原物的使用功能。

关于毁损及其民事赔偿责任,史上早有规定。如《汉穆拉比法典》第 53 条就规定:"倘自由民怠于巩固其田之堤堰,而因此堤堰破裂,水淹耕田,则堤堰发生破裂的自由民应赔偿其所毁损之谷物。"古罗马的《十二铜表法》第 8 表第 10 条亦规定:"如不慎烧毁建筑物者,责令赔偿。"

近现代各国的侵权法律制度中,对毁损这一种严重侵害财产所有权的现象,都规定了从民法的角度来看是最严厉的赔偿制度。如我国《民法通则》第 117 条第 2 款就规定:"损坏国家的、集体的财产或者他人财产的,应当恢复

---

① 〔美〕肯尼斯·S.亚伯拉罕、阿尔伯特·C.泰特:《侵权法重述——纲要》,许传玺、石宏等译,法律出版社 2006 年版,第 263 页。

原状或者折价赔偿。受害人因此遭受其他重大损失的,侵害人并应当赔偿损失。"

2. 责任构成

毁损责任的构成要件一般有三个:

(1) 毁损行为的存在。毁,如行为人对物进行烧毁、砸毁、销毁、拆毁等,致使物品原件整体灭失,其物质原态不再存在,或无法复原;损,则表现为行为人对物的局部或使用功能进行破坏,使其不能保持完整、圆满状态,原有价值减损。

(2) 毁损行为具有非法性。行为人毁损该物品的行为没有法律的依据,如非物品所有人或未经所有人同意或法律授权而毁损该物品,则行为人的行为具有违法性。

(3) 行为人主观上有过错。在适用过错责任归责原则的领域,要求行为人主观上要有过错;但不分故意或过失:故意毁损他人的财产,构成侵害财产所有权;过失地毁损他人的财产,亦构成侵害财产所有权;而在适用无过错责任原则归责的场合,无过错致他人财产毁损者,也构成侵害财产所有权,需依法承担侵害财产所有权的侵权损害赔偿的责任。

3. 责任形式

一般认为,行为人若造成他人财产毁灭消失后,应赔偿物的全部价值的损失;若造成他人财产损坏的,应采取修补措施,恢复原状。采取此种做法的根据主要在于:若物仅遭受到损坏,则应通过恢复原状的方法,以保障所有人对物的圆满支配;而通过金钱赔偿并不能使所有人恢复对原物的重新支配。若物已灭失,则不可能恢复原状,只能赔偿损失。我国《民法通则》第117条正是基于此种思路,作出了"恢复原状"与"赔偿损失"的相应规则。

4. 责任抗辩

司法实务中,针对毁损指控的抗辩的事由通常有:

(1) 主观上无过错(针对原告的损害赔偿之诉);

(2) 权利人自身的原因或第三人的原因;

(3) 权利人同意;

(4) 依法执行职务或行使权利;

(5) 自卫行为:包括正当防卫、紧急避险、自助行为;

(6) 不可抗力;

(7) 时效届满(针对原告提起的损害赔偿之诉)。

5. 举证责任

（1）原告需承担如下举证责任：① 行为人实施了损毁行为；② 该行为致原告遭受财产损失（一般要列举以货币方式计算的具体的损失额）；③ 行为人主观上有过错（适用于过错责任领域）。

（2）被告需承担的举证责任（如有需要的话）：① 损毁行为具合法性（包括依法执行职务或行使权利、自卫行为等）；或② 受害人的过错或第三人的原因；或③ 不可抗力；或④ 时效届满（针对原告的损害赔偿之诉）；或⑤ 原告受有利益（损益同销），等等。

第二节　侵害他物权的侵权责任

一、侵害用益物权的侵权责任

1. 概述

用益物权，指对他人的物，在一定范围内，加以使用、收益的定限物权。我国《民法通则》设专门的条文——第 80 条、81 条、82 条——规定了用益权。我国《物权法》更是以第三编的形式，规定了农村土地承包经营权、建设用地使用权、宅基地使用权和地役权四种基本类型的用益物权，正式、全面地确立了我国用益物权制度。

现实中，侵害用益物权行为的现象相当普遍。因此，强化对作为财产权的用益物权的法律保护，确保用益物权对所有人财产的正常、合理、有效率地利用，增进社会财富、促进社会经济的繁荣，维持社会的公平发展，建立和谐社会，都具有重要的现实意义。

2. 构成要件

侵害用益物权责任的构成要件，主要有以下几个方面：

（1）存在用益物权受到侵害的客观事实。侵害用益物权的侵权行为所侵害的对象是用益物权人占有并使用的所有人的财产，即用益物。因此，侵害用益物权的损害事实，主要有以下几种表现形式：一是非法侵占用益物；二是毁损用益物；三是非法处分用益物；四是妨碍用益权人合理利用用益物，等等。

（2）行为违反了保护用益物权的法律规定。用益物的所有人和第三人以作为或不作为的方式,如侵占用益物、毁损用益物、非法处分用益物、妨碍用益权人行使权利、侵害用益物权,则违反了保护用益物权的法律规定,具有违法性。

(3) 侵害用益物权的行为与损害之间有因果关系。侵害用益物权与损害结果之间具有因果关系,才能构成侵权行为。此要件与侵权损害赔偿责任构成的因果关系要件要求相同。

(4) 行为人的主观过错。在所有权人侵害用益物权的场合,行为人须具有故意或过失;第三人侵害用益物权,依归责原则的不同,对主观过错的要求则不同,此要求依实际情况而定。

3. 侵害建设用地使用权

建设用地使用权,是民事主体依照法律规定取得的对国家所有的土地享有占有、使用和收益的权利。建设用地使用权人有权利用该土地建造建筑物、构筑物及其附属设施。土地作为最基本的生产资料,具有价值和使用价值,是土地所有人和使用人的重要财富。我国《土地管理法》第9条规定,国有土地可以依法确定给单位或者个人使用。按照《土地管理法》等有关法律、法规的规定,建设用地使用权设定之后,便成为一项独立的权利,任何人都不得侵害,建设用地使用权人有排除任何单位、组织或个人不法干预的权利。

从日常实践活动看,侵害建设用地使用权的形式最常见的有如下几种:

(1) 侵占建设用地使用权人的土地,如擅自在他人使用的土地上搭建筑物、堆放垃圾,或在他人使用的土地上取土、挖坑、排放污水等;

(2) 非法阻止或妨碍权利人在已经依法取得建设用地使用权的土地上正常实施利用土地的活动,如堵塞通道,设置路障;

(3) 破坏土地的利用价值,如毁坏、冲毁、污染土地等;

(4) 侵入土地。

凡上述事实一经出现,即应认定为对土地使用者建设用地使用权的侵害。

侵害建设用地使用权的必须依法承担侵权责任。依法取得建设用地使用权的,其合法权益受法律保护。当建设用地使用权受到侵害时,建设用地使用权人有权依法采取措施保护其权利,可以请求当地市、县人民政府土地管理部门责令侵害人(多为行政单位或经济组织)排除妨碍、停止侵害、返还土地、恢复土地原状,直至赔偿损失。

4. 侵害农村土地承包经营权

农村土地承包经营权,是指土地承包经营权人依法或依承包合同的约定,对其承包经营的耕地、林地、草地等享有占有、使用和收益的权利。承包人有权从事种植业、林业、畜牧业等农业生产。承包人依法与发包人签约后,在合同有效期内(通常土地承包可长达30年)享有承包经营权,任何人不得干预。一旦有人侵犯即构成侵权行为。

侵害承包经营权的行为通常有：

(1)发包人侵害承包经营权行为。如承包经营权发生后,发包人不准承包人占有、使用土地,发包人强行支配土地收获物,擅自终止土地承包关系剥夺承包权,禁止承包人依法转包、设置抵押等处分行为,以及在承包经营权消灭之时禁止承包人收回土地上的收获物。

(2)第三人侵害承包经营权的行为。如第三人非法侵占承包土地,妨碍承包人对承包经营权的行使,与发包人串通或唆使发包人撤销承包经营合同等。这些都是对承包经营权的侵权行为。如果第三人侵害的是承包土地上的附着物,则不仅是对承包人承包经营权的侵害,而且是对承包人财产所有权的侵害。

侵害承包人的承包经营权的,必须依法承担相应的侵权责任。依据我国《农村土地承包法》第53条的规定,任何组织和个人侵害承包方的土地承包经营权的,应当承担民事责任。其中,发包方有下列行为之一的,应当承担停止侵害、返还原物、恢复原状、排除妨害、消除危险、赔偿损失等民事责任：①干涉承包方依法享有的生产经营自主权;②违反本法规定收回、调整承包地;③强迫或者阻碍承包方进行土地承包经营权流转;④假借少数服从多数强迫承包方放弃或者变更土地承包经营权而进行土地承包经营权流转;⑤以划分"口粮田"和"责任田"等为由收回承包地搞招标承包;⑥将承包地收回抵顶欠款;⑦剥夺、侵害妇女依法享有的土地承包经营权;⑧其他侵害土地承包经营权的行为。第58条规定：任何组织和个人擅自截留、扣缴土地承包经营权流转收益的,应当退还。第59条规定：违反土地管理法规,非法征用、占用承包的土地,造成他人损害的,应当承担损害赔偿等责任。

5.侵害宅基地使用权

宅基地使用权,是指农村居民依法在农村集体所有的土地上合法建造住宅及其附属设施的权利。宅基地使用权是我国特有的一种用益物权形式,本质上属于土地使用权。我国《物权法》第十三章以4个条文(第152—155条)作了原则性规定。

依法取得的宅基地使用权受国家法律保护,任何单位或者个人不得侵犯。现实生活中,侵害宅基地使用权的行为通常有:① 侵占他人的宅基地;② 妨害他人对其宅基地的正常、合理的使用;③ 损毁宅基地,致无法继续使用;④ 非法剥夺他人的宅基地;⑤ 非法限制他人的宅基地面积;⑥ 非法征收宅基地;⑦ 虽然是合法地征收宅基地,但没有给予充分的补偿,或补偿不及时,等等。

宅基地使用权遭受侵害的,权利人可以请求侵权人停止侵害、排除妨碍、返还占有,并可以要求赔偿损失。宅基地如被国家征收、农村集体收回的,权利人有权要求另补宅基地。

6. 侵害地役权

地役权,是指权利人按照合同的约定,为使用自己不动产的便利或提高其效益而利用他人不动产的用益物权。我国《物权法》第十四章以14个条文(第156—169条)对此作了一般性规定。

地役权是权利人通过与供役地所有人或使用人订立地役权合同而取得的。地役权的主要内容包括以下几个方面:第一,利用供役地为必要行为的权利。包括通行、取水、排水、采光、日照、通风、观赏、眺望等。第二,为必要附属行为与设置的权利。如在供役地修建道路,挖掘水沟,以利通行和进、排水。第三,优先利用供役地的权利。如果地役权人利用供役地,与该供役地的所有人或使用人利用供役地发生冲突的,双方又没有约定哪一方有权优先利用的,原则上地役权人有权优先利用。

侵害地役权的行为,通常有如下的表现:① 设置障碍,阻止或妨碍权利人通行、取水、采光、日照等。这是最常见的侵权现象。② 没有正当理由,阻挠或妨碍权利人修建道路、修挖水沟、设置利用或便利设施等。实施侵权的行为人,通常是供役地的所有人或使用人;也有可能是其他第三人。如是供役地的所有人或使用人,则其行为有可能同时构成违约与侵权,产生责任竞合的问题。

侵害地役权的,应承担停止侵害、排除妨碍、消除危险、恢复原状等侵权责任;给权利人造成实际财产损失的,还须依法承担赔偿责任。

二、侵害担保物权的侵权责任

1. 概述

侵害担保物权的行为,是指担保物所有人、管理人(以下统称担保人)或第三人侵害担保物权人对担保物所享有的权利的侵权行为。侵害担保物权的侵权行为的客体是担保物。根据我国《物权法》《担保法》的相关规定,担保物可以是动产、也可以是不动产,甚至还可以是某些财产权利,如建设用地使用权、公司股权等。实施侵权的人可以是担保人,也可以是其他第三人。如果是担保人实施的侵害担保物权的,又有可能同时成立违约与侵权,导致违约责任与侵权责任的竞合。

构成侵害担保物权责任的要件有以下四个:

(1)有侵害担保物权的客观事实。担保物遭受损害事实的表现形式有多种,如非法侵占、毁损、处分担保物。这种侵权事实的存在构成了对担保物权的侵害,是损害赔偿责任的必要要件。同时,这种侵权事实应当在担保物权存续期间内发生;若担保物权存续期间已经届满,担保物权不再存在,则不存在构成对担保物权的侵害。

(2)行为具有违法性。侵害担保物权行为具有违法性,是指其行为违反了国家有关保护担保物权的法律法规的规定。我国《物权法》以及《担保法》都明确规定了对担保物权的保护;任何人侵害担保物权,就是违反了法律的规定,因而具有违法性。

(3)有损害事实的存在。担保物权遭受侵害所呈现出来的损害事实,通常有担保物被侵占、被非法转移、被损毁、担保价值减损,或担保物权人行使担保物权受到不应有的妨碍,等等。

(4)侵害担保物权的行为与担保物损害事实之间有因果关系。这一要件与侵权损害赔偿责任构成的因果关系要件要求是相同,都要求担保物损害事实发生是侵害担保物权行为的必然结果。

2. 侵权形态

侵害担保物权的侵权行为表现有多种:

(1)非法侵占担保物。如第三人将担保物据为己有。

(2)毁损担保物。抵押人、质押人、被留置人以及第三人都可以造成对担保物的毁损。

(3)非法转让、处分担保财产。如占有抵押物的抵押人在抵押权设立之后至抵押物实现之前的期间内非法转让或处分抵押物。

(4)妨害担保物权的行使。如第三人阻碍担保物权人对担保物进行占有。

(5)非法涂销担保登记。

3. 责任形式

由于侵害担保物权的侵权表现形式有多种,因此其责任形式也相应的有异：

(1) 侵占担保财产的，应当将担保财产予以返还；不能返还的，应当以实物赔偿或是折价赔偿。

(2) 毁损担保物的，如果能修复，应当修复原状；如果不能修复或已经灭失的，则应该实物赔偿或是折价赔偿。

(3) 擅自处分担保物的，除非担保物已经灭失，否则权利人可以根据财产所有权或担保物权，行使物上追及权，追回担保财产；如果担保财产已经灭失，则擅自处分人应赔偿担保财产的损失。

(4) 妨害担保物权的行使的，担保人或担保物权人可以要求妨害人停止侵害，消除危险，排除妨碍等等。

第三节 侵害债权的侵权责任

一、概述

1. 债权的相对性

按照传统的民法理论，债法区别于物权法的基础在于债之相对性原则。即债权是相对权，是特定债权人请求特定债务人为特定行为或不为特定行为的权利。它只能拘束特定债务人。罗马法法谚形象地称债为特定当事人之间的"法锁"，其含义亦在于此。债之相对性与物之绝对性构成了民法体系两大界限分明的支柱。然而，随着社会生活和经济生活的大发展，传统的民法逻辑结构已逐渐不适应现代的需要，出现了债之相对性原则的突破。侵害债权制度，是近代债权制度与侵权制度发展的产物。它跳出狭隘的合同相对性原则的传统认识，赋予债权以权利的不可侵性，藉此给予债权人以最周全而充分的保护，为市场要素在法律的引导下有序地配置提供了必要条件。

债权能否成为侵害对象？学理上众说纷纭。主要观点有二：一种观点认为，债权乃是债法法律关系内容的主导方面，即使存在某种侵害债权的行为，也可以借助债的不履行制度加以认定。故债权能否成为侵害对象的问题，无须特别加以研究。另一种观点认为，债权既为权利，当然应受法律之保护；且实践中亦已发生侵害债权的行为，故债权可以成为侵害的对象。目前，多数学者倾向于后一种观点。但我国《侵权责任法》第2条第2款在列举侵权责任法保护的民事权益时,并未将债权纳入其中。

2. 债权成为侵权行为侵害对象的可能性分析

债权作为侵害客体,不是源于债的对内效力,而是源于债的对外效力,源于债的不可侵犯性。债权的相对性本意指债权人仅得请求债务人为给付,债务人负有作为的义务。这实际是一个履行问题。当我们在更广阔的视野中来看这个问题时,我们发现债权不仅仅具有相对性,而且具有不可侵犯性。债权人和债务人之间不止单单存在一个债权,而是一个债权关系。在这个关系之外的任何人均不得对其进行侵害。犹如物权主体以外的任何人都负有不作为义务一样,债权关系以外的任何人都负有不作为的义务。从这个意义上来说,债权同时也是绝对权;甚至可以说一切权利都具有对抗性。因此权利主体以外的任何人都负有不得侵害的不作为义务。台湾的李肇伟先生对此有一个很好的说明:"绝对权与相对权之区分,亦只能就权利之主要内容,是否重在对抗一般人为目的之不同而言。于是在绝对权因一般人须履行不侵害之义务,而得对抗一般人虽得谓为对世权;而相对权,既须特定义务人履行义务,因得对抗特定义务人,而一般人仍须负不侵害之义务,是仍得对抗一般人,自不得谓为对人权。故以绝对权为对世权虽可,以相对权为对人权则不可也。"① 相应地其将相对权定义为"系有特定之相对人,虽仍得对抗一般人而却重在对抗特定人为目的",将绝对权定义为"无特定之相对人而以一般人为相对人,系对抗一般人为目的"。

二、第三人侵害债权

1. 概述

第三人侵害债权是指债的关系以外的第三人单独或者与债务人共同实施的,侵害债权人债权的行为。其特点是:其一,侵害债权的行为主体是债的关系以外的第三人或是第三人和债务人的合谋,债务人单独侵害债权人的行为不属于第三人侵害债权;其二,侵害的对象是债权人合法的债权。

第三人侵害债权制度最早源于司法判例。法国于 1908 年 Randnitz v. Doeuillet 一案中,突破了债权相对性原则,确认了第三人侵害债权的可能。德国与我国台湾地区的司法实践也都先后承认了第三人侵害债权的存在。

我国尚未建立第三人侵害债权制度。我国《民法通则》第 116 条规定:当

---

① 李肇伟:《法理学》,台湾中兴大学 1979 年版,第 281 页。

事人一方由于上级机关的原因,不能履行合同义务的,应当按照合同的约定向另一方赔偿损失或者采取其他补救措施,再由上级机关对它因此受到的损失负责处理。我国《合同法》第121条规定:当事人一方因第三人的原因造成违约的,应当向对方承担违约责任。当事人一方和第三人之间的纠纷,依照法律规定或者按照约定解决。这两个法条都不是对侵害债权的规定,而是债的相对性最明显的体现。也就是"债务人为第三人行为向债权人负责"的规则。即在因第三人的行为造成债务人不能履行的情况下,仍由债务人向债权人承担违约责任,债权人也只能要求债务人承担违约责任。债务人在承担违约责任以后,有权向第三人追偿。此处的"第三人"的范围按照学理解释和立法者的本意也仅指"履行辅助人"。即与当事人一方有关系的第三人,这个第三人通常是一方当事人的雇员、内部职工或当事人一方的原材料供应商、配件供应人、合作伙伴等,当然包括上级。而不是第三人侵害债权制度中所指的合同关系、债权债务关系当事人以外的任意第三人。可见,这两个法条坚守了合同责任的相对性原则,并非规定第三人侵害债权。

2. 构成要件

第三人侵害债权本质上仍是一种侵权行为,但由于债权不同于物权,有其自身的特点,因此第三人侵害债权不同于一般侵权,其构成要件为:

(1) 侵权主体为合同以外的第三人。此处所说的第三人,不是指合同关系中的第三人(如保险合同中的受益人),而是指合同当事人之外的第三人。

(2) 须有合法合同存在。任何侵权行为的客体首先必须是合法存在的权利。因此,第三人侵害债权必须以合同债权存在且此合同债权合法为前提。

(3) 第三人有侵害债权的故意。侵害债权的故意是指第三人明知有合同债权的存在,仍然实施以侵害债权为目的的行为。过失不构成侵害债权责任的主观要件。

(4) 第三人的行为必须对债权人的债权造成了损害。第三人的行为必须造成了一定的损害后果,即客观上侵害了债权人的债权。

第三人侵害合同债权的行为发生后,若有正当理由,行为人可基于一定的抗辩事由而免责。如正当防卫、紧急避险、执行公务、不可抗力等都可成为侵害合同债权的免责事由。

(5) 须债权受到侵害的后果与第三人侵害之间有因果关系。第三人侵害债权作为一种侵权行为,它也要求债权损害后果与第三人实施的侵害行为之间有因果关系。

3. 侵权情形

关于第三人侵害债权的具体表现形式,美国《侵权法重述(第二版)》分成了四种基本的形态:① 对第三人履行合同的故意干扰,是指故意和不恰当地通过诱使或以其他方式促使某第三人不履行一项他人与该第三人之间的合同(除结婚合同外),从而干扰该合同的履行的行为;② 对他人履行其自身合同的故意干扰,是指故意和不恰当地通过阻止他人履行该他人与某第三人之间的合同(除结婚合同外)或通过使该他人的履行更昂贵或更烦恼,从而干扰该合同的履行的行为;③ 对未来合同关系的故意干扰,是指故意和不恰当地诱使或以其他方式促使某第三人不与该他人进入或继续该未来合同关系,或者阻止该他人获得或继续未来合同关系;④ 对合同或未来合同关系的过失干扰,是指过失地促使某第三人未履行与该他人的合同,或是行为人过失地干扰该他人对其合同的履行或使其履行更昂贵或更烦恼,或过失地干扰该他人取得与某第三人合同关系。①

第三人侵害债权的具体情形主要有以下几种:

(1) 第三人无权处分他人的债权并导致债权的消灭。如代理人超越代理权限免除被代理人的债务人对被代理人的债务。

(2) 第三人引诱债务人不履行债务。引诱行为与债务人的违约行为间有直接因果关系,第三人才构成侵害债权的责任。同时,该引诱行为必须是非法的,为反不正当竞争法所限制的。否则,市场经济条件下,当事人享有自由缔约权,第三人未实施引诱行为,仅以言辞劝告,建议债务人违约,债务人自己决定违约,并与第三人订立合同,则只由债务人负违约责任,第三人不构成侵权。

(3) 第三人基于侵害债权的故意而伤害债务人、毁损债的标的物,以欺诈、强制等方法阻止债务人履行合同,债务人没有过错,第三人向债权人承担侵权损害赔偿等民事责任。

(4) 第三人与债务人恶意通谋。如第三人与债务人恶意串通隐匿财产、设置财产担保,使债权不能实现。在这里,债务人和第三人构成共同侵权行为。

---

① 〔美〕肯尼斯·S. 亚伯拉罕、阿尔伯特·C. 泰特:《侵权法重述——纲要》,许传玺、石宏等译,法律出版社 2006 年版,第 233 页。

第四节 侵害股权的侵权责任

一、股权概述

1. 概念

所谓股权,是指股东因出资而取得的、依法定或者公司章程的规定和程序参与事务并在公司中享受财产利益的、具有可转让性的财产权利。

作为一项重要的财产权利,股权是现代股份经济的产物,是股份公司制度的核心之一。我国《公司法》第3条规定:"公司是企业法人,有独立的法人财产,享有法人财产权。公司以其全部财产对公司的债务承担责任。……股份有限公司的股东以其认购的股份为限对公司承担责任。"由此可见,公司与股权犹如一对孪生兄弟,相互依存。如果说,公司是外壳,股权则是内核。

2. 内涵

我国《公司法》第4条规定:"公司股东依法享有资产收益、参与重大决策和选择管理者等权利。"我国《物权法》第67条亦规定:"国家、集体和私人依法可以出资设立有限责任公司、股份有限公司或者其他企业。国家、集体和私人所有的不动产或者动产,投到企业的,由出资人按照约定或者出资比例享有资产收益、重大决策以及选择经营管理者等权利并履行义务。"由此,股权包括了资产收益权、重大决策权和选择管理者权三大基本权利。

(1) 资产收益权,指股东按照其对公司的投资份额通过公司盈余分配从公司获得股息、红利等利益的权利。我国《公司法》第35条规定:有限责任公司的"股东按照实缴的出资比例分取红利"。第167条规定:公司弥补亏损和提取公积金后所余税后利润,有限责任公司依照本法第35条的规定分配;股份有限公司按照股东持有的股份比例分配。

(2) 重大决策权,指股东依法通过股东会或股东大会参与对公司的重大事务决策的权利。根据我国《公司法》第38条的规定,公司的下列重大事务应由股东通过股东会或股东大会来作出决策:公司的经营方针和投资计划、年度财务预算方案、决算方案、利润分配方案和弥补亏损方案、增加或者减少注册资本、发行公司债券、公司合并、分立、解散、清算或者变更公司形式、修改公司章程等。

(3)选择管理者权,指股东通过股东会或股东大会选举、监督或罢免公司董事、监事的权利。我国《公司法》第38条规定,股东有权选举和更换非由职工代表担任的董事、监事,决定有关董事、监事的报酬事项;有权审议批准董事会、监事会或者监事的报告。

上述股权中的三大基本权利,资产受益权是基础性的权利,是股东向公司投资的动力之所在。而后两种权利无非是资产受益权的法律保障措施而已。因为,只有确保重大决策权和选择管理者的权利,才能确保股东受益权的实现。

二、侵害股权的侵权责任

1. 责任构成及责任形式

股权,作为一项财产权利,其重要性日益凸现。我国《侵权责任法》第2条将它纳入到侵权法的保护范畴中来,强化对股权的法律保护,适应了社会经济发展的正常需求。

侵害股权的侵权责任,符合一般侵权责任的构成要件即可,并不要求具有特殊的条件:

(1)有侵害股权的事实存在;
(2)致股东以损害;
(3)二者间存在因果关系;
(4)行为人主观上存在过错。

其中,侵害股权的行为通常有如下表现:

(1)非法限制或剥夺股东出席股东会或股东大会的权利;
(2)非法限制或禁止股东转让股份;
(3)恶意不分配或拖延分配股息或红利;
(4)以权谋私、中饱私囊,侵占公司财产;
(5)怠于行使权利,甚至免除控股股东及其利益组织对公司的义务,或以公司资产为控股股东个人及其利益组织提供担保,造成公司不必要的损失;
(6)恶意经营,导致公司破产,损害股东利益,等等。

从以上关于侵害股权的各种具体行为的表述,我们可以看出,实施侵害股东各项股权的行为人,通常是公司的股东(一般为控股股东或大股东)和公司的管理者;股东或管理者以外的第三人,通常只有在与股东或管理者通谋的情况下,才能实施侵害股东股权的行为。如果公司股东或管理者是以公司的名义实施的,则公司是行为人,应向受害的股东承担损害赔偿的侵权责任。

侵害股东的侵权责任形式,主要表现为损害赔偿。我国《公司法》第20条第2款规定:"公司股东滥用股东权利给公司或者其他股东造成损失的,应当依法承担赔偿责任。"

2. 股权受到侵害时股东在公司法上的特殊的诉讼救济措施

股东受到侵害,股东可依侵权法得到补偿以外,还可运用公司法的特殊的诉讼救济措施,使之得到补救。

根据我国《公司法》的规定,股东的特殊的诉讼救济措施主要有:

(1) 提起申请撤销公司决议的诉讼。《公司法》第22条第2款规定:"股东会或者股东大会、董事会的会议召集程序、表决方式违反法律、行政法规或者公司章程,或者决议内容违反公司章程的,股东可以自决议作出之日起60日内,请求人民法院撤销。"

(2) 提起请求公司收购股权诉讼。《公司法》第75条规定:"有下列情形之一的,对股东会该项决议投反对票的股东可以请求公司按照合理的价格收购其股权:(一) 公司连续五年不向股东分配利润,而公司该五年连续盈利,并且符合本法规定的分配利润条件的;(二) 公司合并、分立、转让主要财产的;(三) 公司章程规定的营业期限届满或者章程规定的其他解散事由出现,股东会会议通过决议修改章程使公司存续的。自股东会会议决议通过之日起六十日内,股东与公司不能达成股权收购协议的,股东可以自股东会会议决议通过之日起九十日内向人民法院提起诉讼。"

(3) 提起要求公司管理者承担赔偿责任的诉讼。《公司法》第153条规定:"董事、高级管理人员违反法律、行政法规或者公司章程的规定,损害股东利益的,股东可以向人民法院提起诉讼。"

(4) 股东代表诉讼。《公司法》第152条规定,如果董事、监事、高级管理人员执行公司职务时违反法律、行政法规或者公司章程的规定,给公司造成损失的,应当承担赔偿责任,而拒不承担赔偿责任,股东有权要求董事会或者不设董事会的有限责任公司的执行董事向人民法院提起诉讼;上述人员拒绝提起诉讼,或者怠于提起诉讼,或者情况紧急、不立即提起诉讼将会使公司利益受到难以弥补的损害的,前款规定的股东有权为了公司的利益以自己的名义直接向人民法院提起诉讼。

第五节 侵害继承权的侵权责任

一、概述

1. 概述

继承权是指民事主体依照法律规定或被继承人的遗嘱指定而承受被继承人财产权利和义务的一种民事权利。

关于继承权的性质,现代各国民法及民法学说,均认为是一种财产权,否定了身份性质。而且,有的国家还明文规定为"物权"。如《奥地利民法典》第532条明确规定:"称继承权者,谓取得遗产全部或其一定比率的一部之排他的权利,其权利为一种物权。对于任何侵害遗产之人,皆有对抗效力。"

依据继承权产生的根据,继承权有两种基本类型。一是法定继承权;二是遗嘱继承权。前者是直接根据国家继承法的规定而享有的财产继承权;而后者则是直接依据被继承人生前所订立的合法有效的遗嘱而产生的。理论上,根据继承权是否可以现实地行使,还可将继承权分成"继承期待权"与"继承既得权"。前者是继承人的一种身份或资格。当自然人取得继承人的资格后,只要被继承人没有死亡,就不能实际地行使。根据我国《婚姻法》第24条第1款的规定,"夫妻有相互继承遗产的权利"。如此男女双方结为夫妻后,相互之间就取得了继承配偶对方的遗产的权利,但当配偶生存期间,该继承权实际处于"休眠"的状态,故称之为"继承期待权";而当配偶去世时,该继承权便得以行使,从而成为所谓"继承既得权"。

还须说明的是,继承法上,能够依法取得死者遗产的人,除了其继承人以外,还有其他一些民事主体,如受遗赠人、法定继承人以外的依靠死者生前扶养的自然人和对死者生前尽了较多扶养义务的自然人,以及无人继承又无人受遗赠时的国家或集体组织。他们依法所享有的这种取得死者遗产的权利,遭受侵害时,比照继承人的继承权受侵害的制度适用之。

2. 继承权能成为侵权法保护的对象

继承权能否成为侵权法保护的对象,在法学理论界并不统一。有人认为:人民法院只有在确认原告享有合法继承权之后,才能责令不法占有人返还遗产。而确认继承权的资格问题,不是侵权之诉所应包括的内容,继承权的回复请求权也是不同于基于侵权行为的请求权的独立请求权。因此,继承权不应成为侵权行为法的保障对象。① 对此,我们有不同的看法,认为继承权也是侵权行为法保护的对象之一。理由在于:从继承权的性质上,继承权是继承人依法享有的继承被继承人遗产的权利。它虽然是基于亲属身份关系而产生的权利,但是以财产利益为内容,即继承的被继承人的遗产,是与所有权有着千丝万缕的联系的。因此,性质上继承权属于一种财产权、绝对权,具有排他性。在民法学界,这已成为通说,也就意味着权利人以外的一切人都须有不得妨害继承权的义务;继承权一旦被侵害,便应受到国家法律的保护。而侵权法作为民法的组成部分,主要保护除合同债权以外的财产权、人身权等绝对权。因此,继承权作为财产权,亦是绝对权,理应受侵权行为法的保护。另外,在大多数的侵权诉讼中,首先需要确认原告的权利人身份,也就是说,原告首先要证明自己是权利人。如当财产所有权遭受侵害而提起诉讼时,原告需要证明自己是遭到侵害的财产所有权的享有者,但这并不影响这些诉讼的侵权诉讼的性质。为何继承权或继承人身份的确认就不包含在侵权之诉中?《侵权责任法》第2条第2款关于侵权责任法所保护的民事权益的种类与范围中,明确将继承权纳入其中,说明继承权成为侵权法保护的对象,已得到了立法者的肯定。

3. 继承回复请求权的性质

所谓继承回复请求权是指当继承权受到不法侵害时,继承人有权直接向侵权人提出恢复继承权原状、返还遗产、赔偿损失或请求法院给予法律保护,强制侵权人恢复继承权未被侵害时的原状、返还被侵占的遗产或赔偿继承人遭受的损失的权利。

关于继承回复请求权的性质问题在民法学界颇有争论,主要有三种观点:

(1)继承人地位回复说(形成权说),认为继承权为被继承人之人格或地位之包括的继承,故继承回复请求权是真正继承人回复其地位的形成权的一种。

(2)遗产恢复请求权说(请求权说),此说又分为两种观点:第一,个别的请求权集合说(集合权利说)。此说主张继承回复请求权系继承财产之个别的权利(请求权)之集合。第二,特别独立的请求权说(独立权利说)。这种

---

① 曹险峰:《在权利和法益之间——对侵权行为客体的解读》,载《当代法学》2005年第5期。

说法认为,继承权系继承人包括的继承被继承人之财产上权利义务之地位,继承回复请求权系以回复此地位为目的之请求权。

(3) 继承资格确认及其继承财产回复请求说(折中说)。有学者主张,继承回复请求权是包括请求确认资格及回复继承财产的单一请求权。即对于相对人请求确认其继承资格的一方面,是人的请求权;对于相对人请求回复其继承标的的一方面,为物的请求权。这种主张现已成为台湾大多数学者的通说。

笔者倾向于请求权说,认为继承回复权是继承人要求排除他人对其行使继承遗产权的妨害,或请求侵占遗产者返还遗产的权利等。而所谓资格的确认,仅仅是权利行使的前提而非权利的本身。

二、侵害继承权的责任

1. 责任构成

侵害继承权责任的构成要件有以下四个方面:

(1) 行为人的行为具有违法性。主要表现在行为人的行为违反了我国《民法通则》第5条关于公民、法人的合法权益受法律保护,不受侵害的规定。在我国《民法通则》中、《继承法》中都明文规定继承权是合法的民事权利,也即赋予了公民的继承权具有不可侵犯性,这也意味着任何公民、法人对他人的民事权利具有不作为义务,须严格履行。行为人非法侵占或妨害或擅自处分真正继承人的继承权,不仅违反了《民法通则》之规定的不作为义务,也违反了《继承法》的相关规定,因而行为具有了违法性。

(2) 具有损害事实的存在。侵害继承权中所表现出的权益受损主要是:继承权无法得以实现,真正继承人无法取得理应获得的遗产,造成其财产利益的损失。

(3) 因果关系。即行为人的违法行为与损害事实存在的因果关系。正是基于不法行为人的非法侵占或妨碍行为才导致真正继承人继承权的无法实现,造成其财产利益的损害。

(4) 行为人主观上具有过错。行为人实施不法行为的目的是为了获得其无权拥有的财产,妨碍继承人继承权的实现。因而,多数侵害继承权的行为下,行为人主观上都有故意的心态。个别情况下,行为人主观上呈过失的心理状态。如不小心遗失、烧毁了所保管的遗产。

2. 行为形态

侵害继承权的行为有以下几种:

（1）隐匿、侵吞、私分、损毁、非法处分遗产；
（2）伪造、篡改、隐匿、销毁遗嘱；
（3）为争夺遗产而欺骗、胁迫、杀害继承人；
（4）隐瞒继承事实；
（5）无行为能力、限制行为能力的继承人的监护人擅自代为放弃继承。

3．责任形式

侵害继承权的责任形式主要有下列几项：

（1）停止侵害；
（2）返还原物；
（3）恢复原状；
（4）赔偿损失。

上述责任形式，受害人可根据实际情况选择决定适用之，也可要求合并适用。

第七章 侵害人身权的侵权责任

人身权与财产权是民法赋予民事主体的两大基本民事权利。人身权是指民事主体依法享有的，以在人格关系和身份关系上所体现的，与其自身不可分离的利益为内容的民事权利。民法不仅详细规定了人身权的类型、内容和行使，也详细规定了人身权受到侵害时的保护和救济手段，即通过确认侵害人身权的违法行为为侵权行为的方式，使侵权人承担以损害赔偿为主要内容的民事责任。人身权的体系庞大，首先可以以客体为人格抑或身份分为人格权与身份权，在人格权中依其客体为物质性人格要素抑或精神性人格要素，又可进一步分为物质性人格权和精神性人格权。物质性人格权包括生命权、健康权。精神性人格权包括姓名权、名称权、肖像权、名誉权、隐私权、自由权、婚姻自主权等。身份权分为亲属法上的身份权和亲属法外的身份权，前者包括配偶权、亲权和亲属权；后者包括荣誉权、监护权、著作人身权等。本书将以该体系为基础，详细论述侵害各种具体人身权的侵权责任。

第一节 侵害物质性人格权的侵权责任

一、侵害生命权

1. 概念

法学和法律中的生命，并不是泛指一切生物之生命，而仅指自然人的生命。它是人体维持其生存的基本的物质活动能力。人的生命是人的最高的人格利益,具有至高无上的人格价值,是人的第一尊严。

生命权是以自然人的生命安全的利益为内容的权利。生命权是自然人的基本民事权利,是一项独立的人格权。生命权的重要意义由生命的至高无上性决定,是自然人享有其他民事权利的基础和前提。所以说,正是在这个意义上,侵害生命权的行为不仅是至为严重的侵权行为,而且也是应受刑罚严厉制裁的行为。

侵害生命权,是指不法剥夺他人生命的侵权行为,其具体表现是伤害他人身体致人死亡。因此,侵害生命权的行为,与侵害健康权、侵害身体权的行为并没有原则上的区别,只是由于行为的强度更大,造成了受害人生命丧失的后果。

2. 制度史

对于侵害生命权的法律救济,在古代习惯法时期和古代成文法时期,采取的是血亲复仇(同态复仇)制度,例如《汉穆拉比法典》第209—210条规定:自由民打自由民之女致其死亡者,应处死其女。在古代成文法后期,对侵害生命权的行为实行自由赔偿制度。采取复仇方式,还是采取赔偿方式,由受害人的亲属选择。这种赔偿,并不是现代意义的赔偿,而是对放弃报复权利的补偿。至罗马法后期,一律实行强制赔偿方法,对生命权受侵害之人,侵害人应以金钱或实物赔偿,禁止复仇行为。

到了近现代,对非法剥夺他人生命的行为,各国除了运用刑法手段严厉打击与预防之外,还广泛采取损害赔偿的方式救济,并对生命权遭受侵害的间接受害人的扶养损害亦进行赔偿。这已成为各国立法通例。如我国《民法通则》第119条规定:侵害公民身体"造成死亡的,并应当支付丧葬费、死者生前扶养的人必要的生活费等费用。"《越南民法典》第614条规定:"侵害生命的损害包括:(1)受害人死亡前的合理的医疗费、营养费和护理费;(2)合理的丧葬费;(3)受害人负有扶养义务的人的扶养费;(4)根据具体情况,法院可判令加害人赔偿死者最近的亲属一定数额的精神损害补偿金。"《俄罗斯联邦民法典》第1088条规定的享有损害请求权的人的范围更为广泛:在扶养人死亡的情况下,享有损害赔偿请求权的人包括:依靠死者生前供养或在死者生前有权要求死者供养的无劳动能力的人;死者死亡后出生的子女;父或母、配偶或家庭其他成员,不论有无劳动能力,只要不工作并从事照管受死者供养的未满14周岁的或者已满14周岁但根据医疗机关证明其身体状况需要他人照顾的死者的子女、孙子女、兄弟姐妹；靠死者供养并在死者死后5年内丧失劳动能力的人；父或母、配偶或家庭其他成员，不论有无劳动能力，只要不工作并从事照管死者的子女、孙子女、兄弟姐妹并在照管期间内也丧失劳动能力的，他们在结束对上列人的照管后仍享有损害赔偿请求权。

3. 责任构成

（1）侵害生命权的违法行为。即违反民法关于保护自然人生命权的规定，使受害人生命丧失的各种行为。既可以是作为，也可以是不作为；既可以是直接行为，也可以是间接行为。具体的行为如：故意杀人、故意伤害致人死亡、过失致人死亡、交通肇事致人死亡、医疗事故致人死亡、高危险作业致人死亡、产品致人死亡等。

作为侵害生命权行为的客体的生命仅限于自然人的生命。然而，作为生命权客体的"生命"又是从何确定？按照传统理论及立法，生命权中的生命，始于出生，终于死亡。因此，尚未出生的胎儿不具有生命，仅是母体的一部分，因而无所谓有生命权的问题。但是，随着现代医学科学技术的发展，越来越多的学者肯定胎儿已具有了生命的形式，应当给以法律保护。各国的司法实践中，也有保护胎儿生命法益的实际案例。我国法学界对此问题的讨论不多，较有代表性的观点是认为胎儿（包括成功受孕的孕卵、胚胎）在客观上具有生命的形式，但其不是生命权的客体，而是一种先期的生命利益，应予以法律保护。①

（2）生命权受损害的事实。通常包括四个层次：① 受害人生命丧失的事实，即侵害行为造成受害人死亡的客观结果，这是侵害生命权最基本的损害事实，是不可不存在的必备事实，是构成损害事实的基础。② 生命丧失导致死者近亲属财产损失的事实。包括死者近亲属为抢救受害人而支出的费用，为安葬而支出的丧葬费。③ 死者生前扶养的人的扶养丧失的事实。④ 死者近亲属的精神痛苦损害，为慰抚金赔偿的标的。

（3）侵害行为与损害事实之间的因果关系。判断因果关系时应依通常的社会经验和知识水平判断。在其他原因为助成或扩大的原因时，违法行为与这些其他原因共同引起损害结果的发生，该违法行为与死亡结果之间有因果关系。以原因力的大小确定其责任范围。例如，在以"诱因"致受害人死亡的案件中，侵权人的违法行为不是生命丧失的主要原因，受害人原存在的某

---

① 杨立新、王海英、孙博：《人身权的延伸法律保护》，载《法学研究》1995年第2期。又参见杨立新、吴兆祥、杨帆：《人身损害赔偿》，人民法院出版社1999年版，第213—214页。

些病变则是主要原因,违法行为所起的作用,是催化、引发的作用,加速了死亡到来的时间,依其原因力,承担相应的部分责任,而非全部责任或主要责任。

（4）主观过错。侵害生命权的侵权损害赔偿责任构成适用不同的归责原则,对侵权人的主观要件要求也不同。在适用过错责任原则和过错推定责任原则归责时,必须要有过错要件;在适用无过错责任原则归责时,则不需此要件。在一般侵权损害赔偿责任中,适用过错责任原则;无论是故意,还是过失地剥夺他人生命的行为,均需承担侵害生命权的损害赔偿责任。

4. 责任形式

侵害生命权的,行为人应当承担的主要责任形式是损害赔偿;另外,也应当适用赔礼道歉的责任形式;同时,能够采用恢复原状以减少对受害人及其近亲属所造成的财产损失的,似也可采取此种责任形式。

关于侵害生命权的损害赔偿责任的规定,我国主要有以下几部法律、行政法规和最高人民法院的相关司法解释:《民法通则》《产品质量法》《消费者权益保护法》《国家赔偿法》,国务院的《道路交通事故处理办法》《医疗事故处理条例》,最高人民法院的《关于审理涉外海上人身伤亡案件损害赔偿的具体规定》《关于审理触电人身损害赔偿案件适用法律若干问题的解释》《关于审理人身损害赔偿案件适用法律若干问题的解释》等。我国《侵权责任法》第 16 条对此再一次作了原则性的规定。

《民法通则》第 119 条规定的赔偿项目有:"医疗费、因误工减少的收入","并支付丧葬费、死者生前扶养的人必要的生活费等费用。"

《产品质量法》第 32 条规定:"因产品存在缺陷造成受害人人身伤害的,侵害人应当赔偿医疗费、治疗期间的护理费、因误工减少的收入等费用;造成残疾的,还应当支付残疾者生活自助具费、生活补助费、残疾赔偿金以及由其扶养的人所必需的生活费等费用;造成受害人死亡的,应当支付丧葬费、死亡赔偿金以及由死者生前扶养的人的生活费等费用。"

《消费者权益保护法》第 42 条规定:"经营者提供商品或者服务,造成消费者或者其他受害人死亡的,应当支付丧葬费、死亡赔偿金以及由死者生前扶养的人所必需的生活费等费用"。

《国家赔偿法》第 34 条规定:"支付医疗费、护理费以及赔偿因误工减少的收入""死亡赔偿金、丧葬费""对死者生前扶养的无劳动能力的人,还应当支付生活费。"

《道路交通事故处理办法》第 36 条规定："损害赔偿的项目包括：医疗费、误工费、住院伙食补助费、护理费、……丧葬费、死亡补偿费、被扶养人生活费、交通费、住宿费和财产直接损失。"这是我国死亡损害赔偿制度中最早确定"死亡补偿费"的规定，对以后的立法及司法实践、学术研究都具有启发性的作用。

《医疗事故处理条例》第 50 条：医疗事故致死的赔偿的项目包括：医疗费、误工费、住院伙食补助费、陪护费、丧葬费、被扶养人生活费、交通费、住宿费、精神损害抚慰金等。

《关于审理涉外海上人身伤亡案件损害赔偿的具体规定》第 5 条规定的赔偿项目包括："收入损失，医疗、护理费，安抚费，丧葬费，其他必要的费用包括寻找尸体、遗属的交通、食宿及误工等的合理费用"。其中，所谓"安抚费"是指"对死者遗属的精神损失所给予的补偿"。这是我国法律中最早将死亡赔偿金定性为精神损害赔偿金的规定。

《关于审理触电人身损害赔偿案件适用法律若干问题的解释》第 4 条："因触电而引起的损害赔偿范围"包括：医疗费、误工费、住院伙食补助费、营养费、丧葬费、死亡补助费、被扶养人生活费、交通费、住宿费等。

《关于审理人身损害赔偿案件适用法律若干问题的解释》第 17 条："因就医治疗支出的各项费用以及因误工减少的收入，包括医疗费、误工费、护理费、交通费、住宿费、住院伙食补助费、必要的营养费"，"受害人死亡的，……还应当赔偿丧葬费、被扶养人生活费、死亡补偿费以及受害人亲属办理丧葬事宜支出的交通费、住宿费和误工损失等其他合理费用。"与《民法通则》相比，增加了"死亡补偿费"（即死亡赔偿金）、受害人亲属的交通费、住宿费、误工费等；同时，关于"医疗费"方面的细目更加详备。另外，该《解释》在确定"死亡赔偿金"外，根据《解释》第 18 条的规定，死者的近亲属可以因遭受精神损害，而依据最高人民法院 2001 年颁发的《关于确定民事侵权精神损害赔偿责任若干问题的解释》的规定，向人民法院提出赔偿精神损害抚慰金的诉讼请求。这意味着，"死亡赔偿金"与"精神损害抚慰金"是两种不同性质的赔偿方式。

需要指出的是，根据《关于审理人身损害赔偿案件适用法律若干问题的解释》第 36 条的规定，该《解释》出台以后，以前所作出的司法解释（包括前文所列的《关于审理触电人身损害赔偿案件适用法律若干问题的解释》和《关于审理涉外海上人身伤亡案件损害赔偿的具体规定》）与该《解释》的规定不一致的,"以本解释为准"。因此,在有关死亡赔偿项目及具体内容方面,应适用《关于审理人身损害赔偿案件适用法律若干问题的解释》。

我国《侵权责任法》第16条对侵害他人生命权规定的赔偿项目有一些变化。该条规定:侵害他人造成人身损害的,应当赔偿医疗费、护理费、交通费等为治疗和康复支出的合理费用,以及因误工减少的收入。……造成死亡的,还应当赔偿丧葬费和死亡赔偿金。从这条规定可以看出,致人死亡的赔偿项目,如果直接致人死亡,未经抢救,则只有丧葬费与死亡赔偿金两个赔偿项目;如死前经过了医疗抢救,则就会产生医疗费,甚至还有护理费、交通费等费用的赔偿项目。另外,根据该法第22条的规定,还应赔偿精神损害。

我国《侵权责任法》的规定,与前述相关法律、法规、司法解释相比较,可以看出其中某些变化:第一,明确规定了死亡赔偿金和精神损害赔偿金;第二,明确取消了被扶养人的扶养费。这就导致在《侵权责任法》生效实施后,不同制度之间在适用死亡赔偿项目方面的冲突问题。要解决这个问题,须明确下列三个法律适用的基本原则:特别法优于一般法原则、后法优于先法的原则以及上位法优于下位法的原则。与《民法通则》相比,《侵权责任法》属于特别法;与诸如《消费者权益保护法》《产品质量法》《道路交通安全法》《国家赔偿法》等相比,《侵权责任法》则属于一般法;而相对于国务院的行政法规、最高人民法院的司法解释,《侵权责任法》属于上位法。确立了这三个原则,适用中的法律制度冲突问题就迎刃而解了。

(3) 损害赔偿责任形式的基本类型。从上述法律及司法解释的规定来看,侵害生命权的侵权损害赔偿责任的形式大体上可以分成三大类:

第一类:物质损失赔偿,包括两项:① 为抢救受害人所支出的费用,如医疗费、护理费、误工费、住院期间生活补助费、交通费和住宿费;② 丧葬费用。

第二类:死亡赔偿金。

第三类:精神损害赔偿金。

5. 损害赔偿的各项细目

最高人民法院在《关于审理人身损害赔偿案件适用法律若干问题的解释》中就上述赔偿项目的计算标准、举证责任等作出了基本的规定,为司法实务中具体确定赔偿数额提供了一个较好的标准:

(1) 医疗费的赔偿数额,按照一审法庭辩论终结前实际发生的数额确定。医疗费根据医疗机构出具的医药费、住院费等收款凭证,结合病历和诊断证明等相关证据确定。赔偿义务人对治疗的必要性和合理性有异议的,应当承担相应的举证责任。

（2）误工费根据受害人的误工时间和收入状况确定。误工时间根据受害人接受治疗的医疗机构出具的证明确定。受害人有固定收入的，误工费按照实际减少的收入计算。受害人无固定收入的，按照其最近三年的平均收入计算；受害人不能举证证明其最近三年的平均收入状况的，可以参照受诉法院所在地相同或者相近行业上一年度职工的平均工资计算。

（3）护理费根据护理人员的收入状况和护理人数、护理期限确定。护理人员有收入的，参照误工费的规定计算；护理人员没有收入或者雇佣护工的，参照当地护工从事同等级别护理的劳务报酬标准计算。护理人员原则上为一人，但医疗机构或者鉴定机构有明确意见的，可以参照确定护理人员人数。

（4）交通费根据受害人及其必要的陪护人员因就医或者转院治疗实际发生的费用计算。交通费应当以正式票据为凭；有关凭据应当与就医地点、时间、人数、次数相符合。

（5）住院伙食补助费可以参照当地国家机关一般工作人员的出差伙食补助标准予以确定。受害人确有必要到外地治疗，因客观原因不能住院，受害人本人及其陪护人员实际发生的住宿费和伙食费，其合理部分应予赔偿。

（6）营养费根据受害人伤残情况参照医疗机构的意见确定。

（7）丧葬费按照受诉法院所在地上一年度职工月平均工资标准，以六个月总额计算。

（8）被扶养人生活费根据扶养人丧失劳动能力程度，按照受诉法院所在地上一年度城镇居民人均消费性支出和农村居民人均年生活消费支出标准计算。被扶养人为未成年人的，计算至18周岁；被扶养人无劳动能力又无其他生活来源的，计算20年。但60周岁以上的，年龄每增加1岁减少1年；75周岁以上的，按5年计算。被扶养人是指受害人依法应当承担扶养义务的未成年人或者丧失劳动能力又无其他生活来源的成年近亲属。被扶养人还有其他扶养人的，赔偿义务人只赔偿受害人依法应当负担的部分。被扶养人有数人的，年赔偿总额累计不超过上一年度城镇居民人均消费性支出额或者农村居民人均年生活消费支出额。

6. 死亡赔偿金

死亡赔偿金，又称死亡补偿费或抚慰金。是对死者近亲属给付相当金额，以赔偿精神损害的制度。最早的侵害物质性人格权的抚慰金赔偿制度萌芽于罗马法后期的 Injuria，通常译作对人私犯、侵害行为、侵辱等。后来德国普通法确认了慰抚金请求之诉;法国自19世纪中叶以判例确认之。在现代法上,赔偿制度的完备以《德国民法典》为标志。该法第847条确认了侵害人身权的无形损害的抚慰金赔偿制度和精神创伤的抚慰金制度,开始奠定了对物质性人格权侵害的抚慰金制度。该条第1款明确规定:"在身体或健康受到损害的情形,以及在剥夺自由的情形,受害人也可以因非为财产损害请求适当的金钱赔偿。"

关于死亡赔偿金的性质,学术上存在着争议。有所谓"民事权利能力转化说""加害人赔偿义务说""同一人格代位说""间隙取得请求权说""双重受害人说""扶养(抚养)丧失说""继承丧失说",等等。其中:

(1)"双重受害人说"主张:"在侵害生命权的行为造成受害人的生命权丧失的过程中,侵权行为既侵害生命权人的权利,同时由于对受害人的伤害进行抢救及丧葬,受害人的近亲属在财产上和精神上都受到了损害,使死者的近亲属也成为侵害生命权的受害人,即财产损失和精神损害的受害人。这样,在侵害生命权的场合就存在双重受害人:一重受害人是生命权丧失之人,另一重受害人就是因救治、丧葬受害人而受到的财产损害和精神损害的死者的近亲属。按照这样的理论,死者的近亲属是因为侵害生命权的事实直接取得赔偿请求权,而不是由于继承而取得这种请求权。"①这种观点较好地说明了死者近亲属的法律地位,但简单地将这种受害人所遭受的损害归结为因救治、丧葬死者而受到的财产损失与精神损害,无法说明在取得了医疗费、丧葬费等费用的赔偿和精神损害赔偿金后,为何还有权要求支付死亡赔偿金。

(2)"扶养丧失说"认为:"由于受害人死亡导致其生前依法定扶养义务供给生活费的被扶养人,丧失了生活费的供给来源,受有财产损害,对此损害加害人应当予以赔偿。按照这种观点,赔偿义务人的赔偿范围就是被扶养人在受害人生前从其收入中获得的或者有权获得的自己的扶养费的份额。"②如此说来,如果死者死亡时没有需要他扶养的被扶养人,或者死者自身就是被扶养人的,即行为人就不需承担死亡赔偿金的责任了。由此可见该观点的不妥之处。

(3)"继承丧失说"认为:"受害人倘若没有遭受侵害,在未来将不断地获得收入,而这些收入本来是可以作为受害人的财产为其法定继承人所继承的,加害人的侵害行为导致受害人死亡,从而使得这些未来可以获得的收入

---

① 杨立新:《侵权行为法专论》,高等教育出版社2005年版,第343页。
② 张新宝:《侵权责任法原理》,中国人民大学出版社2005年版,第482页。

完全丧失,以致受害人的法定继承人在将来所能够继承的财产也就减少了。因此,依据继承丧失说,赔偿义务人应当赔偿的是因受害人死亡而丧失的未来可得利益。"①依此说法,如果死者自身丧失劳动能力,不可能在未来创造财富的,赔偿义务均无从谈起了。

目前,"扶养丧失说"与"继承丧失说"这两种学说在我国很有市场。还需要注意的是,也许正是受"扶养丧失说"与"继承丧失说"学说的影响,才导致司法实践中"同命不同价"现象的产生。既然赔偿范围要依受害人生前所获得的收入来确定,因此,各受害人生前所能获得的收入多少,成为确定赔偿范围的依据。这就必然导致同一事件中死亡的数人,因生前所能获得的收入可能差距过大,尤其是农民与市民、平民与官员,他们能创造的财富留给其法定继承人或能供给被扶养人的生活费的数额存在差距,似乎成为十分正当的现象。如果依这种创造财产的能力来确定赔偿范围和赔偿数额,自然就出现针对不同的受害人而支付的死亡赔偿金数额就不同。

我们认为,相比之下,"双重受害人说"可能相对符合实际情形。侵权行为致受害人死亡的,致死的受害人生命丧失,受害人的近亲属由此遭受的损害,除了一般的财产损害(包括支付医疗费、丧葬费等费用,丧失扶养费、减少所能继承的份额等)、给其造成的丧失亲人的精神上痛苦以外,还应有一种"损害",即"丧失亲人"这一简单的事实损害。而这种损害又常常被我们所忽略,以至于只是着眼于财产上的所谓"扶养丧失"或"继承丧失"。"丧失亲人",既不能用财产损失来比照,亦不能简单地归纳到精神损害的范畴;而应当是一种独立的损害。死亡赔偿金即是对这种"亲人丧失"的补偿。因而它与医疗费、丧葬费等财产上的赔偿以及精神抚慰金的赔偿是并行不悖的。因此,有必要严格区分"死亡赔偿金"与"精神损害抚慰金"。目前我国相关法规恰恰混淆了这两种情形。如国务院《医疗事故处理条例》仅规定了"精神损害抚慰金"而未规定"死亡赔偿金",或许是制订该《条例》的人并未意识到这两者之间的区别,将"精神损害抚慰金"等同于"死亡赔偿金";再如最高人民法院在2001年《关于确定民事侵权精神损害赔偿责任若干问题的解释》则明确将"精神损害抚慰金"定为"死亡赔偿金"。

死亡赔偿金数额的确定标准有:

(1)《国家赔偿法》第27条第1款第3项规定:"造成死亡的,应当支付

---

① 张新宝:《侵权责任法原理》,中国人民大学出版社2005年版,第482页。

死亡赔偿金、丧葬费,总额为国家上年度职工年平均工资的 20 倍。"

(2)《医疗事故处理条例》第 50 条规定:"精神损害抚慰金:按照医疗事故发生地居民年平均生活费计算。造成患者死亡的,赔偿年限最长不超过 6 年。"

(3)《关于审理人身损害赔偿案件适用法律若干问题的解释》第 29 条规定:"死亡赔偿金按照受诉法院所在地上一年度城镇居民人均可支配收入或者农村居民人均纯收入标准,按 20 年计算。但 60 周岁以上的,年龄每增加 1 岁减少 1 年;75 周岁以上的,按 5 年计算。"

除了上述的赔偿责任外,其他的赔偿请求均无法律依据,不能获得法律的支持。例如甲、乙为夫妻,且为职业伴舞。后甲为丙所杀,乙要求丙赔偿因甲死亡不能伴舞而遭受的经济损失。在本案例中,乙的这一请求既不属于第一项的物质损害赔偿,也不是第二项的被抚养人的生活费用,因为乙为有劳动能力和独立生活来源的人。

7. 同命同价问题

所谓同命同价,是指在同一事故中致多人死亡的,不因各死者的性别、年龄、出身、职业、文化程度等的不同,均给予同等数额的赔偿。同命同价问题的提出,源于司法实践中出现的所谓"同命不同价"现象。2007 年,面对一起 2005 年发生的交通肇事致三个花季少女死亡案件,重庆某法院的一纸判决,揭开了同命不同价的全国性热议。① 问题是,重庆法院的这种判决又是有法律依据的。该法律依据源于最高人民法院在 2003 年所作出的《关于审理人身损害赔偿案件适用法律若干问题的解释》的第 29 条。该条规定:"死亡赔偿金按照受诉法院所在地上一年度城镇居民人均可支配收入或者农村居民人均纯收入标准,按 20 年计算。"该规定明确区分城镇户口与农村户口的死难者所获得的赔偿的计算标准是不同的,从而发生了在司法判决中的所谓同命不同价的结果。

---

① 2005 年 12 月 15 日凌晨 6 时许,在重庆市江北区郭家沱街道租房居住的何青志夫妇,到农贸市场卖猪肉,其女何源与两同学乘同一辆三轮车,结伴去学校上学。当三轮车行驶到郭家沱长城公司上坡路段时,迎面驶来的一辆满载货物的卡车(渝 B28355)刹车不及,车辆失控,发生侧翻,压住三轮车,致车上三学生当场死亡。在当地政府、交警等参与下,2005 年 12 月 17 日,各方当事人达成赔偿协议,两位城镇户口女孩的家人各自得到了 20 余万元的赔偿。14 岁的何源虽然从出生时起就随父母在属于重庆主城区的郭家沱街道生活,但因是农村户口,按当时的法律规定,何青志夫妇只得到 5 万余元的死亡赔偿金和 4 万元的补偿金。2007 年 6 月 12 日,重庆市江北区法院作出一审判决,驳回何青志夫妇赔偿请求,维持了该赔偿协议的效力。载重庆一中法院网 http://www.cqyzfy.gov.cn/view.php? id=10362505201044250520104925052010552505 20,访问日期:2008 年 4 月 20 日。

其实早在2002年的我国第一部《民法典》(草案)中,对于死亡赔偿金的规定,就体现了这种同命不同价的做法。该草案第11条规定:"因误工减少的收入、残疾赔偿金、死亡赔偿金应当根据受害人的丧失劳动能力状况、年龄、受教育程度、职业、收入等因素确定。"或许是怕受到社会评论的指责,2008年底的《侵权责任法》(草案)中回避了这个问题的规定。而到了2009年10月全国人大常委会审议第三稿时,立法者改变了原先的态度,转而采"同命同价"的观点,在第17条中规定:"因交通事故、矿山事故等侵权行为造成死亡人数较多的,可以不考虑年龄、收入状况等因素,以同一数额确定死亡赔偿金。"这一做法体现在最终通过的《侵权责任法》第17条中,以更加简洁的语言规定:"因同一侵权行为造成多人死亡的,可以以相同数额确定死亡赔偿金。"

"同命同价"制度的确立,在社会上得到了一致的好评。人们认为,《侵权责任法》关于同命同价的制度,体现了生命权的平等,体现了侵权责任法对每个人的生命的尊重。但是,这种评价的正确性还是值得商榷的。首先,同命同价是用一种形式上的公平掩盖了另一种实质上的不公平。我们要承认个人之间的差别。每个人自身基于年龄、性别、出身、能力、知识、职业、投入等,创造财富的能力与概率,或者说生活或生命质量,存在着差异,甚至有天壤之别。如果按均额来确定赔偿数额,对那些能力强、生活质量高的人难说公平。其次,从《侵权责任法》的规定可以看出,所谓"同命同价"亦仅限于"因同一侵权行为造成多人死亡的"情形。如在不同情形下,所获得的赔偿并不要求"以同一数额确定死亡赔偿金"。最后,《侵权责任法》也仅仅是强调"可以",而不是"必须"。可见,《侵权责任法》在这里的态度并不是十分坚决。

8. 举证责任与诉讼时效

(1)原告应举证证明下列事实的存在:① 受害人死亡事实;② 各种开支费用,如医疗费开支、营养费开支等;③ 死者生前收入情况;④ 被扶养人情况,等。

(2)被告需举证证明的事实包括:① 致受害人死亡具正当理由,如依法执行职务、正当防卫等;② 致受害人死者属外来原因,如受害人自杀、他人杀害、不可抗力等;③ 受害人及其亲属的实际财产损失情况(如反驳原告提供的相关证据)。

依据我国《民法通则》第136条的规定,对于人身伤亡,原告要求赔偿损失的诉讼时效期间为1年,从受害人受到伤害之日起计算。如果受伤害的日期与死亡时间不一致的,应从死亡之日起算。

二、侵害健康权

1. 概念

健康是指维持人体生命活动的生理机能的正常运作和功能的完善发挥。健康有两个要素,一是生理机能的正常运作,二是生理功能的完善发挥。

健康权是指公民以其机体生理机能的正常运作和功能完善发挥为标准,以其维持人体生命活动的利益为内容的人格权。

侵害健康权是指行为人以他人的健康权为侵害的对象,故意或过失地致他人健康以损害的行为。

2. 责任构成

(1)侵权行为,主要是作为的行为,最常见的是殴打,其他如肇事、食源性疾患、药物中毒、毒气中毒、污染行为等。不作为也可以构成侵害健康权,其特征是:行为人负有保护他人健康的作为义务,违背该作为义务而不作为,即为不作为的侵害他人健康权的行为。如我国《民法通则》第125条、第126条规定的侵权行为,堆放物品倾倒致人健康损害,带领未成年人从事具有危险因素的活动未尽照顾义务而致害等均是。

(2)损害事实,包括三个层次:

其一,健康受损,即受害人维持人体生命活动的生理机能不能正常运作,功能不能完整发挥,包括器质性的损害和功能性的损害,如致外伤、内伤、疾患、精神病等。这是第一层次的损害。对于身体健康的损害有轻伤和重伤之别。1990年最高人民法院、最高人民检察院和公安部联合颁发的《人体重伤鉴定标准》和《人体轻伤鉴定标准》中规定,"重伤是指使人肢体残废、毁人容貌、丧失听觉、丧失视觉、丧失其他器官功能或者其他对于人身健康有重大伤害的损伤。"而"轻伤是指物理、化学及生物等各种外界因素作用于人体,造成组织、器官结构的一定程度的损害或者部分功能障碍,尚未构成重伤又不属轻微伤害的损伤。"

健康损害还可以分成临时性的伤害和永久性的伤害;永久性的伤害中还包含了因残致劳动能力的部分或全部丧失。劳动能力丧失,是受害人因身体健康遭受严重伤害而无法继续从事需要运用体力的劳作或工作。劳动能力丧失可能是部分丧失,亦可能是全部丧失。认定劳动能力丧失的标准,目前可适用的规定是2002年原国家劳动与社会保障部颁发的《职工非因工伤残或因病丧失劳动能力鉴定标准(试行)》。该《标准》将丧失劳动能力的类型分成了"全部丧失劳动能力"与"部分丧失劳动能力",规定了"全部丧失劳动能力"与"部分丧失劳动能力"的各种情形与条件。所谓全部丧失劳动能力,是指因损伤或疾病造成人体组织器官缺失、严重缺损、畸形或严重损害,致使伤病的组织器官或生理功能完全丧失或存在严重功能障碍。而部分丧失劳动能力,则是指因损伤或疾病造成人体组织器官大部分缺失、明显畸形或损害,致使受损组织器官功能中等度以上障碍。

其二,因健康受损导致受害人财产利益的损失。如受害人为医治伤害,恢复健康所支出的费用,以及因健康受损而致的其他财产损失,诸如因伤害而支出的医疗费、误工费、转院治疗的差旅费、住宿费、护理费、营养费,以及劳动能力丧失所致间接受害人的扶养费。

其三,因健康受损导致的精神痛苦,即受害人精神上的痛苦和折磨,对其予以金钱适当赔偿,可以抚慰受害人的感情,平复其精神创伤。

(3) 侵权行为与损害事实之间的因果关系。因果关系应依据实际情况作出科学的判断。依一般社会经验和知识判断,违法行为与健康损害结果之间能够发生因果联系,在客观上该种行为又确实引发了这样的损害结果,即应确认其二者具有因果关系。

(4) 主观过错。故意、过失均可构成侵害健康权的侵权责任。在适用严格的过错责任时,过错应由受害人证明;在适用推定过错责任时,受害人不负举证责任,加害人无过错,由加害人证明。适用无过错责任原则的,不要求有主观过错的要件。

3. 责任形式

我国《侵权责任法》第16条规定:"侵害他人造成人身损害的,应当赔偿医疗费、护理费、交通费等为治疗和康复支出的合理费用,以及因误工减少的收入。造成残疾的,还应当赔偿残疾生活辅助具费和残疾赔偿金。"据此,侵害健康权的责任形式主要在于损害赔偿,包括医疗费、护理费、交通费、误工费、残疾生活辅助具费和残疾赔偿金。另外,根据我国《侵权责任法》第22条关于精神损害赔偿的规定,健康权遭受侵害的,受害人享有精神损害赔偿请求权。

因此,侵害健康权的侵权责任的形式,可以分成:

(1) 赔偿物质损失,主要包括医疗费、护理费、交通费、误工费。

（2）造成受害人残疾，致使其劳动能力丧失的，还应当赔偿受害人的残疾赔偿金、残疾辅助器具费。其中：① 残疾赔偿金根据受害人丧失劳动能力程度或者伤残等级，按照受诉法院所在地上一年度城镇居民人均可支配收入或者农村居民人均纯收入标准，自定残之日起按20年计算。但60周岁以上的，年龄每增加1岁减少1年；75周岁以上的，按5年计算。受害人因伤致残但实际收入没有减少，或者伤残等级较轻但造成职业妨害严重影响其劳动就业的，可以对残疾赔偿金作相应调整。② 残疾辅助器具费按照普通适用器具的合理费用标准计算。伤情有特殊需要的，可以参照辅助器具配制机构的意见确定相应的合理费用标准。辅助器具的更换周期和赔偿期限参照配制机构的意见确定。

（3）对给受害人造成精神痛苦的，受害人有权请求精神损害抚慰金赔偿。

4. 胎儿健康受损的延伸保护

对人身权的法律保护应延伸至公民出生前的胎儿时期，现已成为大多数国家立法及判例的通行做法。如《日本民法典》第721条，[①]我国台湾"民法"第7条，[②]《德国民法典》第844条，[③]以及加拿大、英国、美国的相关判例均确认了对胎儿健康利益的保护。

对胎儿健康法益的民法保护，应自母体成功受孕时起。成功受孕即指精子与卵子结合并于子宫内膜着床时始。对胎儿健康法益的损害，表现为胎儿怀于母腹之中时，外力作用于母体，致胎儿身体功能的完善性受损害，既可以是致成外伤、也可以是致其内伤，还可以是致其患某种疾病。如艾滋病患者甲强奸怀孕的乙女，致胎儿丙亦受感染，丙在出生后得向甲主张健康权受损而要求赔偿。

确定胎儿健康权益的损害事实，须在胎儿出生、具有民事权利能力以后。在此时提出法律保护的请求，溯及至胎儿受孕之时的损害，予以法律救济。至于在自其出生后何时才可以请求法律保护，应以健康法益的损害能够确定时，为该期间的始期。

[①] 《日本民法典》第721条："胎儿就其损害赔偿请求权，视为已出生。"
[②] 我国台湾"民法"第7条："胎儿以将来非死产者为限，关于其个人利益之保护，视为已出生。"
[③] 《德国民法典》第844条第2款："在受害人被害当时第三人虽为尚未出生的胎儿的，亦发生赔偿义务。"

5. 举证责任与诉讼时效

（1）原告应举证证明下列事实的存在：① 受害人健康受损事实；② 各种开支费用，如医疗费开支、营养费开支、残疾辅助工具的开支等；③ 残疾者受伤前的收入情况、现时的生活状况；④ 被扶养人情况，等。

（2）被告的举证责任如下：① 致受害人健康受损具正当理由，如依法执行职务、正当防卫等；② 致受害人健康受损属外来原因，如受害人自残、他人伤害、不可抗力等；③ 受害人及其亲属的实际财产损失情况（如反驳原告提供的相关证据）。

依据我国《民法通则》第 136 条的规定，原告要求赔偿损失的诉讼时效期间为 1 年，从受害人受到伤害之日起计算。最高人民法院在《关于贯彻执行〈中华人民共和国民法通则〉若干问题的意见（试行）》第 168 条中进一步规定，伤害当时未曾发现，后经检查确诊并能证明是由侵害引起的，从伤势确诊之日起算。

第二节　侵害精神性人格权的侵权责任

一、侵害姓名权、名称权

1. 概念

姓名是用以确定和代表个体自然人并与其他自然人相区别的文字符号和标记。姓名包括姓和名两部分，姓名是自然人的人身专用文字符号和标记，是自然人姓名权的客体。名称是指法人及特殊的自然人组合（如个体工商户、个人合伙等非法人组织）等主体在社会活动中，用以确定和代表自身，并区别于他人的文字符号和标记。

依此，所谓姓名权就是自然人决定、使用和依照规定改变自己姓名的权利。名称权是指法人及特殊的自然人组合依法享有的决定、使用、改变自己的名称，依照法律规定转让名称，并排除他人非法干涉、盗用或冒用的人格权。

2. 制度史

姓名远在原始社会就存在，一直沿袭至今。但姓氏原并不具有法律上的意义。故各个人可以任意使用而不受法律的束缚。① 古代法中如罗马法等均无姓名的法律规定。至17世纪初,在欧洲一些国家的法律中,规定非经官厅允许,不得任意变更姓名,盗用他人姓名者将受到惩罚。但法律并未将其视为是一种民事权利。此后亦无多大变化。② 直到1900年的《德国民法典》,自然人的姓名才正式被确立的一项民事权利。《德国民法典》第12条规定:"1. 他人对权利人使用姓名的权利有争议的,或权利人的利益因他人无权使用同一姓名而受到侵害的,权利人可以请求他人除去侵害。2. 可能会继续受到侵害的,权利人可以提起不作为之诉。"自此,姓名权在大陆法系中得以列位于民事权利的体系之中。在大陆法系国家看来,"姓名使一个人在社会中个别化,非法使用他人姓名会使姓名拥有者的形象遭到破坏。因此受害人可以要求停止侵害行为,在加害人有故意或过失时可以要求损害赔偿。"③ 但英美法系国家似乎并不承认所谓的姓名权。"在那里原则上每个人都可以随心所欲地给自己起名字,只要确实有人以该名称呼他就行,因此也不存在所谓主体姓名权问题。"④

中国古代同样没有姓名及姓名权的法律问题。《大清民律草案》第一次在我国确立了姓名权。它用4个条文(第52条—第55条)对姓名的取得、使用与保护作了规定。其中第55条规定:"姓名权受侵害者,得请求摒除其侵害。"《中华民国民律草案》则压缩为2个条文。其中,第19条规定:"姓名权被侵害者,得提起摒除侵害之诉,请求除去其侵害,并请求损害赔偿。"这应当是我国最早规定姓名权遭侵害可以要求财产赔偿的规定了。第20条更有创意:"姓名权有被侵害之虞者,得提起预防侵害之诉,请求禁止其侵害,并请求损害赔偿之担保。"我国《民法通则》第99条规定:"公民享有姓名权,有权决定、使用和依照规定改变自己的姓名,禁止他人干涉、盗用、假冒。"

在法制史上,法人的名称权,与自然人的姓名权的产生,在时间上属于同时代,虽然法人的名称的起源远远晚于自然人的姓名。1899年实施的《日本商法典》设专章规定了企业的商号及商号权,承认商号是商人对其商号所享有的权利。⑤ 我国《民法通则》在第99条第2款赋予法人以名称权。规定:

---

① 杨立新:《人身权法论》,中国检察出版社1996年版,第425页。
② 龙显铭:《私法上人格权之保护》,中华书局1948年版,第87页。
③ 〔德〕克雷斯蒂安·冯·巴尔:《欧洲比较侵权行为法》(下卷),焦美华译,法律出版社2001年版,第110页。
④ 同上书,第109—110页。
⑤ 杨立新:《人身权法论》,中国检察出版社1996年版,第443页。

"法人、个体工商户、个人合伙享有名称权。企业法人、个体工商户、个人合伙有权使用、依法转让自己的名称。"

3. 行为形态

侵害姓名权、名称权,即侵害人故意干涉、盗用、冒用他人姓名或法人的名称或使用与他人的姓名或名称混同的姓名或名称,侵害他人姓名和名称的专属权的侵权行为。对自然人的姓名权的侵害行为表现为:

(1) 干涉他人行使姓名权的行为,具体表现为:第一,干涉他人取名权。但未成年人的监护人有权决定其随父姓或随母姓,以及叫什么名字,这与干涉他人命名权有原则的区别。第二,干涉他人姓名的使用权,如不准某人使用其姓名,或者强迫某人使用某姓名。第三,干涉他人改名权,强迫他人变更姓名;或者强迫某人不得变更姓名,为侵权行为。

(2) 盗用他人姓名,表现为未经本人授权,擅自以该人的名义进行民事活动或从事不利于姓名权人、不利于公共利益的行为。

(3) 假冒他人姓名是冒名顶替,使用他人姓名并冒充该人参加民事活动或其他行为。

(4) 不使用他人姓名。行为人在从事行为或活动时,负有使用他人的姓名的义务,应当使用他人姓名而不使用的,为不作为的侵权行为。该类侵权行为主要有:该标表而不标表,如使用他人作品,未予标表作者姓名;应称呼姓名而未称呼;不称呼他人姓名而代以谐音。

(5) 姓名的故意混同,指使用可能与姓名权人的姓名混同的姓名,造成与使用姓名权人的姓名有同样效果的事实。这样的行为也是侵害姓名权的行为。

对法人及其他组织的名称权的侵害行为主要有:

(1) 干涉名称权的行为,指对他人名称权的行使进行非法干预的行为。包括对名称设定,专有使用,依法变更和依法转让的干预,具备其中之一,即为非法干涉。

(2) 非法使用他人名称的行为,指未经他人许可,冒用或盗用他人登记的名称。盗用名称是未经名称权人同意,擅自以他人的名称进行活动。冒用名称是冒充他人的名称,以为自己的目的而行为,即冒名顶替。

(3) 不使用他人名称的行为,即应当使用他人名称而不使用或改用他人的名称。

4. 责任构成

(1) 侵权行为。如上所述的各种侵权行为均可构成。

（2）损害事实。以盗用、冒用他人姓名、干涉他人行使姓名权、不使用他人姓名的客观事实为足，不必具备特别的损害事实，如精神痛苦、感情创伤等。受害人只要证明侵害姓名权的行为为客观事实即可。

（3）因果关系。侵害姓名权的违法行为与损害事实合一，二者之间的因果关系无须特别证明。

（4）主观过错。侵害姓名权的主观过错必须为故意。

侵害名称权的责任构成与侵害姓名权的责任构成一样。

5. 责任形式

侵害他人姓名权、名称权的，侵害人应当承担停止侵害、消除影响、恢复名誉、赔礼道歉的侵权责任；如造成受害人的损失，包括精神损害的，还应当依法承担损害赔偿的侵权责任。但被顶替的大学学位和工作岗位，并不能依所谓返还原则，就直接授予给被顶替者。后者仍然要依相关资历资格才能获得被顶替的学位或岗位。

6. 责任抗辩

有下列情形之一的，应不构成侵害姓名权、名称权的侵权责任：

（1）使用他人笔名、艺名、别名、小名的。这些名字不是法律意义上的姓名，故未经本人同意而擅自使用这些名字的，也不应成立侵权。但有两个另外，一是恶意地利用这些名字以达到贬低该他人名誉的，可成立侵害名誉权的行为；二是当这些名字已成为大众所知晓的名字时，如鲁迅、巴金、六小龄童、古月等，仍可成立侵权。

（2）文学艺术创作中使用的姓名或名称与现实生活中某人的姓名或某单位的名称相同的，除非恶意以损害某人的名誉为目的。

（3）将他人姓名或名称作为商标，或将他人姓名作为商号的，除非恶意损害他人名誉。

（4）与他人的姓名或名称相似的，除非故意以混淆视听以图利或损害他人名誉。

（5）新闻报道、课堂教学、司法活动中使用他人的姓名或名称的。

二、侵害肖像权

1. 概念

肖像，是指通过绘画、照相、雕塑、录像、电影艺术等形式使公民外貌在物质载体上再现的视觉形象。具有法律意义上的"肖像"，强调必须是肖像人的

"面部",即应以肖像人面部为中心的,肖像人容貌与神态的客观表现形式。①如果没有"面部",仅是身体其他的部位的,则无法反映出肖像人的容貌与神态,或者更甚的是根本就无法确知此人是谁。

肖像权,是自然人对在自己的肖像上所体现的利益为内容的具体人格权,是包含肖像所体现的精神利益和物质利益为内容的民事权利。肖像权体现的主要是权利人的精神利益。这种精神利益主要表现为权利人的人格与尊严。同时,肖像权所体现的物质利益,则主要是因为肖像在一定条件下能为权利人带来一定的物质利益,侵害肖像权,即加害人未经肖像权人同意而使用其肖像,侵害肖像权人肖像人格利益专有权的行为。

2. 责任构成

在侵害权利人的肖像权侵权责任的构成方面,一般同样要求要具备以下四个基本方面:侵权行为、损害以及二者间的因果关系等客观事实的存在,以及要求行为人主观上要有过错。

需要讨论的主要是两个方面:为更好地保护肖像权人的权益,对侵害肖像权的责任构成采取与其他的侵权责任构成要件不同的构成要件:将侵害行为与损害后果合一化。侵权人未经肖像权人同意而使用其肖像,即构成对肖像权人专有权的侵害。无须其他的特殊要件。非法使用他人肖像的行为不仅包括商业上的使用,而且包括一切对肖像的公布、陈列、复制等使用行为。

有疑问的是,侵害肖像权是否应以主观上具有营利目的为要件。我国《民法通则》第 100 条规定:"公民享有肖像权,未经本人同意,不得以营利为目的使用公民的肖像。"明确将"以营利为目的"作为构成侵害名誉权侵权责任的构成要件之一。对此,学术界早就有议论。② 事实上,主张营利目的为侵害肖像权的构成要件,不利于保护肖像权。因为:第一,这样将难以制止非营利目的的其他非法使用肖像的行为。第二,难以保护肖像权人的人格尊严。因为肖像权包含精神利益和物质利益,坚持以营利目的为侵害肖像权侵权责任的构成要件,就会过分强调肖像权的物质利益,从而忽视对肖像权人的人格利益的保护。第三,这样也会将肖像权的保护引入人格商品化的歧途。

3. 责任抗辩

下列情形一般不认为是侵害肖像权,即其具有阻却违法的效力:

(1) 为时事新闻报道的需要而使用。例如参加集会、仪式的人的肖像被

---

① 张新宝:《债权责任法原理》,中国人民大学出版社 2005 年版,第 197 页。
② 王利明、杨立新:《人格权与新闻侵权》,中国方正出版社 1995 年版,第 248 页。

新闻记者所报道,或者采取现场播报的方式而采写了其肖像,均不得主张肖像权受侵害。

（2）为维护社会公共利益需要而使用。例如对先进人物照片的展览,公民的不文明行为被拍摄和公布,通缉犯的照片等。

（3）为维护公民个人利益的需要而使用。如刊登寻人启事而使用其照片。

（4）现代史上的著名人物的肖像的善意使用。

（5）作为司法、诉讼证据的肖像。例如通过拍照而保存的被害人的伤势情况,作为证据使用的被告在作案现场的录影资料等。

4. 责任形式

侵害他人肖像权的,应当承担如下侵权责任:停止侵害、消除影响、恢复名誉、赔礼道歉。受害人还可要求物质损害赔偿和精神损害赔偿。

5. 集体肖像权问题

所谓集体肖像权问题,源于著名的姚明诉可口可乐饮料公司侵犯其肖像权的案件。2003年,著名球星、中国男子篮球队球员姚明起诉中国篮协的赞助商可口可乐(中国)饮料有限公司,未经本人同意,采用他与另二位中国男篮主力队员的合影作为可口可乐饮料的商品标签,用以推销其商品。姚明认为此举侵害了他的肖像权。被告以及中国篮协则认为不构成侵权;理由有二:这是个集体肖像,原告只是集体肖像中的一员,并不对集体肖像享有肖像权;二是国家体育总局曾于1996年发出505号文件,明确指出"国家级运动员的肖像权等无形资产都属于国家所有"。[①] 我们在此不讨论"国家级运动员的肖像权属于国家所有"的荒谬性,单就所谓"集体肖像权"问题进行探讨。

所谓集体肖像权,是基于集体肖像而产生的一项肖像权。而集体肖像就是指一张相片中同时体现了二人或二人以上的肖像。集体肖像具有肖像的基本特征,因此,集体肖像权作为肖像权的一种,也具有肖像权的基本特征与内容。所不同的是,集体肖像除了肖像人个人的肖像以外,更重要的是具有"集体"的因素。在这个集体中,既有个人作为集体中的一员,而享有的个人自身的利益,还有集体的团体利益问题。所以集体肖像中包含着双重利益。个人在享受和行使其肖像权时,不得损害集体的利益,或者说不得损害集体

[①] 刘建:《姚明状告可口可乐公司侵犯肖像权索赔一元钱》,载中国普法网,http://www.legalinfo.gov.cn/gb/news/2003-06/04/content_30254.htm,访问时间:2006年7月13日。

中其他各方的利益。换言之,如果一方行使其个人肖像权时,对集体或其他各方均无大碍,或者有利时,个人得行使其权利。集体或其他各方不应阻挠或妨碍。据此,从姚明诉可口可乐案来看,姚明状告可口可乐公司的举动,并不对其他二方或整个集体的利益构成威胁或损害,所以姚明为维护自己在集体肖像中的个人肖像权的行为,是完全合法的。

三、侵害名誉权

1. 概念

名誉,是指人们对自然人或法人的品德、才能及其他素质的社会综合评价。名誉一般可以分成客观名誉与主观名誉两种。前者指社会对主体的评价,而后者则指主体的自我感受,又称名誉感。学术上一般认为,作为名誉权客体的名誉仅指客观名誉,而不包括名誉感。

名誉权,是指自然人和法人就其自身属性和价值所获得的社会评价,享有的保有和维护的人格权。名誉权具有专属性、非财产性和可克减性。所谓可克减性,是指名誉权可在一定条件下加以必要的限制。[①] 名誉权具有三个方面的基本内容:其一,是名誉的保有;其二,是名誉的维护;其三,是名誉利益的支配。[②]

2. 制度史

对名誉权的法律保护,可谓历史悠久。早在公元前20世纪的《苏美尔法典》就规定:"养子倘告其父母云:'尔非吾父,尔非吾母',则彼应放弃房屋、田、园、所有奴隶及其财产,而此养子本身应按其全价出卖。倘其父母告彼云:'尔非吾子',则彼应走出……房屋。"古罗马《十二铜表法》第8表第1条亦明文规定:"以文字诽谤他人、或当众歌唱侮辱他人的歌词的,处死刑。"罗马皇帝查士丁尼在其《法学总论》中也明确将"写作、出版诽谤性的诗歌、书籍,进而侮辱"的行为纳入到"侵害行为"之中。[③] 但是并没有从法律上确认主体的名誉权。[④]

近代社会的资本主义立法,亦没有明确建立名誉权制度。直到现代社会,名誉权制度才最终得以确立。第二次世界大战后《日本民法典》第710条

---

① 张新宝:《名誉权的法律保护》,中国政法大学出版社1997年版,第32页。
② 杨立新:《人身权法论》,中国检察出版社1996年版,第4443页。
③ 〔古罗马〕查士丁尼:《法学总论》,张企泰译,商务印书馆1989年版,第201页。
④ 王利明、杨立新:《人格权与新闻侵权》,中国方正出版社1995年版,第305页。

和第 723 条分别规定:"不论是侵害他人身体、自由或名誉情形,还是侵害他人财产权的情形,依前条规定应负赔偿责任者,对于财产以外的损失,也应赔偿。""对毁坏他人名誉者,法院因受害人请求,可以命令以恢复名誉的适当处分方式代替损害赔偿或者判令以恢复名誉的适当方式与损害赔偿一并实行。"

还是在 20 世纪初的《大清民律草案》就明确了名誉受保护的制度。其第 960 条就明确规定:"害他人之身体、自由或名誉者,被害人于不履财产之损害,亦得请求赔偿相当之金额。"《中华民国民律草案》第 267 条有同样的规定。《中华民国民法》第 195 条规定:"不法侵害他人之身体、健康、名誉或自由者,被害人虽非财产上之损害,亦得请求赔偿相当之金额。其名誉被侵害者,并得请求为回复名誉之适当处分。"但这些规定,均未明确"名誉权"。

我国《民法通则》第 101 条明确规定:"公司、法人享有名誉权,公民的人格尊严受法律保护,禁止以侮辱、诽谤等方式损害公民、法人的名誉。"第一次明确规定了"名誉权"。这应当说是在法律上的一次重大的突破。同时在第 120 条规定,名誉权受到侵害的,受害人有权要求停止侵害、恢复名誉、消除影响、赔礼道歉,并可以要求赔偿损失。因此,名誉权的私法保护制度最终得以确立。

3. 行为形态

侵害名誉权,即行为人因为故意或者过失对他人实施侮辱、诽谤,致使他人名誉遭受损害的行为。其常见的表现形态有:

(1)侵害名誉权的基本行为方式是作为,例如诽谤和侮辱等。侮辱是指以暴力或其他方式贬低他人人格,毁损他人名誉的行为。行为方式一是暴力侮辱,即对受害人施以暴力或以暴力相威胁,使他人人格、名誉受到侵害。二是言语侮辱,即用语言对他人进行嘲笑、辱骂,使他人蒙受耻辱、名声败坏。

诽谤是指因过错捏造并散布某些虚假的事实,损害他人名誉的行为。关于诽谤,美国《侵权法重述(第二版)》①用整整一编的篇幅对诽谤作了细致地规定。根据该《重述》的规定,如果一项传播倾向于伤害他人的名誉从而降低社区对他的评价或者阻遏第三人与他发生联系或进行交往的,该传播便具有诽谤性(第 559 条)。如果涉及一群或一类人的传播,则诽谤仅在下列情形下才构成:其一,这一群或一类人的数量如此之少,以至该事项可被合理地理解

---

① 〔美〕肯尼斯·S. 亚伯拉罕、阿尔伯特·C. 泰特:《侵权法重述——纲要》,许传玺、石宏等译,法律出版社 2006 年版,第 190 页。

为指向其中一位特定成员;或者,其二,从公布的具体情形可以合理地推论出该公布特别提及了该成员(第564A条)。诽谤责任的构成要件包括以下四个方面:其一,一项涉及他人的虚假、诽谤性的言论;其二,在不受特权保护的情况下向某第三人公布该言论;其三,公布者须有过错,至少须存在过失;其四,要么该言论无论导致特殊损害与否均可被起诉,要么存在由该公布造成的特殊损害(第558条)。诽谤被分为书面诽谤与口头诽谤两种基本形态。书面诽谤主要是以书写或印刷文字、以有形的表现形式或以任何其他可能具有书写或印刷的伤害特性的传播方式对诽谤性事项做出的传播;而口头诽谤主要是指以口头语言、以短暂的手势或以前述关于书面诽谤规定之外的任何其他传播形式对诽谤性事项做出的传播;在确定某项公布是书面诽谤还是口头诽谤时,应考虑下列因素:传播的范围、该公布的故意或预谋性质,以及诽谤的持续时间(第568条)。而所谓"公布",则是指将该事项以故意或过失行为传播给被诽谤者之外的某第三人(第577条)。

(2)在特殊的情况下,不作为也构成侵害名誉权的违法行为。一是,行为人依其职责负有保护他人名誉权的特别作为义务;违反之,为不作为的侵害名誉权的行为。二是,行为人基于前一个行为而产生作为的义务;违反之而不作为,构成不作为的侵害名誉权的行为。这种情况,主要是报刊杂志社在发表了侵权文章后,负有更正的作为义务。

4. 责任构成

(1)侵害名誉的行为,如上所述,作为、不作为均可。

(2)名誉受损的事实包括三个方面:① 名誉利益损害。认定行为人的行为是否造成他人名誉受损,不应以受害人的自我感觉,而应以行为人的行为是否造成受害人的名誉受损为判定依据。② 精神痛苦的损害,即受害人因加害人的侵害名誉权行为而遭受的感情损害。包括受害人心理上的悲伤、怨恨、忧虑、气愤、失望等。③ 财产利益的损失。这是侵害名誉权的一个间接损害。自然人因名誉权受损而遭受的财产损失,一般包括:接受医疗而支出的费用;因误工而减少的收入;被降级、降职及解聘而减少的收入;被剥夺继承权和受赠权而遭受的损失等。法人因名誉权受损害而遭受的财产损失一般包括:合同被解除而带来的损失;客户减少及客户退货的损失;顾客减少导致的营业额降低等。

在损害的构成要件方面,美国《侵权法重述(第二版)》明确规定,对于公布对他人具有诽谤性的虚假事项者,如该公布构成书面诽谤,即使没有造成任何特殊损害,也应对受害人承担责任。而以口头形式公布受害人以下虚假事实的,即使未给受害人造成任何特殊损害,也应对此承担责任:可受到在州或联邦监狱监禁或被公共舆论视为牵涉道德败坏的犯罪;诽谤他人患有某种尚未痊愈的性病或其他令人厌恶的传染病者;诽谤他人将存在对其适当从事其合法生意、行业、职业或者公关或私人职位的适合性产生负面影响的行为、特征或情况的;诽谤他人存在严重的不当性行为者。如此规定,值得我们借鉴。

(3)因果关系,侵害名誉权的因果关系的认定有其特殊性。即侵权行为大多不直接作用于侵害客体而使其出现损害事实,而是经过社会的或者心理的作用。所以侵害名誉权的因果关系具有多样性。

(4)主观过错,侵害名誉权的责任构成必须具备主观过错要件,并且须由受害人证明。

5. 责任形式

根据我国《民法通则》第120条规定,名誉权受到侵害的,受害人有权要求停止侵害、恢复名誉、消除影响、赔礼道歉,并可以要求赔偿损失。这里的赔偿损失,一般认为包括财产损失和精神损害。①

6. 责任抗辩

根据美国《侵权法重述(第二版)》的规定,诽谤诉讼的抗辩事由主要有:① 同意:他人对关于自己的诽谤性事项公布的同意,构成对该他人诽谤诉讼的完全抗辩事由(第583条)。② 无论同意与否的绝对特权:司法官员或其他执行司法职能的司法官员在执行该职能时拥有公布与其所处理事项有某种关联的诽谤性事项的绝对权利;其他参加司法程序的律师、诉讼当事人、证人、陪审员等,拥有公布涉及他人并与该程序有某种关联的诽谤性事项的绝对特权;立法机关中的成员在行使其立法职能时或作证参加立法程序中的证人,拥有公布涉及他人的诽谤性事项的绝对特权;各级政府的行政官员在为履行其官方职能而做出的传播中,拥有公布涉及他人的诽谤性事项的绝对特权;夫妻拥有向对方公布涉及某第三人的诽谤性事项的绝对特权。③ 附条件的特权。

依我国现行法律,可作为侵害名誉权责任的抗辩事由通常有:

(1)依法执行职务。如公诉人在庭审宣读的起诉书中所指控的被告犯

---

① 张新宝:《债权责任法原理》,中国人民大学出版社2005年版,第521页。

罪事实未被法院采信,因此可能损害被告名誉的行为。

(2) 正当行使权利。如人大代表在人大各种会议上发表的各种言论,即使可能会损害某人的名誉的。

(3) 反映真实情况。只要反映的事实是真实的,即使该真实的事实公布出去后,会贬低他人的名誉,也不构成侵权。所谓"真实",并不要求每一个细节都是准确无误的,只要"与诽谤性有关部分之主旨无误,即为足矣。"①但如宣扬的事实属于他人的隐私,即使真实,也可能构成侵害他人的隐私权。

(4) 正当舆论监督。如新闻媒体通过新闻报道、评论等形式对某一社会现象进行报道、评析,即使是个别事实有出入的,只要主要事实是真实的,只是在个别细节上存在失真的,亦不构成侵权。

(5) 受害人同意。但受害人在胁迫、欺诈情况下所为的同意除外。

(6) 第三人过错。如被告在自己的日记中存在有损他人名誉的记载,被第三人得知后擅自发表,致该他人名誉受损的。②

四、侵害隐私权

1. 概念

隐私,乃是一种与公共利益、群体利益无关的、有关个人生活领域的一切不愿意为人所知的事实。它包括三种基本形态。一是指当事人不愿让他人知道的个人信息,为无形的隐私;二是不愿让他人干涉的个人私事,为动态的隐私;三是不愿让他人侵入的个人领域,为有形的隐私。③

隐私权的内容具体包括以下几个方面:① 身体信息:包括姓名(小名)、年龄、出生日期、肖像、体重、身高、身体健康状态、生理欠缺、疾病、嗜好等。② 家庭信息:包括出身背景、婚姻状况、性生活、家庭结构、亲友情况、住所地、家庭电话。③ 工作信息:包括学历文凭、学习成绩、工作单位、事业成就、与他人的关系、个人档案,等。④ 个人空间:包括住宅、日记本、公文包、通讯、身份证号码、银行卡号、交友情况、违法记录、受害经历(如曾被强奸),等。

隐私权,是自然人享有的私人生活安宁、个人信息秘密不受侵犯、自主支配私人活动和私有领域的人格权。隐私权只有自然人才能享有,法人或其他

---

① 王利明、杨立新:《人格权与新闻侵权》,中国方正出版社1995年版,第350页。
② 同上书,第352页。
③ 杨立新:《人身权法论》,中国检察出版社1996年版,第612—613页。

社会组织不能成为隐私权的主体。但它们可以成为商业秘密权的主体。一般认为,隐私权的具体内容包括:其一,隐私保密权;其二,个人信息控制权,指权利人有权收集、储存、保有、传播、修改其个人信息,不受他人的侵犯、剥夺与限制;其三,个人信息利用权,指权利人有权利用自己的个人信息,实施营利或非营利性质的事务;其四,个人活动自由权,指权利人能够依自己的意愿决定是否从事那些与社会公共利益无关的活动,不受他人的强制、干涉与侵犯。

2. 制度史

隐私权概念产生于1890年的美国。[①] 此后,经过众多的司法判例,各州开始纷纷以立法的形式对隐私加以法律保护。美国《侵权法重述(第二版)》同样以一编的篇幅对"隐私"问题作了专门规定。从1968年到1999年,美国国会先后制定了《综合犯罪控制和街道安全法》(该法规范和调整用电子设备偷听谈话的行为)、《公平信用报告法》(对信用报告的信用提供隐私保护)、《家庭教育权利和隐私法》(规定父母和学校对学校记录享有某些信息的权利)、《犯罪控制法》(调整刑事审判记录的隐私信息)、《隐私法》(调整政府的电子记录)、《财务隐私权法》(调整财政机构的银行记录)、《隐私权保护法》(确立执法机构使用报纸和其他媒体拥有的记录和其他信息的标准)、《电子基金转移法》(对日常自动的金钱转移引起的个人记录的第三方泄露提供注意事项)、《电子通讯隐私法》(是对《综合犯罪控制和街道安全法》的修订,目的在于根据计算机和数字技术所导致的电子通讯的变化而更新联邦的信息保护法)、《雇员测谎仪保护法》(限制私人雇佣人使用测谎仪对未来即要雇佣的雇员进行检查)、《电缆通讯法》(要求电缆经营者在收集用户个人信息时通知用户,规定用户有权查看有关的信息记录,并有权拒绝与提供电缆通讯服务无关的信息)、《电脑匹配和隐私保护法》(确立了监督联邦机构电脑匹配的程序)、《驾驶员隐私保护法》(对州交通部门使用和披露个人的车辆记录作一定限制)、《电讯法》(规定电讯经营者有保守客户财产信息秘密的义务)、《健康保险携带和责任法》(通过建立电子传输信息的标准和要求鼓励健康信息系统的发展)、《财务现代化法》(要求金融机构保护消费者的个人信息的隐私)、《儿童网上隐私保护法》(这是第一个保护由网络和因特网的在线服务所处理的个人信息的联邦法律,规定没有父母的同意,联

[①] 〔美〕阿丽塔·L.艾伦、理查德·C.托克音顿:《美国隐私法》,冯建妹等编译,中国民主法制出版社2004年版,第5页。

邦法律和法规限制搜集和使用儿童的个人信息)。进入 21 世纪以来,美国又制定了一系列的有关保护隐私的法律法规。① 由此可见,美国的个人隐私法之发达,也给我们相应立法提供了重要的借鉴作用。

在欧洲,"所有将人格权从宪法的角度列为基本人权的国家也都在民法的层面上理所当然地规定:'必须尊重他人私生活中的隐私'。""事实上'私生活和隐私获得尊重的权利作为与生俱有的人格权'今天已经成为侵权行为法对非物质性人格权保护的核心问题。"②1977 年德国制定了《联邦个人资料保护法》,对保护特定自然人的属人或属事的个别资料提供法律保护。法国则于 1970 年通过对《法国民法典》第 9 条的修订,规定:"任何人有权使其个人生活不受侵犯。"联合国 1948 年通过的《世界人权宣言》和 1966 年通过的《公民权利和政治权利国际公约》中都规定:任何人的私生活、家庭、住宅和通信不得任意干涉,他的荣誉和名誉不得加以攻击。人人有权享受法律保护,以免受这种非法干涉或攻击。

旧中国的数部民法典均未对隐私及隐私权问题作出任何规定。我国台湾地区于 1995 年公布实施了"电脑处理个人资料保护法",界定了个人资料与电脑处理的种类与范围:个人资料包括自然人的姓名、出生年月日、身份证统一编号、特征、指纹、婚姻、家庭、教育职业、健康、病历、财务情况、社会活动及其他足资识别该个人的资料。而计算机处理指使用计算机或自动化机器为数据之输入、储存编辑、更正、检索、删除、输出、传递或其他处理。特别是规定了当事人依法享有的下列权利不得预先抛弃或以特约予以限制:① 查询及请求阅览;② 请求制给复制本;③ 请求补充或更正;④ 请求停止电脑处理及利用;⑤ 请求删除。同时规定了公务机关的无过错责任与非公务机关的过错推定责任。③

我国长期不注重对个人隐私的尊重与保护。这种现象直到改革开放以后才有所改观。1979 的《刑事诉讼法》第 111 条规定,对涉及个人阴私的案件不得进行公开审理;1982 年的《民事诉讼法(试行)》第 58 条规定,对于涉及当事人隐私的证据应当保密,需要向当事人出示的,不得在公开开庭时进

---

① 〔美〕阿丽塔·L.艾伦、理查德·C.托克音顿:《美国隐私法》,冯建妹等编译,中国民主法制出版社 2004 年版,第 37—38 页。
② 〔德〕克雷斯蒂安·冯·巴尔:《欧洲比较侵权行为法》(下卷),焦美华译,法律出版社 2001 年版,第 133—134 页。
③ 王泽鉴:《侵权行为法》(第一册),中国政法大学出版社 2001 年版,第 136 页。

行;第 103 条规定涉及个人隐私的案件不得公开审理。但是,1986 年制定的《民法通则》规定了各种具体的人格权,但并未规定"隐私权"。学术界多理解为隐私权为《民法通则》所规定的名誉权所包容。受此影响,最高人民法院在 1993 年的《关于审理名誉权案件若干问题的解答》中明确规定:"对未经他人同意,擅自公布他人的隐私材料或以书面、口头形式宣扬他人隐私,致他人名誉受到损害的,应认定为侵害他人名誉权。"2001 年最高人民法院又在其《关于确定民事侵权精神损害赔偿责任若干问题的解释》中再一次规定"违反社会公共利益、社会公德侵害他人隐私"的,受害人可以要求精神损害赔偿。但仍未明确隐私是一项"权利"。直到《侵权责任法》才最终确立隐私权制度。该法第 2 条第 2 款关于侵权法保护的民事权益中,明确将"隐私权"纳入其中。不过,《侵权责任法》属于权利保护型法律。由它来创设隐私权,已经超出了它的功能范畴。

3. 行为形态

侵害隐私权,即行为人采取披露、宣扬、窥视、窃听、偷拍等方式,侵入他人隐私领域,侵害私人活动或者侵害私人信息资料的行为。

一般表现为作为。包括:

(1)刺探、调查个人情报、资讯。如非法刺探、调查个人的身体资料、生活经历、财产、社会关系、家庭状况、婚恋状况、家庭住址、电话号码、政治倾向、心理活动、两性生活、疾病史及其他个人私生活情报资讯等。

(2)干涉、监视私人活动。如监听、监视私人活动,强力干涉私人从事某种活动或不从事某种活动,监视私人与他人的交往,监视、监听夫妻性生活,私人跟踪,骚扰他人的安宁生活等。

(3)侵入、窥视私人领域。如侵入私人住宅,监视室内情况,偷看日记,借他人沐浴、上厕所之机等偷看他人身体隐秘,私翻箱报,私拆信件等。

(4)擅自公布他人隐私。一是非法刺探、调查所得之私人秘密后,予以公布,属于侵害隐私权的严重情节。二是因业务或职务关系而掌握他人的秘密,一经泄露,也构成侵害隐私权。

(5)非法利用他人隐私。即未经隐私权人同意而利用其个人资讯、情报资料的行为。行为的特征是将他人的资讯、情报为自己所利用,用于营利或非营利目的。一种是未经本人同意而利用、盗用他人隐私。另一种是虽经本人同意,但利用人超出约定的范围而利用。

（6）侵害死者的隐私利益。包括非法披露、利用死者隐私，或者以违反社会公共利益、社会公德的其他方式侵害死者隐私。

4. 责任构成

侵害隐私权的侵权责任的构成要件，要求要具备以下四个方面：

（1）实施了侵害他人隐私的行为。如上所述的侵害隐私权的行为均可构成。

（2）有受损事实。隐私的损害，表现为信息被刺探、被监视、被侵入、被公布、被搅扰、被干预，这是隐私权损害的基本形态。但隐私损害是一种事实状态，一般不具有有形损害的客观外在的形态。只要隐私被侵害的事实存在，即具备侵害隐私权的损害事实。

（3）存在因果关系。由于侵害隐私权的行为与隐私损害事实的直接关联性，所以行为直接导致后果事实，因果关系较易判断。

（4）主观上有过错。侵害隐私权的行为人主观上必须具备过错，主要是故意。过失也可构成侵害隐私权的责任，如小说创作中利用素材不当而泄露他人隐私。

5. 责任形式

侵害他人隐私权的，应当停止侵害、消除影响、恢复名誉、赔礼道歉，造成受害人财产损失的，还要承担损害赔偿责任。受害人及其近亲属还有权要求精神损害赔偿。

6. 隐私权与相关权利的冲突

（1）隐私权与知情权的冲突。即正当行使知情权的行为，具有阻却违法的效力，不构成侵犯隐私权。如医生看病，需要向病人及其家属了解病人的病情、病史、家庭遗传病史等。再如政府为行使正常的社会管理，依法享有获知公民的相关基本信息的权利，如对公民婚姻状况的了解。

（2）隐私权与国家安全、社会公共利益的冲突。自然人的隐私如果涉及国家安全、国家秘密、并有可能危害社会公共利益时，国家或公权力机关依法调查取得的，不是侵犯隐私权。如犯罪嫌疑人为准备危害社会的犯罪，并将其作案计划记录在日记中，侦察机关依法获得的，不构成侵害隐私权。

（3）公众人物的隐私权与民众的知情权的冲突。公众人物，是指在社会生活的某一范围或时段内，被广为人知或对其所在社会领域有重要影响的自然人。作为公众人物，民众应当有权有更多的了解。这必然会产生公众人物的隐私权与民众的知情权的冲突。① 既然是公众人物,在隐私权方面自然受到比普通民众更多的限制。这已得到了社会各界的普遍认同。但同时也存在两个需要澄清的问题。其一,何谓"公众人物"？其二,公众人物的哪些隐私不受法律保护？对于前者,我们认为,公众人物应限定在一个在较窄的范围内。主要应从两个方面加以限定。一是地域限定。要求在较大范围(如省乃至全国范围内)都有一定的知名度；二是从专业限定,要求在本专业内有较广泛的知名度。对于后者,我们则主张,凡与公众利益有关涉的事项,民众都有知情权。而那些纯属私人领域、无关公众利益的事项,如性能力、身体状态、住宅电话等,则仍属于他们的隐私权范畴。

（4）"人肉搜索"与隐私权。所谓"人肉搜索",是指利用计算机技术和网络,将特定人或特定事诉之于网络,知情网民将其所知情况诉之于网络,其他人由此得到真相。但人肉搜索的结果是,被当做"人肉者"的个人所有的资料信息如住址、家庭电话、身体特征等各项隐私全被暴露在网络中,而且随之受到来自各方的严重骚扰。由此引发社会对"人肉搜索"是否侵害了"人肉者"的隐私的议论,也发生了许多纠纷。从隐私权的角度来看,我们认为,"人肉搜索"的行为无疑侵害了所谓"人肉者"的隐私权,给受害人造成了巨大的精神压力与损害,也给社会造成了不安定的因素。"人肉搜索"行为虽然对于那些违法、不良的行为有一定的威慑作用,但总体上看来,是弊大于利。因

---

① 我国第一起公众人物隐私权案:范志毅诉《东方体育日报》案。2002 年 6 月 16 日,上海《东方体育日报》发表题名《中哥战传闻范志毅涉嫌赌球》的报道,并且表明将进一步关注此事件。随后于 6 月 17 日、19 日又对该事件进行了连续报道,刊登了对范志毅父亲的采访及范志毅没有赌球的声明。6 月 21 日《东方体育日报》以《真相大白:范志毅没有涉嫌赌球》为题,为整件事件撰写了编后文章。同年 7 月,范志毅以《东方体育日报》在 2002 年 6 月 16 日刊登的《中哥战传闻范志毅涉嫌赌球》侵害名誉权为由,起诉到上海市静安区法院,要求被告向他公开赔礼道歉,并赔偿精神损失费人民币 5 万元。2002 年 12 月 18 日,法院正式宣判,被告《东方体育日报》最终胜诉。这也是中国足球职业化以来第一例媒体胜诉的官司。判决书中指出,"即使原告认为争议的报道点名道姓称其涉嫌赌球有损其名誉,但作为公众人物的原告,对媒体在行使正当舆论监督的过程中,可能造成的轻微损害应当予以容忍与理解。"案例来源:吴飞:《名誉权与表达自由之价值冲突》,载 http://www.studa.net/xinwen/090727/11542025.html,访问时间:2005 年 6 月 10 日。

此,应采取有效措施,管制这种不良行为。①

五、侵害自由权

1. 概念

自由作为严格的法律概念,是指在法律规定的范围内,主体按照自己的意志和利益实施行动和思维,不受约束、不受控制、不受妨碍的状态。这种状态免于外来的控制,免于任意专断的拘束,而由人依自己的自由意志和利益所决定。②

自由权,是指自然人在法律规定的范围内,按照自己的意志和利益实施行动和思维,不受约束、控制和妨碍的权利。自由权包括两部分:一是政治自由权,如言论自由、出版自由、结社自由、集会游行示威自由、宗教信仰自由等;二是民事自由权,如婚姻自由、契约自由、人身自由等。政治自由权属公法上的自由,而民事自由权属私法上的自由;与政治自由权所不同的是,民事自由权不仅体现了一种财产上或精神上的利益,更重要的区别是,民事自由权遭受侵害时,权利人有权要求提供财产赔偿。

作为民法上人格权之一的自由权,是指人身自由权。它包括身体自由权、精神自由权两个方面。身体自由权,是指权利人的身体在法律允许的时空内自由运动、不受他人非法强制的权利。③ 精神自由权,则指权利人在思维、决策的过程中以及在情感等方面有自主决断和不受他人控制的权利。

---

① 我国第一起因"人肉搜索"而引发的诉讼:王菲诉大旗网等侵害隐私权案。原告之妻姜岩在自己的博客中以日记形式记载自杀前两个月的心路历程,将丈夫王菲与案外一女性合影照片贴在博客中,认为二人有不正当两性关系,自己的婚姻很失败。不久姜岩自杀身亡。姜岩的博客日记被一名网民阅读后转发在天涯社区论坛中,后又不断被其他网民转发至不同网站上,姜岩的死亡原因、王菲的"婚外情"等情节引发众多网民的长时间、持续性关注和评论。姜岩的大学同学张乐奕得知姜岩死亡后,于2008年1月注册非经营性网站,披露王菲"婚外情"和个人信息的行为,引发众多网民使用"人肉搜索"的网络搜索模式,搜寻与王菲及其家人有关的各种信息。"人肉搜索"使王菲的姓名、工作单位、家庭住址等详细个人信息逐渐被披露,更有部分网民在大旗网等网站上对王菲进行谩骂、人身攻击,还有部分网民到王菲家庭住处进行骚扰,在门口刷写、张贴"逼死贤妻""血债血偿"等标语。大旗网于2008年1月14日制作了标题为《从24楼跳下自杀的MM最后的BLOG日记》的专题网页,网页中使用了王菲、姜岩和第三者的真实姓名,并将姜岩的照片、王菲与第三者的合影照片、网民自发在姜岩自杀身亡地点悼念的照片、网民到王家门口进行骚扰及刷写标语的照片等粘贴在网页上。北京市朝阳区人民法院18日对中国"人肉搜索"第一案一审判决,判令被告大旗网赔偿因"人肉搜索"受到伤害的原告王菲精神抚慰金3000元等;被告张乐奕赔偿原告王菲精神损害抚慰金5000元等。案例来源:李京华:《中国"人肉搜索"第一案宣判,原告胜诉获精神损害抚慰金》,载 http://news.qq.com/a/20090103/000049.htm,访问时间:2009年10月30日。

② 杨立新:《人身权法论》,中国检察出版社1996年版,第612—613页。

③ 张新宝:《侵权责任法原理》,中国人民大学出版社2005年版,第201页。

2. 制度史

自由作为一种理念与状态,一直就是人类所追求的基本价值之一。但长期以来,自由一直被当做是一种政治上的权利,而忽视了人类在民事方面的自由的追求。这种现象直到近代社会才有所改观。近代民法所确立的"契约自由"原则就是最典型的宣告。或许正是宣扬和推行这种"契约自由",才大力地推动了商品经济的飞速发展,才有了今天高度发展的现代社会。同时,运用侵权法的手段来对人们的这种自由加以法律保护,也是近现代民法的一大特色。《德国民法典》首开先河,在第823条第1款就明确规定:故意或过失地不法侵害他人自由者,对他人负有赔偿由此而发生的损害的义务。第847条还规定,在"剥夺自由的情形,受害人也可以因非为财产损害的损害请求适当的金钱赔偿"。即允许精神损害赔偿。自此,许多国家的民法典都作了类似的规定。如《日本民法典》第710条、《奥地利民法典》第1329条、《葡萄牙民法典》第496条,从而,"自由权在侵权行为法的价值体系中是占优先地位的。"①

旧中国的数部民法典(草案)均规定了自由受法律保护的问题。其中,《大清民律草案》第50条就明确规定:"自由不得抛弃。不得违背公共秩序或善良风俗而限制自由。"第960条规定:"害他人之身体、自由或名誉者,被害人于不履财产之损害,亦得请求赔偿相当之金额。"《中华民国民律草案》第17条亦明文规定:"凡人不得抛弃其自由或至违反法律或有伤风化之程度而自行限制自由。"第267条规定:"不法侵害他人之身体、名誉或自由者,被害人于非财产之损害,亦得请求赔偿相当之金额。"《中华民国民法》自不待言。分别在第17条、第195条作了类似的规定。

新中国成立后,有关自由的法律规定也在宪法等相关的法律中得到了充分的体现。《宪法》第37条规定:"中华人民共和国公民的人身自由不受侵犯。任何公民,非经人民检察院批准或者决定或者人民法院决定,并由公安机关执行,不受逮捕。禁止非法拘禁和以其他方法非法剥夺或者限制公民的人身自由,禁止非法搜查公民的身体。"我国《民法通则》将当事人的"自愿"确定为民法的基本原则之一。《婚姻法》则规定了"婚姻自由"的原则;《妇女权益保障法》第34条规定:"妇女的人身自由不受侵犯。禁止非法拘禁和以其他非法手段剥夺或者限制妇女的人身自由;禁止非法搜查妇女的身体。"上

---

① 〔德〕克雷斯蒂安·冯·巴尔:《欧洲比较侵权行为法》(下卷),焦美华译,法律出版社2001年版,第102页。

述这些规定以及其他相关法律法规的规定,充分说明我国公民(自然人)的自由是得到了法律的充分肯认与保障的。但至今的法律并没有从权利的角度来规定"自由",唯有最高人民法院在《关于确定民事侵权精神损害赔偿责任若干问题的解释》中明确规定了"人身自由权"。这也说明建立完善的人身自由权制度仍然任重道远。需要指出的是,我国《侵权责任法》亦仍未确立自由权这一基本概念。因此,自由权作为一项民事基本权利得以最终确立,仍需作出更大的努力。

3. 行为形态

侵害自由权,即侵害人身自由权的行为,具体是指侵害人故意约束、控制或者妨碍公民的身体自由和精神自由的行为。

(1)侵害身体自由的行为,包括以下几种行为:① 非法限制、拘禁自然人身体;② 妨碍他人通行,包括妨害公路通行和妨害对于私路有相邻权、地役权等通行权人的通行;③ 利用被害人自身的羞耻、恐怖的观念,妨害其行动;④ 强制住院,如以其患有精神病为由,强制住院治疗。

(2)侵害精神自由的行为:① 欺诈、胁迫。欺诈是故意以使他人陷入错误为目的的行为;胁迫是故意以不当的目的和手段预告凶险而使人产生恐怖的行为。② 侵害通讯自由。③ 虚伪报告及恶意推荐。即故意使人陷入错误而进行虚伪报告或恶意推荐,是对精神自由权的侵害。

4. 责任构成

(1)侵害行为。已如上述。

(2)受损事实。损害事实的客观表现是公民按照自己意志和利益进行思维和行动状态的改变。损害事实的最终结果,是侵权受害人精神利益和财产利益的损害。造成精神上的痛苦和创伤,同时也会使受害人丧失相关的财产利益,造成财产的损失。所以侵害自由权的损害事实可以表述为受害人的自主行为、思维状态受到改变,造成其精神利益和财产利益的损害。

(3)因果关系。侵害人身自由权的因果关系,在一般情况下,为直接因果关系,但也不排除个别情形下,间接因果关系也可构成侵权。

(4)主观过错。侵害自由权的行为人在主观上必须要有主观过错。

5. 责任形式

(1)非财产性救济方法:如果限制、妨碍人身自由权的行为继续的,应当停止侵害。如果侵权行为造成了受害人名誉损害的,自得请求恢复名誉。给受害人造成不良影响的,得请求消除影响。受害人还可请求赔礼道歉。

（2）财产性救济方法：侵害他人自由权造成受害人财产上的损失的，受害人可以请求赔偿损失，这种经济损失包括直接损失和间接损失，还可以要求恢复原状。

侵害他人自由权造成受害人精神利益损害的，受害人还可以请求精神损害赔偿（抚慰金赔偿）。

6. 抗辩事由

侵害人身自由权侵权责任的抗辩事由，除了前述各处所讲的依法执行职务、依法行使权利、正当防卫、受害人同意、不可抗力、第三人过错、受害人过错等常见的事由外，"自助行为"将是一重要的抗辩事由。如果被告限制原告的人身自由，是在实施自助行为的，可以此作为自己不应承担侵权责任的抗辩事由。如抓获正欲逃跑的小偷，在公权力尚未到达之前，暂时性将其扣留，或将其扭送到公权力处。但是，采取自助行为，必须符合其构成要件，并不得超过必要的限度，包括不得给原告造成不应有的人身或财产损害，否则仍将承担相应的损害赔偿。

六、侵害婚姻自主权

1. 概念

婚姻，是为一定社会的婚姻制度所确认的、以长期共同生活为目的的男女两性结合。婚姻具有如下基本特征：其一，婚姻是男女两性的结合。因此，同性间的结合，不属婚姻。其二，男女两性的结合，是以长期共同生活为目的的，因此不同于那些通奸、临时性的苟合。其三，是为当时社会婚姻制度所确认的两性结合。所以，非法同居、事实婚姻等都因欠缺合法性，而不能成立婚姻。婚姻是家庭的基础，自然也是整个社会、国家的基础。

婚姻自主权，是公民按照法律规定，自己做主决定其婚姻的缔结和解除，不受其他任何人强迫和干涉的人格权。婚姻自主权属于自然人民事自由权的范畴。一般包括两个方面的内容：一是结婚自主权；二是离婚自主权。前者指自然人根据自己的意愿决定是否结婚、与谁结婚、何时结婚，不受他人的非法强制、包办或干涉的权利，包括初婚决定权、复婚决定权和再婚决定权。后者则是指婚姻当事人有权在夫妻感情破裂的情况下，根据自己的意愿决定是否解除夫妻关系的权利。"离婚自主权的基本着眼点，在于保证自然人享受真正美满、幸福、和谐的感情之美和生活之美。"①

2. 制度史

婚姻自主权是随着婚姻制度的发展与改革而产生的。婚姻制度具有十分悠久的历史。但数千年来的婚姻制度中,绝大多数时间内,婚姻并不仅仅是婚姻当事人的事,而是整个家庭、家族乃至整个国家的事。有所谓"婚礼者,将合二姓之好,上以事宗庙,下以继后世也。"②长期以来,结婚奉行的是"父母之命、媒妁之言",包办、买卖、强制性的婚姻盛行。虽然在罗马法时代和中世纪时,也曾出现过所谓的"合意婚",③但始终没有能成为主流的婚姻形式。在离婚方面,虽然也有所谓"和离"的形式,但离婚的决定权通常掌握在男方甚至是男方的家长手中,婚姻当事人反而没有决定自己婚姻是否存续的权利。

婚姻自由一直是人类向往追求的美好境界。到近代资本主义制度下,才正式确立婚姻自由的原则。《法国民法典》第 146 条就公开宣布:"未经合意,不得成立婚姻。"同时在离婚制度中规定了诉讼离婚与协议离婚两种基本形式。

1950 年新中国的第一部《婚姻法》开宗明义地确立了"婚姻自由"的基本原则。该原则此后一直为我国婚姻法的基本原则之一而被强调;《宪法》第 49 条第 4 款规定:"禁止破坏婚姻自由,……"我国《民法通则》第 103 条规定:"公民享有婚姻自主权,禁止买卖、包办婚姻和其他干涉婚姻自由的行为。"我国《婚姻法》第 3 条规定:"禁止包办、买卖婚姻和其他干涉婚姻自由的行为。禁止借婚姻索取财物。"我国《刑法》第 179 条规定:"以暴力干涉他人婚姻自由的,处二年以下有期徒刑或者拘役。犯前款罪,引起被害人死亡的,处二年以上七年以下有期徒刑。"我国《侵权责任法》第 2 条第 2 款亦明确将婚姻自主权纳入侵权法保护的民事权益的范畴。

3. 行为形态

侵害婚姻自主权,指行为人故意实施行为非法干涉公民自主决定自己的婚姻状况,妨碍其自主行使结婚自主权、离婚自主权的行为。

(1) 侵害他人订婚自主权,这类行为有:① 包办他人订婚,例如指腹为婚、抱童养媳、订娃娃亲等。② 强迫他人订婚或不订婚,前者多为父母为子

---

① 魏振瀛主编:《民法》,北京大学出版社、高等教育出版社 2000 年版,第 657 页。
② 参见《礼记·婚义》。
③ 杨大文主编:《婚姻家庭法》,中国人民大学出版社 2000 年版,第 23 页。

女选择配偶对象,责令与其订婚;后者多为自由恋爱双方欲订婚约而父母强制干预,禁止其订婚。③ 借婚约而侵害他人权利。

(2) 侵害他人结婚自主权的行为,是侵害婚姻自主权的基本形式,主要包括:① 包办结婚,指第三人(包括父母)违背婚姻当事人的意愿,一手包办、强迫他人结婚的行为;② 买卖婚姻,是指第三人包括父母以索取大量财务为目的,强迫他人结婚的行为;③ 禁止寡妇改嫁或强迫寡妇成婚;④ 干涉男到女家落户,主要表现是男方亲友、父母强制干涉,不准男到女家落户;⑤ 干涉父母再婚;⑥ 一方强迫对方与其结婚,多为男方强迫女方,形式为逼婚或抢婚;⑦ 强制不得者成婚;⑧ 妨害婚姻登记,这种行为的主体是当事人单位的领导和婚姻登记机关的工作人员。

(3) 侵害他人的离婚自主权,这种行为包括:① 强制离婚,行为人可以是婚姻当事人的父母、亲友,也包括婚姻关系的一方当事人,通常采取暴力、要挟、胁迫等方法。② 强制不得离婚。行为主体也包括当事人的父母亲友和一方当事人,往往采取自杀、行凶、泄露隐私、败坏名誉等手段甚至是暴力。③ 欺骗离婚。④ 其他干涉离婚自主权的行为。如一方当事人的单位采取行政措施,不准其离婚,或对其进行行政处分。

4. 责任构成

(1) 侵害行为。如上所述的各种行为都可构成。

(2) 受损事实。主要是权利人的权利无法行使或不能行使,受害人还可能造成人身伤害、自由受限、名誉受损、财产损失等损害。这些损害不影响责任的构成,只是侵权行为的严重情节和扩大赔偿范围的依据。

(3) 因果关系。要求侵害行为必为该损害事实的原因,而该损害事实正是其违法行为的结果。

(4) 主观过错。行为人必须有主观上的过错,必须是故意,过失不构成侵害婚姻自主权的侵权责任,而且只适用过错责任原则,不适用过错推定责任原则。

5. 责任形式

最基本的责任形式是责令侵害人停止侵害,消除行使权利的障碍,使当事人能按照自己的意愿,自主地行使婚姻自主权。

另一种责任方式是损害赔偿,对当事人造成精神损害的,包括精神利益的损害和精神痛苦的损害,都可予以精神损害赔偿。对当事人造成财产利益损失的,应当赔偿财产损失。

还有一种责任方式是责令消除影响,赔礼道歉。

我国《婚姻法》第 11 条还规定:"因胁迫结婚的,受胁迫的一方可以向婚姻登记机关或人民法院请求撤销该婚姻。受胁迫的一方撤销婚姻的请求,应当自结婚登记之日起 1 年内提出。被非法限制人身自由的当事人请求撤销婚姻的,应当自恢复人身自由之日起 1 年内提出。"

第三节 侵害身份权的侵权责任

一、侵害荣誉权

1. 概念

荣誉,是特定民事主体在社会生产、社会活动中有突出表现或突出贡献,政府、单位团体或其他组织所给予的积极的正式评价。如"全国劳动模范""三八红旗手"等。它的基本特征是:其一,荣誉是特定组织依一定程序颁发的特定评价;其二,荣誉是特定组织给予的积极评价;其三,荣誉是特定组织给予的正式评价;其四,荣誉是主体经自己努力取得积极的社会效果所获得的组织肯定。[①]

荣誉权,是指民事主体对其所获得的荣誉及其利益享有的保持、支配的身份权。荣誉权是一种身份权而非人格权。其主要原因是:人格权是任何一个民事主体均毫无例外地享有的;尤其是对于自然人来讲,人格权是与生俱来的,不需任何人或任何组织的授予或承认;而荣誉权则并非每一个人当然享有,而需经有关组织授予或承认、经特定程序才能获得。一般认为,荣誉权包括以下几个方面的内容:其一,是荣誉保持权,即保有其所获得的荣誉,不受他人的非法剥夺、贬低或限制。其二,是精神利益的享有支配权,权利人有权享受荣誉给其带来的精神上的愉快,支配其所获得的精神利益。其三,是物质利益的获得权,权利人可获得因荣誉为自己带来一定的物质奖励和商业前景。其四,是物质利益的支配权。需要指出的是,荣誉权的内容不包含"获得某种荣誉"。

2. 制度史

给有突出功绩的以特定荣誉,以资奖励的做法古已有之。在罗马法中就

[①] 杨立新:《人身权法论》,中国检察出版社 1996 年版,第 818—819 页。

有了发达的荣誉权制度。①《十二铜表法》第十表第 7 条就允许将那些死者生前因受奖而获得的花环,在丧礼期间佩戴在死者或其亲属身上。但在法制史料上,我们很少看到各个时代是否或如何采用民法的手段对荣誉予以确认与保护的。

我国《民法通则》第 102 条关于"公民、法人享有荣誉权,禁止非法剥夺公民、法人的荣誉称号"的规定,或许是史无前例的规定。第一次将荣誉民事权利化,更加有助于维护权利人的权益,也更加增加了荣誉的严肃性。我国《侵权责任法》第 2 条第 2 款更是明确将荣誉权列为侵权法保护的对象之一。

3. 行为形态

侵害荣誉权,即行为人非法剥夺、毁损、玷污他人荣誉,扣押、侵夺他人获得的荣誉中的财产的行为。

(1) 非法剥夺他人荣誉。这一行为的主体仅限于国家机关或社会组织,多数是与颁奖或授予荣誉的机关为同一单位或有一定联系的单位。这些机关或组织非经法定程序,亦没有法定的理由,宣布撤销或剥夺权利人的荣誉。

(2) 非法侵占他人荣誉。即对于他人获得的荣誉,行为人以非法手段窃取之,或者强占他人荣誉,或者冒领他人荣誉,以及非法侵占他人荣誉的行为。这种行为既可由机关、组织为主体,也可由自然人为主体。一般而论,侵权人大致要和荣誉权人有一定的联系和关联。

(3) 恶意诋毁他人荣誉。即对他人获得的荣誉嫉妒,向授予机关或组织诬告,诋毁荣誉权人,造成严重后果的行为。如当众摘除荣誉牌匾、证书,公开发表言论诋毁他人荣誉获得名不符实,宣称他人荣誉为欺骗所得等行为。

(4) 拒发权利人应得的物质利益。对于应当享有的物质利益,颁奖单位、授予荣誉的机关或组织如果将其扣发、挪作他用、少发等,就是对权利人物质利益获得权的侵害。

(5) 侵害荣誉物质利益。这种侵权行为是对权利人因获得荣誉而得到的物质利益的侵害,应当具有侵害荣誉权的故意。如故意毁坏奖杯、奖品、奖章、奖状等。过失侵害这些物品,为侵害财产权的行为。

(6) 侵害死者荣誉利益的行为。

4. 责任构成

(1) 侵害行为,已如上述,各种侵权行为均可。

---

① 徐国栋:《人格权制度历史沿革考》,载《法制与社会发展(上)》2008 年第 1 期。

(2) 受损事实,即违法侵害行为造成荣誉及其利益损害的客观事实。具体包括:

其一,荣誉损害事实,包括实质损害和形式损害。前者是指国家机关或社会组织未经法定程序、未依法定事由而非法剥夺权利人所获得的荣誉,使权利人丧失了对该荣誉的分配,丧失了对该荣誉的身份权。后者是指虽然未造成权利人荣誉实质丧失的后果,但违法行为确使权利人对荣誉的身份关系受到了形式上的损害,如非法夺取权利人证明荣誉的正式文件。

其二,荣誉的精神利益遭受损害。包括主观精神利益损害和客观精神利益损害。前者是权利人受人尊重的身份利益遭受破坏,如当众宣称权利人的荣誉是欺骗所的,阻碍权利人以荣誉权人的身份进行社会活动。后者是权利人内心荣誉感遭受破坏,同时伴随着精神痛苦和感情创伤。

其三,荣誉的物质利益遭受损害。这是使荣誉权的物质利益获得权和物质利益支配权受到损害的事实。物质利益获得权的损害,是权利人应得的物质利益由于违法行为的阻碍而没有获得,如奖金、奖品、奖章被扣发、减发或拒发。物质利益支配权的损害,是行为人的行为使权利人不能对已获得的物质利益进行支配,如非法占有、使用权利人的奖品、奖金、奖章等。

(3) 因果关系。要求侵害荣誉权的损害事实必须是由侵害荣誉权的违法行为所引起的。对于造成物质利益损失的因果关系,必须依证明的方式;未经证明,不得认定。对于造成精神损害的,因果关系可采适当的推定方式,即违法行为和荣誉精神利益损害事实存在,即可认定其间存在因果关系。

(4) 主观过错。故意、过失均可构成。故意当然侵害荣誉权构成侵权责任;过失也可构成,如误信传言而撤销权利人获得的荣誉。

5. 责任形式

(1) 恢复荣誉。对于非法剥夺荣誉或者非法侵占荣誉的侵权行为,应当责令侵权人承担恢复荣誉的民事责任。

(2) 返还物质利益。对于扣发应得的物质利益,以及侵占获奖人的物质利益的,应当责令侵权人返还物质利益。对于前者,返还应依照颁奖章程或授予荣誉的规则规定的内容返还;对于后者,应按侵占的实物返还。不能返还的,应当折价赔偿。

(3) 损害赔偿。包括:① 造成财产直接损失的,按照损失的价值,全部予以赔偿。② 赔偿因侵害荣誉权而造成的财产利益损失,多为侵害法人尤其是企业法人以及合伙、个体工商户的荣誉权。③ 一般精神损害的赔偿。

④ 造成受害人精神痛苦的,应当予以适当的抚慰金赔偿。

(4) 根据实际情况,确定行为人承担赔礼道歉、消除影响、停止侵害等责任。

6. 抗辩事由

除了一般的抗辩事由外,对于侵害荣誉权侵权责任,还可以以下事由作为抗辩:

(1) 原告并未获得相关荣誉。

(2) 原告获得的荣誉不符相关规定。

(3) 原告的荣誉已被依法剥夺或放弃,等等。

以上事由的存在,抗辩人要负举证责任。

二、侵害配偶权

1. 概念

配偶,是男女双方因结婚而产生的亲属,即具有合法婚姻关系的夫妻相互间的同一称谓和地位。在婚姻关系存续期间,妻是夫的配偶,夫是妻的配偶。① 配偶,具有如下基本特征:其一,它是一种夫妻相互之间的称谓。这种称谓具有中性属性,既可以代表夫,也可以指的是妻。其二,配偶代表了一种法律地位。既为配偶,意味着相互之间具有法律上的权利义务关系,而不再是普通的人与人或男人与女人之间的关系。其三,它代表了一种身份利益。它意味着家庭的温馨、性生活的愉悦等生理与心理的享受。

配偶权,是指夫妻之间互为配偶的基本身份权,不包括夫妻之间基于婚姻关系而形成的夫妻财产权利,如夫妻财产共有权、相互扶养权、相互继承权、经济帮助权,等等。配偶权作为一种身份权,是以夫妻之间互为配偶的身份利益为权利客体,由权利人专属支配,其他任何人均负不得侵犯的义务。

配偶权的内容包括:

(1) 姓氏决定权,即夫妻在缔结婚姻关系后,妻与赘夫都有独立的姓氏权利。夫妻各用自己的姓氏,既不一方随另一方姓,也不一方需冠另一方之姓。但配偶双方在平等自愿的基础上,就姓名问题作出约定;并通过约定,女方可以改姓男方的姓,男方也可以改姓女方的姓。对此,我国《婚姻法》第14条规定:"夫妻双方都有各用自己姓名的权利。"

---

① 杨立新:《人身权法论》,中国检察出版社1996年版,第717页。

（2）住所决定权，指配偶双方协商一致、共同决定婚后住所的权利。我国《婚姻法》第 8 条规定："登记结婚后，根据男女双方约定，女方可以成为男方家庭的成员，男方可以成为女方家庭的成员。"

（3）同居权（义务），即男女双方以配偶身份共同寝食、相互扶助和进行性生活的权利与义务。

（4）贞操权（义务），即夫妻双方的忠实义务，通常是指配偶的专一性生活义务，即不为婚外性生活的义务。广义上还包括不得恶意遗弃配偶他方，以及不得为第三人的利益而牺牲、损害配偶他方的利益。我国《婚姻法》第 4 条规定："夫妻应当互相忠实，互相尊重。"

（5）活动自由权，指已婚者以独立身份，按本人意愿决定社会职业、参加学习和社会活动，不受对方约束的权利。我国《婚姻法》第 15 条规定："夫妻双方都有参加生产、工作、学习和社会活动的自由，一方不得对他方加以限制或干涉。"

（6）日常事务代理权，亦称家事代理权，是指配偶一方在与第三人就家庭日常事务为一定法律行为时，享有代理对方行使权利的权利。配偶一方代表家庭所为的行为，对方配偶须承担后果责任，配偶双方对其行为承担共同的连带责任。

（7）相互扶养权（义务）。我国《婚姻法》第 20 条规定："夫妻有互相扶养的义务。一方不履行扶养义务时，需要扶养的一方，有要求对方付给扶养费的权利。"相互扶养，指夫妻在物质上和生活上互相扶助、互相供养，相互支持对方的意愿和活动，对家事共同努力，相互协力。这不应当理解为仅仅是一种财产权利，更是一种精神性的权利。

2. 制度史

配偶权的历史演变过程就是从夫权到配偶权的嬗变，体现着从夫妻双方的不平等到平等的发展过程。在罗马法的"有夫权婚姻"中，"妻在家庭中处于丈夫的女儿的地位，如同她自己所生子女的姐姐一样。"[①]在近代的资产阶级民事立法中，强调天赋人权，权利平等，在民法中废除了夫权制度，但废除的程度还不彻底，如《法国民法典》一方面规定夫妻负相互忠实、帮助、救援的义务（第 212 条），另一方面又规定夫应保护其妻，妻应顺从其夫，妻负与夫同居的义务等（第 213、214 条）。这种情况，在欧洲各国资产阶级早期的民事立

---

① 周枬：《罗马法原论》（上册），商务印书馆 2001 年版，第 196 页。

法中是常见的现象。在现代,各资本主义国家纷纷修改民事立法,删除配偶之间不平等权利的规定,增设新的平等配偶权的规定。如法国于1942年通过法律修正案,对《法国民法典》"夫妻相互的权利与义务"一章进行了全面的修订,以后几经修订,终于建立了现代意义上的配偶权。

我国《婚姻法》确立了夫妻平等的基本原则,全面规定了夫妻在婚姻家庭中的平等地位与平等的权利义务,建立了新型的配偶关系。但是,是否应适用侵权法来保护这种配偶权,在理论上仍是一个值得探讨的问题。我国《侵权责任法》第2条在列举受侵权法保护的各项民事权益时,并没有将配偶权纳入其中。

3. 行为形态

侵害配偶权,即配偶一方或第三人不履行自己的配偶义务,积极侵害配偶权人的配偶专属利益的行为。

(1) 通奸,是指双方或一方有配偶的男女自愿发生的不正当两性关系的侵害配偶权的行为。

(2) 同居(姘居),指已婚男女双方或一方为非法的、缺乏长久共同生活目的的临时性公开同居。有配偶者与他人同居的行为,加害人是有配偶者,与他人同居,在一起共同生活,起居、餐饮、进行性生活持续一定的时间的行为。

(3) 重婚行为,即有配偶者与他人结婚或者明知他人有配偶而与其结婚的行为,是严重的侵害配偶权的行为。

(4) 实施家庭暴力,即对配偶实施家庭暴力的行为。对配偶一方进行殴打、残害、甚至婚内强奸行为致其身体和健康受损害的,受害人可以选择进行身体健康权的损害赔偿或者配偶权损害赔偿的诉讼维权。

(5) 虐待、遗弃配偶的行为。

4. 责任构成

(1) 侵害行为,已如上述,均可构成。

(2) 受损事实,即配偶身份利益遭受损害的事实。包括以下层次:① 合法的婚姻关系受到破坏;② 配偶身份利益遭受损害;③ 对方配偶精神痛苦和精神创伤;④ 为恢复损害而损失的财产利益。

(3) 因果关系,只要确认行为人与配偶一方具有上述的侵害行为即可确认因果关系要件。但我国《婚姻法》规定这种损害赔偿以配偶离婚为条件,所以,离婚既是损害事实的内容,也是因果关系的必要环节。

（4）主观过错，应为故意形态，一般认为过失不构成侵害配偶权。

（5）行为人，往往是配偶一方。第三人在与配偶一方同谋的情况，亦可成为侵权主体。

5. 责任形式

（1）损害赔偿，对于侵害配偶权造成财产损失的，特别是实施家庭暴力造成受害人人身伤害的，侵权人对财产损失也应当承担赔偿责任。

（2）非财产民事责任，即根据实际情况责令侵权人停止侵害，恢复名誉，消除影响，赔礼道歉。

（3）精神损害赔偿，即侵害配偶权造成受害人精神创伤和精神痛苦的，应给付适当的精神损害赔偿金或抚慰金。

三、侵害亲权

1. 概念

孩子与父母亲的关系即是亲子关系。亲子关系在法律上的表现是亲权。即父母对未成年子女的权利义务关系。"亲"，即父母，包括亲生父母、养父母以及有抚养关系的继父母；"子"，特指未成年子女，包括婚生子女、非婚生子女、养子女以及有抚养关系的继子女。

亲权，是指父母对未成年子女在人身和财产方面的管教和保护的权利与义务。亲权具有如下基本特征：其一，亲权属身份权；其二，亲权是父母对未成年子女的权利，父母与成年子女之间的权利义务关系由其他的制度加以规范；其三，亲权的客体是未成年子女的人身、财产利益；其四，亲权是权利和义务的综合体；其五，设置亲权的目的在于教育、管教、保护未成年子女，以利于他们的健康成长。

亲权具有如下基本内容：

（1）人身照护权，即父母对未成年子女人身的教养保护的权利和义务。具体包括：① 姓氏决定权。自然人享有姓名权，但未成年子女的姓名是由父母决定的。② 住所指定权。为保护未成年子女的身心健康和安全，父母享有对未成年子女住所或居所的指定权。③ 抚养和教育未成年子女的义务。④ 有限的惩戒权。即父母在必要时对未成年子女的必要惩戒。⑤ 身份行为的同意及代理权。如未成年人从事职业的许可，未成年人被收养和送养的承诺，以及涉及其人身利益的法律行为的代理等。此外，未成年子女的法律行为须由父母进行追认和补正。⑥ 子女交还请求权。即子女被人诱骗、拐卖、劫掠、隐藏时,父母享有请求交换该子女的请求权。⑦ 赔偿的义务。即未成年子女导致他人损害的,亲权人应承担赔偿该受害人损失的义务。

(2)财产照护权。即亲权人对未成年子女的财产的管理、代理、使用、收益、处分权、索赔权。一般与义务相对应。

(3)离婚后的子女探望权。即离婚后不直接抚养子女的父或母,享有探望其子女的权利。

2. 制度史

亲权制度也经历了其独特的长期的演变过程。在罗马法上有所谓的家父权。家父是自权人,家子是他权人。家父对于家子所犯的过错,有权以任何可能的方式加以惩罚。可以将家子交给被害人,摆脱自己的责任;也可以将家子出卖或出租;遗弃或杀死新生儿,是一种绝对的专制的人身支配权。①

日耳曼法上的父权表现为对子女的保护权,以子女利益为出发点,规定父亲对子女的身份权,与现代亲权制度接近。② 近现代许多国家的亲权制度一般多继受日耳曼法的这一父权制度。《法国民法典》还设专章(第9章)规定了亲权制度;《德国民法典》第1666条第1款规定:"因滥用亲权,因对子女怠责,因父母非过失地不起作用或因第三人的行为,致使子女肉体上的、精神上的或心灵上的利益受到危害的,在父母不愿意或没有能力免除危险时,家事法庭应采取为免除危险而有必要采取的措施。"现代立法中的亲权制度的共同特征是父母共同享有对未成年子女的亲权。整个亲权制度的发展过程,体现了从支配权和父权向着重亲子双方的法律关系的演变,以及从男女不平等到男女平等的演变。在当今,"具有可归责性的对父母照顾权之侵害会导致侵权行为法上的损害赔偿责任已成为欧洲各国法律之共识。"③

中国古代社会奉行"三纲五常"④的基本家庭规范。对子女的权利基本掌握在家长、家父手中;子女被当做是父亲的一项私财,可以任意处置,甚至逐出家门或者处死。⑤ 母亲自己也处于夫权之下,对子女并无多大的权利;只有在父亲不在世时,才享有相应的权利。旧中国的数次民事立法,在婚姻家庭制度方面吸收了当时西方近现代资本主义的法制理念,利用法典的形式正

---

① 周枏:《罗马法原论》(上册),商务印书馆2001年版,第150页。
② 杨立新:《人身权法论》,中国检察出版社1996年版,第717页。
③ 〔德〕克雷斯蒂安·冯·巴尔:《欧洲比较侵权行为法》(下卷),焦美华译,法律出版社2001年版,第140页。
④ 三纲指君为臣纲,父为子纲,夫为妻纲;五常指仁、义、礼、智、信。
⑤ 瞿同祖:《瞿同祖法学论著集》,中国政法大学出版社1998年版,第14页。

式建立了亲权制度。如《大清民律草案》第四编第四章就专设了"亲权"一节，确立了父母共同享有亲权的原则，取消了古代法中父母对子女的那种生杀予夺的权利。新中国成立以后的我国婚姻家庭立法，更是进一步确立了在平等基础上的新型的亲子关系。

需要指出的是，我国《侵权责任法》第2条列举的受侵权法保护的民事权益中，并没有规定所谓"亲权"，而是规定了"监护权"。无论在学术上，还是在制度上，亲权与监护权既有着密切的联系，但也存在些微的区别。联系主要表现在权利的内容基本相同，权利所指向的对象都是未成年人。区别主要是权利主体的范围有所差异：亲权的权利主体仅限于未成年人的父母；而监护权的权利主体通常情况下是未成年人的父母，个别情况下，未成年人的其他亲属如爷爷奶奶、兄姐等，以及相关单位如居委会、孤儿院等，都可能依法成为监护人。从更广泛的意义上来看，监护权可以包容亲权。或许正是在这个意义上，我国《侵权责任法》不规定亲权而仅将监护权纳入侵权法保护范围之列，解释上似可包含了亲权。或者换一句话来讲，下文所论述的有关侵害亲权的侵权法制度，同样适用于监护权。

3. 行为形态

侵害亲权，即第三人实施的侵害亲权人的亲权以及亲权关系相对人的合法利益的行为。

第三人侵害亲权的行为通常表现为：

（1）非法干涉，即以作为的方式对亲权的行使进行非法侵害，可以是针对亲权的整体而为，也可以是针对亲权的具体内容而为。如离婚后的一方抢走未成年子女使另一方无法行使亲权；拐骗、抢走、藏匿未成年子女使其脱离亲权人；无正当理由限制探望其未成年子女的权利。

（2）非法剥夺亲权的行为，包括非法剥夺全部亲权和非法剥夺部分亲权。

4. 责任构成

（1）侵害行为，如上所述的各种侵害行为均可构成。

（2）受损事实，亲权损害事实的形态有三种：① 财产利益的丧失。如第三人非法剥夺亲权人的财产管理权，侵害未成年子女的财产收益以及第三人侵害亲权人的人身而使亲权相对人抚养供给丧失。② 丧失对未成年子女的监督保护能力。如未成年子女被拐骗，而致亲权人无法对其未成年子女施加监督照料等。③ 精神利益及精神痛苦的损害。

（3）因果关系，侵害亲权的因果关系不限于直接因果关系，也包括某些间接因果关系。在第三人直接以亲权作为侵权对象时，一般为直接因果关系。在第三人非以亲权作为侵权对象而客观结果造成亲权损害的场合，为间接因果关系。

（4）主观过错，侵害亲权的责任以主观上有过错为要件，故意、过失均可。

5．责任形式

（1）损害赔偿，造成财产损失的，应当承担财产损害赔偿责任。造成人身伤害的，应当承担人身损害赔偿责任。造成精神痛苦、精神创伤的，应当赔偿抚慰金。

（2）根据实际情况，使侵权人承担停止侵害、恢复名誉、消除影响、赔礼道歉等责任。

（3）抢夺亲权人抚养之子女的，应责令侵权人强制交还子女给亲权人。

四、侵害亲属权

1．概念

亲属，是指因婚姻和血缘而产生的人与人之间的特定身份关系，以及具有这种特定身份关系的人相互之间的身份、地位的总的称谓。亲属的范围，包括：

（1）血亲，指有血缘关系的亲属，是亲属中的主要部分。包括自然血亲和拟制血亲。自然血亲是出于同一祖先，有自然血缘联系的亲属，包括：直系亲属，即生育自己和自己所生育的上下各代的亲属；旁系血亲，即和自己同出一源的亲属，为同一第三人所生的二人。拟制血亲是原本没有血缘关系，或者没有直接血缘关系，但法律确定其地位与血亲相同的亲属，包括因收养而发生的拟制血亲和因继父或继母与继子或继女的抚养关系而形成的拟制血亲。

（2）配偶，是男女双方因结婚而产生的亲属，即具有合法婚姻关系的夫妻相互间的同一称谓和地位。在婚姻关系存续期间，妻是夫的配偶，夫是妻的配偶。配偶是血亲的源泉，姻亲的基础。

（3）姻亲，是以配偶为基础产生的亲属，包括：① 血亲的配偶，即自己直系血亲和旁系血亲的配偶，如儿媳、女婿等；② 配偶的血亲，即自己配偶的直系血亲和旁系血亲，如公婆、岳父母等；③ 配偶的血亲的配偶，即自己配偶的血亲的夫或妻，如妯娌、连襟等。

亲属分为近亲属和一般亲属,按照最高人民法院的司法解释,近亲属包括配偶、父母子女、祖父母外祖父母、孙子女外孙子女和兄弟姐妹。只有近亲属,才具有法律上的意义。即只有在近亲属范围内,才产生相应的亲属之间的权利义务关系。

亲属权,是指除配偶、未成年子女的亲子以外的其他近亲属之间的基本身份权,表明这些亲属之间互为亲属的身份利益为其专属享有和支配,其他任何人都负有不得侵犯的义务。它包括父母与成年子女之间的权利(义务),兄弟姐妹之间的权利(义务),祖父母、外祖父母与孙子女、外孙子女之间的权利(义务)等。

亲属权具有如下基本内容:

(1) 尊敬权,是长辈尊亲属基于其亲属身份而产生的派生身份权,又称孝敬权,主要是子女对父母的权利,但不局限于父母子女之间,凡尊亲属均享有尊敬权。

(2) 父母对成年子女的权利。对于患有精神病,被宣告为无民事行为能力或限制行为能力的成年子女,父母对其有监护权。父母对患有精神病的成年子女有抚养教育权,父母不履行扶养义务时,患精神病不能独立生活的子女有要求父母付给抚养费的权利。成年子女对父母有赡养扶助权。成年子女不履行赡养义务时,无劳动能力的或生活困难的父母,有要求子女付给赡养费的权利。父母子女相互间有行为能力宣告、失踪宣告、死亡宣告申请权,及一方失踪后的财产代管权。同时父母和子女有相互继承遗产的权利。

(3) 兄弟姐妹间的权利。有负担能力的兄、姐,对于父母已经死亡或父母无力抚养的未成年的弟、妹,有抚养权。根据继承法的规定,他们相互间享有继承权。根据民法通则的规定,有进行行为能力宣告、失踪宣告、死亡宣告的申请权,以及一方失踪后进行财产代管的权利。

(4) 祖孙之间的权利。有负担能力的祖父母、外祖父母,对于父母已经死亡的未成年的孙子女、外孙子女,有抚养权。有负担能力的孙子女、外孙子女,对于子女已经死亡的祖父母、外祖父母,有赡养权。他们相互间有继承权。而且孙子女、外孙子女在父母死亡的情况下,对祖父母、外祖父母的财产享有代位继承权。对于父母已经死亡或者没有监护能力的未成年人的祖父母、外祖父母可以担任监护人,享有监护权。同时他们相互间也有行为能力宣告、失踪宣告、死亡宣告申请权及一方失踪后的财产代管权。

2. 制度史

所谓亲属权的制度史,实际上就是指婚姻家庭法的历史。亲属权制度是随着家庭、家族的演变而不断地变化、成熟起来的。家庭是人类生存与生活的基本环境和条件。从原始社会开始,家庭就始终是社会的基本生活与生产单位,担负着繁衍、生活与生产的基本职能。因此,调整家庭关系,必然是每一个时期的法律制度的重心。原始社会主要是通过习俗来进行调整,而进入阶级社会后,家庭关系的法律调整除了习俗、家规族法仍然起着重要作用外,国家亦通过制定法律的手段来对家庭进行干预。从公元前20世纪的《苏美尔亲属法》,到公元前18世纪的《汉穆拉比法典》;从公元前5世纪的《十二铜表法》第四表、第五表分别规定"父权法"、"监护法",到公元前后古印度的《摩奴法典》,无不较为详尽地规定了亲属关系的法律调整。进入近代法制以来,大陆法系各国纷纷在民法典中规定了亲属制度;其中最成体系、最为科学的当推《德国民法典》,其在第四编中以"亲属法"为名称,对婚姻家庭问题进行了集中的规定,其立法模式与制度设计,影响极其深远。

中国古代社会的婚姻家庭关系,主要靠婚礼与家礼来维系,同时家规族法也是重要的组成部分。"这类法规的实质和中心任务,在于维系家长、族长的特权,巩固封建家长制家庭。"① 进入20世纪后,《大清民律草案》仿《德国民法典》的立法模式,在其第四编中亦规定了"亲属法",引进了一些西方近代资本主义的婚姻家庭理念与制度,但仍保留了不少的封建色彩的东西。

新中国成立后所制定的第一部法律就是1950年《婚姻法》。它明确宣布:"废除包办婚姻、男尊女卑、漠视子女利益的封建主义婚姻制度,实行男女婚姻自由、一夫一妻、男女权利平等、保护妇女和子女合法利益的新民主主义婚姻制度"(第1条)。此后,在1980年根据新的形势,制定了新的《婚姻法》。该法在2001年进行了一次重要的修订。我国《婚姻法》对家庭亲属关系所作的规定一般较为原则。最高人民法院为解决司法审判中遇到的实际问题,先后作出了一系列的司法解释,为贯彻实施《婚姻法》提供了更为细致的制度规定。

3. 行为形态

亲属权是绝对权,因此,违背亲属权的绝对义务即构成侵权。

(1)侵害扶养关系,即对扶养、抚养、赡养关系的侵害。最主要的行为方式是侵害亲属的生命和健康,采取伤害和致死的形式使受害人健康损害和生

---

① 张晋藩:《中国法律的传统与近代转型》,法律出版社1997年版,第114页。

命丧失,使间接受害人丧失抚养、扶养或赡养的来源。这种侵权行为实际上是一种独立的侵权行为。不过一般是依附于侵害生命权和健康权的侵权行为中,带有附带的性质。

(2) 强迫、诱使具有监护关系的亲属脱离监护,即非法剥夺他人的监护权,或欺骗他人丧失监护。

(3) 侵害亲属权中的其他派生权的行为,如探望权等。

(4) 亲属关系中的相对义务人侵害相对人的亲属利益,如虐待、遗弃和进行不当的管制的行为。

4. 责任构成

(1) 侵害行为,如上所述的侵害行为均可构成。第三人侵害亲属权的主要行为方式是作为方式,亲属关系内部的相对义务人侵害亲属权的行为方式主要是不作为。

(2) 受损事实,亲属权受损害的事实包括:① 扶养来源的丧失。即扶养权利人失去扶养来源,生活困难。② 精神利益的损害。这主要是侵害尊重权、帮助体谅权所导致的亲情损害。③ 精神痛苦的损害和感情的创伤。

(3) 因果关系,确定侵害亲属权的违法行为与损害事实之间的因果关系,不以直接因果关系为限,在特定的场合,间接因果关系也可构成。

(4) 主观过错,对于第三人侵害亲属权的,在一般情况下,故意、过失均可构成侵权行为。对于亲属关系的相对义务人侵害亲属权的,应具备故意的主观心理状态。过失不构成侵权。对于侵害扶养义务人的健康、生命权造成扶养权利人扶养来源丧失的,如果是特殊侵权,则行为人主观上没有过错也构成侵权。

5. 责任形式

(1) 恢复履行。亲属关系的相对义务人违反亲属义务的,应当承担继续履行义务的责任。并具有强制性。

(2) 损害赔偿,具体包括:

其一,侵害扶养义务人的健康和生命权而使扶养权利人扶养来源丧失的,应当赔偿必要的生活费。

其二,第三人拘禁扶养义务人、剥夺其劳动权利而故意侵害扶养权利人的扶养权的,应当赔偿给扶养权利人造成的全部财产损失。

其三,造成精神损害的,应当承担精神损害赔偿责任。最高人民法院《关于确定民事侵权精神损害赔偿责任若干问题的解释》第2条规定,非法使被监护人脱离监护,导致亲子关系或者近亲属间的亲属关系遭受严重损害,监护人向人民法院起诉请求赔偿精神损害的,人民法院应当依法予以受理。

其四,造成受害人精神痛苦的,应当适当赔偿抚慰金。

(3)应根据案件具体情况责令侵权人停止侵害、消除影响和赔礼道歉。

第八章 侵害知识产权的侵权责任

知识产权作为一类重要的民事权利,是由法律所赋予或认可的,权利人对其所拥有的智力成果以及工商业活动中所产生的无形财产所享有的权利。传统意义上的知识产权,主要包括著作权、专利权和商标权,而现今知识产权已经大大地扩充了它的外延。商业秘密权、原产地名称权、植物新品种权等新型的知识产权日益在人们的经济活动中展现出重要性。在当今知识经济时代,知识产权成为知识经济的基础性法律条件。没有知识产权及其制度的支撑,很难想象会有现代社会知识经济的形成与发展。同时,在世界经济贸易与发展中,知识产权也是一国经济与科技力量的标志。由于知识产权能给权利人带来巨大的经济利益,因此它不可避免地遭受到来自各种侵权行为的侵扰和侵害,而且这类侵犯知识产权的行为也愈演愈烈,严重地损害了权利人的合法权益乃至国家、民族的科技进步与社会经济发展。所以,加强侵权法对知识产权的保护,是各国面临的一项共同的任务。

第一节 侵害专利权的侵权责任

一、专利权的概念及保护范围

1. 概念

专利权,是法律所赋予的、权利人对其经法定程序获得专利的发明创造享有的权利,具有独占性、法定性、客体的公开性以及特定的范围性等基本特点。所谓独占性,不仅是指专利权是一种对世权、绝对权,而且权利客体——发明创造只专属于权利人,未经权利人许可,任何人均不得以营利为目的擅自实施该发明创造。法定性,是指专利权只能经由向国家专利特定管理机关——国家专利局提出专利申请,申请专利的发明创造要具备法定的条件——新颖性、先进性与实用性,经特定程序——专利申请、审查、核准、登记程序,由国家专利局依法批准而获得。客体的公开性,则指发明创造人要想使该发明创造获得专利权,就必须在专利申请文件中充分清楚地将该发明创造的技术公开,它是专利申请人获得专利权必须付出的代价。之所以要求公开,就在于及时向社会准确地传递和交流科技成果,促进社会科学技术的进步,减少社会的重复劳动与资源浪费。最后,特定的范围性是指专利权的保护受其范围的限制,只有在权利保护范围内,专利权才具有法律效力。

2. 保护范围

专利权的保护范围,是指专利权的效力所涉及的发明创造的范围。范围的确定,对权利人而言,一方面能使权利人确知自己的发明创造中哪些是受法律保护的,哪些是不受法律保护的,进而可以明确他人的哪些行为构成了对自己权利的侵犯;而对他人而言,范围的确定可以明确地告知他人某些利用该发明创造的行为是否构成侵权,从而选择自己的行为范围、方式、时间等。

我国《专利法》第 59 条第 1 款规定:"发明或者实用新型专利权的保护范围以权利要求的内容为准,说明书及附图可以用于解释权利要求。"《专利法实施细则》第 20 条进一步要求:"权利要求书应当说明发明或者实用新型的技术特征,清楚、简要地表述请求保护的范围。"凡属权利要求书中未记载权利保护要求的,就不属专利权保护的范围。对《专利法》第 59 条第 1 款的规定,最高人民法院于 2001 年 6 月 22 日发布的《关于审理专利纠纷案件适用法律问题的若干规定》第 17 条作了专门解释,认为该款"是指专利权的保护范围应当以权利要求书中明确记载的必要技术特征所确定的范围为准,也包括与该必要技术特征相等同的特征所确定的范围。等同特征是指与所记载的技术特征以基本相同的手段,实现基本相同的功能,达到基本相同的效果,并且本领域的普通技术人员无需经过创造性劳动就能够联想到的特征。"在这里,司法解释提出了一个国际上通行的"等同原则",即当行为人以实质上相同的方式或者相同手段替换与专利权人的权利要求书所记载的、且本领域的普通技术人员无需经过创造性劳动就能够联想到的技术特征基本相同的手段,实现基本相同的功能,达到基本相同的效果,就应当认为行为人所采用的技术特征属于专利权保护范围,即等同于专利技术,从而认定为侵权。①

另外,我国《专利法》第 59 条第 2 款还就外观设计专利权保护的范围作了明确规定:"外观设计专利权的保护范围以表示在图片或者照片中的该外观设计专利产品为准。"也就是说,外观设计作为以某种产品为依托的外观造型,其专利权要受保护的,必须以该产品的图片或照片为证。该产品必须具有有形的、固定的、经过人类劳动生产且能工业批量复制生产的特征。第三人未经授权,在该类产品上使用相同或近似的外观设计的,即构成对该外观设计专利的侵权。这又必然涉及到如何对产品进行分类的问题。

二、侵害专利权的行为

1. 概念

侵害专利权的行为,通常又可称专利侵权行为,根据我国《专利法》第 60 条的规定,凡未经专利权人许可,实施其专利,即侵犯其专利权。

从上述概念可以看出,侵害专利权的行为的特征主要是:

(1)侵害行为的客体是合法有效的专利。在我国,一项合法有效的专利应具备以下条件:第一,发明创造已被国家专利局授予专利。专利权是一项特许的民事权利,须经法定程序由国家专利局特别授予。第二,未被专利复审委员会或人民法院宣告为无效。《专利法》第 45—47 条规定,第三人对被国家专利局授予的专利认为不合法的,可申请专利复审委员会宣告该专利无效;专利复审委员会经过审查,认为请求成立的,有权作出宣告专利权无效的决定;当事人不服该决定的,可向人民法院起诉,人民法院依民事诉讼程序经过开庭审理,作出专利权是有效或无效的判决。被宣告无效的专利权视为自始即不存在。第三,尚在专利权期内。根据《专利法》第 42 条的规定,发明专利权的期限为 20 年,实用新型专利权和外观设计专利权的期限为 10 年,均自申请日起计算。期限届满后,专利权将不复存在,亦不能申请续期。第四,未在专利权期届满前终止。《专利法》第 44 条规定:专利权人没有按照规定缴纳年费的、以书面声明放弃其专利权的,专利权在期限届满前终止。

(2)实施了他人的专利。所谓"实施专利",根据我国《专利法》第 11 条

---

① 张军等:《知识产权领域侵权行为研究》,经济科学出版社 2005 年版,第 111 页。

的规定,即指制造、使用、许诺销售、销售、进口发明和实用新型专利产品,或者使用其专利方法以及使用、许诺销售、销售、进口依照该专利方法直接获得的产品,或者制造、销售、进口其外观设计专利产品。

(3) 未经专利权人许可。这是成立侵权的核心要件。如实施他人专利,事先得到了专利权人的许可、授权,或事后得到了专利权人的默许、追认者,均不能构成对专利权的侵害。所以,要实施他人专利,必须得到专利权人的许可,通过与专利权人签订许可实施合同的方式,取得实施专利的资格或权利;否则即构成侵权。但强制许可实施的行为除外。所谓强制许可实施,是指国家专利局依照法律的规定,可以不经专利权人的许可,直接批准提出实施申请的第三人予以实施的行政行为。强制许可是对专利权的一种限制,其目的在于促使专利技术能尽早实施,尽可能早地造福于社会,防止专利权人滥用权利,维护国家和社会的公共利益。为了防止有关部门滥用强制许可实施的权力,根据我国《专利法》及《专利法实施细则》的相关规定,强制许可实施必须符合以下条件:第一,强制许可的情形仅限于以下三种:一是自专利权被授予之日起满3年后,具备实施条件的单位以合理的条件请求发明或者实用新型专利权人许可实施其专利,而未能在合理长的时间内获得这种许可的;二是一项取得专利权的发明或者实用新型比前已经取得专利权的发明或者实用新型具有显著经济意义的重大技术进步,其实施又有赖于前一发明或者实用新型的实施的;三是在国家出现紧急状态或者非常情况时,或者为了公共利益的目的需要强制许可实施的。第二,由国家专利局依法定程序作出强制许可的决定。国家专利局作出的给予实施强制许可的决定,应当限定强制许可实施的目的:为供应国内市场的需要;强制许可涉及的发明创造是半导体技术的,强制许可实施仅限于公共利益的目的。专利权人对强制许可实施的决定不服的,有权向人民法院起诉。第三,限定被强制许可人的权利:被强制许可的人仅有实施权,既不享有独占的实施权,并且无权允许他人实施,而且还应当付给专利权人合理的使用费。

2. 行为形态

(1) 未经许可,制造专利产品。行为人只要未经专利权人许可,为生产经营目的制造了专利产品的,都是专利侵权行为;而不问制造者是否知道是专利产品,也不论制造者采用的是什么方法,亦不问制造了多少。该行为侵犯了专利权人独占享有的专利产品制造权和禁止他人未经许可制造专利产品的权利。

（2）故意使用发明或实用新型专利侵权产品。即行为人知道或者应该知道所欲购买的该产品是第三人未经专利权人许可而制造的侵权产品,而仍然以生产经营为目的购买并使用。所谓"使用",是指根据专利产品的用途加以利用的行为;这种"使用",亦不论是使用一次或数次;如果该专利产品有多种用途的,也不问是按何种用途加以使用,均可成立专利侵权。该行为侵犯的是专利权人的专利产品使用权和禁止他人未经许可而使用专利产品的权利。在这里应强调其使用是以生产经营为目的的使用。也就是说,若非以生产经营为目的而使用的,如以纯粹科研、教学为目的的使用,可不构成侵权。

（3）故意销售他人专利侵权产品。即行为人知道或者应该知道该产品是第三人未经专利权人许可而制造、销售的侵权产品,以生产经营为目的有偿转让专利产品于第三人的行为。该行为侵犯了专利权人的独占销售权和禁止他人未经许可而销售专利产品的权利。另外,我国《专利法》根据 WTO 的《TRIPS 协议》的规定,即使是许诺销售,亦构成侵权。所谓许诺销售,是指某种承诺将来销售某种专利产品的行为,通常通过广告、展示等方式表示出来,既可以面向某个具体的消费者或商家,也可以是面向社会公众。《TRIPS 协议》的第 28 条第 1 款规定,如果该专利所保护的是产品,专利所有人则有权制止第三方未经其授权从事下列行为:制造、使用、许诺销售、销售或为上述目的而进口该产品。但许诺销售,实际的侵权行为尚未发生,至少是损害结果尚未出现,属于一种所谓的"即发侵权",予以禁止,是对传统侵权法要求要有损害事实的发生的规定的修正。① 对此,《专利法》第 61 条进一步规定:专利权人或者利害关系人有证据证明他人正在实施或者即将实施侵犯其专利权的行为,如不及时制止将会使其合法权益受到难以弥补的损害的,可以在起诉前向人民法院申请采取责令停止有关行为和财产保全的措施。

（4）未经许可,进口他人专利产品。即行为人未经专利权人许可,而以生产经营为目的将该专利产品从国外进口到中国的行为。这可能包括两种情形:一是未经专利权人许可擅自进口在中国获得的专利的中国自然人或单位在外国生产的专利产品;二是未经专利权人许可擅自进口在中国获得专利的外国自然人或单位在国外生产的专利产品。该行为侵犯了专利权人独享的专利产品进口权和许可他人进口权。

（5）未经许可,使用他人专利方法。即未经专利权人授权,擅自使用专

---

① 张军等:《知识产权领域侵权行为研究》,经济科学出版社 2005 年版,第 130 页。

利权人的受专利法保护的专利方法的行为。专利方法是指已经获得专利的那些能够生产出某种物品的方法,包括把一种物品或者物质改变成另一种物品或者物质所利用的手段和步骤。在各种方法中,有的能够生产出某种产品出来,如物理制造加工方法、化学方法、生物方法等;有的只能产生某种技术上的效果,但并不改变原物品的性能、结构和特性。一般只有前一种方法才受专利法的保护,而后者不能申请专利,如那些纯属抽象思维的智力方法,包括数学方法、游戏方法等。

(5)未经许可,使用、许诺销售、销售、进口依照专利方法直接获得的产品。这类侵权行为包括以下四个方面:第一,未经许可,擅自使用依该专利方法直接获得的产品的行为;第二,未经许可,擅自许诺销售依该专利方法直接获得的产品的行为;第三,擅自销售依该专利方法直接获得的产品的行为;第四,未经许可,擅自进口依该专利方法直接获得的产品的行为。WTO 的《TRIPS 协议》的第 28 条第 2 款同时规定:如果该专利所保护的是方法,专利所有人则有权制止第三方未经其授权使用该方法的行为以及从事下列行为:使用、许诺销售、销售或为上述目的进口至少是依照该方法而直接获得的产品。所谓依专利方法直接获得的产品,是指依照该方法最初获得的产品。如果对该产品进行进一步的加工而获得的产品,则不属于此类。受专利方法所保护的这类产品,既可以是新产品,也可以是已知的产品。

(6)假冒他人专利。即在与他人专利产品类似的产品或者产品的包装上,加上专利权人的专利标记或者专利号,足以使他人相信该产品是专利产品的行为。根据我国《专利法实施细则》第 84 条的规定,假冒他人专利行为主要包括:未经许可,在其广告或者宣传材料中使用他人的专利号,使人将所涉及的技术误以为是他人的专利技术;未经许可,在合同中使用他人的专利号,使人将合同涉及的技术误以为是他人的专利技术,伪造或者变造他人的专利证书、专利文件或者专利申请文件。需要指出的是,假冒他人专利,不仅侵犯了他人的专利权,构成对他人专利权的侵权;而且也有误导消费者之嫌。根据我国《刑法》第 216 条的规定,假冒他人专利,情节严重的,处三年以下有期徒刑或者拘役,并处或者单处罚金。

在实践中,我们还应当对假冒专利与冒充专利这两类不同的行为加以区别。冒充专利,是指行为人以生产经营为目的,将自己的未经专利申请程序获得国家专利局授权的非专利产品或方法冒充为专利产品或专利方法的行为;它并不构成对他人专利权的侵犯。根据《专利法实施细则》第 85 条的规定:下列行为属于以非专利产品冒充专利产品、以非专利方法冒充专利方法的行为:第一,制造或者销售标有专利标记的非专利产品;第二,专利权被宣告无效后,继续在制造或者销售的产品上标注专利标记;第三,在广告或者其他宣传材料中将非专利技术称为专利技术;第四,在合同中将非专利技术称为专利技术;第五,伪造或者变造专利证书、专利文件或者专利申请文件。

(7) 帮助、教唆、诱导、怂恿别人擅自实施他人专利。在这种情况下,行为人本身并未直接对专利权实施侵害,而是帮助、教唆、诱导、怂恿第三人实施他人专利,从而发生侵害专利权的行为。论者多将此类侵权行为称之为间接侵权行为,其特征就在于:主观上,行为人有帮助、教唆、诱导、怂恿第三人擅自实施他人专利的直接故意(间接故意或过失不可能构成侵权);客观上,行为人实施了帮助、教唆、诱导、怂恿第三人擅自实施他人专利的行为,为被帮助者、被教唆者、被诱导者或被怂恿者实施专利侵权提供了必要的条件;同时该被帮助者、被教唆者、被诱导者或被怂恿者实施了专利侵权的行为。被帮助者、被教唆者、被诱导者或被怂恿者未实施专利侵权的,不成立侵权。

其中,帮助他人侵害专利权的行为主要表现以下几种:① 故意制造、销售进口只能用于专利产品的关键部件;② 未经专利权人授权或委托,擅自许可他人实施专利技术;③ 专利许可合同的被许可方违反合同的约定,擅自许可他人实施专利技术;④ 专利权共有人未经其他共有人的同意,许可第三人实施专利技术;⑤ 技术服务合同的受托方在为委托方解决特定技术问题时,未经专利权人的许可,而利用了该专利技术。①

帮助、教唆、诱导、怂恿别人擅自实施他人专利的,成立共同侵权,行为人与被教唆者、被诱导者或被怂恿者对侵权损害后果负连带侵权责任。

3. 不视为侵害专利权的行为

(1) 权利用尽后的使用、许诺销售或销售。根据我国《专利法》第69条第1款第1项的规定,专利权人自己制造、进口或者许可他人制造、进口的专利产品或者依照专利方法直接获得的产品售出后,任何人使用、许诺销售或者销售该产品的,不再需要得到专利权人的许可或者授权,不构成侵权。这意味着,专利权人只对专利产品的首次销售享有专有权,对已被首次销售的专利产品不具有再销售或者使用的控制权或支配权。这就是国际上通行的"权利用尽原则",其意义就在于保障商品的自由、正常流通。

---

① 国家科学技术委员会:《中国的知识产权制度》(中国科学技术蓝皮书 第7号),科学技术文献出版社1992年版。

(2) 先用权人的制造和使用。我国《专利法》第 69 条第 1 款第 2 项规定,在专利申请日以前已经制造相同产品或者已经作好制造、使用的必要准备,并且仅在原有范围内继续制造、使用的,不视为侵权。先用权是对先申请原则的一种必要的补充。先用权的成立条件是:① 在时间上,实施行为人必须在他人的专利申请日以前开始使用该项技术;② 实施行为人在他人取得专利权的专利申请日以前已经制造相同产品、使用相同方法或者已经作好制造、使用的必要准备;③ 实施行为人所实施的发明创造,或者是行为人自行研究开发或者设计出来的,或者是通过合法的受让方式取得的。在他人就相同的发明创造取得专利权之后,先用权人只能在原有范围内制造或者使用,不得自行扩大专利技术使用的范围,也无权许可他人使用该技术。

(3) 外国临时过境交通工具上的使用。根据我国《专利法》第 69 条第 1 款第 3 项,临时通过我国领域、领水或领空的外国的海陆空运输工具依照其所属国同我国签订的协议或共同参加的国际条约,或依照互惠原则,为其自身需要而使用在我国享有专利权的机械装置和零部件的,无须得到我国专利权人许可,不构成侵权。这一规定来源于《巴黎公约》。该公约第 5 条之三规定:"在本同盟任何成员国内,下列情况不应认为是侵犯专利权所有者的权利:(一) 本同盟其他国家的船舶暂时或偶然地进入上述国家的领水时,在该船的船身、机器、滑车装置、传动装置及其他附件上使用构成专利主题的装置设备,但以专为该船的需要而使用这些装置设备为限;(二) 本同盟其他国家的飞机或陆上车辆暂时或偶然地进入上述国家时,在该飞机或陆地上车辆的构造或操纵中,或者在该飞机或陆上车辆附件的构造或操纵中使用构成专利主题的装置设备。

适用该项规定,应具备以下条件:第一,仅限于使用专利产品或专利方法,不包括制造、许诺销售、销售、或进口等方式;第二,使用的专利仅限于发明专利和实用新型专利,不包括外观设计专利;第三,使用专利的目的仅在于为运输工具自身的问题而在其装置和设备中使用;第四,只适用于临时通过我国境内的外国运输工具,既不包括在我国或在外国的外国运输工具以外的其他机械设备等,亦不包括较长时期在我国境内的外国运输工具;第五,只适用于与我国签订有相关协议或共同参加国际条约,或有互惠关系的国家的运输工具。①

(4) 专为科学研究和试验的使用。根据我国《专利法》第 69 条规定,专

---

① 张军等:《知识产权领域侵权行为研究》,经济科学出版社 2005 年版,第 152 页。

为科学研究和实验目的而使用专利产品或者专利方法的,不构成专利侵权。实践中对"专为科学研究和实验"应作宽泛理解。一般情况下,凡非以工业方式使用或非为营利目的的利用,均不构成侵权行为。

另外,我国《专利法》第70条亦规定,为生产经营目的使用、许诺销售或者销售不知道是未经专利权人许可而制造并售出的专利产品或者依照专利方法直接获得的产品,能证明其产品合法来源的,不承担赔偿责任。我们认为,在此,所谓"不承担赔偿责任"应理解为不成立专利侵权。

三、侵害专利权的侵权责任

1. 构成要件

专利侵权责任的构成要件,一般应当具备上述侵权行为的几个构成要件,即要求在客观上要有未经专利权人许可擅自实施其合法有效的专利的行为。除此以外,以下几个方面是否也是构成要件之一,值得讨论:

(1) 是否要求侵害行为给专利权人造成损害。侵权行为造成权利人以实际损害,是构成侵权责任的一般构成要件之一。但在专利侵权责任中,是否一定要有损害,如何确定该损害,却是一个值得考虑的问题。从我国《专利法》第57条的规定来看,并不一定要有损害,只要行为人实施了侵权,即应承担专利侵权责任。即使是追究行为人的损害赔偿责任,也并不要求权利人举证证明其到底遭受了多大的实际损失,完全可以依照行为人因侵权所获得的利润来确定为权利人所受实际损害的具体数额。

(2) 是否要求行为人主观上有过错。所谓过错,是要求行为人在实施他人专利时,主观上知道或者应当知道此为他人专利,且未经权利人许可,而故意或有过失地实施他人的专利产品或专利方法。从我国《专利法》和相关的司法解释来看,多数侵犯他人专利权的行为只有在行为人主观上有故意的情况下才应承担侵权责任,如使用发明或实用新型专利、销售他人专利产品时要求主观上必须是故意;而个别行为则未作如此要求,如制造专利产品,不问行为人是否知道是专利产品,只要未经许可而制造专利产品的,即成立专利侵权,应承担侵权责任。同时,我国《专利法》第70条又规定,为生产经营目的使用或者销售不知道是未经专利权人许可而制造并售出的专利产品或者依照专利方法直接获得的产品,能证明其产品合法来源的,不承担赔偿责任。由此可见,从归责原则来看,我国《专利法》对专利侵权责任实行的是以过错责任为主,以严格责任为辅的混合型归责原则。

（3）是否要以生产经营为目的。论者通常将"以生产经营为目的"作为专利侵权的必备构成要件之一。这源于我国《专利法》第11条的规定,任何单位或者个人未经专利权人许可,"不得为生产经营目的制造、使用、许诺销售、销售、进口其专利产品,或者使用其专利方法以及使用、许诺销售、销售、进口依照该专利方法直接获得的产品。"但我国《专利法》似乎并未将这一要件坚持到底。它在第60条中关于什么是专利侵权时规定:未经专利权人许可,实施其专利,即侵犯其专利权;并未坚持要以"生产经营为目的"的条件。我国《专利法》和学者之所以将"以生产经营为目的"作为一项条件加以强调,恐怕在于避免那些"专为科学研究和实验而使用有关专利的"(《专利法》第69条第1款第4项)亦有构成侵权之虞,而妨碍科学研究的进步。因此,这一限定性规定是必要的。不过,以"生产经营"为目的是否一定包含"营利"目的,仍值得讨论。如治疗疫区某种流行疫病而大批量生产并无偿发放某种他人享有专利权的药品,如以侵权论处似不恰当。

2. 责任形式

（1）停止侵害。停止侵权,是指专利侵权行为人应当根据管理专利工作的部门的处理决定或者人民法院的裁判,立即停止正在实施的专利侵权行为。

具体适用如下:① 侵权人制造专利产品的,责令其立即停止制造行为,销毁制造侵权产品的专用设备、模具,并且不得销售、使用尚未售出的侵权产品或者以任何其他形式将其投放市场;侵权产品难以保存的,责令侵权人销毁该产品。② 侵权人使用专利方法的,责令其立即停止使用行为,销毁实施专利方法的专用设备、模具,并且不得销售、使用尚未售出的依照专利方法所直接获得的产品或者以任何其他形式将其投放市场;侵权产品已经生产出来的,责令侵权人销毁该产品。③ 侵权人销售专利产品或者依照专利方法直接获得产品的,责令其立即停止销售行为,并且不得使用尚未售出的侵权产品或者以任何其他形式将其投放市场;尚未售出的侵权产品,责令侵权人销毁。④ 侵权人许诺销售专利产品或者依照专利方法直接获得产品的,责令其立即停止许诺销售行为,消除影响,并且不得进行任何实际销售行为。⑤ 侵权人进口专利产品或者依照专利方法直接获得产品的,责令侵权人立即停止进口行为;侵权产品已经入境的,不得销售、使用该侵权产品或者以任何其他形式将其投放市场,责令侵权人销毁该侵权产品;侵权产品尚未入境的,可以将处理决定通知有关海关。⑥ 停止侵权行为的其他必要措施。

（2）赔偿损失。承担专利侵权责任的主要形式无疑是赔偿专利权人的损失。因专利权是无形财产权，在实践中如何确定赔偿额，是一个十分重要的问题。

首先，是赔偿额的确定。我国《专利法》第65条规定：侵犯专利权的赔偿数额，按照权利人因被侵权所受到的损失确定；实际损失难以确定的，可以按照侵权人因侵权所获得的利益确定；被侵权人的损失或者侵权人获得的利益难以确定的，参照该专利许可使用费的倍数合理确定。赔偿数额还应当包括权利人为制止侵权行为所支付的合理开支。对此，2001年最高人民法院在《关于审理专利纠纷案件适用法律问题的若干规定》中作了进一步的明确规定：人民法院依照专利法的规定追究侵权人的赔偿责任时，可以根据权利人的请求，按照权利人因被侵权所受到的损失或者侵权人因侵权所获得的利益确定赔偿数额。其中，权利人因被侵权所受到的损失可以根据专利权人的专利产品因侵权所造成销售量减少的总数乘以每件专利产品的合理利润所得之积计算。权利人销售量减少的总数难以确定的，侵权产品在市场上销售的总数乘以每件专利产品的合理利润所得之积可以视为权利人因被侵权所受到的损失。侵权人因侵权所获得的利益可以根据该侵权产品在市场上销售的总数乘以每件侵权产品的合理利润所得之积计算。侵权人因侵权所获得的利益一般按照侵权人的营业利润计算，对于完全以侵权为业的侵权人，可以按照销售利润计算。被侵权人的损失或者侵权人获得的利益难以确定，有专利许可使用费可以参照的，人民法院可以根据专利权的类别、侵权人侵权的性质和情节、专利许可使用费的数额、该专利许可的性质、范围、时间等因素，参照该专利许可使用费的1至3倍合理确定赔偿数额；没有专利许可使用费可以参照或者专利许可使用费明显不合理的，人民法院可以实行限定赔偿的原则，即根据专利权的类别、侵权人侵权的性质和情节等因素，一般在人民币5000元以上30万元以下确定赔偿数额，最多不得超过人民币50万元。同时，人民法院根据权利人的请求以及具体案情，可以将权利人因调查、制止侵权所支付的合理费用计算在赔偿数额范围之内。我国《专利法》第65条第2款还规定："权利人的损失、侵权人获得的利益和专利许可使用费均难以确定的，人民法院可以根据专利权的类型、侵权行为的性质和情节等因素，确定给予1万元以上100万元以下的赔偿。"

其次，是对专利侵权行为，能否适用惩罚性赔偿制度？许多发达国家（主要是英美法系国家）的法律都有此项规定，但我国《专利法》并未作此规定，学者间争议也大。我们认为,一律肯定或否定都是不科学的。我们主张,对恶意侵权并造成后果严重的,给予行为人以惩罚性赔偿亦不为过。

(3)消除影响。在侵权行为人实施侵权行为给专利产品在市场上的商誉造成损害时,侵权行为人就应当采用适当的方式承担消除影响的法律责任,承认自己的侵权行为,以达到消除对专利产品造成的不良影响。

3. 诉讼时效

我国《专利法》第68条规定:侵犯专利权的诉讼时效为2年,自专利权人或者利害关系人得知或者应当得知侵权行为之日起计算。发明专利申请公布后至专利权授予前使用该发明未支付适当使用费的,专利权人要求支付使用费的诉讼时效为2年,自专利权人得知或者应当得知他人使用其发明之日起计算,但是,专利权人于专利权授予之日前即已得知或者应当得知的,自专利权授予之日起计算。2001年最高人民法院在《关于审理专利纠纷案件适用法律问题的若干规定》中规定:权利人超过2年起诉的,如果侵权行为在起诉时仍在继续,在该项专利权有效期内,人民法院应当判决被告停止侵权行为,侵权损害赔偿数额应当自权利人向人民法院起诉之日起向前推算2年计算。

4. 诉讼管辖

2001年最高人民法院在《关于审理专利纠纷案件适用法律问题的若干规定》中规定:专利纠纷第一审案件,由各省、自治区、直辖市人民政府所在地的中级人民法院和最高人民法院指定的中级人民法院管辖。因侵犯专利权行为提起的诉讼,由侵权行为地或者被告住所地人民法院管辖。侵权行为地包括:被控侵犯发明、实用新型专利权的产品的制造、使用、许诺销售、销售、进口等行为的实施地;专利方法使用行为的实施地,依照该专利方法直接获得的产品的使用、许诺销售、销售、进口等行为的实施地;外观设计专利产品的制造、销售、进口等行为的实施地;假冒他人专利的行为实施地。上述侵权行为的侵权结果发生地。原告仅对侵权产品制造者提起诉讼,未起诉销售者,侵权产品制造地与销售地不一致的,制造地人民法院有管辖权;以制造者与销售者为共同被告起诉的,销售地人民法院有管辖权。销售者是制造者分支机构,原告在销售地起诉侵权产品制造者制造、销售行为的,销售地人民法院有管辖权。

5. 解决纠纷的途径

我国《专利法》第60条规定:未经专利权人许可,实施其专利,即侵犯其专利权,引起纠纷的,由当事人协商解决;不愿协商或者协商不成的,专利权人或者利害关系人可以向人民法院起诉,也可以请求管理专利工作的部门处理。管理专利工作的部门处理时,认定侵权行为成立的,可以责令侵权人立即停止侵权行为,当事人不服的,可以自收到处理通知之日起15日内依照我国《行政诉讼法》向人民法院起诉;侵权人期满不起诉又不停止侵权行为的,管理专利工作的部门可以申请人民法院强制执行。进行处理的管理专利工作的部门应当事人的请求,可以就侵犯专利权的赔偿数额进行调解;调解不成的,当事人可以依照我国《民事诉讼法》向人民法院起诉。

第二节 侵害商标权的侵权责任

一、商标权的概念与保护范围

1. 概念

商标权是商标所有人对其注册商标依法享有的排他性支配的权利,我国《商标法》一般又称商标专用权。但商标专用权虽然是商标权的一项最重要的内容,仅商标权的内容不仅仅是专用权,而且还应当包括禁止权、转让权、许可他人使用权、质押权等。"因此,无论从法理上还是实践方面来看,商标专用权这一概念未能全面揭示商标知识产权的内容,无法涵盖商标所有人享有的权利。"[①]

商标权的具体内容包括商标专用权、商标禁止权、商标转让权和许可他人使用权四项。

(1) 商标专用权。专用,即专有使用的意思,指权利人对其注册的商标享有独占性的使用的权利,他人不得干涉和侵犯。

(2) 商标禁止权。指权利人禁止他人未经其许可而擅自使用、转让、许可第三人使用其注册商标的权利。这是商标权具有排他性的具体体现。根据我国《商标法》第52条第1项的规定,商标权人不仅有权禁止他人在同一种商品上使用其注册商标,而且还有权禁止他人在类似商品上使用其注册商标;不仅有权禁止他人使用与其注册商标相同的商标,还有权禁止他人使用

[①] 吴汉东主编:《知识产权法》,中国政法大学出版社2002年修订版,第247页。

与其注册商标近似的商标。另外,商标权人还应有权禁止他人的下列侵权行为:销售侵犯注册商标专用权的商品,伪造、擅自制造其注册商标标识或者销售伪造、擅自制造的注册商标标识,更换其注册商标并将该更换商标的商品又投入市场,在同一种或者类似商品上,将与其注册商标相同或者近似的标志作为商品名称或者商品装潢使用而误导公众,故意为侵犯他人注册商标专用权行为提供仓储、运输、邮寄、隐匿等便利条件;禁止他人擅自转让、许可第三人使用其注册商标。

(3)商标转让权。商标权人有权依法将其注册商标转让他人。转让注册商标的,转让人和受让人应当签订转让协议,并共同向商标局提出申请。受让人应当保证使用该注册商标的商品质量。转让注册商标经核准后,予以公告。受让人自公告之日起享有商标专用权。

(4)许可他人使用权。我国《商标法》第40条规定,商标注册人可以通过签订商标使用许可合同,许可他人使用其注册商标。许可人应当监督被许可人使用其注册商标的商品质量。被许可人应当保证使用该注册商标的商品质量。经许可使用他人注册商标的,必须在使用该注册商标的商品上标明被许可人的名称和商品产地。商标使用许可合同应当报商标局备案。

2. 保护范围

根据我国《商标法》第51条的规定,注册商标的专用权,以核准注册的商标和核定使用的商品为限。根据这一规定,可知商标权的保护范围被限定在两个方面:一是限定在经核准注册的商标上;凡未注册的商标或虽然注册但自行改变了注册商标的标志,包括注册商标本身以及商标注册人的名义、地址或者其他注册事项的,都不受商标法的保护。我国《商标法》第22、23条规定:注册商标需要改变其标志的,应当重新提出注册申请;需要变更注册人的名义、地址或者其他注册事项的,应当提出变更申请。二是限定在经核定使用的商品上;凡在其他未经核定的商品上使用该注册商标的,不仅不受法律的保护,因该行为违反了商标法的规定而将受到相应的惩罚。根据我国《商标法》第21条规定,注册商标需要在同一类的其他商品上使用的,应当另行提出注册申请。

二、侵害商标权的行为

1. 概念

侵害商标权的行为,是指行为人未经商标权人的同意,擅自使用与注商标相同或近似的标志,或者干涉、妨碍商标权人使用注册商标、损害商标权人合法权益的行为。

从上述概念可以看出,侵害商标权的行为具有以下基本特征:

(1) 侵害的客体是已经注册的商标。凡未依法定程序办理商标注册的商标,即使在现实的生产经营中在应用,亦不能得到商标法的保护。也就是说,使用他人未注册的商标,不构成商标侵权行为。

(2) 侵害的客体是有效的注册商标。无效的注册商标不受法律保护。根据我国《商标法》的相关规定,下列注册商标无效:一是超过商标权有效期的商标。商标权是一种有期限的无形财产权。《商标法》第37、38条规定,注册商标的有效期为10年,自核准注册之日起计算。注册商标有效期满,需要继续使用的,应当在期满前6个月内申请续展注册;在此期间未能提出申请的,可以给予6个月的宽展期。宽展期满仍未提出申请的,注销其注册商标。每次续展注册的有效期为10年。因此,注册商标期满后,未按期续展的,商标权自动终止,该商标不再是注册商标,亦不再受法律保护。二是被商标局依法撤销的注册商标。《商标法》第41条规定:已经注册的商标,违反本法第10条(关于不得作为商标的文字、图形的禁用的规定)、第11条(关于不得作为注册商标的文字或图形的禁用规定)、第12条(关于三维标志禁用的规定)规定的,或者是以欺骗手段或者其他不正当手段取得注册的,由商标局撤销该注册商标;已经注册的商标,违反本法第13条(关于禁用复制、摹仿或者翻译他人未在中国注册的驰名商标的规定)、第15条(关于代理人或代表人滥用权利的规定)、第16条(关于地理标志的规定)、第31条(关于抢注的规定)规定的,自商标注册之日起5年内,商标所有人或者利害关系人可以请求商标评审委员会裁定撤销该注册商标。对恶意注册的,驰名商标所有人不受5年的时间限制。《商标法》第44条规定:使用注册商标,有下列行为之一的,由商标局责令限期改正或者撤销其注册商标:① 自行改变注册商标的;② 自行改变注册商标的注册人名义、地址或者其他注册事项的;③ 自行转让注册商标的;④ 连续3年停止使用的。第45条规定:使用注册商标,其商品粗制滥造,以次充好,欺骗消费者的,由各级工商行政管理部门分别不同情况,责令限期改正,并可以予以通报或者处以罚款,或者由商标局撤销其注册商标。

(3) 客观上实施了侵害商标权的具体行为。根据我国《商标法》第52条、《商标法实施条例》第50条,以及2002年最高人民法院《关于审理商标民事纠纷案件适用法律若干问题的解释》第 1 条的规定,侵害商标权的行为主要有以下几种:① 未经商标注册人的许可,在同一种商品或者类似商品上使用与其注册商标相同或者近似的商标的行为;② 销售侵犯注册商标专用权的商品的行为;③ 伪造、擅自制造他人注册商标标识或者销售伪造、擅自制造的注册商标标识的行为;④ 未经商标注册人同意,更换其注册商标并将该更换商标的商品又投入市场的行为;⑤ 在同一种或者类似商品上,将与他人注册商标相同或者近似的标志作为商品名称或者商品装潢使用,误导公众的行为;⑥ 故意为侵犯他人注册商标专用权行为提供仓储、运输、邮寄、隐匿等便利条件的行为;⑦ 将与他人注册商标相同或者相近似的文字作为企业的字号在相同或者类似商品上突出使用,容易使相关公众产生误认的行为;⑧ 复制、摹仿、翻译他人注册的驰名商标或其主要部分在不相同或者不相类似商品上作为商标使用,误导公众,致使该驰名商标注册人的利益可能受到损害的行为;⑨ 将与他人注册商标相同或者相近似的文字注册为域名,并且通过该域名进行相关商品交易的电子商务,容易使相关公众产生误认的。

(4) 未经商标权人许可。这亦是成立商标侵权行为的核心问题。凡在事先取得了商标权人的同意或许可而使用其注册商标或其他行为的,均不构成对商标权人的注册商标权的侵犯。商标权人的事后追认,也可成为行为人不应承担商标侵权责任的抗辩理由。但商标权人的这种同意或追认,应以书面的形式进行明示的意思表示。但不论是事先同意或事后追认,均应在双方之间签订许可合同,并报商标局备案。

2. 行为形态

(1) 未经商标权人许可,在同一种商品或者类似商品上使用与注册商标相同或者近似的商标。具体包括四种情况:① 在同一种商品上使用与他人注册商标相同的商标;② 在同一种商品上使用与他人注册商标近似的商标;③ 在类似商品上使用与他人的注册商标相同的商标;④ 在类似商品上使用与他人的注册商标近似的商标。未经许可实施此种行为,无论属故意或过失,均构成对他人注册商标专用权的侵犯。

对于这类商标侵权行为,关键在于要准确地区分相同商品与类似商品、相同商标与类似商标。

所谓相同商品,是指商品的性能、用途、外形以及原料等方面完全相同的,尤其是商品名称也相同的商品。而所谓类似商品,根据 2002 年最高人民法院《关于审理商标民事纠纷案件适用法律若干问题的解释》第 11 条的规定,是指在功能、用途、生产部门、销售渠道、消费对象等方面相同,或者相关公众一般认为其存在特定联系、容易造成混淆的商品。类似服务,是指在服务的目的、内容、方式、对象等方面相同,或者相关公众一般认为存在特定联系、容易造成混淆的服务。商品与服务类似,是指商品和服务之间存在特定联系,容易使相关公众混淆。同时规定,认定商品或者服务是否类似,应当以相关公众对商品或者服务的一般认识综合判断;《商标注册用商品和服务国际分类表》《类似商品和服务区分表》可以作为判断类似商品或者服务的参考。《商标注册用商品和服务国际分类表》,又称《尼斯协定》,是1957年在法国尼斯签订的,目前有40多个成员国,但约有130多个国家或地区都适用该协定。《尼斯协定》(2002年第8版)将商品和服务共分为45类,其中商品34类,服务11类,共约1万多类。我国于1988年开始采用该协定,1994年加入该协定。《类似商品和服务区分表》是国家工商行政管理总局制定的。这两个表均把商品分为若干类,在类下又分为若干组,那么是按"类"还是按"组"来确定商品和服务的相同或类似,存在针锋相对的两种观点。前者主张凡属一"类"的为类似,后者主张只有同属一"组"的才为类似。我们认为,同"类"而不同"组"的为类似商品,既同"类"又同"组"的为相同商品。但具体情况需具体分析。现实生活中同类同组的也不一定要按相同或类似商品处理,而既不同类亦不同组的商品则有可能需按类似商品认定。前者如"宫宝"商标案,后者如"芙蓉"商标案。

相同商标,按照2002年最高人民法院《关于审理商标民事纠纷案件适用法律若干问题的解释》第9条的规定,是指被控侵权的商标与原告的注册商标相比较,二者在视觉上基本无差别。而类似商标,则是指被控侵权的商标与原告的注册商标相比较,其文字的字形、读音、含义或者图形的构图及颜色,或者其各要素组合后的整体结构相似,或者其立体形状、颜色组合近似,易使相关公众对商品的来源产生误认或者认为其来源与原告注册商标的商品有特定的联系。

认定商标相同或者近似按照以下原则进行:① 以相关公众的一般注意力为标准;② 既要进行对商标的整体比对,又要进行对商标主要部分的比对,比对应当在比对对象隔离的状态下分别进行;③ 判断商标是否近似,应当考虑请求保护注册商标的显著性和知名度。

另外,我国《商标法实施条例》第49条规定:注册商标中含有的本商品的通用名称、图形、型号,或者直接表示商品的质量、主要原料、功能、用途、重量、数量及其他特点，或者含有地名，注册商标专用权人无权禁止他人正当使用。

（2）销售侵害注册商标权的商品的行为。销售侵权商品，是侵权者获利的唯一渠道。在法律上禁止侵权者销售侵权商品，并对销售者追究其侵权责任，是在流通环节上设置一道法律屏障，使侵权人的目的难以得逞，减少侵权行为对社会的危害。

依照商标法的规定，只要行为人实施了销售侵犯商标权的商品的行为，即以侵犯商标权的行为而论。至于行为人主观上是否要求有过错，我国立法曾经有过不同。1993的《商标法》要求是"销售明知是假冒注册商标的商品的"，才是侵权行为；同年的《商标法实施细则》进一步扩大到"应知"的范畴。而2001年经修订后的《商标法》去掉了"明知"这一要求，这说明，行为人主观仅有过失甚至没有过错也应承担商标侵权责任，等于加大了对商标侵权的打击力度。但《商标法》第56条同时也规定，销售不知道是侵犯注册商标专用权的商品，能证明该商品是自己合法取得的并说明提供者的，不承担赔偿责任。这一规定的真正目的是为了更便于追查最初的侵权者。

对于这类侵权行为，在追究行为人的侵权责任时，有以下两个问题似乎需要澄清：一是如擅自使用他人注册商标的人同时又销售该侵权商品的，是分别追究他的两个侵权责任，还是按竞合原理只追究其中某一个侵权责任？如擅自使用他人注册商标的人与销售该侵权商品的人是两个不同的人，是否按共同侵权追究他们的责任？追究其中某一个的侵权责任就已经得到了充分补偿的，还能追究另一个的侵权责任吗？

（3）伪造、擅自制造他人注册商标标识或者销售伪造、擅自制造他人注册商标标识。这类侵权行为的表现形式主要有四种：① 伪造他人注册商标标识；② 未经商标权人委托或者授权而制造其注册商标标识；③ 超越商标权人授予的权限任意制造其注册商标标识；④ 销售属于伪造、擅自制造的注册商标标识。

注册商标标识，是指带有商标图样及"注册商标"字样及标记⓶或®的商品的包装物、标签、说明书、合格证、瓶贴、织带等。其制作工艺有印刷、印染、制版、刻字、织字(图)、晒蚀、印铁、铸模、冲压、烫印、贴花等。注册商标标识是注册商标的物质体现。为了加强对注册商标标识的印制管理，国家工商局于1996年颁布了《商标印制管理办法》，规定只有依法登记并取得"印制商标单位证书"的企业和个体工商户，才具备商标印制资格，才能承接商标印制业务。承接商标标识的印制业务时,必须要有该注册商标权人的书面授权。没有印制资格的单位印制他人的注册商标标识的,或有印制资格的单位未经注册商标权人的同意印制与注册商标的标识完全相同的商标标识的,或委托印制单位印制注册商标标识的委托人为注册商标权人以外的人,又未得到注册商标权人同意的,而委托印制单位印制与注册商标的标识完全相同的注册商标标识的,或虽受注册商标权人的委托,但超量加印的,属于擅自制造的行为;而上述行为人模仿注册商标标识的式样、文字、图形、颜色、质地及制作技术,制造出来的与他人注册商标标识足可以乱真的商标标识的,属于伪造注册商标标识的行为。在这类行为中,委托人和印制单位有可能会作为共同被告而承担共同侵权责任。

(4) 未经商标权人同意,更换其注册商标并将该更换商标的商品又投入市场。通俗地说,这种行为也就是在他人的商品上使用自己的注册商标,这在知识产权理论上称为"反向假冒"。它与假冒注册商标的行为不同,在于假冒注册商标是在自己的产品上擅自贴上他人的注册商标;而反向假冒则是在他人的产品上贴上自己的注册商标。之所以要将这种反向假冒行为纳入禁止范围,是因为它通过商标替代而令生产者的产品与其注册分离,从而妨害了他人商标权的行使,妨害了商标所有人通过商标从事商品竞争、追求经济利益的合法权益;同时反向假冒行为也是一种不正当竞争的行为,还有可能损害消费者的利益,从而有违反消费者权益保护法之嫌。例如,北京"枫叶"诉"卡帝乐"商标案。[①]

反向假冒行为的要害在于未经注册商标权人的同意。若取得了注册商标权人的许可,则不构成对注册商标权的侵犯,如经济贸易中有的厂家自愿为他人生产产品而采用他人的注册商标的定牌生产、来料加工、来样加工等。但问题在于,如若在质量低劣的产品上贴上具有较高质量信誉的注册商标,是否构成对消费者的欺诈?

(5) 将商标作为其他商业标志。即在同一种或者类似商品上,将与他人注册商标相同或者近似的标志作为商品名称或者商品装潢使用,误导公众的行为。这种行为的实质在于利用他人的注册商标的声誉进行不正当竞争,通过误导消费者,间接地侵害了注册商标权人的商标权。在这里,不应把"误导公众"作为该行为成立商标侵权的必备要件,只要有"误导公众"的可能性

---

① 张军等著:《知识产权领域侵权行为研究》,经济科学出版社 2005 年版,第 255 页以下。

即可。

（6）为商标侵权提供便利条件。这种情形是指故意为侵害他人注册商标专用权行为提供仓储、运输、邮寄、隐匿等便利条件的行为。"现在的制假售假活动随着经济的发展也形成了专业化生产,而且组织起一条龙的产、供、销网络,其中仓储、运输、邮寄、隐匿等就是为整个侵权行为过程服务的不可缺少的环节。从事这些分工协作的行为人虽然不是直接侵权商标的直接经营者,但其行为为制假售假行为提供便利条件,造成了侵害商标权人权利的后果"[1],应当以共同侵权论处。但这里强调行为人主观上必须是"故意",即只有在行为人明知其行为是在为商标侵权提供便利条件的情况下,才能追究其商标侵权的连带责任。

（7）借企业名称侵害商标权。也就是将与他人注册商标相同或者相近似的文字作为企业的字号在相同或者类似商品上突出使用,容易使相关公众产生误认的行为。将他人的注册商标作为自己企业的商号,特别是借他人知名度较高的注册商标作为企业名称,无非是欲借重其知名度以抬高自己的名声,拓展自己的经营活动,以谋取私利。因此,严格说来,这种行为一方面构成了对他人注册商标权的侵害,另一方面则可成立不正当竞争。实践中也存在将他人的企业名称作为自己的商标申请注册的现象。如杭州张小泉剪刀厂诉南京张小泉刀具厂案:前者以"张小泉"于1989年被批准为注册商标,后者于1990年将原名南京剪刀厂改名为"南京张小泉剪刀厂",该厂法定代表人又于1992年又注册"南京张小泉刀具厂"。[2] 解决注册商标与企业名称冲突一般应遵循"权利在先"原则。就是谁注册在先,谁就享有权利(驰名商标除外)。

（8）复制、摹仿、翻译他人注册的驰名商标或其主要部分在不相同或者不相类似商品上作为商标使用,误导公众,致使该驰名商标注册人的利益可能受到损害的行为。这涉及到对驰名商标的保护问题。

所谓驰名商标,根据2003年国家工商行政管理总局发布的《驰名商标认定和保护规定》,是指在中国为相关公众广为知晓并享有较高声誉的商标。[3]

---

[1] 吴汉东主编:《知识产权法》,中国政法大学出版社2002年修订版,第289页。
[2] 参见《每日商报》2004年1月13日。
[3] 最高人民法院在2009年的《关于审理涉及驰名商标保护的民事纠纷案件适用法律若干问题的解释》中第1条中将"驰名商标"规定为:"本解释所称驰名商标,是指在中国境内为相关公众广为知晓的商标。"其中没有"并享有较高声誉"的要求,似乎比国家工商管理部门关于驰名商标的要求要低一些。

而相关公众则包括与使用商标所标示的某类商品或者服务有关的消费者,生产前述商品或者提供服务的其他经营者以及经销渠道中所涉及的销售者和相关人员等。驰名商标之所以驰名,往往是因为其在市场上享有较高的商誉,代表着较高的商品质量和服务质量,因而深受消费者的信任。现实生活中,有的人假冒他人驰名商标,以混淆视听,达到牟取私利的目的。这种行为固然损害了驰名商标所有人的正当权益,也会损害广大消费者的利益。因此,对驰名商标加以规范与保护,是现代商标法的一项重要任务。我国《商标法》第13条对驰名商标的保护问题作了基本的规定,国家工商行政管理总局对此颁布了《驰名商标认定与保护规定》,以加强对驰名商标的保护。

驰名商标一般分为已经注册的驰名商标和未注册的驰名商标。对已经注册的驰名商标加以法律保护,是理所当然的事情。但对未注册的驰名商标是否也应当加以保护?从我国《商标法》第13条的规定来看,对未注册的驰名商标也加以保护,但保护的力度和范围显然存在区别:就相同或者类似商品申请注册的商标是复制、摹仿或者翻译他人未在中国注册的驰名商标,容易导致混淆的,不予注册并禁止使用。就不相同或者不相类似商品申请注册的商标是复制、摹仿或者翻译他人已经在中国注册的驰名商标,误导公众,致使该驰名商标注册人的利益可能受到损害的,不予注册并禁止使用。也就是说,禁止即使在不相同或不相类似的商品上复制、摹仿或者翻译他人已经注册的驰名商标;而对于未注册的驰名商标,只是禁止在相同或者类似商品上复制、摹仿或翻译。另外,我们认为,对未注册的驰名商标加以必要的保护,这并不意味着未注册的驰名商标的所有人对其未注册的商标就享有某种"商标"的权利。这纯粹是为了维护广大消费者的权益而设置的。因此,当行为人在相同或类似商标上使用的商标是复制、摹仿或翻译他人的未注册的驰名商标的,不成立商标侵权;该商标所有人不得提起侵权之诉。我国从《商标法》、《商标法实施条例》到最高人民法院的《关于审理商标民事纠纷案件适用法律若干问题的解释》都未对未注册的驰名商标的侵权法保护问题作出规定,就可以说明这个观点的正确性。

某企业的商标欲受驰名商标制度的特殊保护,就须取得驰名商标的称号;而是否是驰名商标,又须经过驰名商标的认定程序,被国家商标局认定为驰名商标后,才能获得驰名商标制度的保护。

根据我国《商标法》第14条的规定,认定驰名商标应当考虑下列因素:①相关公众对该商标的知晓程度;②该商标使用的持续时间;③该商标的任何宣传工作的持续时间、程度和地理范围;④ 该商标作为驰名商标受保护的记录;⑤ 该商标驰名的其他因素。

另根据最高人民法院2002年作出的《关于审理商标民事纠纷案件适用法律若干问题的解释》第22条的规定,人民法院在审理商标纠纷案件中,根据当事人的请求和案件的具体情况,也可以对涉及的注册商标是否驰名依法作出认定。

(9)域名侵害商标权。域名侵害商标权,是指行为人将与他人注册商标相同或者相近似的文字注册为域名,并且通过该域名进行相关商品交易的电子商务,容易使相关公众产生误认的行为。

行为人之所以会将他人的注册商标抢注为域名,无非是想利用该注册商标在市场上的一定的影响力,以提高网点的访问率,扩大知名度,牟取其不当利益;此举对商标权人而言,因其注册商标被人作为域名,因而无法再利用网络宣传和推销自己的商品,这必然会损害注册商标权人的正当权益。因此,1997年发布的《中国互联网域名注册暂行管理办法》第11条第5项规定了三级以下的域名"不得使用他人已经在中国注册过的企业名称或者商标名称"。但到了信息产业部于2004年重新修订的《中国互联网络域名管理办法》却未见有类似禁止性规定。这似乎是一个倒退。

3. 不视为侵害商标权的行为

(1)合理使用。我国《商标法》对此没有明文规定,国家工商管理局《关于商标执法中若干问题的意见》中明确下列使用与注册商标相同或者近似的文字、图形的行为,不属于商标侵权行为:① 善意地使用自己的名称或者地址;② 善意地说明商品或者服务的特征或者属性,尤其是说明商品或者服务的质量、用途、地理来源、种类、价值及提供日期。另外,《商标法实施条例》第49条还规定:注册商标中含有的本商品的通用名称、图形、型号,或者直接表示商品的质量、主要原料、功能、用途、重量、数量及其他特点,或者含有地名,注册商标专用权人无权禁止他人正当使用。

(2)商标权用尽。也称为商标权利用尽,是指商标所有人本人或者经其本人许可他人将带有商标的产品投放市场后,对于任何人使用或者销售该产品,商标权人无权禁止。

(3)非商业使用。商标的非商业性使用主要是指在新闻报道或者新闻评论中提及商标是一种正当使用,一般不视为侵害商标权。由于新闻媒体在新闻报道中和新闻评论中不可避免地提到某个注册商标,只要是基于事实进行客观报道和评论,即使是对该注册商标的商品批评指责,都不会构成商标侵权。但媒体的报道严重失实,构成新闻侵权的,商标权人可依法维护自己的名誉权。

三、侵害商标权的侵权责任

1. 责任构成

侵害商标权的侵权责任的构成,除了客观上应有侵害商标权的行为的客观存在外,以下几个方面的问题也是需要进行讨论的:

(1) 是否要有损害?从我国《商标法》的有关规定可以看出,只要行为人实施了侵害注册商标权的行为,不问是否给权利人造成了实际损害,均须承担相应的侵权责任,如停止侵害等。我国《商标法》第57条还进一步规定,商标注册人或者利害关系人有证据证明他人正在实施或者即将实施侵犯其注册商标专用权的行为,如不及时制止,将会使其合法权益受到难以弥补的损害的,可以在起诉前向人民法院申请采取责令停止有关行为和财产保全的措施。可见,对于这类侵权行为的损害,应从"损害的可能性"这方面入手,只要侵权行为有"损害可能性"的,即可追究行为人的侵权责任。

(2) 是否主观上要有过错?从上述法律法规及司法解释列举的9类商标侵权行为来看,除了第6类"故意为侵犯他人注册商标专用权行为提供仓储、运输、邮寄、隐匿等便利条件的行为"明确要求行为人须为"故意"外,其他类均未要求行为人主观上存在故意或过失。在现实生活中,侵权行为人侵害他人的注册商标多数是出于自己的主观故意,如将他人的注册商标注册为自己企业的名称,复制、摹仿、翻译他人的驰名商标为自己商品的商标,伪造、擅自制造他人注册商标标识等,表明行为人主观上只能是出于故意;而"销售侵害注册商标权的商品的行为",则有可能是行为人确不知道其所销售的是侵害他人注册商标的商品,从而其主观上确无过错,但也须依法承担侵权责任,这说明他所承担的无过错的责任。可见,侵害商标权的侵权责任一般适用过错责任的归责原则。

(3) 是否要以营利为目的?我国《专利法》在规定专利侵权责任的构成条件中,特别强调要有"以营利为目的",而《商标法》对此并未明确提出。商标侵权往往发生在商业领域,侵犯他人注册商标权的,目的多在为自己牟取不正当利益。因此,一般而言,侵害他人注册商标权的行为,往往都是以营利为目的的,自不待言。但也不排除个别情况下,行为人并非以营利为目的而实施侵害他人商标权的行为,如为救助困难群众,以低于成本价的形式,无过错地销售了侵害他人商标权的侵权商品的。对于这类侵权,我们主张将"以营利为目的"作为侵权责任的主观构成要件之一是必要的。

2. 责任形式

(1) 停止侵害。只要商标权人在有效存续期间,只要实际发生侵权行为,无论侵权行为是否造成商标权人的实际财产损失,也无论侵权行为持续时间的长短及表现形式如何,商标权人都可以要求侵权人立即停止侵害行为。并且根据我国《商标法》有关规定,工商行政管理部门有权责令侵权人停止侵权行为,并采取下列措施制止侵权:一是没收、销毁侵权商品和专门用以制造侵权商品、伪造注册商标表示的工具;二是收缴并销毁侵权商标标识;三是消除现存商品上的侵权商标;四是收缴直接专门用于商标侵权的模具、印板和其他作案工具;五是采取前四项措施不足以制止侵权行为的,或者侵权商标与商品难以分离的,责令并监督销毁侵权商标。

(2) 消除影响。商标侵权行为很可能损及注册商标所有人的注册商标声誉。如侵权人在自己的劣质产品上擅自使用他人驰名的注册商标,这无疑会导致该驰名商标在消费者心目中的声誉下降,从而严重的损及商标注册人的利益。商标声誉被毁掉非常容易,而要建立和维系良好的商标声誉则非常困难。因此,对那些已有较佳声誉的注册商标而言,要求侵权人消除其侵权行为给注册商标声誉带来的负面影响尤为重要。一般而言,侵权人应当在其侵权行为造成影响的范围内以在相关媒体上刊登道歉声明等方式消除其侵权行为的不良影响,以挽回被侵权的注册商标声誉。

(3) 赔偿损失。商标权人因侵权行为遭受财产损失的,有权要求赔偿。根据我国《商标法》第 56 条第 1 款的规定,侵犯商标专用权的赔偿数额,为侵权人在侵权期间因侵权所获得的利益,或者被侵权人在被侵权期间因被侵权所受到的损失,包括被侵权人因被侵权所支付的合理开支(包括权利人或者委托代理人对侵权行为进行调查、取证的合理费用,以及符合国家有关部门规定的律师费用)、诉讼费、差旅费等各项开支。对于侵权人因侵权所得利益,或者被侵权人因被侵权所受的损失难以确定的,人民法院根据侵权行为人的侵权情节判决给予 50 万以下的经济赔偿。

对此,最高人民法院于 2002 年发布的《关于审理商标民事纠纷案件适用法律若干问题的解释》规定,人民法院依据《商标法》第 56 条第 1 款的规定确定侵权人的赔偿责任时,可以根据权利人选择的计算方法计算赔偿数额;因侵权所获得的利益，可以根据侵权商品销售量与该商品单位利润乘积计算；该商品单位利润无法查明的，按照注册商标商品的单位利润计算；因被侵权所受到的损失，可以根据权利人因侵权所造成商品销售减少量或者侵权商品销售量与该注册商标商品的单位利润乘积计算。侵权人因侵权所获得的利益或者被侵权人因被侵权所受到的损失均难以确定的，人民法院可以根据当事人的请求或者依职权适用商标法第56条第2款的规定确定赔偿数额。人民法院在确定赔偿数额时，应当考虑侵权行为的性质、期间、后果，商标的声誉，商标使用许可费的数额，商标使用许可的种类、时间、范围及制止侵权行为的合理开支等因素综合确定。

为防止社会上有人注册商标是单纯为了索赔而非自己商品或服务使用的，最高人民法院在2009年颁发的《关于当前经济形势下知识产权审判服务大局若干问题的意见》中明确指出："妥善处理注册商标实际使用与民事责任承担的关系，使民事责任的承担有利于鼓励商标使用，激活商标资源，防止利用注册商标不正当地投机取巧。请求保护的注册商标未实际投入商业使用的，确定民事责任时可将责令停止侵权行为作为主要方式，在确定赔偿责任时可以酌情考虑未实际使用的事实，除为维权而支出的合理费用外，如果确无实际损失和其他损害，一般不根据被控侵权人的获利确定赔偿；注册人或者受让人并无实际使用意图，仅将注册商标作为索赔工具的，可以不予赔偿；注册商标已构成商标法规定的连续3年停止使用情形的，可以不支持其损害赔偿请求。"

3. 纠纷处理

（1）纠纷处理的方式。根据我国《商标法》第53条的规定，因侵犯注册商标权的行为引起纠纷的，由当事人协商解决；不愿协商或者协商不成的，商标注册人或者利害关系人可以向人民法院起诉，也可以请求工商行政管理部门处理。工商行政管理部门处理时，认定侵权行为成立的，责令立即停止侵权行为，没收、销毁侵权商品和专门用于制造侵权商品、伪造注册商标标识的工具，并可处以罚款。当事人对处理决定不服的，可以自收到处理通知之日起15日内依照《行政诉讼法》向人民法院起诉；侵权人期满不起诉又不履行的，工商行政管理部门可以申请人民法院强制执行。进行处理的工商行政管理部门根据当事人的请求，可以就侵犯商标专用权的赔偿数额进行调解；调解不成的，当事人可以依照《民事诉讼法》向人民法院起诉。

在这里，利害关系人包括注册商标使用许可合同的被许可人、注册商标财产权利的合法继承人等。

（2）诉讼时效。侵害注册商标权的案件适用一般诉讼时效。最高人民法院在《关于审理商标民事纠纷案件适用法律若干问题的解释》规定：侵犯注册商标专用权的诉讼时效为2年，自商标注册人或者利害关系人知道或者应当知道侵权行为之日起计算。商标注册人或者利害关系人超过二年起诉的，如果侵权行为在起诉时仍在持续，在该注册商标专用权有效期限内，人民法院应当判决被告停止侵权行为，侵权损害赔偿数额应当自权利人向人民法院起诉之日起向前推算2年计算。

（3）诉讼管辖。最高人民法院在《关于审理商标民事纠纷案件适用法律若干问题的解释》中对商标侵权诉讼的管辖作了较详细的规定：因侵犯注册商标专用权行为提起的民事诉讼，由侵权行为的实施地、侵权商品的储藏地或者查封扣押地、被告住所地人民法院管辖。其中，侵权商品的储藏地，是指大量或者经常性储存、隐匿侵权商品所在地；查封扣押地，是指海关、工商等行政机关依法查封、扣押侵权商品所在地。对涉及不同侵权行为实施地的多个被告提起的共同诉讼，原告可以选择其中一个被告的侵权行为实施地人民法院管辖；仅对其中某一被告提起的诉讼，该被告侵权行为实施地的人民法院有管辖权。另外，最高人民法院为了"加强驰名商标司法认定的审核监督，完善驰名商标司法保护制度，确保司法保护的权威性和公信力"，在2009年年初下发《关于涉及驰名商标认定的民事纠纷案件管辖问题的通知》，明确规定了管辖问题，凡"涉及驰名商标认定的民事纠纷案件，由省、自治区人民政府所在地的市、计划单列市中级法院，以及直辖市辖区内的中级法院管辖。其他中级法院管辖此类民事纠纷案件，需报经最高法院批准；未经批准的中级法院不再受理此类案件。"

（4）举证责任。在侵害商标权诉讼中，当事人依法应当对自己的主张承担举证责任。

第一，一般商标侵权案件中，原告应承担如下举证责任：① 商标已经依法注册；② 自己是商标权人；③ 商标权在有效期间；④ 被告实施了侵害其商标权的行为；⑤ 损失额或被告获利额，等。

第二，侵害驰名商标的诉讼中，原告应承担如下举证责任，证明被诉侵犯商标权或者不正当竞争行为发生时，其商标已属驰名：① 使用该商标的商品的市场份额、销售区域、利税等；② 该商标的持续使用时间；③ 该商标的宣传或者促销活动的方式、持续时间、程度、资金投入和地域范围；④ 该商标曾被作为驰名商标受保护的记录;⑤ 该商标享有的市场声誉;⑥ 证明该商标已属驰名的其他事实。上述所涉及的商标使用的时间、范围、方式等,包括其核准注册前持续使用的情形。

第三,在商标侵权诉讼中,被告应承担的举证责任:① 已获得注册商标使用许可或受让商标权;② 主观无过错(如被索赔);③ 注册商标无效或失效,等。

第三节 侵害著作权的侵权责任

一、著作权概述

1. 概念

著作权作为一项重要的、传统的知识产权,是指权利人依法对某项文学、艺术和科学作品所享有的各项权利的总称,又称版权。

作为一项重要的民事权利,著作权具有以下基本特征:

(1) 与所有权比较:著作权具有无形性、期限性和人身依附性特征。无形性,是指著作权的客体是无形物,即人的智力成果;期限性,指著作权只能存续于一定的期限内,期限届满,著作权中的财产权将不复存在;人身依附性,则是因为著作权中包含财产权和人身权,且财产权依附于人身权。

(2) 与专利权和商标权比较:著作权具有客体的特殊性与权利取得的一般性特征。著作权是对作品的权利,虽然它与专利权的客体——专利技术和商标权的客体——注册商标都是人的智力成果,但作品不同于专利技术和注册商标;专利权和注册商标权的取得须经特定的审批程序才能获得,而著作权不然,只要作品创作出来,即可自动获得著作权,无须依特定程序经特定机关审核批准授予。

著作权有广义著作权和狭义著作权之分。广义著作权应包括邻接权和狭义著作权。狭义著作权包括著作人身权和著作财产权两部分。著作人身权主要有:发表权、署名权、修改权、保护作品完整权和收回权等;而著作财产权则包括复制权、表演权、广播权、展览权、发行权、改编权、翻译权、汇编权、摄制权、出租权、信息网络传播权、放映权以及其他应当由著作权人享有的财产权利。邻接权则主要有:出版者权利、表演者权利、音像制作者权利、广播者权利等。

2. 客体

著作权的客体是作品。所谓作品,是指在文学、艺术和科学领域内,通过一定的语言文字、图形符号等形式所表现出来的,具有创造性的智力成果。根据我国《著作权法》第3条的规定,作品包括:文字作品;口述作品;音乐、戏剧、曲艺、舞蹈、杂技艺术作品;美术、建筑作品;摄影作品;电影作品和以类似摄制电影的方法创作的作品;工程设计图、产品设计图、地图、示意图等图形作品和模型作品;计算机软件;法律、行政法规规定的其他作品。但是,能依法享有著作权的作品,必须具有以下几个基本条件:第一,合法性。凡为法律、行政法规禁止出版或发表的作品,不受著作权法的保护。第二,独创性。这是作品获得著作权的实质条件。独创性要求作品是作者独立构思、创作而成,不是抄袭、复制、剽窃他人的东西。但下列作品即使具有合法性和独创性,亦不能享有著作权:① 法律、法规,国家机关的决议、决定、命令和其他具有立法、行政、司法性质的文件,及其官方正式译文;② 时事新闻;③ 历法、通用数表、通用表格和公式。

3. 保护期限

一般认为,著作权是一项有期限的民事权利,只有在保护期限内,著作权才受法律的保护。其实这种解释并不是全面的。并非所有的著作权均有期限的限制,其中著作人身权除发表权外就没有期限问题,而只有著作财产权部分才受期限的限制。根据我国《著作权法》第20、21、36、39、42、45条的规定,作者的署名权、修改权、保护作品完整权的保护期不受限制,这意味着即使作者死去已久,这些权利仍然存在,只是一个由谁来行使与享有请求保护的问题。而公民的作品,其发表权、著作财产权的保护期为作者终生及其死亡后50年,截止于作者死亡后第50年的12月31日;如果是合作作品,截止于最后死亡的作者死亡后第50年的12月31日。法人或者其他组织的作品、著作权(署名权除外)由法人或者其他组织享有的职务作品,其发表权、著作财产权的保护期为50年,截止于作品首次发表后第50年的12月31日,但作品自创作完成后50年内未发表的,本法不再保护。电影作品和以类似摄制电影的方法创作的作品、摄影作品,其发表权、著作财产权的保护期为50年,截止于作品首次发表后第50年的12月31日,但作品自创作完成后50年内未发表的,本法不再保护。出版者权利的保护期为10年,截止于使用该版式设计的图书、期刊首次出版后第10年的12月31日。表演者权利的保护期为 50 年,截止于该表演发生后第 50 年的 12 月 31 日。音像制作者权利的保护期为 50 年,截止于该制品首次制作完成后第 50 年的 12 月 31 日。广播者的权利的保护期为 50 年,截止于该广播、电视首次播放后第 50 年的 12 月 31 日。

二、侵害著作权的行为

1. 概念

所谓侵犯著作权(包括邻接权)的行为,是指未经作者或其他著作权人同意,又无法律上的根据,擅自利用著作权作品或以其他非法手段行使著作权人专有权利的行为。

2. 行为形态

侵害著作权的行为主要有以下几种形式:

(1)擅自发表他人作品。即未经作者同意,公开作者没有公开过的作品的行为。这种行为侵害了作者的发表权。

(2)歪曲、篡改他人作品。即未经作者同意以删节、修改等行为破坏作品原意的行为。

(3)侵占他人作品。是指未经合作作者的许可,将与他人合作的作品当做自己单独创作的作品发表的行为。

(4)强行在他人作品上署名。是指自己未参加作品的创作,却以种种不正当的手段在他人创作发表的作品上署名。但是,如果作者为了扩大自己的影响,而自愿要求一些没有参加作品创作的名人在自己的作品上署名的,则不视为侵权。

(5)擅自使用他人作品。是指未经著作权人的许可,又无法律上的规定而使用他人的作品。根据我国《著作法》的规定,擅自使用他人的作品,主要包括以下几种情形:① 擅自以展览、摄制电影和以类似摄制电影的方法及以改编、翻译、注释等方式使用他人作品的;② 擅自出租权利人的电影作品及以类似摄制电影的方法创作的作品、计算机软件或者录音录像制品的;③ 擅自复制、发行、表演、放映、广播、汇编、通过信息网络向公众传播权利人作品的。

(6)拒付报酬。是指使用他人的作品,而未按规定支付报酬的行为。

(7)剽窃他人作品。是指以不加改变或者稍加改变其形式或内容的方式将他人的作品的全部或部分内容当做自己创作的作品发表的行为。

（8）侵害专有出版权和版式设计权。侵害专有出版权是指在作者授予专有出版权的人之外的其他人（包括作者自己），擅自出版作品的行为。所谓版面设计权，是指权利人基于对图书、期刊的字体设计、格式的编排等依法享有的专有权。

（9）制作、出售假冒他人署名的作品。这种侵权行为的表现形式主要包括：(1) 自己创作的作品，借用他人的姓名进行出售；(2) 临摹他人的作品，署以他人的姓名进行出售；(3) 将他人的作品，署以名家的姓名进行出售。

（10）侵害邻接权。邻接权来源于英文 Neighboring right 一词，是指与著作权邻接的一种权利，它是随着作品的复制、传播而产生的。我国著作权法所称的邻接权(与著作权有关的权益)是指出版者对其出版物的版式、装帧设计的权利，表演者对其表演活动的权利，录音制作者和录像制作者对其录音录像制品的权利以及广播组织对其广播、电视节目的权利之总称。侵犯邻接权的行为具体表现为：未经表演者认可，从现场直播或者公开传送其表演，或者录制其表演；未经表演者许可，复制录有其表演的录音录像制品或者通过信息网络向公众传播其表演的未经录音录像制品者许可，复制、发行、通过信息网络向公众传播其制作的录音录像制品的；未经许可播放或者录制广播电视的。

（11）网络侵权。一般来说，司法实践中遇到的网络著作权侵权行为主要有三种类型：一是传统媒体与网络站点间相互发生抄袭、未经许可使用、拒付报酬等的行为；二是网络站点间相互发生抄袭、未经许可使用、拒付报酬等的行为；三是网络使用者与著作权人间发生抄袭、未经许可使用、拒付报酬等行为，网络站点则违反法律规定或行业经营义务作为、不作为地实施了导致前者的侵权行为发生的行为等。

（12）其他侵害著作权的行为。

三、不视为侵害著作权的行为

1. 合理使用

合理使用的情形包括以下十二种：
（1）为个人学习、研究或者欣赏目的的使用；
（2）为介绍、评论某一作品或者说明某一问题的适当引用；
（3）为新闻报道使用；
（4）报纸、期刊、广播电台、电视台对政论性文章的转载转播；

(5) 报纸、期刊、广播电台、电视台对公共场所公开演讲的转载、转播；

(6) 为教学或科研的使用；

(7) 国家机关为执行公务而使用；

(8) 图书馆陈列或保存版本；

(9) 免费表演；

(10) 室外陈列作品的使用；

(11) 对汉文作品的翻译成少数民族文字在国内出版发行的使用；

(12) 将已发表的作品改变成盲文出版。

以上十二种合理使用行为，同样适用于对出版者、表演者、录音录像制作者、广播电台、电视台的权利的限制。

但是，上述合理使用作品的行为，虽然可以不经著作权人许可，不向其支付报酬，但应当指明作者姓名、作品名称，并且不得侵犯著作权人依照本法享有的其他权利。

2. 法定许可

法定许可使用，是指依著作权法的规定，使用者在利用他人已经发表的作品时，可以不经著作权人的许可，但应向其支付报酬，并尊重著作权人其他权利的制度。

法定许可有下列四种情形：

(1) 作品在刊登后，除著作权人声明不得转载、摘编的以外，其他报刊可以转载，或者作为文摘资料刊登，但应当按规定向著作权人支付报酬。

(2) 表演者使用他人已经发表的作品进行营业性演出，可以不经著作权人许可，但应当按规定支付报酬；著作权人声明不许使用的不得使用。

(3) 广播电台、电视台使用他人已发表的作品制作广播电视节目，可以不经著作权人许可，但著作权人声明不得使用的不许使用。除著作权法规定可以不支付报酬的以外，应当向著作权人支付报酬。

(4) 录音制作者使用他人已经发表的作品制作录音制品，可以不经著作权人许可，但应当按规定支付报酬；著作权人声明不许使用的不得使用。

此外，表演者为制作录音录像和广播、电视节目进行表演而使用他人已发表作品的，也属于法定许可使用。

3. 强制许可

强制许可是指在著作权人无正当理由而拒绝与使用人达成使用作品协议情况下，使用者经向著作权行政机关管理部门申请并获得授权而使用该产品。强制许可不必征得权利人的同意,但应向其支付报酬。我国《著作法》没有规定强制许可制度,但是我国已经加入了《伯尔尼公约》和《世界版权公约》,所以公约中有关强制许可的规定也可适用。

四、责任形式

1. 停止侵害

指责令侵权人停止正在进行的侵权行为。采用这一责任形式,无论侵权人主观是故意还是过失,也不管客观是否已经造成了损害事实,只要侵权行为存在即可。其适用必须具备以下要件:

(1) 在侵权事实清楚、证据确凿的情况下,经审查又确实需要时才做出裁定。

(2) 对当事人提出申请,一般应以书面为准,经审查需要提供担保的,可令申请人提供担保。我国《著作权法》第50条又进一步规定,著作权人或者与著作权有关的权利人有证据证明他人正在实施或者即将实施侵犯其权利的行为,如不及时制止将会使其合法权益受到难以弥补的损害的,可以在起诉前向人民法院申请采取责令停止有关行为和财产保全的措施。

我国《著作权法》第51条还规定,为制止侵权行为,在证据可能灭失或者以后难以取得的情况下,著作权人或者与著作权有关的权利人可以在起诉前向人民法院申请保全证据。人民法院接受申请后,必须在48小时内做出裁定;裁定采取保全措施的,应当立即开始执行。人民法院可以责令申请人提供担保,申请人不提供担保的,驳回申请。申请人在人民法院采取保全措施后15日内不起诉的,人民法院应当解除保全措施。

2. 赔偿损失

这是侵权人用自己的财产补偿著作权人因侵权所遭受的损失。适用这一责任形式的前提是有损失存在。我国《著作权法》扩大了著作权人的权益,第49条规定,侵犯著作权与著作权有关的权利,侵权人应当按照权利人的实际损失给予赔偿;实际损失难以计算的,可以按照侵权人的违法所得给予赔偿。赔偿数额还应当包括权利人为制止侵权行为所支付的合理开支,如调查费用、律师诉讼费、车资等。另本条第2款又规定,权利人实际损失或者侵权人的违法所得不能确定的,由人民法院根据侵权行为的情节,判决给予50万元以下的赔偿。

3. 其他责任形式

(1) 消除影响。这是非财产性的责任方式,以弥补侵权行为给著作权人造成的人身权利的损害。消除影响,是恢复名誉的一种形式。

（2）赔礼道歉。赔礼道歉,是抚慰受害人精神创伤的一种方式。赔礼道歉可单独适用也可与其他责任形式同时适用。

第四节 侵害其他知识产权的侵权责任

一、侵害商业秘密权

1. 商业秘密与商业秘密权

根据我国《反不正当竞争法》规定,商业秘密是指不为公众所知悉,能为权利人带来经济利益,具有实用性并经权利人采取保密措施的技术信息和经营信息。构成商业秘密必须具备的四个法律特征是：

第一,秘密性。即知悉该技术的人是有限的、特定的,并不为公众所知晓,该技术不能从公开渠道直接获得。而对于那些已为社会公知公用的普通技术和经营方法,则不在商业秘密之例。

第二,价值性。即商业秘密必须能为权利人带来经济利益,能为权利人在竞争中带来优势。如果一项技术无任何与众不同之处,不会让使用者拥有任何竞争优势,它便没有竞争价值。

第三,实用性。是指该商业秘密须具有现实的使用价值,是确定的、完整的、具体的、可应用的方案,而不应仅是原理性的或抽象的。如果产品的设计仅停留在构思、草图阶段,而未形成一个完整的、可实施的设计方案,是不能作为商业秘密予以法律保护的。

第四,权利人采取了保密措施。指权利人主观上将信息作为秘密保护,并在实际中采取了具体的保密措施。例如,在劳动合同、技术转让合同、购销合同中设立了保密条款;让员工和贸易伙伴承担保密义务;在单位内部制定商业秘密管理规定,规定商业秘密的使用、保管和销毁方法;对外单位参观人员实行登记、采取限制措施等。

商业秘密权是指商业秘密的所有人对其所控制的商业秘密享有的专有使用权,包括使用权、转让权、许可使用权、获得报酬权和公开权等等。在无碍其他知识产权制度尤其是专利制度的前提下,商业秘密权是一种特殊的知识产权。其特殊性表现在：商业秘密的权利人必须采取适当的保密措施,维护其秘密性,才能得到法律的保护。而专利权是以牺牲其发明创造的秘密性来换取法律的保护;一般的知识产权都有一定的保护期限,而商业秘密权则没有固定的保护期限,其保护期限的长短取决于其保密的时间长短,只要这项商业秘密不被泄露且仍有利用价值,就能无期限地得到法律保护;一般的知识产权都是依靠相关知识产权法来保护,而商业秘密权则主要通过商业秘密法、反不正当竞争法来保护。

2. 行为形态

侵害商业秘密指行为人未经权利人(包括商业秘密所有人及使用人)的许可,以非法手段获取商业秘密并加以公开或使用的行为。我国《反不正当竞争法》规定了四种侵权具体形式:

(1)以盗窃、利诱、胁迫或其他不正当手段获取权利人的商业秘密;这类侵权行为主体多为同行业竞争对手,多以给予对方有关人员金钱、实物、住房等或许以在侵权企业中担任要职为诱惑,获取对方商业秘密。

(2)披露、使用或允许他人使用以不正当手段获取的商业秘密;这里讲的"披露"包括以口头或书面形式将保密信息告知他人。商业秘密一旦被公开披露,丧失其秘密性,则立即失去价值,对权利人来讲其损失是很难挽回的。而使用或通过分许可证方式转售他人、允许他人使用将直接给权利人造成侵害。

(3)违反约定或违反权利人有关保守商业秘密的要求,披露、使用或允许他人使用其所掌握的商业秘密;其主体多为权利人的贸易伙伴和本企业员工。对于贸易伙伴来说,他们是通过签订合同获得对方一定的商业秘密,他们有权在合同规定的范围、期限内使用商业秘密,但如果违背合同中关于保密条款的约定,或者在许可证合同终止后,为获不正当利益,擅自使用或向外披露商业秘密,则构成侵权行为。对于员工而言,他们和企业之间明示的或者默示的法律关系,不仅在工作期间,而且在调动、离职、兼职、辞职、退休等情况下,都有义务遵守本单位的保密制度和有关规定,不得泄露本单位的商业秘密。

(4)第三人在明知或应知前述违法行为的情况下,仍然从侵权人那里获取、使用或披露他人的商业秘密。这一规定主要在于制裁接收违法跳槽者的企业。企业如果知道或应该知道跳槽者带走他人商业秘密是违法的,那么企业接受、使用该商业秘密,也是违法的。在实践中企业对跳槽者不加审查,放心大胆地使用跳槽者带来的技术;甚至张榜招贤,声明"带项目者优先",在商业秘密诉讼中,很容易被认定为侵权。

3. 责任形式

对于侵犯商业秘密行为,通常采用民事手段制裁,侵权人承担侵权责任的形式主要有:

(1) 停止侵害;

(2) 返还财产;

(3) 赔偿损失。关于损害赔偿的范围,我国《反不正当竞争法》第20条第1款规定:经营者违反本法规定,给被侵害的经营者造成损害的,应当承担损害赔偿责任,被侵害的经营者的损失难以计算的,赔偿额为侵权人在侵权期间因侵权所获得的利润;并应承担被侵害的经营者因调查该经营者侵害其合法权益的不正当竞争行为所支付的合理费用。

二、侵害原产地名称权

1. 原产地及原产地名称权

我国对"原产地"这一术语有两种解释:其一:是海关管理及其他对外贸易管制中的进口物原产地即世贸组织货物规则项下的原产地(the origin of goods)。这种产地仅仅是指货物的来源地,并且这里指的来源地,并非一定是货物真正的出产地,它也可能是货物的转让地即第二次加工地。根据各国的原产地规则和国际惯例,原产地是指某一货物的完全生产地,当一个以上的国家参与了某一货物的生产时,那个对产品进行了最后的实质性加工的地区,即为原产地。确定原产地的目的是为了征收关税或者采取其他贸易管制措施。在这种意义上讲,原产地与产地标记、货源标记同义。比如:美国制造、中国制造等。它被形象地称为"经济国籍"。其二:是从它含有的无形财产权的意义上讲的,乃世界贸易组织协定中《TRIPS协议》提出给予法律保护的一种商业标记,即相当于《TRIPS协议》等国际公约中所使用的地理标志意义上的原产地。这里所指的原产地名称,即地理标志(geographical indications),而非国际货物贸易中的原产地。如我国商标法中就使用了地理标志一词。我国《商标法》第16条规定:"商标中有商品的地理标志,而该商品并非来源于该标志所标识的地区,误导公众的,不予注册并禁止使用"。

所谓原产地名称,是指由地理名称所构成的,用于标示来源于该地且由该地之地理环境来决定其特定品质的商品的一种区别性标志。

原产地名称权是一种无形财产权,是指原产地内符合特定条件的商品生产者对原产地名称所享有的专有性权利。

2. 侵害原产地名称权的行为

实践中侵害原产地名称权的侵权行为常包括以下几种：

（1）假冒原产地名称的行为；

（2）个别商品生产者将原产地名称登记注册为商标；

（3）将原产地名称用作商品通用名称的行为；

（4）对产地作引人误解的虚假表示或宣传，从而侵犯特定原产地名称权的行为。

另外，世界贸易组织协定中《与贸易有关的知识产权协议》在第 24 条列举了原产地名称保护中的五种例外情况，实践中可能出现的主要有以下几种：一是"通常用语"尤其是商品通用名称的例外。"通常用语"是指在公用领域中的用语，不能因为他与某个受保护的原产地名称相同，就禁止他人使用。如汉堡包是一种食品的通用名，不能因为它不是汉堡产的，就不允许一般人用在该种食物的名称了。二是国家停用地名的例外。国家将某个地名公布停用，则以该地名为构成要素的原产地就不应再当做原产地名称加以保护了。三是名称权的例外。即如果某企业使用或继承下来的企业名称与某原产地名称相抵触，只要企业名称使用再先，则允许该企业继续使用其企业名称。

3. 归责原则

参照《TRIPS 协议》第 45 条，应以过错原则为主，适当条件下适用无过错原则。法律责任以民事责任为主，同时辅以行政责任和刑事责任。民事责任的承担方式包括停止侵害、消除影响、赔偿损失等。

我国现阶段主要通过《商标法》《产品质量法》《反不正当竞争法》和《对外贸易法》等法律实现对原产地名称的法律保护。如《反不正当竞争法》第 5 条第 2 款规定禁止经营者伪造产地，第 9 条禁止经营者利用广告或其他方法对产地作引人误导的虚假宣传，违者应承担相应的法律责任。侵权责任的承担方式包括停止侵害、消除影响、赔偿损失等；行政责任的承担方式包括吊销营业执照、罚款等。

而在我国的现行法中，对原产地名称保护最为完善的是《商标法》的相关规定。如《商标法》第 16 条第 1 款规定："商标中有商品的地理标志，而该商品并非来源于该标志所标示的地区，误导公众的，不予注册并禁止使用；但是，已经善意取得注册的继续有效。"第 10 条第 2 款也对原产地名称作了间接的法律规定:"县级以上行政区划的地名或者公众知晓的外国地名,不得作为商标。但是,地名具有其他含义或者作为集体商标、证明商标组成部分的除外;已经注册的使用地名的商标继续有效。"将原产地名称纳入商标法律保护的轨道,成为我国《商标法》的一个最显著的特点。

三、侵害植物新品种权

1. 植物新品种权

植物新品种是指经过人工培育的或者对发现的野生植物加以开发,具备新颖性、特异性、一致性和稳定性并有适当命名的植物品种。植物新品种权即完成育种的单位和个人对其授权的品种,享有的排他的独占权。任何单位或者个人未经品种权所有人(以下称品种权人)许可,不得为商业目的生产或者销售该授权品种的繁殖材料,不得为商业目的将该授权品种的繁殖材料重复使用于生产另一品种的繁殖材料;但是,有关法律法规另有规定的除外。

根据我国《植物新品种保护条例》的规定,申请品种权的植物新品种应当属于国家植物品种保护名录中列举的植物的属或者种。一个植物新品种只能授予一项品种权。授予植物新品种权的,应当具备新颖性、特异性、一致性和稳定性的条件。新颖性,是指申请品种权的植物新品种在申请日前该品种繁殖材料未被销售,或者经育种者许可,在中国境内销售该品种繁殖材料未超过1年;在中国境外销售藤本植物、林木、果树和观赏树木品种繁殖材料未超过6年,销售其他植物品种繁殖材料未超过4年。特异性,是指申请品种权的植物新品种应当明显区别于在递交申请以前已知的植物品种。一致性,是指申请品种权的植物新品种经过繁殖,除可以预见的变异外,其相关的特征或者特性一致。稳定性,是指申请品种权的植物新品种经过反复繁殖后或者在特定繁殖周期结束时,其相关的特征或者特性保持不变。同时要求授予品种权的植物新品种应当具备适当的名称,并与相同或者相近的植物属或者种中已知品种的名称相区别。该名称经注册登记后即为该植物新品种的通用名称。

品种权的保护期限,自授权之日起,藤本植物、林木、果树和观赏树木为20年,其他植物为15年。

2. 侵害植物新品种权的行为及责任

侵害植物新品种的行为是指未经品种权人许可,以商业目的生产或销售授权品种的繁殖材料以及将该授权品种的繁殖材料重复使用于生产另一品种的繁殖材料的行为。

在下列情况下使用授权品种的,可以不经品种权人许可,不向其支付使用费,但是不得侵犯品种权人依法享有的其他权利:

(1) 利用授权品种进行育种及其他科研活动;

(2) 农民自繁自用授权品种的繁殖材料。

对于侵犯品种权的行为,品种权人或利害关系人可以要求侵权人支付使用费并赔偿损失。并且对自己得到品种权授权前他人未经允许而无偿使用该植物新品种繁殖材料的行为享有追偿权,该权利人可以在授权后要求侵权人支付使用费并赔偿损失。侵犯品种权的赔偿数额,按照权利人因被侵权所受到的损失或者侵权人因侵权所获得的利益确定。权利人的损失或者侵权人获得的利益难以确定的,按照品种权许可使用费的1倍以上5倍以下酌情确定。

为了国家利益或者公共利益,审批机关可以作出实施植物新品种强制许可的决定,并予以登记和公告。取得实施强制许可的单位或者个人应当付给品种权人合理的使用费,其数额由双方商定;双方不能达成协议的,由审批机关裁决。品种权人对强制许可决定或者强制许可使用费的裁决不服的,可以自收到通知之日起3个月内向人民法院提起诉讼。

四、侵害发现权

1. 发现权的概念与内涵

发现权是指发现人因重大科学发现,经评审而获得的荣誉和物质奖励的权利。

从这个概念可以看出,发现权具有以下几项基本特征:

(1) 发现权的客体是重大科学发现。科学发现,指对自然界未知事物或规律的揭示。如发现某一行星,发现自由落体运动等自然现象与规律。发现某一文物或埋藏物,是否属于科学发现的范畴? 如西安发现秦代兵马俑,就不属于科学发现。[①] 因为它仅是"发现"了文物,并不涉及自然现象与规律,

---

① 2003年12月,农民杨新满代表9名"秦俑发现人",联名向秦始皇兵马俑博物馆递交了一份《关于"秦兵马俑发现人"资格认定的申请报告》,要求该馆颁发证书,确认包括他在内的9名农民对秦兵马俑的"发现权"。原临潼文化馆馆长赵康民坚称:"我才是兵马俑的发现人,因为是我第一个认识到兵马俑的历史价值。"参见《秦始皇兵马俑发现权起纷争 打井农民讨要发现权》,载腾讯新闻,http://news.qq.com/a/20050223/000056.htm,访问时间:2006年8月10日。

不是"科学发现"。还需指出的是,只有"重大"科学发现,才能获得发现权。如根据《国家科技奖励条例》第 9 条第 2 款的规定,重大科学发现,应当具备下列条件:① 前人尚未发现或者尚未阐明;② 具有重大科学价值;③ 得到国内外自然科学界公认。其中,"前人尚未发现或者尚未阐明",是指该项技术发现为国内外首创,或者虽然国内外已有但主要技术内容尚未在国内外各种公开出版物、媒体及各种公众信息渠道上发表或者公开,也未曾公开使用。"具有重大科学价值",是指:① 该发现在科学理论、学说上有创见,或者在研究方法、手段上有创新;② 在学术上处于国际领先或者先进水平;③ 对于推动学科发展有重大意义,或者对于经济建设和社会发展具有重要影响。当然这个是针对国家级的科学技术奖所要求的标准,自然是相当高的。不同级别的科技奖,其评奖的标准亦有所不同。

(2) 发现权是特许权。因为只有经过有关部门的评审,才能获得这一权利。如《国家科技奖励条例实施细则》的规定,国家自然科学奖由国家科学技术奖励委员会下设的国家自然科学奖评审委员会负责初评,并将初评结果报相应的国家科学技术奖评审委员会。初评结果向社会公布。对经公布没有异议,或者虽有异议但已在规定时间内处理的,由国家自然科学奖评审委员会提交国家科学技术奖评审委员会进行评审。国家科学技术奖励委员会以会议方式对评审结果进行审定。一等奖由到会委员的三分之二多数(含三分之二)通过,二等奖由到会委员的二分之一以上多数通过。科学技术部对国家科学技术奖励委员会作出的获奖人选、项目及等级的决议进行审核,报国务院批准,由国务院颁发证书和奖金。

发现权包括两项基本内容:荣誉权与获得物质奖励权。荣誉权,指凡具备相关机构规定的各项评奖条件的发现,有权要求相关机构依照相关程序进行评定,颁发获奖证书,授予相关称号,并保有这种荣誉的权利。荣誉权属于人身权的范畴。获得物质奖励权,指因发现而获得物质奖励的权利。如,根据《国家科技奖励条例实施细则》的规定,国家自然科学奖奖金数额分别为:一等奖 9 万元,二等奖 6 万元。

2. 责任构成

发现权是我国《民法通则》赋予给人们的一项民事权利。我国《民法通则》第 97 条第 1 款规定:"公民对自己的发现享有发现权。发现人有权申请领取发现证书、奖金或者其他奖励。"为强化对发现权的法律保护,我国《侵权责任法》第 2 条第 2 款又将发现权纳入侵权法的保护范畴。相信这一规定,将引起人们对发现权的高度重视,激发人们探索自然奥妙的积极性。

侵害发现权的侵权责任,适用一般侵权责任的构成要件,包括:

(1)客观上存在侵害他人发现权的行为;行为表现通常有:① 故意不授予或拒绝评审符合条件的科学发现;② 非法剥夺已授予他人的科学发现的荣誉证书或称号;③ 拒绝发放或故意不当减少或侵吞应发放给发现权人的奖金或实物。

(2)已经给发现权人造成了实际损害,包括名誉损害、荣誉损害、精神损害、财产损害等。

(3)侵权行为与发现权人受损之间存在直接的法律上的因果关系。

(4)行为人主观上有故意或重大过失。

3.责任形式

针对侵害不同内涵的发现权,其责任形式也有所不同。

(1)拒绝承认其发现权的,应当依法予以评审并确认其发现权,颁发承认其发现权的相关证书或荣誉称号。

(2)非法剥夺已授予他人的科学发现的荣誉证书或称号的,应当采取有力措施恢复其科学发现的名誉、证书、称号。

(3)拒绝发放或故意不当减少或侵吞应发放给发现权人的奖金或实物的,应及时发放相应奖金,并赔偿其他损失,如利息损失、汇率损失等。

第三编　　特殊侵权责任

第九章　　他人致害责任

　　特殊侵权责任之所以不同于一般侵权责任，就在于其在构成要件、归责原则、责任主体、抗辩事由等诸多方面存在特殊的规定。这些特殊性，通常表现在，或是行为人具有特殊的身份，或是侵权致害的手段或方式具有特殊性，或是在特定的场所内发生的侵权损害事件，或是基于某种特殊的行业而发生致人损害的事件，或是因特定的事故而致人以损害。

　　他人致害责任作为一种特殊的侵权责任，其特殊性首先表现在行为人通常具有特殊的身份（如公务员、雇员、被监护人、代理人等）。这种具有特殊身份的人，又是在从事特殊的活动（如公务活动、雇佣活动、代理活动）中致人损害的，其侵权损害赔偿责任通常要由与行为人具有特殊关系（如职务关系、雇佣关系、监护关系、代理关系）的人（如国家、雇主、监护人、被代理人等）来承担，从而产生侵权行为人与侵权责任人相分离的现象。

第一节 职务侵权责任

一、职务侵权责任概述

1. 概念

职务侵权责任,指的是国家机关或国家机关工作人员在执行公务中非法侵害他人合法权益时,依法应当承担的侵权责任。

我国《民法通则》第121条规定:"国家机关或者国家机关工作人员在执行职务中,侵犯公民、法人的合法权益造成损害的,应当承担民事责任。"《国家赔偿法》第2条规定:"国家机关和国家机关工作人员行使职权,有本法规定的侵犯公民、法人和其他组织合法权益的情形,造成损害的,受害人有依照本法取得国家赔偿的权利。"《行政诉讼法》第67条亦规定:"公民、法人或者其他组织的合法权益受到行政机关或者行政机关工作人员作出的具体行政行为侵犯造成损害的,有权请求赔偿。公民、法人或者其他组织单独就损害赔偿提出请求,应当先由行政机关解决。对行政机关的处理不服,可以向人民法院提起诉讼。赔偿诉讼可以适用调解。"

职务侵权责任是一种特殊侵权责任。特殊侵权是相对于一般侵权而言的,它是法律特别规定的行为人实施侵害他人合法权益所应承担的法律后果。由于国家机关和公民地位的不平等性,在现实生活中,难免会存在侵犯公民合法民事权益的情形。正是侵权人身份的特殊性,侵权责任的构成要件和一般侵权有不同的要求,所以将职务侵权认定为一种特殊侵权责任。

国家机关及其工作人员的侵权责任,在习惯上称作职务侵权责任,它有以下几个特点:

(1)职务侵权行为的主体必须是国家机关及其工作人员。根据我国法律的有关规定,国家机关,是指依法享有一定范围的权力,行使国家职能的机关,通常包括国家权力机关、行政机关、审判机关、警察机关和军事机关。但在实际生活中,国家权力机关和军事机关一般较少发生职务侵权行为。根据我国《国家赔偿法》的规定,作为职务侵权行为的国家机关仅包括行政机关和司法机关(包括行使侦察、检查、审判、监狱管理职权的机关),而不包括权力机关和军事机关。国家机关工作人员,是指在国家机关担任公职,从事公务的人员。国家机关工作人员应具备的两个条件:第一,必须在国家机关中工作。不在国家机关工作的人员,不能成为国家机关工作人员。如在党的机关、企业事业单位和其他社会团体中工作的人员,就不能是国家机关工作人员。第二,担任公职,依法从事公务。如果虽然在国家机关工作,但不担任公职或者依法不能从事公务的人员,也不是国家机关工作人员,如国家机关中勤杂人员。另外,根据我国《国家赔偿法》第 7 条第 3 款、第 4 款的规定,按法律法规授权的组织应成为职务侵权行为的主体;受国家机关委托的组织或者个人,委托的行政机关作为赔偿义务机关。

(2)职务侵权行为时间的特定性。职务侵权的时间特定性就表现在国家行政机关和国家司法机关及其工作人员行使职权的行为时违法。具体表现在:一方面,国家机关及其工作人员必须在行使职权行为,这是产生国家赔偿责任的根本条件。国家机关的行为有多种多样,有民事行为、事实行为等。这里所说的国家机关的职权行为,是指国家机关的行使权力的行为。对于一些非权力行为,如管理公产的行为,提供咨询服务的行为等,不产生国家赔偿责任。另一方面,侵害行为必须具有违法性,一是看行使职权是否有法律依据;二是看行使职权是否违反法定程序;三是行使职权是否违反其他法律规定。

国家公务人员侵权责任的侵害行为绝大多数应当符合为他人负责的替代责任特征,即行为人与责任人相分离。侵权行为是国家机关工作人员所实施,但赔偿义务主体却是国家机关。侵害行为既可由作为的方式构成,也可以由不作为的方式构成。主要表现形式包括错杀、冤狱、错误羁押,违法行政处罚,违法征收财物,等等。举凡一切违法行使职权行为,都在侵害行为之列。[①]

2. 种类

(1)行政侵权行为和司法侵权行为

各国国家赔偿法或其他相应的侵权行为法对直接侵权人的规定不尽相同。有的限于行政机关,有的包括行政机关和司法机关,也有的包括行政机关、司法机关以及立法机关。我国《国家赔偿法》将职务侵权规定为两大类:行政侵权行为和司法侵权行为。

其一,行政侵权行为。一方面,在实际生活中,大量的职务侵权案件的侵

---

① 杨立新:《侵权法论》,人民法院出版社 2004 年版,第 383 页。

权人为行政机关及其工作人员。这是因为行政机关代表国家管理经济、社会事务,而经济、社会管理职能面对的是全社会的各个层面和各个类型,接触的是社会的每个细胞和神经末梢。不当的行政行为自然会给行政相对人带来伤害,而作为相对弱势的相对方只有通过国家以制度的形式才能保证其受到的损害能得到补偿。所以,行政机关及其工作人员在行使职权过程中侵权的,或以执行职务为名侵权的,应当视为国家的侵权行为。另一方面,国家赔偿法将实施侵权行为的行政机关或者工作人员所在的行政机关确定为赔偿义务机关,办理具体的赔偿事务,如搜集证据,出庭应诉,与受害人和解以及支付赔偿金等工作。这样规定有利于督促行政机关及其工作人员认真履行法定职责,便于受害人行使赔偿请求权。最后,公民、法人或者其他组织不局限于具体行政行为所指向的对象,凡是合法权益受行政机关及工作人员的行为侵害的人都可能成为行政赔偿的请求权人。并且,合法权益是公民、法人或者其他组织依法享有的财产权和人身权;只有合法权益受到侵犯的,国家才承担赔偿责任。违法的利益,例如赌博获得的收入、偷盗来的财产等,不受法律保护,对违法利益的侵害,公民、法人或者其他组织不能要求赔偿。

其二,司法侵权行为,是指司法机关及其工作人员在行使侦查权、检察权、审判权和监狱管理职权时违法给无辜的公民、法人或者其他组织的生命、健康、自由和财产造成损害的侵权行为。在我国,司法机关是指行使刑事侦查权、检察权、民事、行政、刑事审判权以及监狱管理职权的各级公安机关、检察机关、审判机关以及监狱机关等机关。司法机关行使的是司法权,有别于立法权和行政权。只有司法机关及其工作人员造成的损害,国家才承担赔偿责任。和行政侵权一样,司法侵权责任是国家对司法机关及其工作人员行使职权的行为承担的责任;对于司法机关或者司法工作人员实施非职务行为或者个人行为造成的损害,国家不承担司法赔偿责任。司法机关和司法工作人员都具有双重身份,当他以行使公权力主体的身份实施某种行为给无辜公民、法人或其他组织造成不应有的损失时,国家必须给予赔偿。另外,只有司法机关及其工作人员对公民、法人或其他组织的合法权益造成损害的行为,才会产生司法赔偿责任。否则,不是合法权益,就不产生责任。

(2) 作为的职务侵权和不作为的职务侵权

按职务侵权行为状态,可以分为作为的职务侵权行为和不作为的职务侵权行为。作为的职务侵权行为是积极作为的职务行为所致损害。包括执行职务行为本身违法而造成他人损害,执行职务方法不当造成损害,滥用职权造成损害,执行职务行为自身危险性造成损害。

不作为的职务侵权行为是消极的不作为行为所致的损害,是国家机关及其公务人员怠于执行职务而造成损害的行为。这种侵权行为只能在国家机关及其工作人员负有积极执行职务的特定作为义务且又能履行该义务时,才能发生。当前,不作为形式的职务侵权的现象十分严重,如接警后迟迟不出警、超期羁押、拖延判决,等。不仅严重影响了政府的形象,也损害了广大当事人的合法权益。

二、职务侵权责任的构成要件

作为特殊侵权责任之一的职务侵权,以主体为显著构成要件,此外还有行为的违法性,因果关系等要件因素。

1. 侵权行为人

(1) 国家机关及其工作人员

一般地,职务侵权行为人可以分为行政和司法两类。行政机关的职权行为,是国家机关的权力行为,它以国家强制为保障,具有单方向意志性。具体行政行为的确定力要求行政相对人对行政行为的服从,行政主体和相对人之间发生的关系是不平等的。在这种情形下,行政机关作出的具体行政行为违法,如错误地进行行政处罚行为,错误地采取了行政强制行为等,就应当承担侵权的赔偿责任;而司法机关的错误拘留、错捕、刑讯逼供、错判等行为,司法机关同样应承担赔偿责任。

(2) 国家机关的派出机构,派出机关,经授权的组织和受委托的组织

派出机构,主要是根据部门行政法规的规定设立并赋予行政职权的机构。部门行政法根据有关行政领域的具体情况对派出机构的设置和职权作出规定,例如治安管理处罚条例对公安派出所职权的规定。这里应注意派出机构和派出机关的区别。派出机关是有权地方人民政府在一定区域内设立,代表设立机关管理该行政区域内各项行政事务的行政机构。根据我国《地方各级人民代表大会和地方各级人民政府组织法》第68条的规定,派出机关主要有省、自治区人民政府设立派出机关(行政公署);县、自治县的人民政府设立的区公所;市辖区、不设区的市的人民政府设立的街道办事处。

国家根据行政管理的需要,将一部分行政管理职权通过法律、法规授予非行政机关的社会组织行使,该组织依法取得行政机关的主体资格。经授权的组织以自己的名义独立行使法律、法规赋予的行政职权,并独立地承担因

行使授权所产生的法律后果。我国《国家赔偿法》第7条规定:法律、法规授权的组织在行使授予的行政权力时,侵犯了公民、法人或者其他组织的合法权益造成损害的,被授权的组织为赔偿义务机关,具有行政赔偿诉讼中的被告资格。

受委托的组织或个人虽然具有一定的管理社会的职权,但受委托的组织和个人不能成为独立的行政主体,因而不能成为赔偿义务机关。行政赔偿诉讼中,由委托人而不是受托人作为被告,承担侵权责任。

2. 侵权行为

国家机关及其工作人员执行职务中的侵权行为包括行政侵权行为和司法侵权行为。

(1) 行政侵权行为,是行政机关及其工作人员在行政管理活动中违法行使职权,致他人合法权益以损害的行为,根据我国《国家赔偿法》第3、4条的规定,行政违法行为包括侵犯人身权和财产权两类侵权行为。

其一,侵犯人身权的行政侵权行为包括:① 违法拘留或者违法采取限制公民人身自由的行政强制措施;② 非法拘禁或者以其他方法非法剥夺公民人身自由的行为;③ 以殴打、虐待等行为或者唆使、放纵他人以殴打、虐待等行为造成公民身体伤害或者死亡的行为;④ 违法使用武器、警械造成公民伤害或者死亡的行为;⑤ 造成公民身体伤害或者死亡的其他违法行为。

其二,侵犯财产权的行政侵权行为包括:① 违法实施罚款、吊销营业许可证和执照、责令停产停业、没收财物等行政处罚的行为;② 违法对财产采取查封、扣押、冻结等行政强制措施的行为;③ 违法征收、征用财产的行为;④ 造成财产损害的其他违法行为。

(2) 司法侵权行为,主要发生在刑事司法活动中,也包括侵犯人身权和财产权两种类型。根据我国《国家赔偿法》第17、18条规定,说明如下:

其一,侵犯人身权的司法侵权行为包括:① 违反刑事诉讼法的规定对公民采取拘留措施的,或者依照刑事诉讼法规定的条件和程序对公民采取拘留措施,但是拘留时间超过刑事诉讼法规定的时限,其后决定撤销案件、不起诉或者判决宣告无罪终止追究刑事责任的;② 对公民采取逮捕措施后,决定撤销案件、不起诉或者判决宣告无罪终止追究刑事责任的;③ 依照审判监督程序再审改判无罪,原判罚已经执行的;④ 刑讯逼供或者以殴打、虐待等行为或者唆使、放纵他人以殴打、虐待等行为造成公民身体伤害或者死亡的;⑤ 违法使用武器、警械造成公民身体伤害或者死亡的。

其二,侵犯财产权的司法侵权行为包括:① 违法对财产采取查封、扣押、冻结、追缴等措施;② 依照审判监督程序再审改判无罪,原判处罚金、没收财产已经执行的行为。

对发生在民事司法活动和行政司法活动中的违法行为,我国《国家赔偿法》第38条规定,人民法院在民事诉讼、行政诉讼过程中,违法采取对妨害诉讼的强制措施、保全措施或者对判决、裁定及其他生效法律文书执行错误,造成损害的,赔偿请求人要求赔偿的程序,适用本法刑事赔偿程序的规定。而对其他违法行为(如枉法裁判、拖延裁判等)没有规定。这应是不足之处。

3. 损害

损害事实是构成国家公务员侵权责任的条件之一。只有侵害行为造成受害人财产权和人身权损害后果的,国家机关才承担替代责任。损害事实首先表现为权利被侵害。一般包括人身权利的损害、财产权利损害和精神损害。我国国家赔偿制度尚属初建,加上财力紧张,因此,国家赔偿将损害明确规定为人身权和财产权的损害,现在还扩及到精神损害。对人身权的损害,包括对人身自由权的损害和对生命健康权的损害;对财产权的损害包括行政行为中的一般财产损害和民事诉讼中违法采取保全措施或对判决错误执行等的损害。

关于职务行为侵害相对人人格权的损害赔偿问题,通说认为国家赔偿对除人身自由权、生命健康权和财产权以外的民事权利,如人格尊严方面的权利和身份权,包括名誉权、荣誉权、监护权等,国家多不给予赔偿。

4. 因果关系

因果关系是国家赔偿责任构成要件之一。只有国家机关及其工作人员的职务侵权行为造成了损害后果,才能产生国家赔偿责任。因此,因果关系是否存在,对于国家赔偿责任的构成至关重要。

在认定国家赔偿责任中的因果关系时,应该注意以下问题:一是要注意正确认定一因多果、多因一果、多因多果等因果关系。受害人的损害结果有时是一种违法行为造成的,有时则是多种违法行为造成的;而损害结果有时是单一的,有时则是双重的。只有正确认识这些复杂的原因结果关系,才能保障受害人的合法权益。二是要注意正确认定不作为的违法行为与损害结果之间的因果关系。这种因果关系,须以行为人有特定的义务为前提。如果国家机关及其工作人员负有这样特定的义务而不履行,导致了受害人的损害,则二者之间具有因果关系。

5. 归责原则

关于职务侵权适用何种归责责任,我国法律对此没有作出明确的规定。归纳起来,主要有过错责任说、无过错责任说、双重责任说三种。

过错责任是一般侵权责任的归责原则。而将过错责任作为职务侵权责任的归责原则,主要取决其功能和价值。第一,过错责任原则实现了规范与救济的有机统一,对过错的否定与惩戒,有助于促使国家机关及其工作人员依法行使职权,同时,这一原则为受害人界定了一定的救济范围,避免国库负担过重;第二,过错责任可以从理论上合理解决共同侵权行为和混合过错的责任承担问题。

无过错责任产生于19世纪,随着科学技术的迅猛发展以及政府权力的不断扩张,公务活动造成的危险状态俱增。这样,过错责任对损害的救济往往显得力不从心,无过错责任随之产生。认为职务侵权行为适用无过错责任归责原则的学者认为,职务侵权既不要求赔偿义务机关有过错,也不要求直接加害人有过错,①受害人只需证明其遭受损害,损害和结果之间具有因果关系就可以要求侵权人给予赔偿。

还有学者提出了双重责任说,认为在职务侵权的归责原则上,国家应承担无过错责任,而行为人承担过错责任。国家机关及其工作人员职务侵权之构成,不以国家机关或其工作人员的过错为要件。国家不得以自己或其工作人员无过错主张免责,但可以以第三人或受害人之过错为由主张免责或减责。②

我们认为,职务侵权的归责原则应当是无过错责任原则。过错责任加重了受害人的负担,在国家机关和受害人地位本身就悬殊的情况下,还要受害人承担国家机关过错的举证责任既不利于对受害方的权益进行保护,也不利于加强对国家机关工作人员的监督。而所谓双重责任说认为国家负无过错责任,行为人负过错责任,也是说不通的。因为行为人的行为并不代表行为人本身,行为人代表国家做出行为,职务行为是国家的行为而不是行为人自己的行为;再说任何国家事务,都需要由行为人做出。所以,在此,不应将国家和行为人分开。当然,并不是所有行为人的行为国家都将承担最终的责任。国家在向受害人进行赔偿后,可以向行为人进行追偿。

---

① 张新宝:《侵权责任法原理》,中国人民大学出版社2005年版,第433页。
② 张新宝:《中国侵权行为法》,中国社会科学出版社1995年版,第290—291页;

6. 不承担赔偿责任的情形

（1）根据我国《国家赔偿法》第5条的规定，具有下列情形之一的，国家不承担赔偿责任：① 行政机关工作人员与行使职权无关的个人行为；② 因公民、法人和其他组织自己的行为致使损害发生的；③ 法律规定的其他情形。

（2）根据我国《国家赔偿法》第19条规定，属于下列情形之一的，国家不承担赔偿责任：① 因公民自己故意作虚伪供述，或者伪造其他有罪证据被羁押或者被判处刑罚的；② 依照《刑法》第十七条、第十八条规定不负刑事责任的人被羁押的；③ 依照《刑事诉讼法》第十五条、第一百四十二条第二款规定不追究刑事责任的人被羁押的；④ 行使侦查、检察、审判职权的机关以及看守所、监狱管理机关的工作人员与行使职权无关的个人行为；⑤ 因公民自伤、自残等故意行为致使损害发生的；⑥ 法律规定的其他情形。

三、国家赔偿的理论依据、意义与性质

1. 国家赔偿的理论依据

所谓国家赔偿，指的是国家机关及其工作人员违法行使职权，侵犯公民、法人和其他组织的合法权益造成损害的，由国家对受害人承担的赔偿责任。国家管理社会经济、政治、文化诸方面的活动，是通过国家机关和国家机关工作人员行使相应的职权来进行的。因而国家机关和国家机关工作人员在行使职权的过程中，凡违反法律、法规的有关规定，侵犯了公民、法人和其他组织的合法权益并造成了损失的，作为行为主体的国家必须承担相应的赔偿责任。

2. 国家赔偿制度演变史

在西方法制史上，国家赔偿制度经历了从绝对无责任，到相对有责任，再到绝对有责任的三个历史演变阶段。①

（1）国家不负赔偿责任时期（绝对无责任）。这主要是指奴隶社会与封建社会这一漫长的历史时期。社会奉行"国家主权绝对论""国家主权无拘束论"等观念，不认为国家有责任。如英国即认为"国王不能为非"，在法律上推定国王无过错，无责任。国王作为行政权的享有者，即使其作为仆人的官吏的行为不法，致他人以损害的，国王亦没有赔偿责任。在法国，实行"绝对国家主权"原则，认为国家享有最高的主权，而主权属于绝对权力，不承担

---

① 王景斌：《西方国家赔偿制度历史发展简介》，载《外国问题研究》1997年第4期。

法律责任,因而国家不负赔偿责任。在美国,奉行的是"国家主权豁免"原则。美国联邦最高法院在1884年"蓝福案"中明确指出,国家拥有至高无上的权力,未经国家同意,任何人皆不得向国家起诉。官吏在执行职务中致人以损害的,只是官吏个人的责任,而不是国家责任。这种观念与做法,即使到了近代民法时期,亦无多大改观。如《德国民法典》第839条还明确规定:"公务员故意或因过失违背其对第三人负担的职务的,应向第三人赔偿由此而发生的损害。"

（2）国家负相对赔偿责任时期（相对有责任）。此一时期开始于1873年的法国"布朗哥案"。案发时原告尚为小孩,在横过马路时,被一辆国营烟草工厂的货车撞伤,小孩家属诉请国家赔偿。法国通过审理这个案件,确立了国家对公务员的过错负有责任的原则。从此,行政赔偿从作为官员的个人责任过渡到国家责任。该案所确认的核心原则是:国家应当为其公务员的过错负责。随着国家对社会生活的干预越来越深入和广泛,国家活动给人们造成损害的风险也在不断扩大,民主政治与法制观念也在人们观念中不断扩张,因此,国家对其致人损害的行为承担相应的赔偿责任的理念也逐渐得以确立。有的国家通过制订单行法规明确国家的赔偿责任。如德国在1909年和1910年分别制定了《国家责任法》和《官吏责任法》,明确规定由国家承担《德国民法典》第839条规定的公务员的责任。有的甚至写进了宪法,成为一项宪法的制度。如德国1919年的《魏玛宪法》、奥地利1920年《宪法》,等。

（3）国家负绝对责任时期（绝对有责任）。第二次世界大战以后,国家赔偿制度随着西方民主制度的发展而得到了全面发展,无论是在理论上还是在立法实践上都进入了比较成熟、充分发展的阶段。这时的西方,大多数国家都建立了国家赔偿制度,如美国1946年的《联邦侵权求偿法》、英国1947年的《王权诉讼法》和1948年的《国家赔偿法》和《公职责任法》、日本1947年的《国家赔偿法》、瑞士1959年的《联邦、官署委员会及公务员责任法》等。这一时期以来,国家赔偿责任在西方各国得到了全面的肯定和确认,并具有如下主要特点:

其一,赔偿的对象领域在扩大。从过去法律有明文规定的才予以赔偿,转变为除法律明文规定不予赔偿的少数情况外,在其余的行政活动中,没有不负赔偿责任的领域;

其二,赔偿的范围,从人身、物质损害发展到精神损害,从直接损失发展到间接损失,均承担赔偿责任;

其三,赔偿的根据,由以行政机关或公务员具有主观上的故意或过失才产生赔偿责任,发展为过错责任与无过错责任兼容并向无过错责任过渡,即只要客观上侵害了公民的合法权益并致损害,不论主观上是否有过错,都承担职务侵权的赔偿责任,尤其是警察活动的危险责任;

其四,在行政主体赔偿责任与公务员赔偿责任方面,国家的赔偿责任越来越大,而公务员的赔偿责任只限于法定的情形之下才予以追偿。①

在古代中国,并没有国家赔偿的理念与制度。最早规定官吏要对其致人损害的行为承担赔偿责任的,是《大清民律草案》。该法第 948 条规定:"官吏、公吏及其他依法令从事公务之职员,因故意或过失违背应尽之职务,向第三人加损害者,对于第三人负赔偿之义务。"但单从字面来看,规定的仍是官吏的个人责任而非国家责任。但要求官吏对其致人损害的行为负赔偿责任,这已经是历史的很大进步了。《中华民国民律草案》第 249 条亦作了同样的规定:"官吏及其他依法令从事公务之职员,因故意违背职务致第三人之权利受损害者,负赔偿责任。其因过失者,以被害人不能依他项方法受赔偿时为限,负其责任。"《中华民国民法》第 186 条也规定:"公务员因故意违背对于第三人应执行之职务,致第三人受损害者,负赔偿责任。因其过失者,以被害人不能依他项受赔偿时为限,负其责任。前期情形,如被害人得依法律上之救济方法,除去其损害,而因故意或过失不为之者,公务员不负赔偿责任。"

新中国成立后,在国家赔偿制度方面亦有一个发展演变的过程。建国之初,就确立了国家赔偿制度。在 1954 年新中国的第一部《宪法》中第 97 条规定:"由于国家机关工作人员侵犯公民权利而受到损失的人,有取得赔偿的权利。"但以后随着法律虚无主义的漫延,国家赔偿制度逐渐被否定。1982 年《宪法》重新确立了国家赔偿的制定。其中第 41 条第 3 款规定:"由于国家机关和国家工作人员侵犯公民权利而受到损失的人,有依照法律规定取得赔偿的权利。"1986 年的《民法通则》更是明确了国家赔偿制度的民法性质,第 121 条规定:"国家机关或者国家机关工作人员在执行职务中,侵犯公民、法人的合法权益造成损害的,应当承担民事责任。"1994 年我国制定了统一的《国家赔偿法》,该法主要分为行政赔偿与刑事赔偿两大部分,在行政赔偿部分比较详细地规定了行政赔偿的范围、赔偿请求人和赔偿义务机关、赔偿程序等事项,从而使国家赔偿制度得以完全建立。为适应法制建设的发展需要,2010

---

① 王景斌:《西方国家赔偿制度历史发展简介》,载《外国问题研究》1997 年第 4 期。

年对《国家赔偿法》作了重大的修订。

3. 国家赔偿的意义

国家的职务行为违法给公民、法人或其他组织的合法权益造成损害的,应承担赔偿责任,具有十分重要的意义。不但可以使受害人能获得赔偿,能充分维护受害人的利益;还能调动解决国家机关及工作人员的工作积极性,更好地完成国家职能。

第一,不言而喻,对于国家机关或国家机关工作人员行使权力,执行职务的行为违法造成的损害给予赔偿,是国家赔偿的基本功能,同时也是实行国家赔偿制度的根本目的。在国家和个体(包括法人等组织)的关系上,两者处于一个很不平等的状态中。国家凭借其强大的权力,可以摧毁任何个体的生存和发展。特别自近代以来,随着国家权力的深入和强化,国家行为的相对方的弱势地位越是明显。但国家行为也并非不受约束,受害人的利益同样受法律的保护。国家在履行它的管理社会经济、文化等职能时,对合法利益的侵害,自然应给予赔偿。国家赔偿制度的出现,可以对受国家行为侵害的受害人提供救济手段。国家强大的财富实力并不担心因赔偿而发生财政危机,同时也使受害人得到救济。

第二,可以调动国家机关工作人员的积极性,能促使国家机关高效地履行职责。这可以从以下角度来理解:国家职责需要其工作人员来完成。如果职务行为给他人造成了伤害,国家不承担赔偿责任,而由做出行为的行为人来承担,结果必然是很多工作人员工作中畏首畏尾,避免麻烦发生。这样的职务行为结果可想而知,工作效率低下,互相推诿不说,整个国家机器无法有效、健康地运转。所以,国家赔偿制度的出现,解除了国家工作人员的后顾之忧,使他们敢放心全力、尽职尽责地工作,使国家机器高效、快捷地运转起来,使国家职能得以充分发挥。

第三,对于国家机关工作人员的个人行为或其他非职务的行为,国家不承担赔偿责任。其实质,是由于国家机关工作人员代表国家行使职权,国家对自己的行为承担责任的一种表现形式。职务人员的非职务行为并不能代表国家,与国家行为无关,所以不应由国家承担赔偿责任。

4. 国家赔偿责任的性质

关于国家赔偿责任的性质,有公法说、私法说与折中说三种。

(1) 公法说,认为国家赔偿责任不同于民事赔偿责任的基本原因,是基于公权力违法行为而产生的违法责任,是因公权力活动的潜在危险性所引起的风险责任。① "认为国家赔偿法系规定有关公权力致人损害而国家应负赔偿责任的法律,而民法系规定私经济作用的法律,二者截然不同。故国家赔偿法与民法之间不构成特别法与普通法的关系,其与民法是各自独立的法律。国家赔偿责任属于公法责任。"②

(2) 私法说,认为国家赔偿责任属于民事侵权赔偿责任的范畴。

(3) 折中说,主张国家赔偿法并非纯系民法原理的表现。考察国家赔偿责任的发生,实导源于近世国家行政权的日益扩大,并对社会介入重大之权力,经常发生滥用情形。于是,国家对其权力滥用所生的损害,谋求公平负担,乃以最后的调解人自居,就该损害予以公平分配。因此,国家赔偿法实具有社会性的倾向,不必拘泥于公法或私法的区别。③

笔者主张国家赔偿责任当然应归属于民事侵权损害赔偿责任的范畴。国家赔偿责任之所以被纳入到特殊的侵权责任的范畴,正是考虑到了国家赔偿责任在构成要件、赔偿程序、赔偿范围方面的某些特殊性,但国家赔偿责任的基本原理,包括责任构成、赔偿原则、赔偿方法等诸多方面与民事侵权赔偿责任制度并不存在本质上的区别。将国家赔偿责任纳入民事侵权赔偿责任的范畴,不仅有利于建立统一的侵权赔偿制度体系,亦有利于建立国家与人民之间的和谐关系。

四、国家赔偿关系的当事人

1. 赔偿权利人

我国《国家赔偿法》第6条规定:"受害的公民、法人和其他组织有权要求赔偿。受害的公民死亡,其继承人和其他有扶养关系的亲属有权要求赔偿。受害的法人或者其他组织终止的,其权利承受人有权要求赔偿。"

2. 赔偿义务人

赔偿义务人,指的是发生职务侵权时,代国家直接对受害人进行赔偿的机关。根据我国《国家赔偿法》第7、8、21条的规定,由于国家赔偿主体可以划分为行政赔偿和司法赔偿,相应地赔偿义务人也包括行政赔偿义务人和司法赔偿义务人。

---

① 高家伟:《论国家赔偿责任的性质》,载《中国检察官》2009年第7期。
② 王卓:《国家赔偿责任的性质解读》,载找法网,http://china.findlaw.cn/info/guojiafa/gjpc/gjpcdt/97704.html,访问时间:2010年5月12日。
③ 曹竞辉:《国家赔偿法实用》,台湾五南图书出版公司1984年版,第53页。

（1）在行政赔偿案件中,行政赔偿义务机关应按下列标准确定:① 行政机关及其工作人员行使职权侵犯公民、法人或者其他组织的合法权益造成损害的,该行政机关为赔偿义务机关。② 两个以上行政机关共同行使职权时侵犯公民、法人或者其他组织的合法权益造成损害的,共同行使行政职权的行政机关为共同赔偿义务机关。③ 法律、法规授权的组织在行使授予的行政权力时侵犯公民、法人或者其他组织的合法权益造成损害的,被授权的组织为赔偿义务机关。④ 受行政机关委托的组织或者个人在行使受委托的行政权力时侵犯公民、法人或者其他组织的合法权益造成损害的,委托的行政机关为赔偿义务机关。⑤ 赔偿义务机关被撤销的,继续行使其职权的行政机关为赔偿义务机关。⑥ 经复议机关复议的,最初造成侵权行为的行政机关为赔偿义务机关,但复议机关的复议决定加重损害的,复议机关对加重的部分履行赔偿义务。

（2）对司法赔偿义务机关的确认,根据我国《国家赔偿法》第21条的规定:① 行使侦查、检察、审判职权的机关以及看守所、监狱管理机关及其工作人员在行使职权时侵犯公民、法人和其他组织的合法权益造成损害的,该机关为赔偿义务机关。② 对公民采取拘留措施,依照本法的规定应当给予国家赔偿的,作出拘留决定的机关为赔偿义务机关。③ 对公民采取逮捕措施后决定撤销案件、不起诉或者判决宣告无罪的,作出逮捕决定的机关为赔偿义务机关。④ 再审改判无罪的,作出原生效判决的人民法院为赔偿义务机关。二审改判无罪,以及二审发回重审后作无罪处理的,作出一审有罪判决的人民法院为赔偿义务机关。

我国《国家赔偿法》第38条规定:"人民法院在民事诉讼、行政诉讼过程中,违法采取对妨害诉讼的强制措施、保全措施或者对判决、裁定及其他生效法律文书执行错误,造成损害的,赔偿请求人要求赔偿的程序,适用本法刑事赔偿程序的规定。"

3. 内部追偿

内部追偿,指的是国家机关在向赔偿请求人支付赔偿费用之后,依法责令具有故意或重大过失的工作人员、受委托的组织或者个人承担部分或全部赔偿费用的法律制度。根据我国《国家赔偿法》第16、31条的规定,行政赔偿中,赔偿义务机关赔偿损失后,应责令有故意或重大过失的工作人员或者受委托的组织或者个人承担部分或者全部赔偿费用。司法赔偿中,赔偿义务机关赔偿后,应当向那些刑讯逼供或者以殴打、虐待等行为或者唆使、放纵他人以殴打、虐待等行为造成公民身体伤害或者死亡的工作人员,违法使用武器、警械造成公民身体伤害或者死亡的工作人员,在处理案件中有贪污受贿、徇私舞弊、枉法裁判行为的工作人员追偿部分或者全部赔偿费用。

五、国家赔偿方式

国家赔偿方式,是国家对其职务侵权行为承担赔偿责任的各种形式。我国《国家赔偿法》第32条规定:"国家赔偿以支付赔偿金为主要方式。能够返还财产或者恢复原状的,予以返还财产或者恢复原状。"根据这一规定,我国的国家赔偿是以金钱赔偿为主要方式,以返还财产、恢复原状为补充。即除特别情形外,绝大部分的赔偿应通过支付货币的方式进行赔偿,只有在返还财产、恢复原状为适当时,才可以选择适用返还财产、恢复原状。

1. 金钱赔偿

金钱赔偿,即将受害人的各项损失计算成金额,以金额折抵受害人的损失。金钱赔偿因其适用范围的广泛性和操作的便捷性,成为国家赔偿的主要方式。

(1) 对人身损害的金钱赔偿。一般来说,对人身造成的损害是难以用金钱来直接赔偿的,因为人身权不是金钱可以衡量的。但是,在发生损害的情形下,除了对仍在继续的侵权适用停止侵害的责任形式外,没有比金钱赔偿更为适合的方式了。因为一旦发生人身损害,特别是劳动力的部分或者全部丧失,原本可以得到的收入可能减少或者丧失,法定义务无法履行,同时还要消除病痛或恢复健康或安葬支付的费用等。这一系列的损失,从某种意义上来说,适用金钱赔偿的方式是适合的。

(2) 财产损害的金钱赔偿。任何财产都具有使用价值和交换价值,都可以折算成一定的金额,然后再给予相应的赔偿。根据我国《国家赔偿法》的规定,金钱赔偿的适用,应当以不能返还财产或者恢复原状为前提。主要包括:侵犯公民人身自由及生命健康权;侵犯公民、组织的财产权,被侵害的财产已经灭失、拍卖等,恢复原状在事实上已经不可能;侵犯公民、组织的财产权,被侵害的财产已被损坏并且不能恢复原状或者恢复有重大困难;返还财产或者恢复原状与法律规范相抵触。

2. 返还财产

返还财产,是指国家机关将违法取得的财产返还给受害人的责任方式。主要适用于以下情形:

（1）行政机关违法采用罚款、没收财产等行政处罚的，应返还受害人的财产；

（2）行政机关违反国家规定征收、征用财物，应返还征收、征用的财物；

（3）司法机关或行政机关违法适用罚金、没收、追缴等剥夺财产的措施；

国家机关违法采取的查封、扣押、冻结财产的措施，如果被侵害的财产没有灭失的，应当返还，造成损害的，还应支付相应的赔偿金。同时，采用返还财产这一方式，须有原财产还存在，不影响公务的实施为前提，并且要求返还财产比金钱赔偿更为便捷时方可适用。

3. 恢复原状

恢复原状作为一种赔偿方式，在国家赔偿中的适用限制非常严格。因为恢复原状可能会牵扯国家工作人员过多的时间、精力，影响行政效率。只有在比金钱赔偿更便捷的情形下，才适用此方式：应当返还的财产被损坏，能够恢复原状的；查封、扣押、冻结财产的，应当解除查封、扣押、冻结财产；有可能恢复原状并且不违反其他法律规定。

4. 精神损害赔偿

我国1995年《国家赔偿法》采有限赔偿的原则，对违法的公权力致人损害的行为的赔偿责任仅限于物质损害的赔偿，而对于精神损害不予赔偿。此种做法一直遭到学界的质疑。2010年修订的《国家赔偿法》接受了人们的广泛要求，确立了国家赔偿责任中的精神损害赔偿原则。该法第35条规定："有本法第3条或者第17条规定情形之一，致人精神损害的，应当在侵权行为影响的范围内，为受害人消除影响，恢复名誉，赔礼道歉；造成严重后果的，应当支付相应的精神损害抚慰金。"在国家赔偿责任中明确精神损害赔偿制度，为受害者提供了更为广泛的救济途径，更加有利于维护基本人权与社会秩序，加重国家机关及其工作人员的责任心，维护受害者的合法权益，是法制建设中又一重大的成就。现在的问题是，该条的规定过于粗线条，将考验相关部门的执行能力。

除上述四种赔偿责任方式外，我国《国家赔偿法》还明确规定了其他的赔偿方式。根据该法第35条规定，如果国家机关及其工作人员在违法做出职务行为时给受害人的名誉、荣誉造成影响的，可以适当适用消除影响、恢复名誉、赔礼道歉这些责任方式。

六、国家赔偿的计算标准及赔偿费用来源

1. 侵害人身自由权损害赔偿计算标准

我国《国家赔偿法》第33条规定:"侵犯公民人身自由的,每日的赔偿金按照国家上年度职工日平均工资计算。"即按日支付赔偿金,每日的赔偿金按照国家上年度职工日平均工资计算。"上年度",应当指赔偿义务机关、复议机关、或者人民法院赔偿委员会维持原赔偿决定的,按作出原赔偿决定时的上年度执行。国家上年度职工工资,以全年法定工作日数的方法计算。年平均工资以国家统计局公布的数字为标准。

2. 侵害健康权损害赔偿的方式与计算标准

根据我国《国家赔偿法》第34条的规定,造成身体伤害的,应当支付医疗费、护理费,以及赔偿因误工减少的收入。减少的收入每日的赔偿金按照国家上年度职工日平均工资计算,最高额为国家上年度职工年平均工资的5倍;一般身体伤害,尚未造成残疾的伤害。误工减少的收入,指受害人因受伤后不能工作而损失的收入,误工日期的确定以医院开具的休假日期为依据,没有休假证明自行休假的,不作误工计算。

造成部分或者全部丧失劳动能力的,应当支付医疗费、护理费、残疾生活辅助具费、康复费等因残疾而增加的必要支出和继续治疗所必需的费用,以及残疾赔偿金。残疾赔偿金根据丧失劳动能力的程度,按照国家规定的伤残等级确定,最高不超过国家上年度职工年平均工资的20倍。造成全部丧失劳动能力的,对其扶养的无劳动能力的人,还应当支付生活费;生活费的发放标准,参照当地最低生活保障标准执行。被扶养的人是未成年人的,生活费给付至18周岁止;其他无劳动能力的人,生活费给付至死亡时止。

3. 侵害生命权损害赔偿方式与计算标准

造成死亡的,应当支付死亡赔偿金、丧葬费,总额为国家上年度职工年平均工资的20倍。对死者生前扶养的无劳动能力的人,还应当支付生活费。死亡赔偿金与残疾赔偿金的不同之处在于,死亡赔偿金是给付受害人亲属的,而残疾赔偿金是给付受害人的。接受死亡赔偿金的主要是受害人的继承人及与受害人有抚养关系的亲属。

4. 侵害财产权损害赔偿方式

根据我国《国家赔偿法》第36条的规定,侵害财产权损害赔偿方式主要包括:

（1）罚款、罚金、追缴、没收财产或者违反国家规定征收、征用财物的,返还财产。这些职务行为侵犯公民、法人和其他组织财产权的,与之相适应的最好责任方式是返还财产。这里所说的返还财产,包括金钱及其他财物。

（2）查封、扣押、冻结财产的,应当解除对财产的查封、扣押、冻结;能够恢复原状的恢复原状;不能恢复原状的,或者财物已经灭失的,按照损害程度给付相应的赔偿金。"灭失"是指已经损害的财产已不复存在。"相应的赔偿金"是指赔偿的数额应以物的价值计算,严格掌握在实际损失的范围内,并且是在受害人失去该财产时为估价日期。

（3）财产已经拍卖或者变卖的,给付拍卖或者变卖所得的价款;变卖的价款明显低于财产价值的,应当支付相应的赔偿金。

（4）吊销许可证和执照、责令停产、停业的损害赔偿。这种损害并非直接指向财产,而是剥夺和限制受害人的权利,其后果往往是造成企业停产和法人消灭。所以,我国《国家赔偿法》规定,赔偿停产、停业期间必要的经常性费用开支。包括停产、停业期间用于维持其生存的基本开支,如水电费、房屋租金、职工基本工资等。

（5）返还执行的罚款或者罚金、追缴或者没收的金钱,解除冻结的存款或者汇款的,应当支付银行同期存款利息。

（6）对财产权造成其他损害的,按照直接损失给予赔偿。所谓"直接损失"是指因遭受不法侵害而使现有财产的必然减少或消灭。规定"直接损失",是因为我国的国力财力还不够雄厚,国家赔偿只能是抚慰性质的,仅仅是象征性的给予一定的补偿,否则会加重国家及公民的负担。其次,除直接损失外,可预期利益、间接损失都是相对人未实际取得的利益,不能排除意外情况的发生导致无法实际取得的风险。

5. 国家赔偿费用的来源

我国《国家赔偿法》第37条对国家赔偿经费来源也作了明确规定:赔偿费用,列入各级财政预算,具体办法由国务院规定。政府在每年度的国家预算列支赔偿费用专用项。鉴于我国财政实行的是中央和地方分列的体制,因此,国家赔偿法实施后,凡属于中央财政划拨经费的部门由中央财政作预算。地方政府、人民法院、人民检察院的赔偿费用则由各级财政列入预算。具体的列支办法,由国务院制定具体的实施细则。

七、赔偿程序

1. 行政赔偿程序

根据我国《行政诉讼法》和《国家赔偿法》第9条至第16条的规定,受害人单独提出赔偿请求的,应当首先向赔偿义务机关提出;赔偿请求人可以向共同赔偿义务机关中的任何一个赔偿义务机关要求赔偿,该赔偿义务机关应当先予赔偿;赔偿请求人根据受到的不同损害,可以同时提出数项赔偿要求。

申请赔偿应提交申请书。申请书应当载明下列事项:① 受害人的姓名、性别、年龄、工作单位和住所,法人或者其他组织的名称、住所和法定代表人或者主要负责人的姓名、职务;② 具体的要求、事实根据和理由;③ 申请的年、月、日。

赔偿义务机关接到赔偿请求申请后,应当对案件事实进行调查。调查的事项包括:公民、法人或者其他组织是否遭受实际损害;公民、法人或者其他组织所受到的损害与已确认的违法行为有无因果关系;受害人自己是否具有过错;是否有第三人的过错等。赔偿义务机关应当全面审查、核实相关的证据资料,可以告知赔偿请求人补充有关证据材料。查明上述事实之后,赔偿义务机关应当决定对公民、法人、或其他组织赔偿的具体方式和标准。赔偿义务机关作出赔偿决定,应当充分听取赔偿请求人的意见,并可以与赔偿请求人就赔偿方式、赔偿项目和赔偿数额进行协商。赔偿义务机关应在收到赔偿请求人赔偿申请书之日2个月内作出是否赔偿的决定。

赔偿义务机关决定赔偿的,应当制作赔偿决定书,并自作出决定之日起10日内送达赔偿请求人。赔偿义务机关决定不予赔偿的,应当自作出决定之日起10日内书面通知赔偿请求人,并说明不予赔偿的理由。赔偿义务机关在规定期限内未作出是否赔偿的决定,赔偿请求人可以自期限届满之日起3个月内,向人民法院提起诉讼。赔偿请求人对赔偿的方式、项目、数额有异议的,或者赔偿义务机关作出不予赔偿决定的,赔偿请求人可以自赔偿义务机关作出赔偿或者不予赔偿决定之日起3个月内,向人民法院提起诉讼。

人民法院审理行政赔偿案件,赔偿请求人和赔偿义务机关对自己提出的主张,应当提供证据。赔偿义务机关采取行政拘留或者限制人身自由的强制措施期间,被限制人身自由的人死亡或者丧失行为能力的,赔偿义务机关的行为与被限制人身自由的人的死亡或者丧失行为能力是否存在因果关系,赔偿义务机关应当提供证据。

赔偿义务机关赔偿损失后,应当责令有故意或者重大过失的工作人员或者受委托的组织或者个人承担部分或者全部赔偿费用。对有故意或者重大过失的责任人员,有关机关应当依法给予处分;构成犯罪的,应当依法追究刑事责任。

2. 司法赔偿程序

根据我国《国家赔偿法》第22条至第31条的规定,赔偿请求人要求赔偿的,应当先向赔偿义务机关提出。赔偿义务机关应当自收到申请之日起2个月内,作出是否赔偿的决定。赔偿义务机关作出赔偿决定,应当充分听取赔偿请求人的意见,并可以与赔偿请求人就赔偿方式、赔偿项目和赔偿数额依法协商。

赔偿义务机关决定赔偿的,应当制作赔偿决定书,并自作出决定之日起10日内送达赔偿请求人。赔偿义务机关决定不予赔偿的,应当自作出决定之日起10日内书面通知赔偿请求人,并说明不予赔偿的理由。赔偿义务机关在规定期限内未作出是否赔偿的决定,赔偿请求人可以自期限届满之日起30日内向赔偿义务机关的上一级机关申请复议。

赔偿请求人对赔偿的方式、项目、数额有异议的,或者赔偿义务机关作出不予赔偿决定的,赔偿请求人可以自赔偿义务机关作出赔偿或者不予赔偿决定之日起30日内,向赔偿义务机关的上一级机关申请复议。赔偿义务机关是人民法院的,赔偿请求人可以依照本条规定向其上一级人民法院赔偿委员会申请作出赔偿决定。复议机关应当自收到申请之日起2个月内作出决定。赔偿请求人不服复议决定的,可以在收到复议决定之日起30日内向复议机关所在地的同级人民法院赔偿委员会申请作出赔偿决定;复议机关逾期不作出决定的,赔偿请求人可以自期满之日起30日内向复议机关所在地的同级人民法院赔偿委员会申请作出赔偿决定。

中级人民法院设立赔偿委员会。赔偿委员会作出赔偿决定,是发生法律效力的决定,必须执行。

人民法院赔偿委员会处理赔偿请求,赔偿请求人和赔偿义务机关对自己提出的主张,应当提供证据。被羁押人在羁押期间死亡或者丧失行为能力的,赔偿义务机关的行为与被羁押人的死亡或者丧失行为能力是否存在因果关系,赔偿义务机关应当提供证据。

人民法院赔偿委员会应当自收到赔偿申请之日起3个月内作出决定;属于疑难、复杂、重大案件的,经本院院长批准,可以延长3个月。

赔偿请求人或者赔偿义务机关对赔偿委员会作出的决定,认为确有错误的,可以向上一级人民法院赔偿委员会提出申诉。赔偿委员会作出的赔偿决定生效后,如发现赔偿决定违反本法规定的,经本院院长决定或者上级人民法院指令,赔偿委员会应当在2个月内重新审查并依法作出决定,上一级人民法院赔偿委员会也可以直接审查并作出决定。最高人民检察院对各级人民法院赔偿委员会作出的决定,上级人民检察院对下级人民法院赔偿委员会作出的决定,发现违反本法规定的,应当向同级人民法院赔偿委员会提出意见,同级人民法院赔偿委员会应当在2个月内重新审查并依法作出决定。

赔偿义务机关赔偿后,应当向有下列情形之一的工作人员追偿部分或者全部赔偿费用:① 有我国《国家赔偿法》第17条第4项、第5项规定情形的;② 在处理案件中有贪污受贿,徇私舞弊,枉法裁判行为的。对有上述规定情形的责任人员,有关机关应当依法给予处分;构成犯罪的,应当依法追究刑事责任。

第二节 雇员致害责任

一、概述

1. 概念

所谓雇员致害责任,指的是雇员在执行雇主的事务中致第三人以损害时,依法由雇主承担的侵权损害赔偿责任。通称雇主责任。

雇员致害责任以存在雇主与雇员之间的关系为前提。雇主和雇员之间的关系表现为以下几个方面:

首先,雇主和雇员之间具有特定的人身关系,即雇员在受雇期间,其行为受雇主意志的支配与约束;在执行职务过程中,雇员按照雇主的意思所实施的行为,实际上等于雇主自己所实施的行为。

其次,雇主与雇员所导致损害之间具有特定的因果关系。损害事实虽雇员直接造成,但雇主也要承担对雇员选任不当、疏于监督、管理等作为或不作为的行为,是损害事实发生的主要原因。

最后,雇主与雇员之间有着特定的利益关系。雇员在受雇期间所实施的行为,直接为雇主创造经济利益以及其他物质利益,雇主承受这种利益,雇员也因此获得报酬。①

所以,雇员在执行职务时造成他人的损害,雇主理所当然地应承担雇员因侵权而引起的损害赔偿责任。

2. 制度史

雇员致害责任之法律制度的产生,如同其他法律制度,是基于现实生活中的客观需要。雇员致害责任制度是随着雇佣制度的发展而发展形成的。在古代罗马,法律上有资格雇用他人者必须是自由人的罗马人,受雇的人则是没有法律人格的奴隶或家子。在这种情况下,对于受雇人因实施侵权行为而给他人造成的损害,雇主必须当然地、无条件地承担赔偿责任。② 查士丁尼在《法学总论》中就明确提出了雇主对雇员致人损害承担侵权责任的根据:"船长、客店主人或马厩主人对于在船舶上、客店内或马厩中,出于欺诈或由于失窃所发生的损害,视为根据准侵权行为负责,但以他本人并无不法行为,而是他所雇佣在船舶、客店或马厩内服务的人员所作不法行为者为限。对他所得行使的诉权,虽然不是根据契约而来,但是他雇用坏人服务,在这一点上他确有过错,所以他被视为根据准侵权行为负责。"③这正是德国的潘德克顿法学在罗马城的废墟上所发现的"罗马法将雇主对他人侵权行为的责任视为雇主对自己过错的责任"的规则。

19 世纪以来,随着现代工业的发展,雇佣劳动日益普遍,而与工业发展相伴生的经营风险的不断扩大,使雇工在工作过程中不法侵害他人权益,导致他人遭受损害的可能性大大提高。这时,雇主对雇工侵权行为承担责任才被作为一个重要的法律问题提出来。④ 1804 年《拿破仑法典》即明确规定了雇员致害责任制度。第 1384 条第 1 款、第 3 款分别规定:"任何人不仅对其行为所致的损害,而且对应由其负责的他人的行为或在其管理下的物件所致的损害,均应同赔偿的责任。""主人与雇佣人对仆人与受雇人因执行受雇的职务所致的损害,应负赔偿的责任。"《德国民法典》第 831 条亦规定:"选任他人执行事务的人,对他人执行事务时给第三人不法造成的损害,负有赔偿的义务。"此后,大陆法系各国似乎都沿袭了这一基本规则。如《日本民法典》第 715 条规定:"因某事业雇佣他人者,对受雇人因执行其职务而加于第

---

① 王利明、杨立新:《侵权行为法》,法律出版社 1996 年版,第 258 页。
② 张新宝:《侵权责任法原理》,中国人民大学出版社 2005 年版,第 293 页。
③ 〔古罗马〕查士丁尼:《法学总论》,张企泰译,商务印书馆 1993 年版,第 204—205 页。
④ 邵建东:《论雇主责任》,载《南京大学法律评论》1997 年春季号。

三人的损害,负赔偿责任。但是,雇佣人对受雇人的选任及其事业的监督已尽相当注意时,或即使尽相当注意损害仍会产生时,不在此限。"《瑞士债务法典》第55条规定:"营业的业主应当对其雇员或者其他辅助人在履行服务或者经营职责时造成的损害承担责任;但其能够证明在该条件下已经尽到避免损害产生的合理注意义务或者损害不管有没有尽到该注意义务均会产生的除外。"但是,奇怪的是,在不列颠群岛,"在双方当事人(雇主与雇员)之间没有相反的约定的情形,雇主没有义务对其雇员给第三方造成的损失提供保障,甚至也没有义务制止第三方对其雇员起诉。雇员的加害行为造成第三人损害而导致雇主之责任,被当做违反雇主与雇员之间的合同处理,导致后者对前者负有责任。"[1]

新中国建立以来,我国制度上一直不承认雇佣关系的存在。但建立了法人对其员工致人损害的行为承担责任的制度。1986年的《民法通则》在第43条就明确规定:"企业法人对它的法定代表人和其他工作人员的经营活动,承担民事责任。"这"经营活动"中就可能包含有在经营中致他人以损害的事件。在社会主义市场经济条件下,雇佣劳动关系得到不断发展,雇佣劳动的法律制度将会越来越健全。在雇佣劳动法律制度中,雇主对雇员赔偿责任是一个十分重要的问题。它不仅关系到社会经济秩序的稳定,而且直接涉及到人们的财产和人身的安全。此前不久,我国民事立法中虽然没有直接规定雇主责任,但内容颇为相似的规定,却散见于各民事法律及相应的司法解释中。2001年,最高人民法院在《关于审理人身损害赔偿案件适用法律若干问题的解释》除了在第8条中对《民法通则》第43条作了扩大解释外[2],还在第9条中对雇主责任作了较为原则性的规定:"雇员在从事雇佣活动中致人损害的,雇主应当承担赔偿责任。"另外,在第13条还提出了一个"帮工"的概念,规定:"为他人无偿提供劳务的帮工人,在从事帮工活动中致人损害的,被帮工人应当承担赔偿责任。被帮工人明确拒绝帮工的,不承担赔偿责任。帮工人存在故意或者重大过失,赔偿权利人请求帮工人和被帮工人承担连带责任的,人民法院应予支持。"丰富了雇主责任制度。

通过对司法实践的总结,2009年的《侵权责任法》第34条以及第35条

---

[1] 〔德〕克雷斯蒂安·冯·巴尔:《欧洲比较侵权行为法》(上卷),张新宝译,法律出版社2001年版,第419页。

[2] 我国《民法通则》第43条仅规定了企业法人对其法定代表人和其他工作人员的经营活动承担民事责任;而最高人民法院将其扩及到法人或其他组织,而不仅仅限于企业法人。

分别对用人单位的用工责任和个人劳动关系中用工者的责任作了原则性规定,为调整及审理雇主与雇员之间的雇佣关系提供了较好的法律依据。其中,第 34 条规定:"用人单位的工作人员因执行工作任务造成他人损害的,由用人单位承担侵权责任。劳务派遣期间,被派遣的工作人员因执行工作任务造成他人损害的,由接受劳务派遣的用工单位承担侵权责任;劳务派遣单位有过错的,承担相应的补充责任。"第 35 条规定:"个人之间形成劳务关系,提供劳务一方因劳务造成他人损害的,由接受劳务一方承担侵权责任。提供劳务一方因劳务自己受到损害的,根据双方各自的过错承担相应的责任。"

需要指出的是,第 35 条规定的"个人之间形成劳务关系",应指最高人民法院在《关于审理人身损害赔偿案件适用法律若干问题的解释》第 13 条中规定的所谓"帮工"关系,但又超过了帮工的范畴。因为"个人之间形成劳务关系",有的可能是有偿的,有的则可能是无偿的。而帮工只限于无偿劳务。尽管如此,从《侵权责任法》的规定可以看出,个人之间形成的劳务关系中,提供劳务的一方致人损害的,亦由接受劳务的一方对受害人承担损害赔偿责任。这一点与第 34 条规定的雇主责任是完全相同的。所以,本文所谓雇员致害责任,亦包含了第 35 条所规定的制度。

二、责任构成

1. 雇员

雇员为雇佣关系的一方当事人。我国《劳动法》没有对雇员的含义作出规定,只是规定,在中华人民共和国境内的企业、个体经济组织和与之形成劳动关系的劳动者,适用《劳动法》。我们认为,从雇佣关系的法律特征来看,雇员应是按照雇佣合同为雇主所选任并在其监督下执行受雇任务并获取报酬的人。因此,判断受害人是否为雇员,决定于雇佣合同关系存在与否。雇佣关系是否存在,不仅要看有无雇佣合同关系,并且要看行为时的事实关系,即行为人是否为雇主提供劳务,是否为雇主所监督。雇员必须是为雇主所选任并在其监督下为之服务的人。不在其直接监督下为之服务的人,不为雇员。即使劳动合同无效或被撤销,只要在发生损害事件时,劳动者与用人者之间存在着事实上的监督、指挥关系的,均应视为雇佣关系存在。[①] 在我国,雇佣关系是大量存在的。工业、农业、商业、交通运输业、服务业等,无论是国有经

---

① 赵廉慧:《劳动合同无效与雇主责任》,载中国研究生人才网,http://www.91student.com/News? param = byshow&ariticid = 66212,访问时间:2010 年 3 月 2 日。

济、集体经济,还是私营经济、个体经济,乃至家庭中,都存在着雇佣关系。但这里需要注意的是,在承包关系,尤其是农村的家庭联产承包的发包方和承包方,双方的关系并不是雇主和雇员的关系。

2. 执行受雇事务

雇主对雇员赔偿责任的产生以存在雇佣关系为前提。所以,雇员只有在完成受雇工作中遭受损害,雇主才能承担赔偿责任。非在完成受雇工作中遭受损害的,不产生雇主对雇员的赔偿责任。雇员的行为应该有执行职务的行为,并且该行为违反法律对第三人造成损害。雇员以雇主的名义对外作出行为,行为本身就代表着雇主,雇员的加害行为其实就是该雇主的行为。但这一行为必须是加害行为,也就是侵权行为,应符合侵权行为的构成要件。如果雇员的行为不是执行职务的行为,则雇主不承担侵权责任,只能由行为人自己承担。

一般认为,以下行为不属于执行职务的行为:① 超越职权的行为。雇员执行职务包括了实现其职能的一切行为在内。但雇员超越了他的职责范围而实施的行为,雇主不承担责任。② 擅自委托行为。雇员未经授权,擅自将自己应做的事情委托他人去做,雇主对该人所为的侵权行为不负责任。③ 违反禁止行为。雇主明令禁止的行为雇员为之,不属于执行职务行为。④ 借用机会行为。雇员利用职务提供的机会,趁机处理私事而发生的损害,如果行为与执行职务没有关联,不属于执行职务的行为。

雇主就雇员的侵权行为所承担的责任,应以雇员执行受雇事务为限,对此行为的认定,学说上有"雇主意思说""雇员意思说"和"客观说"三种不同的看法。①

(1) 雇主意思说。该说认为,雇员执行受雇事务,以雇用人的意思为标准,即执行职务的范围应该以雇用人要求办理的事情来决定。超越雇主意思表示的行为就不属于执行雇主要求执行的行为。

(2) 雇员意思说。该说以受雇人的意思为标准,一般情形下,雇员行为的范围当然应该以雇主委托的范围为准,但如果雇员为了雇主的利益在没有征得雇主的同意下所为的行为也应当被认为是执行雇主委托从事的职务行为。

(3) 客观说。该说认为,雇员是否从事雇主委托的事务,以所执行的职

---

① 王利明主编:《民法·侵权行为法》,中国人民大学出版社1993年版,第493页。

务外表为标准,即执行职务的范围当然应以雇用人要求雇员办理的事情来决定,但是,如果外表上看来,一般的第三人如果认为雇员所从事的行为本身就是雇主要求他从事的行为,那么,这样的行为也应认为是执行职务的行为。

相比之下,只有客观说正确地揭示了行为的外在表现形态这一本质。据此,不管雇主或雇工的主观意思为何,只要雇工的行为在客观上与执行事务具有一定的内在联系,即可认定雇工的行为属于执行事务的范围。

各国的司法实践都以客观说为通说。我国最高人民法院《关于审理人身伤害损害赔偿案件适用法律若干问题的解释》第9条规定:"所称'从事雇佣活动',是指从事雇主授权或者指示范围内的生产经营活动或者其他劳务活动。雇员的行为超出授权范围,但其表现形式是履行职务或者与履行职务有内在联系的,应当认定为'从事雇佣活动'。"这种对"雇佣活动"的解释,无疑将有利于司法认定。

3. 损害行为及因果关系

雇主对雇员在执行委托事务过程中造成的侵权损害承担赔偿责任还必须具备一个要件,即雇员的行为必须是侵权行为。如果雇员在执行事务过程中的行为不构成侵权行为,那么即使行为造成了第三人的损害也无须承担侵权损害赔偿义务,既然如此,雇主的赔偿责任自无从谈起了。同样,雇员的侵权行为和侵害后果之间必须要有因果关系,如果损害后果不是由于侵权行为引起的,自然也不属于雇主应承担的责任。

4. 归责原则

归纳起来看,雇主责任大概形成了以下三种归责原则:

(1) 无过错责任,英美法系国家与法国采之。认为雇主就其雇员因执行事务行为而加于他人的损失,应负责,并无举证免责之可能。法国法认为此系以雇员之过失为自己过失,系属担保责任。

(2) 过错推定责任。德国民法上要雇主承担责任原则上必须以自身具有过错为前提,其过错就体现在未能尽到选任监督之注意义务上。在立法技术上,德国民法则采取了举证责任倒置的方式,推定雇主具有过失,雇主仅于已举证证明尽到了对雇员选任及监督上的注意时方能免责,以期能增加受害人受偿之机会。瑞士、日本以及我国台湾地区从之。但台湾也有学者认为,第188条第1款后句系雇主免责要件,而不能认为是雇主自身之过错。

(3) 过错推定责任与衡平责任相结合。我国台湾地区"民法典"第188条第2款规定"被害人依前项但书之规定,不能受损害赔偿时,法院因其声请,得斟酌雇用人与被害人之经济状况,令雇用人为全部或一部分之赔偿。"此为台湾地区"民法"之特有规定,"以伦理为出发点,为法律道德化的具体表征"。结合第1款所规定的过错推定原则,故有学者将台湾民法上的雇主责任称为"过错责任与衡平责任结合责任制"。

从雇主责任之归责原则的发展趋势来看,各国理论都倾向于采纳无过错责任。以日本和我国台湾地区的判例观之,由于法院对雇主责任之免责要求甚严,至今没有雇主成功举证免责之情形出现,在实践中与无过错原则并无实质区别。德国法院也在一系列的判例中修正了过错推定责任,更发展出了豁免雇工责任制度。根据此项制度,如果雇工在执行委托给他的"具有危险性"的工作时致人损害,则以他不具有故意或重大过失为限,可请求雇主豁免其相对于第三人的损害赔偿义务。法院认为,雇工的失误虽然本身是可以避免的,但是雇主应当意识到此乃人类能力所限。因此由该类失误引起的损害赔偿应归入雇主的企业经营风险,无论雇主能否提供负责的证明,都必须对雇工侵权行为造成的损害承担赔偿责任。该制度进一步体现了由过错推定责任向无过错责任靠拢之趋势。从我国《侵权责任法》的规定来看,只要用人单位的工作人员因执行工作任务造成他人损害的,由用人单位承担侵权责任;或提供劳务一方因劳务造成他人损害的,由接受劳务一方承担侵权责任;并没有强调致人以损害的行为人(工作人员或劳务提供者)要有过错。

我们认为,对侵权行为的发生,应首先假定雇员是在雇主的命令范围内从事职务行为,在此行为下,雇员的行为应假定为雇主本身的行为,所以应先假定雇主存在过错。雇主应承担无过错的举证责任。只有在雇主能证明自己以及其致害的雇员无过错,是其他原因导致侵权行为的发生,雇主才不负赔偿之责。雇主不能证明自己没有过失,即应承担赔偿责任。这有两种情况:一是雇员致人损害在主观上有过错时,雇用人赔偿受害人的损失后,即对雇员取得求偿权,雇员应当赔偿雇主因赔偿受害的损失造成的损失,形成一个新的损害赔偿法律关系;二是雇员主观上没有过错,则由雇主单独承担赔偿责任,雇主对雇员不享有求偿权。

三、责任承担

1. 雇主承担责任的立法例

雇员在受雇期间,在执行受雇事务中致第三人以损害的,责任归属如何,比较各主要国家的立法,有不同的规定。

《法国民法典》第 1384 条第 3 款规定:"主人与雇用人对仆人与受雇人因执行受雇的职务所致的损害,应负赔偿的责任。"这应当是近代民法中最早明确规定雇员致害,由雇主承担赔偿责任的立法例。

《德国民法典》第 831 条规定:"选任他人执行事务的人,对他人在执行事务时给第三人不法造成的损害,负有赔偿的义务。雇佣人在选任受任人时,或其应购置设备或工具器械或应督导事务执行的,在购置或督导时,尽交易中必要之注意的,或损害即使在尽此种注意时仍会发生的,不发生赔偿的义务。"继受《德国民法典》的《日本民法典》第 715 条以及后来我国的《大清民律草案》第 852 条等均作了相同的规定。

《瑞士民法典》第 55 条规定:"营业的业主应当对其雇员或者其他辅助人在履行服务或者经营职责时造成的损害承担责任;但其能够证明在该条件下已经尽到了避免损害产生的合理注意义务或者损害不管有没有尽到该注意义务均会发生的除外。业主有权对造成损害的人在可归责于其之范围内进行追偿。"明确规定了雇主的追偿权。与此有同样规定的是加拿大《魁北克民法典》,其第 1463 条规定:"本人对其代理人和雇员在履行其义务过程中的过错造成他人的损害承担赔偿责任,但他对代理人和雇员保留追偿权。"

2. 雇主承担责任的依据

雇员致害责任的建立旨在使雇主就他人的侵害行为而承担民法上的责任,学说上通常称为转承责任。这与近代民法中个人"自负其责"之理念似有未合。然而无论是大陆法系国家还是英美法系国家,无不建立雇主责任的法律制度,主要是因为现实生活中的客观需要。因此大陆法系国家多将雇主责任认定为特殊侵权行为,以区别一般侵权行为之直接责任。其立法政策的考虑多出于以下几点:

(1) 报偿理论,即受其利者受其害。雇主因使用雇员而扩张其活动范围,增加其获取利益的可能性。同时对他人权利范畴侵害的机会,亦因此而增加。凡因此而获利益者,自应负责任。然而,仅依报偿责任的法理,雇主经营事业如未能获利,即可不负赔偿责任。故学说中另有看法。

(2)危险理论。认为雇主雇用雇员从事危险事业,自应负担危险所生损害。但是危险理论的不足,在于受雇人所从事之行为并非都属于危险事业范畴。

(3)伦理的理论,雇主虽然未有直接之侵害行为,但从伦理感情而言,雇员为雇主之替身,受雇人之过失,视同雇主之过失,使之负担损害,甚合于伦理上之观念。

(4)经济上的衡平理论,由于雇员多资力薄弱,若仅允许受害人向其请求,于多数情形下受害人未必能获得充分的赔偿。受害人自应被许可向因受雇人之工作而获利者行使请求权。我国台湾地区"民法典"第188条第2款之内容,即为此项理论之适例。① 雇主和雇员之间特殊的人身关系,雇员所为的行为其实都是雇主的意思,雇员的意思受雇主的支配与约束,所以雇主自然应承担相应的赔偿责任。②

3. 雇主的追偿权

雇主在赔偿受害人的损害以后,可以根据合同或其他规定向雇工行使追索权或求偿权,要求雇员赔偿雇主因赔偿受害人损害而造成的损害。

因为在采取客观的归责原则下,一般雇员所从事的行为都认定为是雇主的行为,而雇员超越职权所谓的行为,擅自委托他人所为的行为等这些事实上并非雇主要求的职务行为的侵权后果都要雇主来承担的话,雇主就处于一种不公平的地位。因此,雇主在向第三人承担侵权责任后,如果是由于雇员本身的,跟雇主无关的行为,雇主可以向雇员行使追偿权,弥补自己的损失。这一方面能够弥补雇主的损失,另一方面能够对雇员积极、认真、诚实信用的履行义务起到激励作用。

对此,《日本民法典》第715条第3款规定:"前二款规定,不妨碍雇用人或监督人对受雇人行使求偿权。"《瑞士债务法典》第55条第2款规定:"业主有权对造成损害的人在可归责于其之范围内进行追偿。"《俄罗斯联邦民法典》第1081条第1款规定:"对他人(执行公务、职务或其他劳动义务的工作人员,驾驶交通工具的人员等)所造成损害承担了赔偿责任的人,有权向致害人请求返还(追偿)已付的赔偿金额,但法律规定不同金额的除外。"而在我国最高人民法院《关于审理人身伤害损害赔偿案件适用法律若干问题的解

---

① 王泽鉴:《民法学说和判例研究》(第一册),中国政法大学出版社1998年版,第11页。
② 秦秀敏:《雇主责任研究》,载"找法网"http://china.findlaw.cn/info/minshang/minfa/minfa-unwen/62591.html,访问时间:2008年12月5日。

释》第 9 条规定:"雇员因故意或者重大过失致人损害的,应当与雇主承担连带赔偿责任。雇主承担连带赔偿责任的,可以向雇员追偿。"但《法国民法典》和《德国民法典》均未明确作出这种追偿权的规定。

四、劳动派遣关系中的侵权责任承担

1. 概念

劳动派遣,是指由劳务派遣单位与被派遣劳动者订立劳动合同,由被派遣劳动者向实际用工单位给付劳务,劳动合同关系存在于劳务派遣单位与被派遣劳动者之间,但劳动力给付的事实则发生于被派遣劳动者与实际用工单位之间。

劳动派遣具有以下基本特征:

(1) 派遣单位与用人单位"你用人,我管人"。用人单位对劳动者只管使用和使用中的工作考核,剩下的一切管理工作,包括工资薪酬的发放、社会保险的代收代缴、合同的签订、续订和解除,相关问题和争议的处理、日常一系列的人事管理等,全部由派遣单位负责。

(2) 用人单位"不求所有,但求所用"。用人单位只需与劳务派遣单位签订一份劳务派遣协议,然后由劳务派遣单位把合适人员派到用人单位工作。用人单位只负责对工人的使用,不与工人本人发生任何隶属关系。

(3) 劳务派遣单位"一手托两家",既"管住与照顾"了被派遣劳动者,又"管住与照顾"了用人单位。[①]

劳务派遣对促进被派遣劳动者就业、保障被派遣劳动者的合法权益、解决实际用工单位的用工后顾之忧等发挥了非常重要的作用,主要体现在以下几个方面:第一,有助于保障被派遣劳动者的合法权益;充分利用劳动部门的就业平台和资源优势,为被派遣的劳工提供更多的就业机会和更为广阔的职业选择;重视被派遣劳动者的教育培训工作,有效提升被派遣劳动者的职业素质和职业技能,提高被派遣劳动者的职业选择能力。第二,劳务派遣保证被派遣劳动者的工资收入水平;可节省用人单位招聘员工的各项费用;可以节省用人单位劳动力使用和管理成本;用人单位可根据生产经营需要,随时要求派遣单位增减派员,有利于用人单位用人的灵活性。

[①] 劳动派遣,载百度百科,http://baike.baidu.com/view/166607.htm? fr = ala0_1_1,访问时间:2010 年 11 月 12 日。

2. 各方的权利义务

劳务派遣涉及三个法律关系,即劳务派遣单位与被派遣劳动者之间的劳动合同关系、劳务派遣单位与用工单位之间的派遣协议关系、用工单位与被派遣劳动者之间的劳动指挥管理关系。

(1) 劳务派遣单位与劳动者之间系劳动合同关系。根据我国《劳动合同法》第58条的规定,劳动派遣机构应当履行用人单位对劳动者的义务。劳务派遣单位与被派遣劳动者订立的劳动合同,除应当载明我国《劳动合同法》第17条规定的事项外,还应当载明被派遣劳动者的用工单位以及派遣期限、工作岗位等情况。劳务派遣单位应当与被派遣劳动者订立2年以上的固定期限劳动合同,按月支付劳动报酬;被派遣劳动者在无工作期间,劳务派遣单位应当按照所在地人民政府规定的最低工资标准,向其按月支付报酬。劳务派遣单位应当将与用工单位签订的劳务派遣协议的内容告知被派遣劳动者,不得克扣用工单位按照劳务派遣协议支付给被派遣劳动者的劳动报酬,不得向被派遣劳动者收取费用。

(2) 劳务派遣单位与用工单位之间依据派遣协议成立民事合同关系。双方的权利义务通过该协议予以确定。劳动派遣协议中主要有明确派遣的岗位、人数、期限与报酬。但是,劳务派遣单位与用工单位之间签订派遣协议时,有两点是必须要坚持的。第一,协议不能损害被派遣劳动者的合法权益;第二,协议对被派遣劳动者没有拘束力。

(3) 用工单位与被派遣劳动者的劳动用工关系。在这种关系中,双方依法享有相应的权利和义务。根据我国《劳动合同法》第62条规定,用工单位应当履行下列义务:① 执行国家劳动标准,提供相应的劳动条件和劳动保护;② 告知被派遣劳动者的工作要求和劳动报酬;③ 支付加班费、绩效奖金,提供与工作岗位相关的福利待遇;④ 对在岗被派遣劳动者进行工作岗位所必需的培训;⑤ 连续用工的,实行正常的工资调整机制。

3. 责任承担

我国《侵权责任法》第34条第2款规定:"劳务派遣期间,被派遣的工作人员因执行工作任务造成他人损害的,由接受劳务派遣的用工单位承担侵权责任;劳务派遣单位有过错的,承担相应的补充责任。"虽然用工单位与被派遣劳动者之间并无劳动合同关系,或者说被派遣劳动者并非用工单位的职员,但他却是处于用工单位的指示、管理、指挥与监督之下,执行的是用工单位的任务,因此,被派遣劳动者因执行用工单位的工作任务过程中造成第三人损害的,由用工单位承担侵权责任,应当是合理的。受害人不能要求劳务派遣单位承担侵权责任。只有在能够证明劳务派遣单位亦存在过错的情况下,才能要求劳务派遣单位承担补充责任。所谓补充责任,在这里是指:受害人应当首先要求用工单位承担责任,在用工单位不能承担全部责任的情况下,又能证明劳务派遣单位存在过错时,才能向劳务派遣单位主张权利。而劳务派遣单位的"过错",通常表现为其对所派遣的劳动者缺乏必要劳动技能的培训,而劳动技能的欠缺,是导致损害事故发生的根本原因或重要原因之一。正因如此,劳务派遣单位亦只对自己有过错的部分承担责任。超过的部分,应有权拒绝。

当劳务派遣单位存在过错,而受害人并未直接向劳务派遣单位追索的情况下,用工单位在承担全部责任以后,能否向劳务派遣单位进行追偿?我国《侵权责任法》未作规定。笔者主张,应当有权进行追偿。

第三节 被监护人致害责任

一、概述

1. 概念

在我国,被监护人致害责任又称为监护人责任、无民事行为能力人及限制民事行为能力人致害责任,指的是作为无民事行为能力或限制民事行为能力的被监护人致第三人以损害时,有关责任人依法向受害人承担的损害赔偿责任。我国《民法通则》第133条规定:"无民事行为能力人、限制民事行为能力人造成他人损害的,由监护人承担民事责任。监护人尽了监护责任的,可以适当减轻他的民事责任。有财产的无民事行为能力人、限制民事行为能力人造成他人损害的,从本人财产中支付赔偿费用。不足部分,由监护人适当赔偿,但单位担任监护人的除外。"可见,被监护人致人损害,通常是由其监护人承担赔偿责任。

"监护"一词,从字面上理解就是监督和保护的意思。即保护被监护人身体健康,照顾被监护人生活,管理和保护被监护人的财产,代理被监护人进行民事活动,对被监护人进行管理和教育等等。同时,法律规定被监护人的侵权行为需要承担民事责任的,应由监护人承担。无民事行为能力人与限制民事行为能力人因为其主体资格的限制,无法承担民事责任,但并不意味着他们造成的损害便可不了了之。根据法律规定,侵权行为发生时行为人不满18岁,在诉讼时已满18周岁,并有经济能力的,应当承担民事责任;行为人没有经济能力的,应当由原监护人承担民事责任。如果无民事行为能力人、限制民事行为能力人有财产的,应从其财产中支付赔偿费用。因为损害事实毕竟是被监护人造成的,从其财产汇总支付赔偿费用,比较合理;但是如果不足赔偿或无财产赔偿,则由监护人给予赔偿。

2. 制度史

被监护人致害,由监护人承担责任,这样一种责任形式源于罗马法的委付之诉。即受害人要求家长或所有人放弃其对致害的家属、奴隶的权利,而将他们交给自己处理的诉权。如《十二铜表法》第十二表第2条规定:"家属或奴隶因私犯而造成损害的,家长、家主应把他们委付被害人处理,或赔偿所致的损失。"委付之诉中的赔偿损失,就是现代监护人转承责任制度的真正源头。

《法国民法典》第1384条有这样的规定:"父,或父死后,母,对与其共同生活的未成年子女所致的损害应负赔偿责任。学校教师与工艺师对学生与学徒在其监护期间所致的损害,应负赔偿责任。"可见,监护人的责任是一项古老的制度。直到今天,该制度还保留有最初的许多痕迹和模式。20世纪末制定的《俄罗斯联邦民法典》对无民事行为能力人和限制民事行为能力人致人损害的责任归属用6个条文的篇幅,区分了六种不同的情形,作了更为详尽地规定。该法典将未成年人分成"不满14周岁""年满14周岁不满18周岁"二种情形。前者致人损害的,由其父母或监护人负过错推定责任;后者一般要由自己承担赔偿责任,除非没有财产可供赔偿或不足以赔偿的,由其父母或监护人负责赔偿或补足。成年人中,被认定为无行为能力者致人损害的,由其监护人负过错推定责任;而那些因滥用酒精饮料或吸食麻醉品而被限制行为能力者致人损害的,由致害人本人负赔偿责任;另外,那些具有行为能力的自然人或年满14周岁不满18周岁的未成年人,在不能理解自己行为意义或者不能控制自己行为的状态致人损害的,不对所造成的损害负责,但如果致害人本人酗酒、吸毒或以其他方式使自己处于不能理解自己行为的意义或不能控制自己行为的状态,则不能免除其责任。

在我国,最早明确规定被监护人致害责任制度的,是《大清民律草案》。该法第951条规定:"因未成年或因精神、身体之状况需人监督者,加损害于第三人时,其法定监督人负赔偿之义务。但监督人于其监督并未疏懈或虽加相当之监督,仍不免发生损害者,不在此限。"此后,《中华民国民律草案》第251条亦作了同样的规定:"无责任能力人或因精神、身体之状况需人监护者,不法侵害他人之权利者,由其监督义务之人或代其为监督之人,负损害赔偿责任。但其监督并未疏懈或虽加相当之监督,仍不免发生损害者,不在此限。"《中华民国民法》第187条的规定更为周全:"无行为能力人或限制行为能力人,不法侵害他人之权利者,以行为时有识别能力为限,与其法定代理人连带负损害赔偿责任。行为时无识别能力者,由其法定代理人负损害赔偿责任。前项情形,法定代理人如其监督并未疏懈,或纵加以相当之监督,而仍不免发生损害者,不负赔偿责任。如不能依前二项规定受损害赔偿时,法院因被害人之声请,得斟酌行为人及其法定代理人与被害人之经济状况,令行为人或其法定代理人为全部或一部之损害赔偿。前项规定,于其他之人,在无意识或精神错乱中所为之行为致第三人受损害时,准用之。"

我国的《民法通则》第133条也比较全面地对监护制度作出了规定,但仅一条的规定,已经显得不能适应当前社会的需要。然而,《侵权责任法》第32条仍然沿袭了《民法通则》的规定,没有多大改进。应当说,《俄罗斯联邦民法典》以及现在我国台湾地区实施的民法的相关规定,很值得我们借鉴。

二、责任构成

我国《侵权责任法》第32条第1款规定:"无民事行为能力人、限制民事行为能力人造成他人损害的,由监护人承担侵权责任。监护人尽到监护责任的,可以减轻其侵权责任。"据此,被监护人致害责任的构成要件是:

1. 行为人实施了致人以损害的行为

虽然监护人有义务监督被监护人的行为,代理被监护人的民事行为,管理被监护人的财产。但监护人不可能每时每刻都不离开被监护人。尤其在市场经济日益发达的今天,人们的民事交往空前的频繁。在交往中,限制民事行为能力人和无民事行为能力人少不了对他人造成一些损害。所以,监护人的责任构成前提之一就是要求被监护人有对他人的加害行为。在大陆法系,确定侵权行为的民事责任,行为人要符合责任能力的要件,只有具有责任能力的人实施的侵权行为,才能够确定其侵权责任,不具有责任能力的不承担侵权责任,由对其负有监护责任的人承担。我国侵权行为法未规定责任能力,只是规定凡是无民事行为能力或限制民事行为能力的人实施的行为致人损害,一律采用由其监护人承担责任的办法,以民事行为能力作为标准,不适用责任能力的标准。这样做的好处是标准简化,方便执行。

无民事行为能力人或者限制民事行为能力人致人损害的基本规则,就是其监护人承担责任。这种侵权责任是一种替代责任,即行为是无民事行为能力人或者限制民事行为能力人,是造成损害发生的人,但责任人是其监护人,是监护人为其监护下的无民事行为能力人或者限制民事行为能力人致人损害承担责任,是为他人的行为负责的侵权责任。

2. 行为人为无行为能力人或限制行为能力人

在我国,根据《民法通则》的规定,年满18周岁以上的自然人是成年人,具有完全民事行为能力,可以独立进行民事活动,是完全民事行为能力人。16周岁以上不满18周岁的公民,以自己的劳动收入为主要生活来源的,视为完全民事行为能力人。年满10周岁以上的未成年人,为限制民事行为能力人;不满10周岁的未成年人为无民事行为能力人。对于年满十周岁以上的未成年人和成年人,如果因为存在精神上或智力上的障碍,致其没有判断能力和自我保护能力,不知其行为后果,比较轻微的,为限制行为能力人;比较严重的,为无民事行为能力人。限制民事行为能力人的民事活动须经其法定代理人代理,或须征得法定代理人的同意。无民事行为能力人的民事活动则须由其法定代理人代理。所以,设立监护制度的目的,正在于为了保护这些无民事行为能力人和限制民事行为能力人的利益。

3. 有损害事实

在分析责任构成过程中,他人因为被监护人的行为而受损害也是构成要件之一。因为如果没有他人的损害,也就不存在赔偿的说法了。因为损害事实作为确定责任的一个因素,是侵权责任构成的前提。由于侵权责任的主要功能在于对受害人进行补偿,因而它应以损害赔偿为主要形式,而此种形式的适用是以损害的确定为前提的。因果关系是确定责任的一个要件,查找因果关系的目的不在于考虑行为是否违法,而在于确定行为与结果之间的联系。而在监护责任中,被监护人的行为导致他人的损害,二者之间的因果关系本身没有什么特殊之处,关键在于,在确定责任时,确定了因果关系之后,责任并不一定直接由加害人直接承担,而是在加害人没有财产时,责任转而由其监护人承担。

4. 无过错责任的归责原则

从欧洲大陆各国的立法例来看,关于被监护人致害责任归责原则,有的规定为无过错责任原则;多数规定为过错推定责任原则(如《西班牙民法典》

第 1903 条,《德国民法典》第 832 条第 1 款,《意大利民法典》第 2047 条第 1 款之规定以及《俄罗斯联邦民法典》);也有的规定为过错责任原则(如《奥地利民法典》第 1308 条与第 1309 条之规定);有的针对不同年龄阶段的未成年人造成的损害分别规定为无过错责任原则、过错推定责任原则或者过错责任原则(如《荷兰民法典》第 6:169 条规定)。不过,总体看来,欧洲人认为,"父母亲养育孩子的权利也使得其承担孩子对第三人造成的损害之赔偿义务,尽管该义务不是一项没有限制的一般性义务:所有欧洲国家的民法都认为父母亲责任的范围取决于孩子的年龄。这就是父母亲对年龄更小的孩子比对年龄更大一些的孩子的责任要更重一些。尽管他们还没有成年,孩子的年龄越大,其承担的对侵权行为的责任就越多,相应地其父母亲的责任减轻。在孩子过了青春期以后,父母对其行为承担责任的情形不再存在。从那时起,只有父母亲在孩子的不当行为之外有过错(虽然是推定的)的情况下,才与孩子对第三人共同承担责任。"①

我们可以发现各国在这个问题上的见解千差万别。造成这种差别的原因,主要在于:侵权行为法乃个性法,不同国家难以用相同的归责原则统一规范;加上各国的实际情况、法律与文化传统以及各区域的人生理成长过程不同,导致了监护人责任制度及归责原则的差异。不管各国民法典采用什么归责原则,但从这规定中,我们可以找出一个共同的规律:各国法典都注意到监护人责任与被监护人的年龄之间的关系。监护人责任的范围包括:(1)监护人因被监护人致人损害或者受他人损害所承担的赔偿责任。(2)监督义务与教育义务的关系。(3)是否尽监督义务是影响监护人责任的最重要的因素:在以过错推定原则为归责原则的国家,"监督义务已履行"是确定监护人无过错的标准;在以无过错责任原则为归责原则的国家,"监督义务已履行"是监护人最好的抗辩事由(免责事由)。(4)有的国家甚至注意到监护人责任对父母亲教育行为的影响(如德国)等。

我国《侵权责任法》第 32 条第 1 款规定:"无民事行为能力人、限制民事行为能力人造成他人损害的,由监护人承担侵权责任。监护人尽到监护责任的,可以减轻其侵权责任。"对该条所确认的归责原则,不同的学者认识不一。通说认为监护人的责任,主要适用过错推定原则。从行为人致人损害的事实中,推定法定监护人有疏于监督的过失。监护人可以适用公平责任原则,考

---

① 〔德〕克雷斯蒂安·冯·巴尔:《欧洲比较侵权行为法》(上卷),张新宝译,法律出版社 2001 年版,第 181—182 页。

虑案件的具体情节和双方当事人的经济状况,适当减轻监护人的赔偿责任。

三、责任承担

根据我国《民法通则》与《侵权责任法》的相关规定,被监护人致人损害的,被监护人有财产的,首先由其自己承担赔偿责任;被监护人的财产不足以支付赔偿的,由其监护人补足;只有当被监护人没有财产时,才由其监护人全部承担。

由于被监护人是无民事行为能力人和限制民事行为能力人,他们一般没有自己的财产。所以,法律为了保护受害人的利益,规定承担责任的时候,当被监护人有财产时,从被监护人的财产中支付。被监护人的财产的不足以赔偿受害人的损失的,由监护人承担不足部分的赔偿。当被监护人没有财产时,直接由监护人承担赔偿责任。这样做的好处是,一方面,可以很好地维护被侵害人的利益;另一方面,可以督促监护人更好地、尽职尽责地履行他的监护义务。

但是,有一个问题需要我们考虑。当致人损害的被监护人自己有财产时,根据规定应当首先以其自有财产承担责任。而我们知道,被监护人之所以被监护,是因为他们欠缺相应的行为能力,主观上没有或者只有朦胧的致人损害的意识。要他们用其自有财产来对其自己致他人以损害的行为负责,实际上意味着无行为能力人或限制行为能力人承担的是无过错的责任。一个有着正常思维的成年人一般情况下尚且也只对其主观过错负责,而却要求被监护人承担无过错的责任,法律何其对他们作这样的苛求?虽然被监护人以其自有财产进行赔偿后,其自身的成长教育所需费用需要其监护人付出更多,实际上增加了监护人的负担,也是变相地由监护人来承担责任,但毕竟监护人的财产并不是被监护人的财产。

有学者主张,被监护人以其自有财产承担的责任为"公平责任"。因为它符合"公平责任主要考虑财产状况的特点"。"而被监护人承担责任也是以'有财产'为前提的,符合公平责任的特点。"[①]我们认为,这种观点值得商榷。首先,公平责任优先考虑的是双方并无过错,受害人遭受了无端损害,而并非考虑双方的财产状况;其次,被监护人"有财产"并不意味着就有赔偿能力,而且,被监护人的财产也不一定就比受害人占优势,甚至可能还远少于受害人,又有何公平可言?

---

① 周友军:《侵权责任能力及其体系效应》,载杨遂全主编:《民商法争鸣》,法律出版社2010年版,第188页。

如果子女已经成年,但没有经济来源,致人损害时,父母或近亲属是否应仍有赔偿责任?对此,最高人民法院在《关于贯彻实施〈中华人民共和国民法通则〉若干问题的意见(试行)》第 161 条规定:"侵权行为发生时行为人不满 18 周岁,在诉讼时已满 18 周岁,并有经济能力的,应当承担民事责任;行为人没有经济能力的,应当由原监护人承担民事责任。行为人致人损害时年满 18 周岁的,应当由本人承担民事责任;没有经济收入的,由扶养人垫付;垫付有困难的,也可以判决或者调解延期给付。"我们认为,最高人民法院这一规定是有道理的,它充分照顾到了现实问题,有利于维护受害人的合法权益。

四、未成年人在教育机构监管期间致人损害的责任承担

未成年人在幼儿园、学校或其他教育机构(以下统称教育机构)监管期间致第三人以损害的,该损害是应由致人损害的未成年人的监护人承担,还是应由该教育机构承担,或者由监护人与教育机构共同承担?这关系到受害人利益的实现与责任人利益的保护。

最高人民法院在《关于贯彻执行〈中华人民共和国民法通则〉若干问题的意见(试行)》的第 160 条规定:"在幼儿园、学校生活、学习的无民事行为能力的人或者在精神病院治疗的精神病人,受到伤害或者给他人造成损害,单位有过错的,可以责令这些单位适当给予赔偿。"该条明确规定了在幼儿园、学校生活、学习的无民事行为能力的人或者在精神病院治疗的精神病人给他人造成损害时的责任承担问题。但奇怪的是,此后的其他法律法规以及最高人民法院的相关司法解释(如最高人民法院颁发的《人身损害赔偿案件适用法律问题的解释》)均未再作规定,即使是新近制定的《侵权责任法》对这个问题亦未作任何规定。这不能不说是一个制度欠缺的问题。

从理论上来看,教育机构对其监管期间未成年人给他人造成的损害承担相应的侵权损害赔偿责任,是合理的。因为学生在校读书,事实上处于学校监护之下,只是这种监护责任的履行是学校代理学生家长进行的。学校对学生家长构成了一种事实上委托监护关系,作为一种代理,代理行为产生的法律后果,仍然应由被代理人承担,那么是否就意味着学生在学校受到人身伤害,学校就可以不负责了呢?这也不能一概而论,而要看学校是否尽到了其代理监护的职责。未成年人都可以从事一些适应于其年龄和智力的活动,不是每时每刻都必须由履行监护职责的人牵着、看着,才算尽了监护职责,尤其是对 10 岁以上的未成年人而言。只有学校存在主观上的故意和过失,不履行代理的义务,给学生造成损害才应负责,我国《民法通则》第66条第2款有明确规定:代理人不履行职责而给被代理人造成损害的,应承担民事责任。如果学校有过错,应对损害的后果负责任,不过这种责任是一种代理监护的过错责任,而不是监护人责任,这一点非常重要。因为监护人应无条件为被监护人的行为承担责任,在某种意义上是一种无过错责任;而过错责任,必须有过错才应负责。所以,被监护人在幼儿园、学校或其他教育机构监管期间实施的致人损害的行为,如果这些单位有过错,应承担与其过错相适应的赔偿责任。对此,《学生伤害事故处理办法》就明确规定:"因学校、学生或者其他相关当事人的过错造成的学生伤害事故,相关当事人应当根据其行为过错程度的比例及其与损害后果之间的因果关系承担相应的责任。"

综上所述,被监护人在教育机构监管期间致第三人以损害的,该教育机构与监护人负连带的侵权责任,即受害人既可首先要求监护人承担责任,亦可首先要求教育机构承担责任。教育机构有过错的,监护人承担责任后,可要求教育机构就其过错部分进行补偿;反之,监护人有过错的,教育机构承担责任后,可向监护人追偿。

有下列情形之一的,认定为教育机构有过错:① 教学秩序紊乱,管理无方;② 没有制定相关管理制度,或相关管理制度存在明显漏洞,或未能得到有效执行;③ 教师不作为,管理缺失。如所谓"杨不管事件"即属不作为致人损害的事例。[①]

第四节 其他他人致害责任

一、法人工作人员致害责任

1. 概述

法人工作人员致害责任,是指法人的工作人员在执行法人的事务中致人损害的,依法由该法人承担损害赔偿责任的侵权法制度。

---

① 2008年6月12日上午,吴店中学七(2)班第4节课是地理课,授课老师是杨经贵。上课十多分钟,杨老师面对黑板写字时,杨涛和邻座位的陈康相互推打到一起。杨老师发现后批评道:你们要是有劲,下课到操场上去打。随后其他同学将他俩拉开。杨涛回到座位后,坐立不稳。杨老师便叫三位同学送他到附近的吴店卫生院治疗,并叫学生通知其班主任。后经紧急抢救30分钟无效后,杨涛同学死亡。

民法原理认为,法人作为社会组织,它"实际上是不能实施行为的"[①]。它需要通过其员工(包括法人机关、法定代表人、法人的雇员等)的行为来实现其行为能力和权利能力。"法人是'通过'其机关实施行为的,即被任命作为其经理和代理人的自然人实际上是它的大脑和躯体。质言之,法人是被定义为由自然人来代表它(的人)。任何时候,只有自然人行为时法人才行为。"[②]因此,法人员工的行为本质上就是法人自己的行为。法人理应对这些员工的行为所产生的致人损害的后果向受害人承担损害赔偿责任,而不是由致害的员工直接向受害人承担责任。"必须作出这样的结论:法人对其机关的责任不是对他人的责任,而是对自己的不当行为的责任。"[③]只有这样,一方面才能确保法人业务的正常开展;另一方面,也能使得受害人能得及时地补救。更重要的是前一点。

对此,许多国家的法律,包括民法、公司法或商法等,都将这一规则写进了法律的条文中。最早作出这一规定的,还应当是《德国民法典》。该法典第31条明确规定:"社团对董事会、董事会的成员或其他组织上任命的代理人因在执行其权限范围之内的事务时实施使其负担损害赔偿义务的行为而给第三人造成的损失负责。"

我国《大清民律草案》第63条亦第一次规定:"法人于其机关行职务之际所加于他人之损害,任赔偿之责。"我国1986年的《民法通则》第43条规定:"企业法人对它的法定代表人和其他工作人员的经营活动,承担民事责任。"为以后法人责任的立法提供了良好的实践基础。而最高人民法院又通过《关于审理人身损害赔偿案件适用法律若干问题的解释》进一步将"企业法人"的责任扩展到一般法人,其第8条规定:法人或者其他组织的法定代表人、负责人以及工作人员,在执行职务中致人损害的,依照《民法通则》第121条的规定,由该法人或者其他组织承担民事责任。上述人员实施与职务无关的行为致人损害的,应当由行为人承担赔偿责任。属于《国家赔偿法》赔偿事由的,依照《国家赔偿法》的规定处理。我国《侵权责任法》第34条第1款规定:"用人单位的工作人员因执行工作任务造成他人损害的,由用人单位承担侵权责任。"标志着我国的法人侵权责任的最终确立。

---

① 〔德〕克雷斯蒂安·冯·巴尔:《欧洲比较侵权行为法》(上卷),张新宝译,法律出版社2001年版,第224页。
② 同上书,第225页。
③ 同上。

2. 法人工作人员致害责任的特点

法人对其工作人员致人损害的行为向受害人承担损害赔偿责任,在理论与制度上与雇主责任是同样的原理。但也有一些特殊性。这种特殊性主要表现在,如果说雇主责任中致人以损害的"直接致害人"通常是指某个"自然人"的话,那么,法人责任中这个直接致害人除了某个自然人以外,不少情况下还可以是某个团体,或董事会、经理会,甚至是股东会等等。这些团体在法人制度中被称为"法人机关"。实际上,"法定代表人"原本也是由自然人充任的,但他恰恰又是"法人机关"中的重要角色。法人机关是法人的灵魂与中枢神经、权力中心,法人的意志是通过法人机关的意志表现出来的,或者说法人机关的意志只有借助法人意志这个外形才彰显出它的权威性。这与雇主责任中雇员仅仅只是一个普通的"打工者",在法人内部治理结构中法律地位是完全不一样的。除法人机关外,经法人授权的其他自然人或团体(如部门经理、分支机构等)在执行法人事务过程中致他人以损害的,则可能同时具备法人责任与雇主责任两种属性。

还有一个与法人责任相近似的,是前述的职务侵权责任。二者的共同点主要在于构成要件方面基本是相同的,如都要求行为人身份的特殊性、行为场合的特定性等。但二者之间最大的区别在于,职务侵权责任,是由国家来承担;而法人责任,最终是由实施侵权的法人自己来承担。因此,我们所说的"法人责任"制度中,应不包括国家机关法人所实施的侵权这一范畴。

3. 法人工作人员致害责任的特殊构成

法人工作人员致害责任除应具备一般的构成要件以外,还在以下几个方面的特殊要件,须同时具备:

(1) 直接致害人为法人机关。如果是法人的一般工作人员在执行法人事务中致他人以损害的,可适用"雇员致害责任"的制度。法人机关一般包括决策机关(如公司法上的股东会、股东大会)、执行机关(如公司法上的董事会、经理)和监察机关(如公司法上的监事会),以及法定代表人(如厂长、董事长)等。在这里,法人机关一般要求是正式的、经过相关程序而产生的、有明确职权划分的机构或自然人。然而非正式的任命(如临时代总经理),一般情况下,亦可作为法人的代表。最高人民法院的司法解释中将直接致害人明确在"法定代表人、负责人以及工作人员"的范围内,实际上指的正是在法人机关内履职的自然人。似乎没有包括以整个机构名义所作出的某种损害第三人合法权益的决议、决定的行为,因而应当是不够的。

（2）执行的是法人的事务。只有在执行法人事务过程中致人损害的,才需由法人承担损害赔偿责任。然何谓"法人事务"?有主观标准说与客观标准说。主观标准又有法人主观说与个人主观说。法人主观说主张依法人的意思表示来确定是否为法人的事务。亦即凡属法人宗旨或业务范围内事务,均为法人事务;因而超越法人宗旨或业务范围的行为,不属法人的行为,不应由法人承担相应的责任;个人主观说强调依直接致害人个人的主观意志而定。直接致害人以为其所执行的是法人事务的,或主观上是为法人谋利的,则以法人事务定性。客观说由主张依事务的外形,看是否与法人指示办理的事情是否一致。一般认为,以客观说为妥。① 问题是,又如何界定"法人指示"?所谓法人指示,大体上可能有两种情形:一是"普通指示",即以公司章程、企业经营范围、机关宗旨、个人所从事的岗位职责等形式确定;二是"个别指示",即依法人机关尤其是法定代表人的临时性的指示。

另外,还有一个硬的标准,凡是法人工作人员以法人名义所实施的、跟法人有利益关系的事,都属于法人事务。这个标准,便于识别与操作。

（3）以法人的名义。只有以法人的名义所为的行为,其所产生的法律效果,包括权利、义务与责任,才能归属于法人。行为时未以法人的名义为之,事后又主张将法律效果归属于法人者,应取得法人的同意方生效力。有学者因最高人民法院《关于人身损害赔偿案件适用法律若干问题的解释》中没有强调要以法人名义,从而认为不以法人名义亦可。② 问题是,如果不以法人名义行为之,又如何确定行为法律效果的归属?如何划分行为人是个人行为还是法人行为?会不会让行为人左右逢源?

依上述构成要件,我们认为,对下列行为,亦应产生法人责任:① 超越职权的行为。法人工作人员超越其职责的行为,只要仍在法人事务的范畴之内,法人仍需承担相应的责任。② 擅自委托的行为。法人工作人员擅自委托他人,法人虽不能对受托人进行监督,但自己的工作人员擅自委托的行为本身就是法人疏于管理(过失)的一种表现,法人理应对自己的疏忽承担责任。③ 违反禁令的行为。这种禁令可能是源于法律的禁令,也有可能是法人内部规章的禁令。法人的工作人员违反禁令,说明法人本身存在疏忽的过失,自应对这种违反禁令致第三人以损害的行为承担赔偿责任。③

---

① 张新宝:《侵权责任法原理》,中国人民大学出版社2005年版,第304页。
② 同上。
③ 同上。

4. 归责原则

法人责任实行何种归责原则？学界大致有过错责任、过错推定与无过错责任三种主张。"只有法人的责任必须是绝对严格的责任，这是所有欧洲国家都遵循的一条原则。"① 我们认为，在涉及有关损害赔偿方面，还是以过错责任作为归责原则为妥。这是因为，法人与自然人是两大基本的民事主体，自然人在一般情况下实行过错责任，没有理由要求法人负过错推定的责任。实行法人责任的过错归责，并不要求原告要证明作为被告的法人自身有过错，只需证明直接致害人在实施侵权致损行为时主观上存有过错即可。

5. 法人对致害的工作人员的追偿权

法人承担责任后，有权向在执行法人事务过程中故意或重大过失地造成第三人损害的直接致害人进行追偿。如此，能激发法人工作人员的工作责任感，也是对这些人的一种惩戒与教育。

二、代理人致害责任

1. 概述

代理人致害责任，是指代理人在执行代理事务的过程中，致第三人（或自己，下同）以损害而产生的侵权损害赔偿责任。

代理人通过代理活动，执行代理事务，履行代理职责，为维护被代理人利益发挥了重要的作用。但是，在执行代理事务的过程中，代理人或许因故意或者过失，有可能会给相对人或其他第三人造成损害。这种现象的出现，是十分正常的。问题在于，对受害人的这种损害，应由谁（代理人或被代理人）来承担责任？是侵权法以及代理法应当关注的重要问题。

然而，不论是侵权法还是代理法，亦不论是外国法还是我国法，或者不论是古代法还是现代法，对代理人侵权致第三人以损害的责任问题基本没有给以应有的重视，以至于没有发现在法制史上有这方面的资料。在欧洲，"到目前为止，只有荷兰立法对此作出了专门规定。"②《荷兰民法典》第 6.171 条规定："如果一个非下属的人在他人之指示下实施了执行他人之事务的行为，他对在实施那些行为时因过错给第三人造成的损害负有责任。该他人也对第三人负有责任。"如此看来，代理人与被代理人均需对受损害的第三人负赔偿

---

① 〔德〕克雷斯蒂安·冯·巴尔：《欧洲比较侵权行为法》（上卷），张新宝译，法律出版社 2001 年版，第 224 页。

② 同上书，第 255 页。

责任。第 6.172 条则进一步规定:代表的过错是归责于被代表的人的。此外,加拿大《魁北克民法典》第 1463 条亦明确规定了代理人致害责任,规定:"本人对其代理人和雇员在履行其义务过程中的过错造成他人的损害承担赔偿责任,但他对代理人和雇员保留追偿权。"

我国澳门地区《民法典》第 493 条依照《葡萄牙民法典》第 500 条的规定,确立了代理人致害责任的制度。规定:"一、委托他人作出任何事务之人,无论本身有否过错,均须对受托人所造成之损害负责,只要受托人对该损害亦负赔偿之义务。二、委托人仅就在执行其受托职务时所作出之损害事实负责,但不论该损害事实是否系受托人有意作出或是否违背委托人之指示而作出。三、作出损害赔偿之委托人,就所作之一切支出有权要求受托人偿还,但委托人本身亦有过错者除外;在此情况下,适用第 490 条第 2 款之规定。"①

我国《民法通则》规定了代理关系中的几种责任,但几乎没有直接涉及代理人对第三人侵权的责任归属的问题。但我们可以从第 65 条和第 67 条找到一些有关代理人侵权责任承担的隐含意思。第 65 条第 3 款规定:授权书授权不明,致代理人造成第三人损害的,由被代理人向第三人承担民事责任,代理人负连带责任。当代理人因侵权给第三人造成损害,而代理人侵权的根本原因却是因被代理人授权不明,这是被代理人向第三人承担损害赔偿责任的根本原因。这也说明被代理人要对代理人对第三人的侵权负责。第 67 条规定,被代理人知道代理人的代理行为违法未表示反对,由此给第三人造成损害的,由被代理人与代理人负连带责任。代理人代理行为违法,似乎亦可包括代理人对第三人实施侵权。因侵权行为本质上就是违法行为。既然被代理人要对代理人的违法行为向受害的第三人承担连带责任,说明被代理人对代理人的侵权行为承担侵权损害赔偿责任也就是顺理成章的事。

2. 代理人侵权责任的特殊构成要件

(1) 特殊的身份——代理人。致害行为须以代理人的名义所为时,才属代理人侵权。这就需要行为人具有代理人身份。依据我国《民法通则》的相关规定,代理人有法定代理人、指定代理人及委托代理人之分。法定代理人的身份源于法律的直接规定。未成年人的监护人即其法定代理人;无行为能力或限制行为能力的成年人的监护人也是他们的法定代理人。委托代理人则是通过与被代理人签订委托代理协议而获得代理权,成为委托代理人。

---

① 我国澳门地区《民法典》第 490 条第 2 款:"负连带责任之人相互间的求偿权,其范围按各人过错之程度及其过错所造成之后果而确定;在不能确定各人之过错程度时,推定其为相同。"

行为人不仅要具代理人身份,而且在实施代理行为时须以被代理人的名义而为。也就是说,代理人侵权责任制度只适用于直接代理,而不适用于间接代理。

（2）特定的事务——代理事务。代理人只有在执行代理事务的过程中致第三人损害的,才产生代理人侵权责任问题。在非代理事务中致人损害的,不存在代理人侵权责任。因此,界定"代理事务"在实践中就具有重要的现实意义。在委托代理中,代理事务可以通过授权委托协议或授权委托书来加以确定；指定代理因为往往是因特定事项而特别指定的代理,因此它的代理事务是由指定机关规定的,也容易确定；最不易确定的是法定代理。因法定代理属于监护人监护职责之一,被监护人的所有涉及民事权益的事项,均由法定代理人代理。因此,法定代理中,代理事务的范围是相当广泛的。凡属被监护人的民事权益,被监护人自己因欠缺相应的民事行为能力而需要由其法定代理人代理的,都属代理事务的范围。

（3）特定的权力——代理权限。代理权限是代理人执行代理事务,从事代理活动的权利限度。代理人应当在其代理权限的范围内开展代理活动。从代理人侵权责任的角度来看,代理权限限定了代理人活动的范围与程度,也确定了代理人致人损害的行为是否为代理人侵权的性质。只有在代理权限范围内所从事的代理活动,致他人以损害的,才成立代理人侵权。因此,无权代理行为,自不应成立代理人侵权责任。表见代理中致人损害的,亦应不构成代理人侵权责任。表见代理的法律效果直接归属于被代理人,但这种法律效果指的仅仅是契约性法律效果（如合同之债的成立）,并不包括侵权的法律后果。因此,表见代理人对第三人的侵权,也不成立代理人侵权责任。

3. 责任归属

代理人侵权的损害赔偿责任,应当由谁来承担,是一个复杂的问题。

（1）委托代理中,代理人（受托人）的侵权责任,原则上应由被代理人（委托人）承担。理论依据是：其一,代理人是在为被代理人利益的活动中致人损害的。其二,代理人在代理活动中是以被代理人名义所实施的。责任由出名人承担,这应当是民法上的基本规则。其三,代理人在从事代理活动中,是根据被代理人的意志而为的。代理活动要反映被代理人的意愿,服从被代理人的安排,代理行为从根本上要受被代理人的控制。因此,代理人因侵权给他人（包括与代理关系中的相对人和与代理关系无关的其他人,下同）造成的损害,由被代理人承担,是理所当然的。但委托代理人侵权致害时,主观上为故意或有重大过失的,应承担连带责任损害赔偿责任,这样更有利于使受害人的合法权益能得到充分及时地补救。被代理人向受害人承担责任后,有权向有故意或重大过失的委托代理人进行追偿。

被代理人对委托代理人的代理侵权行为承担过错责任。但是这种过错,并不仅仅是指委托人的过错,还可以是委托代理人的过错。只要原告能证明委托代理人或被代理人中任何一方有过错的,均成立过错责任。也就是说,委托人有可能在自己没有过错的情况下,要对受托人的过错行为承担侵权责任。对于这一点,我国澳门地区《民法典》第493条规定的十分明确:"委托他人作出任何事务之人,无论本身是否过错,均须对受托人所造成的损害负责,只要受托人对该损害亦负赔偿之义务。"(第1款)但"委托人仅就受托人在执行其受托职务时所作出之损害事实负责,但不论该损害事实是否系受托人有意作出或是否违背委托人之指示而作出。"(第2款)"作出损害赔偿之委托人,就所作之一切支出有权要求受托人偿还,但委托人本身亦有过错者除外;"在此种情况下,委托人要与受托人负连带侵权责任。

(2)在法定代理与指定代理中,因被代理人为无民事行为能力人或限制民事行为能力人,他们不可能反映自己的意志与意愿;或者说,这些被代理人没有表达其个人意志或意愿的法定的权利和机会的。法定代理人或指定代理人的代理活动完全是依据自己对其行为的判断、基于自己的意志所实施的。即使他们的代理活动仍然是以被代理人的名义所为,但并未处于被代理人的任何控制下。所以,法定代理人或指定代理人在实施代理活动中致他人以损害的,应当由代理人自己承担侵权责任,而不应由被代理人承担。法定代理人和指定代理人对其过错承担损害赔偿的责任。在指定代理中,指定人有过错的,亦应承担相应的赔偿责任。

三、帮工人致害责任

1. 概念

帮工人致害责任,是指帮工人在帮工活动中致他人(或自己,下同)以损害时依法所产生的侵权责任。

帮工人,按照最高人民法院《关于审理人身损害赔偿案件适用法律若干问题的解释》第13条的规定,是指那些自愿"为他人提供无偿劳务"的人。因此,它(帮工)与前述所谓法人的工作人员(员工)、雇员(雇工)有相同的方面,也有不同的方面。相同的方面主要表现在:无论是员工、雇员,还是帮工,都是为他人(法人、雇主、被帮工人)提供一定的劳务。这种劳务可以是纯体力劳动,也可以是技术性、技艺性的劳作等。不同的方面则主要是:员工、雇员提供的劳务,是以获取报酬为前提的,是有偿性质的劳务;而帮工是无偿提供劳务,属无偿劳务。

在我国的现实生活中,为他人无偿提供劳务的帮工现象,是非常普遍的。特别是在办理红白喜事、自建房屋、农忙抢种抢收时,亲朋好友、邻里族人均有相互帮工的习俗。这种情况体现了一种值得提倡和鼓励的相互照顾、相互帮助的传统社会风尚。但在帮工过程中,发生帮工人致人损害的情况也在所难免,此种情况需要法律进行规范。①

从国外的法制资料来看,似乎没有对这种现象作出专门的法律调整。我国最先是通过最高人民法院的司法解释对这类行为加以规范,后在《侵权责任法》第35条明确规定:"个人之间形成劳务关系,提供劳务一方因劳务造成他人损害的,由接受劳务一方承担侵权责任。提供劳务一方因劳务自己受到损害的,根据双方各自的过错承担相应的责任。"该条规定应包括了对帮工活动的规范。

2. 责任构成

被帮工人是否要对帮工人致他人以损害承担侵权责任,首先要确定帮工关系是否成立。帮工关系成立的,被帮工人须对帮工人的致害承担侵权损害赔偿责任;反之则不承担责任,由帮工人自行向受害人承担。

帮工关系,指帮工人与被帮工人之间的权利义务关系。这种关系须基于双方的合意才能形成。所谓帮工关系的合意,要求一方面有帮工人提供无偿劳务的意思表示,尤其重要的一方面,则是要有被帮工人接受帮工的意思表示。双方合意的形成,既可以是帮工人自愿、主动向被帮工人表示提供无偿劳务,被帮工人表示同意;实践中也表现为被帮工人主动上门要求帮工人帮忙。而这种合意,通常以口头的形式形成,但最妥当的是以书面形式作出。因此,有无合意,是帮工关系是否成立的标准。既然帮工关系是建立在双方合意的基础之上,因此,仅有一方的意思表示,而无对方的同意帮工或同意接受帮工的意思,都意味着帮工关系并未成立。

3. 责任承担

帮工关系成立的,帮工人在帮工活动中致他人以损害的侵权赔偿责任,

---

① 杨立新:《人身损害赔偿司法解释释义》,载杨立新民商法网 http://www.yanglx.com/dispnews.asp?id=711,访问时间:2005年7月11日。

应由被帮工人承担。帮工关系不成立的,由帮工人自行承担。对此,最高人民法院《关于审理人身损害赔偿案件适用法律若干问题的解释》第13条规定:"为他人无偿提供劳务的帮工人,在从事帮工活动中致人损害的,被帮工人应当承担赔偿责任。被帮工人明确拒绝帮工的,不承担赔偿责任。"因此,当帮工人主动要求帮工,而被帮工人予以拒绝时,必须明确表示拒绝。是否"明确拒绝",应由被帮工人举证证明之。故此,当被帮工人拒绝帮工时,"拒绝帮工"的意思最好是要坚决、明确、不易产生歧义,重要的是要采取可资保留的证据,如人证、书证等。

根据上述司法解释第13条的规定,帮工人对致他人损害主观上存在故意或重大过失的,受害人有权要求其承担连带赔偿责任。被帮工人向受害人承担赔偿责任后,有权向主观上的故意或重大过失的致害帮工人进行追偿。而帮工人主观上是否有过错或重大过失,由原告(受害人或被帮工人)负举证责任。

四、承揽人致害责任

1. 概念

承揽人致害责任,指承揽人在实施承揽活动中致他人或自己以损害时,依法所产生的侵权责任。

承揽,在现实生活中,是十分普遍存在的生产经营活动。如房屋装修、汽车维修。目前,在我国,关于承揽人致害责任的法律规定,是由最高人民法院在《关于审理人身损害赔偿案件适用法律若干问题的解释》第10条中规定的:"承揽人在完成工作过程中对第三人造成损害或者造成自身损害的,定作人不承担赔偿责任。但定作人对定作、指示或者选任有过失的,应当承担相应的赔偿责任。"这一司法解释,填补了我国在这一方面的法律空白。在国外法制资料中,未找到相关的制度性规定,但有一些司法判例。[①] 如意大利拉蒂纳(Latina)地方法院在1992年4月23日的一份判决中指出:"承包人的工作是自主的,所以根据民法典第2049条委托人不对其承担责任。"[②]

2. 责任构成

根据我国最高人民法院《关于审理人身损害赔偿案件适用法律若干问题

---

① 〔德〕克雷斯蒂安·冯·巴尔:《欧洲比较侵权行为法》(上卷),张新宝译,法律出版社2001年版,第255—257页。

② 同上注。另外,《意大利民法典》第2049条规定:"主人和雇主对他们的仆人和雇员在履行职务时的不法行为导致的损害承担责任。"

的解释》第 10 条的规定,承揽人在实施承揽活动的过程中,致他人或自己以损害的,该损害原则上应由自己来承担。这是因为,承揽活动属于承揽人自己的独立活动,不受定作人的支配或安排。但如果定作人与该损害有过失的,由应承担相应的赔偿责任。据此,定作人承担责任,应具备以下条件:

(1) 承揽合同的有效存在。所谓承揽合同,是承揽人按照定作人的要求完成工作,交付工作成果,定作人给付报酬的合同。承揽合同是定作人对承揽人的致害行为承担责任的法律基础。因此,承揽合同的存在且具有法律效力,是十分必要的。从证据的角度来看,为证明双方之间存在承揽合同关系,承揽合同最好是采用书面形式。

(2) 损害发生在承揽活动过程中。承揽活动,指根据承揽合同的约定,承揽人所开展的加工、定作、修理、复制、测试、检验等工作。

(3) 定作人有过失。定作人的过失,主要表现在:第一,定作过失。指定作人定作的事项本身就存在过失。如在具备相关条件的情况下,擅自开展对危险物的加工活动。第二,指示过失。即虽然定作活动本身是合法、恰当的,但定作人对定作行为的指示、安排存在过失,有致承揽人损害的危险。第三,选任过失。即定作人在选择承揽人时存在过失,如未考虑到定作事项的某种风险性对某种技术、工种的特殊要求,而盲目选择承揽人来开展承揽活动,以致承揽人或他人损害的。此外,定作人提供的材料致人损害的,亦是过失的表现形式之一。

(4) 须因定作人的过失而发生的损害。根据司法解释,损害只有与定作人的过失有关时,定作人才对该损害承担侵权责任。

(5) 须承揽人主观上没有过错。对于致第三人或自身损害,承揽人的主观上有过错的,应对其过错承担相应的责任。定作人亦有过错的,与承揽人承担连带责任。因定作人是对自己的过错承担责任,因此,定作人承担责任后,不能向承揽人进行追偿。

第十章 物品致害责任

我国《侵权责任法》分别在第五章、第十章、第十一章规定了"产品责任""饲养动物损害责任"和"物件损害责任"。这三种类型的特殊侵权责任的共同点,或者说也正是它们作为特殊侵权责任的特殊性,就在于致人以损害的源头是某种具体的物品,如产品责任中致人损害的是某种产品;饲养动物损害责任中致人损害的是饲养的动物;而物件损害责任中,致人以损害的是建筑物、林木、堆放物、抛掷物、悬挂物、搁置物等。这些致人损害的物品,并不是被责任人当做加害于他人的工具,而是物品因自己的缺陷(如产品)、天性(如动物)、倒塌(如建筑物)、脱落(如悬挂物)、折断等现象而导致他人受到损害。这正是本章将它们放到一章中加以论述的原因。

第一节 产品致害责任

一、概述

1. 产品

关于产品责任中的"产品",有着不同的理解:

(1)经济学上:产品是劳动生产物,具有价值和使用价值两大基本属性。

(2)美国《统一产品责任示范法》第 102 条规定:产品,指具有真正价值的,为进入市场而生产、能够作为组装整件或作为部件、零件交付的物品,但人体组织、器官、血液组成成分除外。

(3) 德国《产品责任法》第2条规定:本法所称产品,是指任何动产,即使已被装配(组合)在另一动产或不动产之内。产品还包括电。但未经初步加工的包括种植业、畜牧业、养蜂业、渔业产品在内的农业产品(初级农产品)除外,狩猎产品亦然。

(4) 欧洲理事会《关于人身伤亡的产品责任公约》第2款规定:"为本公约之目的,产品一词指所有动产,包括天然动产或工业动产,无论是未加工的还是加工过的,即使是组装在另外的动产内或组装在不动产内。"

(5) 海牙国际私法《产品责任法律冲突规则公约》第2款规定:"产品一词包括天然产品和工业产品,无论是加工的还是未加工的,也无论是动产还是不动产。"

(6) 我国《产品质量法》第2条规定:产品,指经过加工、制作,用于销售的产品,不包括建设工程。在这个定义之下,明确规定以下用于销售的物,也被认为是产品:① 导线输送的电能,以及利用管道输送的油品、燃气、热能、水;② 计算机软件和类似的电子产品;③ 用于销售的微生物制品、动植物制品、基因工程制品、人类血液制品。以下用于销售的物,不属于产品:① 建筑物和其他不动产,但是建设工程中使用的建筑材料、构件和设备除外;② 仅经过初加工的农(林、水)产品。

明确产品责任中的"产品"的概念,其目的在于确定产生产品致害责任(以下简称产品责任)的范围,便于法律制度的适用。

2. 产品责任

产品责任是产品制造者、销售者对因制造、销售或者提供有缺陷产品并致使他人遭受人身、财产损害时所应当承担的民事法律后果。产品责任首先是一种侵权责任,一种特殊的侵权责任。同时,产品责任与交付不合格产品的违约责任又容易发生竞合。在消费领域中,如经营者交付的产品不符合约定的质量标准,未造成买受方的人身或其他财产损害的,经营者仅对其违约的行为承担违约的民事责任。但如果同时造成买受方或者其他民事主体的人身损害或财产损害的,经营者则有可能被追究侵权的产品责任。对于买受方同时作为受害人来讲,这里面就存在一个侵权责任与违约责任的竞合问题。依我国《合同法》第122条的规定,他既可以依合同法主张违约责任的请求权,亦可以依产品责任法追究其侵权损害赔偿责任,在这二者之间进行选择。但依现代产品责任法的发展,对于这种情况,受害人只能依产品责任制

3. 制度史

产品责任源于英美判例法。它是伴随着产品种类、数量和功能的增加，社会分工的深化，产品的危险性也与日俱增。产品从生产、流通到投放市场途径许多环节，才能最终到达消费者手中。这种复杂的流转关系，客观上潜伏着产品致损的各种可能性，一旦发生损害，又为寻找真正的致损人设置了种种障碍。因此，为了有效地保护广大用户和消费者的合法权益，促进社会经济的发展与进步，产品责任问题适时而生。特别是欧美一些国家，应市场经济发展的需求，率先确立了关于产品责任方面的法律规范。

1973 年，奥地利、比利时、法国、卢森堡、荷兰、葡萄牙、瑞士、南斯拉夫、捷克斯洛伐克等 9 个国家在海牙签订了《关于产品责任适用法律的公约》，即《海牙公约》，对发生国际间产品责任案件如何适用法律的问题，制定了共同遵守的准则。

1977 年 1 月 27 日，欧洲共同体理事会订立了《涉及人身伤害及死亡的产品责任公约》，又称《斯特拉斯堡公约》。该公约的宗旨是"出于保护消费者的愿望而扩大生产者责任的案例法的发展，愿为公众提供更有效的保护，同时兼顾生产者的合法利益，应优先对人身伤害与死亡予以赔偿。"斯特拉斯堡公约为欧共体国家确立产品责任的立法理论和原则提供了依据。

1979 年，美国在长期研究、探讨产品责任法理论和总结诸多产品责任判例的基础上，由美国商务部公布了《美国统一产品责任示范法》专家建议文本。这部法律文本为国际上其他国家规范产品责任问题提供了较为先进的理论原则和有价值的法律规范。有关产品责任制度的另一部重要法规是《侵权法重述》。1964 年《侵权法重述(第二版)》就规定了"产品销售者对使用者或消费者人身伤害的特殊责任"，第一次"承认缺陷产品的销售者不需要以存在合同关系为前提的严格责任"。① 在《第三版》中又进一步明确了设计缺陷与说明缺陷的产品责任。②

1985 年 7 月 25 日，欧洲共同体委员会经过长达 9 年的艰苦努力和广泛的协调，通过了《欧洲共同体产品责任指令》。该指令成为欧洲共同体 12 个成员国制定本国产品责任法和处理产品责任问题的统一准则。"产品责任法的本质内容，即产品制造者对其产品给最终消费者导致的人身伤害承担严格

---

① 《美国侵权法重述第三版：产品责任》，肖永平等译，法律出版社 2006 年版，前言。
② 同上书，第 15 页。

的非合同责任,在今天的欧洲已成为共同法。"① 随后,1987 年英国颁布了规范产品责任问题的《消费者保护法》;1989 年德国颁布了《产品责任法》。产品责任方面的法制建设日益被世界各国所重视。运用产品责任法保护消费者合法权益,已经成为当今世界的潮流。

20 世纪 80 年代,我国亦建立了产品责任制度。1986 年的《民法通则》首开先河,在第 122 条中规定:"因产品质量不合格造成他人财产、人身损害的,产品的制造者、销售者应当依法承担民事责任。运输者、仓储者对此负有责任的,产品制造者、销售者有权要求赔偿损失。"此后,1993 年在此基础上制定了《产品质量法》(2000 年修订),要求凡在我国境内从事产品生产、销售活动的,必须遵守。该法第 43 条进一步规定:"因产品存在缺陷造成人身、他人财产损害的,受害人可以向产品的生产者要求赔偿,也可以向产品的销售者要求赔偿。属于产品的生产者的责任,产品的销售者赔偿的,产品的销售者有权向产品的生产者追偿。属于产品的销售者的责任,产品的生产者赔偿的,产品的生产者有权向产品的销售者追偿。"除此以外,在其他一些专门的单行法律法规,对相关的产品致人损害的侵权责任问题也有规定。其中特别值得一提的是 2009 年制定的《食品安全法》。该法第 96 条明确规定了"惩罚性赔偿"制度,规定:"违反本法规定,造成人身、财产或者其他损害的,依法承担赔偿责任。生产不符合食品安全标准的食品或者销售明知是不符合食品安全标准的食品,消费者除要求赔偿损失外,还可以向生产者或者销售者要求支付价款 10 倍的赔偿金。"这是我国明确规定惩罚性赔偿制度的第二部法律;而且惩罚的程度远远超过以前的规定。②

我国《侵权责任法》第五章以专章规定了"产品责任"。从第 41 条始,至第 47 条,共计 7 条。其中第 47 条再一次明确规定了惩罚性赔偿制度,且无赔偿额的上限限制。

二、责任构成

我国《侵权责任法》第 41 条规定:"因产品存在缺陷造成他人损害的,生

---

① 〔德〕克雷斯蒂安·冯·巴尔:《欧洲比较侵权行为法》(下卷),焦美华译,法律出版社 2001 年版,第 499 页。
② 第一部法律是 1993 年制定的《中华人民共和国消费者权益保护法》。该法第 49 条规定了 2 倍的惩罚性赔偿制度:"经营者提供商品或者服务有欺诈行为的,应当按照消费者的要求增加赔偿其受到的损失,增加赔偿的金额为消费者购买商品的价款或者接受服务的费用的 1 倍。"

产者应当承担侵权责任。"据此,可以认为,产品责任的构成要件包括:产品存在缺陷;致他人以损害;二者间存在因果关系,等等。

1. 产品存在缺陷

产品缺陷,与瑕疵不同,瑕疵的概念大于缺陷,缺陷只是瑕疵的一部分。缺陷也与质量不合格不同,质量不合格是指产品质量不符合质量要求的标准,如果某项产品没有规定质量标准,就不存在不合格的问题,但却仍可存在缺陷。这也说明产品缺陷是比产品质量不合格更为准确的根据。

按照原《欧共体产品责任指令》第6条的规定,"缺陷"是指"不具备人们有权期待的安全性"。我国《产品质量法》第34条对产品缺陷作了界定:"本法所称缺陷,是指产品存在危及人身、他人财产安全的不合理的危险;产品有保障人体健康、人身、财产安全的国家标准、行业标准的,是指不符合该标准。"由此可见,缺陷的具体包括以下基本含义:① 缺陷是一种不合理的危险,合理的危险不是缺陷;② 这种危险危及人身和他人财产安全,其他危险不认为是缺陷的内容;③ 判断危险的合理与否或者判断某一产品是否存在缺陷的标准分为一般标准和法定标准。一般标准是人们有权期待的安全性,即一个善良人在正常情况下对一件产品所应具备的安全性的期望。法定标准是国家和行业对某些产品制定的保障人体健康,人身和财产安全的专门标准。有法定标准的适用法定标准,无法定标准的适用一般标准。

缺陷分为三种:

(1) 设计缺陷,是指产品在设计时在产品结构、配方等方面存在不合理的危险。美国《侵权法重述(第三版)》认为:"当产品之可预见的损害风险,能够通过销售者或其他分销者,或者他们在商业批发销售链的前手的更为合理的产品设计加以减少或者避免,而没有进行这样的合理设计使得产品不具有合理的安全性能,该产品则存在设计缺陷。"[①]一个设计是不是存在缺陷,需要参照其他合理的设计来进行判断。而这个"合理的设计",必须是能够以合理的成本、降低该产品所带来的可以预见的风险。"对于一项产品设计的评估,在大多数情形下需要在另一可能的设计和导致损害的产品设计之间,从一个理性的人的角度来进行比较。"[②]如果产品能够采用其他合理的设计而变得更为安全,该产品设计就存在缺陷。如果另一项设计在产品销售之时能够实际地加以采用,而没有采用使得该产品不具有合理的安全性能,原告

[①] 《美国侵权法重述第三版:产品责任》,肖永平等译,法律出版社2006年版,第15—16页。
[②] 同上书,第22页。

就可以确认该设计存在缺陷。[1]

考察其他设计是否合理,是否没有采纳该设计使得产品不安全时,有许多因素应当加以考虑,包括可以预见的损害风险的程度和可能性、该产品附带的说明与警示以及消费者对于该产品的期待性质和强度。

(2) 制造缺陷,是指产品在制造过程中,因原材料、配件、工艺、程序等方面存在错误,导致制作成最终产品上具有不合理的危险性。"从历史上来看,产品责任法的焦点集中在制造缺陷。"[2]然而制造缺陷的标准是什么？在这方面,美国的产品责任法同样经历了一个演变的过程,可以给我们以启迪。美国在判断产品制造缺陷方面的司法实践,先后实行过所谓"异物—自然物标准""消费者合理期待标准""对于既定设计的背离"标准和"产品故障原则"。所谓"异物—自然物标准",最初适用于对食物是否存在缺陷的判断。按此标准,若在一块猪肉馅饼中吃到一块碎骨,如为猪肉,则因属"自然物"而不成立制造缺陷;若非为猪肉,则属"异物",构成"制造缺陷"。后来,"法院认为,对于缺陷食品而言,关键的问题不是判断一个物体对于食品来说在准备的过程中是自然物还是异物,而是消费者是否可以合理地预见到在这样的一种食品中发现这样的一种物质。"[3]"与其他类型的缺陷相比,制造缺陷的显著不同是,制造缺陷完全背离消费者的期望。"[4]同时,美国《侵权法重述(第二版)》又确立了另一个判断标准,即"对于既定设计的背离"。"制造缺陷就是与该产品的设计意图相背离的物理状况。"[5]通常的例子是,制造缺陷产品是那些产品在物理构造上有缺陷、被损坏,或者经过不正确的组装等。但"对于既定设计的背离"的认定标准需要证明其产品确实背离了"设计",这对于消费者或受害者而言,是不容易做到的。因此,对于一些产品确有故障,但原因却弄不清楚的,法院就允许原告运用间接证据来证明产品确存在故障,从而为原告提供一个获得救济的公平机会。这就是所谓的"产品故障原则。"[6]

(3) 说明缺陷,是指产品在经营过程中存在的不合理危险,销售产品没

---

[1] 〔美〕肯尼斯·S.亚伯拉罕、阿尔伯特·C.泰特:《侵权法重述——纲要》,许传玺等译,法律出版社 2006 年版,第 288 页。

[2] 《美国侵权法重述第三版:产品责任》,肖永平等译,法律出版社 2006 年版,第 2 页。

[3] 梁亚:《论产品制造缺陷的认定和证明》,载《法律适用》2007 年第 7 期。

[4] 《美国侵权法重述第三版:产品责任》,肖永平等译,法律出版社 2006 年版,第 20 页。

[5] 同上书,第 2 页。

[6] 梁亚:《论产品制造缺陷的认定和证明》,载《法律适用》2007 年第 7 期。

有适当的警示与说明。美国《侵权法重述(第三版):产品责任》第 2 条规定:"当产品之可预见的损害风险,能够通过销售者或其他分销者,或者他们在商业批发销售链中的前手提供合理的使用说明或者警示而加以减少或者避免,而没有提供这样的说明或者警示使得产品不具有合理的安全性能,该产品则存在缺乏使用说明或警示的缺陷。""商业产品销售者必须对产品可能带来的伤害风险提供合理的指导说明和警示。产品说明告知人们如何安全地使用和消费产品。警示告诫使用者和消费者产品风险的存在和性质,从而使他们能够通过在使用或消费时选择合适的行为,或者选择不使用、不消费该产品的方式来避免伤害。"① 在欧洲各国,"另外一个被普遍承认的商品制造者注意义务是,在必要的范围内使最终购买者了解产品的品质和必要时警示非明显的危险。"② 在大多数情况下,产品的制造商要负责提供产品的使用说明和警示,但是产品的销售者也必须提供警示,如果这样做是可行的、而且是合理的、必要的。一般情况下,产品的制造者或销售者对于产品的显而易见的和广为人知的风险和防止风险的方法并不承担向潜在的消费者提供警示或说明的义务。但这里存在两个基本的问题需要回答与确定:一是说明或警示的程度应如何才是恰当的;二是显而易见或广为人知的风险的标准是什么。

2. 须有人身伤害或者财产损失的损害事实

损害后果是承担产品责任的基本构成要件之一。依照我国《民法通则》,损害后果包括财产损害和人身损害两部分。我国理论界一致认为,如果产品有缺陷但未造成损害后果,就不发生承担产品责任的问题。但对于产品责任中损害后果的范围,人们的看法却不尽一致。

首先,财产损害是否包括产品自身损害的问题。国内有的学者认为,产品责任中的财产损害仅指缺陷产品自身损失或损坏以外的其他财产损失。我们认为,在产品责任中区别产品自身损失损坏与其他财产损失,在理论上和实践上没有特殊意义。无论产品自身损失,还是造成其他财产损失,都是由于产品本身具有缺陷引起的。从这个意义上讲,产品的缺陷状态是产品制造者、销售者在制造或销售过程中不当行为的集中反映,包括产品自身损坏在内的损害都是产品有缺陷的后果。在审判实践中,无论哪种财产损害也都

---

① 〔美〕肯尼斯·S.亚伯拉罕、阿尔伯特·C.泰特:《侵权法重述——纲要》,许传玺等译,法律出版社 2006 年版,第 295 页。
② 〔德〕克雷斯蒂安·冯·巴尔:《欧洲比较侵权行为法》(下卷),焦美华译,法律出版社 2001 年版,第 361 页。

是予以赔偿的。如果过分强调两者的区别,还会造成法律适用上的混乱。可假定某人在向楼内搬运电视机时,电视机屏幕自己破裂,但没有造成搬运人的任何其他损失。这种情况下,如果采取前种观点,恐怕就不能适用我国《民法通则》第122条,而只能适用有关侵权责任的一般规定。搬运人则必须证明电视机的损坏是因制造者、销售者的过错造成的。否则,就无法要求产品制造者、销售者承担赔偿责任。因此,这种看法既不符合法律规定的原意,又不利于审判工作的正常开展,更有悖于产品责任制度保护消费者利益的宗旨。

其次,精神损害是否应当赔偿的问题。我国民法学界对一般情况下精神损害的赔偿原本就有激烈的争论,对产品责任案件中的精神损害,分歧更大。这是由于产品责任案件的特殊性所致。一般来说,精神损害本身不能独立存在,它必须以对财产或人身损害为前提。无论产品缺陷造成财产损害或人身损害,都可能引起受害人的精神痛苦。但是,这种精神损害是否得予赔偿或抚慰,必须充分考虑社会的公平观念。对于所造成的长期或永久的心理痛苦,如毁容、致残、精神障碍和死亡而给受害人本人或其亲属造成的痛苦,进行适当补偿是合情合理的。但精神损害的赔偿无法形成合理的量化标准,在实践中极难把握。我们主张,对与产品责任有关的精神损害的赔偿,应当加以严格限制。

3. 产品缺陷与损害事实之间有因果关系

产品侵权责任中的因果关系要件,是指产品的缺陷与受害人的损害事实之间存在的引起与被引起的关系。产品缺陷是原因,损害事实是结果。确认产品责任的因果关系,要由受害人证明。证明的内容是,损害是由于使用或消费有缺陷的产品所致。使用,是对可以多次利用的产品的利用;消费,是对只能一次性利用的产品的利用。这两者在构成侵权责任时无原则性区别,因此一般称作使用也可以。受害人证明损害时,首先要证明缺陷产品曾经被使用或消费,其次要证明使用或消费该缺陷产品是损害发生的原因。在证明中,对于高科技产品致害原因不易证明者,可以有条件地适用推定因果关系理论,即受害人证明使用或消费某产品后即发生某种损害,且这种缺陷产品通常可以造成这种损害,可以推定因果关系成立,转由侵害人举证证明因果关系不成立。证明属实的,则否定因果关系成立。

4. 归责原则

关于产品责任的归责原则,在我国,曾有无过错责任说、过错责任说、以无过错责任为主导过错责任为补充说等学术上的争议。① 但目前,学术关于产品责任的归责原则方面的争议基本趋于一致,即多数学者认为产品责任实行无过错责任的归责原则。②

在美国,正式确立严格责任是1963年加利福尼亚州最高法院审理的"格林曼诉尤巴电器公司案"。特雷诺法官在判决中指出:"只要制造商将其产品投放市场,又明知使用者对产品不经检验就使用,只要证明该产品的缺陷对人造成了伤害,则制造商就应对损害承担严格责任。"③

之所以产品责任实行严格责任,就在于以下几个方面的原因:

(1)促使或迫使制造商有更多的投入:"侵权法一个重要功能就是制造产品安全的驱动力。对制造商的产品制造缺陷课以严格责任,能够使制造商在产品的安全方面有更多的投入;相比之下,基于过错的责任制度,从实际操作的角度看,销售者可能会逃脱其应负的责任。"

(2)可以遏制缺陷产品的消费:"严格责任,能够通过产品的销售价格(的上升)更充分地体现缺陷的成本,从而遏制人们对缺陷产品的消费。"

(3)降低诉讼成本:"通过将制造商是否存在过错的问题排除在原告的举证责任之外,严格责任也因而降低了涉及此问题的诉讼成本。"

(4)销售者比消费者更有能力采取保险措施:"让批发商和零售商对制造缺陷产品成本承担严格责任的理由,最常被引述的,就是在他们和缺陷产品的无辜受害者之间,产品的销售者作为商业批发机构比个人使用者和消费者更有能力针对此类损害采取保险措施。"④

在我国,从现行制度可以看出,对产品责任实行的实际上是非严格的无过错责任原则。首先,从《民法通则》第122条⑤、《产品质量法》第41条第1

---

① 张新宝:《侵权责任法原理》,中国人民大学出版社2004年版,第402页。
② 参见魏振瀛主编:《民法》,北京大学出版社、高等教育出版社2000年版,第712页。
③ 罗碧文:《产品责任归责原则研究》,载"中国法院网",http://www.chinacourt.org/html/article/200901/14/340255.shtml,访问时间:2011年3月12日。
④ 上述引文见《美国侵权法重述第三版:产品责任》,肖永平等译,法律出版社2006年版,第15—16页。
⑤ 我国《民法通则》第122条:"因产品质量不合格造成他人财产、人身损害的,产品制造者、销售者应当依法承担民事责任。运输者、仓储者对此负有责任的,产品制造者、销售者有权要求赔偿损失。"

款①、《侵权责任法》第41条②的规定,都没有把过错作为责任的构成要件之一。因此,可以肯定,我国产品责任实行是的无过错责任的归责原则。但是,无过错责任的归责原则并未坚持到底,相反却在多处显现出过错责任的影子。第一,《产品质量法》将"将产品投入流通时的科学技术水平尚不能发现缺陷的存在的"明确作为不承担产品责任的抗辩事由之一。将产品投入流通时的科学技术水平尚不能发现缺陷存在的,说明该产品的生产者、销售者主观上并无过错;因无过错,即无责任,这无疑属于过错责任的范畴。第二,《产品质量法》第42条第2款和《侵权责任法》第42条第2款都规定:因销售者的过错使产品存在缺陷,造成他人损害的,销售者应当承担侵权责任。说明产品的销售者承担的只是过错责任而非无过错责任。第三,《侵权责任法》第44条规定:"因运输者、仓储者等第三人的过错使产品存在缺陷,造成他人损害的,产品的生产者、销售者赔偿后,有权向第三人追偿。"说明产品的运输者、仓储者承担的也是过错责任。现行制度区别对待产品的生产者与销售者、运输者及仓储者,产品的生产者原则上实行无过错责任,而产品的销售者、运输者、仓储者只有在有过错的情况下才承担产品责任。之所以要求产品的生产者原则上要承担无过错的严格责任,主要是基于产品的缺陷通常都是生产者所造成的缘故,或者说,产品的生产者对其所制造的产品最熟悉、性能最清楚、危险最了解之故。

三、责任承担

1. 责任主体

我国《产品质量法》第43条和《侵权责任法》第43、44条均规定:因产品存在缺陷造成人身、他人财产损害的,受害人可以向产品的生产者要求赔偿,也可以向产品的销售者要求赔偿。属于产品的生产者的责任,产品的销售者赔偿的,产品的销售者有权向产品的生产者追偿。属于产品的销售者的责任,产品的生产者赔偿的,产品的生产者有权向产品的销售者追偿。由此可见,产品责任的责任形式可以分成以下几个方面:

(1) 单独责任。即产品的生产者、销售者、运输者或仓储者分别对因自

---

① 我国《产品质量法》第41条第1款:"因产品存在缺陷造成人身、缺陷产品以外的其他财产(以下简称他人财产)损害的,生产者应当承担赔偿责任。"

② 我国《侵权责任法》第41条:"因产品存在缺陷造成他人损害的,生产者应当承担侵权责任。"

己的原因造成的产品缺陷致他人以损害承担侵权损害赔偿责任。如产品缺陷是生产者自己造成的,被侵权人直接向生产者索赔,该责任便只能由生产者自己承担而不能转嫁他人。

（2）补充责任。所谓补充责任,是指承担责任的人并非对自己的行为负责,而是依某种法律上的关系或依法律的直接规定,而先替他人向受害人承担损害赔偿责任,然后再向真正的责任人追索。如根据我国《侵权责任法》的规定,因产品存在缺陷造成损害的,被侵权人可以向产品的生产者请求赔偿,也可以向产品的销售者请求赔偿。产品缺陷由生产者造成的,销售者赔偿后,有权向生产者追偿。因销售者的过错使产品存在缺陷的,生产者赔偿后,有权向销售者追偿。因运输者、仓储者等第三人的过错使产品存在缺陷,造成他人损害的,产品的生产者、销售者赔偿后,有权向第三人追偿。

2. 惩罚性赔偿

惩罚性赔偿,是指法律对那些恶意实施侵权,造成他人重大损害的侵权行为,强制性地责令其向受害人支付超过受害人所遭受损失额的赔偿金。在产品责任中适用惩罚性赔偿制度,首开此河的应是美国。美国的相关立法,如《谢尔曼法案》《克莱顿法案》《联邦消费者信用保护法》《联邦职业安全与健康法》《侵权法重述》等,都规定了惩罚性赔偿制度。在我国,在《食品安全法》中也规定了有关产品责任方面的惩罚性赔偿制度。第96条第2款规定："生产不符合食品安全标准的食品或者销售明知是不符合食品安全标准的食品,消费者除要求赔偿损失外,还可以向生产者或者销售者要求支付价款10倍的赔偿金。"然而在制定我国《侵权责任法》的过程中,是否应当规定惩罚性赔偿制度,学者间有不同看法。有人认为,产品责任中适用惩罚性赔偿制度,会加重企业的负担,不利于企业的生存与发展,亦不利于企业开发新的产品,束缚了企业的创新能力与欲望,从而会抑制社会的发展。[①] 有的则认为,我国某些单行法规既然已经规定了惩罚性赔偿制度,作为侵权法基本规范的《侵权责任法》不规定惩罚性赔偿制度,是不妥当的。[②] 最终立法者在"产品责任"一章规定了惩罚性赔偿制度,看来肯定者的观点得到了立法的承认。根本的原因还是在于近几年我国的产品安全严重恶化,造成了一系列的安全事故,如震惊中外的"三聚氰胺毒奶粉事件",极大地损害了广大消费者的合

[①] 王利明主编:《中华人民共和国侵权责任法释义》,中国法制出版社2010年版,第232页。
[②] 杨立新:《我国侵权责任法规定惩罚性赔偿金制裁恶意产品侵权行为的探讨》,载《中州学刊》2009年第2期。

法权益,也严重地损害了国家的形象,而引起了立法者的高度关注。

我国《侵权责任法》第47条规定:"明知产品存在缺陷仍然生产、销售,造成他人死亡或者健康严重损害的,被侵权人有权请求相应的惩罚性赔偿。"由此可知,适用惩罚性赔偿,须同时具备以下基本条件:

(1)须产品的生产者、销售者主观上存在恶意,即"明知"产品存在缺陷却仍然进行生产、销售。这种人贪图暴利,却不顾广大消费者死活,给予惩罚性赔偿制度的严惩,自然是必要的。

(2)须造成严重后果,即事实上已经造成了他人的死亡或者健康严重损害。如果仅仅是财产损失或者轻微人身伤害,则不能适用惩罚性赔偿制度。通过这两个基本条件的规定,实际上限制了适用惩罚性赔偿制度的作用,也彰显了惩罚性赔偿制度的严肃性和重要性。

当缺陷产品致人损害,具备了上述两个基本条件的,被侵权人有权请求相应的惩罚性赔偿。然何谓"相应的"赔偿?我国《消费者权益保护法》规定的是"购买商品的价款或者接受服务的费用的1倍",即所谓"2倍"赔偿;而《食品安全法》规定的是"向生产者或者销售者要求支付价款10倍的赔偿金",倍数是高了一点,但毕竟是有数额限制的。而我国《侵权责任法》却未规定一个明确的数额,而是代之以"相应的"这个含糊的表述,势必会给执法者造成无可适从的状况。在制定我国《侵权责任法》时,对要不要确定惩罚性赔偿的倍数,如何确定倍数,人们之间存在不同的看法,多数倾向于有倍数的限定,且主张限定在"2倍"范围之内。但我国《侵权责任法》最终没有确定倍数,这就给了法官以较大的自由裁量权,对法官的智慧也是一个极大的考验。我们认为,还是确定一个具体的倍数(哪怕是10倍,当然最好是2倍)或许更好些。它一方面能使人们预知行为的后果,减少计算赔偿额的纠纷;也可防止法官的感情冲动,或许还能起到一个保护法官的作用。

3. 责任竞合

当销售者出售的产品因质量问题致买受人人身或财产损害的,容易产生违约与侵权的竞合问题。销售者是应当依合同法承担违约责任,还是依侵权法承担侵权责任?对此类问题,我国《侵权责任法》未作正面回应,但我国《合同法》第122条有规定:"因当事人一方的违约行为,侵害对方人身、财产权益的,受损害方有权选择依照本法要求其承担违约责任或依照其他法律要求其承担侵权责任。"据此,作为受害人的买受人,可以在违约责任与侵权责任二者之间,依利益最大化的原则作出选择。但只能选择行使一个请求权。

即使所选择的请求权不能使其利益得以实现或未能使得利益最大化,亦不能再行使另一个请求权。根据我国《合同法》、《产品质量法》和《侵权责任法》的规定,如果选择行使违约责任请求权,则被告只能是与自己有合同关系的产品销售者,而不能是没有直接合同关系的产品生产者,即使造成产品质量瑕疵的是产品的生产者;而如行使侵权责任请求权,被告则可以是产品的生产者,也可以是产品的销售者。再有,根据我国《民事诉讼法》第24条和第29条的规定,如果选择违约之诉,则应当向产品销售者住所地或者合同履行地人民法院的起诉;而如选择侵权之诉,则可向侵权行为地或者被告住所地的人民法院起诉。

4. 责任抗辩

我国《产品质量法》第41条规定:生产者能够证明有以下情形之一的,不承担赔偿责任:第一,未将产品投入流通的;第二,产品投入流通时,引起损害的缺陷尚不存在的;第三,将产品投入流通时的科学技术水平尚不能发现缺陷的存在的。此外,受害人过错亦应成为产品生产者重要的抗辩事由之一。

(1) 生产者未投入流通的产品致人损害的。生产者并未将产品投入流通,而是因其他原因(如被盗、遗失)使产品进入流通,并给他人造成损害的,生产者不承担责任。所谓"投入流通",一般是指在产品的生产者主观意志支配下所为的,将产品交付对销售者、运输者或购买者等的行为。此外,凡出于生产者的主观意愿将产品交付他人的,均可视为是"投入流通"。如将自己生产的产品作为福利、奖品、赞助、捐赠等分发给员工或其他人的,用于抵债而交付他人的,都可以认定为已"投入流通"。各国或地区多将此作为不承担责任的抗辩事由。如《法国民法典》第1386-11条、《荷兰民法典》第185条、《欧共体产品责任指令》第7条、《欧洲私法原则》第4条等均是如此。为何法律规定未投入流通的产品致人损害的,生产者不承担责任?这可能是因为生产者在将有缺陷的产品投向社会之前,该缺陷对社会广大的消费者并不构成威胁的缘故。如果生产者自己将有缺陷的产品投入流通,则意味着他主观上有将风险转嫁社会的潜意识,从而要承担责任是对这种潜意图的惩罚。

(2) 产品投入流通时,引起损害的缺陷尚不存在的。这也是许多国家所规定的不承担产品致人损害的侵权责任的抗辩事由。一般情况下,产品的生产者应对其设计、制造的产品所存在的缺陷承担责任风险。如果产品在投入流通时,该缺陷尚不存在,而是在投入流通后产生的缺陷,因生产者对此缺陷不能控制,当然不应对此缺陷所造成的损害承担责任。但这并不意味着生产者是绝对免责的。因为根据法律的规定,即使缺陷是在运输、仓储或销售过程中由运输者、仓储者或销售者造成的,作为受害人的消费者亦可直接要求产品的生产者承担承担。此项抗辩只能作为生产者在向受害人承担产品责任后,再向造成缺陷的运输者、仓储者或销售者进行追偿的客观事由。另外,虽然缺陷是在投入流通后发生的,但发生缺陷的"病因"在投入流通之前即已经存在时,生产者仍不能脱离干系。

(3)将产品投入流通时的科学技术水平尚不能发现缺陷的存在的。科学技术在不断向前发展。有许多产品在生产制造时或许采用了当时最先进的技术、材料或工艺等,但仍然很难避免缺陷的存在,且当时的技术无法得知存在这些缺陷。这说明产品的生产者主观上是不存在过错的。以此为不承担侵权责任的抗辩事由,是考虑到照顾人们开发新产品的积极性,维护社会的创新能力,推动社会的经济发展。但是,要让广大的消费者来承担这种新产品开发的风险,似乎也难以让人们接受。所以人们对此一抗辩制度存有许多争议。因此,如果建立一种产品开发风险保险制度,不失为一种最优的兼顾各方利益的办法。另外,在适用此一抗辩制度时,如何确定投入流通的时间、科技水平的标准,都将是关乎生产者与消费者利益的问题。尤其是"投入流通时的科学技术水平"的认定标准,更是十分复杂的问题:是"国际性的最新科学技术水平",还是"一般可供使用、公认的科学技术"?前者无疑有利于保护消费者,但对生产者要求太高;后者则"极有可能使科学技术水平沦为工业实践水平的代名词,从而帮助制造商轻易逃脱"[①]。因此,确定可供参照的科学技术标准,是立法及司法需要严肃对待的一个问题。

(4)受害人过错。当受害人的过错属于故意或重大过失时,产品制造者、销售者可以主张免责。受害人故意是指受害人对产品的缺陷及危险性有充分认识,但仍自愿承担风险冒险使用产品。如明知汽车刹车失灵仍然开车外出致伤。重大过失则是指产品的缺陷及危险性显而易见,任何具有正常认识水平的人均能发现缺陷并预防损害发生,而受害人由于轻信未加注意或没有采取预防措施以致发生损害。如知道自己所储存食物已经过期,但相信自己抵抗力强并食用该食物而中毒。实践中,受害人故意和重大过失通常表现为非正常使用产品。对于受害人的轻微过失,特别是在使用设计、制造技术比较复杂的技术产品时出现的受害人轻微过失,一般不应作为制造者、销售

---

① 王利明主编:《中华人民共和国侵权责任法释义》,中国法制出版社 2010 年版,第 203—204 页。

者的免责事由。①

上述抗辩事由是否客观存在,应由产品责任诉讼中的被告承担举证责任。

5. 诉讼时效

我国《产品质量法》第 45 条规定:产品质量侵权案件的诉讼时效期间为 2 年。产品质量造成损害的赔偿请求权,在造成损害的缺陷产品交付最初消费者满 10 年丧失;尚未超过明示的安全期的除外。

6. 产品售后的警示与召回

在侵权法上建立售后产品的警示与召回制度,这在我国应当是一次首创。我国《侵权责任法》第 46 条规定:"产品投入流通后发现存在缺陷的,生产者、销售者应当及时采取警示、召回等补救措施。未及时采取补救措施或者补救措施不力造成损害的,应当承担侵权责任。"

所谓售后产品的警示,是指对已经销售出去的产品发现存在或可能存在致人以损害的风险的缺陷时,提醒消费者注意产品的正确使用方法,以防止实际损害的发生,或减少损害的程度。我国《消费者权益保护法》第 18 条曾规定:"经营者应当保证其提供的商品或者服务符合保障人身、财产安全的要求。对可能危及人身、财产安全的商品和服务,应当向消费者作出真实的说明和明确的警示,并说明和标明正确使用商品或者接受服务的方法以及防止危害发生的方法。经营者发现其提供的商品或者服务存在严重缺陷,即使正确使用商品或者接受服务仍然可能对人身、财产安全造成危害的,应当立即向有关行政部门报告和告知消费者,并采取防止危害发生的措施。"如果说消费者权益保护法的警示制度侧重于售前警示,则侵权法的警示制度侧重于售后的补救。二者相得益彰、相辅相成,最大限度地保护了广大消费者的合法权益,也为纠纷的减少、资源的节约作出了贡献。

售后产品召回,则是指产品的生产者、销售者依法定程序,对其所生产或销售的产品,发现存在缺陷,危及到广大用户的生命、财产安全时,所采取的将其召回,做出换货、退货或更换零配件等补救措施。近几年来,我国通过许多相关的法律法规,逐步建立并有效实施了产品召回制度。如《食品安全法》第 53 条规定:"国家建立食品召回制度。食品生产者发现其生产的食品不符合食品安全标准,应当立即停止生产,召回已经上市销售的食品,通知相关生

---

① 王利明:《民法·侵权行为法》,中国人民大学出版社 1993 年版,第 434 页。

产经营者和消费者,并记录召回和通知情况。食品经营者发现其经营的食品不符合食品安全标准,应当立即停止经营,通知相关生产经营者和消费者,并记录停止经营和通知情况。食品生产者认为应当召回的,应当立即召回。食品生产者应当对召回的食品采取补救、无害化处理、销毁等措施,并将食品召回和处理情况向县级以上质量监督部门报告。食品生产经营者未依照本条规定召回或者停止经营不符合食品安全标准的食品的,县级以上质量监督、工商行政管理、食品药品监督管理部门可以责令其召回或者停止经营。"国务院及其相关部门先后制订了《乳品质量安全监督管理条例》《食品召回管理规定》《儿童玩具召回管理规定》《药品召回管理办法》《缺陷汽车产品召回管理规定》,等等。作为一种补救措施,在《侵权责任法》中加以规定,从侵权责任制度的角度,为建立统一的缺陷产品召回制度奠定了基础。

售后产品召回制度,具有预防性、主动性、广泛性、公益性等基本特点。"召回制度建立在潜在的损害基础上,只要发现了缺陷产品造成少数个案的情况,生产者就立即将同类产品全部召回,对其进行检测和修理。该制度有利于防患于未然,避免了该类产品大规模损害的发生。"在产品召回制度中,生产者负有主动召回所有同类缺陷产品的义务。产品召回的启动往往不需要消费者等受害人的主动请求。产品召回制度保护的对象具有广泛性,该制度不是针对某一个或者几个消费者提供保护,而是为同类缺陷产品的所有消费者提供救济的渠道。同时,"对产品缺陷的检测和鉴定往往要求先进和复杂技术和设备,这对普通消费者来说是不大现实的,普通消费者往往难以自己发现产品的缺陷和潜在危险。因此,通过法律手段要求生产者主动召回缺陷产品体现了对处于弱势一方的消费者的保护,体现了该项制度的公益性。"①

第二节 物件损害责任

一、概述

1. 概念

物件致害责任,是指建筑物、构筑物或其设施及其搁置物、悬挂物、抛掷

---

① 王利明:《关于完善我国缺陷产品召回制度的若干问题》,载"中国民商法律网"http://www.civillaw.com.cn/,访问时间:2010年12月12日。

物、堆放物、林木等物件因倒塌、脱落、坠落、折断等,造成他人损害的,其所有人或者管理人依法应当承担的一种特殊侵权责任。

物件损害责任的构成要件中,确定"物件"的范围十分重要。依据我国《侵权责任法》以及其他相关的规定,物件损害责任中的物件,通常范围相当的广泛。一般包括:

(1) 与土地相连的建筑物及其他设施,如房屋、桥梁、码头、堤坝、涵洞、隧道、纪念碑、铁路、路标、广告牌等,其特点是暴露在固定的地面上,与土地相连的各种设施,此类物件包括其整体、全部。一般将其统称为"地上物"。

(2) 建筑物上的搁置物、悬挂物。这类物件不属于与土地直接相连的物件,但它们与建筑物相接,且在空中,故认其为地上物的附属物。

(3) 地上堆放物。地上堆放物本身具有一定的危险性,又为所有人或管理人带来一定的利益,因而法律对其所有人或管理人在设置和管理上提出特殊要求,规定了物件致人损害的特殊责任。

(4) 林木。林木本身并不当然具有危险性,但林木折断后却可能致人伤害,故林木亦属于物件的范围。

2. 制度史

物件致害责任,最初源于古罗马法的准私犯制度。罗马法规定:如果某物被放置或悬挂在面对公共道路的建筑物处,住户无论是否具有过错,均可受到"放置物或悬挂物致害之诉"的追究,被要求双倍地赔偿损失。如果造成一名自由人死亡,任何市民均有权提起诉讼,罚金将是50金币;如果造成伤害,审判员有权裁量应当支付地赔偿。① 查士丁尼《法学阶梯》:某人占用一楼房,不论是自有的,租用的或借住的,而有人从楼房投掷或倾注某物,致使对他人造成损害时,被认为根据准侵权行为负责。② 罗马法的这一些规定,并不着眼于建筑本身,而是着眼于建筑物上的搁置物、悬挂物以及从建筑物中倾注、投掷某物而致人伤害,其概括的范围较小。而《汉穆拉比法典》第229条则规定:"倘建筑师为自由民建屋而工程不固,结果所建房屋倒毁,房主因而致死,则此建筑师应处死。"这是民事问题采刑事制裁的古典作法。

1804年制定的《法国民法典》第1386条确认建筑物致害责任制度,只承认建筑物本身对他人的损害,没有规定建筑物的搁置物、悬挂物的致害责任,

---

① 〔意〕彼得罗·彭梵得:《罗马法教科书》,黄风译,中国政法大学出版社1992年版,第405—406页。

② 〔罗马〕查士丁尼:《法学总论—法学阶梯》,张企泰译,商务印书馆1997年版,第204页。

规定:"建筑物的所有人,对建筑物因保管或建筑不善而致损时所致的损害,应负赔偿责任。"1900年《德国民法典》对这一内容的规定,与《法国民法典》的上述规定相似,但用3个条文(第836—838条)分别规定了土地占有人、建筑物占有人和建筑物保养人对因建筑物或与土地相连的工作物倒塌或部分脱落致人损害的赔偿责任。《德国民法典》规定的内容有所扩大,概括了与土地相连的工作物致害的情况。

我国的民事立法,很早就承认建筑物及其他地上物的致害责任制度。《大清民律草案》第955条规定:"因设置或保存土地之工作物有瑕疵,加损害于第三人者,其工作物之自主占有人负赔偿之义务。但占有人于防止损害之发生已尽必须之注意义务者,不在此限。依契约有代占有人保存工作物之义务,或法律上有为自己权利保存工作物之义务者,亦负前项之义务。适用前二项规定时,若就损害原因另有责任人者,负赔偿义务人得向其行使求偿权。"第956条规定:"前条情形,若损害原因之事由在前占有人占有终止后一年内发生者,前占有人负损害赔偿之义务。但前占有人于其占有时已尽相当之注意可防止损害发生者,不在此限。"

我国《民法通则》第126条明确规定:"建筑物或者其他设施以及建筑物上的搁置物、悬挂物发生倒塌、脱落、坠落造成他人损害的,其所有人或者管理人依法应当承担侵权责任,但能够证明自己没有过错的除外。"这一规定,所概括的内容极广,一切土地上的建筑物、地上物以及建筑物上的悬挂物、搁置物,均为本条所规定的致害物件;从主体上,则既包括一般的民事主体,也包括国家机关及其委托的单位,因而使其能够概括进去国有公共设施瑕疵责任。我国《侵权责任法》更是以专章(第11章)共7条(第85—91条)的篇幅规定了"物件损害责任",物件侵权致害责任制度更加体系化、全面化、科学化。

二、建筑物倒塌致害责任

1. 概述

建筑物倒塌致害责任,是指建筑物、构筑物或者其他设施(以下统称建筑物)倒塌,致他人以损害时,而产生的侵权损害赔偿责任。

从现有文献中,最早规定建筑物倒塌的责任的,当推约公元前20世纪西亚国家制定的《埃什嫩那国王俾拉拉马的法典》。该法典第58条规定:"倘墙有崩塌危险,邻人以此告墙之主人,但主人未加固其墙;崩塌,致自由民之子于死,由此为有关人命问题,应由国王裁决之。"著名的《拿破仑法典》第1386条规定:"建筑物的所有人对建筑物因保管或者建筑不善而损毁时所致的损害,应负赔偿的责任。"《德国民法典》第836条对此的规定更是详细:"因建筑物或其他与土地相连的工作物的倒塌,或因此建筑物或此工作物的部分脱落,致人死亡或致人的身体或健康受到伤害或致物损毁的,以倒塌或脱落是设置有瑕疵或维持有瑕疵的结果为限,土地的占有人有义务向受害人赔偿由此而发生的损害。占有人以免除危险为目的已尽到交易中必要之注意的,不发生赔偿的义务。倒塌或脱落在土地的前占有人占有终止后一年内发生的,土地的前占有人对损害负责,但其在占有期间已尽交易中必要之注意,或后占有人如尽此种注意即可免除危险的,不在此限。此种规定意义上的占有人为自主占有人。"

在我国,最早明确规定建筑物倒塌的侵权损害责任的是《民法通则》。该法第126条就明确规定:建筑物或者其他设施发生倒塌造成他人损害的,它的所有人或者管理人应当承担民事责任,但能够证明自己没有过错的除外。最高人民法院在《审理人身损害赔偿案件适用法律若干问题的解释》第16条也规定:道路、桥梁、隧道等人工建造的构筑物因维护、管理瑕疵致人损害的,由所有人或者管理人承担赔偿责任,但能够证明自己没有过错的除外。《侵权责任法》第86条的规定则更加完善:"建筑物、构筑物或者其他设施倒塌造成他人损害的,由建设单位与施工单位承担连带责任。建设单位、施工单位赔偿后,有其他责任人的,有权向其他责任人追偿。因其他责任人的原因,建筑物、构筑物或者其他设施倒塌造成他人损害的,由其他责任人承担侵权责任。"该条最重要的变化,就是更换了责任人:从建筑物的所有人或管理人,更换为建筑物的建设单位或施工单位。

在当前社会的商品大潮里,有的人急功近利,心浮意躁,贪财求利,建筑市场上贪多求快,偷工减料以谋取暴利者甚多,以至于不断暴发因所谓"豆腐渣"工程、"楼垮垮"而致人伤害或财产损失的事例,给社会造成了极坏的影响。虽然我国《建筑法》一再强调建设工程的质量,要求"建筑工程勘察、设计、施工的质量必须符合国家有关建筑工程安全标准的要求。"但仍有个别建设单位或施工单位置若罔闻。因此,通过我国《侵权责任法》规定建筑物倒塌的损害赔偿责任,一方面可以给受害者以充分的救济,另一方面则可对建设单位和施工单位起到一定的惩戒作用。

2. 责任构成

建筑物倒塌致害责任的构成主要包括三个方面:

（1）发生了建筑物倒塌的客观事实。建筑物倒塌是一个广泛的概念，包括建筑物倒塌、构筑物倒塌和建筑物或构筑物上的其他设施的倒塌等。建筑物，是指人工建造的，依附于土地之上的，供人类居住、生产、学习、存放物品的设施。如住宅、办公楼、厂房等。构筑物，指人工建造的，固定在土地之上的，供人们通行、蓄水、防护等作用的，除建筑物以外的其他设施。如道路、桥梁、隧道、城墙、堤坝等。其他设施，则指依附于或固定在建筑物或构筑物之上的物件，如桥梁上的电杆，阳台上的围栏，等等。

（2）对他人造成的实际损害。包括财产损失、人身损害以及精神损害等方面。

（3）建筑物倒塌与他人受损之间存在因果关系。

在诉讼中，原告应当对上述事实是否存在，承担举证责任。

3．归责原则

从法律的规定来看，建筑物倒塌致害责任实行的是不问过错的无过错责任。一旦发生建筑物倒塌致人损害的事实，相关责任人就应依法承担损害赔偿的责任，除非有合法的抗辩事由的存在。之所以实行严格的无过错责任，其主要原因在于：建筑物倒塌意味着其基础结构或者主体结构存在重大瑕疵，而这种瑕疵只要是正常施工，就完全可以避免。因此，只要发生建筑物倒塌事件，就可以认定该建筑物的建设单位或施工单位主观上存有过错，从而要承担侵权损害赔偿的责任。① 因此，也可以说，建筑物倒塌损害责任实行的是过错推定的归责原则。

4．责任主体

依据我国《侵权责任法》的规定，建筑物倒塌造成他人损害的，由建设单位与施工单位负连带责任。建设单位、施工单位赔偿后，有其他责任人的，有权向其他责任人追偿。可见，建筑物倒塌致害责任的责任人首先是建设单位和施工单位。

建设单位，是建设工程的发包人，建设用地使用权人，负有合理选任、监督勘察、设计、施工单位的权利与职责。因此，建设单位应当对其组织建设的建筑物的质量、安全承担相应的风险责任。一旦发生建筑物倒塌，造成他人损害的，建设单位向受害者承担侵权责任，应当是合理的。而施工单位更是直接组织实施工程的建造，更应当对其工程质量负保证责任。实践中对大型

---

① 王利明主编：《中华人民共和国侵权责任法释义》，中国法制出版社2010年版，第439页。

建设项目,施工单位往往实行总承包与分包形式,将某些工程项目分包给其他施工单位。如果是这种情形,根据我国《建筑法》第55条规定:"建筑工程实行总承包的,工程质量由工程总承包单位负责,总承包单位将建筑工程分包给其他单位的,应当对分包工程的质量与分包单位承担连带责任。分包单位应当接受总承包单位的质量管理。"建设单位与施工单位负连带责任,意味着作为建筑物倒塌的受害人,有权在建设单位与施工单位之间,根据利益最大化原则,来选择性提起诉讼。当选择其中之一进行诉讼,得不到完全满足的,还可以将另一方作为被告。一方向受害人承担责任后,有权向对造成建筑物倒塌有过错的另一方进行追偿。

建设单位、施工单位赔偿后,有其他责任人的,有权向其他责任人追偿。这里所谓其他责任人,应当包括几种具体情形。

(1)指与建筑物的建设有着密切关系的人,如勘察单位、设计单位、监理单位属于"其他责任的人"。建设单位或施工单位向受害人承担责任后,有权向这些造成勘察失误、设计不科学或监理不到位的勘察单位、设计单位或监理单位进行追偿。这里有两个问题需要我们考虑。一是这些勘察、设计、监理单位承担责任的归责原则是什么?是过错责任,过错推定,还是无过错责任?法律没有明确。我们主张,以无过错责任为宜。二是受害人能不能直接向这些勘察、设计、监理单位提出诉讼?从我国《侵权责任法》的现行规定来看,似乎是不可以的。但我们觉得,如受害者有证据能证明造成建筑物倒塌的根本瑕疵在勘察、设计或监理单位,而直接向它们提起诉讼,可以减少诉讼环节,减轻有关当事人的负担,提高诉讼效率。实际上,我国《侵权责任法》第86条第2款即赋予了受害人这种向"其他责任人"直接追诉的权利。该款规定:"因其他责任人的原因,建筑物、构筑物或者其他设施倒塌造成他人损害的,由其他责任人承担侵权责任。"

(2)指与建筑物倒塌有关联的第三人,包括建筑物的所有人、管理人以及其他人。如建筑物的所有人、管理人使用、管理不当,致建筑物倒塌给受害人造成损害的,建筑物的所有人、管理人应当向受害人承担损害赔偿的侵权责任。再如犯罪分子炸毁办公大楼,致楼房倒塌,使无辜群众受害。

5. 抗辩事由

通常情况下,可作为建筑物倒塌致害责任的抗辩事由有以下几项:

(1)不可抗力。不可抗力指一般人不能预见、不能避免并不能克服的客观情况,如自然灾害、战争等。这些年来,自然灾害频繁发生,给人类社会造成了巨大的灾难。如我们所熟知的唐山大地震、汶川大地震以及几乎每年在各地发生的山洪、泥石流等,摧毁了不少建筑物,数以千万计的人被倒塌的建筑物夺去了生命,更多的人则伤痕累累;不少家庭家破人亡,家庭财产毁于一旦。在大自然面前,人类的生命仍然十分脆弱。这种因自然灾害造成建筑物倒塌而致人损害的,原则上应无责任可言。但自然灾害中如掺杂着人为的因素,如建筑物防震水平没有达到规定的震级标准,或建筑在一个明知可能会发生山体滑坡的山坡上,则相关人仍然免不了要承担一定的责任。

如按照2008年国家城乡建设部制订的《中华人民共和国国家标准(GB 50223—2008):建筑工程抗震设防分类标准》的规定,建筑工程抗震设防分为特殊设防类、重点设防类、标准设防类与适度设防类四个类别。其中,特殊设防类:指使用上有特殊设施,涉及国家公共安全的重大建筑工程和地震时可能发生严重次生灾害等特别重大灾害后果,需要进行特殊设防的建筑。简称甲类。重点设防类:指地震时使用功能不能中断或需尽快恢复的生命线相关建筑,以及地震时可能导致大量人员伤亡等重大灾害后果,需要提高设防标准的建筑。简称乙类。标准设防类:指大量的除1、2、4款以外按标准要求进行设防的建筑。简称丙类。适度设防类:指使用上人员稀少且震损不致产生次生灾害,允许在一定条件下适度降低要求的建筑。简称丁类。标准设防类,应按本地区抗震设防烈度确定其抗震措施和地震作用,达到在遭遇高于当地抗震设防烈度的预估罕遇地震影响时不致倒塌或发生危及生命安全的严重破坏的抗震设防目标。重点设防类,应按高于本地区抗震设防烈度一度的要求加强其抗震措施;但抗震设防烈度为9度时应按比9度更高的要求采取抗震措施;地基基础的抗震措施,应符合有关规定。同时,应按本地区抗震设防烈度确定其地震作用。特殊设防类,应按高于本地区抗震设防烈度提高一度的要求加强其抗震措施;但抗震设防烈度为9度时应按比9度更高的要求采取抗震措施。同时,应按批准的地震安全性评价的结果且高于本地区抗震设防烈度的要求确定其地震作用。适度设防类,允许比本地区抗震设防烈度的要求适当降低其抗震措施,但抗震设防烈度为6度时不应降低。一般情况下,仍应按本地区抗震设防烈度确定其地震作用。该《分类标准》同时还规定,教育建筑中,幼儿园、小学、中学的教学用房以及学生宿舍和食堂,抗震设防类别应不低于重点设防类。高层建筑中,当结构单元内经常使用人数超过8000人时,抗震设防类别宜划为重点设防类。居住建筑的抗震设防类别不应低于标准设防类。没有达到《抗震设防分类标准》规定的抗震设防标准的建筑物,即使是因地震导致倒塌而造成他人损害的,建设单位、施工单位仍需承担建筑物倒塌的侵权责任。

（2）受害人的过错。建筑物倒塌中受害人的过错,是指受害人的对建筑物的不当使用,是构成建筑物倒塌的全部或部分原因时,受害人因建筑物倒塌所遭受的损害就应当由其自己全部负担或部分负担,而成为建设单位或施工单位不承担责任或减轻责任的抗辩事由。根据我国《物权法》第 71 条规定,业主对其建筑物专有部分享有占有、使用、收益和处分的权利。业主行使权利不得危及建筑物的安全,不得损害其他业主的合法权益。而现实中,有的业主对自己的住宅乱挖乱改,破坏了房屋的承重结构,如果因此造成建筑物倒塌的,其所受到的损害,自然不能要求该房屋的建设单位或施工单位承担责任。因为,我国《侵权责任法》第 27 条规定:"损害是因受害人故意造成的,行为人不承担责任。"

（3）第三人的行为。建筑物倒塌中第三人的行为,是指因第三人的行为是致建筑物倒塌的全部或部分原因时,受害人因建筑物倒塌所遭受的损害就应当由该第三人全部承担或部分承担,而成为建设单位或施工单位不承担责任或减轻责任的抗辩事由。如施工队重磅打桩,造成邻近住房墙体开裂,或地基下陷;开挖隧道导致地面房屋倒塌等。我国《侵权责任法》第 28 条规定:"损害是因第三人造成的,第三人应当承担侵权责任。"第 86 条第 2 款也进一步重申:"因其他责任人的原因,建筑物、构筑物或者其他设施倒塌造成他人损害的,由其他责任人承担侵权责任。"

当建筑物倒塌致人损害,是纯粹因第三人的行为所造成的时候,受害人能不能仍然依我国《侵权责任法》第 86 条第 1 款的规定,直接要求建设单位或施工单位向自己承担损害赔偿责任,建设单位、施工单位承担责任后,再向该第三人进行追偿？我国《侵权责任法》第 86 条的前后两款的规定看似有些相互矛盾。这两款都有一个所谓"其他责任人"的问题。依第 1 款,当因"其他责任人"的原因造成建筑物倒塌的,应先由建设单位、施工单位向受害人承担责任,再向"其他责任人"进行追偿;而依第 2 款的规定,当因"其他责任人"的原因造成建筑物倒塌的,应由"其他责任人"承担责任。如此规定,令人不知所为。因此,建议对本条进行重大修订,取消第 1 款后半句的规定,并将第 2 款修订为:"因其他责任人的原因,建筑物、构筑物或者其他设施倒塌造成他人损害的,受害人有权要求其他责任人、建设单位、施工单位承担连带责任;建设单位、施工单位承担责任后,有权向其他责任人追偿。"这样,更有利于维护受害人的合法权益。

（4）使用期限已经届满。任何产品都有一个使用年限。过了使用年限，该产品致人损害的风险就更大。所以，过了使用年限的产品不能再使用，这是一个基本常识。建筑物亦如此。根据2005年建设部制定的《中华人民共和国国家标准（GB 50352—2005）：民用建筑设计通则》的规定，建筑物的设计使用年限：临时性建筑为15年以下，易于替换结构构件的建筑为25—50年，普通建筑和构筑物为50—100年，纪念性建筑和特别重要的建筑为100年以上。我国《建筑法》第60条规定："建筑物在合理使用寿命内，必须确保地基基础工程和主体结构的质量。"换言之，超过合理使用寿命的超龄建筑物，就不能确保地基基础工程和主体结构的质量，风险自然极大；继续使用所带来的安全事故，自不能再让建设单位、施工单位承担。

（5）时效届满，等等。

三、建筑物物体脱落、坠落致害责任

1. 概述

建筑物物体脱落、坠落致害责任，是建筑物、构筑物及其他设施及其搁置物、悬挂物发生脱落、坠落致他人以损害而依法承担的一种特殊的侵权责任。作为一种特殊的侵权责任，其基本特点是：导致损害发生的，不是某个人的具体的行为，而是建筑物及其搁置或悬挂在建筑物上的某个物体从高空脱落或坠落，导致他人人身或财产损害。

在我国，早在1986年的《民法通则》第126条就规定了建筑物物体脱落、坠落致害责任："建筑物或者其他设施以及建筑物上的搁置物、悬挂物发生倒塌、脱落、坠落造成他人损害的，它的所有人或者管理人应当承担民事责任，但能够证明自己没有过错的除外。"在司法实践中收到了较好的法效。2009年的《侵权责任法》第85条继续沿袭了这一规定："建筑物、构筑物或者其他设施及其搁置物、悬挂物发生脱落、坠落造成他人损害，所有人、管理人或者使用人不能证明自己没有过错的，应当承担侵权责任。所有人、管理人或者使用人赔偿后，有其他责任人的，有权向其他责任人追偿。"所不同的是，《民法通则》的这条规定，将建筑物倒塌的损害责任亦予以了规定，而《侵权责任法》则将其拿出来，在第86条中单独作了规定；另外，《侵权责任法》在责任主体方面，增加了一个"使用人"；增加了所有人、管理人或使用人的追偿权制度。这些变化，反映了新的情况下社会的要求。尤其是增加"使用人"作为责

任人,更加充分地维护了受害人的利益,使得受害人有了一个新的可予以追偿的对象;同时,增加了所有人等的追偿权,亦使他们的正当权益得到了必要的保护。

2. 责任构成

从我国《侵权责任法》第85条的规定,可以看出,建筑物物体脱落、坠落致害责任的构成要件包括以下几个方面:

(1)存在建筑物物体脱落、坠落的客观事实。建筑物物体脱落、坠落,指建筑物及其搁置物、悬挂物从空中掉落。如天花板坠落、墙上的瓷砖脱落、阳台上的花盆坠落,等。

(2 客观上造成了他人的损害,包括人身损害、财产损失以及精神损害。没有损害,即无责任可谈。

(3)二者间具有法律上的因果关系。即损害是因建筑物物体的脱落、坠落所直接造成的。

3. 归责原则

从上述所引法规的规定可以看出,无论是我国《民法通则》还是《侵权责任法》,建筑物物体脱落、坠落致害责任实行的都是过错推定的归责原则。依此规定,相关责任人应当举证证明自己对建筑物物体的脱落、坠落致人损害主观上并不存在过错,而是因不可抗力、受害人过错或第三人的行为造成。换言之,责任人不是单纯地否认其存在过错,而是须提供证明自己不存在主观过错的客观事实,如发生了不可抗力等。

4. 责任主体

我国《侵权责任法》规定了有三个责任主体:建筑物的所有人、管理人和使用人。所有人,指在不动产登记簿上所有人一栏中记载的自然人或法人(全民所有制法人除外)。管理人,指依法占有、使用建筑物的全民所有制法人,如国家机关、公办学校等;它们虽不是其所占有使用的建筑物所有人,但却依法享有占有使用管理的权利。使用人,则一般指承租、借用建筑物的人,包括承租人、借用人等。

所有人、管理人之所以成为责任人,是因为他们对其所有或管理下的建筑物及其物体负有维护、管理,避免给他人造成损害的义务;而使用人的责任亦源于他们对建筑物的占有与使用。既然建筑物及其物体是在所有人、责任人或使用人的占有、管理之下,他们就当然地负有其所占有、使用的建筑物及其物体不得损害他人合法权益的义务。当建筑物物体脱落、坠落造成他人损害时,说明该建筑物的所有人、管理人或使用人违反了上述义务,从而就须承担该损害承担相应的侵权责任。

当脱落、坠落的建筑物物体致他人损害,但该物体的所有人、管理人或使用人不明时,其责任归属,我们将在下文"抛掷物致害责任"部分加以论证。

依我国《侵权责任法》第85条的规定,所有人、管理人或者使用人赔偿后,有其他责任人的,有权向其他责任人追偿。这里的"其他责任人",可能是不当地搁置、悬挂物体的人,如花农甲送花到乙家,将花盆搁置在乙家的阳台上,因放置不当而掉落地上,砸伤行人;或不当地设置、安装建筑物物体的人,如装饰公司未将外墙瓷砖粘贴住,致瓷砖脱落坠地。

5. 抗辩事由

能够作为建筑物物体致害责任的抗辩事由的,主要有:

(1) 不可抗力。因不可抗力导致建筑物物体脱落、坠落,致受害人损害的,依我国《侵权责任法》第29条的规定,不承担责任。

(2) 受害人的过错。如果受害人的过错是造成受害人自己受损的全部原因的,相关责任人自无责任可言;如是部分原因的,则应减轻责任人的责任。

(3) 第三人的行为。如果造成建筑物物体脱落、坠落致人损害,是第三人的行为所致,亦可成为责任人抗辩的基本事由。问题是,如果该第三人因无过错而依法不应承担侵权损害赔偿责任时,建筑物的所有人、管理人或使用人是不是仍然可以以此进行抗辩?

(4) 时效届满,等等。

侵权诉讼中,被告提出以上抗辩事由,应当举证证明其客观存在。

四、抛掷物致害责任(补偿义务)

1. 概述

抛掷物致害责任(补偿义务,下同),是指因抛掷物体造成他人人身、财产损害,依法应当承担的侵权责任。

抛掷物致害,有广义与狭义两种情形。广义的抛掷物致害,泛指那些抛掷物体导致他人损害的情形,包括从建筑物中抛掷物体致害、从道旁或车内抛掷物体致害等。如甲站在高速公路边,往高速行驶的客运汽车丢掷石块,砸伤车上乘客乙;或丙从公交车上往外抛掷啤酒瓶,砸中路旁正常行走的丁。① 狭义的抛掷物致害,仅指从建筑物中抛掷物体致他人以损害的情形。我国《侵权责任法》规定的抛掷物致害责任,正是狭义上的侵权现象。本书所要论述的抛掷物致害责任,也是从这个意义上来理解的。

我国《侵权责任法》第87条规定:"从建筑物中抛掷物品或者从建筑物上坠落的物品造成他人损害,难以确定具体侵权人的,除能够证明自己不是侵权人的外,由可能加害的建筑物使用人给予补偿。"从这一条规定可以看出,该条仅适用于抛掷人不明的情形,而不适用于抛掷人十分明确的侵权现象。

之所以如此作制度设计,根本的原因在于以下考虑:

如果抛掷人明确,则不论是道旁抛掷,或车内抛掷,还是从建筑物中抛掷,都可以认为抛掷物不过是抛掷人手中的一个损害他人利益的工具而已,这与采用其他手段、工具、物件损害他人利益的行为,并无二致,适用一般侵权制度即可,没有制定特别的制度来对这类现象加以规范的现实必要性。而现实生活中,不断发生抛掷物致人损害,但具体的抛掷人却不明,从而无法确定责任人,导致受害人不能得到应有的赔偿或者不能得到及时的赔偿。由于缺乏相应的法律规定,各地法院对同一类型的案件作出的判决也差别甚大,也严重影响到了国家法制的统一与权威。如在全国轰动一时的深圳"玻璃案"②、重庆"烟灰缸案"③和济南"菜板案"④;面对同一类型的案件,不同的法

---

① 例如,2011年4月13日晚,分别出生于1996年、1994年、1992年的三个青少年因贪玩向惠深沿海高速公路来往的车上扔石块等硬物,以击中为乐。23时45分,一块石头击中2005感动中国年度人物丛飞的遗孀邢丹所乘车辆。邢丹经送医院抢救无效死亡。经调查,击中邢丹所乘车辆者系1996年出生。参见百度百科,http://baike.baidu.com/view/5551759.htm?fromenter=%B4%D4%B7%C9%C6%DE%D7%D3&redirected=alading#sub5590521,访问时间:2011年9月20日。

② 深圳"玻璃案":2006年5月31日下午,小学四年级学生钟某放学回家,在走至位于南山区南山大道与海德二道交叉口处的"好来居"大厦北侧的人行道时,被从楼上"落下"的玻璃击伤头部,后经南山区人民医院抢救无效死亡。事故发生后,南山警方进行了现场勘验,但是警方未给出玻璃是从具体哪一业主家掉落的书面调查结果。一审法院驳回了原告对73名业主的赔偿要求,同时认为物业服务公司未能尽力履行职责,判决其承担30%的责任。

③ 重庆"烟灰缸案":2000年5月10日,33岁的郝跃步行到重庆学田湾正街65、67号楼下时,被一只烟灰缸砸伤脑袋。2002年初,他到渝中区法院递交诉状,状告学田湾正街65、67号楼的所有22家住户。2002年5月,渝中区法院判决:学田湾正街65、67号两栋楼,不分楼层高低,所有22户人家每户赔偿郝跃8100元,总计17万余元。

④ 济南"菜板案":2001年济南市孟老太在进入自家居民楼楼道入口前与邻居说话,突然被从楼上坠落的一块菜板砸中头部,当场昏迷后抢救无效死亡。死者近亲属将该楼二层以上15家居民告上法庭,要求其共同赔偿医药费、丧葬费等各项费用共计156740.40元。一审法院认为无法确定菜板所有人,裁定驳回原告起诉。原告上诉,二审法院仍就裁定驳回。经申诉,山东省高级人民法院提审,经再审后仍驳回上诉,维持一审法院裁定。

院就有不同的判决与理由。因此,从制度建设上设计出来一种通行的规则,减少法律适用的困惑,提高法律适用的效率,是建立法制制度的必由之路。正因为如此,我国《侵权责任法》第87条的规定,就是为了填补这一方面的空白而专门作的规定。但是,我国《侵权责任法》并不认为这是个"赔偿"的"责任"问题,而是一个"补偿"的"义务"问题,以示与责任相区别,而加重人们的不安情绪。不过,从"补偿义务"到"赔偿责任",并不是一个十分遥远的问题。

2. 责任构成

根据我国《侵权责任法》第87条的规定,构成抛掷物致害责任的构成要件是:

(1) 有抛掷物体的行为存在。
(2) 造成了他人的损害。
(3) 抛掷物体的行为与他人的损害之间存在法律上的因果关系。
(4) 抛掷人不明。这是抛掷物致害责任的最基本的特征。抛掷人不明,也就无法确定责任人。

3. 归责原则

关于抛掷物致害责任的归责问题,学术上存在许多不同的观点。有"推定过错说"、"共同危险行为说"、"保护公共安全说"、"同情弱者说"、"救济受害人说"、"公平责任说",等等。[①]

从我国《侵权责任法》第87条的规定来看,似乎实行的是无过错责任的归责原则。这是因为,既然责任人只是"可能加害"而非"确定加害"的建筑物使用人,说明承担责任的人有可能不是真正的加害人。既然不是真正的加害人,则他的过错又从何而来?因此,从无过错原则来认识,可能更准确些。其实,这种认识仍然是缺乏理论与现实的基础的。因为,没有具体的加害行为,又何来所谓的过错?所以,在抛掷物致害责任中,似乎不存在归责问题。

4. 责任主体

在抛掷物致害责任中,因为抛掷人不明,所以,责任主体是最难以确定的。以至于在前引几个法院的判例中,有的确定由物业公司为责任主体(深圳"玻璃案"),有的判决由本栋楼的所有业主为责任主体(重庆"烟灰缸案"),有的则由受害人自行承受损害,任何他人均无需负责(济南"菜板

---

① 王利明主编:《中华人民共和国侵权责任法释义》,中国法制出版社2010年版,第446—447页。

案")。同样的案情,不同的判决结果,造成了人们的不同感受,动摇了社会对法的信仰。

我国《侵权责任法》将抛掷物致害责任的责任主体限定在"可能加害的建筑物使用人"。所谓"可能",一般应从被作为被告的建筑物使用人所使用的房屋与受害人受到损害的发生地的距离、高度与角度三个方面来加以考察。① 在这里,所谓"建筑物使用人"可能是建筑物的所有人、管理人,亦有可能是建筑物的承租人等。如果既有所有人,又有承租人的,应确定承租人为责任人。这是因为,只有承租人才能掌控抛掷物致害时的情势。

有论者认为,将"可能加害的建筑物使用人"确定为责任人的规定,体现了我国《侵权责任法》"促进社会和谐稳定的立法目的"。② 我们认为这种理解似乎太过牵强附会了。要众多无辜的建筑物使用人为作为真正的加害人的某个邻居来承担侵权损害赔偿的责任的"连坐"法,必然导致邻里之间气不顺,心不平,相互猜忌与指责,邻里关系难以和谐。因此,一方面既不能让无辜的受害人自行承受本不应承当的损害;另一方面,也不能让同样无辜的众多建筑物使用人"被""连坐"。最好的办法,还是建立社会救助基金。当发生因抛掷物遭受损害,而抛掷人不明时,由社会救助基金及时垫付赔偿金,并赋予其在事后追偿真正的加害人的权利。对此见解,本书已于第一编第二章"侵权行为概述"有所论述。

5. 抗辩事由

我国《侵权责任法》第87条规定:"从建筑物中抛掷物品或者从建筑物上坠落的物品造成他人损害,难以确定具体侵权人的,除能够证明自己不是侵权人的外,由可能加害的建筑物使用人给予补偿。"由此可知,"能够证明自己不是侵权人",是被告在抛掷物致害责任诉讼中的重要抗辩事由。

自己不是侵权人的抗辩,不能单纯地否认自己为侵权人,而是要从正面提供可靠的证据来证明自己不是侵权人。一般情况下,被告要证明自己不是侵权人或不应承担责任,可以从以下几个方面着手:

(1)证明具体侵权人是某个第三人。以此作为抗辩事由的,不能泛泛地说损害是"第三人所为",而必须指明所为的到底是哪一个具体的人,才具抗辩效力。

(2)证明自己不可能在现场。这种抗辩事由主要适用于抛掷物致害的

---

① 王利明主编:《中华人民共和国侵权责任法释义》,中国法制出版社2010年版,第449页。
② 王胜明主编:《中华人民共和国侵权责任法解读》,中国法制出版社2010年版,第427页。

情形。我国《侵权责任法》第 87 条规定的"从建筑物上坠落的物品"致害的情形,即使能证明自己不在现场,亦不能说明什么,从而不生抗辩效力。

(3) 证明致害的抛掷物不可能属于自己。但要做到这一点并不容易。

(4) 请求赔偿的诉讼时效已经届满。

五、堆放物倒塌致害责任

1. 概述

堆放物倒塌致害责任,是指因堆放物倒塌,造成他人损害时,堆放人依法应当承担的侵权损害赔偿责任。与建筑物倒塌致害责任相比,二者的共同点在于都是因物件的倒塌致害的;其主要差别,就在于倒塌的物件不同:前者倒塌是的堆放物,而后者倒塌的是建筑物、构筑物或其他设施;另外,在归责原则方面也根本不同:前者实行的是过错推定的归责原则,而后者实行的则是无过错责任的原则。

在我国,最早规定堆放物致害责任的,是最高人民法院的司法解释。1988 年的《关于贯彻执行〈中华人民共和国民法通则〉若干问题的意见(试行)》第 155 条规定:"因堆放物品倒塌造成他人损害的,如果当事人均无过错,应当根据公平原则酌情处理。"2003 年的《关于审理人身损害赔偿案件适用法律若干问题的解释》的第 16 条规定:堆放物品滚落、滑落或者堆放物倒塌致人损害的,由所有人或管理人承担赔偿责任,但能够证明自己没有过错的除外。2009 年的《关于处理涉及汶川地震相关案件适用法律问题的意见(二)》第 9 条规定:因地震灾害致使堆放物品倒塌、滚落、滑落致人损害的,所有人或者管理人不承担赔偿责任。正是在最高人民法院这一系列的司法解释的基础上,我国《侵权责任法》第 88 条规定:"堆放物倒塌造成他人损害,堆放人不能证明自己没有过错的,应当承担侵权责任。"为调整堆放物致人损害的责任关系,提供了更为规范的制度。

2. 责任构成

根据我国《侵权责任法》第 88 条的规定,堆放物致害责任的构成要件是:

(1) 存在堆放物倒塌的客观事实。堆放物,顾名思义,指堆放在地上或其他地方的物品。如建筑工地上堆放的砖块,农院内堆放的杂物等。堆放物不能是固定物。凡固定在某物上的,构成了后者的组成部分。倒塌,既包括堆放物整体的倒塌,也泛指部分堆放物的坠落、脱落、滑落、滚落等。

(2) 有损害事实的发生,或者是财产损失,或者是人身损害。这种损害,不是发生在责任主体身上,而是发生在责任主体以外的其他人身上。

（3）堆放物倒塌与他人受损之间存在法律上的因果关系。

3. 归责原则

从上述所引最高人民法院三个司法解释可以看出,最高人民法院对堆放物致害责任的归责原则的认识是有变化的。《关于贯彻执行〈中华人民共和国民法通则〉若干问题的意见(试行)》中主张公平责任原则;而《关于审理人身损害赔偿案件适用法律若干问题的解释》则实行过错推定原则。最终,我国《侵权责任法》第88条规定堆放物致害责任实行的是过错推定的归责原则:"堆放人不能证明自己没有过错的,应当承担侵权责任。"与公平责任原则相比,过错推定原则实际上是保护了堆放人的利益。只要堆放人能证明自己没有过错,就不需对堆放物倒塌造成的他人损害承担责任。

这里所说的过错,主要指堆放人对堆放物倒塌的可能性或必然性主观上存在故意或过失的情形。我们知道,过错推定属于过错责任的范畴,但为何不直接实行过错责任,而实行过错推定的归责原则？这可能主要是考虑到两个方面的原因:一是受害人一般情况下很难知晓堆放人在堆放物品时主观上是否知道或者是否能预见到堆放物倒塌的可能性或必然性;如实行过错责任的归责原则,要求受害人举证证明堆放人主观上存在过错,受害人利益往往得不到有效维护。二是如此规定,能增强堆放人的责任心,有利于防止或减少堆放物倒塌致人损害的事故的发生。堆放人如能证明自己没有过错,就不需对堆放物倒塌给他人造成的损害承担侵权责任。

如何证明自己没有过错？除了正常的抗辩事由外,还可以从其他方面入手。如证明对堆放物采取了加固措施,一般情况下是不可能倒塌或脱落的;物品堆放在人迹罕到的地方,或自己管辖的地域,他人未经许可不得入内的地方,等等。

4. 责任主体

根据我国《侵权责任法》第88条的规定,堆放物致害责任的责任主体,是堆放人。堆放人,指堆放物品于某地的人,可以是自然人,亦可以是法人单位等;既可以是该物品的所有人,也可以管理人或其他使用人等。如既有所有人或管理人,又有使用人的,使用人为堆放人。

5. 抗辩事由

在堆放物倒塌致害责任的诉讼中,作为被告的责任主体,能够依法进行抗辩的事由一般有:

（1）不可抗力；

（2）受害人过错；

（3）第三人行为；

（4）时效届满，等等。

六、妨碍通行物致害责任

1. 概述

妨碍通行物致害责任，是指在公共道路上堆放、倾倒、遗撒妨碍通行的物品，导致他人损害的侵权损害赔偿责任。我国《侵权责任法》第89条规定："在公共道路上堆放、倾倒、遗撒妨碍通行的物品造成他人损害的，有关单位或者个人应当承担侵权责任。"

在公共道路上堆放物品致害责任与堆放物倒塌致害责任是不同的。主要区别有：第一，物品堆放地点的差别：前者堆放在公共道路上，后者堆放的地点不一定是公共道路上；第二，致害的原因不同：前者因妨碍通行致人损害，如导致翻车致车人受损；后者则因倒塌或脱落等致人损害。如果堆放在公共道路上的物品，因倒塌致行人损害的，是适用妨碍通行物致害的责任制度，还是适用堆放物倒塌致害责任的规定？我们主张适用前者。因为，堆放物品在公共道路上，妨碍通行，是妨碍通行物致害责任的最基本的特征。

公共道路的使用关系到公众的利益，应当保持通畅。在公共道路上堆放、倾倒或遗撒物品，不仅会妨碍通行，同时亦带来交通不安全的隐患。为此，我国相关法律法规都对保持公共道路的通畅，不允许在公共道路上堆放、倾倒或遗撒物品作了规定。如我国《公路法》第46条规定："任何单位和个人不得在公路上及公路用地范围内摆摊设点、堆放物品、倾倒垃圾、设置障碍、挖沟引水、利用公路边沟排放污物或者进行其他损坏、污染公路和影响公路畅通的活动。"我国《道路交通安全法》第48条亦规定，机动车载物的长、宽、高不得违反装载要求，不得遗洒、飘散载运物。我国《城市道路管理条例》第30条规定："未经市政工程行政主管部门和公安交通管理部门批准，任何单位或者个人不得占用或者挖掘城市道路。"许多城市政府亦禁止在街道等公共道路旁堆放物品，占道经营。如《南京市市容管理条例》第15条规定："道路两侧和公共场地不得堆放物料、搭建建筑物。"但现实生活中，城市中随意占道经营，乡村中随意在公路上堆放、晾晒物品的现象十分普遍，因妨碍通行致人损害的事例也一再发生。过去人们习惯于行政上的禁令与处罚，现在运用侵权法的手段来处理这一类纠纷,有助于解决当事人之间的矛盾,维护各方利益。

2. 责任构成

从我国《侵权责任法》第 89 条的规定来看,妨碍通行物致害责任的构成要件主要有:

(1)须发生在公共道路上堆放、倾倒或遗撒物品,妨碍通行的事实。公共道路,按照我国《道路交通安全法》第 119 条的规定,是指公路、城市道路和虽在单位管辖范围但允许社会机动车通行的地方,包括广场、公共停车场等用于公众通行的场所。但是,我国《侵权责任法》上的公共道路,范围应当更为广泛一些,城市中的人行道、建筑小区内的公共通行的道路,亦应属于公共道路的范畴之列。在公共道路上因为堆放、倾倒或遗撒物品,而妨碍了人们的正常通行,包括车辆与行人的通行等。这二者之间存在因果关系。

(2)须有致人损害的事实。包括人身损害或财产损失,还有精神损害等。

(3)堆放、倾倒或遗撒物品,妨碍通行与发生损害事实之间存在因果关系。

3. 归责原则

我国《侵权责任法》第 89 条的规定似乎根本就不考虑责任主体的主观过错问题,实行的是无过错责任的归责原则。[①] 这种观点应当是不合立法原意。因为,不应在公共道路上堆放、倾倒、遗撒妨碍通行的物品,是每个民事主体都应当而且能够想到的事。任何一个稍有社会常识的人,都知道或是应当知道不能在公共道路上堆放、倾倒、遗撒物品,妨碍他人的通行,因此,他在公共道路上堆放、倾倒、遗撒妨碍通行的物品,即说明其主观上存在故意或过失。行为即说明了过错。所以,我们认为,妨碍通行物致害责任的归责原则本质上是过错责任的原则。

4. 责任主体

我国《侵权责任法》第 89 条将责任主体规定为"有关单位和个人"。在这里,"有关单位和个人",可能包括这两类人。一类是将物品堆放、倾倒或遗撒在公共道路上,妨碍通行的人(我们可以将其称为"实施者")。另一类则是对公共道路负有维护、清扫职责的人(可称之为"维护者")。当发生妨碍

---

① 王利明主编:《中华人民共和国侵权责任法释义》,中国法制出版社 2010 年版,第 454 页。

通行物致害事件时,首先应当由实施者承担损害赔偿的责任。当具体的实施者不能确定,或者实施者无力承担全部或部分赔偿责任的,由维护者承连带责任。维护者承担连带责任后,对实施者有权进行追偿。

之所以将连带责任强加给公共道路的维护者,是因为他们对公共道路负有管理、养护、清扫或清除的义务。当有人在公共道路上实施堆放、倾倒或遗撒的行为时,他们有权力亦有义务去制止;当发现在公共道路上堆放、倾倒或遗撒有妨碍通行的物品时,他们有义务去进行清扫、清除,排除妨碍,保持道路的通畅。如果他们没有去制止,或者没有去及时清扫、清除,就是一种不作为的侵权行为,因此而发生他人受损事件的,当然应当依法承担相应的侵权责任。

5. 抗辩事由

妨碍通行物致害责任的抗辩事由,通常有:

(1) 不可抗力。

(2) 受害人过错。

(3) 第三人的行为。

(4) 时效届满。

七、林木折断致害责任

1. 概述

林木折断致害责任,是指因林木折断,导致他人损害,而产生的侵权损害赔偿责任。

因林木折断致人损害而发生纠纷的事例,在现实生活中经常出现。长期以来,因缺乏相应的法律制度,使得某些纠纷不能得到及时正确的处理,既进一步损害了有关当事人的合法权益,也影响到了社会的和谐稳定。鉴于此,最高人民法院在2003年的《关于审理人身损害赔偿案件适用法律若干问题的解释》中对这类现象作了专门的规定。其第16条规定,因树木倾倒、折断或者果实坠落致人损害的,由所有人或者管理人承担赔偿责任,但能够证明自己没有过错的除外。我国《侵权责任法》正是在吸收最高人民法院这一司法解释的基础上,对林木折断致害责任作了原则性的规定,为以后解决类似的侵权纠纷提供了基本的法律依据。

2. 责任构成

我国《侵权责任法》第90条规定:"因林木折断造成他人损害,林木的所

有人或者管理人不能证明自己没有过错的,应当承担侵权责任。"据此,林木折断致害责任的构成要件包括:

(1) 发生了林木折断的事实。林木折断,解释上应包括林木倾倒。最高人民法院的前引司法解释中还提到了果实坠落致损的,而我国《侵权责任法》未予提及。因此,因果实坠落致害的,是否仍适用该条规定?我们认为,作扩大解释并无大碍。

(2) 有人受到了损害。

(3) 二者间存在因果关系。

3. 归责原则

从我国《侵权责任法》第 90 条的规定来看,林木折断致害责任实行的是过错推定的归责原则。责任主体能证明自己没有过错的,就没有责任。如此规定,既有利于维护受害者的正当权益,也能促使责任主体对其所管辖之下的林木尽到善良管理人的注意义务。同样地,责任主体要证明自己没有过错,除了可以行使抗辩权,依法进行抗辩外,还可以从其他一些角度来证明自己确实已经尽到了责任,如证明自己已经对相关林木采取了加固树干、剪除危枝或采摘果实的措施;已经设置了警示牌或防护栏,等等。

4. 责任主体

根据我国《侵权责任法》第 90 条的规定,林木折断致害责任的责任主体是林木的所有人或管理人。林木作为一项财产,它能给林木的所有人或管理人带来相应的经济利益。利益与风险并存,林木的所有人或管理人自然要对林木折断给他人造成的损害承担赔偿责任。如果林木交由他人承包或租赁经营的,承包人或承租人就应当是责任主体。在这种情况下,林木的所有人或管理人是否要负连带责任?值得研究。

5. 抗辩事由

作为林木折断致害责任的被告,可依法进行抗辩的事由一般有:

(1) 不可抗力。如因泥石流冲断树林致人损害的,可为不可抗力抗辩。

(2) 受害人的过错。如受害人不听劝告,上树采果践断树枝而坠落受伤。

(3) 第三人的行为。如甲某偷伐林木时,留下危枝,致折断伤人。

(4) 时效届满,等等。

第三节 动物致害责任

一、概述

1. 概念

动物致害责任,是指饲养的或者豢养的动物致人损害时,该动物的所有人、占有人等所应当承担的赔偿受害人人身损害和财产损害的特殊侵权责任。①

2. 制度史

动物致人损害责任的制度历史悠久。早在公元前20世纪的西亚奴隶制国家的《埃什嫩那国王俾拉拉马的法典》就有动物致害赔偿的规定。在现存可见的59条之中,关于动物致害责任的规定就占了5条(第53条至第57条)。其中第54条规定:"倘牛有牴触之性,邻人以此告牛之主人,但主人未能使牛不致为害,结果牛触人并致之于死,则牛之主人应赔偿银三分之二明那。"②著名的《汉穆拉比法典》第251条亦有类似的规定。罗马法时期,立法者就将动物致人损害作为准私犯的一种形式,规定动物的所有人对动物造成的损害承担赔偿责任或者投役责任,③其方式同他们在侵害之诉中对奴隶的私犯行为和"家子"的私犯行为所承担责任的方式相似,所有人同样可以通过将牲畜移交给受害人来摆脱一切责任;当在放牧中他人的牲畜进入我的地盘时,我可以提起"放牧之诉",这种诉讼与前一种诉讼相似。④《十二表法》第8表"私犯"第6条规定:家畜使人损害者,应予赔偿。中世纪的日耳曼法,也对动物致害规定了具体的责任形式,即以罚款的方式为之。欧洲中古时期的《萨利克法典》第36条规定:"如果有人被任何四脚兽的家畜伤害致死,并经人证明属实,家畜的主人应付一半罚款,告诉人得将该家畜据为己有,作为另一半的罚款。"

---

① 杨立新:《侵权法论》,吉林人民出版社1999年版,第457页。
② 法学教材编辑部《外国法制史》编写组:《外国法制史资料选编》(上册),北京大学出版社1982年版,第10页。
③ 损害投役,是古代罗马法的一种特殊的民事责任形式,即将致害的家子、奴隶或者动物交给受害人,而免除家长、家主或者动物所有人的一切其他责任。
④ 〔意〕彼得罗·彭梵得:《罗马法教科书》,黄风译,中国政法大学出版社1993年版,第407页。

近代以来,各国民法典相继规定动物致害赔偿制度。在大陆法系,1804年《法国民法典》第1385条规定:"动物的所有人或使用人在使用期间,对动物所造成的损害,不问该动物是否在其管束之下,或在迷失及逃逸之时所发生,均应负赔偿的责任。"在具体适用上,法国民法理论初期倾向以过错责任原则归责,后期逐渐改为无过错责任原则。《德国民法典》在第833条和第834条分别规定了动物占有人的责任和动物管束人的责任。其中第833条规定:"因动物致人死亡或致人的身体或健康受到伤害或致物毁损的,占有动物的人有义务向受害人赔偿因此而发生的损害。损害由用于维持动物占有人的职业、就业或扶养的家畜引起,并且动物占有人在对动物进行监督时尽交易中必要之注意,或损害即使在尽此种注意时仍会发生的,不发生赔偿的义务。"其本意是采过错责任原则归责。《日本民法典》第718条沿袭了《德国民法典》的体例。在英美法系,将动物致害的责任作为严格责任,即无论有无过失,不是由于存在这些危险活动的原因,而是由于其产生的后果,必须使动物的占有人、管理人强行负责。英国1971年《动物条例》规定,对野生动物的饲养者施加严格绝对责任,对已知其性情凶恶可能袭击他人的家畜之主人也施加严格责任。① 如果非危险种类动物造成的结果是严重的,或因动物反常而造成了伤害,亦适用严格责任。如果家养动物逃逸并侵犯了他人的土地,造成了按其天性所为的损害,其主人则须承担责任。在普通法上,侵犯了他人权益的动物可被捕获,受害人可予以扣留以保证能获得赔偿。②

在我国,自古代起,就有动物致人损害予以赔偿的做法。如《秦墓竹简·法律答问》中就记载:"甲小未盈六尺,有马一匹,自牧之。今马为人败,食人稼一石,问当论不当? 不当论及赏(偿)稼。"也就是说,马因人的行为受惊而挣脱缰绳,食他人庄稼,不应追究刑事责任,只需赔偿即可。③ 20世纪初的《大清民律草案》仿西方法制,以三个条文的篇幅(第954—956条)第一次明确规定了动物致害的责任。其中,在第954条第1款中规定:"占有动物人,其动物加损害于他人者,负赔偿之义务。但依动物之种类及性质,已尽相当之注意义务者,不在此限。"此后的《中华民国民律草案》和《中华民国民法》均有相应的规定。《中华民国民法》第190条规定:"动物加损害于他人者,由其占有人负损害赔偿责任。但依动物之种类及性质,已为相当注意之管束,

---

① 潘同龙等:《侵权行为法》,天津人民出版社1995年版,第222页。
② 《牛津法律大辞典》(中文版),光明日报出版社1988年版,第48页。
③ 叶孝信主编:《中国民法史》,上海人民出版社1993年版,第145页。

或纵为相当注意之管束而仍不免发生损害者,不在此限。动物系由第三人或他动物之挑动,致加损害于他人者,其占有人对于该第三人或该他动物之占有人,有求偿权。"

新中国成立以来,立法和司法解释对动物致人损害赔偿责任长期没有明文规定,但在实务中,因动物致害,依据侵权行为构成的原理,一般均能得到赔偿。1984年8月30日,最高人民法院《关于贯彻执行民事政策法律若干问题的意见》总结了动物致害责任案件的司法实践经验,在第74条规定:"动物因饲养人或管理人管理不善,而致他人人身或财产损害的,应由饲养人或管理人承担赔偿责任。"这一规定,较为准确地体现了动物致害责任的原理。在司法实务上确立了这一制度,但在归责上采用过错责任原则,有所不足。1986年制定《民法通则》,在这一司法解释的基础上,吸取两年来的司法实践经验教训,在第127条规定了完整的动物致害赔偿责任制度:"饲养的动物造成他人损害的,动物饲养人或者管理人应当承担民事责任;由于受害人的过错造成损害的,动物饲养人或者管理人不承担民事责任;由于第三人的过错造成损害的,第三人应当承担民事责任。"并对受害人过错和第三人过错引起的损害如何赔偿,作了具体的规定,从立法上完善了这一制度。《侵权责任法》更是以一章(第10章)七条(第78条至第84条)的形式规定了动物致害的责任,表明/使得动物致害责任制度更加完善。其中,第78条对动物致害责任作了一般条款性规定:"饲养的动物造成他人损害的,动物饲养人或者管理人应当承担侵权责任,但能够证明损害是因被侵权人故意或者重大过失造成的,可以不承担或者减轻责任。"

二、责任构成

1. 须致害动物为饲养的动物

所谓动物,是指生物界中有感官、能够自行移动和呼吸、以植物或动物为食物、但不能符合逻辑地思考也不能说话的生命体。[①] 一般可以将动物分成野生动物与饲养动物、有益动物与有害动物等。而动物致害责任制度中的动物的范畴,历来存在着很大的争议。

(1)是否包括所有的动物?关于动物的范围,各国立法规定颇不一致,有不加限制者,如法、德、日等国民法;有加限制者,如美国《侵权法重述(第二

---

① 王利明主编:《中华人民共和国侵权责任法释义》,中国法制出版社2010年版,第393页。

版)》限定为家养动物、放牧牲畜,对动物等则采用更为严格的责任。我国从《民法通则》直至《侵权责任法》都采用限制方式,规定仅为饲养的动物。

(2) 是否包括驯养的野兽?肯定者认为饲养的动物既包括家畜、家禽,也应该包括驯养的野兽。这些动物的危险性尽管不同,但这不影响其为饲养的动物。驯养的野兽不论是否有高度危险性,都是为某人所占有和控制、由人工喂养的,就是饲养的动物。否定者认为驯养的野兽具有高度危险性的特征,主张将其纳入高度危险作业范畴。

(3) 是否包括微菌?一种观点认为,微菌致人损害,培养人可以比照动物致害责任的规定承担损害赔偿责任,将其视为动物。① 另一种观点认为,微菌在科学上是否为动物尚有争论,且其本身不具有致人损害的危险是确定无疑的,所以不可比照;微菌若带有剧毒致人损害,则培养人按高度危险作业承担无过错责任;若所培养的微菌不属于有剧毒的,培养人只能按照我国《民法通则》第 106 条的规定承担一般侵权行为的民事责任,因而微菌不作为动物。② 我们认为,民法上之所以特别规定动物致人损害的民事责任,是因为动物本身具有致人损害的危险性。微菌的性质虽然尚未确定,但其显然不具有我国《民法通则》第 127 条规定的动物的特性,最明显的,就是它不具有自主性的伤害能力,只能通过传播等方式感染,使受害人受害,控制微菌的人的行为不当,才会导致微菌传播。因而不应将其纳入动物范畴,微菌致人损害的,以高度危险作业论。

(4) 何谓饲养?饲养的动物,包括一切为人所饲养的家畜、家禽、野兽等动物。对饲养的理解,不应局限于"供给食物的喂养"的狭义解释,还应包括人工放牧的家畜等。饲养动物,不问其目的、用途,亦无论其合法、非法的饲养;其在逃逸、迷失期间,仍视为饲养,但已返回野生状态者除外。处于野生状态的动物,不属于饲养的动物;自然保护区中的野兽,因人力仍无法控制其行动,亦不属于饲养的动物;国家森林公园的动物,尽管处于半野生状态,但因国家投资进行管理,并准许游人观赏,应当视为饲养的动物。判断动物是否为饲养,学者提出四条标准:一是它为特定的人所有和占有;二是饲养或管理者对动物具有适当程度的控制力;三是该动物依其自身特征,有可能对他人的人身或财产造成损害;四是该动物为家畜、家禽、宠物或驯养的野兽等。③

---

① 李由义:《民法学》,北京大学出版社 1988 年版,第 657 页。
② 郭明瑞等:《民事责任论》,中国社会科学出版社 1992 年版,第 244 页。
③ 张新宝:《中国侵权行为法》,中国社会科学出版社 1998 年版,第 365 页。

这一标准可以参照。

2. 须有动物加害于他人

（1）动物自身或受外界刺激而伤害他人。动物加害，须为动物基于其本能而加害于他人，而不论其是自主加害还是在外界刺激下加害，亦不论其是积极状态加害还是消极状态加害。动物的自主加害，是指基于动物本身的危险，在不受人的外力驱使或强制下而实施的自身动作。在外界的刺激下，如果是因为动物本性而为，使他人受损，仍不失为动物的独立动作，如马受惊后而狂奔伤人，猫受惊吓而乱咬人、抓人等，皆是。上述动物的积极行为固然可以构成动物加害行为，其消极状态即自身的静止状态，也是动物的独立动作，也可以构成动物侵害行为。例如牛卧铁轨而致火车颠覆，亦为动物引起的侵权行为。①

（2）与第三人利用动物加害于受害人的区分。众所周知，动物是没有识别行为后果的能力的，因此在人的强制或驱使下损害他人的权益，不属于动物致人损害。在这种情况下，动物的加害行为实际是行为人的侵害，动物只是加害人的工具而已，应制裁的是行为人。动物致害他人，如果可以确信非因所有人、占有人的指使，排除故意加害的可能，即构成动物致害责任。

（3）动物因带病菌而致人损害，是否属动物致害？有不同的看法。我们认为，确定损害是否为动物自身动作所致，应当看该损害是否系基于动物的本能而造成的。因此，如纯系因动物带有的传染病菌造成损害，则因该损害是由于来自外界的力量造成的，并非基于动物自身本能发生的，则不宜认定为动物致人损害。如购回患有口蹄疫的家畜而致全村牲畜患病，就不应认定为动物致害。若系因动物带有病菌而加重动物致损后果的，如携带狂犬病毒的动物致害他人，传播狂犬病，该损害后果为动物自身动作所致，为动物加害。

3. 须受害人受有损害事实

财产损害、物质性人格权损害。动物致人损害，其损害事实主要是人身伤害事实和财产损害事实。人身伤害事实包括侵害身体权、健康权和生命权的事实。财产损害事实是动物所造成财物损坏的客观后果。动物致损害的客观事实除人身伤害或财产损害事实以外，还包括某种动物造成的妨害状态。例如，学童因某家恶犬常立于其赴校必经之路而不敢上学，因犬之纠缠

---

① 参见潘同龙、程开源主编：《侵权行为法》，天津人民出版社1995年版，第226页。

而致误车、误机①,等等,均构成损害事实。

　　动物致害事实是否包括精神性人格权损害,学者有不同意见。有的学者认为,动物独立动作使他人人格尊严受到侵害,动物的饲养人或管理者也应承担侵权的民事责任。为了论证这一观点,该作者举了两个事例论证之:一是鹦鹉辱骂客人或揭露他人隐私,致受害人名誉受损,受害人可依法提起侵权之诉。二是美国恶犬强奸女性,因被邻居驱走而该女未受伤害,法院判决恶犬破坏少女贞操和自尊未遂,恶犬主人承担侵权责任。② 对于这种意见,杨立新教授持否定态度。③ 鹦鹉辱骂客人或揭露他人隐私,必定是鹦鹉的主人所教,是主人利用动物侵权,绝不会是鹦鹉的自主动作所为。这种情况,是人的侵权行为,即一般侵权责任,而不是动物致人损害,这恰恰体现了人的侵权和动物致害的区别。至于恶犬强奸女性,即使存在这种事实,在我国也应当视为人身伤害,而不能认为是侵害贞操权。史尚宽先生曾经主张动物致害不独造成财产上之伤害、人格权被侵害,亦得请求除去其侵害,但仅指如因邻家恶犬每夜之狂吠而妨害安眠的情况,并未提及名誉权等受侵害的情况。④ 而这种害及安眠的情况,则可并入妨害状态一类损害事实之中为好。因此,侵害名誉权等人格权,多数应为故意所为,且应有一定的动机、目的,而动物不具有思维,不会自主加害人的名誉权等人格权,故动物致人损害事实中不应包括名誉权等其他精神性人格权的损害事实。

　　4. 须动物加害与损害事实之间有因果关系

　　动物加害与损害事实之间必须具有事实上的因果关系。例如,马受惊后撞翻路旁的车辆、因车辆倒翻而砸坏他人的货物,为有因果关系;动物咬伤他人,致感染而患败血症致死,亦为有因果关系。

　　确定动物致害责任的因果关系,应当注意一个问题,就是该因果关系中的原因须区分是人的行为还是动物的行为。对此,有两种主张。一种主张认为,动物致害责任中的侵害行为应当是人的行为与动物行为的复合,只有这两种行为的复合,才能构成侵害行为。该侵害行为才是原因。⑤ 另一种主张认为,该因果链条中的原因,就是动物的自身动作。⑥ 一般认为,动物致害责

---

① 参见史尚宽:《债法总论》,台湾荣泰印书馆1978年版,第191页。
② 参见潘同龙、程开源主编:《侵权行为法》,天津人民出版社1995年版,第226—227页。
③ 杨立新:《侵权法论》,吉林人民出版社1999年版,第468页。
④ 史尚宽:《债法总则》,台湾荣泰印书馆1978年版,第191页。
⑤ 张新宝:《中国侵权行为法》,中国社会科学出版社1998年版,第368—369页。
⑥ 王利明、杨立新:《民法·侵权行为法》,中国人民大学出版社1996年版,第474页。

任的因果链条是复杂的,并不是一个原因一个结果。作为原因,首先是饲养人饲养、管理人管理了动物,这是一个先决性的原因。其次是饲养的动物的加害行为,这是直接性的原因。这两个原因结合在一起,就构成了动物致害责任中的全部原因,缺少了任何一个,都不能构成。如果是野生的动物致伤他人,因其没有饲养者、管理者,则因缺少人的原因,因而构不成动物致害责任。

三、归责原则

1. 各国立法例

关于动物致害责任,各国大都采无过错责任的归责原则,但也有一些差别。在欧洲大陆,"在每一部法典中,负有义务的人都是承担严格责任。"[1]如在法国,根据《民法典》第1385条的规定,对于动物致人损害,不问该动物是在责任人的管束下还是在逃脱期间造成他人损害的,责任人都要承担赔偿责任,从这条规定似乎采取的是无过错责任。德国从其民法典的第833条的规定来看,对于动物致害,原则上采严格责任,但如果造成损害的动物是"维持动物占有人的职业、就业或扶养的家畜",如果"动物占有人在对动物进行监督时尽交易中必要之注意,或损害即使在尽此种注意时仍会发生的,不发生赔偿义务。"同时,据第834条的规定,根据合同受他人委托管束动物之人,对其管束的动物致害的,亦可因"其在管束时尽交易中必要注意之注意的,或损害即使在尽到注意时仍会发生的,不发生责任。"可见,德国法关于动物致害责任的无过错责任归责原则并未坚持到底。《日本民法典》第718条规定:"动物占有人,对于动物加于他人的损害,负赔偿责任。但是,按动物种类及性质,以相当注意进行保管者,不在此限。代占有人保管动物者,亦负前款责任。"在归责原则方面似乎采取的是德国法的态度。

在美国,《侵权法重述(第二版)》专门在第20章中规定了"动物占有人和管理人的责任"。其中第504条规定,侵入他人土地的家畜,造成土地占有人及其家庭成员以损害的,家畜的占有人"即使他已行使最大关注,防止其家畜侵入该土地,"仍需承担责任。[2] 可见,实行的亦是严格责任。

---

[1] 〔德〕克雷斯蒂安·冯·巴尔:《欧洲比较侵权行为法》(上卷),张新宝译,法律出版社2001年版,第274页。

[2] 〔美〕肯尼斯·S.亚伯拉罕、阿尔伯特·C.泰特:《侵权法重述——纲要》,许传玺等译,法律出版社2006年版,第137—138页。

旧中国采过错责任原则。以《中华民国民律草案》为例。该法第255条规定："动物加损害于他人者,由其占有人或代其管束之人负损害赔偿责任。但依动物之种类及性质,已为相当注意之管束,或虽为相当注意之管束而仍不免发生损害者,不在此限。"《大清民律草案》和《中华民国民法》均作如此规定。新中国在1986年制定的《民法通则》第127条则确认动物致害适用无过错责任原则。只要饲养的动物造成他人损害的,动物饲养人或者管理人就应当承担侵权责任。除非损害是由于受害人的过错造成的,动物饲养人或者管理人不承担民事责任;如果由于第三人的过错造成损害的,则由第三人承担侵权责任。实行无过错责任的归责原则,似乎符合世界的潮流。

之所以采无过错责任的归责原则,无非有两个基本的理由。一是基于任何动物都具有危险性这一特性;二是动物的饲养人或管理人都有管束自己饲养的动物的基本义务。

2. 我国《侵权责任法》的立场

在制定我国《侵权责任法》的过程中,对于动物致害赔偿责任究竟应当适用何种归责原则,学术界有不同主张。大致分为三种学说:无过错责任说、过错责任说和过错推定说。最终,我国《侵权责任法》采无过错责任的归责原则。根据第78条的规定,动物饲养人或者管理人只有在能够证明损害是因被侵权人故意或者重大过失造成的情况下,才可以不承担责任或者减轻责任。也就是说,即使动物饲养人或者管理人能够单纯地证明自己不存在过错,也免不了责任。

如此说来,我国《侵权责任法》第79条的规定就有点费解了。该条规定:"违反管理规定,未对动物采取安全措施造成他人损害的,动物饲养人或者管理人应当承担侵权责任。"那么,是不是动物的饲养人或管理人按照有关"管理规定"对动物采取了"安全措施",即使仍然造成了他人的损害,也不需承担责任?答案如果是"是",那么前条规定的无过错责任的归责原则又如何适用?另外,如果受害人自己对此有故意或重大过失的,是否同样也不免除或减轻动物饲养人或者管理人的责任?

此外,第80条的规定也显得多余。既然实行的无过错责任的归责原则,那么不论是"禁止饲养的烈性犬等危险动物",还是那些性情温和的动物,只要造成了他人的损害,又没有第78条规定的抗辩事由的,该动物的动物饲养人或者管理人就需承担损害赔偿责任。同样地,如果受害人自己对此有故意或重大过失的,是否也不免除或减轻动物饲养人或者管理人的责任?

还需特别提出来的是,依第81条的规定,动物园的动物造成他人损害的,动物园应当承担侵权责任,但能够证明尽到管理职责的,不承担责任;说明对动物园实行的则是过错推定原则。在立法过程中,对动物园承担动物致害责任的归责原则是什么,也存在争议。有的人认为,动物园作为公共场所,收取了相应的门票,就需承担严格的责任;主张也应实行无过错责任的原则。有的则主张实行过错推定的归责原则,理由有二:一是动物园内发生动物致害事件,有的是因游客不遵守园内规则,不听劝阻,擅自挑逗动物而造成的;只要动物园尽到了自己的管理职责,就应当减轻或免除其责任。二是游客在动物园内受到动物的伤害,可以通过保险机制解决赔偿问题。游客在进入动物园时,可以购买意外伤害的保险,以防不测。从而应当实行过错推定的原则。最终立法采纳了这种观点,对动物园实行过错推定原则。但是这两种理由十分勉强。首先,如果动物致害,确因作为受害人的游客不遵守动物园的规则,挑逗动物所致,则可适用"受害人过错"的抗辩规则;其次,游客买不买保险,是其自由,可以买,亦可以不买;即使买了,也不能成为动物园不承担无过错责任的正当理由。

四、责任主体

1. 饲养人与管理人

在这个问题上,各国法律规定颇不一致。古代罗马法规定的义务主体为家禽的"所有人",中国古代立法规定为"畜主";近现代各国民法中,《法国民法典》规定的义务主体为"所有人"或"使用人",《德国民法典》规定为"占有人"或"管理人",《日本民法》规定为"占有人"和"代占有人"。旧中国的民法规定为"占有人"和"代为管束人"。我国《民法通则》和《侵权责任法》均将动物致害赔偿的责任主体,规定为动物的"饲养人"或者"管理人"。

我国法律中的所谓"动物饲养人"应当是指饲养动物的所有人;而动物管理人,则是指实际控制和管束动物的人,类似于动物占有人。动物的所有人和占有人,既包括公民,也包括法人。当法人的具体工作人员管理的动物致人损害时,赔偿主体是法人而不是该具体工作人员。例如,公安机关的警犬因训犬员管理不当而伤人,该公安机关为赔偿义务主体。

2. 遗弃、逃逸的饲养动物致人损害的责任主体

我国《侵权责任法》第82条规定:"遗弃、逃逸的动物在遗弃、逃逸期间造成他人损害的,由原动物饲养人或者管理人承担侵权责任。"

（1）遗弃动物，指动物所有人或管理人出于自己的意愿放弃对动物的管束。在立法中，有人对遗弃的动物致人损害，由原饲养人承担责任的做法表示反对。认为饲养的动物作为饲养人的财产，依所有权规则是可以放弃的。遗弃动物即表明放弃该动物的所有权。动物被遗弃后还要对遗弃后的动物所造成的损害承担责任，意味着不允许人们放弃自己的财产，这与物权法所有权制度是相悖的。同时，"该规定与鼓励动物放生的理念不相符合。"①

这种观点貌似有理，实际不通。它根本的错误在于混淆了动物与一般财物的区别。任何动物都有某种程度不同的危险性，因此放弃动物与放弃一般财产存在着明显的不同。如果放弃会对社会带来一定的风险，那么这种放弃就是不负责任的。所以，因动物被放弃后造成他人损害的，放弃人仍需承担相应的侵权责任，是理所当然的。这与放生动物的理念也并不冲突。也就是说，放生动物也不是就没有规范，随意放生。

（2）逃逸动物，指基于某种原因致使动物脱离了原饲养人或管理人的管束，但不包括第三人非法占有的事实。饲养的动物逃逸后致害的，仍应由该动物的饲养人或管理人承担赔偿责任。其理由，一是这种所有关系并没有改变；二是这类动物多数难以回归野生状态，因而其物权支配关系仍然存在，物之所有人、占有人仍应对该动物的致害结果承担赔偿责任。

（3）动物被放弃、逃逸后被他人收留，或者以为自己所有的意思而占有，或者以无因管理的意思而占有，当发生动物致害的事实时，应当以谁作为赔偿主体，是一个值得研究的问题。我们主张，在前一种情况下，因为形成了新的物权支配关系，收留的人对该动物在事实上取得了物权支配权；而后一种情形下，无因管理人因占有而成为实际的动物管理人，负有管束的义务，致人损害者，该管理人应当成为赔偿主体；而原饲养人、管理人连带承担赔偿责任。

（4）驯养的动物被放生或逃逸后回复野生状态后，原饲养人或管理人负有义务进行公告或设置警告标志。动物回复野生状态，与其群体一样生存栖息后，动物的原饲养人、管理人不再承担动物致害的赔偿责任。

3. 野生动物致人损害的责任主体

野生动物，指生存于自然状态下，非人工驯养的各种哺乳动物、鸟类、爬行动物、两栖动物、鱼类、软体动物、昆虫及其他动物。包括那些纯野生的以

---

① 王利明主编：《中华人民共和国侵权责任法释义》，中国法制出版社2010年版，第416页。

及回归野生状态的饲养、驯养动物。从法律的角度来看,野生动物可以分成受法律保护的野生动物与不受法律保护的野生动物两种基本类型。而根据我国《野生动物保护法》第 2 条第 2 款的规定,受保护的野生动物,是指珍贵、濒危的陆生、水生野生动物和有益的或者有重要经济、科学研究价值的陆生、野生动物。

之所以从法律将野生动物划分为受法律保护的野生动物与不受法律保护的野生动物,基本原因在于当受到来自野生动物的侵害时,是否能得到赔偿。根据现行的法律规定,侵害源来自不受法律保护的野生动物的,任何人对此均不负赔偿义务,受害人只能自认倒霉。如果侵害源来自受法律保护的野生动物,则可得到国家的补偿。我国《野生动物保护法》第 14 条规定:"因保护国家和地方重点保护野生动物,造成农作物或者其他损失的,由当地政府给予补偿。补偿办法由省、自治区、直辖市政府制定。"但是该条规定存在三个基本的问题。一,性质问题。受法律保护的野生动物致人损害的,国家承担的不仅是"补偿"义务,而应当是"赔偿"责任。因为,根据我国《野生动物保护法》第 3 条第 1 款规定:"野生动物资源属于国家所有。"说明受法律保护的野生动物是国家的财产。从物权法的基本原理可以得知,当财物致人损害的,除非有其他正当的抗辩事由,否则都要对其财物给他人造成的损害承担赔偿责任。国家也不能例外。二,"其他损失"是否应包括"人身损害"。三,受保护的野生动物出没的地方,多为边远山区,地方财政相当困难。我国《动物保护法》要求当地政府出钱,不论是"补偿"还是"赔偿",都是有心无力,以至于酿成受害人或当地人对政府的抱怨、对法律的失望、对野生动物的冷漠,等等恶果。

4. 因第三人的过错致动物致害的责任主体

第三人故意或过失引起动物伤害他人的,由该第三人承担赔偿责任。但动物的饲养人或管理人要不要承担赔偿责任?我国法律却有反复。根据《民法通则》第 127 条最后一句话的规定,"由于第三人的过错造成损害的,第三人应当承担民事责任。"说明动物的饲养人或管理人不要承担赔偿责任;第三人的过错是动物的饲养人或管理人不承担责任的重要的抗辩事由。但《侵权责任法》第 83 条规定:"因第三人的过错致使动物造成他人损害的,被侵权人可以向动物饲养人或者管理人请求赔偿,也可以向第三人请求赔偿。动物饲养人或者管理人赔偿后,有权向第三人追偿。"说明动物的饲养人或管理人要承担赔偿责任,再也不能以"第三人过错"作为其不承担责任的抗辩事由了。

为什么会有这样的变化？笔者认为有以下三个主要原因：第一，符合动物致害责任的本质。因为动物本身是具有危险性的。第二，借鉴了比较法的结果。国外民法有类似的规定。如《瑞士债务法典》第 56 条第 2 款规定："动物管理人可以向挑逗动物园的人或者动物的所有人进行追偿。"我国台湾地区的"民法"第 190 条第 2 款亦规定："动物系由第三人或他动物之挑动，致加损害于他人者，其占有人对于该第三人或该他动物之占有人，有求偿权。"第三，有利于强化对受害人的保护。①

因第三人的过错致动物损害的，该动物的饲养人或管理人并不能以此而免责，受害人仍然有权向饲养人或管理人进行追索。饲养人或管理人向受害人承担损害赔偿责任后，有权再向造成动物致害的有过错的第三人追偿。该第三人是最终的责任主体。但是，无论是动物的饲养人或管理人，还是受害人，向第三人主张权利时，必须要证明以下两个基本的客观事实：其一，动物致害是因第三人的行为所致，二者之间存在事实上的因果关系。第三人的行为可以是作为，也可以是不作为。后者如第三人未采取措施以避免其饲养或管理下的动物致他人以损害。其二，该第三人主观上存在过错，既可以是故意，亦可以是过失。同时，第三人的主观上的所谓过错，是指对行为的过错而不是对损害结果的过错。只要行为是过错的，至于对结果是否存在过错，在所不问。

5. 动物在被非法占有期间致害时的责任主体

非法占有动物时，动物致害他人，其赔偿主体，应该是所有人还是非法占有人？对此，我国《侵权责任法》没有规定。我们主张，在非法占有的情形下，非法占有人应对非法占有期间动物给他人造成的损害，承担动物致害责任。因为，致害动物是在其管束之下；管束动物之人，有义务管束动物不侵害他人的合法权益。各国法律普遍规定，动物的占有人为动物致害责任的主体，却没有区分该"占有人"是合法占有人还是非法占有人，说明非法占有人也应成为责任主体。需要我们探讨的是，在非法占有人承担责任的前提下，致害动物的所有人是否应负连带赔偿责任？我们认为，可以视下列不同情形而定：对形成非法占有，所有人有过错的，所有人应负连带赔偿责任；如果所有人没有过错，但非法占有人为善意占有时，所有人也应承担连带赔偿责任。

---

① 王利明主编：《中华人民共和国侵权责任法释义》，中国法制出版社 2010 年版，第 419 页。

五、抗辩理由

1. 受害人过错

根据我国《侵权责任法》第78条之规定,受害人因故意或重大过失致使动物伤害自身,免除动物饲养人或管理人的赔偿责任,由受害人自己承担损失。所应注意的是,受害人的过错应当是造成损害的全部原因时,才是免责的条件,否则只能减轻责任。例如,男青年甲与女友去动物园观赏动物,甲跳入栏杆内,用脚踢狗熊以取悦女友,被狗熊咬伤脚跟。这是受害人故意所为,且为致害的全部原因,应自负其责。如受害人无过错或仅为一般过失的,则不构成饲养人或管理人不承担责任或减轻责任的理由。

2. 事先约定

动物饲养人或管理人可以事先与其驯兽员、兽医、为动物提供服务的专业服务人员达成协议,进行驯养、医疗、服务等活动,可以明示或默示动物饲养人或管理人的责任。这是因为,上述人员均为专业人员,在签订协议时,就接受了动物致害的危险,如果被该动物致伤,应免除动物饲养人或管理人的责任。但是,如果动物具有某种不寻常的危险恶癖,则动物的饲养人或管理人有预先告诫的义务。若其未预先告知这种特别危险,应为有恶意,对于该动物基于这种特别危险性所造成的损害,应当承担侵权的民事责任。除此之外,不为免责条件,如提供马匹给游人骑坐,马匹致游人损害,不能免责。另外,受害人在明确被告知有风险的情况下,仍参加某项具有危险性较大的活动,如围猎活动;如到野生动物园游览;所遭遇的非重大的损害,也应由受害人自行承受。

3. 不可抗力

因不可抗力造成动物致害的,依据我国《侵权责任法》第29条的规定,动物饲养人或管理人不承担赔偿责任。

4. 时效届满

饲养动物致人损害的侵权损害赔偿纠纷,适用我国《民法通则》规定的普通诉讼时效制度。

第十一章　场所致害责任

我国《侵权责任法》分别在第37条规定了公共场所致害责任,在第36条规定了网络上的侵权责任,在第38、39、40条规定了教育机构内发生的致未成年人以损害的责任,第91条则规定了地下施工损害责任。这些我们都将它们归纳为"场所致害责任"。它们的共同特点,是侵权事实都是发生在特定的地点:或是公共场所内,或是在施工场所,或是在网络平台上,或是在教育机构内。在这些场所内致他人以损害的,致害人无疑要承担侵权责任。但场所致害责任制度重点要解决的,却是这些场所的管理者是否也要承担相应的责任以及如何承担责任的问题。

第一节　公共场所致害责任

一、概述

1. 概念

公共场所致害责任,是公共场所经营者对受害人在其场所内遭受的损害依法承担的侵权责任。公共场所致害责任源于公共场所经营者对其安全保障义务的违反。经营者对服务场所的安全保障义务,是指经营者在经营场所对消费者、潜在的消费者或者其他进入服务场所的人的人身、财产安全依法承担的安全保障义务。违反这一义务应当承担损害赔偿责任。

2. 制度史

安全保障义务在立法上经历了一个演进过程。从法制史角度来考察,公共场所致损的侵权赔偿责任是一种古老的侵权责任。罗马法就有旨在保护行人及他人公共安全基于准私犯而产生的"公安之诉"。① 罗马法认为,准私犯是和私犯相类似,但又未列入私犯的违法行为;此行为的具体情况足以给他人造成损害,因而行为人必须承担赔偿责任。在罗马法规定的四种准私犯行为中,就有两种是关于公共场所业主因违反自己应负的保障公众安全义务而应承担责任的规定。根据查士丁尼《法学总论》的规定,如果有人从楼房投掷或倾注某物造成他人损害的,该建筑物的占有人应对该他人的损害承担准侵权责任;船长、客店主人或马厩主人对于在船舶上、客店内或马厩中出于欺诈或由于失窃所发生的损害,视为准侵权行为负责。② 罗马法对准私犯的规定奠定了场所侵权责任的基础,各国之后对经营者所负的安全保障义务都是由此发展而来的。

　　罗马法对准私犯的规定奠定了公共场所致损的民事侵权责任法律制度的基础,但并没有明确提出"公共场所致损的侵权责任"这一概念及制度体系。此后大陆法系各国的民法典,包括著名的《法国民法典》《德国民法典》《瑞士民法典》《意大利民法典》《日本民法典》,以及旧中国的数部民法典,均从实用主义出发,仅规定了个别公共场所内致损的侵权责任,如建筑物致损的责任;③而未从整体上对公共场所内致损的侵权责任作系统的制度设计。其中,《法国民法典》第1384条虽然规定任何人对在其管理下的物件所致的损害,承担赔偿责任,但因其仅涉及到物件本身致害这一情况,未涉及到公共场所内因物件以外的原因致人损害的责任承担问题,而远不能概括整个"公共场所致损侵权责任"制度。

　　在英美法系,与其传统不同,有关公共场所致损责任的法律制度主要是通过制定法而形成的。如英格兰先后于1957年、1984年制定了《占有者责任法》,明确规定了土地占有者对进入该土地的人所负有的一种"合理安全"的一般注意义务及责任。虽然"没有一个国家比英格兰、苏格兰和爱尔兰规定民事责任的制定法多",但是在这些国家和地区,制定法的地位仍然居于习惯与判例之后,"构成侵权行为法之基础的不是制定法,而是先例的理论和深为

---

　① 潘同龙、程开源主编:《侵权行为法》,天津人民出版社1995年版,第263页。
　② 〔罗马〕查士丁尼:《法学总论》,商务印书馆1993年版,第204页。
　③ 《法国民法典》第1386条规定:"建筑物的所有人,对因缺乏维护或因建筑物的缺陷所发生的坍塌而引起的损害,应负赔偿责任。"《德国民法典》第836—838条、《日本民法典》第717条、《意大利民法典》第2053条、《大清民律草案》第955条、《中华民国民律草案》第256条以及我国澳门特别行政区的《民法典》第485、486条亦有相应的类似规定。

信服的每一案件的判决都是基于自身的事实的观念。"①1869年制定的《北德联邦营业令》第107条规定,一切营业经营者,应根据营业和事业场所不同,根据对生命的健康造成的危险情况,为尽可能地保护劳动者,负有用自己的经营设置和维护全部必要设备的义务。

我国《民法通则》上并未明确规定经营者的安全保障义务。经营者对服务场所的安全保障义务的承担是通过其他法律来体现的。如我国《消费者权益保护法》《铁路法》《公路法》和最高人民法院的司法解释等。我国《民法通则》第125条虽提出了一个"公共场所"的概念,但也仅限于在公共场所施工时致损的侵权责任,与本处所要讨论的"公共场所"相去甚远。

法律制度的欠缺,对法制社会来说是一个不安定的因素。它一方面使得习惯于"依法办事"者无所适从,另一方面则给了不习惯于守法者以可乘之机。在我国,最近一段时期,无辜者在公共场所内遭受损害的事时有所闻,如顾客在商场摔伤、存户在银行被抢、旅客在旅馆被盗等等。因缺乏相应的法律规定,导致此类纠纷长期得不到公正的解决;不仅使无辜者无法得到法律的及时补救,亦使公共场所的业主的长远利益受到无形损害。因此,如何强化公共场所的所有人、管理人或经营者对在公共场所的人的安全保障义务,使在公共场所内遭受损害的受害者能够得到法律的保护,成为学术界、实务界的共识。

2003年,最高人民法院在《关于审理人身损害赔偿案件适用法律若干问题的解释》中率先就公共场所的致害责任作出了规定。第6条规定:"从事住宿、餐饮、娱乐等经营活动或者其他社会活动的自然人、法人、其他组织,未尽合理限度范围内的安全保障义务致使他人遭受人身损害,赔偿权利人请求其承担相应赔偿责任的,人民法院应予支持。因第三人侵权导致损害结果发生的,由实施侵权行为的第三人承担赔偿责任。安全保障义务人有过错的,应当在其能够防止或者制止损害的范围内承担相应的补充赔偿责任。安全保障义务人承担责任后,可以向第三人追偿。赔偿权利人起诉安全保障义务人的,应当将第三人作为共同被告,但第三人不能确定的除外。"经过数年的司法实践以及理论发展,我国《侵权责任法》最终确立了公共场所致害的侵权责任制度。第37条规定:"宾馆、商场、银行、车站、娱乐场所等公共场所的管理人或者群众性活动的组织者,未尽到安全保障义务,造成他人损害的,应当承

---

① 〔德〕克雷斯蒂安·冯·巴尔:《欧洲比较侵权行为法》(上册),张新宝译,法律出版社2002年版,第321、320页。

担侵权责任。因第三人的行为造成他人损害的,由第三人承担侵权责任;管理人或者组织者未尽到安全保障义务的,承担相应的补充责任。"明确规定了"宾馆、商场、银行、车站、娱乐场所等"为"公共场所",强调了公共场所的管理人或者群众性活动的组织者的"安全保障义务"。

二、责任构成

公共场所经营者并非对其服务场所内所发生的一切损害承担赔偿责任。其承担损害赔偿责任必须符合一定的构成要件。其构成条件如下:

1. 损害事件必须发生在公共场所

所谓公共场所,是指那些对外开放、允许社会公众自由进出并可在其内参加或从事与该公共场所宗旨有关的活动场所,其具有对外性、管理性、宗旨的服务性、特定的地域性等等基本特征。如:车站、旅店、商店、饭店、公共浴室等接待顾客的场所;邮电、通讯部门的经营场所、体育馆、动物园等向公众开放的场所;银行、证券公司等的营业厅,其他向公众提供服务的场所等。受保护的主体是消费者、潜在的消费者和实际进入该服务场所的任何人。

为进一步限定公共场所的范围,我们认为,公共场所应具备以下几个基本特征:

(1)对外性。公共场所的对外性,是指对外实行开放,允许社会公众完全自由进出或一定程度的自由进出。对外性是公共场所应当具有的最基本的特征。那种封闭性的、只允许本单位或本院落的人出入,外人须经特许才能出入的地方,不是公共场所。如住宅小区、机关内部办公处所、禁区、私人住宅等,就不应纳入公共场所的范围。

(2)管理性。公共场所的管理性,是指公共场所应处于特定的机构或人(即业主)的权力管辖之下。无人管理的荒郊野外,尽管任何人都可以去,但不是公共场所。因为无人(业主)管理,就无所谓有业主责任。在这些地方发生的致损事件,不可能出现追究所谓业主责任的问题。

(3)宗旨的服务性。公共场所之所以对外开放,其宗旨是通过向社会公众提供某种服务,以获取经济利益或解决公众问题。前者如商店、酒店的开门迎客,后者如信访处的接待。虽具有对外开放性,亦处于他人管辖之下的地方,若不具服务性的,仍不是公共场所。如农民承包的山地、田地,并不能阻止他人自由进出,但该承包人对他人在承包管辖地域内所受到的非来自承包人的行为的损害不负任何责任。

（4）地域的特定性。任何公共场所都应当是有特定的地域界限的。凡公共场所的业主享有管辖权的区域,都属于公共场所。而只有在该特定区域内发生的致损事件,才能依法要求公共场所的业主承担民事赔偿责任。如,储户在银行营业所门外被抢造成的损失,银行就不应对此承担赔偿责任。游客在去公园的途中发生车祸所遭受的损害与在公园内发生车祸所遭受的损害,责任主体也就应当不一样。

综上,公共场所应当是那些社会公众可以自由出入、有一定的管理机构、其宗旨是向社会提供某种服务、有固定区域的地区或地点。只有同时具备上述四个特征,才具有公共场所的属性。

2. 必须存在管理人或组织者的作为或不作为,即其对法定义务的违反

在此种特定场所中,管理人或组织者对权利人的人身和财产有安全保障义务。此时,管理人或组织者必须履行特定的法律上存在的义务。如:银行营业场所应当配备一定的保安人员;超级市场、餐厅的地面应当防滑;铁路、公路运输部门应当对旅客的人身、财产负有保障义务等。这样的安全保障义务有的是法律、法规或者行业规范明确要求的,有的则是依据经营的实际情况和社会的一般常识所必需的。管理人或组织者对此种义务的违反很可能导致损害赔偿责任的承担。在一般情况下,管理人或组织者为保障他人的人身和财产不受损害,必须履行下列义务:

（1）管理人或组织者应在场所设计布置上符合保护公众安全的要求。在那些已有强制性国家、行业标准或相应规定的,如宾馆、饭店须设置消防通道,银行应配备保安人员的,应严格按照这些标准执行;如果没有这方面规定的,则应该按社会普遍公认的安全保护方式进行设置。

（2）管理人或组织者的管理、警告义务。管理人或组织者对于公共场所可能发生的事故有谨慎管理、充分注意和及时疏导、有效防止事故发生的现场看护义务,必须尽到管理者的责任。另外,公共场所经营的一些项目本身即具有危险性（如登山、攀岩）,有些设施本身具有危险性（如电梯）,管理人或组织者应向消费者作出真实的说明和明确的警示,并说明正确的使用方法和防止危险发生的方法。

（3）保护与制止的义务。当意外发生时,特别是公众遭受到第三人侵害时,场所的管理人或组织者应立即采取措施保护公众,尽可能地避免损害的发生。当意外发生后,应采取措施对受到损害的公众予以救济,避免损失因救济不及时而扩大。

3. 有损害发生

公共场所责任同其他侵权案件一样也需要有损害的后果发生。无损害后果则无责任的承担。损害的事实可表现为受害人的人身或财产损害。

4. 因果关系

受害人的损害事实同公共场所管理人或组织者的违反法定义务的行为之间具有因果关系。但是，我们对管理人或组织者违反安全保障义务，受害人遭受人身或者财产损害的条件中因果关系的认定不能从"是否加害行为导致了损害结果的发生"这一事实上的因果层面来理解。因为此类案件中管理人或组织者大多没有实施任何积极的作为行为，而是消极不作为，要证明不作为行为与损害后果之间存在因果关系往往是不可能的。在多数案件中，被告的不作为并不是损害后果发生的真正原因，而损害后果的发生完全是由于其他原因，如自然原因、受害人自己的过失或者第三人加害行为等造成的。此时，因果关系的认定应当从"如果管理人或组织者达到了应有的注意程度，实施了其应当实施的作为行为，是否可以避免或者减轻损害后果"的角度来理解，如果管理人或组织者实施了其应当实施的作为行为损害后果不会发生或者可以减轻，则认为存在因果关系，否则，则不认为存在因果关系。

5. 管理人或组织者主观上有过错

在公共场所致害责任中，多数情况表现为管理人或组织者的过失。我国《侵权责任法》关于公共场所致害责任的规定，并没有明确提出过错责任，但论者一般认为，违反安全保障义务的行为本身，即属于过错的范围。管理人或组织者的过错表现为对其积极的作为义务的违反。判断管理人或组织者有无过错的一般标准是：其是否达到了法律、法规、规章或者操作规定等所要求达到的注意程度，或者是否达到了同类管理人或组织者所应当达到的通常注意程度，或者是否达到了一个诚信善良的管理人或组织者应当达到的注意程度。管理人或组织者的作为义务内容取决于不同案件的具体情况。因此，管理人或组织者过错的有无和大小的判断，既要把握一般标准又要依靠个案分析，把个案中管理人或组织者的实际行为和法律法规的要求以及同类管理人或组织者所应当达到的注意标准或一个一般诚信善良的人应达到的注意程度进行比较，以确定案件中的管理人或组织者是否达到了"应当达到的注意程度"进而认定其有无过错。

在公共场所致害责任中，管理人或组织者不是侵权行为的积极发动者。此时要求管理人或组织者承担无过错责任，对管理人或组织者无疑苛责过严,造成利益的失衡。因此,为了平衡社会利益和实现实质的公平,管理人或组织者违反安全保障义务,致使他人发生人身、财产损害的,管理人或组织者仅在自己有过错的情况下承担责任,没有过错则不承担责任。

三、责任承担

1. 责任主体

受害人在公共场所遭受的损害,通常源于两种情形:一是源于公共场所的管理人或组织者自身的作为或不作为(一般为不作为)。如未设置栏杆,致顾客不小心从楼台掉落下去受伤;再如,未设置逃生通道,致失火时顾客无法逃生而被烧死。二是源于第三人的行为。如在酒店内被他人杀死,如被抢等。

我国《侵权责任法》第37条明确规定,对于第一种侵权,公共场所的管理人或组织者须承担侵权责任,其实这是直接对自己的负责。而在第三人侵权的情况下,首先由该第三人承担侵权责任;管理人或组织者未尽到安全保障义务的,承担补充责任。在这种情况下,管理人或组织者与第三人不构成共同侵权。他们的责任是基于不同的法律事实而产生的,其间不是一般连带责任,而应当是补充责任。在能够确定加害人时,由加害人或其他负有责任的人承担,只有在加害人无法确定时或者不能赔偿或者不能全部赔偿时,才能要求未尽到安全保障义务的管理人或组织者承担责任。在承担了补充责任后,管理人或组织者获得对加害人或者其他赔偿义务人的追偿权。

2. 理论基础

管理人或组织者承担责任是因为其违反了安全保障义务。管理人或组织者之所以要承担安全保障义务是收益与风险相一致原理的要求。服务场所的管理人或组织者所从事的是一种营利性活动,能够从中得到利益。尽管有的消费者并不一定接受服务支付费用而只是参观甚至路过,但是作为整体的消费者群体无疑会对经营者支付费用而使其获利。法律要求其承担义务是合理的。除了特定信任关系也受侵权法保护的法律观念外,从危险源中获取经济利益的人也经常会被视为是具有制止危险义务的人。根据危险控制理论,管理人或组织者了解服务设施、设备的性能以及相应的管理法律、法规的要求,了解服务场地的实际情况,具有更加强大的力量和相关方面更加专业的知识和专业能力,更能预见可能发生的危险和损害,更有可能采取必要的措施防止损害的发生或减轻损害。在属于不作为责任原始形态的对他人侵权行为的责任领域内，监督者控制潜在危险的义务通常来源于他对危险源的控制能力。从经济学的领域看，由管理人或组织者来承担这一义务更加具有经济合理性，更能节省社会总成本。

3. 抗辩事由

在诉讼中，作为被告的管理人或组织者，可以作为自己不承担责任或应当减轻责任的抗辩理由，通常包括：

（1）自己已经尽到了安全保障义务，主观上无过错。公共场所致害责任实行过错责任的归责原则。虽然公共场所的管理人或组织者对事件的发生主观上是否存在过错，一般应由作为受害人的原告来举证证明，但管理人或组织者可以主动提供证据来证明自己无过错，或是在原告指控其存在过错时，管理人或组织者亦可通过举证来证明自己并不存在过错。要证明自己已经尽到了安全保障义务，一般可以从以下几个方面入手：第一，已设置了安全设施，如消防设施、防护栏杆、监视镜头、防滑设备等；第二，已配备了安全设备，如灭火器、消防车、救护车等；第三，已采取了安全保障措施，如配备了保安、消防队、医生，疏通了安全出口等。

（2）第三人的行为。根据我国《侵权责任法》第 37 条第 2 款的规定，因第三人的行为造成他人损害的，由第三人承担侵权责任。公共场所的管理人或组织者只有在自己对此事件未尽到安全保障义务的情况下，才对第三人给受害人造成的损害承担相应的补充责任。也就是说，如果管理人或组织者能够证明以下两个客观事实，即无需对此损害承担责任：一是须证明损害是第三人造成的；二是自己已经尽到了安全保障义务。

（3）受害人的故意或重大过失。在公共场所受到损害，纯系受害人故意所为，依我国《侵权责任法》第 27 条之规定，公共场所的管理人或组织者依法不承担侵权责任。如公共场所与第三人斗殴致伤；不听公共场所安保人员的告诫或劝阻，扰乱场所秩序而受到损害等。受害人对自己的损害主观上存在重大过失的，虽不能免除管理人或组织者的责任，但应可相应地减轻管理人或组织者的责任。这样才有利于维持公共场所的正常秩序，维持在公共场所内其他人的合法权益。

（4）受害人的同意（甘冒风险）。在公共场所致害责任中，受害人同意或甘冒风险，应不应成为公共场所的管理人或组织者不承担责任或减轻责任的抗辩事由，值得商榷。那是因为，在公共场所里，一般不应存在明显有损于参与者人身或财产的风险，自然不可能出现受害人事先同意或申明承受这种风险的现象。

（5）受害人为非法闯入者。非法闯入公共场所内受到损害的,公共场所的管理人或组织者是否要承担侵权赔偿责任？这在立法过程中是有争议的。最终,我国《侵权责任法》并未作此区别,而是规定"造成他人损害的",都要承担侵权责任。即不管受害人是合法进入者,还是非法闯入者,只要在公共场所内受到损害,而管理人或组织者未尽到安全保障义务的,都不能免责。我们主张对合法进入者与非法闯入者还是应当有一个基本的区别对待。为维护公共场所内的正常秩序,维护公共场所的管理人或组织者的合法权益,对非法闯入者在公共场所内受到损害的,管理人或组织者不应当承担责任,除非该损害是管理人或组织者故意造成的。关键是如何界定"非法闯入者"。凡未经邀请、或未得到同意、或未经法律授权、或不听劝阻,即擅自进入公共场所内的,都可定性为非法闯入者。

（6）不可抗力。不可抗力作为法定抗辩事由,公共场所的管理人或组织者自可依法运用之。如在公共场所遭受的损害系因不可抗力所造成,如因地震致剧院垮塌,致剧院内正在观看演出的观众人身或财产损害的,剧院的所有人或管理者无须承担赔偿责任。

（7）时效届满。依我国诉讼时效制度,时效届满后,债务人有权拒绝履行债务的请求。因此,当公共场所中的受害人要求赔偿的,公共场所的管理人或组织者可依此进行抗辩。

5. 责任竞合

公共场所责任是管理人或组织者违反其应承担的法定义务而导致的他人人身、财产损害,其应当承担的是侵权责任。但在某些案件中,受害人也可基于我国《合同法》第122条的规定请求管理人或组织者承担违约责任。在公共场所责任中,存在着侵权责任和违约责任竞合的问题。因为一般情况下是经营者对法定义务的违反,但在有些情况下,也存在经营者对约定义务违反的情形,如入住酒店而受到损害的,受害住客原本与酒店之间就存在一个合同关系。还在有些情况下,是管理人或组织者对根据诚实信用原则引申出来的合同附随义务的违反等等。此时,受害人可以依据具体情况选择最有利于自己的法律适用。

第二节　施工场所致害责任

一、概述

1. 概念

施工场所致害责任,是指施工人在公共场所、道旁或者通道上挖坑,修缮安装地下设施的施工过程中致人损害而产生的侵权责任。它的基本特点是,其一,与物件侵权不同,施工场所致害责任属于行为侵权,而非某个物件所致的损害;即使是某个施工器械造成的损害,此时亦属场所侵权。其二,与其他行为侵权所不同的,则是侵权行为发生在施工的过程中,是在施工场所中发生的侵权。

2. 制度史

施工场所致害责任是我国法律特有的一种特殊侵权,该责任形式最早源于 1986 年的我国《民法通则》第 125 条规定:"在公共场所、道旁或者通道上挖坑、修缮安装地下设施等,没有设置明显标志和采取安全措施造成他人损害,施工人应当依法承担赔偿责任。"2009 年我国《侵权责任法》第 91 条第 1 款再次重申了这一制度:"在公共场所或者道路上挖坑、修缮安装地下设施等,没有设置明显标志和采取安全措施造成他人损害的,施工人应当承担侵权责任。"①在其他国家的法律中均无施工场所致害责任的规定。不过,我国《侵权责任法》将施工场所致害的责任置于"物件损害责任"中加以规定,似有不妥。因为这不是源于物品发生的致人损害事件,而是在施工场所这个特定的地点内发生的致害事件。它强调的是特定的地域性。

传统民法对施工场所致害责任与建筑物等地上致害责任不加区分,只笼统规定土地工作物(或称建筑物)或与土地相连的工作物的致害责任,将施工场所和建筑物等地上物包括在一起,共同适用同一个法律条文,这种立法例使其外延宽,概括力强,适用范围广。我国法律将施工场所致害责任和建筑物等地上物致害责任分开规定,有其合理性。因为在现代社会中,因施工致

---

① 本条第 2 款规定:"窨井等地下设施造成他人损害,管理人不能证明尽到管理职责的,应当承担侵权责任。"明显可以看出,它与第 1 款的规定存在较大区别:该款属于物件致害的责任而非行为致害的责任。两类性质完全不同的责任形式,在一个条文中加以规定,实在令人费解。

人损害的现象大量存在,法律有必要将其作为一种单独责任,区分立法突出强调地下工作物致害责任的特殊性和重要性,以利于更好地保护受害人的合法权益。

二、责任构成

施工场所致害责任是一种特殊侵害责任,其构成要件如下:

1. 必须要有在特定场所的特定施工行为

包括三个方面:

(1) 特定的场所。施工的场所必须在公共场所、道旁或通道上。这些地方都是公共活动、通行的区域,具有人员密度大、流通性强的特点。因此,在这些地方施工具有相当的危险性,所以法律为了维护社会公众的安全,使不特定人了解地形变化而避免受损,设置了地面施工致害责任。它不包括空中施工(如架设高压输电线路),也不包括纯粹的地下施工(如地下采掘、隧道施工等)。①

(2) 施工行为。即在特定的场所挖坑、修缮安装地下设施等。此时的施工,不是指地表下面的施工,而是指进行挖坑、掘进等由地面向下进行的、会破坏地面原来地形的施工。我国《民法通则》第 125 条以及《侵权责任法》第 91 条对施工行为进行了不完全的列举,包括挖坑、修缮安装地下设施等,也就是说不仅仅限于挖坑、修缮安装行为。在实践中,加害人在公共场所或道旁、通道上从事其他施工行为,没有设置明显标志和采取安全设施而造成他人损害的,虽然其不属于我国《侵权责任法》第 91 条明确列举的情形,但是其性质与列举的情形相同或基本相似的,也应当适用第 91 条的规定,认定为施工场所致人损害责任。

(3) 施工时间。施工场所致人损害,其行为应发生在施工的阶段,包括施工的准备阶段、施工的实施阶段和施工的完成阶段。某些施工久拖不竣或基本完成但未最后竣工验收,仍应认定为处于施工阶段。在施工完成即竣工验收后出现的建筑物倒塌、脱落、坠落等致人损害,则不能认定为施工场所致人损害,而应该适用我国《侵权责任法》其他条款的规定。

2. 未设置明显标志和采取措施

为了保护不特定社会公众的安全,施工人在公共场所、道旁或通道施工

---

① 参见张新宝:《中国侵权行为法》,中国社会科学出版社 1998 年版,第 542 页。

的,必须设置明显的标志和采取安全措施,这是法律上要求的作为义务。施工人对此义务的违反,即可能构成不作为的违法行为。施工人设置明显标志和采取安全措施必须符合两个要求:

(1)施工人必须同时设置明显标志和采取安全措施,也就是说,施工人仅设置了明显标志但是没有采取安全措施,或者仅采取了安全措施但没有设置明显标志,其行为仍属于未履行作为义务。

(2)设置的明显标志和采取的安全措施必须得当,能使普通人采取通常的注意即可防止事故的发生。此时施工人必须尽到了善良管理人的注意义务,标志的明显性和措施的安全性是否达到这一要求,应当依社会的一般观念加以认定。

3. 须存在损害后果

侵权行为的成就必须以损害后果的发生为前提。此时应注意受害人只能是施工作业人员以外的第三人,施工人员在施工中受到损害,不适用我国《侵权责任法》第 91 条的规定,应按照有关劳动法律法规处理。第三人的损害,既可以是人身损害,包括受害人受伤、丧失劳动能力、死亡等,也可以是单纯的财产损害。

4. 须受害人的损害与施工现场欠缺明显的标志或未采取必要的安全措施有因果关系

加害行为与损害后果之间存在因果关系,是构成施工场所致人损害的构成要件之一。施工场所致害责任是施工人的违法不作为的法律后果,受害人的损害并不是施工人的施工作为行为造成的,而是由于施工人违反了采取必要的安全措施的作为义务造成的。这里的因果关系表现为因安全措施的欠缺,致使路人掉入开启的坑、井、渠内遭受损害。如果受害人的损害与安全措施的欠缺没有关系,则不产生这种责任。

三、归责原则

关于施工场所致害责任的归责原则,我国民法学界一直存在争议。一是过错责任说。该说认为,从法律的规定来看,"没有设置明显标志和采取安全措施"是对施工人"违反注意义务"的具体表述,所以这种责任实质上属于过错责任范围。[①] 二是过错推定说。该说认为施工场所致害责任适用过错推定

---

① 王家福主编:《中国民法学·民法债权》,法律出版社 1999 年版,第 519 页。

原则。认为"不排除此种责任仍属于过错推定责任"。① 三是无过错责任说,该说认为,施工场所致害责任是一种无过错责任。② 对于过错责任说、过错推定责任说和无过错责任说三种观点,笔者赞成过错推定说。

我国《侵权责任法》第91条规定施工场所致害责任的承担必须以责任人存在没有设置明显标志或采取安全措施的过错为前提(责任的追究并不以两个行为均不作为前提,满足一个即可)。如果施工人能够证明自己已经采取了有效的安全措施和明显的标志的,即说明在主观上没有过错,已经完全尽到了"善良管理人"的义务,则可以免除责任。施工场所致害责任不同于过错责任,受害人无需证明施工人的过错;也不同于无过错责任,即只要有法律的明文规定,发生了损害后果,则不考虑行为人的主观状态,其必须承担损害赔偿责任,不得以行为人无过错而免责。所以此责任适用过错推定原则。施工人的过失是因为其对作为义务的违反,施工人要想免责,必须证明其无过错,其作为"善良管理人"对法定义务已经履行。而且其无过错必须由施工人自己举证证明。证明不成立或不足的,则推定过错成立。

四、责任承担

1. 责任主体

根据我国《侵权责任法》的规定,施工场所致害的责任主体是施工人。但是对于"施工人"的概念,我们应该作扩大解释。狭义的施工人难以概括施工场所致害责任的赔偿义务主体。在实践中,有一些地面施工,工程的所有者或管理者并不直接进行施工,而是通过承包合同等方式发包给他人进行施工;有的工程还有分包、转包等情形出现。当施工人也是工程的所有者或管理人时,比较容易确定责任主体。当直接施工人员不是工程的所有者或管理者时则应视具体的情况而分析。当地面工程以一特定人的名义作为施工人进行施工的,则其为责任主体,而不问真正的直接施工者是谁,也不问是否存在转包、分包等情形。但在转包、分包工程中另行确定各施工人的情形除外。工程的所有者、管理者雇用零散人员进行施工的或者受害人无法判断施工人的,应推定工程的所有者、管理人为施工人,由其承担责任。

2. 抗辩事由

(1)已设置了明显的标志和采取了安全措施。施工场所致人损害的最

---

① 王利明主编:《侵权行为法》,法律出版社1996年版,第290页。
② 张新宝:《中国侵权行为法》,中国社会科学出版社1998年版,第547页。

主要的免责条件,是施工人已经尽到善良管理人的义务,设置了明显的标志,采取了必要的安全措施,且达到足以使任何人采取通常的注意即可防止损害事故发生的程度。施工人确有证据证明已尽上述作为义务,则可免除其赔偿责任。

(2) 不可抗力。只要施工人能够证明受害人的损害原因是因不可抗力造成的,施工人即可不承担责任。如设置的明显标志被狂风吹倒或被龙卷风卷走,或被山洪冲跑等。

(3) 受害人的过错。受害人故意利用地面施工给自己造成损害的,施工人不承担责任。

(4) 第三人的过错。如果因第三人的过错导致有关标志或安全措施受到破坏而使受害人遭受损害,只要施工人已尽全力保护这些标志和维持这些安全措施,并且已尽全力避免和减少损害,施工人可以主张不担责或减责。

(5) 时效届满,等。

第三节 网上侵权责任

一、概述

1. 概念

网上侵权责任,是指侵权人利用网络所实施侵害他人合法权益,依法应当承担的侵权责任。人们往往把这种侵权责任称为"网络侵权"。严格说来,这种称谓是不严谨的。它往往会使人产生误会,以为是"网络"在侵权。其实不然,网络不过是被侵权人利用来实施侵权的工具,是侵权人实施侵权的"场所"。正因为如此,我们将这类侵权定义为"网络上侵权",应比"网络侵权"更为妥当些。

网上侵权责任具有以下基本特征:

第一,侵权场所的特殊性。行为人实施侵权的场所在网络上。网络成为某些大肆侵害他人合法权益的广阔的"战场"。这与其他侵权行为实施在现实生活中大不一样;网络侵权的现场却是在虚拟的空间。

第二,侵权手段的特殊性。行为人是利用网络实施的侵权;网络成为了这些人实施侵害他人合法权益的一种工具或媒介。

第三，侵害对象的特殊性。通常为姓名权、肖像权、名誉权、隐私权、著作权(包括网络著作权)、虚拟财产权等，通常不可能发生侵害生命权、健康权等现象。

第四，造成损害的广泛性。影响的覆盖性相当广泛。当前，全世界包括我国在内的网民数以亿计，传播又十分迅速，理论上，如有人在网上散布损害他人名誉的传言，全世界各个角落里马上就会有人知道。损害之迅速、之广泛，由此可见一斑。

2. 制度史

计算机网络产生于20世纪的80年代，广泛使用于90年代，仅三十余年的历史。因此，与其他传统的侵权现象相比，网络上侵权的现象也就是近十几年的事。但因为危害性较大，所以各国很早就注重对网络上的各种行为的规范，制订了许多相应的规则、规章与法律法规。如美国于1998年制订了《千禧年数据版权法案》，欧盟于2000年制订了《电子商务指令》，日本于2001年制订了《特定电气通信提供者损害赔偿责任之限制及发信者信息提示法》。它们都是从规定哪些情形可以免责的角度来进行规范的。规定了免责的情形，等于告诉了人们哪些是不可免责的情况。在我国，最早对网络上侵权作出规范的，是最高人民法院的司法解释。2000年，最高人民法院颁发了《关于审理涉及计算机网络著作权纠纷案件适用法律若干问题的解释》，并先后于2003年、2006年作了修订。2006年，国务院制定了《信息网络传播权保护条例》。这是目前我国专门维护网络安全而制定的一部重要的行政法规。2009年我国《侵权责任法》第36条从侵权法的角度对网络上侵权现象作了原则性规定："网络用户、网络服务提供者利用网络侵害他人民事权益的，应当承担侵权责任。网络用户利用网络服务实施侵权行为的，被侵权人有权通知网络服务提供者采取删除、屏蔽、断开链接等必要措施。网络服务提供者接到通知后未及时采取必要措施的，对损害的扩大部分与该网络用户承担连带责任。网络服务提供者知道网络用户利用其网络服务侵害他人民事权益，未采取必要措施的，与该网络用户承担连带责任。"为规范网络上的行为以及制裁网络上侵权行为提供了基本的法律依据。

二、网络用户、网络服务提供者利用网络实施的侵权

我国《侵权责任法》第36条分两种情形对网上侵权现象及其责任作了原则性规定。一是网络用户与网络服务提供者在网络上实施的侵权及责任；二是网络服务提供者对网络用户在网络上实施的侵权未采取相应措施的责任。下面我们根据法律的规定,分别进行论述。

根据我国《侵权责任法》第36条第1款的规定,网络用户、网络服务提供者利用网络侵害他人民事权益的,应当承担侵权责任。

1. 网络用户利用网络侵权的情形

网络用户利用网络实施侵害他人合法权益的行为,通常表现为:①

(1) 侵害人格权的行为。主要表现为:① 侵害他人姓名权。如未经他人同意,盗用他人姓名谋取私利。② 侵害他人肖像权。如未经他人许可,以营利为目的而擅自利用他人的肖像。③ 侵害他人名誉权。如擅自在网络上散布贬低他人名声的不实消息,发表诽谤他人的文章等。④ 侵害他人隐私权。如在网上擅自公开他人的个人信息等。

(2) 侵害财产权的行为。如窃取他人网络银行的资金,侵夺他人虚拟财产,等等。

(3) 侵害知识产权的行为。如擅自发表、篡改他人作品;在网上假冒他人注册商标推销其商品等。

2. 网络服务提供者利用网络侵权的情形

网络服务提供者,是指为网络信息交流和交易的双方当事人提供中介服务的人,包括为网络接入、缓存、存储、传输、搜索和链接服务的网络商。网络服务提供者利用网络侵害他人合法权益的行为,通常表现为:利用技术攻击他人网络,破坏他人的技术保护措施,窃取他人个人信息,等等。

3. 网络用户和网络服务提供者侵权责任的构成

从我国《侵权责任法》第36条第1款的规定,可以看出,网络用户和网络服务提供者侵权责任的构成,仅有侵权行为这一个要件。既不需考虑行为人主观上是何态度,甚至亦不需要其行为给他人造成实际损害后果。为什么网络用户和网络服务提供者侵权责任实行无过错责任的归责原则?为什么不要求要有损害后果?立法者并没有给我们一个明确的解释。笔者理解,其一,知道要利用网络侵权的本身,就足以说明其主观上存在有过错。其二,网络上的侵权,受害人要证明其受有实际的损害,一方面难度很大,另一方面不足以及时制止网络上的侵权,可能会造成更大的危害。

---

① 王胜明主编:《中华人民共和国侵权责任法解读》,中国法制出版社2010年版,第179页。

三、网络服务提供者对网络用户在网络上实施的侵权未采取相应措施的责任

1. 概述

我国《侵权责任法》第36条第2、3款分别规定了网络服务提供者对网络用户在网络上实施的侵权未采取相应措施时的责任的两种情形。

第2款规定:"网络用户利用网络服务实施侵权行为的,被侵权人有权通知网络服务提供者采取删除、屏蔽、断开链接等必要措施。网络服务提供者接到通知后未及时采取必要措施的,对损害的扩大部分与该网络用户承担连带责任。"

第3款规定:"网络服务提供者知道网络用户利用其网络服务侵害他人民事权益,未采取必要措施的,与该网络用户承担连带责任。"

这两款的规定既有相联系的方面,也存在明显的区别。

它们的共同点是:这两种情形下,都存在网络用户利用网络侵害他人民事权益的现象;网络服务提供者都未采取必要措施,从而要与网络用户对受害人负连带责任。

不同点主要有两个方面。一是网络服务提供者是否"知道"网络用户在利用网络实施侵权。第2款情形下,网络服务提供者并"不知道"网络用户在实施侵权,但接到受害人的通知后,仍未及时采取必要措施,以致造成损害扩大的,就该扩大的部分对受害人与网络用户共同负连带责任;第3款情形下,网络服务提供者"知道"网络用户在实施侵权,就须主动采取必要措施,未采取必要措施者,与侵权的网络用户对受害人负连带责任。二是,需承担责任的范围有所不同。第2款情形下,网络服务提供者仅就被侵权人扩大的损失承担连带责任;而第3款情形下,网络服务提供者要就被侵权人的全部损害与网络用户承担连带责任,明显加重了对网络服务提供者的责任。

2. 网络服务提供者接到通知却未及时采取必要措施的责任

在第2款规定的情形下,网络服务提供者对网络用户在网络上实施的侵权未采取相应措施时的责任的构成要件是:

(1)存在网络用户利用网络服务实施侵权行为的事实;

(2)被侵权人通知了网络服务提供者,要求其采取删除、屏蔽、断开链接等必要措施。我国《信息网络传播权条例》第14条规定:"对提供信息存储空间或者提供搜索、链接服务的网络服务提供者,权利人认为其服务所涉及的作品、表演、录音录像制品,侵犯自己的信息网络传播权或者被删除、改变了

自己的权利管理电子信息的,可以向该网络服务提供者提交书面通知,要求网络服务提供者删除该作品、表演、录音录像制品,或者断开与该作品、表演、录音录像制品的链接。"通知书应当包括以下内容:① 权利人的姓名(名称)、联系方式和地址;② 要求删除或者断开链接的侵权作品、表演、录音录像制品的名称和网络地址;③ 构成侵权的初步证明材料。权利人应当对通知书的真实性负责。

(3) 网络服务提供者接到通知后未及时采取必要措施。何谓"必要措施"? 所谓"措施",包括删除、屏蔽网上已公布出来的信息,断开网络链接等。所谓"必要",是指根据侵权的具体情形和技术条件,在客观上足以阻止侵权行为的危害后果进一步扩散。① 换言之,判断"必要"的标准,是要看该措施能否在客观上"足以阻止侵权行为的危害后果进一步扩散"。达不到这个标准的,就不是"必要措施"。我国《信息网络传播权条例》中规定,技术措施,是指用于防止、限制未经权利人许可浏览、欣赏作品、表演、录音录像制品的或者通过信息网络向公众提供作品、表演、录音录像制品的有效技术、装置或者部件。

我国《信息网络传播权条例》规定:网络服务提供者接到权利人的通知书后,应当立即删除涉嫌侵权的作品、表演、录音录像制品,或者断开与涉嫌侵权的作品、表演、录音录像制品的链接,并同时将通知书转送提供作品、表演、录音录像制品的服务对象;服务对象网络地址不明、无法转送的,应当将通知书的内容同时在信息网络上公告。服务对象接到网络服务提供者转送的通知书后,认为其提供的作品、表演、录音录像制品未侵犯他人权利的,可以向网络服务提供者提交书面说明,要求恢复被删除的作品、表演、录音录像制品,或者恢复与被断开的作品、表演、录音录像制品的链接。网络服务提供者接到服务对象的书面说明后,应当立即恢复被删除的作品、表演、录音录像制品,或者可以恢复与被断开的作品、表演、录音录像制品的链接,同时将服务对象的书面说明转送权利人。权利人不得再通知网络服务提供者删除该作品、表演、录音录像制品,或者断开与该作品、表演、录音录像制品的链接。

(4) 由此造成了被侵权人的进一步的损害。

3. 网络服务提供者知道有人侵权却未及时采取必要措施的责任

在第 3 款规定的情形下,网络服务提供者对网络用户在网络上实施的侵

---

① 王利明主编:《中华人民共和国侵权责任法释义》,中国法制出版社 2010 年版,第 159 页。

权未采取相应措施时的责任的构成要件是:

(1) 网络服务提供者知道网络用户利用其网络服务侵害他人民事权益。何谓"知道"?谁来证明网络服务提供者"知道"?对于第一个问题,有人认为,知道包括了"明知"和"应知"[1],有的则认为仅指"明知"而不包括"应知"。[2] 在法理上,人们常常将"知道"与"应当知道"并列,所以,"知道"不应当包括"应知"。对于第二个问题,我们主张应由作为原告的被侵权人负举证责任。原告可以从网络信息的流量、网络服务提供者的类型、网络服务所能提供的技术手段等诸多方面进行证明。

(2) 未采取必要措施。

(3) 造成了被侵权人的损害。这里的损害不限于因网络服务提供者未采取必要措施因而给被侵权人造成的扩大的损失,而是包括被侵权人因网络上的侵权所遭受的全部损害。

四、抗辩事由

为维护网络服务提供者的合法权益,维护网络正常的流量与必要的秩序,我国《信息网络传播权条例》详细规定了网络服务提供者无需承担责任的具体情形。

(1) 网络服务提供者根据服务对象的指令提供网络自动接入服务,或者对服务对象提供的作品、表演、录音录像制品提供自动传输服务,并具备下列条件的,不承担赔偿责任:① 未选择并且未改变所传输的作品、表演、录音录像制品;② 向指定的服务对象提供该作品、表演、录音录像制品,并防止指定的服务对象以外的其他人获得。

(2) 网络服务提供者为提高网络传输效率,自动存储从其他网络服务提供者获得的作品、表演、录音录像制品,根据技术安排自动向服务对象提供,并具备下列条件的,不承担赔偿责任:① 未改变自动存储的作品、表演、录音录像制品;② 不影响提供作品、表演、录音录像制品的原网络服务提供者掌握服务对象获取该作品、表演、录音录像制品的情况;③ 在原网络服务提供者修改、删除或者屏蔽该作品、表演、录音录像制品时,根据技术安排自动予以修改、删除或者屏蔽。

(3) 网络服务提供者为服务对象提供信息存储空间,供服务对象通过信

---

[1] 王胜明主编:《中华人民共和国侵权责任法解读》,中国法制出版社2010年版,第185页。
[2] 王利明主编:《中华人民共和国侵权责任法释义》,中国法制出版社2010年版,第159页。

息网络向公众提供作品、表演、录音录像制品,并具备下列条件的,不承担赔偿责任:① 明确标示该信息存储空间是为服务对象所提供,并公开网络服务提供者的名称、联系人、网络地址;② 未改变服务对象所提供的作品、表演、录音录像制品;③ 不知道也没有合理的理由应当知道服务对象提供的作品、表演、录音录像制品侵权;④ 未从服务对象提供作品、表演、录音录像制品中直接获得经济利益;⑤ 在接到权利人的通知书后,根据本条例规定删除权利人认为侵权的作品、表演、录音录像制品。

(4) 网络服务提供者为服务对象提供搜索或者链接服务,在接到权利人的通知书后,根据规定断开与侵权的作品、表演、录音录像制品的链接的,不承担赔偿责任。

网络服务提供者如能举证证明上述情形之一的,即可不承担相应的责任。

第四节 教育场所内致害责任

一、概述

1. 概念

教育场所内致害责任,是指未成年人在幼儿园、学校或其他教育机构学习、生活期间,受到人身损害的,则相关责任人依法承担的侵权损害赔偿责任。

我国《侵权责任法》第 38 条、第 39 条和第 40 条分别规定:"无民事行为能力人在幼儿园、学校或者其他教育机构学习、生活期间受到人身损害的,幼儿园、学校或者其他教育机构应当承担责任,但能够证明尽到教育、管理职责的,不承担责任。""限制民事行为能力人在学校或者其他教育机构学习、生活期间受到人身损害,学校或者其他教育机构未尽到教育、管理职责的,应当承担责任。""无民事行为能力人或者限制民事行为能力人在幼儿园、学校或者其他教育机构学习、生活期间,受到幼儿园、学校或者其他教育机构以外的人员人身损害的,由侵权人承担侵权责任;幼儿园、学校或者其他教育机构未尽到管理职责的,承担相应的补充责任。"

从以上规定可以看出,教育场所内致害责任具有以下基本特点:

第一,特定的受害人:在教育机构学习生活的未成年人,包括无民事行为能力人和限制民事行为能力人。其他民事主体在教育机构内遭受侵害的,不构成本责任。

第二,特定的场所:要求侵权损害事件发生在幼儿园、学校或其他教育机构内。在这里,所谓教育机构内,主要是指教育机构所管辖,一般还应延伸到教育机构所能掌控的地域。如学校组织外出参观时,学生在行进路上遭受人身损害的,亦属本类侵权。

第三,特定的损害:仅限于人身损害,而不包括财产损害。但因人身损害而造成的财产损害,亦应属赔偿之列。

第四,特定的责任主体:通常为教育机构。

2. 制度史

教育场所内致害责任的制度有关较为悠久的历史。早在1804年的《法国民法典》第1384条的第4、5款即明文规定:"学校教师与工艺师对学生与学徒在其监督期间所致的损害,应负赔偿的责任。""前述的责任,如父、母、学校教师或工艺师证明其不能防止发生损害的行为者,免除之。"说明法国民法实行的是过错推定的归责原则。到1937年5月4日又统一规定第8款:"涉及小学教师与家庭教师时,其受到指控的造成损害事实的过错、轻率不慎或疏忽大意,应由原告按照普通法于诉讼中证明之。"① 受此影响,此后的大陆法系各国民法均对此有所规定。如《德国民法典》第832条规定:"(1)依法对因未成年或者因精神上或者身体状况而需要监督的人负有监督的义务的人,对此人给第三人不法造成的损害,负有赔偿的义务。监督义务人已经履行监督义务,或者在适当地实施监督的情况下损害也会发生的,不发生赔偿义务。(2)因合同承担实施监督的人,负同样的责任。"第2款规定的所谓"因合同承担实施监督的人",实际上指的就是诸如学校等教育机构,它们负有与未成年人的监护人同样的义务与责任。《意大利民法典》第2048条第2、3款规定:"家庭教师和教授技能或手艺的人,对他们的学生和徒弟于他们监管期间发生的不法行为导致的损害要承担责任。""但是,如果证明上述两款指明之人不能阻止该不法行为的,不承担责任。"《日本民法典》第714条第2款基本上沿袭《德国民法典》第832条第2款的做法,规定:"代监督义务人监督无能力人者,亦负前款责任。"《俄罗斯联邦民法典》第1073条第2、3款

---

① 刘士国:《学校事故的民事责任》,载《法学》2009年第1期。

规定:"如果需要监护的幼年人处于教育、医疗、居民社会保障机构以及依法作为监护人的其他类似机构,而该机构又不能证明损害非因幼年人的过错所致,则应对幼年人所致损害承担赔偿责任。""如果幼年人在处于教育、教养、医疗或其他应对之实施监督的机构,或者在依合同实施监督的人的监督管理之下时致人损害,而各机构或者个人又不能证明损害非因实施监督中的过错所致,则应承担赔偿责任。"在这里,所谓"幼年人",指年满14周岁以下的未成年人。同样,1994年的加拿大《魁北克民法典》第1460条规定:"基于委托或其他方式被托付看管、监督或教育未成年人的非亲权人,依与亲权人同样的方式对未成年人的行为或过错造成的损害承担责任。不管是无偿或有偿地行事,只有在证明他犯有过错时才承担责任。"

在我国,20世纪的几部民法典,包括《大清民律草案》《中华民国民律草案》和《中华民国民法》对此均无规定。甚至1986年制订的我国《民法通则》亦是如此,不能不令人感到遗憾。但1999年我国澳门特别行政区《民法典》第484条规定:"基于法律或法律行为而对自然无能力人负有管束义务之人对第三人所造成的损害负责;但证明其已履行管束义务,又或证明即使已履行管束义务而损害仍会发生者除外。"从中可以看出,该条规定基本上沿袭了大陆法系的做法,均只是从未成年人对他人造成损害的角度规定了有关教育机构的侵权责任;而没有规定教育机构对在其监管下的未成年人所遭受的侵权损害而产生的民事赔偿责任。

为弥补我国《民法通则》的缺陷,最高人民法院在《关于贯彻执行〈中华人民共和国民法通则〉若干问题的意见(试行)》第160条中规定:"在幼儿园、学校生活、学习的无民事行为能力人或者在精神病院治疗的精神病人,受到伤害或者给他人造成伤害,单位有过错的,可以责令这些单位适当给予补偿。"这一规定,不仅接受了大陆法系国家关于教育机构对在其监管下的未成年人对第三人造成的损害的侵权赔偿责任,同时还将这种赔偿责任扩张到教育机构对未成年的侵权损害。2002年教育部在《学生伤害事故处理办法》较全面地规定了在校学生遭受伤害时的处理办法,仍未从侵权法的角度正面确定教育场所内教育机构的致害责任,只是在第7条第2款中规定:"学校对未成年学生不承担监护职责,但法律有规定的或者学校依法接受委托承担相应监护职责的情形除外。"一方面否定学校对学生的监护责任性质;另一方面又强调在特殊情况下的学校的监护责任。2003年,最高人民法院在《关于审理人身损害赔偿案件适用法律若干问题的解释》中再一次重申了其在十多年前颁发的《关于贯彻执行〈中华人民共和国民法通则〉若干问题的意见(试行)》的做法,并作了必要的扩张。第7条规定:"对未成年人依法负有教育、管理、保护义务的学校、幼儿园或者其他教育机构,未尽职责范围内的相关义务致使未成年人遭受人身损害,或者未成年人致他人人身损害的,应当承担与其过错相应的赔偿责任。第三人侵权致未成年人遭受人身损害的,应当承担赔偿责任。学校、幼儿园等教育机构有过错的,应当承担相应的补充赔偿责任。"正是在这些司法解释的基础上,我国《侵权责任法》用三个条文(第38、39、40条)的篇幅,规定了教育场所内致害责任,具有极为重要的制度建设与执法的现实意义。但与前述相关规定有所不同的是,我国《侵权责任法》仅仅规定了未成年人在教育场所遭受侵害时的责任承担问题,却没有规定未成年人在教育场所致他人以损害时的责任承担问题。如果仅仅是未成年人在教育场所内致其他未成年人以损害的,适用现行规定即可;但如果是未成年人在教育场所致非受教育者(如教师)以损害的,应如何确定责任主体、归责原则,则又成为法律的空白点。对此种情形,我们主张,可仿照第40条规定的未成年人在教育场所内遭受第三人损害时的制度,规定由致害的未成年人的监护人承担责任;教育机构未尽到管理职责的,负相应的补充责任。

二、无行为能力人在教育场所受有损害时的责任

1. 责任构成

(1)受害人:无民事行为能力人。在我国,根据《民法通则》第12条的规定,未满10周岁以下的未成年人为无民事行为能力人。同时,第13条亦规定,不能辨认自己行为的精神病人也是无民事行为能力人。后者如已年满10周岁,在小学或中学接受教育,但患有较严重的精神病而被依法确定为无行为能力者。

(2)受害场所:幼儿园、学校或者其他教育机构,包括少儿宫,各类培训机构等。

(3)损害事实:人身损害,附带财产损害。

(4)侵权行为人:教育机构。

2. 归责原则

从我国《侵权责任法》第38条的规定来看,无行为能力人在教育场所受有损害时的责任,实行的是过错推定责任的归责原则。只要教育机构能够举证证明已经尽到了教育、管理的职责,则无需对损害承担侵权损害赔偿责任。

然而,为什么实行过错推定责任,而不实行过错责任或无过错责任的归责原则?值得我们思考。

如果实行过错责任,则需要作为受害人的未成年人或其监护人举证证明教育机构对损害发生存在主观过错。而未成年人因其未成年,缺乏相应的辨别能力和控制风险能力,甚至连清晰准确地表述事件的能力都欠缺,他们根本就不具备法律上的教育机构存在主观过错的举证能力。而作为未成年人的监护人,又往往不在致害现场,亦无法提供证明在致害事件发生时教育机构存在过错的证据。因此,实行过错责任的归责原则,必然会使得受害人得不到法律的救济。

如果实行无过错责任,则无论教育机构对致害事件的发生是否存在过错,均需承担相应的侵权损害赔偿责任。而在我国,教育事业仍属公益事业;即使是民办教育机构,"营利"亦绝对不是它们投资教育的唯一目的,甚至也不是主要目的。要求从事公益事业的教育机构对损害承担无过错的责任,制度过于严苛,必然会影响人们对教育事业的投资积极性。故此,不宜实行无过错责任的归责原则。

而实行过错推定责任的归责原则,一方面,可以使在教育机构不能举证证明其没有过错的情况下,受害人能够得到法律的救济;另一方面,也使得教育机构有了解脱的机会。只要教育机构确实且可验证地尽到了管理职责,教育机构就无需承担责任。这样必然会调动教育机构完善制度、强化管理的积极性与自觉性,进而产生避免或减少不幸事件发生的实际效果。

三、限制行为能力人在教育场所受有损害时的责任

1. 责任构成

(1) 受害人:限制民事行为能力人。根据我国《民法通则》第12条和第13条第2款的规定,限制行为能力人包括两种类型:一是10周岁以上的未成年人;二是不能完全辨认自己行为的精神病人。而在学校或者其他教育机构接受教育的限制行为能力人,往往为第一种类型的人,如年满10周岁以上、未满18周岁的小学生、中学生、中专生等。但我国《民法通则》第11条第2款规定:16周岁以上不满18周岁的未成年人,如以自己的劳动收入为主要生活来源的,则被视为是完全民事行为能力人,不再属于限制行为能力人的范畴。

(2) 受害场所:学校和其他教育机构场所,以及学校或其他教育机构所

能控制或管辖的场所。后者如学校组织郊游时,发生致学生受损事件的场所。

(3) 损害事实:限制行为能力人人身或财产受有损害。

(4) 侵权行为人:教育机构。

2. 归责原则

从我国《侵权责任法》第39条的规定,可以看出,限制能力人在教育场所受有损害时的责任,实行的是过错责任的归责原则。要追究教育机构的侵权责任,须证明教育机构未尽到教育、管理职责,即说明教育机构存在过错。

为什么此种责任实行过错责任的归责原则,可以从两个方面来说明:

首先,从受害人的角度来看,年满10周岁的限制民事行为能力人或已经成年但因精神健康问题而被宣告为限制民事行为能力的人,对事件具有一定的识别辨认的能力和较清晰准确表达的能力,有能力对所在的教育机构是否尽到了教育、管理职责提供证据。另外,限制行为能力人对风险亦有一定的预防、规避、控制的能力。有的情况下,他们遭受损害,与其自身存在相应的过错有一定的关联。而这种损害,本来他们是可以控制或避免的。

其次,从教育机构的角度来看,实行过错责任的归责原则,有利于规范并鼓励教育机构开展教育活动。一方面,它可以解除教育机构开展正常教育活动的后顾之忧,防止教育机构因担心发生事故而不敢开展一些必要的活动,如体育活动等。另一方面,则可以鼓励教育机构积极、主动地完善教育设施和各项规章制度,强化管理举措,确保学生的安全。

依过错责任原则,教育机构是否有过错,应当由作为受害人的原告来举证证明。受害人一般可以从以下几个方面来予以证明:其一,教育机构未配备质量过硬、设备齐全的教育设施,或设施存在不安全的隐患;其二,教育机构没有制定科学合理完善的安全保障制度,或执行不力,存在管理上的疏忽;其三,教育机构没有制定严谨周全的活动计划,未采取必要的安全防范措施,等等。只要能证明教育机构在客观上存在上述问题,即可足以证明教育机构存在有过错,就可以依法追究其致人损害的侵权赔偿责任。

对此,教育部在2002年制定的《学生伤害事故处理办法》第9条就规定:因下列情形之一造成的学生伤害事故,学校应当依法承担相应的责任:

(1) 学校的校舍、场地、其他公共设施,以及学校提供给学生使用的学具、教育教学和生活设施、设备不符合国家规定的标准,或者有明显不安全因素的;

（2）学校的安全保卫、消防、设施设备管理等安全管理制度有明显疏漏，或者管理混乱，存在重大安全隐患，而未及时采取措施的；

（3）学校向学生提供的药品、食品、饮用水等不符合国家或者行业的有关标准、要求的；

（4）学校组织学生参加教育教学活动或者校外活动，未对学生进行相应的安全教育，并未在可预见的范围内采取必要的安全措施的；

（5）学校知道教师或者其他工作人员患有不适宜担任教育教学工作的疾病，但未采取必要措施的；

（6）学校违反有关规定，组织或者安排未成年学生从事不宜未成年人参加的劳动、体育运动或者其他活动的；

（7）学生有特异体质或者特定疾病，不宜参加某种教育教学活动，学校知道或者应当知道，但未予以必要的注意的；

（8）学生在校期间突发疾病或者受到伤害，学校发现，但未根据实际情况及时采取相应措施，导致不良后果加重的；

（9）学校教师或者其他工作人员体罚或者变相体罚学生，或者在履行职责过程中违反工作要求、操作规程、职业道德或者其他有关规定的；

（10）学校教师或者其他工作人员在负有组织、管理未成年学生的职责期间，发现学生行为具有危险性，但未进行必要的管理、告诫或者制止的；

（11）对未成年学生擅自离校等与学生人身安全直接相关的信息，学校发现或者知道，但未及时告知未成年学生的监护人，导致未成年学生因脱离监护人的保护而发生伤害的；

（12）学校有未依法履行职责的其他情形的。

因此，只要受害人能够提供有力证据，证明教育机构存在上述情形之一的，即可证明其有过错。有过错，即有责任。

四、第三人在教育场所致未成年人损害时的责任

当前，社会上第三人闯入教育场所侵害少年儿童的事例时有发生，最典型的事例莫过于福建南平县郑民生杀害等候入学的小学生案。① 因此,运用侵权法保护在教育场所内接受教育的广大学生的合法权益,任重而道远。

1. 责任构成

(1) 受害人:为无民事行为能力人和限制民事行为能力人。

(2) 受害场所:教育机构场所,包括幼儿园、学校或者其他教育机构。

(3) 损害事实:无民事行为能力人和限制民事行为能力人受有人身损害,以及由此产生的财产损失。

(4) 侵权行为人:教育机构以外的人员,即第三人。正是这一点,使该种责任有别于前两种责任。前两种责任的侵权行为人为受害人所属的教育机构;而此种责任的侵权行为人是教育机构以外的第三人。教育机构和第三人共同故意或共同过失,造成在本教育机构内接受教育的无民事行为能力人或限制民事行为能力人以损害的,成立共同侵权,应承担连带责任。

2. 责任承担

根据我国《侵权责任法》第 39 条的规定,未成年人在教育场所内遭第三人侵害,责任主体为侵权的第三人以及相关的教育机构。

(1) 我国《侵权责任法》规定,无民事行为能力人或者限制民事行为能力人在幼儿园、学校或者其他教育机构学习、生活期间,受到幼儿园、学校或者其他教育机构以外的人员人身损害的,由侵权人承担侵权责任。这充分体现了责任自负的侵权法基本原则,也说明它属于一般侵权责任的范畴,应实行过错责任的归责原则;因此,如果第三人主观上没有过错,即使其行为致无行为能力或限制行为能力的人以损害的,亦无责任。实行过错责任的归责原则,意味着作为受害人的无民事行为能力人或限制民事行为能力人及其监护人不仅要证明实施侵权的第三人为谁,还须证明该行为人在实施侵权时主观上存有过错。这一点,对受害人来说似乎过于苛刻。因为,作为受害人的无民事行为能力人或限制民事行为能力人正因为其欠缺相应的民事行为能力,从而亦欠缺证明能力;而其监护人又往往不在现场,难以提供相应的证据。

---

① 2010 年 3 月 23 日上午 7 时 25 分许,郑民生携带一把尖刀窜至福建省南平市延平区某小学门口,见校门口聚集了数十名等候入校的学生,便走到被害人陈某某身后,左手托起陈的下颌,右手持刀朝陈颈部猛割一刀。接着,郑又先后抓住被害人陈某、侯某某、刘某某、刘某某、陈某某、吴某某、周某某、柯某某、彭某、欧阳某某、黄某某,持刀朝他们的胸、腹等要害部位猛刺。又抓住被害人张某某,持刀捅刺张的胸、背部。陈某某等八名小学生均因血管、脏器被锐器切断、刺破,造成大出血死亡;陈某等五名小学生重伤。后郑民生被判死刑,剥夺政治权利终身。(参见中国法院网 2010 年 4 月 28 日。)

（2）我国《侵权责任法》同时规定，对在教育机构场所内无行为能力人或限制行为能力人遭受来自第三人的侵害，教育机构未尽到管理职责的，须承担相应的补充责任。对该规定，我们可以作以下理解与适用：

第一，要区别以下四种情形，分别确定教育机构是否应承担赔偿责任：第一种，第三人有赔偿能力，教育机构也尽到了管理职责；第二种，第三人有赔偿能力，而教育机构未尽到管理职责；第三种，第三人无赔偿能力，但教育机构尽到了管理职责；第四种，第三人无赔偿能力，教育机构也未尽到管理职责。

从该条的字面来理解，教育机构要对自己"未尽管理职责"这一过错承担责任，且承担的是"补充责任"。这说明，教育机构并不需对第三人给受害人造成的损害承担全部赔偿责任，只有在第三人欠缺赔偿能力，或第三人逃逸而下落不明时，由教育机构承担赔偿责任。因此，如果教育机构"尽到了自己的管理职责"，即便第三人下落不明或欠缺赔偿能力，教育机构依法亦无责任可言。所以，在第一、三种情形下，不问第三人是否有赔偿能力，教育机构均无赔偿责任。在第四种情形下，教育机构的赔偿责任则自不待言。但值得探讨的则是第二种情形。在第二种情形下，一方面是第三人有赔偿能力，而另一方面教育机构又未尽管理职责；如仍不追究教育机构的过错责任，似乎是不公平的。我们主张，在此种情形下，未尽管理职责的教育机构应与第三人共同承担赔偿责任。

第二，教育机构未尽管理职责，说明其主观存在过错。因此，教育机构承担的仍是过错责任的归责原则。受害人若主张教育机构需承担赔偿责任的，须举证证明教育机构在事故中未尽到管理职责，是构成损害发生的原因之一。

第三，在第四种情形下，教育机构承担的是所谓"相应的补充责任"。而所谓"相应"，是应当根据第三人的实际赔偿能力来确定教育机构责任的大小，还是依据教育机构未尽管理职责的过错程度来确定，值得我们研究。我们主张还是以第三人的赔偿能力的大小来确定教育机构补充责任的大小，似乎更妥当些。在责任追究的顺序上，原告应先向第三人主张权利；教育机构享有先诉抗辩权。原告只有在从第三人处得不到赔偿或完全赔偿时，才能向教育机构索赔。

第十二章　风险致害责任

风险致害责任,是指因风险行业自身的原因而发生的致他人以损害时,依法承担的侵权损害赔偿责任。包括高度危险作业所致损害的责任,以及因污染环境而产生的损害赔偿责任等。作为一种特殊侵权责任,风险致害责任的特殊性,主要表现在致人损害的事件发生在特定的领域或行业内。这种领域或行业自身对周边环境存在着一种高度的危险,即使尽最大的注意力,采取当时最先进的技术,仍不免会发生损害事件;而且发生事件的频率相当大;造成的后果往往相当严重,涉及的范围相当广泛。我国《侵权责任法》分别在第八章、第九章规定了"环境污染责任"与"高度危险责任",标志着我国风险致害责任制度逐步趋于完善。

第一节　高度危险责任

一、概述

1. 概念

高度危险责任,简称高危责任,是指从事对周围环境具有高度危险性作业的人对该作业致人损害的后果依法承担的侵权责任。

我国《民法通则》第123条规定的即是高度危险责任。该条指出:"从事高空、高压、易燃、易爆、剧毒、放射性、高速运输工具等对周围环境有高度危险的作业造成他人损害的,应当承担民事责任,如果能够证明损害是由受害人故意造成的,不承担民事责任。"我国《侵权责任法》第 69 条亦规定:"从事高度危险作业造成他人损害的,应当承担侵权责任。"

2. 制度史

高危责任是随着 19 世纪工业革命的兴起而产生的。工业革命中,一些具有高度危险性的作业一方面给社会带来了巨大进步,提高了社会生产力和人类社会的物质生活水平;另一方面带来了对人身和财产的损害,并且这些损害即使作业人采取了高度认真的态度仍不可避免。如何协调二者之间的矛盾,既不禁止或限制这些高度危险作业的发展,同时又不对受害的人或财产给予保护呢?1838 年普鲁士《铁路企业法》首次对高度危险作业致害责任做出了规定:"铁路公司所运输人及物,或因转运之事故对别的人及物造成损害,应负赔偿责任。容易致人损害的企业虽企业主毫无过失,亦不得以无过失为免除赔偿的理由。"该法第一次以法律的形式突破了人们所固有的过错责任原则,确认了企业主的无过错责任,而且指出这种无过错责任不仅适用于普鲁士境内的全部铁路企业,而且适用于包括铁路公司在内的一切"容易致人损害的企业"。该规定开创了高危责任之先河。[①]

1839 年,普鲁士又制定了《破产法》,在矿害方面确立了无过错责任的适用。德国统一后,于 1871 年 6 月 7 日制定了《帝国责任义务法》,明确了铁路企业主的危险责任,规定由业主对其代理人及其监督管理人员的过错所造成的死亡和人身伤害负赔偿责任。嗣后,又有一系列有关高度危险作业侵权责任的单行法规出台。如 1940 年的《铁路及电车对物品损害赔偿法》、1952 年的《陆上交通法》、1922 年的《空中交通法》(1959 年修订)、1959 年的《原子能法》、1960 年的《航空法》,等。

法国通过 1896 年因拖船爆炸伤人事件和 1925 年的因卡车撞伤行人的交通事故的判决,确立了交通事故的高度危险作业致害责任。另外,还先后通过了 1841 年的《矿业法》、1934 年的《民用航空法》、1965 年的《核子损害赔偿法》、1985 年的《交通事故赔偿法》。

但这些均是以单行法的形式对高度危险作业致害责任作出规定,而不是直接规定在民法典中。1922 年《苏俄民法典》开创了以民法典的形式规定高度危险作业致害责任的先例。该法第 404 条规定:"经营的业务,对于附近的

[①] 谢邦宇、李静堂:《民事责任》,法律出版社 1991 年版,第 366 页。

人有高度危险的个人和企业,如铁路、电车、工矿企业、贩卖易燃物品的商人、豢养野兽的人、建筑或设备的施工人等,对于高度危险来源所造成的损害应当负责。"

我国直到民国时期尚无有关高度危险作业致害责任的立法。在台港地区则一直是采用了特别立"法"的形式规定动作高度危险作业的民事责任,包括"民用航空法""矿业法""原子能法""核子损害赔偿法"等。最近台湾修订的"民法典"将高度危险作业致害责任纳入其中,第191条之三规定:"经营一定事业或从事其他工作或活动之人,其工作或活动之性质或其使用之工具或方法有生损害于他人之危险者,对他人之损害应负赔偿责任。但损害非由于工作或活动或其使用之工具或方法所致,或于防止损害已尽相当之注意者,不在此限。"这一规定无疑将有助于我国台湾地区高度危险责任制度的统一。

由于新中国的民法理论大量借鉴了苏联,所以在实务中很早就使用了"高度危险来源"这一概念,在历次民法草案中均写入了这一制度。1986年的《民法通则》第123条率先就高危责任作了原则性的规定;2009年颁布的《侵权责任法》更是以专章规定了高度危险责任(第九章"高度危险责任")。《侵权责任法》用9个条文(第69—77条)的篇幅,分别对高危责任的一般条款,民用核设施损害责任,民用航空器损害责任,高度危险物损害责任,高空、高压、地下挖掘、高速轨道运输工具损害责任,遗失、抛弃高度危险物损害责任,非法占有高度危险物损害责任,高度危险区域损害责任等作了规定。与《民法通则》相比,《侵权责任法》关于高度危险责任的规定,更加全面、具体,更加具有可操作性,也为相关法律法规的制定奠定了更为可靠的基础。

现在,除了《民法通则》和《侵权责任法》的规定外,我国还先后制定了《铁路法》《民用爆炸物品管理条例》《化学危险物品安全管理条例》《放射性同位素与射线装置防射防护条例》等法律法规,其中的有关损害赔偿的具体规定,成了我国高危责任制度的重要组成部分。

二、责任构成

1. 须行为人从事了高度危险作业

高度危险作业,是指对周围环境具有高度危险性的作业。高危责任环境下的高危作业,包括两个方面。一是具有高度危险性的活动,如高空、高压、高速运输等;二是具有高度危险性的物品,如易燃易爆品、核电站等。

周围环境,是指危险作业人和作业物以外的,处于该危险作业及其发生事故可能危及范围的一切人和财产。它的特点是,并非指特定的人和财产,而是某一范围内的一切人和财物。只有当损害发生后,这一"人或财物"才被特定化。而且,这里的"周围环境"不同于环境保护法或污染环境致人损害中"环境",后者指人们赖以生存的自然条件,如水、大气等。高度危险作业中的剧毒、放射性作业,也可能污染环境,进而损害他人的人身和财产,这时应按环境污染责任来处理。①

高度危险性,通常有两个方面的表现。一是指对周围环境造成损害的概率高,足以超过一般性作业的损害概率;二是虽然造成损害的概率不大,但一旦出事,则后果将十分严重。如航空事故,虽发生概率相当低,但如果飞机坠落,往往是机毁人亡,损失惨重。②

其实,任何物或活动都具有一定的危险性,但具有危险性的物或活动并不都构成高度危险性。因此,什么是高度危险作业,即高度危险作业的认定标准问题,是高危责任制度中重要的一环。一般认为高度危险作业应具备两个基本特征:首先,作业本身是一种合法行为,至少是不为法律所禁止的行为。其次,加害人从事的这种作业对于周围环境的高度危险性以及可能造成的损害具有不可避免性。③ 有学者认为应具备三个基本特征:第一,作业对周围环境的危险性。第二,作业的危险性变成现实损害的机率很大。第三,作业只有在采取技术安全的特别方法时才能使用。④ 还有学者认为应包括四项基本要素:作业对周围环境有危险性;作业的危险性是在从事业务活动过程中产生的;作业必须是利用现代科技手段;作业需要采用特殊的技术安全方法才能进行。

我国《民法通则》对高度危险作业采取的仍是列举式的规定,是一种不完全列举,这种做法虽具有直观性,但不免挂一漏万。因此,我国《侵权责任法》采取了一种较为可行的办法,即首先第 69 条对高危责任作一般性条款规定,囊括了所有高度危险作业的各种情形;然后以列举方式分别对民用核设施、民用航空器、高度危险物、高空、高压、地下挖掘、高速轨道运输工具和高度危险区域作了特别的规定;弥补了我国《民法通则》单纯以列举式规定的不足。

---

① 张新宝:《侵权责任法原理》,中国人民大学出版社 2005 年版,第 327 页。
② 王利明:《〈中华人民共和国侵权责任法〉释义》,中国法制出版社 2010 年版,第 345 页。
③ 张新宝:《侵权责任法原理》,中国人民大学出版社 2005 年版,第 328 页。
④ 杨立新:《侵权行为法专论》,高等教育出版社 2006 年版,第 230 页。

应当说,对高度危险作业采取一种抽象的、统一的标准进行规范较为适宜。在此,美国的《侵权法重述(第二版)》第520条有相当的借鉴意义。该条规定:"决定某一行为是否为高度危险,宜考虑下列因素:(1)该行为是否对他人人身、土地或动产具有高度的危险;(2)因该行为产生损害的机率是否很大;(3)通过合理的注意,是否能避免这一危险;(4)该行为是否为一常用的作业;(5)该行为在其实施地点是否合适;(6)该行为对公众的价值。"

2. 须有损害后果的存在

损害后果既包括人身损害也包括财产损害。其中人身损害包括致伤、致残、致死等,财产损害包括直接损失和间接损失,其计算方法与一般侵权行为损害后果的计算方法相同。

司法解释中,将仅有严重危险的存在而未产生实际损害的情况也赋予当事人可以诉请消除危险的权利。最高人民法院《关于贯彻执行〈中华人民共和国民法通则〉若干问题的意见〈试行〉》第154条规定:"从事高度危险作业,没有按有关规定采取必要的安全防护措施,严重威胁他人人身、财产安全的,人民法院应当根据他人的要求,责令作业人消除危险。"这一规定符合侵权法预防损失的基本功能。对此,我国《侵权责任法》第21条重申了这一规则:"侵权行为危及他人人身、财产安全的,被侵权人可以请求侵权人承担停止侵害、排除妨碍、消除危险等侵权责任。"

在造成人身损害的情况下,对于受害人的精神损害,应当属于损害的范围,依据我国《侵权责任法》第22条之规定,当所遭受的精神损害达到"严重"的程度,受害人有权诉请精神损害赔偿。

值得注意的是,在高危作业所造成的损害后果中,不包括高度危险作业物的直接操作者或活动的直接参与者,如火车、汽车的司机,飞机上的飞行员等所遭受的损害。对于这些人员所遭受的损害,应按他们与高度危险作业占有人之间的雇佣关系或劳动关系,请求赔偿。

3. 须高度危险作业与损害后果之间具有因果关系

通常情况下,这种因果关系由受害人证明,受害人承担提出证据证明其所遭受的损害是由原告的高度危险作业造成的。

但是,由于高度危险作业特殊性,在实践中对这种因果关系的证明也采取了较为特殊的做法。例如,在某些情况下,受害人只能证明高度危险作业和损害后果之间存在表面上的因果关系;有时仅能证明高度危险作业是损害后果发生的可能原因。比如,在放射性物质所造成的侵害,一般经过较长的潜伏期,依受害人的能力和科技发展水平很难证明二者之间的因果关系。在这种情况下,为了保护处于弱势地位的受害人的利益,一般采取举证责任转移的方法,由高度危险作业人证明其高度危险作业的行为与损害后果之间不存在因果关系。如果不能证明,则由高度危险作业人承担损害赔偿责任。但目前我国相关法律法规及司法解释包括《侵权责任法》、最高人民法院《关于民事诉讼证据的若干规定》《关于审理人身损害赔偿案件适用法律若干问题的解释》中均无此规定,这应当说是一个制度缺陷。

如果损害是由于高度危险作业在内的多种原因造成的,即高度危险作业是造成损害后果的原因之一时,应如何处理呢?此时,应当按照加害行为与损害后果之间的原因力来确定各自的责任。如果高危作业是损害后果发生的主要原因,则应当承担主要责任;如果高危作业是损害后果发生的非主要原因,则应当承担相应的责任。

三、归责原则

关于高度危险作业应采取何种归责原则,理论上一直存在争议,主要有以下几种观点:第一种观点也即占主导地位的观点认为,高度危险作业致害责任应适用无过错责任原则;第二种观点认为,对高度危险作业致害责任应适用特殊过错推定原则,实质上是主张适用过错责任原则;第三种观点主张二元论,有的高度危险作业适用过错责任原则,有的适用无过错责任原则。[1]

从我国《侵权责任法》的第69条"从事高度危险作业造成他人损害的,应当承担侵权责任"的规定可以看出,我国高危责任适用的是无过错责任原则,这也是大多数学者赞成的观点。采取这种原则的理论依据,主要有以下四种学说。一是风险说,主张为自己利益而从事某一项事业者,应当承担由此所产生的风险;二是公平说,主张从其所支配的物或作业获利者,应当对由此产生的损害承担责任;三是遏制说,该说主张,由事故原因的控制者承担责任,可以促使其主动采取防范措施遏制事故的发生;四是利益均衡说,该说主张,以无过错责任来平衡高度危险作业致害责任中加害人和受害人之间的利益冲突,以达到损失的合理分配,实现利益均衡。[2] 应当说,以上各种理论都从不同方面解释了高度危险作业致害责任中无过错责任原则适用上的合理性。

根据无过错责任原则的要求,在高度危险作业致害责任中,加害人的过

---

[1] 张新宝:《侵权责任法原理》,中国人民大学出版社2005年版,第325页。
[2] 同上书,第326页。

错不是承担赔偿责任的要求,只要损害后果是由加害人的高度危险作业行为造成的,不管加害人是否存在主观过错均应承担损害赔偿责任。

但是,我国《侵权责任法》在规定具体的高危责任制度时,对某些个高危责任并未将无过错责任的归责原则贯彻到底。例如,我国《侵权责任法》第75条规定:"……所有人、管理人不能证明对防止他人非法占有尽到高度注意义务的,与非法占有人承担连带责任。"第76条规定:"未经许可进入高度危险活动区域或者高度危险物存放区域受到损害,管理人已经采取安全措施并尽到警示义务的,可以减轻或者不承担责任。"依此推论,如果所有人、管理人能够证明"其对防止他人非法占有尽到高度注意义务的",或者管理人能够证明自己"已经采取安全措施并尽到警示义务的",就不用承担责任。说明对这两种高危责任,实行的实质上是过错推定的责任。

四、责任承担

1. 责任主体

高度危险作业致害责任的责任主体是高度危险作业的作业人,即实际控制高度危险作业并利用该作业谋取利益的人,也称高度危险作业的占有人;可以是高度危险作业的所有人,也可以是高度危险作业的经营者。所有人与经营者为同一主体时,责任主体为所有人。所有人为自己控制下,并可以为自己带来收益的高度危险作业承担风险责任,符合公平原则和利益均衡原则。

(1) 国有企业作为赔偿义务主体。国有企业的所有人是国家,由国务院代表国家行使所有者职能。而国有企业是国家财产的经营者和管理者。国有企业从事高度危险作业造成损害的,承担赔偿责任的只能是国有企业,不可能是国家,亦不可能是包括国务院在内的任何国家机关和其主管机关。这是我国国有企业作为法人独立承担民事责任的应然结果。

(2) 承包人、承租人作为赔偿义务主体。所有人将高度危险作业承包或承租给他人的,承包人、承租人是高度危险作业物的实际占有人,引起损害的,承包人、承租人承担赔偿责任;但所有人对承包人、承租人的选任有过失的,应当承担连带的赔偿责任。

(3) 雇主作为赔偿义务主体。我国《侵权责任法》第34、35条中分别规定:"用人单位的工作人员因执行工作任务造成他人损害的,由用人单位承担侵权责任。""个人之间形成劳务关系,提供劳务一方因劳务造成他人损害的,由接受劳务一方承担侵权责任。"最高人民法院《关于审理人身损害赔偿案件适用法律若干问题的解释》第9条也规定:"雇员在从事雇佣活动中致人损害的,雇主应当承担赔偿责任;雇员因故意或者重大过失致人损害的,应当与雇主承担连带责任。雇主承担连带赔偿责任的,可以向雇员追偿。前款所称从事雇佣活动,是指雇主授权或指示范围内的生产经营活动或者其他劳务活动。雇员的行为超出授权范围,但其表现形式是履行职务或者与履行职务有内在联系的,应当认定为从事雇佣活动。"可见,雇主对雇员在雇佣活动范围内从事的活动造成的损害承担的是无过错责任,雇主不得以自己无过错对抗受到损害的第三人。这一原则同样适用于高度危险作业致害责任,高度危险作业的所有者、经营者对其雇员承担替代赔偿责任。

2. 抗辩事由

因为高度危险作业适用的是一种特殊的侵权责任,适用的又是无过错责任原则,所以其抗辩事由也较一般的侵权责任不同。在以下三种情况下,责任人可以主张免除或减轻其赔偿责任:

(1) 受害人故意。我国《民法通则》第123条规定了受害人故意是免责条件,"如果能够证明损害是由受害人故意造成的,不承担民事责任。"我国《侵权责任法》第70、71、72、73条同样规定"能够证明损害是因受害人故意"的,"不承担责任"。最高人民法院《关于民事诉讼证据的若干规定》第4条第2项规定:"高度危险作业致人损害的侵权诉讼,由加害人就受害人故意造成损害的事实承担举证责任"。进一步明确了加害人对受害人故意的举证责任。

受害人的故意分直接故意和间接故意。直接故意,即明知其行为会产生损害后果,而希望损害后果的发生,如卧轨自杀;间接故意,即明知其行为可能会产生损害后果,而放任损害后果的发生,如违反禁止性规定,擅自进入高度危险作业的范围以内造成损害。

受害人的故意应考虑两种情况:一是受害人对损害后果的发生的故意,即受害人故意造成自己的损害;二是受害人故意实施违法行为。出于公平原则,并且为了遏制违法行为的发生,也应当免除加害人的责任。如最高人民法院在《关于审理触电人身损害赔偿若干问题的解释》第3条中明确规定:受害人盗窃电能,盗窃、破坏电力设施或者因其他犯罪行为而引起触电事故的;受害人在电力设施保护区从事法律、行政法规所禁止的行为造成的损害,电力设施产权人不承担民事责任,就贯彻了这种精神。

在存在两个以上受害人,而损害后果是由其中一个或几个受害人故意造成的情况下,作业人是否得因此而免除对无故意的受害人的赔偿责任呢?在这种情况下,作业人仅得免除对有故意的受害人的赔偿责任,对无故意的受害人仍应直接承担赔偿责任。但作业人有权在向无故意的受害人承担赔偿责任后向有故意的受害人追偿。对于这种情况,可以广泛地理解为,第三人的故意并不成为加害人免责条件,损害后果由第三人故意造成的,加害人仍应承担损害赔偿责任,但有权在向受害人承担责任后向第三人追偿。

依我国《民法通则》和《侵权责任法》的规定,受害人是否存在故意,应由责任人负举证责任。责任人能够证明损害是因受害人故意造成的,就不承担责任。

(2)不可抗力。虽然我国《民法通则》未明确规定,不可抗力是高度危险作业致害责任的免责条件,但从《民法通则》的相关规定中可以得出这一结论。《民法通则》第107条规定:因不可抗力造成他人损害的,不承担民事责任,法律另有规定的除外。这是对侵权责任的一般规定,对所有侵权责任都有效力。《民法通则》第123条没有明确指出不可抗力不是作业人的不承担责任条件,即没有除外规定,就应当认为是对第107条的认同,即不可抗力是高度危险作业致害责任的免责条件。《铁路法》和最高人民法院《关于审理触电人身损害赔偿案件若干问题的解释》也采取了这种做法,明确地将不可抗力规定为免责条件。《侵权责任法》第72、73条亦明确将不可抗力作为不承担责任的抗辩事由,但第70条仅明确将"战争"为抗辩事由;而第71条关于民用航空器事故责任则仅规定将受害人故意作为不承担责任的抗辩事由,而未规定不可抗力。

(3)受害人的过失。《侵权责任法》在第72、73条中分别规定:"被侵权人对损害的发生有重大过失的,可以减轻占有人或者使用人的责任。""被侵权人对损害的发生有过失的,可以减轻经营者的责任。"说明,受害人的过失是高度危险作业致害责任的抗辩事由,但作业人仅得因此主张减轻责任而不是免除责任。在受害人因过失造成损害后果时,加害人仍应当承担赔偿责任,只是依法减轻其责任。在作业人根据高度危险作业致人损害责任承担责任的基础上,考虑受害人的过失在整个赔偿责任中所占的比例,适当减少作业人的赔偿责任。

加害人承担受害人的过失及与损害后果的因果关系的举证责任。最高人民法院在《关于民事诉讼证据的若干规定》中规定:"高度危险作业致人损害的侵权诉讼,由加害人就受害人故意造成损害的事实承担举证责任。"

将受害人的过失作为抗辩事由,与"无过错责任"并不违背。因为无过错责任是不考虑加害人的过错,而不是不考虑受害人的过错。这样做有利于促使受害人和第三人谨慎行为,对加害人也较为公平。

对"过失相抵"的具体运用应采取特别谨慎的态度,并在具体操作时从以下三个方面加以限制:① 不适用于受害人为残疾人、70岁以上的老人和12岁以下儿童的情形;② 不适用于对积极损害的赔偿;③ 依优者危险负担的原则决定过失相抵的基本比例。

3. 限额赔偿

限额赔偿是相对于全部赔偿而言。按照全部赔偿的原则,责任人应对其侵权行为致受害人所造成的全部损失依法予以全部赔偿,以充分维护受害人的合法权益。而限额赔偿则仅就部分损失予以赔偿,并不对全部损失都予以赔偿。

《侵权责任法》第77条规定:"承担高度危险责任,法律规定赔偿限额的,依照其规定。"我国法律对高危责任规定限额赔偿制度,主要着眼于高危作业作为社会生产经营活动的重要组成部分,是促进社会经济发展、增进人们福利生活所必不可少。人们有必要承受高危作业所带来的一定的风险。另一方面,因高危作业所导致的损害,往往巨大,有时数以亿计。如果都要求实行全部赔偿原则,必定会使承担赔偿责任的公司企业破产倒闭,有碍社会经济的发展。因此,世界各国大多对高危责任实行限额赔偿的原则。《侵权责任法》第77条即顺应了这一潮流。

但是,对某一高危责任实行限额赔偿,须有"法律规定"。从我国现行的规定来看,只有《民用航空法》《国内航空运输承运人赔偿责任限额规定》《铁路交通事故应急救援及调查处理条例》以及国务院《关于核事故损害赔偿责任问题的批复》中规定了民用航空事故、铁路交通事故及核事故产生的损害,实行限额赔偿制度。

五、核事故致害责任

1. 概念

核事故是指大型核设施(例如核燃料生产厂、核反应堆、核电厂、核动力舰船及后处理厂等)发生的意外事件,可能造成厂内人员受到放射损伤和放射性污染。严重时,放射性物质泄漏到厂外,污染周围环境,对公众健康造成危害。核事故致害责任,则是指因发生核事故致他人生命、健康、财产损失时依法产生的民事赔偿责任。

2. 制度史

核电是一种清洁、高效和相对安全的能源。当前许多国家都在大力发展核能,兴建核电站,以持久地解决能源问题。截至2008年初,在31个国家的201座核电站中运转着442个核电反应堆。其中,104个在美国,58个在法国,55个在日本,合计占总数约一半。① 我国从20世纪70年代开始筹建核电站,现有2座核电站在运行,即大亚湾核电站和秦山核电站。在建的核电站有4座,包括秦山二期核电站、岭澳核电站、秦山三期核电站、连云港核电站。

但核电站一旦发生泄露或爆炸,给周边环境及人类的生命健康和财产安全会造成极大的危害。1986年苏联切尔诺贝利核电站由于核反应堆起火爆炸,泄漏出大量放射性物质,使四周乌克兰、白俄罗斯、俄罗斯的15万平方公里面积的地区受到污染,而居住在这一地区的总人口达800万。事故共造成31名工作人员死亡,数千人受到强核辐射,数万人撤离。对环境的破坏无法估量。27万人因切尔诺贝利核泄漏事故患上癌症,其中致死9.3万人。全球共有20亿人口受切尔诺贝利事故影响。② 这是迄今为止人类因核电站爆炸而遭受的最大的灾难。泄漏事故的后遗症的影响可能需要800年才能消除。

除苏联切尔诺贝利核事故外,其他重大的核事故先后有:1979年3月28日美国三里岛核电站核泄漏。2003年12月29日韩国荣光核电厂5号机组发生核泄漏事故。1999年9月30日日本茨本县核燃料工厂发生严重的核泄漏。2004年8月9日日本关西电力公司福井县美滨核电站3号机组涡轮机房发生蒸汽泄漏事故,造成4人死亡,7人受伤。2004年8月英国最大核电站塞拉菲尔德核电站生核燃料泄漏9个月之久。2005年12月15日俄罗斯圣彼得堡市郊列宁格勒核电站附近发生爆炸。1998年到2002年印度在四年间核电站共发生了6次核泄漏事故。2011年3月11日,日本发生里氏九级大地震,引发10米高的海啸,致使福岛核电站发生爆炸,东亚各国甚至欧美民众普遍恐慌。

核泄漏对人体的影响表现在核辐射,也叫做放射性物质。放射性物质以波或微粒形式发射出的一种能量就叫核辐射。核爆炸和核事故都有核辐射。

---

① 《世界核电站建设态势》,载国际新能源网,访问时间:2008年1月23日。
② 《20年前切尔诺贝利核事故已致9.3万人死亡》,载《今晚报》2006年4月19日。

放射性物质可通过呼吸吸入、皮肤伤口及消化道吸收进入体内,引起内辐射,γ辐射可穿透一定距离被机体吸收,使人员受到外照射伤害。内外照射形成放射病的症状有:疲劳、头昏、失眠、皮肤发红、溃疡、出血、脱发、白血病、呕吐、腹泻等。有时还会增加癌症、畸变、遗传性病变发生率,影响几代人的健康。一般讲,身体接受的辐射能量越多,其放射病症状越严重,致癌、致畸风险越大。

为维护核事故受害人的合法权益,规范民用核设施的经营者的行为,也是为了减少建立与运行核电站的社会阻力,建立与健全核事故民事赔偿制度,是十分必要的。我国《民法通则》第123条的规定,就包含了对核事故在内的"易燃、易爆、剧毒、放射性"等"对周围环境有高度危险的作业造成他人损害的"的民事责任的基本制度。但同年国务院颁发的《中华人民共和国民用核设施安全监督管理条例》却没有民事赔偿制度的规定。2007年,国务院在发给国家原子能机构的《关于核事故损害赔偿责任问题的批复》中,根据国际通行的做法,对核事故损害的赔偿责任主体、归责原则、赔偿限额等基本问题作了较明确的规定。

我国《侵权责任法》第70条,从民事一般法的高度,规定了核事故致害的民事赔偿制度,规定:"民用核设施发生核事故造成他人损害的,民用核设施的经营者应当承担侵权责任,但能够证明损害是因战争等情形或者受害人故意造成的,不承担责任。"该规定奠定了我国核事故致害民事赔偿责任的基本规范。

3. 责任构成

根据我国《侵权责任法》第70条的规定,构成核事故致害责任,一般应具备以下条件:

(1)民用核设施发生了核事故。根据《民用核设施安全监督管理条例》的规定,所谓"民用核设施"是指核动力厂(核电厂、核热电厂、核供汽供热厂等)、核动力厂以外的其他反应堆(研究堆、实验堆、临界装置等)、核燃料生产、加工、贮存及后处理设施,放射性废物的处理和处置设施等等。而"核事故",则是指核设施内的核燃料、放射性产物、废料或运入运出核设施的核材料所发生的放射性、毒害性、爆炸性或其他危害性事故,或一系列事故。在国际上,通常将核设施发生的核损害按不同的程度分为七个等级,只有4—7级才构成核事故。根据我国《核电厂核事故应急管理条例》的规定,民用核设施可能或已经引起放射性释放并造成重大辐射后果的,才能认定为核事故。

(2) 造成了他人损害。在这里,所谓"他人",不包括核设施的经营者及其员工。后者因核事故遭受的损害,适用工伤事故制度。包括生命、健康损害和财产损失。根据1997年《关于核损害民事责任维也纳公约》第1条的规定,核损害包括:① 生命丧失或人身伤害;② 财产的损失或损害;和在主管法院法律所确定的范围内下列每一分款:③ 由第①或②分款中所述损失或损害引起的在此两分款中未包括的经济损失,条件是有资格对所述损失或损害提出索赔的人员遭受了此种损失;④ 受损坏环境(轻微者除外)的恢复措施费,条件是实际采取或将要采取此类措施并且该损坏未被第②分款所包括;⑤ 由于环境的明显损坏所引起的收入损失,而这种收入来自环境的任何利用或享用方面的经济利益,并且该损失未被第②分款所包括;⑥ 预防措施费用以及由此类措施引起的进一步损失或损害;⑦ 环境损坏所造成的损失以外的任何其他经济损失,只要此类损失为主管法院一般民事责任法所认可。

(3) 民用核设施发生核事故与他人受损之间存在因果关系。

(4) 实行无过错责任的归责原则。

4. 责任主体

为民用核设施的经营者,指申请或持有核设施安全许可证,可以经营和运行核设施的组织。民用核设施的经营者必须拥有核设施安全许可证。核设施安全许可证件,是指由国家核安全局颁发的,民用核设施经营企业为了进行与核设施有关的选址定点、建造、调试、运行和退役等特定活动的书面批准文件。

国务院《关于核事故损害赔偿责任问题的批复》第5条规定:当核事故涉及二个或二个以上民用核设施经营者,且不能区分每一个经营者的具体责任时,相关经营者应负连带责任。

需要提出来的是,当民用核设施经营者无力承担巨额的赔偿责任时,兴建这些核电站的国家是否应承担补充赔偿责任?其实国务院在《关于核事故损害赔偿责任问题的批复》第7条中已经明确规定:"核事故损害的应赔总额超过规定的最高赔偿额的,国家提供最高限额为8亿元人民币的财政补偿。"问题是,国家提供的"财政补偿"是如何实施的,是补偿给经营者,还是直接补偿给受害人?这是个值得研究的问题。

5. 责任抗辩

依我国《侵权责任法》第70条的规定,核事故致害责任的抗辩事由,主要包括两项:战争等情形与受害人故意。国务院《关于民用核设施事故损害赔偿问题的批复》第 6 条亦规定:"对直接由于武装冲突、敌对行动、战争或者暴乱所引起的核事故造成的核事故损害,营运者不承担赔偿责任。"我国《侵权责任法》规定的"战争等情形",显然包括国务院《关于民用核设施事故损害赔偿问题的批复》中所言的"武装冲突、敌对行动、战争或者暴乱"。1997 年《关于核损害民事责任维也纳公约》第 4 条也分别规定:"如果运营者证明核损害是直接由军事冲突行为、敌对行动、内战或暴乱所引起,运营者不负本公约规定的任何责任。""如果运营者证明核损害全部或部分由受损害人员的粗心大意或蓄意造成损害的行动或不作为所致,主管法院可免除运营者全部或部分对此类人员所受损害的赔偿的义务,条件是其法律有此规定。"可见,我国《侵权责任法》的规定,符合国际立法的趋势。但仍有以下问题值得探讨:

(1) 为何自然灾害如地震等不可抗力不能作为抗辩事由?我国《侵权责任法》第 70 条仅将战争等情形与受害人故意作为民用核设施经营者不承担责任的抗辩事由,并未规定将自然灾害如地震等不可抗力作为抗辩事由,这是为何? 德国、日本以及我国台湾地区的核损害法律均将此作为抗辩事由,但国际上通行的做法并非如此。我国《侵权责任法》在制订的过程中,有人主张将不可抗力法定为抗辩事由,但立法最终未采纳,理由是这样将更好地维护受害人利益。① 如此理由,貌似有理,实则并不尽然。如要充分维护受害者利益,何不将诸如"武装冲突、敌对行动或暴乱"一并排除在抗辩事由之外?何况后者还是"人祸",前者则属"天灾"。我们认为,既然因"人祸"造成的核事故都可以不承担赔偿责任,那么因自然灾害造成的核事故,更应当纳入不承担责任的范畴之中。都是不可抗力,为何厚此薄彼。我们最终的建议是,二者都不应当作为不承担责任的抗辩事由,或者都可以免责。

(2) 为何将武装冲突、敌对行动、战争或者暴乱定为抗辩事由?将武装冲突、敌对行动、战争或者暴乱定为抗辩事由,面临诸多的问题。首先应如何界定武装冲突、敌对行动、战争或者暴乱?其次,是否一旦有所谓"武装冲突、敌对行动、战争或者暴乱",不论规模、程度、范围如何,都可以以此进行抗辩?再次,如前所述,自然灾害引起的核事故都不能免责,却将暴乱等人为祸害列为免责事由,法理何在?我们主张,一是要严格控制适用的范围,只有达到相当严重的程度如"战争",才能作为不承担赔偿责任的理由;其他如武装冲突、敌对行动、暴乱等都不能免责。二是即使是战争中导致的核事故损害,也应

---

① 王胜明主编:《中华人民共和国侵权责任法解读》,中国法制出版社 2010 年版,第 353 页。

追究直接引发核事故的当事方的赔偿责任。

（3）为何因第三人的过错造成的核事故损害不可以免责？之所以因第三人的过错致核事故损害，不免除民用核设施经营者的赔偿责任，是考虑到引发该事故的第三人有可能因损害巨大而无财力向受害人承担赔偿责任。这势必会进一步损害受害人的合法权益。而作为民用核设施的经营者往往都是大型企业，承担赔偿责任的财力相当雄厚。所以，因第三人的过错造成核事故损害的，经营者仍需向受害人承担损害赔偿责任，能使受害人遭受的损害能得到及时、充分的维护。国务院在《关于民用核设施事故损害赔偿责任问题的批复》中明确规定："核事故损害是由自然人的故意作为或者不作为造成的，营运者向受害人赔偿后，对该自然人行使追索权。"同时规定："营运者与他人签订的书面合同对追索权有约定的，营运者向受害人赔偿后，按照合同的约定对他人行使追索权。"这样做，既有利维护经营者的利益，也有力地惩罚了制造核事故的第三人，对社会也起到了极大的警示作用。

依我国《侵权责任法》第70条之规定，是否存在抗辩事由，应由民用核设施的经营者负举证责任。

6. 限额赔偿

国务院在《关于民用核设施事故损害赔偿责任问题的批复》第7、8条中规定，核电站的经营者和乏燃料贮存、运输、后处理的经营者，对一次核事故所造成的核事故损害的最高赔偿额为3亿元人民币；其他经营者对一次核事故所造成的核事故损害的最高赔偿额为1亿元人民币。核事故损害的应赔总额超过规定的最高赔偿额的，国家提供最高限额为8亿元人民币的财政补偿。对非常核事故造成的核事故损害赔偿，需要国家增加财政补偿金额的由国务院评估后决定。为此，经营者应当做出适当的财务保证安排，以确保发生核事故损害时能够及时、有效的履行核事故损害赔偿责任。在核电站运行之前或者乏燃料贮存、运输、后处理之前，经营者必须购买足以履行其责任限额的保险。

六、航空器致害责任

1. 概念

航空器致害责任，是指飞行中的民用航空器发生事故致乘客或地面人员的人身或财产损害而产生的损害赔偿责任。我国《侵权责任法》第71条规定："民用航空器造成他人损害的，民用航空器的经营者应当承担侵权责任，但能够证明损害是因受害人故意造成的,不承担责任。"

作为一种特殊的侵权责任形态,航空器致害责任的基本特征是:

第一,造成损害的物体是飞行中的民用航空器。这里有三个概念需要厘清,分别是"航空器""民用航空器"和"飞行中的民用航空器"。

航空器,是指在大气层中飞行的飞行器。包括飞机、飞艇、气球及其他任何藉空气之反作用力,得以飞航于大气中之器物。问题是,我国《侵权责任法》第71条规定的航空器,是否仅指飞机,还是包括飞艇、气球及其他任何借空气之反作用力,得以飞航于大气中之器物？有学者主张后者；[①]也有人认为飞艇、气球不具备高速运输工具的特性,而作为高危责任制度中的航空器应具有此一基本特征,所以航空器仅指飞机。[②] 我们也倾向于后一观点。但我国《民用航空法》中的航空器则持前一种观点。

民用航空器,根据我国《民用航空法》第5条的规定,指除执行军事、海关、警察飞行任务外的航空器。

飞行中的民用航空器的"飞行",根据我国《民用航空法》第157条的规定,"是指自民用航空器为实际起飞而使用动力时起至着陆冲程终了时止；就轻于空气的民用航空器而言,飞行中是指自其离开地面时起至其重新着地时止。"

第二,造成损害的原因是飞行中的民用航空器发生事故。航空器事故,通称为"空难",指各种载人航空器在起飞、飞行或降落过程中,由于人为因素或意外事件等原因导致的航空器坠落、爆炸,引起人员重大伤亡或财产巨大损失等灾难性事件。

第三,遭受损害的可能包括民用航空器中的乘客、机组人员以及地面人员。在发生人员伤亡的空难事件中,死难者往往都是航空器中的乘客及机组人员。个别空难事件中,也有地面人员遇难。如2004年11月21日,中国东方航空云南公司CRJ-200机型飞机,在包头机场附近坠毁,造成55人遇难,其中有47名乘客、6名机组人员和2名地面人员。因此,损害可分为机组人员损害、乘客损害和地面人员损害三大基本类型。从损害赔偿的法律角度来看,这三类受害者所适用的法律有所差异。对机组人员的遇难赔偿,适用工伤事故赔偿制度；对地面人员的损害,应单纯适用我国《侵权责任法》第71条关于航空器损害责任的规定；而对乘客所遭受的损害,则存在违约请求权与

[①] 王泽鉴:《侵权行为法》(第二册),台湾三民书局2006年版,第304页。
[②] 王利明主编:《中华人民共和国侵权责任法释义》,中国法制出版社2010年版,第357页。

侵权请求权的竞合问题,受害乘客或其近亲属如选择行使航空器损害责任请求权,则应适用我国《侵权责任法》第71条以及《民用航空法》相关条文以及其他相关规定。

2. 制度史

20世纪后半期,人类进入航空时代。航空运输以其快速、便捷、舒适、安全、机动等特点,越来越成为人们远行的重要交通工具。据统计,2010年我国民用航空的客运量已经突破2.67亿人次。但空难事件亦时有发生。如2010年8月24日的发生在我国黑龙江伊春的坠机事故,已造成42人遇难。在国外,4月10日,波兰总统卡钦斯基乘坐的图-154专机在俄罗斯斯摩棱斯克市附近坠毁,共有96人遇难。5月12日,利比亚非洲航空公司一架由南非飞抵利比亚首都的客机在降落时发生爆炸,机上104名乘客和机组人员中仅一名荷兰籍儿童幸存。5月22日晨一架载有166人的印度客机在印度南部机场降落时失事,造成机上158人遇难,仅8人幸运生还。

航空事故的发生,具有不可避免性。如何运用民事赔偿手段,及时处理好善后的事情,对于维护受害人及其亲属的利益,维持民航正常秩序,都具有重要的意义。早在1986年我国的《民法通则》,就在高危责任制度中对包括航空器在内的高速运输工具致人以损害的现象规定了损害赔偿责任。我国1996年的《民用航空法》更是以较大的篇幅(第九章第三节"承运人的责任"第124—136条、第十二章"对地面第三人损害的赔偿责任"第157—172条)规定了承运人对乘客及地面人员的人身或财产损害的赔偿责任。我国2009年的《侵权责任法》将其纳入到侵权责任法的体系,更使航空器损害责任制度有了基本的定性与归属,既有利于航空器损害责任的追究,亦有利于该制度的完善。

3. 航空器事故对乘客造成损害的赔偿责任

(1)乘客的损害赔偿请求权。在一般的航空器事故中,受害者通常是乘客,包括乘客的人身伤亡或财产损失。对此,我国《民用航空法》第124、125、126条分别规定:"因发生在民用航空器上或者在旅客上、下民用航空器过程中的事件,造成旅客人身伤亡的,承运人应当承担责任……""因发生在民用航空器上或者在旅客上、下民用航空器过程中的事件,造成旅客随身携带物品毁灭、遗失或者损坏的,承运人应当承担责任。因发生在航空运输期间的事件,造成旅客的托运行李毁灭、遗失或者损坏的,承运人应当承担责任。""因发生在航空运输期间的事件,造成货物毁灭、遗失或者损坏的,承运人应当承担责任。""旅客、行李或者货物在航空运输中因延误造成的损失,承运人应当承担责任。"

所谓"航空运输期间",是指在机场内、民用航空器上或者机场外降落的任何地点,托运行李、货物处于承运人掌管之下的全部期间;不包括机场外的任何陆路运输、海上运输、内河运输过程;但是,此种陆路运输、海上运输、内河运输是为了履行航空运输合同而装载、交付或者转运,在没有相反证据的情况下,所发生的损失视为在航空运输期间发生的损失。

如前所述,因乘客与承运人之间具有旅客运送合同关系。因航空事故造成乘客人身伤亡或财产损失的,承运人的行为既违反了旅客运送合同,成立违约;又侵害了乘客的人身或财产权益,构成侵权,形成责任竞合。作为受害人的乘客,同时依法享有违约责任的请求权和侵权损害赔偿的请求权。依据我国《合同法》第122条的规定,受害当事人有权在违约与侵权二个请求权之间进行选择。受害乘客可以依据我国《侵权责任法》及相关法律的规定,行使侵权责任损害赔偿请求权。

（2）责任主体。关于因航空器事故造成乘客人身或财产损害,或托运的货物或行李损失的赔偿责任主体,我国《侵权责任法》规定为"航空器经营者",而我国《民用航空法》则规定为"承运人"。从侵权法的角度来看,"经营者"一词似乎更准确些,而"承运人"主要是从合同法的角度,相对于托运人与收货人而言的。侵权法上的航空器经营者,包括民用航空器的所有人、使用人或承运人,通常是指依法成立的航空公司。一般情况下,所有人就是使用人或承运人,由所有人为责任主体;如果所有人通过租赁或承包、借用等关系,将航空器出租、发包或出借他人的,则承租人、承包人或借用人作为使用人或承运人,是民用航空器的实际控制者,应为责任主体。承运人的受雇人、代理人,是承运人的辅助人,他们使用航空器的行为即承运人的行为,由承运人承担相应的责任。

我国《民用航空法》第136条规定:由几个航空承运人办理的连续运输,接受旅客、行李或者货物的每一个承运人应当受本法规定的约束,并就其根据合同办理的运输区段作为运输合同的订约一方。对前款规定的连续运输,除合同明文约定第一承运人应当对全程运输承担责任外,旅客或者其继承人只能对发生事故或者延误的运输区段的承运人提起诉讼。托运行李或者货物的毁灭、遗失、损坏或者延误,旅客或者托运人有权对第一承运人提起诉讼,旅客或者收货人有权对最后承运人提起诉讼,旅客、托运人和收货人均可以对发生毁灭、遗失、损坏或者延误的运输区段的承运人提起诉讼。上述承运人应当对旅客、托运人或者收货人承担连带责任。

（3）抗辩事由。根据我国《侵权责任法》第71条的规定，责任主体依法所据以要求减轻或不承担赔偿责任的抗辩事由是"受害人故意"这一项。而我国《民用航空法》还有进一步的规定。

我国《民用航空法》第124条规定："因发生在民用航空器上或者在旅客上、下民用航空器过程中的事件，造成旅客人身伤亡的，承运人应当承担责任；但是，旅客的人身伤亡完全是由于旅客本人的健康状况造成的，承运人不承担责任。"第125条规定："旅客随身携带物品或者托运行李的毁灭、遗失或者损坏完全是由于行李本身的自然属性、质量或者缺陷造成的，承运人不承担责任。"另外，"因发生在航空运输期间的事件，造成货物毁灭、遗失或者损坏的，承运人应当承担责任；但是，承运人证明货物的毁灭、遗失或者损坏完全是由于下列原因之一造成的，不承担责任：（一）货物本身的自然属性、质量或者缺陷；（二）承运人或者其受雇人、代理人以外的人包装货物的，货物包装不良；（三）战争或者武装冲突；（四）政府有关部门实施的与货物入境、出境或者过境有关的行为。"第126条规定："旅客、行李或者货物在航空运输中因延误造成的损失，承运人应当承担责任；但是，承运人证明本人或者其受雇人、代理人为了避免损失的发生，已经采取一切必要措施或者不可能采取此种措施的，不承担责任。"

我国《民用航空法》同样将受害人的过错规定为不承担或减轻承担责任的抗辩事由。其第127条规定："在旅客、行李运输中，经承运人证明，损失是由索赔人的过错造成或者促成的，应当根据造成或者促成此种损失的过错的程度，相应免除或者减轻承运人的责任。旅客以外的其他人就旅客死亡或者受伤提出赔偿请求时，经承运人证明，死亡或者受伤是旅客本人的过错造成或者促成的，同样应当根据造成或者促成此种损失的过错的程度，相应免除或者减轻承运人的责任。在货物运输中，经承运人证明，损失是由索赔人或者代行权利人的过错造成或者促成的，应当根据造成或者促成此种损失的过错的程度，相应免除或者减轻承运人的责任。"

由上可见，我国《民用航空法》关于责任主体可以予之抗辩的事由明显多过《侵权责任法》，除了受害人的故意外，还包括受害人的过失（第127条规定的"过错"中，包含"故意"与"过失"），行李与货物的自然属性、质量与缺陷，第三人的过错（第125条规定了"承运人或者其受雇人、代理人以外的人包装货物的,货物包装不良"),不可抗力(第 125 条规定"战争或冲突"、"政府有关部门实施的与货物入境、出境或者过境有关的行为"),承运人已尽职责(第 126 条规定"承运人证明本人或者其受雇人、代理人为了避免损失的发生,已经采取一切必要措施或者不可能采取此种措施的,不承担责任")。

需要指出的是,就航空器事故损害的侵权责任而言,我国《侵权责任法》为一般法,而《民用航空法》为特别法。依"特别法优于一般法"的适法原则,我国《民用航空法》关于航空器损害责任的抗辩事由应具有法律效力。然而,我国《民用航空法》制订于 1996 年,为旧法;而《侵权责任法》制订于 2009 年,是新法。依"新法优于旧法"的适法原则,则应优先适用《侵权责任法》的规定。当这二个适法原则发生冲突时,当依"新法优于旧法"的原则。因为,新法最能反映立法者最近的法律思想。因此,我国《侵权责任法》生效后,当务之急是要尽快修订《民用航空法》的相关规定。

(4)责任限额。根据我国《民用航空法》的规定,民用航空器损害责任实行限额赔偿制度。我国《民用航空法》第 131 条规定:"有关航空运输中发生的损失的诉讼,不论其根据如何,只能依照本法规定的条件和赔偿责任限额提出,但是不妨碍谁有权提起诉讼以及他们各自的权利。"不允许当事人通过协议的方式消除这种法律规定的赔偿限额,任何旨在免除该法规定的承运人责任或者降低该法规定的赔偿责任限额的条款,均属无效。

其中,国际航空运输承运人的赔偿责任限额按照下列规定执行:(1)对每名旅客的赔偿责任限额为 16600 计算单位;但是,旅客可以同承运人书面约定高于本项规定的赔偿责任限额。(2)对托运行李或者货物的赔偿责任限额,每公斤为 17 计算单位。旅客或者托运人在交运托运行李或者货物时,特别声明在目的地点交付时的利益,并在必要时支付附加费的,除承运人证明旅客或者托运人声明的金额高于托运行李或者货物在目的地点交付时的实际利益外,承运人应当在声明金额范围内承担责任。……(3)对每名旅客随身携带的物品的赔偿责任限额为 332 计算单位。

对于国内航空运输承运人的赔偿责任限额,由国家民航总局颁发,2006 年 3 月起实施的《国内航空运输承运人赔偿责任限额规定》,对每名旅客的赔偿责任限额为人民币 40 万元;对每名旅客随身携带物品的赔偿责任限额为人民币 3000 元;对旅客托运的行李和对运输的货物的赔偿责任限额,为每公斤人民币 100 元。旅客自行向保险公司投保航空旅客人身意外保险的,此项保险金额的给付,不免除或者减少承运人应当承担的赔偿责任。该《规定》所确定的赔偿责任限额的调整,由国务院民用航空主管部门制定,报国务院批准后公布执行。

责任限额制度,限定了承运人的赔偿责任的范围,保证了承运人不至于要对损害承担全部赔偿责任。但我国《民用航空法》不允许对民用航空器损害主观上存在故意或重大过失的承运人援用责任限额制度,其第132条、第133条规定:"经证明,航空运输中的损失是由于承运人或者其受雇人、代理人的故意或者明知可能造成损失而轻率地作为或者不作为造成的,承运人无权援用本法第128条、第129条有关赔偿责任限制的规定;证明承运人的受雇人、代理人有此种作为或者不作为的,还应当证明该受雇人、代理人是在受雇、代理范围内行事。"

(5)诉讼时效。我国《民用航空法》第135条规定:"航空运输的诉讼时效期间为2年,自民用航空器到达目的地点、应当到达目的地点或者运输终止之日起计算。"对于行李或货物损失的索赔,我国《民用航空法》第134条还规定:托运行李或者货物发生损失的,旅客或者收货人应当在发现损失后向承运人提出异议。托运行李发生损失的,至迟应当自收到托运行李之日起7日内提出;货物发生损失的,至迟应当自收到货物之日起14日内提出。托运行李或者货物发生延误的,至迟应当自托运行李或者货物交付旅客或者收货人处置之日起21日内提出。除承运人有欺诈行为外,旅客或者收货人未在规定的期间内提出异议的,不能向承运人提出索赔诉讼。第134条关于索赔期间的规定,使得第135条规定的诉讼时效制度流于形式。

4. 航空器事故对地面人员造成损害的赔偿责任

(1)受害人。本责任制度中的受害人为地面人员,亦称地面第三人。自然人、法人等民事主体都可以依法成为受害的地面人员。但责任人在地面的员工或财产遭受损害的,不为本责任制度中的受害人。我国《民用航空法》第157条规定,因飞行中的民用航空器或者从飞行中的民用航空器上落下的人或者物,造成地面(包括水面,下同)上的人身伤亡或者财产损害的,受害人有权获得赔偿。

(2)责任人。依据我国《民用航空法》第158条的规定,航空器事故对地面人员造成损害应承担赔偿责任的主体,是民用航空器的经营人。这与该法关于航空器事故对乘客造成损害的赔偿责任制度规定责任主体为"承运人",存在差异。同一法规中,刻意对责任主体作不同的表述,说明立法者有意将承运人与经营人视为二个不同的主体范畴。承运人,意指与乘客或货物托运人订有运送或运输合同、负责本次运送旅客或运输货物的人;而所谓经营人,"是指损害发生时使用民用航空器的人"①。通常情况下,经营人往往就是承运人。依我国《民用航空法》的规定,民用航空器登记的所有人应当被视为经营人,并承担经营人的责任;除非在判定其责任的诉讼中,所有人证明经营人是他人,并在法律程序许可的范围内采取适当措施使该人成为诉讼当事人之一;民用航空器的使用权已经直接或者间接地授予他人,本人保留对该民用航空器的航行控制权的,本人仍被视为经营人;经营人的受雇人、代理人在受雇、代理过程中使用民用航空器,无论是否在其受雇、代理范围内行事,均视为经营人使用民用航空器。

未经对民用航空器有航行控制权的人同意而使用民用航空器,对地面第三人造成损害的,应当承担损害赔偿责任;有航行控制权的人除证明本人已经适当注意防止此种使用外,应当与该非法使用人承担连带责任。

两个以上的民用航空器在飞行中相撞或者相扰,造成我国《民用航空法》第157条规定的应当赔偿的损害,或者两个以上的民用航空器共同造成此种损害的,各有关民用航空器均应当被认为已经造成此种损害,各有关民用航空器的经营人均应当承担责任。

(3)经营人依法不承担赔偿责任或应减轻赔偿责任的情形。依据我国《民用航空法》的规定,有下列情况之一,经营者不承担赔偿责任或减轻赔偿责任:① 受害人的间接损失。我国《民用航空法》第157条规定:"……但是,所受损害并非造成损害的事故的直接后果,……受害人无权要求赔偿。"② 依法通行时造成的不可避免的损害。我国《民用航空法》第157条规定:"……但是,……所受损害仅是民用航空器依照国家有关的空中交通规则在空中通过造成的,受害人无权要求赔偿。"如飞机正常通行时的噪声对地面人员的侵扰。③ 损害是武装冲突或者骚乱的直接后果(我国《民用航空法》第160条第1款)。④ 民用航空器的使用权业经国家机关依法剥夺。该规定令人难以理解。航空器使用权已经剥夺,仍然使用航空器的,构成非法使用,更应当对其行为负责,自不能成为不承担损害赔偿责任的理由。⑤ 能证明损害是完全由于受害人或者其受雇人、代理人的过错造成的,不承担赔偿责任;能证明损害是部分由于受害人或者其受雇人、代理人的过错造成的,相应减轻其赔偿责任。⑥ 对于飞行中的民用航空器或者从飞行中的民用航空器上

---

① 何谓"使用民用航空器"? 乘坐民用航空器,算不算"使用"?

落下的人或者物造成的地面上的损害不承担责任,但是故意造成此种损害的人除外。

(4) 保险人或担保人的责任。为使遭受航空器事故损害的地面人员能充分及时地得到赔偿,亦减缓责任主体的责任强度,维持经营人的正常经营活动,我国《民用航空法》要求,民用航空器的经营人应当投保地面第三人责任险或者取得相应的责任担保。受害人可以直接对保险人或者担保人提起诉讼。保险人和担保人除享有与经营人相同的抗辩权,以及对伪造证件进行抗辩的权利外,还可以损害发生在保险或者担保终止有效后,或损害发生在保险或者担保所指定的地区范围外等理由进行抗辩;但不得以保险或者担保的无效或者追溯力终止为由进行抗辩。

(5) 诉讼时效。地面第三人损害赔偿的诉讼时效期间为二年,自损害发生之日起计算;但是,在任何情况下,时效期间不得超过自损害发生之日起三年。

七、高度危险物致害责任

1. 概念

高度危险物致害责任,指占有、使用、遗失或抛弃高度危险物而致他人以损害时,依法承担的侵权损害赔偿责任。

近些年来,高度危险物,即那些易燃、易爆、剧毒、放射性等危险物品致人损害的事例屡有发生,如煤矿瓦斯爆炸、烟花爆竹失事等。为维护人们的合法权益,维持正常的社会秩序,规范人们占有、使用高度危险物的行为,我国《侵权责任法》分三条规定了高度危险物致害责任。其中,第72条规定了"占有、使用高度危险物致害责任",第74条规定了"遗失、抛弃高度危险物致害责任"①,第75条规定了"非法占有高度危险物致害责任"。我国《侵权责任法》之所以对高度危险物致害责任以三个条文的篇幅分别作规定,主要是因为这三种类型的高度危险物致害责任在行为性质、损害后果、社会影响等方面存在差异,有必要在构成要件、归责原则、责任主体方面作不同的规定,以示区别。

2. 高度危险物

高度危险物,包括易燃、易爆、剧毒、放射性等危险物品。这些物品因为

---

① 同条还规定了"受托管理"的问题,似乎与遗失、抛弃问题关联不大。此问题放在第72条与"占有、使用"问题一块规定,在逻辑上应当更妥当一些。

本身即具有对人身、财产极易造成损害,因而被称为"高度危险物"。在我国,认定高度危险物的标准主要有《危险货物分类和品名编号》(GB6944-2005)、《危险货物品名表》(GB12268-90)和《常用危险化学品分类及标志》(GB13690-92)。其中,2005年的《危险货物分类和品名编号》规定:

(1) 危险货物是指具有爆炸、易燃、毒害、感染、腐蚀、放射性等危险特性,在运输、储存、生产、经营、使用和处置中,容易造成人身伤亡、财产损毁或环境污染而需要特别防护的物质和物品。

(2) 易爆物质是指固体或者液体物质或者这些物质的混合物,自身能够通过化学反应产生气体,其温度、压力和速度高到能对周围造成破坏,包括不放出气体的烟火物质。

(3) 易燃物质包括易燃液体和易燃固体。① 易燃液体是指在其闪点温度(其闭杯试验闪点不高于60.5℃,或者其开杯试验闪点不高于65.6℃)时放出易燃蒸气的液体或液体混合物,或者是在溶液或悬浮液中含有固体的液体。② 易燃固体包括:(a) 容易燃烧或者摩擦可能引燃或助燃的固体;(b) 可能发生强烈放热反应的自反应物质;(c) 不充分稀释可能发生爆炸的固态退敏爆炸品。

(4) 剧毒性物质是指经吞食、吸入或者皮肤接触后可能造成死亡或者严重受伤或者健康损害的物质。毒性物质的毒性分为急性口服毒性、皮肤接触毒性和吸入毒性。分别用口服毒性半数致死量 LD_{50}、皮肤接触毒性半数致死量 LD_{50},吸入毒性半数致死浓度 LC_{50} 衡量。经口摄取半数致死量:固体 $LD_{50} \leqslant 200mg/kg$,液体 $LD_{50} \leqslant 500mg/kg$;经皮肤接触24h,半数致死量 $LD_{50} \leqslant 1000mg/kg$;粉尘、烟雾吸入半数致死浓度 $LC_{50} \leqslant 10mg/L$ 的固体或者液体。

(5) 放射性物质是指,含有放射性核素且其放射性活性度浓度和总活性度都分别超过GB11806规定的限值物质。另据2009年国务院制订的《放射性物品运输安全管理条例》第2条的规定,"放射性物品,是指含有放射性核素,并且其活度和比活度均高于国家规定的豁免值的物品。"根据放射性物品的特性及其对人体健康和环境的潜在危害程度,将放射性物品分为一类、二类和三类。

一类放射性物品,是指Ⅰ类放射源、高水平放射性废物、乏燃料等释放到环境后对人体健康和环境产生重大辐射影响的放射性物品。

二类放射性物品,是指Ⅱ类和Ⅲ类放射源、中等水平放射性废物等释放到环境后对人体健康和环境产生一般辐射影响的放射性物品。

三类放射性物品,是指Ⅳ类和Ⅴ类放射源、低水平放射性废物、放射性药品等释放到环境后对人体健康和环境产生较小辐射影响的放射性物品。

除了以上所述的易燃、易爆、剧毒、放射性的危险物品外,其他具有高度危险性的物品致人损害的,亦属本责任制度的调整。

3. 占有、使用高度危险物致害责任

占有、使用高度危险物致害责任,是指其所占有或使用的高度危险物造成了他人的损害,依法应当承担的侵权损害赔偿责任。我国《侵权责任法》第72条规定:"占有或者使用易燃、易爆、剧毒、放射性等高度危险物造成他人损害的,占有人或者使用人应当承担侵权责任,但能够证明损害是因受害人故意或者不可抗力造成的,不承担责任。被侵权人对损害的发生有重大过失的,可以减轻占有人或者使用人的责任。"

占有、使用高度危险物致害责任的基本特征,就在于造成他人损害的,是那些易燃、易爆、剧毒、放射性等高度危险物;责任主体并非通过占有或使用那些易燃、易爆、剧毒、放射性等高度危险物有意地去侵害他人的合法权益,而是在占有或使用这些高度危险物的过程中因无意或不小心地致他人以损害。如果责任主体故意将这些高度危险物当做工具去侵害他人的合法权益,则不应当适用我国《侵权责任法》第72条规定的特殊侵权责任制度,而属于一般侵权责任的范畴。

(1) 责任构成。从我国《侵权责任法》第72条关于占有、使用高度危险物致害责任的规定,可以看出,占有、使用高度危险物致害责任的构成要件包括:

第一,损害源自高度危险物。非因高度危险物致害的,不构成本类型责任。

第二,损害发生在责任主体占有高度危险物期间或使用高度危险物过程中。占有、使用指在制造、加工、储存、运输、收藏、利用高度危险物的过程中对高度危险物的管领与支配。既然易燃、易爆、剧毒、放射性的高度危险物在其管领和支配下,占有人或利用人就负有妥善保管、合理利用的基本义务。

第三,高度危险物造成他人损害。在这里,所谓"他人",并不包括高度危险物的占有人、使用人,或其代理人、受雇人(员工)等。损害,则包括了人身损害、财产损害等。

第四,占有、使用高度危险物致害责任属于高危责任的范畴,实行无过错责任的归责原则。责任主体主观上没有过错,只要损害是源于其占有的高度危险物所致,或是在其使用高度危险物的过程中因高度危险物致人以损害的,就需向受害人承担损害赔偿的责任。除非有法定的抗辩事由。

(2) 责任主体。根据我国《侵权责任法》第 72 条的规定,占有、使用高度危险物致害责任的责任主体为致人以损害的高度危险物的占有人或使用人。

物致人损害的责任,由管领支配该物的人来承担,是符合人类的基本常识与伦理规范的。占有,就是对物的直接管领与支配。所以,由占有人承担物的损害赔偿责任,为最根本的规则。但占有人,又是一个十分广泛的概念,有所有人的占有与非所有人的占有,有合法占有与非法占有,有直接占有与辅助占有,等等。非法占有高度危险物致人损害的,我国《侵权责任法》第 75 条有专门的规定,此处不予论述。物一般情况下由所有人占有;所有人的代理人、受雇人的占有,亦属所有人的所有。随着物的流通与利用,物由非所有人占有的现象也十分普遍。合法的非所有人的占有,有的是基于用益物权合同(如土地承包经营合同,但高度危险物为动产,非所有人不可能基于用益物权合同而获得占有);有的基于债权合同(如加工合同、租赁合同、借用合同、运输合同、存储合同等);有的则是基于无因管理(如拾得遗失物、代管误交的货物等)或是不当得利(如接收误交的货物)。非所有人在占有高度危险物期间,因高度危险物致人损害的,上述占有人依法应当承担损害赔偿责任。

另外,我国《侵权责任法》第 74 条中还规定:"所有人将高度危险物交由他人管理的,由管理人承担侵权责任;所有人有过错的,与管理人承担连带责任。"依此规定,将高度危险物交由他人保管,保管物致人损害的,应当由保管人承担责任;无论保管人是否尽到了保管职责。但如果"所有人"有过错,则需与保管人共同承担连带责任。在这里,"所有人的过错",可能包括两个方面:一是选任过错,即所有人未选择具有相应保管资质的单位进行储存保管;二是所有人在提交保管时,未向保管人尽告知义务。还需要提出来的是,此处的"所有人"理解为"寄存人"或"存货人",不仅仅限于"所有人",似乎更恰当些。

物的使用以占有物为前提。虽然占有某物未必会使用该物,但使用某物必须要先占有此物,所以,使用人必定是占有人。他不仅要对其在占有期间高度危险物致人损害的事件承担损害赔偿责任,更要对其使用高度危险物不慎给他人的造成的损害承担责任。

(3) 责任抗辩。根据我国《侵权责任法》第 72 条的规定,有下列情形之一的,高度危险物的占有人或使用人不承担损害赔偿责任,或者应当减轻其赔偿责任:① 损害是受害人故意造成的,不承担责任;② 损害是不可抗力造成的,不承担责任;③ 受害人对损害的发生有重大过失的,可以减轻占有人或者使用人的责任;但受害人的一般过失不能作为减轻责任的抗辩事由。

是否具有上述抗辩事由,由责任主体负举证责任。

4. 遗失、抛弃高度危险物致害责任

遗失、抛弃高度危险物致害责任,是指遗失、抛弃高度危险物的致他人以损害时,依法应当承担的侵权损害赔偿责任。我国《侵权责任法》第74条规定:"遗失、抛弃高度危险物造成他人损害的,由所有人承担侵权责任。"

与占有、使用高度危险物致害责任相比,遗失、抛弃高度危险物致害责任的基本特点,就在于造成损害的是高度危险物,但高度危险物致他人以损害的事实,发生在该物被遗失或被抛弃后。此时,高度危险物已经脱离了所有人的控制,亦不在其他任何人的占有之下,处于无人看管的状态之下。

根据我国《安全生产法》第32条的规定,生产、经营、运输、储存、使用危险物品或者处置废弃危险物品的,由有关主管部门依照有关法律、法规的规定和国家标准或者行业标准审批并实施监督管理。生产经营单位生产、经营、运输、储存、使用危险物品或者处置废弃危险物品,必须执行有关法律、法规和国家标准或者行业标准,建立专门的安全管理制度,采取可靠的安全措施,接受有关主管部门依法实施的监督管理。

(1)责任构成。从我国《侵权责任法》第74条的规定,可以看出,构成遗失、抛弃高度危险物致害责任,需具备以下要件:

第一,须有遗失或抛弃高度危险物的行为。所谓遗失,是指非依占有人的主观意志而脱离了占有人的占有;但也不是被盗或被抢。后二者虽然同样是非依占有人的主观意志脱离了其占有与控制,但遗失往往是出于占有人自身的疏忽、不在意、不小心而丧失占有的,并非由于他人的行为所致;抛弃是占有人在其主观意志支配下自愿放弃对抛弃物的控制,而致物脱离了占有人的占有。因而,抛弃与遗失不同,它是占有人主观意志实现的结果。占有人抛弃高度危险物,主观上通常是未意识到此物失去控制后会给他人造成不必要的损害(疏忽),或者虽然已经意识到这种风险,但自以为不会发生(懈怠);如果抛弃高度危险物,是有意将风险传播给社会或祸害他人,实际上是将高度危险物作为侵权工具,应成立故意侵权,不属于抛弃高度危险物致害责任的范畴。

第二,须造成了他人的损害;包括人身伤亡与财产损失等。因人身伤亡造成精神损害的,亦在应赔偿的范围之内;但不可能造成精神上的人格(如姓名、肖像、名誉、隐私等)损害。

第三,他人受损是被遗失或被抛弃的高度危险物所致,二者存在直接的因果关系。

第四,不问责任主体主观上是否有过错。所有人没有过错也要对其遗失或抛弃的高度危险物致他人的损害承担相应的侵权责任。

(2)责任主体。我国《侵权责任法》第74条规定的责任主体,是被遗失或被抛弃的高度危险物的"所有人"。所有人将高度危险物予以抛弃,放弃了对风险的控制,将风险转嫁给社会,是一种对社会、对他人不负责的举动。对该行为造成的损害后果,承担责任,自不待言。而遗失高度危险物,虽然非依所有人的意愿,但与所有人的疏忽存在一定的关联。所以,所有人对其遗失高度危险物给他人造成的损害承担责任,也是理所当然的。

但问题是,当高度危险物在非所有人的占有之下遗失,或被非所有人的占有人抛弃,因此而造成的损害,是不是也要由所有人承担责任?这一点,我们从第74条下半句可以得出推论。它规定:"所有人将高度危险物交由他人管理的,由管理人承担侵权责任;所有人有过错的,与管理人承担连带责任。"所有人将高度危险物交由他人管理(占有)后,管理人遗失或抛弃高度危险物,致他人以损害的,应当由管理人(即占有人)承担侵权损害赔偿责任。

(3)责任抗辩。我国《侵权责任法》第74条没有规定高度危险物所有人的不承担责任或减轻责任的规定。但依侵权责任抗辩制度的一般原理,有下列情形之一的,可成为所有人的抗辩事由[①]:① 受害人故意。受害人遇见或捡到所有人遗失或抛弃的高度危险物后,明知有风险,但为谋私利,据为己有而遭受损害的,所有人不承担责任;受害人有重大过失的,可适当减轻所有人的赔偿责任。② 不可抗力。如果所有人抛弃高度危险物时,将其深埋或深藏,非巨大外力不能外泄。遇地震、泥石流等自然灾害而外泄,造成他人损害的,所有人不承担责任。③ 第三人行为。第三人拾得遗失或被抛弃的高度危险物后,再致祸于他人的,适用我国《侵权责任法》第72条关于占有、使用高度危险物致害责任的制度,由占有人承担责任。

---

① 在实行无过错责任归责原则的特殊侵权领域,相应的法律条文没有规定抗辩事由的,能否直接适用我国《侵权责任法》第三章"不承担责任和减轻责任的情形"的规定,是一个需要探讨的问题。

5. 非法占有高度危险物致害责任

非法占有高度危险物致害责任,是指因非法占有的高度危险物致人损害时,依法应当承担的损害赔偿责任。我国《侵权责任法》第75条规定:"非法占有高度危险物造成他人损害的,由非法占有人承担侵权责任。所有人、管理人不能证明对防止他人非法占有尽到高度注意义务的,与非法占有人承担连带责任。"

与占有、使用高度危险物致害责任相比,非法占有高度危险物致害责任的相同点,在于:第一,都是高度危险物致人损害。第二,都是在占有期间造成的损害。最明显的不同,即在于后者是在非法占有期间发生的损害事实。非法占有,是第75条所规范的行为的基本属性。

(1) 责任构成。非法占有高度危险物致害责任的构成要件,主要有:

第一,占有高度危险物的行为是非法的。所谓"非法占有",一般是指无权占有,即没有占有权的占有。占有人占有的非法性,是客观非法还是主观非法,这在学术上是有不同看法的。有的主张,只有在占有人明知其为无权占有时,才属非法占有;换言之,如占有人不知其占有为无权占有,则不为非法占有。或者说,只有恶意占有才是非法占有,而善意占有不构成非法。[①] 我们主张从客观上来评价行为的非法性,只要在客观上占有没有法律依据,即为非法占有,而不考虑占有人主观上有无认识。这样在实践中更容易认定。

第二,有他人受损的事实发生。

第三,他人所遭受的损害是非法占有的高度危险物所致;二者间具有直接的因果关系。

(2) 责任主体。从第75条的规定可以看出,非法占有高度危险物致害责任的责任主体有两类。第一类是非法占有高度危险物的非法占有人;第二类是高度危险物的所有人、管理人。

首先,因非法占有高度危险物致人损害的,非法占有人须承担侵权损害赔偿责任;而且实行的无过错责任的归责原则:无论他们是否主观上存有过错,只要其非法占有的高度危险物致第三人以损害的,均须承担赔偿责任。之所以实行这么严格的归责原则,应当是考虑到他们的占有是非法的,是对非法占有高度危险物行为的一种严厉的惩罚。因为,非法占有高度危险物,对社会造成危害的风险相当大。

---

① 王利明主编:《中华人民共和国侵权责任法释义》,中国法制出版社2010年版,第379页;王胜明主编:《中华人民共和国侵权责任法解读》,中国法制出版社2010年版,第374页。

其次，高度危险物的所有人、管理人须负连带责任。这里有几个问题需要探讨：

第一，为什么要由高度危险物的所有人、管理人负连带责任？这是因为在现实生活中高度危险物之所以被他人非法占有，往往与所有人、管理人的疏忽懈怠有关。他们没有对高度危险物的收藏、保管、储存尽到应有的高度负责的职责。规定要由高度危险物的所有人、管理人承担连带责任，其主要目的是为了增强他们的责任心，强化对高度危险物占有与使用的责任感，减少高度危险物流入社会、给人们造成损害的风险。

第二，为什么高度危险物的所有人、管理人承担责任实行过错推定的归责原则？根据我国《侵权责任法》规定，高度危险物的所有人、管理人不能证明其对防止他人非法占有已经尽到了高度注意义务的，应与非法占有人承担连带责任。这正是法律关于过错推定责任的典型表述。之所以实行过错推定的归责原则而不实行过错责任或无过错责任的归责原则，原因主要有两个方面：一是平衡所有人、管理人与受害人之间的利益，避免给所有人、管理人因负无过错责任而使责任过重，导致出现不公平；同时也免除了受害人因实行过错责任的归责原则而须承担的举证责任，有利于维护受害人的合法权益。二是调动所有人、管理人强化对高度危险物管理的主动性与积极性。只要所有人、管理人能够证明自己"对防止他人非法占有已经尽到了高度注意义务的"，就不会受到责任的追究。

第三，什么是"管理人"，如何与所有人承担责任？针对现实生活中的实际情况，我们理解，管理人包括以下几种情形：一是实际负有管理高度危险物责任的国有单位。它们所管理的高度危险物属于国家所有，因此所有权属于国家；但交由具体的国有单位实施管理。此种情形下，该国有单位为管理人，类似所有人的地位。二是除所有人或前述第一种管理人以外的其他合法占有人，非法占有人自然不在其列。当所有人同时又是管理人时，由所有人与非法占有人负连带责任；当所有人与管理人分离时，由管理人与非法占有人负连带责任。

第四，所有人、管理人如何与非法占有人承担连带责任？这要分两个层次。一是就外部关系来讲，连带责任意味着所有人、管理人须与非法占有人共同向受害人承担全部损害赔偿责任；受害人可要求所有人、管理人就其所遭受的损害全部予以赔偿。二是就内部关系而言，如果所有人、管理人被受害人追究全部或部分赔偿责任的，所有人、管理人能否向非法占有人进行追偿？我们认为，因非法占有致他人受有损害的，非法占有人在任何情况下都应当承担责任。因此，当所有人、管理人向受害人承担了全部赔偿责任的，有权向非法占有人进行追偿。但既然要承担连带责任，说明所有人、管理人至少也是最终要承担相当一部分的责任的。到底要如何与非法占有人分担责任，还是要考察所有人、管理人的过错程度。所有人、管理人故意放纵或明知非法占有人的占有会危害他人却置之不理的，要与非法占有人平分责任；如因疏忽或懈怠而未尽高度注意义务的，则只应承担次要责任。所有人、管理人只向受害人承担了部分赔偿责任，则应视不同情形确定是否能予以追偿：其已向受害人承担的赔偿责任与其过错程度相当的，则不能向非法占有人追偿。

（3）责任抗辩。因非法占有高度危险物致害责任的责任主体分为非法占有人与所有人、管理人两类，所以责任抗辩问题亦须分两种类型来进行分析。

第一，非法占有人的抗辩事由。我国《侵权责任法》第75条没有规定非法占有人有何抗辩事由，不过，依侵权法上责任抗辩制度的一般规则，虽然为非法占有，但有下列情形之一的，仍得为减轻责任之抗辩：① 受害人的故意或重大过失；② 不可抗力；③ 第三人的行为。

第二，所有人、管理人的抗辩事由。所有人、管理人不仅可依法享有上述非法占有人所享有的抗辩权外，而且一旦存在上述抗辩事由，还可要求不承担赔偿责任；此外，依据我国《侵权责任法》第75条之规定，所有人、管理人如能证明其已经尽到高度注意义务的，则不承担责任。

八、从事高度危险活动致害责任

1. 概念

从事高度危险活动致害责任，是指在从事高空、高压、地下挖掘活动或使用高速运输工具的过程中，致他人以损害，依法应当承担的侵权损害赔偿责任。我国《侵权责任法》第73条规定："从事高空、高压、地下挖掘活动或者使用高速轨道运输工具造成他人损害的，经营者应当承担侵权责任，但能够证明损害是因受害人故意或者不可抗力造成的，不承担责任。被侵权人对损害的发生有过失的，可以减轻经营者的责任。"

与其他高度危险作业致害责任的类型相比，从事高度危险活动致害责任的基本特征是，致人损害的是高度危险活动，包括高空、高压、地下挖掘活动或者使用高速轨道运输工具,等。如前所述,高度危险作业包括高度危险物与高度危险活动两大基本类型。本章前面所论述的核事故致害责任、民用航空器事故致害责任、占有或使用高度危险物致害责任中,除民用航空器事故致害责任外,其他都属于高度危险物致害责任。民用航空器事故致害责任,原本亦属于从事高度危险活动致害责任的范畴,但相对高空、高压、地下挖掘活动或者使用高速轨道运输工具所造成的损害来看,其后果通常严重,影响甚大,故我国《侵权责任法》特作专条,规定了民用航空器事故致害责任制度。因此,从事高度危险活动致害的责任,属于后果较轻一类的高度危险活动的致害责任。

2. 责任构成

从侵权责任的构成要件角度来分析,构成从事高度危险活动致害责任的,一般应具备下列要件:

(1) 从事了具有高度危险的活动。这些高度危险活动主要包括:高空活动、高压活动、地下挖掘活动或者使用高速轨道运输工具活动等。其中,高空活动,是指超过通常高度处所开展的活动。所谓"高空",是不可能有一个十分固定的高度的。一般情况下,人体从坠落下来可以导致较重伤害的高处,或物品掉落下来会造成毁损的高度,都可以说是"高空"。具体而言,离地面达到20米高的处所,不妨认定为高空。高空活动,如修筑高楼、高空缆车、擦拭高层建筑等,均属此类。

高压活动,是指制造高压的活动,如往液化气罐加注液化气,往高压线路输入高压电,等等。在理解高压活动时,我们要正确区分高压活动与高压器具。因高压器具致人损害(如高压锅爆炸致人伤亡、高压电电死人等)的,应适用我国《侵权责任法》第72条关于占有、使用高度危险物致害责任的制度。①

挖掘活动,是指从地表向地下一定深度进行挖掘的行为,如修筑地铁、过江隧道等。适用本条,要注意与第91条的规定的区别。第91条规定:"在公共场所或者道路上挖坑、修缮安装地下设施等,没有设置明显标志和采取安全措施造成他人损害的,施工人应当承担侵权责任。"二者都是因从事地下挖掘活动中致人损害的,但其客观构成要件存在一定的差异。第91条强调的是在公共场所或道路上的挖坑、修缮安装地下设施;而第73条规定的挖掘活

---

① 王利明主编:《中华人民共和国侵权责任法释义》,中国法制出版社2010年版,第373页。

动不限于在公共场所或道路上进行,而且还要求要有一定的深度。① 另外,在不承担责任或减轻责任的抗辩事由方面也有不同的规定。

使用高速轨道运输工具。轨道运输工具,是指沿着固定轨道上行驶的车辆,通常包括火车、地铁、有轨电车、城市轻轨等。高速轨道运输工具与一般轨道运输工具所不同的基本特点,就在于它的高速性。如当前我国的高速铁路,最高时速已经每小时近400公里。正因为高速性,才将其纳入到《侵权责任法》"高度危险责任"的范畴,而不是"机动车交通事故责任"之中。高速性决定了风险的高强度性,一旦发生事故(如火车相撞),造成的损害将是十分严重的。

(2)有他人受损害的事实。

(3)他人受损是高危活动所造成的,具有因果关系。

3. 责任主体

我国《侵权责任法》第73条规定的责任主体是高危活动的"经营者",即高危活动的作业人。如果是高空装饰时造成的损害,应由装饰公司承担责任;如因铁路火车相撞致人伤害的,则应由铁路公司承担责任。

4. 责任抗辩

我国《侵权责任法》第73条规定的抗辩事由主要有:

(1)受害人故意。

(2)不可抗力。上述二项抗辩事由,均须由经营者提供证明。

(3)被侵权人对损害的发生有过失的,可以减轻经营者的责任。但由谁来证明被侵权人有过失?我们主张,应由经营者负举证责任。

九、高度危险区域致害责任

1. 概念

高度危险区域致害责任,是指他人进入高度危险区域内时受到损害的,区域管理人依法应当承担的侵权损害赔偿责任。我国《侵权责任法》第76条规定:"未经许可进入高度危险活动区域或者高度危险物存放区域受到损害,管理人已经采取安全措施并尽到警示义务的,可以减轻或者不承担责任。"

高度危险区域致害责任,类似于我国《侵权责任法》第37条关于公共场所致害责任的规定。它们的共同点在于,受害人遭受的损害的地点的特殊

---

① 实践中要准确地区分这二者,应当是不容易的。如能将第91条的规定整合到第73条中来似乎更妥当些。

性。所以,将"高度危险区域致害责任"纳入"场所致害责任"的范畴也不无可以。但高度危险区域致害责任不同于公共场所致害责任,乃是因为该致害场所非一般的公共场所,而是外人不得随意进入的"高度危险区域"。高度危险区域致人损害的风险机率极高。正是考虑到这一点,立法者才将它与公共场所致害责任区分开来,纳入到"高度危险责任"的体系之中。

2. 责任构成

构成高度危险区域致害责任的要件一般有:

(1) 有他人受损害的事实。

(2) 损害是在高度危险区域内发生的。高度危险区域包括高度危险活动区域和高度危险物存放区域。前者如高速公路上、地铁涵洞内;后者如火药库内、核电站内,等等。高度危险区域较之一般的危险区域之不同,在于:一是高危性;二是封闭性。高危性指发生事故的风险极高,且事故发生后的后果相当严重。而封闭性则意味着这些区域不是公共场所,平时不对外开放,只有特定的人经批准才能进入其内,一般民众不被允许入内。

(3) 管理人没有采取安全措施,亦未尽到警示义务。安全措施如设有围墙大门、电网、警报、摄像、保安、门卫等;警示如告示牌、警示灯等。

3. 责任主体

我国《侵权责任法》规定的高度危险区域致害责任的责任主体为管理人。在这里,管理人,可能是所有人,亦有可能是非所有人的其他实际控制危险区域,负有管理职责的自然人、法人等。

4. 责任抗辩

从我国《侵权责任法》第76条的规定,可以看出,管理人依法可以对责任追究提出抗辩的事由主要有:

(1) 受害人未经许可,擅自进入危险区域内。受害人是否得到了许可,管理人无需予以证明;只需证明受害人非其所属员工,进入危险区域内非职务所需。相反,受害人若主张其得到了管理人的许可,则应提供证据。受害人已经许可而进入高度危险区域内,而受到伤害的,则应分别适用我国《侵权责任法》第70条关于核事故致害责任,第72条关于占有、使用高度危险物致害责任,第73条关于高危活动致害责任。

(2) 已经采取安全措施并尽到警示义务,而且安全措施到位、警示明显。

上述抗辩事由只有同时存在,才能形成有效抗辩。管理人行使上述抗辩权的,或依法减轻赔偿责任,或不承担赔偿责任。然而在何种情况下不承担责任,在何种情况下只是减轻责任?通常情况下,管理人承担责任的程度如何,要视受害人的过错程度来确定。受害人不听劝阻或以暴力手段强行闯入或以盗窃财物为目的而潜入,遭受损害的,管理人不承担责任。受害人无意中进入,或无行为能力人或限制行为能力人进入的,只能减轻管理人的责任。

第二节 环境污染责任

一、概述

1. 概念

环境污染责任,又可称污染环境的侵权责任,是指在生产经营及日常生活中,因排放污染物,污染环境,造成他人损害,依法应当承担的侵权损害赔偿责任。

这里的"环境"概指人类所赖以生存的自然环境。我国《环境保护法》第2条规定:"环境指影响人类生存和发展的各种天然的和经过人工改造的自然因素的总体,包括大气、水、海洋、土地、矿藏、森林、草原、野生生物、自然遗迹、人文遗迹、自然保护区、风景名胜区和乡村等。"

环境污染,则是指由于人为的原因致使环境发生化学、物理、生物等特征上的不良变化,从而影响人类健康和生产活动、影响生物生存和发展的现象。环境污染包括水污染、大气污染、噪声污染、光污染等。给生态系统造成直接的破坏和影响,比如:沙漠化、森林破坏;也会给人类社会造成间接的危害,有时这种间接的环境效应的危害比当时造成的直接危害更大,也更难消除。例如,温室效应、酸雨、和臭氧层破坏就是由大气污染衍生出的环境效应。环境污染的最直接、最容易被人所感受的后果是使人类环境的质量下降,影响人类的生活质量、身体健康和生产活动。例如城市的空气污染造成空气污浊,人们的发病率上升等等;水污染使水环境质量恶化,饮用水源的质量普遍下降,威胁人的身体健康,引起胎儿早产或畸形等等。严重的污染事件不仅带来健康问题,也造成社会问题。随着污染的加剧和人们环境意识的提高,由于污染引起的人群纠纷和冲突逐年增加。

2. 制度史

环境污染问题,自人类社会产生以来就一直存在。只是在人类社会早期,由于人类活动范围较小,生产力水平低下,对环境所造成的污染也较小,一般为自然界的"自净能力"而消解,所以问题表现得并不明显。但是工业革命以后,随着人类活动的大量增加,特别是大量现代工业的产生和发展,产生的大量废弃物远远超出了自然界的"自净能力",使环境污染问题日益严重。制裁污染环境的行为也被提上了日程。从19世纪中期,欧洲陆续出现了一些专门规定环境保护的单行法规,制定了有关的环境保护制度。至本世纪,环境污染已酿成公害,各国陆续制定全面的环境保护法规,并且出现了一些世界性的环境保护公约,如《人类环境宣言》《防止倾倒废物及其他物质污染海洋公约》《国际油污染损害民事责任公约》等等,动员全人类对自己赖以生存的环境依法给予保护。

我国虽然工业建设起步较晚,但环境污染问题同样非常严重。由于片面追求经济效益,对环境问题未给以足够的关注,严重破坏了生态平衡,重大的环境事件一再发生,给人民群众的生存环境造成了严重威胁。当前,环境问题已经成为我国社会经济可持续发展的瓶颈,成为进一步提升人民生活质量的桎梏。改革开放几十年来,我国政府一直十分高度重视环境保护,通过立法,运用行政的、民事的甚至刑事的手段来保护环境。其中就特别注重环境污染的侵权损害赔偿制度。早在1979年就制定的《环境保护法(试行)》第32条中规定,对污染和破坏环境,危害人民健康的单位,"责令赔偿损失"。1986年的《民法通则》第124条规定了环境污染责任:"违反国家保护环境防治污染的规定,污染环境造成他人损害的,应当依法承担民事责任。"《侵权责任法》更是以专章(第八章)规定了"环境污染责任"。此外,我国在《环境保护法》等一系列法律中,对环境污染责任作了更为详细的规定,形成了一个环境污染侵权责任制度的完整体系。

二、归责原则

环境污染责任适用无过错责任原则。我国《民法通则》第124条规定,污染者承担责任不以其主观过错为责任要件,确立了环境污染责任中无过错责任原则的适用。我国《侵权责任法》第65条规定:"因污染环境造成损害的,污染者应当承担侵权责任。"我国《环境保护法》第41条规定:"造成环境污染危害的,有责任排除危害,并对直接受到损害的单位和个人赔偿损失。"我国《大气污染防治法》第45条规定:"造成大气污染危害的单位,有责任排除危害,并对直接遭受损失的单位和个人赔偿损失。"适用的也都是无过错责任。

环境污染责任适用无过错责任原则是各国的通则。1939年日本《矿业法》最早确立了在环境保护法律中无过错责任原则的适用,该法规定:"为开采矿物而深挖土地、排放矿水、或废水、堆积废石或矿渣、排放矿烟而造成他人损害的,该矿区的矿业权所有者应负赔偿责任。"此后,各国在环境保护法律中均适用了无过错责任原则。如德国《环境赔偿责任法》第1条就开宗明义地规定:"因环境侵害而致人死亡,侵害其身体或者健康,或者使一个物发生毁损的,以此项环境侵害是由附件一中所列举的设备引起的为限,对于由此发生的损害,设备的持有人负有向受害人给付赔偿的义务。"美国的《综合环境治理损害赔偿法》等法律法规,均坚持无过错责任的归责原则。

环境污染责任适用无过错责任原则,是由环境污染行为本身的特殊性决定的,符合公平原则。第一,环境污染是大工业生产的附属品,是企业追逐利益的副产品。有所谓"利之所生,损之所归",由污染者负无过错责任,是符合"谁得利谁负责"精神的。第二,由于现代科学技术水平的限制,企业即使尽到最大的注意义务也难以杜绝污染的发生,所以侵害者往往并没有过错。第三,由于环境污染涉及复杂的科学技术问题,受害人很难证明加害人的过错。第四,如果以侵害人的过错为其承担责任的要件,无疑是放纵其污染行为,不利于对环境的保护。不考虑加害人的过错而让其承担责任,一方面可以减轻受害人的举证责任,保护受害人的利益;另一方面可以加强污染环境者的责任,使其增强环境意识,有利于对环境资源的保护。

三、构成要件

由于环境污染责任是一种无过错责任,所以其责任的构成只需具备三个要件:有污染环境的行为;有污染环境的损害后果;污染环境行为与损害后果之间存在因果关系。

1. 须有污染环境的行为

污染环境行为,是指在生产建设或社会生活中所产生的废水、废气、废渣、粉尘、噪声、放射性、电磁辐射等,危害周边环境的行为。如大气污染、固体废弃物的污染、水污染等。污染环境的行为可以是作为,也可以是不作为。前者如排放污染物、制造噪声等;后者如不采取有效措施造成放射性气体的泄露等。

关于污染环境的行为是否必须具有违法性,理论上有争议。引起争论的原因,在于我国《民法通则》第124条的规定。该条规定,只有"违反国家保护环境防治污染的规定",污染环境造成他人损害的,才承担侵权责任。依此推论,那些"符合"国家保护环境防治污染规定的排污行为,即使造成了他人的损害的,就不用承担赔偿责任?对此,在2008年我国全国人大常委会审议的《侵权责任法》草案的第68条还规定:"排污符合规定标准,但给他人造成损害的,排污者应当承担相应的赔偿责任。"但真正通过的法案却没有了这一规定。但是,我国《侵权责任法》第65条关于"因污染环境造成损害的,污染者应当承担侵权责任"的规定,并没有像《民法通则》那样要求必须"违反规定"时才承担责任。而是只要污染了环境,造成了他人损害的,就须承担侵权责任。这说明草案第68条的规定被吸纳到《侵权责任法》第65条之中了。

这一规定具有双重意义。首先,在实务中,充分保护了环境污染中的广大处于弱势地位的受害人的合法权利;同时,也进一步加重了那些制造污染的企业尽量采取有效的环境保护措施、技术,加大投入的责任,提高防治污染的能力,从源头上遏制污染环境的趋势。其次,在学术上或者说在制度建设上,提出了一个"合法行为亦可能产生赔偿责任"的新课题,从而颠覆了原有的"赔偿以违法为前提"的观念。

2. 须有污染环境的损害后果

由于污染环境行为的特殊性,污染环境的损害后果,也具有不同于其他侵权行为损害后果的特殊性:

(1)污染损害具有复杂性。首先是损害原因的复杂性,污染源可能来自多个方面,如工业、农业等各个领域,而且损害往往并不是单一原因的结果,而是多个原因共同造成的。其次是损害发生过程的复杂性。损害往往并非是通过污染物直接作用产生,而是通过一系列相互连贯的环节而完成。如人吃了由有害水源灌溉的粮食而致死。

(2)污染损害具有潜伏性。损害后果并不是在受到污染后立即被发现,而是在经过相当一段时间以后逐渐显现出来。如人体内有害物质的含量只有在达到一定数量以后,才会使人感到不适,被人发现。所以受害人不仅可以对现实已经造成的损害请求赔偿,也可以对将来可能造成的损害请求赔偿。

(3)污染损害具有持续性。污染损害不会一经发现而立即被清除,其损害后果往往要持续很长一段时间才会逐渐消失。如放射性气体的泄露对人体造成的损害。这反映出污染损害的特别严重性。

(4) 污染损害具有广泛性。往往造成大范围内的大量受害人的人身、财产损害。①

损害后果包括人身损害、财产损害和对环境权益的损害。

人身损害,是对公民生命健康权的损害,如致伤、致残、致死或其他疾病等,也包括因噪声、振动、恶臭等对公民正常生活造成的影响。财产损害主要是财产本身的毁损,也包括直接损失和间接损失。特殊情况下,国家也可以成为财产损害的主体。我国《海洋环境保护法》第41条规定:"凡违反本法,造成或可能造成海洋环境污染损害的本法第5条规定的有关主管部门可责令……赔偿国家损失。"在环境保护法律中,国家作为财产损害主体的只有这一种情况,而且其适用有严格的法律规定。其他国家财产遭受污染损害的情况,由管理或经管这些国家财产的机关或企业作为主体提出赔偿请求,应当注重的是,"可能造成……损害"的事实也可以成为国家请求赔偿的理由。

需要特别指出的是,因污染环境造成他人的损害中,环境权益的损害是一种不同于一般人身损害、财产损害的特殊的损害后果。环境权是民事主体享有的在良好的环境中生存和发展的权利。环境权益的损害主要指生活环境的损害,如采光权、通风权等。也包括对生态环境的损害,如采掘地下矿藏,未采取有效措施,导致有毒废水泛滥,毒害当地水资源,致使当地百姓无法再居住原地,必须搬迁,从而给人们带来的长远的心理上的不安,等。这种对生态的损害,无疑比一般人身损害和财产损害范围更大、更持久,从而恶劣影响将是更严重的。②

3. 污染环境行为与损害后果之间存在因果关系

只有二者间具有法律上的因果关系,污染者才应当依法就其污染环境的行为对受害人所造成的损害承担侵权责任。但由于污染环境行为大多是科技发展的产物,含有很多一般人难以掌握和控制的因素;而且有的情况下,某一损害后果是因为多个污染行为所造成的;更何况有的污染环境行为须经较长的时间才能出现相应的损害后果,二者间存在较长的时间差,因果关系具有隐秘性。所以受害人如果要证明污染行为与损害后果之间的因果关系非常困难。实践中一些国家采取了因果关系推定的方法解决这一难题,以保护受害人的利益。即在污染环境侵权责任中,受害人只要证明污染者已经实施

---

① 房绍坤:《论污染环境致害责任》,载《私法学园》,http://zhangyudong1981.fyfz.cn/art/112323.htm,访问时间:2010年9月20日。

② 高飞:《论环境污染责任的适用范围》,载《法商研究》2010年第6期。

了污染环境的行为,而公众的人身和财产正在遭受损害,就推定这种损害是由污染行为引起的,二者存在因果关系。

关于因果关系推定的适用办法,有三种主张:

一种是盖然性说。该说认为,在污染环境致害责任中,只要污染环境的行为引起损害后果的可能性(盖然)达到一定程度,即认为二者之间存在因果关系,而无需严格的科学证明。"从数学上来说,存在超过50%盖然性的场合就可以得出存在因果关系的结论。"①按照该说,受害人只需证明以下两个事实,就可推定因果关系存在:一是污染物达到了损害发生地区;二是该地区有多数同样的损害发生。1970年日本《关于危害人体健康的公害犯罪制裁法》即采纳了这种学说。该法第3条规定:如果某人由于工厂或企业的业务活动排放了有害人体健康的物质,致使公民的生命和健康受到严重的危害,并且在发生严重危害的地域内正在发生该种物质的排放所造成的对公众生命和健康的严重危害,则可推定此种危害纯系该排污者所排放的那种有害物质所引起的。

一种是病因旁证说,又称流行病学(或疫学)因果关系理论。该说通过流行病学的方法来认定污染环境物与某种疾病是否具有因果关系。其基本方法为,将有关某种疾病发生的原因,就流行病上的若干因素,利用统计的方法调查各因素与某种疾病之间的关系,从中选出关联性较大的因素,进行综合性研究判断。在判断中主要考虑四个因素:第一,某种因素在某种疾病发生前一段时间存在着;第二,该因素发挥作用的程度越显著,该疾病的罹患率就越高;第三,该因素被消除的场合,该疾病的罹患率就降低;第四,该因素作为原因其作用机制能够无矛盾地得到生物学上的说明。②

一种是间接反证说。该说原是德国民事证据法上的概念,在此指,如果受害人能证明因果链条中的部分事实,则推定其余的事实存在,而由加害人反证其不存在。

在适用因果关系推定时,为使这种推定更具有说服力,还应该排除其他行为可能造成该种损害结果的可能性。如果某种损害后果可能是多个污染行为所致,致害人承担证明这种因果关系不存在的责任。如果致害人不能证明,则推定因果关系成立。

---

① 于敏:《日本侵权行为法》,法律出版社1998年版,第185页。
② 同上书,第191页。

四、责任抗辩

污染者如能证明其污染是以下原因引起时,可以减轻或不承担责任。

1. 不可抗力

我国《环境保护法》第 41 条、《海洋环境保护法》第 43 条、《大气污染防治法》第 37 条、《水污染防治法》第 42 条等法律都规定,完全由于不可抗拒的自然灾害,并经及时采取合理措施,仍不能避免环境污染损害的,加害人可以免除责任。自然灾害必须是不能预见和不能避免的,不得作扩大解释。而且必须完全是造成损害的原因,加害人才能免责。如果只是造成损害的部分原因,则加害人仍应承担相应的责任。另外,如我国《海洋环境保护法》第 43 条规定,战争行为是海洋污染造成损害的免责条件。

2. 受害人的过错

我国《水污染防治法》规定,水污染损失由受害者自身的责任引起的,排污单位不承担责任。由加害人承担证明受害人过错的举证责任。

3. 第三人的过错

第三人的过错包括故意和过失。我国《海洋污染保护法》、《水污染防治法》等法律中规定,完全是由于第三者的故意或者过失造成污染损害的,由第三人承担赔偿责任,由加害人承担证明第三人过错的举证责任。

但是需要特别指出的是,我国《侵权责任法》第 68 条规定了污染者向第三人进行追偿的权利,规定:"因第三人的过错污染环境造成损害的,被侵权人可以向污染者请求赔偿,也可以向第三人请求赔偿。污染者赔偿后,有权向第三人追偿。"既如此,第三人的过错便再不能成为污染者不承担责任的抗辩事由了。现在的问题则是,在现行有关环境保护法规没有修订的情况下,如何协调《侵权责任法》的规定与它们之间的冲突?从侵权法的角度来看,环境保护法规中有关侵权损害赔偿的规则属于特别法,而《侵权责任法》为一般法;而从制定的时间来看,现行的环境保护法规制定在先,而《侵权责任法》制定在后。如前所述,当这两个适法原则发生冲突时,优先适用"后法优于先法"的原则,自应适用《侵权责任法》的规定。如此,第三人的过错不再应当成为污染者的抗辩事由。而现行的环境保护法规则应及时作出修订。

4. 其他

如诉讼时效期间届满。我国《环境保护法》第 42 条规定:"因环境污染损害赔偿提起诉讼的时效期间为 3 年,从当事人知道或者应当知道受到污染损害时起计算。"

五、污染者的举证责任

我国《侵权责任法》第 66 条规定:"因污染环境发生纠纷,污染者应当就法律规定的不承担责任或者减轻责任的情形及其行为与损害之间不存在因果关系承担举证责任。"

由污染者负其依法不承担责任或减轻责任的情形及因果关系的举证责任,在我国法律由来已久。如《水污染防治法》第 87 条规定:"因水污染引起的损害赔偿诉讼,由排污方就法律规定的免责事由及其行为与损害结果之间不存在因果关系承担举证责任。"《固体废物污染环境防治法》第 86 条规定:"因固体废物污染环境引起的损害赔偿诉讼,由加害人就法律规定的免责事由及其行为与损害结果之间不存在因果关系承担举证责任。"另外,最高人民法院也通过司法解释,强调了污染者的举证责任。如在《关于民事诉讼证据的若干规定》第 4 条:"下列侵权诉讼,按照以下规定承担举证责任:……因环境污染引起的损害赔偿诉讼,由加害人就法律规定的免责事由及其行为与损害结果之间不存在因果关系承担举证责任;……"

依侵权责任制度,一般情况下,责任主体在诉讼中肯定要就自己依法不应承担侵权责任或应当依法减轻其责任提出抗辩主张。而从民事诉讼的角度来看,历来实行的是"谁主张,谁举证"的举证规则。我国《民事诉讼法》第 64 条就明确规定:"当事人对自己提出的主张,有责任提供证据。"既然责任主体在诉讼中主张自己不应当承担责任或应当减轻其责任,就应当举证证明存在着依照法律规定其不应当承担责任或应当减轻责任的具体情形;难道还要由作为诉讼原告的受害人来证明吗?所以,笔者认为,我国《侵权责任法》第 66 条关于"污染者应当就法律规定的不承担责任或者减轻责任的情形……承担举证责任"的规定,完全是多余的。

但是,规定由污染者来证明其污染行为与受害人的损害之间不存在因果关系,却具有相当重要的现实意义。从举证的基本规则来讲,侵害行为与受损事实之间是否存在因果关系,原本是应由作为原告的受害人来提供证据证明。但现在实行举证责任倒置,由作为被告的污染者来承担这个举证责任。其根本的原因,就在于污染行为与其所造成的损害之间的因果关系具有相当的长期性、潜伏性、隐蔽性、持续性和广泛性;有的涉及到一系列的物理、化学、生物、气候、地理、医学等诸多领域的高科技知识,没有一定的科学技术手段,是无法加以证明的。而这又正是作为弱势者的受害人所不具有的;还有的污染者以保守商业和技术秘密为由,不向外界公布其生产的设备和流程,使得受害人根本无法取证。如果还是依原先的举证规则,要求受害人提供能证明其所遭受的损害是因污染者的污染环境的行为所造成的,是十分困难的,意味着他们将根本无法得到法律的救济。而作为被告的企业等,却可以通过平时的观察、记载,尤其是所拥有的科技手段和相对雄厚的资金,为证明不存在因果关系提供可靠充分的证据。因此,实行因果关系举证责任的倒置,使广大的受污染损害的社会民众从因果关系的证明困境中解脱开来,能使其得到更充分地、更及时地法律救济;亦使制造污染源的企业增强责任心。

六、两个以上污染者的责任承担

现实生活中,某一污染事件有两个或两个以上污染者的现象十分普遍。当同一污染事件有两个或两个以上污染者时,便存在一个责任如何分担的问题。对此,我国《侵权责任法》第67条有明确的规定:"两个以上污染者污染环境,污染者承担责任的大小,根据污染物的种类、排放量等因素确定。"

1. 数污染者污染行为的类型

当两个或两个以上的污染者造成同一污染事件时,就它们之间对该污染事件的关系,在侵权法上可以分成两个基本类型:一是成立共同侵权行为;二是成立无意思联络的数人侵权。关于共同侵权与无意思联络的数人侵权的共同点与区别,本书已在第二章中有所论述,在此不予重复。需要探讨的是,我国《侵权责任法》第67条关于"两个以上污染者污染环境"的现象,是否都包含了这两种类型。有一种观点认为,该条规范的是无意思联络的数人侵权,而非共同侵权。[①] 因为,如果污染者之间有意思联络,则应适用我国《侵权责任法》第8条规定的共同侵权行为制度,不属第67条的调整。[②] 我们认为,这种理解可能是一种误会。这种误会源于对该条关于"污染者承担责任的大小,根据污染物的种类、排放量等因素确定"的理解,以为既然各污染者按照污染物的种类、排放量等因素来确定各方的责任大小,就是一种按份责任而非连带责任,不符合共同侵权行为人须负连带责任的规定,从而该条规范的只能是无意思联络的数人侵权现象。其实,连带责任是数侵权人对外所承担的责任类型,并不排斥数侵权人内部仍然要确定分担责任的份额。也就

[①] 王利明主编:《中华人民共和国侵权责任法释义》,中国法制出版社2010年版,第329页。
[②] 王胜明主编:《中华人民共和国侵权责任法解读》,中国法制出版社2010年版,第338页。

是说,对外承担连带责任的数侵权人,内部仍然有一个按份责任的问题。我们不妨将第67条的规定理解为法律对数污染者内部责任的分配方案,并未对数污染者对环境被污染的受害人是否应承担连带责任作出规定。如果数污染者成立共同侵权,则不仅要依我国《侵权责任法》第8条的规定,向受害人承担连带责任,而且要依第67条的规定在内部分配责任。如果构成无意思联络的数人侵权的,则只需适用第67条之规定即可,而无须向受害人承担连带责任。

2. 数污染者内部责任的分担

根据我国《侵权责任法》第65条的规定,数污染者承担责任的大小,要根据污染物的种类、排放量等因素来确定。不论是污染物的种类,还是排放量的多少,都决定了造成污染的可能性与程度如何。污染物的种类中,有的对环境的危害必然大,有的则可能很小。前者如化工厂排放出来的含有有毒物质(如汞、氰)的废水,后者如居民排放的生活废水。而排放量的多少,也决定了是否会造成污染,或造成污染的程度,以及是否会造成损害,是否应承担损害赔偿责任,承担赔偿责任的大小,等等。而这二者有时也要结合考察。如含有有毒物质的废水,即使排放量不大,也会比排放量极大的居民生活废水给环境造成的危害大。所以在决定各方责任大小的时候,一定要将污染物的种类与排放量加以综合考虑。首先要分析污染物的种类,在各方的污染物种类相同,排放量的大小就决定了责任的大小;而在排放量相同时,污染物的种类不同,也就成为衡量责任大小的关键了。

现在的问题是,由谁来举证证明污染物种类与排放量?我国《侵权责任法》第67条并未作规定,而第66条关于污染者举证责任倒置的规定中,也只是要求污染者证明具有"法律规定的不承担责任或者减轻责任的情形及其行为与损害之间不存在因果关系",同样没有明确要求污染者举证证明其污染物的种类与排放量。依举证责任制度的一般规则,因环境污染而遭受损害的受害人如要求数污染者承担损害赔偿责任的,应提供能证明何种污染物及排放量多少的证据。而这恰恰是处于弱势地位的受害人难以做到的。因此,建议亦规定由污染者负举证责任。当无法证明时,由各污染者平均分担责任。

七、第三人污染环境的责任承担

1. 概述

在侵权法上,当损害是由第三人的原因造成时,将成为被告的有力的抗辩事由。对此,我国《侵权责任法》在第三章"不承担责任和减轻责任的情形"中明确规定:"损害是因第三人造成的,第三人应当承担侵权责任。"该条虽未明确说被告不承担责任,但却是在"不承担责任和减轻责任的情形"章下规定由第三人承担责任的,明显告诉人们被告是不用承担责任的。而且,我国现行的许多环境保护法律法规明确将第三人的原因造成的环境污染,作为被告不承担责任的情形。如《海洋环境保护法》第90条第1款规定:"……完全由于第三者的故意或者过失,造成海洋环境污染损害的,由第三者排除危害,并承担赔偿责任。"

但我国《侵权责任法》在第68条却有不同的做法。它规定:"因第三人的过错污染环境造成损害的,被侵权人可以向污染者请求赔偿,也可以向第三人请求赔偿。污染者赔偿后,有权向第三人追偿。"其实,此前2008年修订的《水污染防治法》第85条第4款就已经规定:"水污染损害是由第三人造成的,排污方承担赔偿责任后,有权向第三人追偿。"[①]法律作如此的变动,其目的在于更有效地维护受害人的利益,更加方便其行使损害赔偿请求权。受害人可以在污染者与第三人之间进行选择,以使其利益最大化。另外一方面,又通过赋予污染者对造成污染的第三人以追偿权;通过这种追偿,使其能得到相应的补偿,以维护相关各方利益的平衡。

2. 第三人的责任构成

无论是受害人直接向第三人行使赔偿请求权,还是污染者向第三人行使追偿权,前提是第三人依法应当要承担责任。而第三人承担责任,应具备以下条件:

(1) 第三人的行为污染了环境;

(2) 受害人受有损害;

(3) 二者间存在因果关系;

(4) 第三人有过错。第三人是否负过错责任,相关法律的规定似有不同。我国《侵权责任法》第28条规定:"损害是因第三人造成的,第三人应当承担侵权责任。"似乎并不要求第三人主观上有过错。我国《水污染防治法》关于第三人责任同样未要求第三人有过错。而我国《侵权责任法》的第68条则规定,因第三人的"过错"污染环境造成损害的,被侵权人才可以向第三人请求赔偿。也即环境污染中第三人责任实行的是过错责任原则。与无过错

---

① 有意思的是,1984年我国《水污染防治法》最初还是这样规定的:"水污染损失由第三者的故意或者过失所引起的,第三者应当承担责任。"

责任原则相比较,对第三人责任实行过错责任,应当更符合民法的公平原则。但目前我国现行法律相互间存在冲突。这就需要抓紧修订法律,统一法制。

是否具备上述条件,应由原告(行使损害赔偿请求权的受害人或行使追偿权的污染者)提供证据。

3. 追偿权的行使

第三人因其过错致污染环境,损害他人利益的,应承担相应的损害赔偿责任。我国《侵权责任法》为充分维护受害人利益,赋予受害人可以在第三人和污染者之间进行选择行使损害赔偿请求权。如果选择了向污染者行使请求权,污染者向受害人承担了赔偿责任后,有权向制造污染的第三人进行追偿。

法律赋予污染者向第三人的追偿权,其意义一是在于惩戒制造污染的第三人;二是维护污染者的合法权益,促使其能较迅速地向受害人履行赔偿义务。但是,污染者行使追偿权的,必须先履行向受害人赔偿的义务,一般应先完全赔偿后才能进行追偿。特殊情况下,也可以在部分赔偿后即可就已赔偿的部分向第三人追偿。

第十三章 事故致害责任

事故,是因过失或意外而发生的人员伤亡或财产损失的事件。如交通事故、医疗事故、工伤事故等。事故致害责任,是指基于某个特定事故而产生的侵权赔偿责任,包括交通事故责任、医疗事故责任、工伤事故责任等。我国《侵权责任法》在第6、7章分别对机动车交通事故责任与医疗损害责任作了明确的规定,但未涉及工伤事故责任问题。作为一种特殊的侵权责任,事故致害责任的基本特征,就是损害与事故存在必然的联系:事故是损害的原因,损害是事故的结果。而事故又具有发生的突发性、受害者的不特定性与群体性等基本特点。当前我国安全事故频发,造成巨大的人员伤亡与财产损失。我国《侵权责任法》规定事故致害责任制度,有利于维护事故中受害者的合法权益,增强人们的安全防范意识。

第一节 机动车交通事故责任

一、概述

1. 概念

交通是人们生产生活中的重要内容。一般说的交通,是指人与货物的运送,有陆地、水上、空中交通,及太空的交通,其中以陆上交通为最多。事故,是指意外的变故或灾祸。当这些意外的变故或灾祸造成人身的、财产的损害结果时,就产生了事故责任。因此,交通事故责任是指因交通事故致他人以损害而产生的侵权责任,是一种特殊侵权责任。

广义上看,因交通工具的不同,交通事故责任可分为道路交通事故责任、航空交通事故责任、铁路交通责任、水路交通事故责任和海上交通事故责任;狭义上看,交通事故责任仅指道路交通事故责任。通常所谓交通事故责任,即指道路交通事故责任。我国《侵权责任法》为区分各种交通事故的责任,特将道路交通事故责任称为"机动车交通事故责任"。

我国《道路交通安全法》第119条规定:"交通事故,是指车辆在道路上因过错或者意外造成的人身伤亡或者财产损失的事件。"法律关于道路交通事故的定义,是对道路交通事故的概括性规定,这里特意强调的"过错或意外"是要将道路交通事故与刑法上利用交通工具故意杀人的犯罪区分开来。对不构成交通肇事罪的事故,按行政法律规定处罚,造成损害的违法行为人还要承担民事责任。因此,道路交通事故责任是在民事责任范围内,回答谁应当作为责任主体,在具备了什么样的要件之后,应当承担什么样的责任的问题。

机动车交通事故责任是一种特殊的侵权责任,具有以下基本特征:

(1)交通事故因机动车而发生,机动车是整个事故的核心。

(2)交通事故发生在道路交通之中。这里包括二层意思。一是机动车交通事故只能发生在道路之上;二是只能发生在交通之中。机动车处于静止状态下出现的致人死伤的事件,不属机动车交通事故。

2. 制度史

自从人类社会开始运用包括汽车在内的机动车作为交通工具以来,给人们带来极大的便利以外,也因交通事件频发,造成了巨大的人员伤害与财产损失。交通事故已成为"世界第一害"。据世界卫生组织统计,2000年全球共有126万人死于车祸,车祸是人类非正常死亡的重要因素。专家推算,到2020年,车祸致人死伤的排名将居世界第三位,远远高于艾滋病、疟疾等传染性疾病。[①] 而我国是世界上交通事故死亡人数最多的国家之一。从20世纪80年代末中国交通事故年死亡人数首次超过5万人;至2009年,我国(未包括港澳台地区)每年交通事故50万起,因交通事故死亡人数均超过10万人,已经连续十余年居世界第一。2009年,我国汽车保有量约占世界汽车保有量

---

① 《交通事故猛于虎,每天死亡三百人》,载中国普法网,http://www.legalinfo.gov.cn/zt/2004-05/18/content_99975.htm,访问时间:2009年11月21日。

的 3%,但交通事故死亡人数却占世界的 16%。① 据公安部交通管理局通报,2009 年,全国共发生道路交通事故 238351 起,造成 67759 人死亡、275125 人受伤,直接财产损失 9.1 亿元。仅仅是在 2010 年 11 月份,全国共接报涉及人员伤亡的道路交通事故 19802 起,造成 6641 人死亡、20930 人受伤,直接财产损失 0.8 亿元。②

人们很早就注重用法律的手段来调整因机动车交通事故致人损害的各种关系,以保证各方利益得到应有的尊重与维护。如德国早在 1906 年就制订了《汽车交通法》(后修订为《道路交通法》),规定对交通事故损害赔偿采过错推定原则(后修改为无过错责任原则)。英国在 1930 年制订了《道路交通法》,强调过错责任原则。日本在 1955 年制订了《汽车损害赔偿保障法》,规定了强制保险制度。法国在 1985 年通过了《改善道路交通事故受害人地位并加速赔偿程序法》,规定了各项抗辩事由,扩大了无过错责任的适用范围。而新西兰于 1972 年制订的《意外事故补偿法》,抛弃了以侵权法解决交通事故的做法,而规定受害人可依法定程序向意外事故补偿委员会请求支付一定金额。③

新中国成立以前汽车很少,到 1949 年全国也只有 50900 辆,平均每 9000 人只有 1 辆④;出现交通事故的现象并不严重,因而法律上没有作出专门的反映。到新中国成立后,虽然各种机动车辆日渐增多,交通事故也一再发生,但在一个相当长的时期内,单纯依靠行政机关和行政处罚手段来解决交通事故的赔偿问题;有的当事人向人民法院提起损害赔偿诉讼,往往会被法院以没有法律规定而拒收。1986 年我国《民法通则》第 123 条高度危险作业致人损害的责任制度中有关于"高速运输工具"致损的责任,法院通常以此为作为审判交通事故损害赔偿案件的依据。⑤ 但由于该条过于原则,国务院于 1991 年制定了《道路交通事故处理办法》,第一次以行政法规的形式,明确了道路交通事故民事损害赔偿的制度。其中第 35、36 条规定:"交通事故责任者应当

---

① 《中国历年交通事故死亡人数官方统计》,载 http://auto.163.com/10/0709/10/6B53JH6B000816HJ.html,访问时间:2010 年 9 月 21 日。
② 公安部交通管理局:《2009 年全国道路交通事故情况》、《2010 年 11 月份全国道路交通事故情况》,载 http://www.mps.gov.cn/n16/n85753/n85870/index.html,访问时间:2011 年 12 月 12 日。
③ 刘士国:《现代侵权损害赔偿研究》,法律出版社 1998 年版,第 240—242 页。
④ 梁慧星:《论制定道路交通事故赔偿法》,载《民法学说判例与立法研究》,中国政法大学出版社 1993 年版,第 96 页。
⑤ 同上书,第 97 页。

按照所负交通事故责任承担相应的损害赔偿责任。""损害赔偿的项目包括：医疗费、误工费、住院伙食补助费、护理费、残疾者生活补助费、残疾用具费、丧葬费、死亡补偿费、被扶养人生活费、交通费、住宿费和财产直接损失。"这恐怕是我国最早详细具体规定各项赔偿项目的法规。同时在第37条具体列明了各项赔偿项目的基本标准。第40条规定："因交通事故损坏的车辆、物品、设施等，应当修复，不能修复的，折价赔偿。牲畜因伤失去使用价值或者死亡的，折价赔偿。"

随着汽车产业化的推行，汽车在我国得到了飞速地增加，进入寻常百姓之家。因交通事故而发生的纠纷亦层出不穷。为更加有效地调整因机动车交通事故而形成的社会关系，在总结十余年贯彻《道路交通事故处理办法》的经验教训，2003年全国人大常委会制定了我国首部《道路交通安全法》。其中在第76条确立了机动车交通事故损害赔偿的基本规则："机动车发生交通事故造成人身伤亡、财产损失的，由保险公司在机动车第三者责任强制保险责任限额范围内予以赔偿；超过责任限额的部分，按照下列方式承担赔偿责任：（一）机动车之间发生交通事故的，由有过错的一方承担责任；双方都有过错的，按照各自过错的比例分担责任。（二）机动车与非机动车驾驶人、行人之间发生交通事故，由机动车一方承担责任；但是，有证据证明非机动车驾驶人、行人违反道路交通法律、法规，机动车驾驶人已经采取必要处置措施的，减轻机动车一方的赔偿责任。交通事故的损失是由非机动车驾驶人、行人故意造成的，机动车一方不承担责任。"2007年全国人大常委会又专门针对这一条进行了修订："机动车发生交通事故造成人身伤亡、财产损失的，由保险公司在机动车第三者责任强制保险责任限额范围内予以赔偿；不足的部分，按照下列规定承担赔偿责任：（一）机动车之间发生交通事故的，由有过错的一方承担赔偿责任；双方都有过错的，按照各自过错的比例分担责任。（二）机动车与非机动车驾驶人、行人之间发生交通事故，非机动车驾驶人、行人没有过错的，由机动车一方承担赔偿责任；有证据证明非机动车驾驶人、行人有过错的，根据过错程度适当减轻机动车一方的赔偿责任；机动车一方没有过错的，承担不超过10%的赔偿责任。交通事故的损失是由非机动车驾驶人、行人故意碰撞机动车造成的，机动车一方不承担赔偿责任。"其中，最重要的修订主要有两个方面。一是强调非机动车驾驶人、行人没有过错的，由机动车一方才承担赔偿责任；二是规定即使机动车一方没有过错，也要承担赔偿责任，只是不超过10%。

我国《侵权责任法》在总结上述成功立法以及司法实践、学术研究的基础上,通过第六章以六个条文的篇幅,最终确立了机动车交通事故责任制度,为今后制度的建设与发展奠定了一个较为科学的基础。

二、责任构成

道路交通事故责任的构成要件,是道路交通事故损害赔偿的重大基本问题之一。除了符合民法普通侵权行为的构成要件外,还需要具备一些特别的要件,对此我国《道路交通安全法》作了相应的规定。道路交通事故责任包含五个构成要件,即道路要件、交通(运行)要件两个特别构成要件,及受害人受有损害的事实、致害人行为的违法性以及机动车交通侵权行为与损害事实之间有因果关系三个一般要件。

1. 交通事故须发生在道路上

交通事故须发生在道路上,即交通事故有空间范围的限制。此处的"道路",据我国《道路交通安全法》第119条的界定,是指"公路、城市道路和虽在单位管辖范围但允许社会机动车通行的地方,包括广场、公共停车场等用于公共通行的场所。"除此之外,机关大院、农村场院及其院内的路,均不属于道路,如院内通道、校内道路、乡间道路等。界定道路的意义是确定道路交通事故的地域范围。在非道路上发生的交通事故,虽然也是侵权行为,但只适用一般的民事法律规定,作为一般的人身损害赔偿案件,按照一般的侵权行为的处理办法处理。

2. 交通事故须发生在车辆处在通行过程中

运行是与静止状态相对而言的。因此,机动车一方处于正确停放状态而引起的事故都不属于机动车交通事故,不适用交通事故损害赔偿法而只能适用民法原则处理。例如,乘车人在车辆行驶中从车上跳下发生伤亡为交通事故;如在车辆停稳后,从车上跳下发生伤亡,则不属于交通事故。然而,在国外却对"运行"有不同的学说,他们对运行的含义作了扩大的解释,即认为只要机动车存在于交通当中,不管是停止还是行车,如果造成了其他相关交通者的危险,均相当于运行,均要依机动车交通事故损害赔偿法规定承担责任。①

---

① 马东:《论道路交通事故侵权责任的认定》,载湖南交通事故维权律师网 http://www.hnlvshi.com.cn/news/news159.html,访问时间:2011年3月19日。

3. 受害人受有损害

只有受害人有受损事实,才能引起赔偿责任,因此,交通事故必以受害人受有损害为必要条件。损害,包括财产损害、人身损害和精神损害。财产损害可区分为直接损害和间接损害。人身损害则依人身伤害标准予以判断。由于道路交通事故中,行为人所侵犯的是受害人的生命健康权,是一种具体人格权和物质性人格权,不但给受害人造成了人身损害(或伤残或死亡),更给受害人本人及其近亲属造成身体、心理、情感等方面的创伤和痛苦,因此,受害人所受损害,还包括精神损害。这一点也已为道路交通事故人身损害赔偿所适用。最高人民法院《关于审理人身损害赔偿案件适用法律若干问题的解释》第1条第1款规定:"因生命、健康、身体遭受侵害,赔偿权利人起诉请求赔偿义务人赔偿财产损失和精神损害的,人民法院应予受理。"

4. 致害人行为的违法性

机动车交通事故责任中的致害人的违法性,通常表现为违章。所谓违章,指机动车、非机动车驾驶人或行人,违反道路交通安全法规及交通管理的行为。机动车交通事故责任是否须具备致害行为的违章性,是一个值得探讨的问题。我国《道路交通安全法》第76条采取了二元化的做法,即区分机动车与机动车之间的交通事故和机动车与行人、非机动车之间发生的交通事故两种类型。机动车之间发生的交通事故,由有过错的一方承担责任;而过错须以违章为前提;无违章何来所谓过错。所以,机动车之间发生的交通事故责任,以违章为构成要件。但机动车与行人、非机动车之间发生的交通事故,即使机动车一方没有过错,也要承担不少于10%的责任,除非是受害的行人或非机动车故意碰撞机动车造成的损害。因此,机动车与行人、非机动车之间发生的交通事故,机动车一方没有过错,也要承担责任。而没有过错,通常表明机动车一方遵守了交通规则,不存在违章的现象。而没有违章,也要承担责任,说明违章并不是这种类型的交通事故责任的构成要件。

5. 机动车交通侵权行为与损害事实之间有因果关系

在机动车交通侵权领域,由于机动车交通事故的复杂性,因果关系的认定比一般侵权损害因果关系的认定更加困难和复杂。为减轻机动车受害人的举证负担,更迅速地救济受害人,各国通过制定特别法对机动车事故中的人身损害赔偿实行无过失责任原则,并实行因果关系推定原则。最高人民法院《关于适用〈中华人民共和国民事诉讼法〉若干问题的意见》第74条就举证责任转移问题作了详细的规定,在因高度危险作业致人损害的赔偿诉讼中,对于原告提出的侵权事实,被告否认的由被告负担举证责任。我国《道路交通安全法》将道路运行确认为危险作业,因此在因果关系上实行因果关系的推定规则。不过,《侵权责任法》明确将机动车交通事故责任与高度危险责任区分开来,同时又没有在"机动车交通事故责任"章中规定举证责任倒置问题;因此,最高人民法院的司法解释是否仍然适用于机动车交通事故责任,是一个需要论证的问题。

三、归责原则

近代民法对一般侵权行为过错责任原则的修正起源于解决包括机动车在内的近代大工业产物造成损害带来的社会问题,即救济受害人的需要。因此,对机动车运行造成的损害赔偿责任,所有国家都采取了特殊的对策,适用的都是经过修正的侵权责任原则。①

依据我国《道路交通安全法》的规定,道路交通事故责任的归责原则既不能一概适用过错责任原则,也不能一概适用无过错或严格责任原则。它确立了一个归责原则体系,对于不同主体之间的责任承担适用不同的归责原则:第一,机动车之间的交通事故责任适用过错责任;第二,机动车与非机动车驾驶人、行人之间的交通事故适用无过错责任或严格责任,即使在受害人过失行为是引起损害发生全部原因的情况下,机动车一方也应承担部分损害赔偿责任(如10%的赔偿责任)。②

1. 机动车与机动车之间实行过错责任原则

机动车之间发生交通事故的,采过错责任原则:由有过错的一方承担责任;双方都有过错的,按照各自过错的比例分担责任。这是因为不同机动车之间虽然具体的结构、性能可能不尽相同,但是却同属高速运输工具,具有相同的法律地位,故在民事责任问题上自然应按照过错的比例承担。这也是过错相抵原则的体现。即受害人有过失,其过失造成的损害部分与全部损害相比,可予以抵销。

2. 机动车与行人之间实行无过错责任原则

机动车与非机动车驾驶人、行人(以下简称行人)之间发生交通事故的,

---

① 于敏:《机动车损害赔偿与交通灾害的消灭》,载《侵权法评论》2004年第1辑(总第3辑),人民法院出版社2004年版。

② 需要指出的是,由于保险公司在第三者强制责任保险责任范围内予以的赔偿,以及道路交通事故社会救助基金在特定情况下垫付受害人的损害赔偿,都超过了侵权责任的范畴,故本书在此不予探讨。

采无过错责任原则:由机动车一方承担责任;但是,有证据证明行人主观上存在过错的,要根据其过错程度适当减轻机动车一方的责任;交通事故的损失是由行人故意碰撞机动车造成的,机动车一方不承担责任。在机动车与行人之间,两者在行使通行权方面的地位事实上是不平等的。相对于机动车而言,行人明显处于弱者地位,由于机动车比行人危险性大,其注意义务就应当重。这样在承担民事责任时,机动车的所有人或使用人在同等条件下承担的责任更重。因此在机动车与行人之间发生的交通事故中,如果机动车方无过错而行人具有完全过错,机动车的所有人或使用人依优者危险负担原则不能免责,而只能主张过失相抵减轻自己的责任。这是优者危险负担原则的体现。即在受害人具有过失的情况下,考虑到双方对道路交通安全运行注意义务的轻重,按机动车辆危险性的大小以及危险回避能力的优劣,分配交通事故的损害后果。

四、责任主体

责任主体,是依法应当承担机动车交通事故侵权损害赔偿责任的人。机动车交通事故的责任是谁,无论是实务中,还是在学术上,都存在一定的差异。我国《道路交通安全法》第 76 条规定的责任主体是"机动车一方"。然机动车一方究应指谁,却不能明确肯定。在机动车道路交通事故责任中,存在着多种不同的车辆"所有"与"使用"的关系,从而责任的承担者也不相同。学说上存在"所有人说"和"经营者说"两种观点。一般认为应当由经营者承担责任。理由是车辆是一种特殊的物,在车辆致人损害的情况下,通常是因为驾驶员的过失造成的,所有人很难控制。也有学者认为,如何具体确定道路交通事故赔偿责任的责任主体,取决于机动车辆运行支配与运行利益的归属。①

实际中,机动车交通事故通常以运输行为的具体归属来确定责任人。具体标准有二:第一,该交通运输是出于谁的意思支配;第二,该交通运输利益归属于谁。在二者相分离的特殊情况下,应以意思支配人为责任人。通常情况下,交通运输行为属于机动车的所有人,所以应由所有人为责任主体。如果所有人与经营人相分离的;则相应地应以经营人为责任主体,由他负责损害赔偿。

---

① 梁慧星:《论制定道路交通事故赔偿法》,载《法学研究》1991 年第 2 期。

在以下具体情形中,应当如何确定具体责任人?
1. 机动车辆转让但未办理过户手续发生交通事故

机动车辆转让但未办理过户手续发生道路交通事故的,责任由买受人承担。

在我国《侵权责任法》的立法过程中,就机动车辆已经转让,但未办理过户手续,发生道路交通事故的,侵权损害赔偿责任应由谁来承担的问题,存在三种不同的基本观点:一种主张由所有人(出卖人)承担;一种主张由买受人承担;第三种则主张原则上由买受人承担,如出卖人有过错的,应承担连带责任。①

最终我国《侵权责任法》采纳了第二种观点。其第50条规定:"当事人之间已经以买卖等方式转让并交付机动车但未办理所有权转移登记,发生交通事故后属于该机动车一方责任的,由保险公司在机动车强制保险责任限额范围内予以赔偿。不足部分,由受让人承担赔偿责任。"这一规定应当是源于最高人民法院的司法解释。早在2001最高人民法院在《关于连环购车未办理过户手续,原车主是否对机动车发生交通事故致人损害承担责任的请求的批复》中就已经明确指出:"购车未办理过户手续,因车辆已交付,原车主即不能支配该车的运营,也不能从该车的运营中获得利益,故原车主不应对机动车发生交通事故致人损害承担责任。"

车辆以过户登记作为所有权移转的要件,车辆转让而未办理过户手续,其所有权虽仍在卖主手中,但实际已脱离所有人(卖主)的控制。若仍由所有人(卖主)承担风险和责任,则颇为不公。故机动车以发生交通事故交已经转让他人,即使未办理过户登记手续,交通事故的损害赔偿责任应由买受人承担。

如果是分期付款购车,在分期付款期间发生了交通事故致人损害的,责任主体如何确定?对此,最高人民法院在《关于购买人使用分期付款的车辆从事运输因交通事故造成他人财产损失保留车辆所有权的出卖方不应承担民事责任的批复》也作了明确的答复:"采取分期付款方式购车,出卖方在购买方付清全部车款前保留车辆所有权的,购买方以自己名义与他人订立货物运输合同并使用该车运输时,因交通事故造成他人财产损失的,出卖方不承担民事责任。"

---

① 王胜明主编:《中华人民共和国侵权责任法解读》,中国法制出版社2010年版,第254—257页。

2. 合法使用他人车辆发生交通事故

合法使用他人车辆发生道路交通事故的,责任由合法使用人承担。

现实生活中,通过租用、借用、承包、抵押、质押、维修、保管等合法形式,占用他人的机动车。如果在占用期间,发生了交通事故,致他人以损害的,该损害应由谁来负责?对此,在我国《侵权责任法》立法过程中,也存在两种不同的观点。一种主张由机动车辆的所有人与使用人共同承担;另一种则主张原则上由使用人承担,所有人有过错的,亦应承担相应的责任。最终我国《侵权责任法》采纳了第二种观点。在其第49条中明确规定:"因租赁、借用等情形机动车所有人与使用人不是同一人时,发生交通事故后属于该机动车一方责任的,由保险公司在机动车强制保险责任限额范围内予以赔偿。不足部分,由机动车使用人承担赔偿责任;机动车所有人对损害的发生有过错的,承担相应的赔偿责任。"

借用、租用等是常见的合法使用他人机动车的行为。在机动车辆所有人将机动车辆合法地转移给他人占有时,机动车辆的合法占有人已成为机动车辆运行支配与运行利益的作业人。因此,借用人、租用人等合法占有人应当承担赔偿责任。

所有人的过错通常表现有以下几种情形:

第一,明知车辆有故障,仍让予他人使用,却未尽告知义务的。

第二,明知借用人、租用人等无驾驶资格和技能的。

借用人、租用人是其属员(如其所聘司机)或家庭成员的,仍由所有人承担责任。

3. 转让拼装或者已达到报废标准的机动车发生交通事故

转让拼装或者已达到报废标准的机动车,发生交通事故造成损害的,由让与双方承担连带责任。

机动车是一种高速运输工具。它的运行属于一种高危活动,对周围环境具有相当大的危险性。所以,要求机动车自身具有相当的质量,以保证其安全运行,避免或减少危害发生。因此,我国《道路交通安全法》第14、100条严禁拼装或达到报废标准的车辆上路行驶。所谓拼装车,是指使用报废的汽车零部件,私自拼凑装配而成的汽车。报废汽车,达到国家报废标准或者虽然未达到国家报废标准,但发动机或者底盘严重损坏,经检验不符合国家机动车运行安全技术条件,或者不符合国家机动车污染物排放标准的机动车。国务院《报废汽车回收管理办法》第15条规定,禁止任何单位或者个人利用报废汽车"五大总成"(包括发动机、变速器、前桥、后桥、车架)以及其他零配件拼装汽车;禁止报废汽车整车、"五大总成"和拼装车进入市场交易或者以其他任何方式交易;禁止拼装车和报废汽车上路行驶。

因此,擅自转让拼装或者已达到报废标准的机动车的,属于一种严重违法的行为,受让双方主观上都存在恶意或重大过错。对转让后拼装或报废的机动车发生了交通事故,致人以损害的,应当给以相应的处罚。除了行政的或者刑事的处罚外,在民事侵权方面,依法应当进行赔偿。对此,我国《侵权责任法》第51条规定:"以买卖等方式转让拼装或者已达到报废标准的机动车,发生交通事故造成损害的,由转让人和受让人承担连带责任。"在这里,"转让"一词,应作广义解释,包括买卖、赠与、互易、继承等情形。

另外,如果将自己拼装的机动车或者应当报废而未报废的机动车出借或出租他人使用时,发生交通事故致人损害,使用人有过失的,亦可依照此条办理。使用人没有过错的,拼装车或报废车的所有人应承担全部损害赔偿责任。

4. 盗、抢车辆发生交通事故

盗、抢车辆发生交通事故的,由盗抢人承担责任。

我国《侵权责任法》第52条规定:"盗窃、抢劫或者抢夺的机动车发生交通事故造成损害的,由盗窃人、抢劫人或者抢夺人承担赔偿责任。保险公司在机动车强制保险责任限额范围内垫付抢救费用的,有权向交通事故责任人追偿。"

盗抢他人机动车发生交通事故,盗抢人应当承担赔偿责任。车辆被盗用、被抢劫或抢夺,说明车辆所有人已经丧失了对车辆运行支配和运行利益的归属,且本身已经造成了利益的损失,若让车辆所有人承担责任或车辆所有人与盗抢人共同承担连带责任,则于理无据,于情无依。故只能由盗抢人承担责任。最高人民法院《关于被盗机动车辆肇事后由谁承担损害赔偿责任问题的批复》中指出,"使用盗窃的机动车辆肇事,造成被害人物质损失的,肇事人应当依法承担损害赔偿责任,被盗机动车辆的所有人不承担损害赔偿责任。"

有学者主张,盗车人逃逸不能赔偿或者支付能力不足无法全部赔偿的,可以由车辆所有人垫付①,以使受害人及时得到救济,但必须明确车辆所有人对盗抢人享有确有保障的追偿权。实际上,在此种情况下,车辆所有人对盗车人享受的追偿权其实是无法"确有保障"的,因此,让车辆所有人担此风险于理不足。

现实生活中,车辆被盗,有时与车主的疏忽也有关系,如车主忘了锁上车门。对于这样情形下被盗的,车主是否要对车辆发生交通事故致他人损害承担相应的赔偿责任,在学术上一直有两种不同的看法。有的人认为,车辆被盗、被抢后,车主不能控制风险,且被盗抢车辆发生交通事故与车主主观上的疏忽并无直接因果关系,故不应承担责任;也有人主张车主要对其疏忽承担一定的责任。从我国《侵权责任法》的规定来看,立法者并未采纳第二种观点。

另外,还有以下几个问题需要注意:

第一,对于盗抢人逃逸不能赔偿或者支付能力不足无法全部赔偿的,可以根据我国《侵权责任法》第53条的规定,由保险公司在机动车强制保险责任的限额内予以赔偿,或由道路交通事故社会救助基金垫付。

第二,盗抢人因交通事故致他人损害的,并不因其盗抢车辆而当然要对该损害承担全部责任,而仍须按我国《道路交通安全法》第76条的规定,考察盗抢人在交通事故发生中的作用来确定其赔偿责任。②

5. 驾驶人逃逸的责任承担

交通事故发生,驾驶人为逃避责任的追究,便置受害人于不顾而逃逸的事例在现实生活中一再发生。为严惩这种恶劣现象,警示广大的驾驶人,国务院制订的《道路交通安全法实施条例》第92条规定:"发生交通事故后当事人逃逸的,逃逸的当事人承担全部责任。但是,有证据证明对方当事人也有过错的,可以减轻责任。"

另一方面,交通肇事后驾驶人逃逸的,往往会延误对受害人的抢救;同

---

① 如有以下案例:车辆被盗后发生交通事故致人死亡,肇事者(盗车者)逃逸,遗属将车主告上法庭,向其索赔。2009年12月法院判车辆被盗车主赔偿11万元。理由是:被告虽与本次事故的发生无关,但交纳"交强险"是机动车所有人应当履行的法定义务,被告在"交强险"到期后理应及时续保,但未能续保,其行为具有过错。被告经过错导致被害人丧失了要求保险公司在理赔范围内承担赔偿责任的权利,故法院判决被告应替代保险公司在"交强险"责任限额内对原告的损失承担赔偿责任,判决赔偿二原告死亡赔偿金11万元。《江苏:车辆被盗后肇事致人死亡了,车主被判赔偿11万元》,载四川警察网。

② 王利明主编:《中华人民共和国侵权责任释义》,中国法制出版社2010年版,第265页。同

时,也增加了确定责任主体的难度。为了对在驾驶人逃逸后的交通事故中的受害人给予及时的救济,我国《道路交通安全法》第75条规定,未参加机动车第三者责任强制保险或者肇事后逃逸的,由道路交通事故社会救助基金先行垫付部分或者全部抢救费用,道路交通事故社会救助基金管理机构有权向交通事故责任人追偿。我国《侵权责任法》第53条再次规定:"机动车驾驶人发生交通事故后逃逸,该机动车参加强制保险的,由保险公司在机动车强制保险责任限额范围内予以赔偿;机动车不明或者该机动车未参加强制保险,需要支付被侵权人人身伤亡的抢救、丧葬等费用的,由道路交通事故社会救助基金垫付。道路交通事故社会救助基金垫付后,其管理机构有权向交通事故责任人追偿。"

6. 好意同乘

好意同乘,即搭便车,指原则上无偿地搭乘他人车辆或运载货物的行为。因驾驶人原因造成好意同乘者损害的,各国立法多规定减免驾驶员的赔偿责任。例如,在日本,由于好意同乘而受害的人,对同意好意同乘的司机提出损害赔偿请求时,同乘本身视为同乘者有过失来考虑,以减轻司机的损害赔偿额。① 由此可见,好意同乘者的要旨,在于限制汽车保有人对同乘者的责任。学者主张:在我国,有偿的好意同乘,如支付部分汽油费,其损害赔偿应与一般受害人同其原则②;对无偿的好意同乘,应由法庭斟酌具体情形,比照过失相抵原则,减少责任人的赔偿责任。③ 在我国,审判实践中的做法是,如果事故是由于好意同乘者的故意或者重大过失造成,可以考虑免除驾驶员与车主的民事责任;在一般情况下,好意同乘者应作为一般受害人得到赔偿,由法院斟酌具体情形,减少责任人的赔偿,但最少不得少于一般受害人的二分之一。④

我国《侵权责任法》对"好意同乘"致同乘者致害的现象没有作出规定,这应是一个制度欠缺。我们主张可以分不同情形作出不同的责任认定:

首先,双方可以就责任负担或分担进行约定;有约定的按约定确定责任。

其次,没有约定的,区分是否有偿,同乘者是否有过错。第一,无论是有

---

① 〔日〕北川善太郎:《日本民法体系》,李毅多、仇京春译,科学出版社1995年版,第6页。
② 梁慧星:《论制定道路交通事故赔偿法》,载《民法学说判例与立法研究》,中国政法大学出版社1993年版,第113页。
③ 杨立新:《侵权法论》(上册),吉林人民出版社1998年版,第550页。
④ 参见《中国审判案例要览》(1994年综合本),中国人民公安大学出版社1995年版,第841页以下。

偿还是无偿的好意同乘,同乘者无过错或为轻过失的,驾驶人均负全责。第二,同乘者存在恶意,而驾驶人无过错的,同乘者自负其责。第三,同乘者有故意或重大过失的情形下,无偿的好意同乘,驾驶人负次要责任(30%左右);有偿的好意同乘,驾驶人与同乘者负同等责任(50%)。

五、责任认定与调解

道路交通事故责任的认定是对于事故责任的确认与否认的意见,属于事实的范畴,可作为法官认定事实的依据。责任认定机关是公安机关交通管理部门(以下简称公安交管部门)。公安交管部门应当根据交通事故当事人的行为对发生交通事故所起的作用以及过错的严重程度,确定当事人的责任。

交通事故责任分为全部责任、主要责任、同等责任和次要责任。由一方当事人的违章行为造成交通事故的,有违章行为一方应当负全部责任,其他方不负交通事故责任。两方当事人的违章行为共同造成交通事故的,违章行为在交通事故中作用大的一方负主要责任,另一方负次要责任;违章行为在交通事故中作用基本相当的,两方负同等责任。三方以上当事人的违章行为共同造成交通事故的,根据各自的违章行为在交通事故中的作用大小划分。另外,发生交通事故后当事人逃逸的,逃逸的当事人承担全部责任。但是,有证据证明对方当事人也有过错的,可以减轻责任。我国《道路交通安全法实施条例》第92条规定:"当事人故意破坏、伪造现场,毁灭证据的,承担全部责任。"

《道路交通安全法实施条例》还规定,公安交管部门应当在勘查现场之日起10日内制作交通事故认定书。对需要进行检验、鉴定的,应当在检验、鉴定结果确定之日起5日内制作交通事故认定书。当事人对交通事故损害赔偿有争议,各方当事人一致请求公安交管部门调解的,应当在收到交通事故认定书之日起10日内提出书面调解申请。对交通事故致死的,调解从办理丧葬事宜结束之日起开始;对交通事故致伤的,调解从治疗终结或者定残之日起开始;对交通事故造成财产损失的,调解从确定损失之日起开始。公安交管部门调解交通事故损害赔偿争议的期限为10日。调解达成协议的,公安交管部门应当制作调解书送交各方当事人,调解书经各方当事人共同签字后生效;调解未达成协议的,公安交管部门应当制作调解终结书送交各方当事人。交通事故损害赔偿项目和标准依照有关法律的规定执行。对交通事故损害赔偿的争议,当事人向人民法院提起民事诉讼的,公安交管部门不再受理调解申请。调解期间,当事人向人民法院提起民事诉讼的,调解终止。

六、责任抗辩

交通事故损害因下列情形引起的,被告依法不承担损害赔偿责任或减轻责任:

1. 不可抗力

作为不承担责任的抗辩事由,不可抗力必须是损害发生的唯一原因。当事人对损害的发生和扩大不能产生任何作用。因此在发生不可抗力的时候,应当查清不可抗力与造成的损害后果之间的关系,并确定当事出有因的活动在发生不可抗力的条件下时所造成的损害后果的作用。我国《侵权责任法》第 29 条规定:"因不可抗力造成他人损害的,不承担责任。法律另有规定的,依照其规定。"

2. 受害人过错

过错包括故意和过失两种类型。受害人的故意,是指受害人明知自己的或他人的行为会发生损害自己的后果,而希望或放任此种结果发生。受害人对损害的发生或者扩大具有故意,表明受害人的行为是损害发生的唯一原因,从而应使加害人不承担责任或减轻责任的抗辩事由。我国《道路交通安全法》第 76 条第 2 款就明确规定:"交通事故的损失是由非机动车驾驶人、行人故意碰撞机动车造成的,机动车一方不承担赔偿责任。"

此处的"故意"指引发交通事故的故意,而不是违反道路交通安全法律、法规的故意,即非机动车驾驶人、行人违反道路交通安全法律、法规并不构成机动车驾驶人的抗辩事由,只有在非机动车驾驶人、行人明知某种行为会引发交通事故而做出这种行为,并因而导致交通事故时,机动车驾驶人才可以以此进行抗辩。[①]

受害人的过错,有时亦可以作为抗辩事由。如我国《道路交通安全法》第 76 条第 1 款第 2 项中规定的"机动车之间发生交通事故的,由有过错的一方承担赔偿责任;双方都有过错的,按照各自过错的比例分担责任。"如果只有受害人的过错,包括过失,则机动车一方就完全没有责任了。如果受害人与机动车双方均有过错,则实行过错相抵。又规定:"有证据证明非机动车驾驶人、行人有过错的,根据过错程度适当减轻机动车一方的赔偿责任。"受害人

---

① 吴高盛主编:《中华人民共和国道路交通安全法释解》,人民法院出版社 2003 年版,第 120 页。

亦要对自己的过错负担相应的损害。

3. 第三人过错

第三人是就其在诉讼中的地位而言,第三人过错,是指除受害人和加害人之外的第三人,对受害人损害的发生或者扩大所具有的主观过错。第三人过错的主要特征是主体上的特殊性,其过错形式则没有其他的区别,包括故意和过失。

第三人是过错的主体,造成损害的过错不属于加害人或者受害人的任何一方,尤其第三人和加害人之间不存在共同故意和共同过失,即不构成共同侵权行为。往往是第三人的过错行为和被告行为共同造成受害人损害,但究其根源,责任系出自第三人过错。第三人过错的法律后果,是第三人承担赔偿责任,亦即减轻或者免除加害人的赔偿责任,因此,可作为加害人责任抗辩的事由。我国《侵权责任法》第28条就规定:"损害是因第三人造成的,第三人应当承担侵权责任。"

七、强制保险

1. 概念

所谓强制保险,又称法定保险,是指根据国家有关法律和法规,凡是在规定范围内的单位或个人,不管愿意与否都必须参加的保险。世界各国一般都将机动车第三者责任保险规定为强制保险的险种。我国现行法律中有四部法律规定了强制保险。《海洋环境保护法》第28条规定了强制油污染责任保险;《煤炭法》第44条规定了强制井下职工意外伤害保险;《建筑法》第48条规定了强制危险作业职工意外伤害保险;《道路交通安全法》第17条规定了机动车第三者责任强制保险。另外,国务院制订的《内河交通安全管理条例》《旅行社管理条例》《海洋石油勘探开发环境保护管理条例》中分别规定了强制船舶污染损害责任保险、沉船打捞责任保险、旅客旅游意外伤害保险、海洋石油污染损害责任保险等。本书所讨论的强制保险,仅指机动车第三者责任强制保险。

我国《道路交通安全法》第17条规定:"国家实行机动车第三者责任强制保险制度,设立道路交通事故社会救助基金。具体办法由国务院规定。"根据此授权,国务院在2006年制订了《机动车交通事故责任强制保险条例》。

根据该条例的规定,机动车交通事故责任强制保险,是指由保险公司对被保险机动车发生道路交通事故造成本车人员、被保险人以外的受害人的人身伤亡、财产损失,在责任限额内予以赔偿的强制性责任保险。要求在中华人民共和国境内道路上行驶的机动车的所有人或者管理人,应当依照《道路交通安全法》的规定投保机动车交通事故责任强制保险。未按照规定投保交强险的,公安机关交通管理部门有权扣留机动车,通知机动车所有人、管理人依照规定投保,并处应缴纳的保险费的2倍罚款。机动车交通事故责任强制保险实行统一的保险条款和基础保险费率。交强险的保险期间为1年。同时,作为一种奖励与惩罚的措施,《条例》还规定,被保险机动车没有发生道路交通安全违法行为和道路交通事故的,保险公司应当在下一年度降低其保险费率。在此后的年度内,被保险机动车仍然没有发生道路交通安全违法行为和道路交通事故的,保险公司应当继续降低其保险费率,直至最低标准。被保险机动车发生道路交通安全违法行为或者道路交通事故的,保险公司应当在下一年度提高其保险费率。多次发生道路交通安全违法行为、道路交通事故,或者发生重大道路交通事故的,保险公司应当加大提高其保险费率的幅度。在道路交通事故中被保险人没有过错的,不提高其保险费率。

建立机动车交通事故强制保险制度,其根本目的与意义就在于通过利用保险特有的补偿保障功能,来消除和减轻交通事故对受害人造成的损害,使交通事故的受害人能得到及时有效的补偿与救治,既使受害人及其家属得以安抚;亦能减轻或免除责任主体的责任负担,使其能从事故责任的累赘中迅速地解脱出来;也有利于建立一个和谐的社会。

2. 保险责任承担

根据我国《道路交通安全法》《机动车交通事故责任强制保险条例》的规定,机动车发生交通事故造成人身伤亡、财产损失的,首先由保险公司在机动车第三者责任强制保险责任限额范围内予以赔偿;不足的部分,才由有关责任主体承担。

机动车交通事故责任强制保险,实行责任限额制度。责任限额是指被保险机动车在保险期间发生交通事故,保险公司对每次保险事故所有受害人的人身伤亡和财产损失所承担的最高赔偿金额。之所以实行责任限额,主要是考虑到既要满足交通事故受害人基本保障需要,又要与我国当前的国民经济发展水平和消费者支付能力相适应。

从2008年2月1日以后,对所发生的道路交通事故:

被保险机动车在道路交通事故中有责任的赔偿限额为:死亡伤残赔偿限额11万元人民币;医疗费用赔偿限额1万元人民币;财产损失赔偿限额2000

元人民币。

被保险机动车在道路交通事故中无责任的赔偿限额为:死亡伤残赔偿限额1.1万元人民币;医疗费用赔偿限额1000元人民币;财产损失赔偿限额100元人民币。

《条例》还规定,道路交通事故的损失是由受害人故意造成的,保险公司不予赔偿。有下列情形之一的,保险公司在机动车交通事故责任强制保险责任限额范围内垫付抢救费用,并有权向致害人追偿:① 驾驶人未取得驾驶资格或者醉酒的;② 被保险机动车被盗抢期间肇事的;③ 被保险人故意制造道路交通事故的。有前款所列情形之一,发生道路交通事故的,造成受害人的财产损失,保险公司不承担赔偿责任。

八、道路交通事故社会救助基金

1. 概念

道路交通事故社会救助基金(以下简称救助基金),是指依法筹集用于垫付机动车道路交通事故中受害人人身伤亡的丧葬费用、部分或者全部抢救费用的社会专项基金。救助基金是我国《道路交通安全法》第17条规定的一项新制度。我国《道路交通安全法》第17条规定:"国家实行机动车第三者责任强制保险制度,设立道路交通事故社会救助基金。具体办法由国务院规定。"

道路交通事故社会救助基金,是机动车交通事故强制保险(以下简称"交强险")制度的补充,旨在保证道路交通事故中受害人不能按照交强险制度和侵权人得到赔偿时,可以通过救助基金的救助,获得及时抢救或者适当补偿。建立这项制度,是贯彻科学发展观的重要举措,在制度设计上坚持以人为本的原则,充分体现了国家和社会对公民生命安全和健康的关爱和救助,是一种新型社会保障制度,对于化解社会矛盾、促进和谐社会建设具有十分重要的现实意义和深远的历史意义。

为建立健全道路交通事故社会救助基金的管理制度,国务院在《机动车交通事故责任强制保险条例》中对道路交通事故社会救助基金的基金来源、救助范围等作了较明确的规定。2009年,财政部、保监会、公安部、卫生部和农业部等五个国家部委联合发文,公布了《道路交通事故社会救助基金管理试行办法》,为规范道路交通事故社会救助基金的筹集、使用和管理,提供了具体详细的制度。

2. 基金来源

国务院制定的《机动车交通事故责任强制保险条例》第25条规定,救助基金来源包括五个方面：

（1）按照机动车交强险的保险费的一定比例提取的资金；

（2）对未按照规定投保机动车交强险的机动车的所有人、管理人的罚款；

（3）救助基金管理机构依法向道路交通事故责任人追偿的资金；

（4）救助基金孳息；

（5）其他资金。

另外，为了进一步加大救助基金的保障力度，扩大救助基金资金来源，经国务院批准，《道路交通事故社会救助基金管理试行办法》还将地方政府按照保险公司经营交强险缴纳营业税数额给予的财政补助，作为救助基金的重要资金来源。这部分资金与按照机动车交强险的保险费的一定比例提取的资金共同构成救助基金的主要来源。同时，还明确规定救助基金可以接受社会捐款。

3. 救助范围

《机动车交通事故责任强制保险条例》第 24 条规定："有下列情形之一时，道路交通事故中受害人人身伤亡的丧葬费用、部分或者全部抢救费用，由救助基金先行垫付，救助基金管理机构有权向道路交通事故责任人追偿：

（一）抢救费用超过机动车交通事故责任强制保险责任限额的；

（二）肇事机动车未参加机动车交通事故责任强制保险的；

（三）机动车肇事后逃逸的。"

其中，丧葬费用是指丧葬所必需的遗体运送、停放、冷藏、火化的服务费用。具体费用应当按照机动车道路交通事故发生地物价部门制定的收费标准确定。抢救费用，是指机动车发生道路交通事故导致人员受伤时，医疗机构按照《道路交通事故受伤人员临床诊疗指南》，对生命体征不平稳和虽然生命体征平稳但如果不采取处理措施会产生生命危险，或者导致残疾、器官功能障碍，或者导致病程明显延长的受伤人员，采取必要的处理措施所发生的医疗费用。

《道路交通事故社会救助基金管理试行办法》规定，依法应当由救助基金垫付受害人丧葬费用、部分或者全部抢救费用的，由道路交通事故发生地的救助基金管理机构及时垫付。救助基金一般垫付受害人自接受抢救之时起 72 小时内的抢救费用，特殊情况下超过 72 小时的抢救费用由医疗机构书面说明理由。具体应当按照机动车道路交通事故发生地物价部门核定的收费标准核算。

4. 救助程序

分垫付抢救费用的程序和垫付丧葬费用的程序。

(1) 救助基金垫付抢救费用的基本程序:需要救助基金垫付部分或者全部抢救费用的,公安机关交通管理部门应当在3个工作日内书面通知救助基金管理机构。救助基金管理机构收到公安机关交通管理部门垫付通知和医疗机构垫付尚未结算抢救费用的申请及相关材料后,应当在5个工作日内进行审核,对符合垫付要求的,救助基金管理机构应当将相关费用划入医疗机构账户。需要强调的是,我国《道路交通安全法》第75条规定:"医疗机构对交通事故中的受伤人员应当及时抢救,不得因抢救费用未及时支付而拖延救治。"医疗机构在抢救受害人结束后,对尚未结算的抢救费用,可以向救助基金管理机构提出垫付申请,并提供有关抢救费用的证明材料。

(2) 救助基金垫付丧葬费用的基本程序:需要救助基金垫付丧葬费用的,由受害人亲属凭处理该道路交通事故的公安机关交通管理部门出具的尸体处理通知书和本人身份证明向救助基金管理机构提出书面垫付申请。救助基金管理机构收到丧葬费用垫付申请和有关证明材料后,对符合垫付要求的,应当在3个工作日内按照有关标准垫付丧葬费用,并书面告知处理该道路交通事故的公安机关交通管理部门。对无主或者无法确认身份的遗体,由公安部门按照有关规定处理。

第二节 医疗损害责任

一、概述

1. 概念

医疗损害责任,指医疗机构及其从业人员在医疗活动中,未尽相关法律、法规、规章和诊疗技术规范所规定的注意义务,在医疗过程中因过错导致患者人身损害而依法承担的侵权损害赔偿责任。我国《侵权责任法》第54条规定:"患者在诊疗活动中受到损害,医疗机构及其医务人员有过错的,由医疗机构承担赔偿责任。"

在我国《侵权责任法》提出"医疗损害责任"概念之前,人们最为熟悉的是另一个概念"医疗事故"。所谓医疗事故，依照 2002 年国务院颁布的《医疗事故处理条例》第 2 条的规定，是指医疗机构及其医务人员在医疗活动中，违反医疗卫生管理法律、行政法规、部门规章和诊疗护理规范、常规，过失造成患者人身损害的事故。而更早之前的 1987 年国务院发布的《医疗事故处理办法》中对医疗事故下的定义，是指在诊疗护理过程中，因医务人员诊疗护理过失，直接造成病员死亡、残废、组织器官损伤导致功能障碍的事故。

医疗损害责任与医疗事故责任相比较，主要有三个基本的差别：

第一，在赔偿范围方面，医疗损害责任的范围远大于医疗事故责任。《医疗事故处理条例》明确规定："不属于医疗事故的，医疗机构不承担赔偿责任。"而依医疗损害责任制度，只要在诊疗中因过错致患者以损害的，医疗机构都需承担赔偿责任，不问是否为医疗事故。

第二，在赔偿标准方面，医疗损害责任的赔偿标准相对高于医疗事故责任。医疗事故赔偿的项目包括：医疗费、误工费、残疾生活补助费、残疾用具费、丧葬费、被扶养人生活费、精神损害抚慰金等十一项，但没有规定死亡赔偿金、残疾赔偿金等，且赔偿标准低于依据普通的民事人身伤害赔偿标准。

第三，在鉴定方面，医疗事故的鉴定只能由负责医疗事故技术鉴定工作的医学会组织负责；因与当事的医疗机构存在着千丝万缕的关系，其鉴定结论的可信度较低。而属于医疗损害责任的，可委托中立的司法鉴定机构进行鉴定，可信度相对较高，容易为受害人所接受，减少讼累。①

2. 性质

学术界对医疗损害责任的性质一直存有争议，概括起来，主要有下列观点：

（1）违约责任说。认为医疗关系为一种非典型的契约关系，是医疗机构与患者之间就患者疾患等诊察、治疗、护理等医疗活动形成的意思表示一致的民事法律关系②，一般称之为医疗服务合同。患者到医疗机构挂号，表示该医疗服务合同已经成立，在医疗机构和患者之间产生相对应的权利义务关系。就医疗机构方面而言，其权利主要为接受患者的报酬，其义务一是须以治疗为目的进行医疗活动；二是在实施医疗行为之前极尽说明的义务；三是医疗过程中遵守医疗规章制度，严格医疗程序，保障医疗效果。因此，医疗机

---

① 王胜明主编：《中华人民共和国侵权责任法解读》，中国法制出版社 2010 年版，第 267—269 页。

② 杨立新：《疑难民事纠纷司法对策》（第二集），吉林人民出版社 1994 年版，第 138 页。

构或医务人员未尽谨慎治疗义务致发生医疗事故,应依契约承担违约赔偿责任。大陆法系某些国家的判例及解释,较为盛行此说。

(2) 特殊侵权责任说。认为病人与医疗机构之间可认定为存在一种事实上的关系。① 医疗事故所损害的权利是人身权这种绝对权,导致医疗事故发生的医务人员的过失行为是侵权行为。英美法系国家普遍持此观点。

(3) 违约责任与侵权责任竞合说。认为按照医疗服务合同的要求,如果医疗机构一方在医疗过程中,因医务人员的过失,造成医疗事故,损害患者的健康甚至造成死亡后果,属于违约行为,应当承担违约责任。但是,如果从医疗过失行为侵害公民健康权、生命权的角度看,医疗事故无疑又是一种侵权行为,应当承担侵权责任。即医疗机构的过失医疗行为既侵害了患者的合同预期利益,也侵害了患者的固有利益,构成侵权责任与违约责任竞合。其中,在这种理论基础上,又有学者提出请求权竞合说,认为受害人因发生医疗事故,既享有契约上的请求权,又有侵权法上的损害赔偿请求权。受害人可以选择行使一种请求权②,或不能就该两项请求权选择,只能就侵权损害赔偿请求权为行使。③

(4) 综合责任说。认为医疗事故责任是一种综合性的责任,包括几种不同的民事责任:第一种是基于合同的民事责任。私人开业医生与病人的关系,一般基于合同关系产生,应承担合同责任。第二种是合同以外的责任,包括因无因管理所产生的债务责任和侵权行为所致的债务责任。④

以上几种学说中,违约责任与侵权责任竞合说为主导学说。责任竞合本质上是一个责任,只是由于主体行为具有双重属性,产生了民事责任的双重性。与单纯的侵权责任和违约责任相比,竞合责任形式更丰富、事件的处理更复杂。从理论上说,医疗事故的民事责任确实符合两种民事责任的构成。当医患之间存在契约时,医疗损害行为因为没有适当地履行契约,而构成违约行为;同时,也因为侵害了患者的生命权、健康权,而构成了侵权行为,产生了违约责任与侵权责任的竞合。在实际工作中可进行简化处理,即按违约或者侵权责任来处理,如果不违反民法的一般原则是可以的,但将其作为违约责任或侵权责任处理的方式,并不影响医疗事故民事责任是违约责任和侵权

---

① 郭明瑞等:《民事责任论》,中国社会科学出版社1992年版,第273页。
② 张新宝:《中国侵权行为法》,中国社会科学出版社1995年版,第256页。
③ 转引自张西健:《医疗过失致人损害的民事责任初探》,载《中国法学》1988年第2期。
④ 张国炎:《医疗工作者的民事责任》,载《政治与法律》1990年第3期。

责任的竞合这一民事责任性质。① 学者认为,按照责任竞合应有利于受害人进行选择的原则,应当选择侵权责任确定医疗事故的性质,这样选择,更有利于保护患者的权利,避免患者不认识医疗关系的合同性质而不敢索赔的后果,也可以使医院方不能借口合同有约定而拒绝对医疗事故的受害人予以赔偿。在实务中,人民法院审理医疗事故赔偿责任案件,都是把它作为侵权案件处理的。但是,并不禁止患者提出要求医疗机构承担违约责任的请求。而且,在我国的司法实践中,对侵权之诉和违约之诉的区分并不严格,受害人完全可以在同一个诉中提出不同的诉讼请求,以使自己诸多受到侵害的权利得到保护。

但是,我们认为,既然"医疗损害责任"制度明确规定在我国《侵权责任法》之中,充分说明立法者旨在将医疗损害责任界定为侵权责任。如此也就宣告了当事人不再享有在违约与侵权之间进行选择的权利。或者说,被侵权人只能行使侵权损害赔偿请求权。舍此别无他途。

3. 制度史

医疗损害侵权责任制度因医疗纠纷而生。在我国,长期以来,医患纠纷屡屡发生。医疗纠纷是指基于医疗行为在医方(医疗机构)与患方(患者或者患者近亲属)之间产生的医疗过错、侵权与赔偿纠纷。患者合法权益屡屡受侵害而得不到及时充分地补救;而医疗机构也因为医患矛盾激化对立而带来诸多负面影响:主治医生被殴打,医院被冲击等。早在1987年,国务院就制订了《医疗事故处理办法》。该《办法》界定了医疗事故的界限、等级,规定了医疗事故的处理程序,建立了医疗事故的鉴定制度,明确规定因医疗事故需给患者以一次性经济补偿,同时给相关责任人予以行政处分,甚至追究其刑事责任。该《办法》的制订,为解决医疗事故纠纷提供了法律依据。但它存在的缺陷也是十分明显的。首先,它对医疗事故给患者造成的损害只承认给予经济补偿,却否认赔偿性质。其次,规定只有属于医疗事故所造成的患者损害才给予经济补偿,而其他不属于医疗事故范畴的医疗损害则不予补偿,使广大受医疗损害的患者得不到法律救济。最后,医疗鉴定制度的设置不合理,是否为医疗事故要交由当地卫生行政主管部门所指定组成的医疗事故技术鉴定委员会来鉴定,为医疗行业的不正之风甚或腐败大开方便之门。

2002年,国务院颁发了《医疗事故处理条例》。与《医疗事故处理办法》

---

① 李庆生、谭家驹主编:《医院的法律风险——医疗事故法律责任处理实用指南》,法律出版社2004年版,第57页。

相比,《条例》一是明确了医疗事故损害赔偿的性质,而且详尽规定了各项赔偿项目及标准,使之具有可操作性;二是放宽了医疗事故的认定标准,只要因"过失造成患者人身损害"的,除属于第33条规定的例外情形外①,都属医疗事故,都须予以赔偿;三是改进了医疗事故鉴定制度,由当地的医学会负责组织医疗事故鉴定,希望给人以中立公正的形象。但仍然存在一些问题,主要表现在《条例》中所列的医疗事故并未包含所有因医疗过程中给患者导致的损害,一部分被称为医疗差错的损害不能得到赔偿。所谓"医疗差错",指在诊疗护理过程中,医务人员确有过失,但经及时纠正未给病人造成严重后果或未造成任何后果的医疗纠纷。依《条例》的规定,最低一级即第四级医疗事故也要求是造成患者"明显"人身损害的其他后果;对于那些不明显的人身损害,没有达到事故程度的医疗过失,以及因医疗过错引起的单纯财产损失,均认定为医疗差错。《条例》第49条第2款规定:"不属于医疗事故的,医疗机构不承担赔偿责任。"依此,那些因医疗差错造成的患者损害,将不能得到赔偿。为解决这个问题,2003年最高人民法院在《关于参照〈医疗事故处理条例〉审理医疗纠纷民事案件的通知》第1条规定:"条例实施后发生的医疗事故引起的医疗赔偿纠纷,诉到法院的,参照条例的有关规定办理;因医疗事故以外的原因引起的其他医疗赔偿纠纷,适用民法通则的规定。"该司法解释一方面维护了因医疗差错而得不到赔偿的患者的合法权益,另一方面又造成了医疗事故赔偿与医疗差错赔偿的双轨现象②;更可笑的是,构成医疗事故的,所得到的赔偿额通常反比不构成医疗事故的医疗差错所得到的赔偿数额少。因此,在我国《侵权责任法》的立法过程中,社会上要求将医疗损害赔偿制度纳入其中,以统一法律的适用的呼声甚高。最终立法者采纳这一要求,在《侵权责任法》单列一章,就医疗损害赔偿责任问题作了性规定,建立了我国全新的医疗损害责任制度。现在的问题是,我国《侵权责任法》生效实施后,《医疗事故处理条例》是否仍然有适用的余地。我们认为,我国《侵权责任法》的规定太过于简略了,如果没有配套的实施条例或司法解释,《条例》就还有实施下去的必要。

---

① 《医疗事故处理条例》第33条规定:有下列情形之一的,不属于医疗事故:(1)在紧急情况下为抢救垂危患者生命而采取紧急医学措施造成不良后果的;(2)在医疗活动中由于患者病情异常或者患者体质特殊而发生医疗意外的;(3)在现有医学科学技术条件下,发生无法预料或者不能防范的不良后果的;(4)无过错输血感染造成不良后果的;(5)因患方原因延误诊疗导致不良后果的;(6)因不可抗力造成不良后果的。

② 孟强:《论医疗侵权损害赔偿双轨制的统一》,载《法学杂志》2009年第6期。

二、构成要件

对于医疗损害责任构成要件的表述,在学术界主要有两种观点,即"四要件说"和"五要件说"。"四要件说"认为,医疗事故赔偿责任的构成要件包括违法行为、损害结果、违法行为与损害结果的因果关系、过失。[①]"五要件说"认为,构成要件包括:严重的不良后果、违法行为、违法行为与不良后果间有因果关系、主观上有过失、主体为医务人员。[②] 这两种主张并没有原则的分歧,只是表述的方法不尽一致。我们主张采"五要件说"。

1. 患者须有医疗损害事实

医疗损害是指因诊疗活动对患者所造成的人身伤亡、财产损失、肉体疼痛和精神痛苦以及对患者隐私权和名誉权的侵害,是诊疗活动所引起的对患者不利的后果和事实。[③]

人身损害首先表现为生命的丧失或人身健康的损害,其次是受害人的生命权、健康权受到损害之后所受到的人身损害后果,以及所造成的财产利益损失,最后是受害人因人身损害所造成的受害人及其亲属的精神痛苦这种无形损害。《医疗事故处理条例》中规定,患者的人身损害分为四级:一级损害为造成患者死亡、重度残疾的;二级损害为造成患者中度残疾、器官组织损伤导致严重功能障碍的;三级损害为造成患者轻度残疾、器官组织损伤导致一般功能障碍的;四级损害为造成患者明显人身损害的其他后果的。并明确地将精神损害赔偿列入其中,承认精神损害也是损害事实要件的组成部分,体现了法规对个人权益的全面保护。

2. 患者的人身损害须由医疗机构的医务人员造成

医疗机构,指依法经登记取得医疗机构执业许可证的机构,包括各类医院、卫生院、保健院、疗养院、护理院、门诊部、诊所、村卫生室(所)、急救站、临床检验中心等。医务人员,指经过考核和卫生行政部门批准和承认,取得相应资格及执业证书的各级各类卫生技术人员,是医疗损害赔偿责任的行为主体,不仅指医院或者经过卫生行政机关批准或承认的各类医疗卫生技术人员,还包括与医疗单位形成实际雇佣关系的人员和其他人员。没有行医资格的人非法行医致人损害,不构成医疗损害责任,而是一般的侵权责任。

---

① 王利明、杨立新:《民法·侵权行为法》,中国人民大学出版社1996年版,第533页。
② 杨立新:《疑难民事纠纷司法对策》(第二集),吉林人民出版社1994年版,第144—146页。
③ 龚赛红:《医疗损害赔偿立法研究》,法律出版社2001年版,第128页。

3. 损害事实发生在诊疗活动中

医生对患者进行的诊断和治疗的一切行为过程,称为诊疗活动。诊疗活动的范围,应当自患者在医院挂号以后开始,至医疗终结结束。在这一范围以外的活动,造成患者损害,不构成医疗损害,按一般侵权行为处理。在这里需要指出的是,造成患者损害的诊疗行为是否应具备"违法性"特征。对此,《医疗事故处理条例》第2条中就明确规定:"医疗事故,是指医疗机构及其医务人员在医疗活动中,违反医疗卫生管理法律、行政法规、部门规章和诊疗护理规范、常规,过失造成患者人身损害的事故。"说明按照该《条例》的规定,要求诊疗活动具备违法性。而我国《侵权责任法》第54条并未提出违法性的要求,只要"患者在诊疗活动中受到损害,医疗机构及其医务人员有过错的,由医疗机构承担赔偿责任。"取消违法性的要求,对患者利益是尽到了最大的保护,但对医疗机构开展正常的医疗活动,恐有不利。

4. 患者的损害后果是医务人员的诊疗活动造成的,二者间须有因果关系

在诊疗活动过程中,可能造成损害后果的原因很多,医生的治疗行为、医院的设施、患者的行为、患者的病情或体质、第三人行为等,都可能成为损害后果的原因。在具体的医疗损害案件中,造成损害后果的原因可能是其中的一个事实,也可能是数个或全部事实。在探究医疗损害事实因果关系的过程中,要找到造成损害后果的全部事实原因,为进一步考察法律因果关系奠定基础。探究医疗损害法律因果关系的目的,是在所有反映事实因果关系的原因事实中,查证哪些事实与医疗机构存在法律上的联系,这些事实到底是什么。只有存在医方的医疗行为,医方才可能承担医疗损害的民事责任。同时,最高人民法院在《关于民事诉讼证据的若干规定》第4条中规定,因医疗行为引起的侵权诉讼,由医疗机构就医疗行为与损害结果之间不存在因果关系承担举证责任。依此,若医疗机构不能证明不存在因果关系的,就应认定二者间有法律上的因果关系的存在,就须对患者的损害承担赔偿责任。

5. 医务人员在诊疗活动中须有主观过错

依我国《侵权责任法》第54条的规定,医疗损害责任实行过错责任的归责原则。因此,医务人员在诊疗活动中主观上存在过错,是构成医疗损害责任的主要构成要件之一。

三、归责原则

对医疗损害责任的归责原则,学术界有两种传统看法:一是认为应适用

过错责任原则；二是过错推定责任原则。① 前一观点的理由是医务工作风险大，技术难度高，必须是医师在医疗行为过程中有过失，并且过失与损害结果之间有因果关系。《条例》第 2 条强调"过失"导致损害对构成医疗损害的决定作用，采用的是过错责任原则。第二种观点的理由是患者在接受治疗的过程中根本无法知晓医生的所作所为，要求患者对医方的过错举证显失公平。

最高人民法院《关于民事诉讼证据的若干规定》第 4 条第 8 项规定："因医疗行为引起的侵权诉讼，由医疗机构就医疗行为……不存在过错承担举证责任。"这一司法解释，是当时各级法院判决医疗损害侵权责任实行过错推定的法律依据。然而在我国《侵权责任法》的立法过程中，医疗损害责任实行何种归责原则，争论仍在继续。大体上有过错责任、过错推定责任和无过错责任三种观点。过错责任说认为，诊疗活动的本身具有侵害性，如对医疗损害责任实行无过错责任或过错推定责任，将会给医疗机构带来过重的负担，影响正常的诊疗活动，亦会阻碍医学的发展。持过错推定说的则认为，实行举证责任倒置更符合医疗侵权案件的特殊性；如果不实行过错推定，对患者来说打官司太难了。② 也有的学者主张区分医疗技术损害责任、医疗伦理损害责任与医疗产品损害责任三种不同的形态：医疗技术损害责任适用过错责任原则、医疗伦理损害责任适用过错推定原则、医疗产品损害责任适用无过失责任原则。③

但是，立法者最终采纳了过错责任的归责原则。这从我国《侵权责任法》第 54 条的规定即可以看出："患者在诊疗活动中受到损害，医疗机构及其医务人员有过错的，由医疗机构承担赔偿责任。"过错责任原则在举证方面的最基本的要求，就是由作为原告的患者负举证证明作为被告的医疗机构及其医务人员在诊疗活动中主观上存在过错的责任。因此，最高人民法院关于由医疗机构负责证明其不存在过错的举证责任的司法解释也就不能再适用了。

不过，我们认为，鉴于医疗诊断活动的技术性、复杂性，由医疗机构承担证明其不存在过错的举证责任，应当更具有合理性。它充分照顾了医患双方的利益。因此，对医疗损害责任应当适用过错推定原则。

---

① 王利明、郭明瑞、杨立新：《中国民法案例与学理研究·侵权行为篇·亲属继承篇》，法律出版社 2003 年版，第 210—222 页。
② 王胜明主编：《中华人民共和国侵权责任解读》，中国法制出版社 2010 年版，第 271 页。
③ 杨立新：《论医疗损害责任的归责原则及体系》，载《中国政法大学学报》2009 年第 2 期。

四、医疗过错的举证

如前所述,我国《侵权责任法》关于医疗损害责任实行过错责任的归责原则。这首先意味着医疗机构及其医务人员对其所造成的医疗损害主观上如无过错,就无需承担赔偿责任;其次,更意味着证明医疗机构及其医务人员在诊疗活动过程中主观上存在有过错的举证责任,要由作为原告的受害人(患者)来承担。原告如不能提供确凿充分的证据,来证明被告存在医疗过错,就要承担败诉的后果,其诉讼请求就得不到法院的支持。因此,对于原告而言,能不能举证证明医疗机构及其医务人员主观上有过错,是诉讼成败的关键因素之一。因此,患者在医疗机构就诊时,就应当注意相关证据的制作、收集与保留。

为减轻原告受害患者的举证责任,我国《侵权责任法》在第58条规定了推定医疗机构存在过错的下列几种具体情形:

(1)医疗机构的诊疗活动违反法律、行政法规、规章以及其他有关诊疗规范的规定;

(2)医疗机构隐匿或者拒绝提供与纠纷有关的病历资料;

(3)医疗机构伪造、篡改或者销毁病历资料。

因此,只要受害患者能举证证明医疗机构有上述行为之一的,即可推定医疗机构在诊疗活动中对造成患者的损害存在着主观过错,就须承担损害赔偿责任。当然,医疗机构可提供反证,以证明其不存在上述现象。尤其是原告提出存在第一种情形时,医疗机构如能证明其是在紧急情况下所为,虽不符规范,但在当时情况下可能是合理的,就不能认定医疗机构有过错。[①]

另外,根据我国《侵权责任法》第57条的规定,医务人员在诊疗活动中未尽到与当时的医疗水平相应的诊疗义务,造成患者损害的,就应当推定其存在医疗过失,医疗机构应当承担赔偿责任。所谓"未尽到与当时的医疗水平相应的诊疗义务",即违反了侵权法上的注意义务。而诊疗活动中医务人员的注意义务,通常包括问诊的义务、诊断的义务和治疗的义务三方面。问诊方面,要看医务人员问诊是否周全、细致。如果根本不问诊,或问诊时马虎潦草,不深入,不细致,则可能构成问诊过失。在诊断方面,要看医务人员诊断是否确定、准确;在常规下发生诊断错误的,则说明其存在诊断过失。而在治

[①] 王胜明主编:《中华人民共和国侵权责任法解读》,中国法制出版社2010年版,第284页。

疗方面,则要看医务人员治疗是否合理、给药是否按时、护理是否细心,等。

医疗活动属于技艺性的专业活动,其医务人员也是受到过专业的训练,因此,对医务人员的注意义务的要求往往要高于一般人的水平,只有达到医务人员的普遍的专业水准才能认为是尽到了注意义务。① 但这里需要讨论的是,考察医务人员的诊疗过失时,要不要适当考虑医疗机构所处的地区、资质以及其医务人员的资质等条件?我国《侵权责任法》在起草过程中,草案曾提出过这样的要求,但最终放弃了,只强调要与"当时"的医疗水平相适应。但"当时的医疗水平"是指绝大多数医疗机构或医务人员采用的一般技术水平,还是少数医疗机构或医务人员正在采用的高端医疗水平?是世界上最先进的医疗水平,还是我国最先进的医疗水平?亦存在疑问。有学者认为,"应当以医疗行为进行之时我国一般医务人员的注意能力作为判断标准,医务人员个人的学识、技术能力、个人的研究水平、从业经验的差异,不能成为减轻其注意义务的理由。因此,对于医务人员诊疗义务的判断,只能考虑时代整体医学水平的因素,而不能考虑医务人员的个人的因素,否则便成为学艺不精的医师推脱责任的理由。"②但是,完全不考虑医务人员的个体差异,恐怕也是不现实的,对医务人员也难说公平。试想一个刚从医学院毕业的医师与经验丰富的老专家之间,存在的差别是显而易见的,要求他们承担同样的注意义务,似乎不大合理。

五、医疗损害鉴定

1. 概念

医疗损害通常情况下须进行鉴定,才能确定是否有损害、损害的类型如何、程度如何等。医疗损害鉴定是指,医疗机构及其医务人员在诊疗活动中存在过错并造成患者损害而导致的医疗损害民事诉讼中,人民法院对于医疗技术等专门问题对外委托的鉴定。

目前在我国,由于历史的原因,医疗损害鉴定分为医疗损害责任技术鉴定与医疗损害司法鉴定两种类型。前者适用卫生部2002年颁布实施的《医疗事故技术鉴定暂行办法(试行)》,后者则适用2006年司法部颁布实施的《司法鉴定程序通则》。

---

① 王利明主编:《中华人民共和国侵权责任法释义》,中国法制出版社2010年版,第283页。
② 同上书,第284页。

2. 医疗损害责任技术鉴定

医疗损害责任技术鉴定,即医疗事故鉴定,是指受司法机关、行政机关或当事人的委托,由医学会组织的专家鉴定组,独立针对医患双方所争议的医疗护理行为是否存在过错、是否造成患者不良后果、是否构成医疗事故等专门性问题,进行鉴别和判定的专业活动。医学会组织的医疗事故鉴定目的是明确医疗事件的性质,依据是否是医疗事故来明确划分医患双方的责任。

根据《医疗事故技术鉴定暂行办法(试行)》的规定,医疗事故技术鉴定分为首次鉴定和再次鉴定。设区的市级和省、自治区、直辖市直接管辖的县(市)级地方医学会负责组织专家鉴定组进行首次医疗事故技术鉴定工作;省、自治区、直辖市地方医学会负责组织医疗事故争议的再次鉴定工作。

(1)申请。双方当事人协商解决医疗事故争议,需进行医疗事故技术鉴定的,应共同书面委托医疗机构所在地负责首次医疗事故技术鉴定工作的医学会进行医疗事故技术鉴定。县级以上地方人民政府卫生行政部门接到医疗机构关于重大医疗过失行为的报告或者医疗事故争议当事人要求处理医疗事故争议的申请后,对需要进行医疗事故技术鉴定的,应当书面移交负责首次医疗事故技术鉴定工作的医学会组织鉴定。协商解决医疗事故争议涉及多个医疗机构的,应当由涉及的所有医疗机构与患者共同委托其中任何一所医疗机构所在地负责组织首次医疗事故技术鉴定工作的医学会进行医疗事故技术鉴定。医疗事故争议涉及多个医疗机构,当事人申请卫生行政部门处理的,只可以向其中一所医疗机构所在地卫生行政部门提出处理申请。

(2)受理。医学会应当自受理医疗事故技术鉴定之日起5日内,通知医疗事故争议双方当事人按照《医疗事故处理条例》第28条规定提交医疗事故技术鉴定所需的材料。当事人应当自收到医学会的通知之日起10日内提交有关医疗事故技术鉴定的材料、书面陈述及答辩。对不符合受理条件的,医学会不予受理。不予受理的,医学会应说明理由。

有下列情形之一的,医学会不予受理医疗事故技术鉴定:① 当事人一方直接向医学会提出鉴定申请的;② 医疗事故争议涉及多个医疗机构,其中一所医疗机构所在地的医学会已经受理的;③ 医疗事故争议已经人民法院调解达成协议或判决的;④ 当事人已向人民法院提起民事诉讼的(司法机关委托的除外);⑤ 非法行医造成患者身体健康损害的;⑥ 卫生部规定的其他情形。

(3)鉴定。专家鉴定组由双方当事人,在指定时间、指定地点,从专家库相关学科专业组中随机抽取组成。医学会应当自接到双方当事人提交的有关医疗事故技术鉴定的材料、书面陈述及答辩之日起 45 日内组织鉴定并出具医疗事故技术鉴定书。专家鉴定组依照医疗卫生管理法律、行政法规、部门规章和诊疗护理技术操作规范、常规,运用医学科学原理和专业知识,独立进行医疗事故技术鉴定。

鉴定由专家鉴定组组长主持,并按照以下程序进行:① 双方当事人在规定的时间内分别陈述意见和理由。陈述顺序先患方,后医疗机构;② 专家鉴定组成员根据需要可以提问,当事人应当如实回答。必要时,可以对患者进行现场医学检查;③ 双方当事人退场;④ 专家鉴定组对双方当事人提供的书面材料、陈述及答辩等进行讨论;⑤ 经合议,根据半数以上专家鉴定组成员的一致意见形成鉴定结论。专家鉴定组成员在鉴定结论上签名。专家鉴定组成员对鉴定结论的不同意见,应当予以注明。

(4) 鉴定结论。鉴定作出鉴定结论后,应制作医疗事故技术鉴定书,盖医学会医疗事故技术鉴定专用印章,由医学会及时将鉴定书送达移交鉴定的卫生行政部门;经卫生行政部门审核,对符合规定作出的医疗事故技术鉴定结论,应当及时送达双方当事人;由双方当事人共同委托的,直接送达双方当事人。鉴定书应当包括下列主要内容:① 双方当事人的基本情况及要求;② 当事人提交的材料和医学会的调查材料;③ 对鉴定过程的说明;④ 医疗行为是否违反医疗卫生管理法律、行政法规、部门规章和诊疗护理规范、常规;⑤ 医疗过失行为与人身损害后果之间是否存在因果关系;⑥ 医疗过失行为在医疗事故损害后果中的责任程度;⑦ 医疗事故等级;⑧ 对医疗事故患者的医疗护理医学建议。经鉴定不属于医疗事故的,应当在鉴定结论中说明理由。

专家鉴定组应当综合分析医疗过失行为在导致医疗事故损害后果中的作用、患者原有疾病状况等因素,判定医疗过失行为的责任程度。医疗事故中医疗过失行为责任程度分为:① 完全责任,指医疗事故损害后果完全由医疗过失行为造成。② 主要责任,指医疗事故损害后果主要由医疗过失行为造成,其他因素起次要作用。③ 次要责任,指医疗事故损害后果主要由其他因素造成,医疗过失行为起次要作用。④ 轻微责任,指医疗事故损害后果绝大部分由其他因素造成,医疗过失行为起轻微作用。

(5) 再申请。任何一方当事人对首次鉴定结论不服的,可以自收到首次鉴定书之日起 15 日内,向原受理医疗事故争议处理申请的卫生行政部门提出再次鉴定的申请,或由双方当事人共同委托省、自治区、直辖市医学会组织再次鉴定。当事人提出再次鉴定申请的,负责组织首次医疗事故技术鉴定的医学会应当及时将收到的鉴定材料移送负责组织再次医疗事故技术鉴定的医学会。

3. 医疗损害司法鉴定

医疗侵权损害司法鉴定,是指受委托的司法鉴定人通过审查涉案病历资料,检查被鉴定人或复阅病理资料,对医疗行为是否存在过错、患者的损害后果,以及医疗过错与后果之间的因果关系进行分析判断的过程。

医疗侵权损害司法鉴定的主要任务:(1) 是否存在医疗过错;(2) 是否存在医疗损害后果;(3) 医疗过错与损害后果之间是否存在因果关系。

依据司法部颁布的《司法鉴定程序通则》及其他相关规章的规定,医疗侵权纠纷诉讼当事人经协商可共同委托司法鉴定机构进行司法鉴定;当事人协商不能达成一致的,由受诉法院委托。委托司法鉴定机构鉴定的,应当出具鉴定委托书,提供委托人的身份证明,并提供委托鉴定事项所需的鉴定材料。鉴定委托书应当载明委托人的名称或者姓名、拟委托的司法鉴定机构的名称、委托鉴定的事项、鉴定事项的用途以及鉴定要求等内容。委托人应当向司法鉴定机构提供真实、完整、充分的鉴定材料,并对鉴定材料的真实性、合法性负责;不得要求或者暗示司法鉴定机构和司法鉴定人按其意图或者特定目的提供鉴定意见。司法鉴定机构收到委托,应当对委托的鉴定事项进行审查,对属于本机构司法鉴定业务范围,委托鉴定事项的用途及鉴定要求合法,提供的鉴定材料真实、完整、充分的鉴定委托,应当予以受理。司法鉴定机构对符合受理条件的鉴定委托,应当即时作出受理的决定;不能即时决定受理的,应当在7个工作日内作出是否受理的决定,并通知委托人。司法鉴定机构决定受理鉴定委托的,应当与委托人在协商一致的基础上签订司法鉴定协议书。

司法鉴定机构受理鉴定委托后,应当指定本机构中具有该鉴定事项执业资格的司法鉴定人进行鉴定。司法鉴定机构对同一鉴定事项,应当指定或者选择二名司法鉴定人共同进行鉴定;对疑难、复杂或者特殊的鉴定事项,可以指定或者选择多名司法鉴定人进行鉴定。司法鉴定人本人或者其近亲属与委托人、委托的鉴定事项或者鉴定事项涉及的案件有利害关系,可能影响其独立、客观、公正进行鉴定的,应当回避。

司法鉴定人进行鉴定,应当依下列顺序遵守和采用该专业领域的技术标准和技术规范:(1) 国家标准和技术规范;(2) 司法鉴定主管部门、司法鉴定行业组织或者相关行业主管部门制定的行业标准和技术规范;(3)该专业领域多数专家认可的技术标准和技术规范。

司法鉴定人进行鉴定,应当对鉴定过程进行实时记录并签名。记录可以采取笔记、录音、录像、拍照等方式。记录的内容应当真实、客观、准确、完整、清晰,记录的文本或者音像载体应当妥善保存。司法鉴定机构和司法鉴定人在完成委托的鉴定事项后,应当向委托人出具司法鉴定文书,包括司法鉴定意见书和司法鉴定检验报告书。司法鉴定文书应当由司法鉴定人签名或者盖章。多人参加司法鉴定,对鉴定意见有不同意见的,应当注明。司法鉴定文书应当加盖司法鉴定机构的司法鉴定专用章。司法鉴定机构出具的司法鉴定文书一般应当一式三份,二份交委托人收执,一份由本机构存档。委托人对司法鉴定机构的鉴定过程或者所出具的鉴定意见提出询问的,司法鉴定人应当给予解释和说明。

六、责任抗辩

在医疗损害责任的诉讼中,作为被告的医疗机构可依法进行抗辩。

关于抗辩事由,我国《医疗事故处理条例》与《侵权责任法》都有规定。《医疗事故处理条例》第33条规定,有下列情形之一的,不属于医疗事故,医疗单位不承担医疗损害侵权责任:(1)在紧急情况下为抢救垂危患者生命而采取紧急医学措施造成不良后果的;(2)在医疗活动中由于患者病情异常或患者体质特殊而发生医疗意外的;(3)在现在医学科学技术条件下,发生无法预料或不能防范的不良后果的;(4)无过错输血感染造成不良后果的;(5)因患方原因延误诊疗导致不良后果的;(6)因不可抗力造成不良后果的。

我国《侵权责任法》第60条规定:"患者有损害,因下列情形之一的,医疗机构不承担赔偿责任:(一)患者或者其近亲属不配合医疗机构进行符合诊疗规范的诊疗;(二)医务人员在抢救生命垂危的患者等紧急情况下已经尽到合理诊疗义务;(三)限于当时的医疗水平难以诊疗。前款第一项情形中,医疗机构及其医务人员也有过错的,应当承担相应的赔偿责任。"

二法相比较,可以看出,我国《侵权责任法》的规定没有《医疗事故处理条例》的规定广泛。即使《侵权责任法》第三章关于"不承担责任和减轻责任的情形"规定了受害人的故意或过错、第三人的行为、不可抗力等抗辩事由仍然可以适用于医疗损害责任的诉讼之中,但《条例》中的第2项、第4项并没有在《侵权责任法》中再列为抗辩事由。因此,这两项能否仍作为抗辩事由,值得探讨。我们认为,其中第 4 项应适用《侵权责任法》第 59 条关于医疗产品损害责任的规定。根据该条规定,医疗产品损害责任实行无过错责任的归责原则。当因输血感染造成不良后果的患者向医疗机构进行追偿时,医疗机构不得以其无过错而拒绝承担责任。而对于第 2 项,医疗机构在医疗活动之前或当中,应对患者病情的异常或体质的特殊性有所了解和预防;所以,在医疗活动中由于患者病情异常或患者体质特殊而发生的医疗损害,不应属于意外事件。况且我国《侵权责任法》中并不承认"意外事件"为抗辩事由。除非属于《条例》规定的"在现在医学科学技术条件下,发生无法预料或不能防范的不良后果的",或《侵权责任法》规定的"限于当时的医疗水平难以诊疗"的事件。

下面,我们进一步对我国《侵权责任法》规定的三项抗辩事由展开必要的分析:

1. 患者或者其近亲属不配合医疗机构进行符合诊疗规范的诊疗

现实生活中,患者或其近亲属不配合治疗的现象十分普遍。有的不如实提供病史。如有的患者只求速死,不愿治疗而拒绝治疗。有的则因欠缺相应的医疗、医药知识而过失地未予配合,如不遵医嘱按时服药,因恐惧而不愿开刀等。也有的是因为经济困难而放弃治疗。患者或者其近亲属不配合医疗机构进行符合诊疗规范的诊疗,如果是因医疗机构的过错造成的,则依我国《侵权责任法》第 60 条第 2 款的规定,医疗机构仍然要承担相应的责任。如医疗机构未尽告知义务,使得患者对医疗机构采取的医疗措施以及可能产生的后果不甚理解而拒绝诊疗。

2. 医务人员在抢救生命垂危的患者等紧急情况下已经尽到合理诊疗义务

抢救生命垂危的患者,是医疗机构应尽的义务之一。我国《执业医师法》第 24 条规定:"对急危患者,医师应当采取紧急措施进行诊治;不得拒绝急救处置。"因为紧急情况,所以就不可能要求实施抢救的医务人员像平常一样从容作出诊断、进行精致治疗。只要医务人员作出的判断在当时情况下是合理的,所采取的措施在当时情况下比较恰当的,即"尽到了合理诊疗义务",即使发生了不良后果,也不需承担损害赔偿责任。但行使该抗辩权,医疗机构须证明当时存在两个基本的事实。第一,当时情况紧急。情况紧急包括两个方面的内容:一是时间紧急。施救者没有较多的时间进行仔细观察、全盘考虑,须当机立断地作出抉择;二是事项紧急。患者已处于生命垂危,人命关天,不实施紧急救治将会发生严重后果。第二,尽到了合理诊疗义务。只在尽到了合理的诊疗义务,才能以此进行抗辩。要证明其尽到了合理诊疗义务,可以从以下几个方面展开:一是对患者的伤病诊断准确;二是治疗的措施合理、适当;三是履行了谨慎的告知义务;四是将紧急救治措施对患者可能造成的损害控制在一个合理的限度之内。①

3. 限于当时的医疗水平难以诊疗

无数事实已经充分证明,某一时代的人类的认识以及科学技术、手段等生产力总是有局限性的,即使是当代最发达国家的科技手段亦概莫能外。在医疗行业中,还存在着许许多多的尚不能为人所知、不能为人所控的领域。所以,如果某一伤病是为当时的医疗水平难以诊疗,而发生的不良后果,自不能要求医疗机构承担不利后果。否则,人们就不敢对医学领域大胆地进行探索,不利于整个医疗水平的提高,进而不利于促进人类健康事业的发展。

七、医疗机构的告知义务与患者的知情同意权

1. 概念

在诊疗活动中,医疗机构的告知义务与患者的知情同意权,是一对矛盾体。医疗机构之所以负有告知义务,是因为患者依法享有知情同意权。医疗机构不履行告知义务的后果,是侵害了患者的知情同意权,依法需承担侵权损害责任。对此,我国《侵权责任法》第55条规定,医务人员未尽到告知义务,造成患者损害的,医疗机构应当承担赔偿责任。

2. 制度史

患者的知情权制度源于1946年的《纽伦堡法典》。当时针对在第二次世界大战时,德国纳粹分子借用科学实验和优生之名,用人体实验杀死了600万犹太人、战俘及其他无辜者。这些人被纳粹统称为"没有价值的生命"。德国战败后,这些为首分子被作为战犯交纽伦堡国际军事法庭审判,其中有23名医学方面的战犯。同时,纽伦堡法庭还制定了人体实验的基本原则,作为国际上进行人体实验的行为规范,即《纽伦堡法典》,并于1946年公布于世。其基本内容之一,就是强调"受试者的自愿同意绝对必要"。这意味着接受试验的人有同意的合法权利;应该处于有选择自由的地位,不受任何势力的干涉、欺瞒、蒙蔽、挟持、哄骗或者其他某种隐蔽形式的压制或强迫;对于试验的项目有充分的知识和理解,足以作出肯定决定之前,必须让他知道试验的性

---

① 王胜明主编:《中华人民共和国侵权责任法解读》,中国法制出版社2010年版,第296—298页。

质、期限和目的、试验方法及采取的手段、可以预料得到的不便和危险、对其健康或可能参与实验的人的影响。之后,许多国家都规定了患者的知情同意权制度。如美国《医院法》规定:"病人有权利从负责医疗的医生那里得到关于目前诊断(直至已知的程度)治疗及已知的预后的全部资料。这些资料应使用病人能懂的语言予以传达。如在医学上不宜对病人提供这些资料,则应对一位与病人有合法关系的人提供。""病人有权利通过合理方式参与有关其医疗决定。""病人有权利和医院以外的人通过探视者和口头的与文字的联络方法取得联系。当病人不能说或不理解社会主要语言时,尤其是当语言障碍持续存在时,就能得到一位译员。"芬兰《病人权利法》规定,没有病人的同意不得进行治疗;在治疗形式上也必须得到病人的同意;如果病人提出要求,他们有权知道他们的健康状况、建议治疗的程度、风险因素和其他可供选择的治疗方案;病人有权了解和更正自己的病历记录;必须向登记在名单上等待治疗的病人延迟说明的原因和预计延迟的时间;对治疗不满的病人有权向有关部门提出控诉;提供医学治疗的机构必须安排一个病人权利维护人员,病人权利维护人员的职责是告知病人他们的权利并帮助病人,如果必要将为病人提交控诉,提出赔偿申请。[①] 1994 年,荷兰颁布了《医疗服务法案》,也规定了病人在医疗关系中所享有的各项权利,以及可能导致的各项侵权情形。1995 年,该法案以"医疗服务合同"之名被收入了《荷兰民法典》第七编"具体合同"之中。

美国是通过一系列的判例确立的患者知情同意权制度的。早在 1914 年美国享誉盛名的法官卡多佐(Justice Benjamin Cardozo)就在一个案例中指出:"每一个心智健全之成年人都有权利决定其身体将要接受何种之处置。"首创了"informed consent"(即知情同意)一词。1957 年美国加州上诉法院首次在 Salogo v. Leland Standalone Jr. University Board of Trustees 一案中运用知情同意学说判决原告胜诉。一名 55 岁的男性在接受动脉造影后造成全身瘫痪。他控告医师没有将动脉摄影的并发症清楚地对他说明。1960 年在 Natansons v. Kline 案中一名女性因患乳房恶性肿瘤,手术后外科医生嘱放射科医生继续进行放射治疗,而没有将危险告诉病人,导致了非常严重的烧伤。法官认为医生应就疾病的性质、治疗内容,成功的可能性或者其代替的治疗,可能发生对身体产生无法预期的不幸结果等,应尽可能以容易理解的言语向

---

① 转引自舒梅:《论患者的知情同意权及其限制》,载中国私法网 http://www.privatelaw.com.cn/new2004/shtml/20100302-174648.htm,访问时间:2011 年 10 月 21 日。

患者解释说明。从而确立了在患者同意之前医师负有对患者说明的义务。之后知情同意原则很快被美国各州援引接受。①

我国台湾地区的"医疗法"第 46 条亦规定:"医院实施手术时,应取得病人或其配偶、亲属或关系人之同意,签具手术同意书及麻醉同意书;在签具之前,医师应向其本人或配偶、亲属或关系人说明手术原因,手术成功率或可能发生之并发症及危险,在其同意下,始得为之。但如情况紧急,不在此限。"

在我国,相关的法律法规对患者的知情同意权以及由此而产生的医疗机构的告知义务亦有具体要求。1994 年国务院制订的《医疗机构管理条例》第 33 条规定:"医疗机构施行手术、特殊检查或者特殊治疗时,必须征得患者同意,并应当取得其家属或者关系人同意并签字;无法取得患者意见时,应当取得家属或者关系人同意并签字;无法取得患者意见又无家属或者关系人在场,或者遇到其他特殊情况时,经治医师应当提出医疗处置方案,在取得医疗机构负责人或者被授权负责人员的批准后实施。"同年国家卫生部制订的《医疗机构管理条例实施细则》在此基础上更加明确规定了医疗机构的告知义务和患者的知情权。其第 62 条规定:"医疗机构应当尊重患者对自己的病情、诊断、治疗的知情权利。在实施手术、特殊检查、特殊治疗时,应当向患者作必要的解释。因实施保护性医疗措施不宜向患者说明情况的,应当将有关情况通知患者家属。"第 61 条规定:"医疗机构在诊疗活动中,应当对患者实行保护性医疗措施,并取得患者家属和有关人员的配合。"2002 年国务院制订的《医疗事故处理条例》第 11 条进一步规定:"在医疗活动中,医疗机构及其医务人员应当将患者的病情、医疗措施、医疗风险等如实告知患者,及时解答其咨询;但是,应当避免对患者产生不利后果。"1999 年制定的《执业医师法》第 26 条规定:"医师应当如实向患者或者其家属介绍病情,但应注意避免对患者产生不利后果。医师进行实验性临床医疗,应当经医院批准并征得患者本人或者其家属同意。"《侵权责任法》则用两个条文的篇幅规定了医疗机构的告知义务与患者的知情同意权。其中,第 55 条规定:"医务人员在诊疗活动中应当向患者说明病情和医疗措施。需要实施手术、特殊检查、特殊治疗的,医务人员应当及时向患者说明医疗风险、替代医疗方案等情况,并取得其书面同意;不宜向患者说明的,应当向患者的近亲属说明,并取得其书面同意。医务人员未尽到前款义务,造成患者损害的,医疗机构应当承担赔偿责

---

① 张文彬、汪宏:《论知情同意权:医患互动的必然归宿》,载山东律师协会网 http://www.sd-lawyer.org.cn/001/001002/001002002/1204249140311.htm,访问时间:2011 年 10 月 22 日。

任。"第 56 条则进一步规定："因抢救生命垂危的患者等紧急情况,不能取得患者或者其近亲属意见的,经医疗机构负责人或者授权的负责人批准,可以立即实施相应的医疗措施。"

3. 医疗机构的告知义务

患者的知情以医疗机构的告知为前提。若无医疗机构的告知义务,患者便无所谓知情的权利可言。医疗机构的告知义务,是指在医疗活动中,医疗机构及其医务人员应当将患者的病情、医疗措施、医疗风险等如实告知患者,并及时解答患者的咨询。

医疗机构的告知义务具体包括以下内容:(1) 医疗机构的医疗水平、设备技术状况等;(2) 患者的病情;(3) 医疗机构的诊断方案、治疗措施及可能产生的医疗风险;(4) 患者所需支付的费用;(5) 患者转医或者转诊等。

除了上述告知内容外,医疗机构还应当告知患者以下内容:(1) 构成对肉体侵袭性伤害的治疗方法和手段;(2) 需要患者承担痛苦的检查项目;(3) 使用药物的毒副作用和个体素质反应差异性;(4) 需要患者暴露隐私部位;(5) 从事医学科研和教学活动等。

有下列情形之一,可以免除医疗机构及其医务人员的告知义务:(1) 患者明确表示不需告知的(需要患者出具书面说明);(2) 暂时免除告知义务情形:患者的生命或者健康受到紧急、重大危险的威胁,而客观上无法取得同意权人同意时;(3) 法定强制医疗情形:依据法律、法规给予医疗机构强制治疗的权限;(4) 轻微侵袭:即危险性轻微且发生的可能性极低的医疗行为;医疗机构及其医务人员履行如实告知义务应当避免对患者产生不利后果;对患者告知病情会对患者产生不良影响的,可以不进行告知。

医疗机构是否履行了告知义务,需承担举证义务。因此,医疗机构在履行告知义务时,最好是采取书面告知的形式;尤其是重要的告知事项,更应如此,以资事后证明。因此,我国《侵权责任法》才要求要取得患者或其家属的"书面同意"。这种书面同意的形式,即所谓"知情同意书"。目前,在诊疗活动中对患者实施手术前广泛采用。2010 年 3 月,卫生部颁布了新版"医疗知情同意书范本",一共有 275 个范本。对患者实施手术前,让患者或其家属签署知情同意书,本意是为了尊重患者的权利,更好地完成手术,最大限度地降低手术风险,避免不必要的医疗纠纷。但仍有许多患者视其为生死状,以为医院让签知情同意书,就是为推卸自己一方应尽的责任,将所有风险都要由患者承担。虽然这只是一种误会,但说明医疗机构在履行告知义务时,更应当尽心、细致,用更容易为患者所能接受的方式或语言作出解释。

4. 患者的知情同意权

知情同意权,是指患者有权享有知晓本人病情和医方要采取的诊断、治疗措施以及预后和费用方面的情况,并自主选择适合于自己需要和可能的治疗决策的权利。知情同意权,包括知情权与同意权两个方面的内容。其中,同意应建立以充分知情的基础之上,其同意才具有法律的效力。而同意权又是知情权的权利归宿与价值体现。建立患者的知情同意权制度,主要目的就在于通过强制性地赋予医疗机构及其医务人员相应的告知义务,使患者在了解自己将面临的风险、付出的代价和可能取得的收益的基础上自由作出选择,从而维护患者的利益,来改变患者的弱势地位。

与医疗机构的告知义务相对应,患者的知情权包括如下内容:

(1) 有权要求医方说明疾病的诊断结果。对患者的病情轻重、痊愈的可能性;

(2) 有权了解医师将采取的诊疗措施的性质、理由、内容、预期的诊疗效果、医疗方法对患者的侵袭范围及危险程度等;

(3) 有权要求告知对于医疗行为可能伴随的风险、发生的几率和危险结果预防的可能性,如药物的毒副作用、手术的并发症,特别是医院的医疗设备,医师防止危险发生的能力等;

(4) 除了医方推荐检查或治疗的信息,患者还有权知道可供选择的治疗方案的信息;

(5) 有权知道相关医疗行为的大致费用,等等。

同意权,即患者或其家属在对病情、诊疗方案、风险和费用有着充分知情的基础上,根据其意愿作出抉择的权利。抉择的内容通常包括:是否接受医治,是否同意某种诊疗方案,能否承受某种医疗风险,是否愿意支付特定费用,等等。

依法享有同意权者,通常应为患者本人。但同意是一种需要意思表示的行为。因此,在行使同意权时,要求要具有相应的行为能力。当患者为无行为能力人或限制行为能力人(重大疾病的情形下),或虽有相应的行为能力,但患者当时处于昏迷,不能表达或清晰表达其意愿的情况下,应由其代理人行使同意权。无民事行为能力或限制民事行为能力的患者,其代理人为监护人;原本有完全的行为能力,但因伤病失去意识的患者,其有完全民事行为能力的近亲属为代理人。近亲属的范围,根据最高人民法院《关于贯彻执行〈中华人民共和国民法通则〉若干问题的意见(试行)》第 12 条的规定,为患者的配偶、父母、子女、兄弟姐妹、祖父母、外祖父母、孙子女、外孙子女。这些人当中,意见一致者,采其一致意见为抉择;意见不一致者,采少数服从多数原则;形不成多数意见者,可依下列顺序进行抉择:第一顺序为配偶,第二顺序,患者为中青年人的,代理人为其父母;患者为老年人者,代理人为子女;第三顺序视情况不同分别为父母或子女;第四顺序为兄弟姐妹;第五顺序为祖父母、外祖父母;第六顺序为孙子女、外孙子女。

患者或其代理人行使同意权,应是其自愿的行为,凡在欺诈、胁迫或乘人之危的情况下所为的同意,均属无效的行为。同意的形式,可以是书面形式,口头形式,也可以是默示的形式。但重大的医疗手术,最好是采取明示的书面形式,即在知情同意书上签字。

5. 对患者同意权的限制

在现实生活中,有的患者或其近亲属出于某种顾虑,在伤病及诊疗情况相当清晰的情况下,仍然不予同意,以致严重危及到了患者自身的生命健康,造成了不必要的损害。发生在 2007 年 11 月李丽云死亡案即是典型的案例。下午 4 点左右,在北京某医院,孕妇李丽云因难产生命垂危被其丈夫肖志军送进医院,但肖某却拒绝在医院的剖腹产手术上面签字,焦急的医院几十名医生、护士束手无策,在抢救了 3 个小时后(19 点 20 分),孕妇抢救无效死亡。这一造成一死二命的悲惨结局,引起社会舆论的哗然。①

因此,最大限度地维护患者利益,对患者及其近亲属的同意权进行必要的限制,是相当重要的。而对患者同意权的限制,主要通过赋予医疗机构以特别的干预权的形式而实现,即在紧急情况下,即使患者及其近亲属不同意,为维护患者的根本利益,医疗机构亦可在未能征求患者或其近亲属同意或未能取得患者或其近亲属的同意的情况下,开展施救。对此,我国《侵权责任法》第 56 条规定:"因抢救生命垂危的患者等紧急情况,不能取得患者或者其近亲属意见的,经医疗机构负责人或者授权的负责人批准,可以立即实施相应的医疗措施。"

根据该条的规定,医疗机构行使特别干预权,必须具备以下几个条件:

第一,必须存在患者生命垂危的紧急情况。

第二,必须存在不能取得患者或其近亲属同意的事实;在这里,"不能取

---

① 《丈夫拒不签字手术,致妻子难产死亡》,载 http://news.sina.com.cn/s/2007-11-21/210114358601.shtml,访问时间:2008 年 4 月 3 日。

得",可以作扩大解释,包括未能取得(如遭患者拒绝)和没能取得(如当时患者昏迷,而身旁又无近亲属)二种情形。

第三,必须经医疗机构负责人或授权的负责人的批准。

需要探讨的是,如果医疗机构行使特别干预权,但在诊疗活动中因过错造成患者不必要的损害的,是否仍然要承担相应的赔偿责任?我们主张不排除这种责任。

主要参考文献

一、论文类

1. 王铭珍:《日本的制造物法》,载《中国安防产品信息》1995年第6期。
2. 杨立新:《我国侵权责任法规定惩罚性赔偿金制裁恶意产品侵权行为的探讨》,载《中州学刊》2009年第2期。
3. 杨立新、王海英、孙博:《人身权的延伸法律保护》,载《法学研究》1995年第2期。
4. 刘凯湘、余文玲:《共同危险行为若干问题研究》,载中国民商法律网。
5. 陈涛、高在敏:《中国古代侵权行为法例论要》,载《法学研究》1995年第2期。
6. 程啸:《论意思联络作为共同侵权行为构成要件的意义》,载《法学家》2003年第4期。
7. 高留志:《共同危险行为若干问题之我见》,载《民商法学》2000年第7期。
8. 薛红喜、魏少勇:《侵权补充责任适用探析》,载《人民法院报》2009年第9期。
9. 罗昆、易军:《侵权行为法上的违法性概念》,载王利明主编:《民法典·侵权责任法研究》,人民法院出版社2003年版。
10. 姜作利:《美国合同法中的精神损害赔偿探析》,载《法学论坛》2001年第6期。
11. 张民安、龚赛红:《因侵犯他人人身完整权而承担的侵权责任》,载《中外法学》2002年第6期。
12. 郑玉波:《论过失相抵与损益相抵之法理》,载郑玉波著:《民商法问题研究》(二),台湾1984年自版。
13. 曹险峰:《在权利和法益之间——对侵权行为客体的解读》,载《当代法学》2005年第5期。
14. 徐国栋:《人格权制度历史沿革考》,载《法制与社会发展(上)》2008年第1期。
15. 王景斌:《西方国家赔偿制度历史发展简介》,载《外国问题研究》1997年第4期。
16. 高家伟:《论国家赔偿责任的性质》,载《中国检察官》2009年第7期。
17. 邵建东:《论雇主责任》,载《南京大学法律评论》1997年春季号。
18. 周友军:《侵权责任能力及其体系效应》,载杨遂全主编:《民商法争鸣》,法律出版社2010年版。

19. 梁亚:《论产品制造缺陷的认定和证明》,载《法律适用》2007年第7期。
20. 刘士国:《学校事故的民事责任》,载《法学》2009年第1期。
21. 高飞《论环境污染责任的适用范围》,载《法商研究》2010年第6期。
22. 梁慧星:《论制定道路交通事故赔偿法》,载《法学研究》1991年第2期。
23. 于敏:《机动车损害赔偿与交通灾害的消灭》,载《侵权法评论》2004年第1辑(总第3辑),人民法院出版社2004年版。
24. 张西健:《医疗过失致人损害的民事责任初探》,载《中国法学》1988年第2期。
25. 孟强:《论医疗侵权损害赔偿双轨制的统一》,载《法学杂志》2009年第6期。
26. 杨立新:《论医疗损害责任的归责原则及体系》,载《中国政法大学学报》2009年第2期。

二、著作类

1. 马俊驹、余延满:《民法原论》(下),法律出版社1998年版。
2. 张新宝:《中国侵权行为法》,中国社会科学出版社1998年版。
3. 张新宝:《侵权责任法原理》,中国人民大学出版社2005年版。
4. 张新宝:《名誉权的法律保护》,中国政法大学出版社1997年版。
5. 王利明:《民法·侵权行为法》,中国人民大学出版社1993年版。
6. 王利明:《民法总则研究》,中国人民大学出版社2003年版。
7. 王利明:《侵权行为法研究》,中国人民大学出版社2004年版。
8. 王利明:《侵权行为法归责原则研究》,中国政法大学出版社2003年修订版。
9. 王利明:《违约责任论》,中国政法大学出版社1996年版。
10. 王利明主编:《〈中华人民共和国侵权责任法〉释义》,中国法制出版社2010年版。
11. 王利明、杨立新:《人格权与新闻侵权》,中国方正出版社1995年版。
12. 潘同龙、程开源主编:《侵权行为法》,天津人民出版社1995年版。
13. 王卫国:《过错责任原则:第三次勃兴》,中国法制出版社2000年版。
14. 王泽鉴:《侵权行为法》(第一册),中国政法大学出版社2001年版。
15. 杨立新:《侵权法论》(上册),吉林人民出版社1998年版。
16. 杨立新:《侵权行为法专论》,高等教育出版社2005年版。
17. 杨立新:《人身权法论》,中国检察出版社1996年版。
18. 杨立新、吴兆祥、杨帆:《人身损害赔偿》,人民法院出版社1999年版。
19. 周枏:《罗马法原论》(上册),商务印书馆2001年版。
20. 周枏:《罗马法原论》(下册),商务印书馆1994年版。
21. 瞿同祖:《瞿同祖法学论著集》,中国政法大学出版社1998年版。
22. 〔意〕彼德罗·彭梵得:《罗马法教科书》,黄风译,中国政法大学出版社1992年版。
23. 〔英〕亨利·梅因:《古代法》,沈景一译,商务印书馆1959年版。
24. 〔罗马〕查士丁尼:《法学总论》,张企泰译,商务印书馆1989年版。

25. 于敏:《日本侵权行为法》,法律出版社1998年版。
26. 叶孝信主编:《中国民法史》,上海人民出版社1993年版。
27. 孔庆明、胡留元、孙季平:《中国民法史》,吉林人民出版社1996年版。
28. 张晋藩:《清代民法综论》,中国政法大学出版社1998年版。
29. 张晋藩:《中国法律的传统与近代转型》,法律出版社1997年版。
30. 魏振瀛主编:《民法》,北京大学出版社、高等教育出版社2000年版。
31. 史尚宽:《债法总论》,中国政法大学出版社2000年版。
32. 史尚宽:《债法总论》,台湾荣泰印书馆1978年版。
33. 〔德〕克雷斯蒂安·冯·巴尔:《欧洲比较侵权行为法》(上卷),张新宝译,法律出版社2001年版。
34. 〔德〕克雷斯蒂安·冯·巴尔:《欧洲比较侵权行为法》(下卷),焦美华译,法律出版社2001年版。
35. 李亚虹:《美国侵权法》,法律出版社1999年版。
36. 〔美〕约翰·麦·赞恩:《法律的故事》,刘昕、胡凝译,江苏人民出版社1998年版。
37. 韩世远:《违约损害赔偿研究》,法律出版社1999年版。
38. 曾世雄:《损害赔偿法原理》,中国政法大学出版社2001年版。
39. 王军:《美国合同法》,中国政法大学出版社1996年版。
40. 刘士国:《现代侵权损害赔偿研究》,法律出版社1998年版。
41. 〔苏联〕马特维也夫:《苏维埃民法中的过错》,彭望雍等译,法律出版社1958年版。
42. 〔美〕文森特·R.约翰逊:《美国侵权法》,赵秀文等译,中国人民大学出版社2004年版。
43. 徐爱国:《英美侵权行为法》,法律出版社1999年版。
44. 〔美〕肯尼斯·S.亚伯拉罕、阿尔伯特·C.泰特:《侵权法重述——纲要》,许传玺、石宏等译,法律出版社2006年版。
45. 〔美〕阿丽塔·L.艾伦、理查德·C.托克音顿:《美国隐私法》,冯建妹等编译,中国民主法制出版社2004年版。
46. 张军等:《知识产权领域侵权行为研究》,经济科学出版社2005年版。
47. 吴汉东主编:《知识产权法》,中国政法大学出版社2002年修订版。
48. 曹兢辉:《国家赔偿法实用》,台湾五南图书出版公司1984年版。
49. 《美国侵权法重述第三版:产品责任》,肖永平等译,法律出版社2006年版。
50. 王胜明主编:《中华人民共和国侵权责任法解读》,中国法制出版社2010年版。
51. 郭明瑞等:《民事责任论》,中国社会科学出版社1992年版。
52. 谢邦宇、李静堂:《民事责任》,法律出版社1991年版。
53. 龚赛红:《医疗损害赔偿立法研究》,法律出版社2001年版。
54. 〔美〕罗伯特·考特、托马斯·尤伦:《法和经济学》,张军等译,上海三联书店、上海人民出版社1999年版。